Lorenz Böllinger, Heino Stöver, Lothar Fietzek

Drogenpraxis
Drogenrecht
Drogenpolitik

Leitfaden für Drogenbenutzer, Eltern,
Drogenberater, Ärzte und Juristen

Fachhochschulverlag

Lorenz Böllinger, Heino Stöver, Lothar Fietzek
Drogenpraxis, Drogenrecht, Drogenpolitik
Ein Leitfaden für Drogenbenutzer, Eltern,
Drogenberater, Ärzte und Juristen
Fachhochschulverlag, Band 12, 1995
ISBN 3-923098-76-6

© 1995 Fachhochschulverlag Frankfurt am Main
Limescorso 5, 60439 Frankfurt am Main
Telefon (0 69) 15 33 – 28 20
Telefax (0 69) 15 33 – 28 40

Umschlaggestaltung: Ulrike Posselt und
Typografische Konzeption: Christoph Roether,
»Projekt Buchgestaltung«, Leitung Prof. Hans Peter Willberg,
Fachbereich Kommunikationsdesign,
Fachhochschule Rheinland-Pfalz, Abteilung Mainz I
DTP: Michael Becker, Karl-Heinz Götz, Nicole Weppler
und Roger Maidorn, Frankfurt am Main
Druck: Salzland Druck, 39418 Staßfurt

Bezugsbedingungen: Bestellungen werden erledigt,
sobald der Betrag von DM 28,– (inkl. Versandkosten)
je Exemplar als Verrechnungsscheck beim
Fachhochschulverlag · Vertrieb, Limescorso 5,
60439 Frankfurt am Main
oder unter dem Stichwort »Band 12« auf dem
Sonderkonto »Fachhochschulverlag«, Konto-Nr. 1255 607,
Postbank Frankfurt am Main, BLZ 550 100 60,
eingegangen ist.

*Bitte auf der Überweisung unter »Verwendungszweck«
unbedingt eintragen: »Band 12, Anzahl, Zustelladresse«.*

INHALTSÜBERSICHT IN STICHWORTEN

1 Was will der Leitfaden für Drogenbenutzer, Eltern, Drogenberater, Ärzte und Juristen? (ab S. 19)

2 Drogengebrauch: Wie kommt's, was kann man dagegen tun? – Erscheinungsformen des Drogengebrauchs · Bedingungen · Verläufe · Verelendung durch Kriminalisierung · HIV/AIDS/Hepatitiden · Stand der Wissenschaft · Verstehen statt Erklären! · Theorie und Praxis der Intervention: Eingriffskonzepte · Die therapeutische Kette · Substitutionsbehandlung · Feministische und frauenspezifische Ansätze · Alternativen in Drogenarbeit und Drogenpolitik · Internationale Verträge · Verlaufsschema von Drogenabhängigkeit und Kriminalisierung (ab S. 22)

3 Drogenrecht: Drogen-Un-recht – und wie man recht bekommen kann: Strafrecht · Wie werden die Strafvorschriften angewandt? · Wie läuft das Strafverfahren ab? · Fahndung · Vernehmung · Festnahme und Verhaftung · Psychiatrisierung I: Vorläufige Unterbringung · Hauptverhandlung · Kronzeugen · Vernehmungsfähigkeit · Psychiatrisierung II: Feststellung der Schuldfähigkeit · Begutachtung · Urteil und Rechtsfolgen · Therapie statt Strafe · Strafaussetzung zur Bewährung · Strafhaft · Psychiatrisierung III: Maßregelvollzug · Zum Problem der Zwangstherapie · Außerstrafrechtliche Rechtsfolgen · Psychiatrisierung IV: Unterbringung nach den Freiheitsentziehungsgesetzen · Psychiatrisierung V: Familienrechtliche Unterbringung · Jugendhilferechtliche Zwangsmaßnahmen · Die Rechte und Pflichten der Helfer: Arzt (insbes. Recht der Substitutionsbehandlung), Psychologe, Sozialarbeiter, Erzieher und Laienbetreuer · Verschwiegenheitspflicht · Zeugnisverweigerungsrecht · Datenschutz · Rechtsberatung · Kollisionen mit dem elterlichen Sorgerecht (ab S. 184)

4 Drogen-Sozialrecht: Hilfen – von wem, wann und wie man sie bekommt: Krankenversicherung · Krankenhilfe · Lohnfortzahlung · Unfallversicherung · Rentenversicherung · Arbeitslosenversicherung und Arbeitsförderung · Sozialhilfe · Beantragung von Langzeittherapie, ambulanter Therapie sowie Ausbildungs- und Berufsförderung · Und: wie man seine Rechte gegen Träger durchsetzt? (ab S. 321)

5 Materialien: Betäubungsmittel-Gesetz (relevante Auszüge) mit Katalog der Betäubungsmittel · BtM-Verschreibungsverordnung · Substitutionsbehandlung: NUB-Richtlinien · Ärztekammer-Richtlinien für die Codein-Substitution · Hausordnung für die Substitutions-Praxis · Muster von Formularen und Anträgen, insbesondere zur Beantragung von Drogenlangzeittherapie und Methadonbehandlung · Praxis des Drogengebrauchs: Übersicht zu Drogen und ihren Wirkungen · Tips zum »safe use« · Literatur · Stichwortverzeichnis (ab S. 345)

Abkürzungsverzeichnis

a. a. O.	am angegebenen Ort
Abs.	Absatz
ÄndG	Änderungsgesetz
AIDS	acquired immune deficiency syndrome
AOK	Allgemeine Ortskrankenkassen
AGSU	Arbeitsgemeinschaft zur Rehabilitation Suchtkranker
ArzMG	Arzneimittel-Gesetz
Aufl.	Auflage
BA	Bundesanstalt für Arbeit
BAG	Bundesarbeitsgericht
Bd.	Band
BDSG	Bundesdatenschutzgesetz
bearb.	bearbeitete
BewHi	Bewährungshilfe (Zeitschrift)
BfA	Bundesversicherungsanstalt für Angestellte
BGA	Bundesgesundheitsamt
BGB	Bürgerliches Gesetzbuch
BGH	Bundesgerichtshof
BKA	Bundeskriminalamt
BMI	Bundesministerium des Innern
BMJ	Bundesministerium der Justiz
BMJFFG	Bundesministerium für Jugend, Familie, Frauen und Gesundheit (seit 1986)
BMJFG	Bundesministerium für Jugend, Familie und Gesundheit (bis 1986)
BSG	Bundessozialgericht
BSGE	Entscheidungssammlung des BSG
BSHG	Bundessozialhilfegesetz
BR-Drs.	Bundesratsdrucksache
BT-Drs.	Bundestagsdrucksache
BtM	Betäubungsmittel
BtMG	Betäubungsmittelgesetz
BtMVV	Betäubungsmittelverschreibungsverordnung
BzgA	Bundeszentrale zur gesundheitlichen Aufklärung
BZRG	Bundeszentralregistergesetz
DAK	Deutsche Angestellten Krankenkasse
Diss.	Dissertation
DHS	Deutsche Hauptstelle gegen die Suchtgefahren e. V.
DPWV	Deutscher Paritätischer Wohlfahrtsverband
DROB	Drogenberatung
DROBS	Drogenberatungsstelle
DS	Drucksache
EBIS	Einrichtungsbezogenes Informationssystem
EGGVG	Einführungsgesetz zum Gerichtsverfassungsgesetz
et al.	und andere
evtl.	eventuell
f.	folgende Seite
ff.	folgende Seiten

FDR	Fachverband Drogen und Rauschmittel e.V.
FEG	Freiheitsentziehungsgesetz
FGG	Freiwillige Gerichtsbarkeit-Gesetz
FHF	Fachhochschule Frankfurt am Main
FN	Fußnote
gem.	gemäß
GG	Grundgesetz
ggf.	gegebenenfalls
gGmbH	gemeinnützige Gesellschaft mit beschränkter Haftung
g. M.	geringe Menge
H.	Heft
HAV	Hepatitis A-Virus
HBV	Hepatitis B-Virus
HCV	Hepatitis C-Virus
HD	Hausdurchsuchung
HFEG	Hessisches Freiheitsentziehungsgesetz
HIV	human immunodeficiency virus, Typ 1
hM	herrschende Meinung
Hrsg.	Herausgeber
HSOG	Hessisches Sicherheits- und Ordnungsgesetz
i. a.	im allgemeinen
i. e.	im einzelnen
i. d. R.	in der Regel
i. S.	im Sinne
i. v.	intravenös
i. V. m.	in Verbindung mit
JA	Jugendamt
JBSucht	Jahrbuch gegen die Suchtgefahren
Jg.	Jahrgang
JGG	Jugendgerichtsgesetz
JVA	Justizvollzugsanstalt
KH	Krankenhaus
KJ	Kritische Justiz (Zeitschrift)
KJHG	Kinder- und Jugendhilfegesetz
KK	Krankenkasse
KV	Krankenversicherung
LG	Landgericht
LKA	Landeskriminalamt
LKH	Landeskrankenhaus
LVA	Landesversicherungsanstalt
LWV	Landeswohlfahrtsverband
LzTh	Langzeit-Therapie
MAGS NRW	Ministerium für Arbeit, Gesundheit und Soziales des Landes Nordrhein-Westfalen
MaßrVollzG	Maßregelvollzugsgesetz
MBS	Maßregel der Besserung und Sicherung
MMP	Methadone Maintenance Programme (Methadon-Erhaltungsprogramm)
Ms.	Manuskript
m. w. N.	mit weiteren Nachweisen

n. g. M.	nicht geringe Menge
NJW	Neue Juristische Wochenschrift
Nr.	Nummer
NStZ	Neue Strafrechtszeitschrift
o. g.	oben genannt
o. J.	ohne Jahresangabe
OK	Organisierte Kriminalität
OLG	Oberlandesgericht
PKH	Psychiatrisches Krankenhaus
PsychKG	Gesetz über Psychiatrische Krankenhäuser und Unterbringung
RA	Rechtsanwalt
Reha	Rehabilitation
RiStVB	Richtlinien für das Straf- und Bußgeldverfahren
RuP	Recht und Politik (Zeitschrift)
RV	Rentenversicherung
RVO	Reichsversicherungsordnung
R & P	Recht und Psychiatrie (Zeitschrift)
SGB I	Sozialgesetzbuch, Allgemeiner Teil
SGB V	Sozialgesetzbuch, 5. Buch
SGB X	Sozialgesetzbuch, 10. Buch
sog.	sogenannt
StGB	Strafgesetzbuch
StPO	Strafprozeßordnung
StV	Strafverteidiger (Zeitschrift)
StVollzG	Strafvollzugsgesetz
s.	siehe
S.	Seite
s. a.	siehe auch
s. o.	siehe oben
s. u.	siehe unten
u. a.	und andere
u. E.	unseres Erachtens
überarb.	überarbeitete
u. U.	unter Umständen
UV	Unfallversicherung
VA	Verwaltungsakt
vgl.	vergleiche
VormG	Vormundschaftsgericht
VT	Verhaltenstherapie
VV	Verwaltungsvorschriften
WHO	World Health Organization (Weltgesundheitsorganisation)
ZPO	Zivilprozeßordnung
ZVR	Zeugnisverweigerungsrecht
WG	Wohngemeinschaft
z. B.	zum Beispiel
z. H.	zu Händen
z. T.	zum Teil
ZVR	Zeugnisverweigerungsrecht
z. Z.	zur Zeit
zzgl.	zuzüglich

VORWORT ZUR 4. AUFLAGE

Die Euphorie über die deutsch-deutsche Vereinigung und das Ende des Kalten Krieges ist verrauscht, auch die dramatische Plakatierung des »Krieges gegen die Drogen« setzt Gilb an. Überall schimmern die globalen Sozial- und Umweltprobleme durch den ideologischen Lack. Gegen die in den Notgebieten der Welt zunehmenden Bürgerkriege und eine immer irrationaler ausbrechende Anarchie meinen sich die wohlhabenden Nationen panzern zu müssen. Dafür sind sich demokratisch legitimierende Strukturen nicht mehr sehr gefragt. Vorläufig muß man aber noch die Militanz verselbständigter Exekutiven begründen. Da hilft das Sesam-öffne-dich »Organisierte Kriminalität« – hauptsächlich im Zusammenhang mit den illegalen Drogen. Zwar ist der »Krieg gegen die Drogen« unübersehbar gescheitert. Weiter geht es aber mit der Parole »Mehr von demselben!« – Wie nie zuvor in der Geschichte der Bundesrepublik sind in den letzten 2 Jahren mit Hilfe der Zauberworte »Drogen-Epidemie« und »Organisierte Kriminalität« das Strafrecht verschärft und Strafprozeßrechte sowie andere freiheitliche Bürgerrechte abgebaut worden, während hinsichtlich der kriminalisierten und verelendeten Konsumenten lediglich winzige kosmetische Veränderungen an den Hilfekatalogen und Hilfemaßnahmen vorgenommen wurden.

Weitere »Reformen«, die durch »großen Lauschangriff«, Schnellgerichte, umfassende Vernetzung von Geheimdiensten und Strafverfolgungsbehörden etc. auch noch die letzten Reste von Datenschutz und Schutz der Intimsphäre vernichteten, werden in bemerkenswerter Einhelligkeit von Regierung und Opposition betrieben.

Sozialpolitik wird weitgehend nur noch mit Mitteln des Strafrechts gemacht. In zynischer Weise wird – begründet mit »Rezession und Finanzkrise« – nur noch symbolisch, statt realitätsgerecht handelnd an den Sozialproblemen und ihren Bedingungen angesetzt.

Gegen diesen Trend ist die Entscheidung des Bundesverfassungsgerichts vom 9.3.1994 nur ein schwaches Hoffnungszeichen. Statt die längst überfällige Wende in der Drogenpolitik zu initiieren, wurde das BtMG pauschal für verfassungskonform erklärt und lediglich eine geringfügige Milderung der Strafverfolgungsintensität gegenüber gelegentlichen Konsumenten von Cannabis angemahnt.

Die massiven Strafrechtsverschärfungen und sonstigen straf- und sozialrechtlichen Veränderungen erzwingen eine gründliche Neubearbeitung des Leitfadens. Aber es gibt auch positive Anlässe für die Neuauflage: Zwar haben sich die Strukturen und Techniken der Intervention auf der Grundlage des »Abstinenz-Paradigmas« kaum verändert, und es ist allenfalls eine leichte Verunsicherung in den entsprechenden Fachverbänden zu beobachten; aber trotz repressiver Rahmenbedingungen haben sich die zarten Keime des

Randnotizen:
»Krieg gegen die Drogen«

Militanz verselbständigter Exekutiven

Parole: »Mehr von demselben!«

Strafrecht verschärft, Bürgerrechte abgebaut

Sozialpolitik mit Mitteln des Strafrechts

Bundesverfassungsgericht: BtMG pauschal für verfassungskonform erklärt

»Abstinenz-Paradigma«

»Akzeptanz-Paradigmas« seit der letzten Neuauflage zu ansehnlichen Pflanzen und Bäumen entwickelt. Das gilt insbesondere für die bald schon flächendeckende und inzwischen auch von der traditionellen Drogenhilfe mitverwaltete Substitutionsbehandlung. Über Fortschritte, gewandelte Strukturen und Anwendungsweisen schadensmindernder Drogenarbeit gilt es also besonders ausführlich zu berichten.

»Akzeptanz-Paradigma«

schadensmindernde Drogenarbeit

Um diese Ansätze zu unterstützen, ihnen aktuell und sachgerecht aufbereitetes Material an die Hand zu geben, haben wir den Leitfaden umgewichtet und noch stärker an der Devise »Normalisierung« ausgerichtet. Es kann in drogenpolitischer Perspektive nicht mehr darum gehen, »Akzeptanz« taktisch als bessere Strategie gegenüber dem unverändert bevormundenden Abstinenz-Ziel zu funktionalisieren.

Devise »Normalisierung«

Drogenkonsum sollte wie jedes andere nicht fremdschädigende Verhalten der Bürger als Bestandteil der grundgesetzlich gewährleisteten, allgemeinen Handlungsfreiheit gewertet werden. Drogenarbeit sollte zum einen eine strafrechtsfreie, sachgerechte Aufklärung über sinnvolle Gebrauchs- und Genußformen und die Risiken des Drogenkonsums sowie einen spezifischen Jugendschutz leisten (»Prävention«). Sie sollte zum anderen die wirklichen Schadensbedingungen des Drogengebrauchs analysieren und offen benennen sowie mit – in nichts die Menschenwürde verletzenden – medizinischen, therapeutischen und sozialen Angeboten und Maßnahmen dort zur Verfügung sein, wo Menschen aus freien Stücken Hilfe suchen.

Unsere konkrete Utopie:

Das »Projekt Drogen-Leitfaden« trägt nun LOTHAR FIETZEK, schon an den Auflagen 1 – 3 mitarbeitend, aus arbeitsteiligen Gründen voll mit. Der Leitfaden (Band 12) zeigt sich in der gänzlich überarbeiteten 4. Auflage stark verändert (und zudem durch zwei Geschwister, Band 12.1 und Band 37, s. u.) sinnvoll ergänzt:

Überarbeitung des Leitfadens

– Die erheblichen Strafrechtsverschärfungen, die sozialrechtlichen und sonstigen Veränderungen in Drogenpraxis und Drogenintervention sind umfassend eingearbeitet worden.

– Die Frauenperspektive kam in früheren Auflagen zu kurz, erschien eher angehängt, in gewisser Weise symptomatisch für die gesamte Stellung frauenspezifischer Ansätze in der Drogenarbeit. JUTTA JACOB hat nun die Frauendrogenarbeit in ihren wesentlichen Aspekten gebührend in die 4. Aufl. eingebracht.

Frauenperspektive

– Der Materialienteil (optisch abgesetzt auf grünem Papier) ist praxisbezogen erweitert und aktualisiert: Einschlägige Gesetze in Auszügen, NUB-Richtlinien, Übersicht zu den Drogenwirkungen, Formulare zur Beantragung von Reha-Maßnahmen, Langzeittherapie und Methadonbehandlung, Literaturzusammenstellung etc.

Materialienteil

Der Zugewinn des Leitfadens an inhaltlicher Tiefe und Breite erforderte auch formal und gestalterisch neue Schritte:

– Der Leitfaden ist typographisch vollkommen neu, deutlich lese- und gebraucherfreundlicher gestaltet: Weniger kompress gesetzter Text, lebende Kolumnentitel und Marginalien er-

neue Typographie

leichtern die Orientierung ebenso, wie kapitelbezogene Querverweise, das ausführliche Inhalts- und das Sachwortverzeichnis einen schnellen und zielsicheren Zugriff ermöglichen.

– Das aktualisierte Adreß- und Angebotsverzeichnis der 2.282 »Einrichtungen der Drogenhilfe« (bisher Kapitel 4 des Leitfadens) mußte aufgrund der erheblichen Umfangsteigerung ausgekoppelt werden. Es ist nun als 96seitiger Ergänzungsband und auch – zeitgemäß – als Diskettenversion erhältlich. (Band 12.1: ARCHIDO / FACHHOCHSCHULE FRANKFURT AM MAIN: Einrichtungen der Drogenhilfe · Verzeichnis der Adressen und Angebote · MS DOS-Datenbank auf Diskette. Die Datenbank-Software steuerte das BREMISCHE INSTITUT FÜR WOHLFAHRTSPFLEGE bei.) Damit werden Handlichkeit und Nutzbarkeit dieser kleinen praktischen Hilfe alltagsgerecht erhöht. Im Zuge der notwendigen »Verschlankung« des Leitfadens (von bisher 416 auf nunmehr 464 Seiten!) wurde auch das »Wörterbuch des Drogen-Jargons« herausgenommen; es bleibt in den bisherigen drei Auflagen nachlesbar.

– Der Leitfaden »Drogenpraxis, Drogenrecht, Drogenpolitik« wird in seiner Verbraucherorientierung zudem konsequent ergänzt durch den parallel erscheinenden Band 37: »Risiko mindern beim Drogengebrauch – Drogenwirkungen · Safer Use · Notfallhilfe · Safe Sex · Prävention · Peer Support«, herausgegeben von JAN-HENDRIK HEUDTLASS, HEINO STÖVER und PETRA WINKLER. Alle drei Publikationen verdanken viel der Verknüpfung mit ARCHIDO, dem bundesweit einzigartigen Dokumentationszentrum für Drogenliteratur. Sie stützen sich ebenso gewinnbringend auf die praktischen Arbeitszusammenhänge mit »akzept e. V. – Bundesverband für akzeptierende Drogenarbeit und humane Drogenpolitik«, mit der »Deutschen AIDS-Hilfe« und dem langjährigen Bremer Forschungszusammenhang, der seit zwei Jahren als interdisziplinäres »Bremer Institut für Drogenforschung« (BISDRO) an der Universität institutionalisiert ist.

Den praktischen Bezug des Leitfadens sichern – bzw. den Finger am Puls des Drogenalltags haben vor allem die vielen DrogengebraucherInnen, DrogenberaterInnen, Ärztinnen und Ärzte, JuristInnen wie ForscherInnen, die mit dem Leitfaden arbeiten und uns Rückmeldungen geben. Ihnen sei hier ausdrücklich gedankt. Auf ihre Mitarbeit bleiben wir auch zukünftig angewiesen. Wir bitten daher Korrekturen, Anregungen, Erfahrungsberichte, Dokumente, graue Literatur etc. in bewährter Weise an uns z. H.: Prof. Dr. Lorenz Böllinger, Universität Bremen, Fachbereich Rechtswissenschaften, PF 33 04 40, 28334 Bremen, oder ans: ARCHIDO, c/o Universität Bremen, Fachbereich 8, Dr. Heino Stöver, PF 33 04 40, 28334 Bremen, zu schicken.

Bremen/Frankfurt am Main, im April 1995

Lorenz Böllinger
Heino Stöver
Lothar Fietzek

INHALT

1		Was will der Leitfaden für Drogenbenutzer, Eltern, Drogenberater, Ärzte, Juristen? **19**
2		Wie kommt's, was kann man tun? – Erscheinungsformen und Bedingungen des Drogengebrauchs · Eingriffskonzepte · Alternativen **22**
2.1		Drogengebrauch hat Geschichte **22**
2.2		Begriffe, Definitionen **24**
2.3		Drogenproblem oder Drogenpolitikproblem? **29**
2.3.1		Der generalpräventive Anspruch **31**
2.3.1.1		Der Verfolgungsapparat **33**
2.3.1.2		Der Markt: Schwarzmarkt-Kapitalismus **35**
2.3.1.3		Die Zielgruppe der Strafverfolgung: Verfehlt! **37**
2.3.2		Der spezialpräventive Anspruch **38**
2.3.3		Die Folgen für die Konsumenten **41**
2.3.3.1		Gesundheitliche und soziale Verelendung **41**
2.3.3.2		Der sogenannte Drogentod **43**
2.3.3.3		Kriminalisierte Subkultur **45**
2.3.4		Die Folgen für die Gesellschaft **46**
2.3.5		Zum Elend von Drogenhilfe und Prävention unter Prohibitionsbedingungen **49**
2.3.5.1		Drogenhilfe: Arbeit an den gesundheitlichen, sozialen und ökonomischen Folgen der Prohibition **49**
2.3.5.2		Prävention vor dem Hintergrund staatlicher Doppelmoral? **51**
2.3.6		Warum sich Drogenabhängige so gut als Sündenböcke eignen? **53**
2.4		Doppelstigmatisierung und doppeltes Leid: Drogen und AIDS **55**
2.4.1		HIV-Übertragung **55**
2.4.2		Veränderung des Risikoverhaltens unter i. v. Drogengebrauchern **57**
2.4.3		Prävalenz und Inzidenz von HIV und AIDS **57**
		AIDS-Fallregister – Meldungen nach der Laborberichtspflicht **57**
2.4.3.1		Prävalenz in der Gruppe der i. v. Drogenabhängigen **58**
2.4.3.2		Prävalenz illegalen Drogengebrauchs und viraler Infektionen (HIV u. Hepatitis) im Strafvollzug **60**
2.4.3.2.1		HIV-Infektion **61**
2.4.3.2.2		Hepatitis-Infektion **62**
2.4.4		Prognosen für die Drogenarbeit **63**
2.5		Stand der Wissenschaft: Drogengebrauch – Ursachen, Verlauf, Beendigung **64**
2.5.1		Zum Stand der Opiat- und Cannabisforschung **65**
2.5.2		Medizinisch-psychiatrische Aspekte **67**
2.5.3		Individualpsychologische Erklärungsansätze **70**
2.5.3.1		Persönlichkeitspsychologischer Ansatz **70**
2.5.3.2		Psychoanalytischer Ansatz **70**
2.5.3.3		Lerntheoretischer Ansatz **73**
2.5.4		Gesellschaftszentrierte Erklärungsansätze **75**
2.5.4.1		Soziologische Ansätze **75**
2.5.4.2		Soziale Kontrolle und Kolonialisierung von Lebenswelt **76**
2.5.4.3		Sozioökonomische Aspekte **77**
2.5.4.4		Etikettierungsansatz (»labeling approach«) **78**
2.5.5		Sozialpsychologische Aspekte **78**

2.5.6	Kriminologische Aspekte **79**	
2.5.7	Der kontrollierte Heroingebrauch **79**	
2.5.8	Ausstiegsprozesse aus der Drogenabhängigkeit **81**	
2.6	**Diskussion: Verstehen statt Erklären! 83**	
2.6.1	Bringen die Erklärungsversuche denn was? **83**	
2.6.2	Eine brauchbare theoretische Grundlegung: Das »Karriere-Modell« **84**	
2.7	**Was wird getan? – Theorie und Praxis der Intervention bei Drogenabhängigkeit 88**	
2.7.1	Strategien der Drogenkontrolle **88**	
2.7.2	Die Umsetzung des Abstinenz-Paradigmas in Deutschland **88**	
2.7.2.1	Prävention **90**	
2.7.2.1.1	HIV/AIDS-Prävention **94**	
2.7.2.2	Die therapeutische Kette – Kette für die Betroffenen? **95**	
2.7.2.2.1	Kontaktphase **96**	
2.7.2.2.2	Entzugsphase – bei körperlich abhängig machenden Drogen **97**	
2.7.2.2.3	Entwöhnungsphase **100**	
2.7.2.2.4	Nachsorgephase **104**	
2.7.2.3	»Kompakt-Therapie« **108**	
2.7.3	Ambulante, »außerstationäre« Therapie – Möglichkeiten zur Entstigmatisierung und Normalisierung? **109**	
2.7.3.1	Ambulante Therapie im Spannungsfeld therapeutischer und juristischer Bedingungen **110**	
2.7.4	Therapiekonzepte im engeren Sinne: Psychotechnik **111**	
2.7.4.1	Verhaltenstherapeutische Programme: Konditionierung **112**	
2.7.4.2	Kritik an der Langzeittherapie **113**	
2.7.4.3	Psychoanalytisch begründete Therapieansätze **114**	
2.7.4.4	Diskussion: Die Frage des »Erfolges« **116**	
2.7.5	Die Substitutionsbehandlung **119**	
	1. Gesundheitliche Stabilisierung **120**	
	2. Soziale Stabilisierung **121**	
2.7.5.1	Die Rahmenbedingungen der Substitutionsbehandlung **122**	
	Die unterschiedlichen Länderpraktiken **124**	
2.7.5.2	Die Substitutionsbehandlung mit Codeinpräparaten **126**	
2.7.5.3	Wie werden Substitutionsbehandlungen durchgeführt? **127**	
2.7.5.4	Substitutionsbehandlung im Strafvollzug **129**	
2.7.6	Die Frauenperspektive **Von Jutta Jacob 129**	
2.7.6.1.	Entwicklung und Hintergründe des Frauenansatzes in der Drogenhilfe **129**	
2.7.6.2.	Zur Standortbestimmung feministischer und frauenspezifischer Ansätze **131**
2.8	**Drogenhilfe: Was könnte getan werden? – Alternativen 132**	
2.8.1	Akzeptierende Drogenarbeit **132**	
2.8.2	Praxis akzeptierender Drogenarbeit **135**	
2.8.2.1	Prävention – aber anders! **135**	
2.8.2.1.1	Infektionsprophylaxe **139**	
2.8.2.2	Kontaktläden, Szene-Cafés **142**	
2.8.2.3	»Druckräume«: Angebote, in denen der intravenöse Drogenkonsum toleriert wird **142**	
2.8.2.4	Streetwork und aufsuchende Sozialarbeit **145**	
2.8.2.5	Übernachtungsstätten **146**	
2.8.2.6	Frauenspezifische Angebote **147**	
2.8.2.7	Selbsthilfeorganisationen und »alternativer Lebensstil« **147**	
2.8.2.8	Alternative Entzüge **150**	
2.8.2.9	Wie können sich Nichtbenutzer beteiligen? **151**	
2.9	**Drogenpolitik: Was könnte getan werden? – Alternativen 152**	
2.9.1	Entkriminalisierung – Legalisierung **152**	
2.9.1.1	Immanente Verbesserungen des BtMG **153**	
2.9.1.2	Diversifizierte Opiatabgabe **156**	

2.9.1.2.1	Erfahrungen im Ausland **159**	
2.9.1.2.2	Ansätze zur Originalstoffabgabe in der Bundesrepublik **163**	
2.9.1.3	Verbesserung der Substitutionsangebote **165**	
2.9.1.4	Trennung der Märkte **168**	
2.9.1.5	Ausdehnung des Opportunitätsprinzips **169**	
2.9.1.6	Herauslösung einzelner Straftatbestände aus dem Strafrecht **171**	
2.9.1.7	Abschaffung des Behandlungsteils des Betäubungsmittelgesetzes **172**	
2.9.2	Verfassung und ganzheitliche Drogenpolitik **172**	
2.9.3	Internationale Verträge **177**	
2.9.4	Alternative Formen der Drogenkontrolle **178**	
	1. Selbstregulierungsmechanismen: **179**	
	2. Alternative gesellschaftliche Kontrollen: **180**	
2.10	**Zum Prozeß von Drogenabhängigkeit und Kriminalisierung 181**	
	Verlaufsschema **182**	
3	**Recht: Drogen-Un-Recht – und wie man recht bekommen kann 184**	
3.1	**Strafrecht: Betäubungsmittelgesetz (BtMG), BtM-Verschreibungs-Verordnung (BtMVV) und Strafgesetzbuch (StGB) 184**	
	Wie werden die Strafvorschriften angewandt? **185**	
3.1.1	Das Strafkonzept des BtMG **186**	
3.1.1.1	Vergehenstatbestände des § 29 BtMG **187**	
3.1.1.1.1	§ 29, Abs. 1 Nr. 1 – 5, 14: Jedweder Umgang – außer Konsum **187**	
3.1.1.1.2	§ 29, Abs. 1 Nr. 6, 7: Abgabe durch Ärzte und Apotheker – Strafrecht und Substitutionstherapie **188**	
3.1.1.1.3	§ 29 Abs. 1 Nr. 14: Verstoß gegen die BtM-Verschreibungsverordnung **192**	
3.1.1.1.4	§ 29 Abs. 1 Nr. 8, 12: Werben und öffentlich auffordern **194**	
3.1.1.1.5	§ 29 Abs. 1 Nr. 10, 13: Gelegenheit und Geldmittel verschaffen – Strafrecht und »Fixer-Räume« **195**	
3.1.1.1.6	§ 29 Abs. 3: »Besonders schwere Fälle«: Gewerbe – Bande – Gesundheitsbeschädigung **196**	
3.1.1.1.7	§ 29 Abs. 4: Fahrlässigkeit **198**	
3.1.1.2	Verbrechenstatbestände **198**	
3.1.1.2.1	§ 29a: Jugendschutz – »Nicht geringe Menge« **198**	
3.1.1.2.2	§ 30: Bande – Gewerbe – Todesverursachung durch Abgabe – Einfuhr »nicht geringer Menge« **200**	
3.1.1.2.3	§§ 30a, 30b: Gegen »Organisierte Kriminalität« **202**	
3.1.1.3	Opiatabgabe und -verabreichung als Straftat **203**	
3.1.1.4	Beschaffungs-, Folge- oder Begleitkriminalität **204**	
3.1.1.5	Drogen, Straßenverkehr und Strafrecht **205**	
3.1.1.6	Strafbar ist fast alles – auch Drogen-Check und Stoff-Analyse **207**	
3.1.2	Wie läuft das Strafverfahren ab? **209**	
3.1.2.1	Das Ermittlungsverfahren – Wie verhält man sich gegenüber der Polizei? **209**	
3.1.2.1.1	Hausdurchsuchung und Personendurchsuchung: §§ 102 – 110 StPO **209**	
3.1.2.1.2	Körperliche Untersuchung (§ 81a StPO) – Beschlagnahme: §§ 94 – 98 StPO **212**	
3.1.2.1.3	V-Leute und polizeiliche Aufrüstung – die Falle im Rechtsstaat **214** Weitere Fahndungsmethoden **216**	
3.1.2.1.4	Vernehmungen durch die Polizei **216** Verbotene Vernehmungsmethoden **217**	
3.1.2.1.5	Festnahmen und Verhaftungen: §§ 112 ff. StPO **217** Verhalten bei Festnahme und Verhaftung **218**	
3.1.2.1.6	Psychiatrisierung I: Vorläufige Unterbringung **220**	
3.1.2.1.7	Wie besorgt man sich einen Anwalt? **220**	
3.1.2.1.8	Therapie im Vorfeld der Hauptverhandlung **222**	

3.1.2.1.9	Einstellung des Strafverfahrens: §§ 31a, 29 Abs. 5 BtMG – Das Problem der »geringen Menge« **222**	
3.1.2.2	Die Hauptverhandlung **225**	
3.1.2.2.1	Anklageschrift und Eröffnung des Hauptverfahrens **225**	
3.1.2.2.2	Gang der Hauptverhandlung: §§ 226 ff. StPO **225**	
3.1.2.2.3	V-Leute: Phantome in der Hauptverhandlung **227**	
3.1.2.2.4	Der Kronzeuge: Aufklärungsgehilfe nach § 31 BtMG **228**	
3.1.2.3	Zum Problem der Vernehmungsfähigkeit **229**	
3.1.2.4	Psychiatrisierung II: Die Feststellung der Schuldfähigkeit **230**	
3.1.2.4.1	Voraussetzungen der Psychiatrisierung **230**	
3.1.2.4.2	Was hat man vom Gerichtspsychiater oder Gerichtspsychologen zu erwarten? **231**	
3.1.2.4.3	Beobachtungsunterbringung: §§ 81 StPO, 73 JGG **233**	
3.1.2.4.4	Was machen psychiatrische und psychologische Gutachter – mit welchen Methoden arbeiten und wie beurteilen sie? **233**	
3.1.3	Was kommt mit dem Urteil und danach? – »Rechtsfolgen« **236** Was macht man gegen ein Strafurteil? **238** Wie ist das mit dem Etikett »VORBESTRAFT«? **238** Was geschieht nach einer Verurteilung? **239**	
3.1.3.1	»Therapie statt Strafe«: §§ 35 ff. BtMG **239**	
3.1.3.1.1	Zurückstellung der Strafvollstreckung: § 35 BtMG – Erläuterungen **240**	
3.1.3.1.2	Anrechnung und Strafaussetzung zur Bewährung: § 36 BtMG – Erläuterungen **246**	
3.1.3.1.3	Absehen von der Verfolgung: § 37 BtMG – Erläuterungen **250**	
3.1.3.2	Strafaussetzung zur Bewährung mit Therapieweisung: §§ 56 ff. StGB **251**	
3.1.3.3	Drogenbenutzer im Strafvollzug: Ein gesellschaftlicher Skandal **256**	
3.1.3.3.1	Zur Situation Drogenabhängiger im Regelvollzug **256**	
3.1.3.3.2	Strategien zur »Lösung des Problems Drogenabhängige im Strafvollzug« **260**	
3.1.3.3.3	Alternativen im Strafvollzug? **268**	
3.1.3.4	Wie setzt man seine Rechte durch? – Rechte der Drogenabhängigen im Strafvollzug **269**	
3.1.3.4.1	Strafhaft **269**	
3.1.3.4.2	Rechtsmittelkosten, Prozeßkostenhilfe und Beratungshilfe **269**	
3.1.3.4.3	Einzelne Rechtsfragen, die Drogenabhängige im Strafvollzug betreffen **270** Urlaubsprobleme · Gesundheitsfürsorge **270** Anspruch auf Behandlung? **273**	
3.1.3.5	Psychiatrisierung III: Drogenabhängige im Maßregelvollzug **274**	
3.1.3.5.1	Maßregeln der Besserung und Sicherung: §§ 61 ff. StGB **274**	
3.1.3.5.2	Maßregelvollzugsgesetze **275**	
3.1.3.5.3	Modelle des Maßregelvollzugs – »Drogenknäste« II **276**	
3.1.3.5.4	Modelle in der Praxis **278**	
3.1.4	Zum Problem der Zwangstherapie **280** Die gängigen Argumente für Zwangstherapie **280** Die gängigen Argumente gegen Zwangstherapie **281** Diskussion der verschiedenen Argumente **282**	
3.2	**Außerstrafrechtliche Rechtsfolgen: Nicht nur das Strafrecht straft 285**	
3.2.1	Psychiatrisierung IV: Unterbringung nach den Freiheitsentziehungsgesetzen **285** Die Landesgesetze im einzelnen **285** Beispiel Hessen **286**	
3.2.1.1	Die klassische, langfristige Unterbringung: §§ 2 ff. HFEG **287**	
3.2.1.2	Beobachtungsunterbringung: § 8 HFEG **288**	
3.2.1.3	Einstweilige Unterbringung: § 9 HFEG **288**	
3.2.1.4	Unterbringung wegen Gefahr im Verzug: § 10 HFEG **289**	
3.2.1.5	Wie sieht die Unterbringungspraxis aus? **289**	
3.2.1.6	Wie setzt man seine Rechte durch? – Rechtsbehelfe in der Psychiatrie **291**	
3.2.2	Psychiatrisierung V: Familienrechtliche Unterbringung durch gesetzliche Vertreter oder Vormünder **291**	

3.2.3	Jugendhilferechtliche Zwangsmaßnahmen: Wenn die Eltern alleine nicht mehr zurechtkommen **293**	
	Jugendstrafrecht: **293**	
	Vormundschaftsrecht: **294**	
3.2.4	Entziehung der Fahrerlaubnis: Lebens- und Berufseinschränkungen **294**	
3.2.5	Weitere Rechtsfolgen des Auffälligwerdens als Drogenabhängiger **296**	
	Zoll- und Abgabenrecht **296**	
	· Arbeitsrecht · Ehegesetz · Familienrecht · Unfallversicherung: **297**	
3.3	**Die Rechte und Pflichten der Helfer 298**	
3.3.1	Der Status der Berufsgruppen **298**	
3.3.1.1	Der Arzt **298**	
3.3.1.1.1	Recht des Arzt-Patient-Verhältnisses **298**	
3.3.1.1.2	Das Recht der Methadon-Behandlung **300**	
	Methadon-Substitution **301**	
	Dihydrocodein-Substitution **306**	
3.3.1.1.3	Berufs- und kassenrechtliche Sanktionen **307**	
3.3.1.2	Der Psychologe **307**	
3.3.1.3	Sozialarbeiter/Drogenberater **308**	
3.3.1.4	Erzieher und Laienbetreuer **308**	
3.3.2	Die relevanten Rechte und Pflichten **309**	
3.3.2.1	Die Verschwiegenheitspflicht: § 203 StGB **309**	
3.3.2.2	Das Zeugnisverweigerungsrecht (ZVR) gem. §§ 53 ff. StPO **310**	
	Der Berater als Gutachter **311**	
	Schutz der Unterlagen und Aufzeichnungen über die Beratung **311**	
3.3.2.3	Begünstigung und Strafvereitelung **311**	
3.3.2.4	Datenschutz **312**	
	Muster des EBIS-Karteikartensystems **314**	
	Schaubild zum Datenschutz – SGB X **317**	
3.3.2.5	Die Führung von Geschäften für den Klienten **318**	
3.3.2.6	Rechtsberatung für den Klienten **318**	
3.3.2.7	Kollisionen mit dem elterlichen Sorgerecht **319**	
3.3.2.8	Rechtsfragen aus dem Verhältnis des Trägers des Beratungsdienstes zu den Mitarbeitern **319**	
4	**Hilfen – von wem und wie man sie bekommt 321**	
4.1	**Hilfen staatlicher oder privater sozialer Einrichtungen und Versicherungen 321**	
4.1.1	Krankenversicherung und Krankenhilfe **321**	
	Krankenpflege · Krankenhauspflege **322**	
	Kuren – Rehabilitation · Häusliche Krankenpflege und Haushaltshilfe · Häusliche Pflegehilfe · Krankengeld **323**	
	Sterbegeld **324**	
	Zuzahlungspflicht · Krankenhilfe **325**	
4.1.2	Lohnfortzahlung **325**	
4.1.3	Unfallversicherung **325**	
4.1.4	Rentenversicherung **326**	
	Maßnahmen zur Rehabilitation **326**	
	Rentenzahlung **327**	
4.1.5	Arbeitslosenversicherung und Arbeitsförderung **327**	
4.1.6	Sozialhilfe: Letztlich hilft die »Stütze«! **327**	
4.1.6.1	Vor einer Therapie **327**	
4.1.6.2	Während einer Therapie **327**	
	Kostenbeiträge der Eltern: **329**	
4.1.6.3	Nach Entlassung aus stationärer Behandlung oder Haft **329**	
4.1.6.4	Antragstellung – Mitwirkungspflichten **330**	
4.1.7	Jugendhilfe **331**	

Inhalt

4.1.8	Unterhaltsansprüche **332**	
4.1.9	Schuldentilgungs-Fonds **333**	
4.2	**Wer vermittelt Hilfen und wer trägt die Kosten? 333**	
4.2.1	Wohin wendet man sich zuerst? – Information und Beratung **333**	
4.2.2	Wenn der drogenabhängige Klient eine Langzeittherapie machen will **334**	
4.2.2.1	Aufgaben des Drogenabhängigen **334**	
4.2.2.2	Aufgaben der Drogenberatungsstelle **334**	
	Schwierigkeiten für AIDS-Kranke? **335**	
4.2.2.3	Arbeitsgemeinschaften zur Rehabilitation Suchtkranker (AGSU) **335**	
4.2.2.4	Wenn Versicherungen nicht Mitglied der AGSU sind **337**	
4.2.2.5	Vorläufige Leistungen **337**	
4.2.3	Wenn man eine ambulante Psychotherapie machen will **338**	
4.2.4	Wenn man eine Ausbildungs- und Berufsförderung will **340**	
4.2.5	Wie setzt man seine Rechte durch? **341**	
4.2.5.1	Gegen Träger der Sozialversicherung **341**	
4.2.5.2	Gegen Sozialhilfeträger **342**	
5	**Materialien 345**	
5.1	**Betäubungsmittelrecht 345**	
5.1.1	Gesetz über den Verkehr mit Betäubungsmitteln (Betäubungsmittel-Gesetz – BtMG) – Auszug **345**	
5.1.2	Anlagen zu § 1 Abs. 1 BtMG: Drogen-Liste **352**	
	ANLAGE I: Nicht verkehrsfähige BtM **353**	
	ANLAGE II: Verkehrsfähige, aber nicht verschreibungsfähige BtM **354**	
	ANLAGE III: Verkehrsfähige und verschreibungsfähige BtM **355**	
5.1.3	BtM-Verschreibungsverordnung (Auszug) **355**	
5.2	**Strafgesetzbuch (Auszug) 359**	
5.3	**Sozialrecht 359**	
5.3.1	Sozialgesetzbuch (SGB V) – Gesetzliche Krankenversicherung (Auszug) **359**	
5.3.2	NUB-Richtlinien Richtlinien zur Methadon-Substitutionsbehandlung bei i. v. Heroinabhängigen **360**	
5.3.3	Ärztekammer-Richtlinien für die Codein-Substitution **363**	
5.4	**Formulare, Formulare – Übersicht 365**	
5.5	**Praxis des Drogengebrauchs 415**	
5.5.1	Drogenübersicht – Wirkungen und Eigenschaften **415**	
5.5.2	Safe Use – Risikominderung – Elemente einer nichtdestruktiven Drogenkultur **415**	
	Drogen – Anwendung, Eigenschaften, Wirkungen **416**	
5.6	**Literaturverzeichnis 425**	
5.6.1	Ratgeber, Handbücher, Kommentare **425**	
5.6.2	Periodika im Drogen- und AIDS-Bereich **426**	
5.6.3	Fremdsprachige Publikationen **427**	
5.6.4	Verwendete Literatur **427**	
	Sachwortverzeichnis 442	

1 WAS WILL DER LEITFADEN FÜR DROGENBENUTZER, ELTERN, DROGENBERATER, ÄRZTE, JURISTEN?

Drogenmißbrauch, Rauschgiftwelle, Suchtgifte, Jugendseuche, Drogenkriminalität, Herointote auf Bahnhofstoiletten, Fixer als AIDS-Risikogruppe, neue gefährliche Superdrogen etc. sind Begriffe aus Schlagzeilen, die sich seit Jahren in der fachlichen und nicht-fachlichen Medienlandschaft häufen, nur zeitweilig verdrängt von Meldungen über atomare und chemische Umweltkatastrophen oder die politischen Umwälzungen im Osten. Sie lösen in uns Gefühle von dumpfem Unbehagen bis zu hellem Schrecken, von ohnmächtiger Resignation bis zu missionarischem Rettungseifer aus. Als Praktiker, Dozenten und Studenten der Sozialarbeit/Sozialpädagogik, des Rechts, des Gesundheitswesens fühlen wir uns berufen, uns mit sozialen Problemen vorbeugend und helfend zu befassen, zu »intervenieren«, einzugreifen.

Schlagzeilen

Der Konsum illegaler Drogen scheint ein soziales Problem von großer historischer Bedeutung zu sein: Es geht angeblich um die Rettung der Jugend, der Gesellschaft vor einer globalen »Seuche«, dem »Bösen an sich«, so scheint es. Oder, eher linksorientiert: Es geht darum, den Verlust der sozialen und politischen Handlungsfähigkeit zu verhindern. Jedenfalls will keiner zusehen, wie zunehmend junge Leute »abgleiten«, in das »Elend«, den »Dschungel« oder »Nihilismus« des Drogenkonsums aussteigen, gewisse Wertvorstellungen und Normensysteme »eskapistisch« hinter sich lassen.

Konsum illegaler Drogen

Die Medienberichterstattung löst in uns Befürchtungen aus, von der »Drogenwelle« und – in deren Gefolge – der AIDS-»Seuche« überflutet zu werden. Die eigenen Kinder, ja man selbst könnte infiziert werden von dieser »modernen Pest«, die angeblich schon an den Schuleingängen lauert. So wie im Mittelalter geschaut wurde, ob sich die Pest durch die blau unterlaufenen Fingernägel ankündigte, wird heute nach dem modernen Stigma, der Einstichstelle, gesucht und ein AIDS-Test ins Auge gefaßt, wenn das Kind zu spät nach Hause kommt oder die Polizei eine Razzia im Jugendzentrum macht. Oder: man erhält den Arbeitsplatz nur noch, wenn der Drogen-Test negativ ausfällt.

»Drogenwelle« und AIDS-»Seuche«

Das grelle Vokabular der Medien und Autoritäten läßt uns jedoch skeptisch werden und überlegen, warum dem Thema illegale Drogen soviel Aufmerksamkeit gewidmet wird, warum gar an Teuflisches oder an Hexen gemahnt wird. Wir »Experten für soziale Probleme« wissen außerdem, daß eine gewisse Skepsis eigenen Berufsvorstellungen gegenüber ebenso angebracht ist wie gegenüber den Aufgaben und Berufsfeldern, wie sie von Staat und Gesellschaft »angeliefert« werden: Zum einen übernehmen wir zu oft unhinterfragt vom Arbeitgeber »Staat und Gesellschaft« dessen Definition sozialer Probleme, die in Wirklichkeit Problemver-

»Experten für soziale Probleme«

Problemverschiebungen und Sündenbockzuschreibungen	schiebungen und Sündenbockzuschreibungen sind, d. h. Umdeutungen der Folgen gesellschaftlicher Mißstände in individuell verursachtes und selbstverschuldetes Leid. Zum anderen besteht die Gefahr, daß wir an den Klienten Probleme lösen, Sünden ausrotten wollen, die eigentlich – mehr oder weniger ausgeprägt – auch unsere eigenen sind oder zumindest sein könnten. Manches von dem, für dessen Verhütung wir bezahlt werden, ist gar kein wirkliches Problem, sondern dient Herrschaftsinteressen ebenso wie der Erhaltung von Pfründen und Einkommensquellen – auch für Helfer. Es scheint, daß das zeitweilige Interesse der Linken am Drogenverzicht, nämlich das Bemühen um die Erhaltung politischer Widerstandskraft, vom Staat inzwischen vereinnahmt und zwecks sozialer Kontrolle von Abweichung und Protest umgebogen worden ist.
Herrschaftsinteressen	
Theorien und Forschungsergebnisse: zynischer und selektiver Umgang	Auffällig am Phänomen Drogenabhängigkeit ist, daß dazu eine Reihe wissenschaftlicher Theorien und Forschungsergebnisse vorliegen, daß diese aber im gesellschaftlichen, insbesondere im rechtlichen Umgang in zynisch anmutender Weise kaum bzw. einseitig und selektiv im Sinne der »totalen Therapie« Niederschlag gefunden haben. Auffällig ist weiter, daß diesem Problem im Vergleich zu anderen, z. B. Selbstmord, Alkoholkrankheit und alkoholbedingter Verkehrs- und sonstiger Kriminalität, durch Umweltverschmutzung verursachten Gesundheitsschädigungen etc., die doch offensichtlich in viel größerem Ausmaß »sozialschädlich« sind, ein so hoher Stellenwert zukommt.
Helfer und Juristen	Die sozialen und therapeutischen Helfer, aber auch die Juristen als professionelle »Werte-Wahrer«, sollten nicht an gesellschaftlichen Mythen mitstricken und zu Mitträgern eines Verfestigungskreislaufs werden, der viele Menschen erst zu Klienten, also Hilfs-
Drogenbenutzer	bedürftigen werden läßt. Und die betroffenen Drogenbenutzer sollten die gesellschaftlichen Rollen- und Schuldzuschreibungen zurückweisen. – Aber damit ist das Problem nicht aus der Welt. Juristen müssen von Amts wegen auf die dem Konsum illegaler Drogen zugeschriebene Infragestellung der staatlichen Ordnung
Resozialisierung	reagieren und die Voraussetzungen für eine »Resozialisierung« schaffen. Drogenberater müssen auf ausdrückliche oder im Abhängigsein versteckte Hilfsappelle von Betroffenen reagieren und so auch einen Teil der gesellschaftlichen Verantwortung für soziale Probleme und Mißstände mit übernehmen. Drogenabhängige müssen sich ständig neu ökonomischen, rechtlichen, therapeutischen und zunehmend AIDS betreffenden Fragen stellen. Deshalb haben wir diesen Ratgeber gemacht, der nach Möglichkeit zu allen Aspekten des Drogenproblems kritische Hintergrundinformation mitliefert bzw. auf solche verweist.
staatliche Drogenpolitik	Die offizielle Drogenberatung und -therapie ist ebenso wie das Betäubungsmittelgesetz (BtMG) Teil staatlicher Drogenpolitik, also der sozialen Kontrolle. Deshalb beschäftigen wir uns hier ausschließlich mit den illegalen Drogen und nur ganz am Rande mit
illegale und legale Drogen	den legalen – wie Alkohol und ärztlich verordneten Medikamenten, die nicht individuell schädlich wirken können, sondern, ge-

sellschaftlich betrachtet, die illegalen Drogen an Schädlichkeit um ein Vielfaches übertreffen.
Wie für jede menschliche Verhaltensweise gilt das Spektrum »angemessen« bis »unangemessen«, »unschädlich« bis »schädlich« auch für den Konsum von illegalen, ja sogar von »harten« Drogen. Deshalb betonen wir den Unterschied von (selbst-)kontrolliertem Drogengebrauch und abhängig machendem Drogenmißbrauch. Wir sehen die Grenzen zwischen diesen Praktiken als fließend und uneindeutig: je nach Konstitution, momentanem Befinden und sozialem Umfeld kann die Drogeneinnahme angemessen oder mißbräuchlich sein. Es gibt den behaupteten Automatismus »vom einmaligen Heroin-Schuß zum Heroin-Tod« nicht, sondern vielfältige Zustände, häufige Zustandsänderungen und langfristige Prozesse und Tendenzen zwischen den Polen Abhängigkeit und Abstinenz.

Drogenkonsum: von (selbst-) kontrolliert bis abhängig machend

Die Probleme des Drogenmißbrauchs sind gesellschaftlich produziert

Die realitätsverzerrende Definition der Drogenabhängigkeit in Kopplung mit der staatlichen Definitionsmacht bestimmt die offizielle Drogenpolitik, den »Krieg gegen die Drogen«, der zugleich ein Krieg gegen bestimmte Abweichungen und Lebensstile ist. Im Krieg unterliegen Vernunft, wissenschaftliche Erkenntnisse und demokratische Prinzipien bekanntlich der Durchsetzungskraft von Affekten, Interessen, Einstellungen, Kampfstrategien und scheinbaren technologischen Sachzwängen. Drogenpolitisch stehen sich (auch im Lager der Helfer) idealtypisch zwei Positionen gegenüber: Die eine erstrebt die Drogenfreiheit der Gesellschaft und übersieht etwas blauäugig die historische und geographische Allgegenwart von Drogen. Die andere Position bestreitet der Gesellschaft und dem Staat das Recht des Eingriffs in die individuelle Lebensgestaltung auch bei Selbstschädigung, und hält solche Eingriffe im übrigen für ineffizient. Wo man sich zwischen diesen Polen einordnet, bleibt jedem selbst überlassen. Wir versuchen im folgenden dazu beizutragen, diese Entscheidung auf eine rationale Grundlage zu stellen. Unsere Thesen sind: Die Probleme des Drogenmißbrauchs sind Resultat der staatlichen und gesellschaftlichen Reaktion auf den Konsum illegaler Drogen, also der Drogenpolitik und nicht des Gebrauchs von Drogen an sich.
Die Drogenhilfe muß vor allem an den Folgen der Kriminalisierung und gesellschaftlichen Ausgrenzung arbeiten. Sie kann an Problemen von abhängigem Gebrauch, so denn hinter den kriminalisierungsbedingten Problemen überhaupt welche bestehen, kaum arbeiten.

offizielle Drogenpolitik

zwei idealtypische Positionen

Unsere Thesen

2 WIE KOMMT'S, WAS KANN MAN TUN? – ERSCHEINUNGSFORMEN UND BEDINGUNGEN DES DROGENGEBRAUCHS · EINGRIFFS- KONZEPTE · ALTERNATIVEN

2.1 Drogengebrauch hat Geschichte

Der Konsum von bewußtseins- und emotionsverändernden Substanzen, aber auch deren gesellschaftliche Regulierungen und Verbote sind so alt wie die Menschheit und kommen in großer Vielfalt in fast allen Kulturen vor (vgl. zur Übersicht VÖLGER 1981). Dokumentiert ist bspw. der Opiatgebrauch seit ungefähr 3.000 v. Chr.: Auf ausgegrabenen Keilschrift-Tontafeln ist die Rede vom »Glück des Schlafmohns«. Allgemeingültige Riten und Bräuche sicherten die Benutzer gegen Gefahren des Mißbrauchs. Über die Motive solchen Verhaltens kann man nur spekulieren: es mag das Hochgefühl kultisch-religiöser Entrückung gewesen sein oder eine Ich-Verwirklichung im Sinne eines Daseins, welches von den harten Realitäten des Alltags abhebt.

bspw. Opiatgebrauch

Drogen und Kulturkreise: z. B. Koka, Qat, Cannabis

Zwar kann man noch heute bestimmte Drogen schwerpunktmäßig Kulturkreisen und geographischen Regionen zuordnen (z. B. Koka-Blätter Südamerika, Qat dem Jemen, Cannabis Indien), jedoch haben Vergesellschaftsprozesse wie Völkerwanderungen, internationaler Handel, Kriege, Kolonialismus, Revolutionen, soziale Bewegungen, Technologieentwicklung, Tourismus, Politik etc. schon seit jeher dafür gesorgt, daß Unterschiede im Gebrauch von Drogen zwischen Kulturkreisen und geographischen Regionen tendenziell verschwanden und der kulturspezifische »gesunde« Gebrauch (z. B. in sakraler Bedeutung in Indianer-Kulturen) verkam. Neuentdeckte Drogen wurden vielfach – nur gegen erheblichen Widerstand – voll integriert. So war der Konsum der neu importierten Drogen Tabak und Kaffee noch im 17. Jahrhundert auf deutschem Gebiet »des Teufels«, mithin als kulturfremd definiert und teilweise mit der Todesstrafe bedroht (zur Geschichte vgl. DÜNKEL 1983; EISENBACH-STANGL in: dies. 1984, S. 159; HESS 1987).

Tabak und Kaffee

Einnahme »kulturfremder« Drogen in Europa

Die europäische Praxis der Einnahme der »kulturfremden« Drogen Opium, Kokain und Haschisch wurde zunächst von den Gewohnheiten der kolonialisierten Länder bestimmt, deren Brauchtum man kopierte. In England griff Anfang des 19. Jh. der exzessive Opiumgebrauch von der herrschenden Klasse teilweise auch auf die Arbeiterklasse über. Die intensivste Anwendungsform, das Injizieren, ist eine spätere Erfindung der Konsumenten in entwickelten Industrieländern (ausführlich: SELLING 1989).

Deutschland

Deutschland war im 19. Jh. nur in relativ geringem Ausmaß an kolonialistischen Eroberungen beteiligt. Statt der fremden Drogen wurde weiterhin Alkohol konsumiert. Der Alkoholismus wurde ein wesentliches Moment des Elends in der Arbeiterklasse. Ex-

Alkoholismus

trem ausbeuterische Arbeitsbedingungen, schlechte Wohn- und zerrüttete Familienverhältnisse bedingten ein immer stärkeres Bedürfnis nach »harten« berauschenden Getränken. Schnapsbrennen wurde ein profitables Geschäft. Zunächst verwendete man teures Korn, dann entdeckte man die Brauchbarkeit der billigeren Kartoffel. Aus der nun möglichen Verbilligung der Herstellung und des Endverkaufspreises resultierte eine größere Verbreitung und eine Steigerung des Konsums. Der erleichterte Zugang wiederum förderte auf Seiten der Konsumenten Dumpfheit gegenüber politischen Ereignissen und der eigenen Situation.

Einen qualitativen Sprung in der Kulturgeschichte der Drogen brachte die Pharmazie: Neben Kaffee und Alkohol traten – insbesondere in Krisenzeiten und Kriegen – Wachmacher und Wachhalter mit immer stärkerer Wirkung. Die pharmazeutische Industrie deckte den Bedarf mit »speed«-Drogen. Der Bedarf für die Gegenwirkung (»downer«) wurde so gleich mitgeschaffen.

Pharmazie

Vor allem die psychischen Leiden rechtfertigten pharmakologische Experimente. Zwar ist der Konsum von Psychopharmaka (Beruhigungs-, Schlaf-, Dämpfungsmittel) immer noch ebenso tabuisiert wie die psychische Störung und Krankheit überhaupt, jedoch wurde der Druck, mit dem sie von den pharmazeutischen Industrien auf den Markt gebracht wurden, immer größer: gegenwärtig sind etwa 2 Millionen Menschen in Westdeutschland medikamentenabhängig – doppelt so viele Frauen wie Männer. Während sich aber die gesellschaftliche Aufmerksamkeit und Verfolgung voll auf die illegalen Drogen richtet, wird dieser Bereich im öffentlichen Bewußtsein verleugnet (VOGT 1981; MERFERTH-DIETE/ SOLTAU 1984).

Psychopharmaka

Immer schwerwiegendere Verwundungen (perfektere Waffentechnik, Industriearbeit etc.) und die Entwicklung der Chirurgie schufen ab Mitte des 19. Jh. einen erhöhten Bedarf an Betäubungsmitteln (Morphium). Es ist noch strittig, wem genau das »Verdienst« gebührt, Heroin erfunden zu haben: Es wurde wohl schon 1874 in England synthetisiert, jedenfalls 1898 vom BAYER-Pharmakologen DRESER zur Produktions- und Marktreife gebracht. Man hatte zwar auch nach nicht abhängig machenden Ersatzmitteln für Morphin gesucht. Maßgeblich war aber wohl der Marktimperativ, an dem riesigen Schmerzmittelgeschäft mitzuverdienen. Entgegen der gängigen Legende wurde Heroin jedenfalls anfangs nicht als Entzugsmittel gegen Morphium verkauft, sondern als Atmungssedativum (DE RIDDER 1991). Es war wegen der besseren Fettlöslichkeit wirksamer als Morphin und wurde in kürzester Zeit international vermarktet. Erst 1921 wurde Heroin gegen den Widerstand des Herstellers unter das damalige Opiumgesetz gestellt, welches wiederum wesentlich auf die vor allem gegen die chinesischen Einwanderer gerichtete repressive Opium-Politik zurückging. Bereits in den 20er Jahren war die pharmazeutische Industrie findig genug, Verbote bestimmter Opiate mit der Herstellung leicht veränderter Ersatzopiate zu umgehen (SCHEERER 1982). Die Industrie war also im Geschäft und produ-

Chirurgie

Heroin synthetisiert

Opiumgesetz

Ersatzopiate

zierte in einem Kreislauf für Suchtabhängige Entzugsmittel, die selber neue Suchtabhängigkeit schufen. Die Marktgesetze der Nachfrageerzeugung waren wirksam, der Kreislauf Sucht-Profit-Sucht war in Gang (AMENDT/STIEHLER 1972).

Kreislauf Sucht-Profit-Sucht

Zu Beginn der 60er Jahre wurde die »Drogenwelle« als Zeitgeist-Symptom zunächst in den USA sichtbar, in der Bundesrepublik Deutschland ab 1968. Die Hippie-Bewegung war fasziniert vom östlichen Prinzip, die persönlichen materiellen Bedürfnisse auf ein Minimum zu reduzieren, um sich damit von Konsum- und Produktionszwängen zu befreien. Sie übernahm jene Hilfsmittel, die zum Erreichen der Meditations-, Verinnerlichungs- und Entsagungszustände zu gehören schienen – Drogen. Aus dem Ineinandergreifen der Kritik an bestehenden Gesellschaftsverhältnissen und der Aufnahme asiatischer und orientalischer Selbstverwirklichungsideen sowie des Drogenkonsums entwickelten sich die Hippie-Parolen zu einer Ideologie der Drogensubkultur. Die Droge wurde zum Symbol einer Anti-Gesellschaft (vgl. DIECKHOFF 1981).

Hippie-Bewegung

Mit der Zeit schlug ein Teil der Bewegung aufgrund vielfältiger Bedingungen, die wir noch erörtern werden, vor allem aber durch die Kriminalisierung um in eine apolitische, sozial anders zusammengesetzte und letztlich verelendende Subkultur. Der Konsum von Drogen wurde weitgehend zum Selbstzweck. Im gleichen Maße, ohne daß damit etwas über die Ursachen gesagt ist, holten die hiesigen Konsummuster diejenigen in den USA ein: zunächst der Anstieg des Heroin-Konsums (70er Jahre), dann der aus der Schickeria und Künstler-Szene übernommene Kokaingenuß (80er Jahre). Schließlich die Phase der »Designer-Drogen«, Molekülvariationen bekannter Arzneistoffe oder klassischer Drogen, die von begabten Untergrundchemikern selbst hergestellt werden. Je nach Ausgangssubstanz haben sie eher halluzinogene (PCP, DMT), aufputschend-stimulierende (Amphetamine) oder analgetische Wirkung (China White). Mit leichten molekularen Variationen wird das Betäubungsmittelgesetz umgangen (KOVAR 1989, S. 157 ff.).

Kriminalisierung

Konsummuster

Designer-Drogen

2.2 Begriffe, Definitionen

Aus unserer kurzen Darstellung der Geschichte des Drogengebrauchs geht hervor, daß wir einen Drogenbegriff verwenden, der über eine Einteilung in legale (sozial akzeptierte, geförderte) und illegale (verbotene, »kulturfremde«) Drogen hinausgeht. Diese juristisch bestimmte Einteilung bzw. Unterscheidung sagt ausschließlich etwas über die strafrechtlichen Folgen des Umgangs mit einem (kleinen) Teil aller verfügbaren Drogen aus. Sie schreibt lediglich die herrschende Doppelmoral in der Drogenpolitik fest: ein Teil der Drogen ist sozial akzeptiert, ihr Gebrauch kulturell integriert und ökonomisch gefördert, der Umgang mit dem anderen Teil wird strafrechtlich sanktioniert und als »kulturfremd« ausgegrenzt. Diese Unterscheidung basiert nicht auf sozialmedizinischen, pharmakologischen oder soziologischen und

Doppelmoral in der Drogenpolitik

psychologischen Erkenntnissen, sondern ist historisch aufgrund bestimmter Interessen-Konstellationen gewachsen (SCHEERER 1982) und heute rational nicht mehr nachzuvollziehen. Unter Drogen verstehen wir also im folgenden »alle Stoffe, Mittel, Substanzen, die aufgrund ihrer chemischen Natur Strukturen oder Funktionen im lebenden Organismus verändern, wobei sich diese Veränderungen insbesondere in den Sinnesempfindungen, in der Stimmungslage, im Bewußtsein oder in anderen psychischen Bereichen oder im Verhalten bemerkbar machen.« (SCHEERER/VOGT 1989, S. 5 f.).

Drogendefinition

Es erscheint insgesamt nötig, eine neutrale Sprache und Begrifflichkeit zu entwickeln – als Kontrapunkt in der oft emotional und unsachlich geführten Drogendebatte: Begriffe wie »Rauschdrogen«, »Rausch- oder Suchtgifte«, »Betäubungsmittel«, »Drogen- bzw. Abhängigkeitskranke« sind präjudizierend, moralbefrachtet und tragen nicht zur Versachlichung bei. Ausgehend von der o. g. Definition der Drogen wird im folgenden synonym von Drogengebrauch und Drogenkonsum gesprochen.

Drogendebatte

Die Begriffe Sucht und später Abhängigkeit haben im Laufe ihrer Geschichte einen starken Bedeutungswandel durchlaufen (SCHEERER/VOGT 1989). Der Begriff Sucht hat seit dem 16. Jahrhundert eine doppelte Bedeutung: einerseits ist er Sammelbegriff für fiebrige Krankheiten und Auszehrungen des Körpers (»Schwindsucht«) und anderseits bezeichnet er übersteigerte Verhaltensweisen (Geld-, Ruhm- oder Rachsucht). In letzterer Bedeutung hat sich der Begriff durchgesetzt und zunächst an der Droge Alkohol als »Trunksucht« festgemacht. Der Trunksucht fehlte allerdings z. T. bis in das 19. Jahrhundert hinein die medizinische Bewertung als zu behandelndes problematisches Verhalten; Trunksucht war eher ein sittlich zu verurteilendes Verhalten. Erst im Laufe des 19. Jahrhunderts entdeckt die Medizin und später die sich etablierende Psychiatrie die Trunksucht (lange vor der »Morphiumsucht«) als Krankheit, die fortan zur »Modellsucht« schlechthin wurde. Kennzeichnend war die moralische Bewertung der Süchtigen als psychisch Minderwertige und sozial Unfähige – und das praktische Umgehen mit ihnen: Entzug und Entwöhnung in geschlossenen Einrichtungen.

Begriffe Sucht und Abhängigkeit

Die Bemühungen internationaler Gremien (vor allem der WHO) den Begriff der Sucht zu definieren, orientierten sich an der Notwendigkeit, die »Suchtpotenz« der im Rahmen internationaler Vereinbarungen aufgelisteten »kontrollwürdigen« Substanzen zu definieren und entsprechende Klassifikationen vorzunehmen. Es war also zu klären, warum bestimmte Drogen überhaupt in die Liste verbotener Substanzen aufgenommen wurden oder noch aufgenommen werden sollten. Ein Expertengremium der WHO definierte Sucht als »ein(en) Zustand periodischer oder chronischer Intoxikation, der durch die wiederholte Einnahme einer (natürlichen oder synthetischen) Droge hervorgerufen wird. Ihre Charakteristika sind (1) ein überwältigendes Verlangen oder Bedürfnis (zwanghafter Art), die Drogeneinnahme fortzusetzen und

WHO-Definiton

Sucht: »Zustand periodischer oder chronischer Intoxikation ... Charakteristika sind«:

sich diese mit allen Mitteln zu verschaffen; (2) eine Tendenz zur Dosissteigerung; (3) eine psychische (psychologische) und allgemein eine physische Abhängigkeit von den Drogenwirkungen; (4) zerstörerische Wirkungen auf das Individuum und die Gesellschaft.« (WHO 1952 zit. n. SCHEERER/VOGT 1989, S. 14).

Fragen

Diese Definition warf mehr Fragen auf als sie klären konnte: mußten alle 4 Kriterien erfüllt sein? – Schädlich für das Individuum und die Gesellschaft waren aber auch die legalen Drogen, die keiner internationalen Kontrolle unterlagen. Auch das Dilemma der mangelnden Differenzierung von psychischer und physischer Abhängigkeit war problematisch angesichts der Entwicklung, daß immer mehr Drogen den internationalen Kontrollabkommen unterworfen wurden. Diese Probleme der Heterogenität der Drogen(wirkung) führten schließlich dazu, den Begriff »Sucht« zugunsten des Begriffs »Abhängigkeit« aufzugeben.

Begriffe »Sucht« und »Abhängigkeit«

Drogenabhängigkeit wurde definiert als »ein Zustand, der sich aus der wiederholten Einnahme einer Droge ergibt, wobei die Einnahme periodisch oder kontinuierlich erfolgen kann. Ihre Charakteristika variieren in Abhängigkeit von der benutzten Droge...« (WHO 1964, zit. n. SCHEERER/VOGT 1989, S. 15). Diese Definition war praktisch nur gültig in Verbindung mit der von der WHO entwickelten Drogentypologie: Morphin-Typ, Kokain-Typ, Cannabis-Typ, zusätzlich Barbiturate, Amphetamine, Khat, Halluzinogene. Mit dieser breiten Definition war es internationalen Gremien möglich, ständig neue Substanzen in die Suchtstoffabkommen aufzunehmen, egal ob sie nur psychisch und/oder auch physisch abhängig machten.

Drogentypologie der WHO:

Definitionsmacht der WHO
Betonung der Suchtpotenz einer Droge

Die Definitionsmacht der WHO führt also einerseits zu einer Ausblendung vielfältiger Gebrauchsformen und vielfältiger anderer Faktoren, die zur Sucht führen, zugunsten der Betonung der Suchtpotenz einer Droge: ob also Cannabis oder Kokain oder Heroin kontrolliert, gelegentlich oder subkulturell völlig eingebunden und risikoarm konsumiert werden, wird durch ihre Klassifizierung als Suchtstoffe ignoriert – eine sehr pharmakologische Auffassung von Suchtentstehung und -verlauf. Andererseits werden abhängigmachende (legale) Substanzen erst gar nicht typisiert als potentielle Suchtstoffe (Nikotin). Diese mangelnde Differenzierung korreliert mit einer Gleichsetzung von Konsum mit Abhängigkeit von den unter das Suchtstoff-Kontroll-Abkommen subsumierten Drogen, die extrem deutlich wird mit Blick auf Heroingebraucher: Heroingebrauch außerhalb des abhängigen Konsums wurde bis vor kurzem weder von wissenschaftlicher noch von fachlicher Seite wahrgenommen. Daß in Bezug auf Heroinkonsumenten nur von Abhängigen gesprochen wird, schlägt sich auch in den Konsumentenstatistiken nieder: niemand weiß, ob die aufgegriffenen Erstkonsumenten abhängig sind oder Gelegenheitsgebraucher. Diese Pauschalisierungen sind typisch für den herrschenden öffentlichen Drogendiskurs. Das Sprechen über Drogen und ihre Konsumenten ist undifferenziert.

mangelnde Differenzierung: Gleichsetzung von Konsum mit Abhängigkeit

Pauschalisierungen typisch für Drogendiskurs
Sucht/Abhängigkeit

Wir widmen den Begriffen Sucht bzw. Abhängigkeit und der Begriffsgeschichte deshalb so viel Aufmerksamkeit, weil sie in der öffentlichen Diskussion als Stigmatisierungs- und Ausgrenzungsbegriffe verwendet werden. Sie implizieren eine Störungsannahme, Behandlungsbedürftigkeit und somit eine therapeutische Intervention (im Sinne »wir-wissen-was-das-Beste-für-dich-ist«). Die Geschichte des Sucht- und des Abhängigkeitsbegriffs zeigt jedoch, daß diese Begriffe angesichts der langen Tradition exzessiven, nicht-eingebundenen, übermäßigen Drogengebrauchs relativ jung sind. Dieses Verhalten gab es lange vor der Begrifflichkeit, ohne sofort medizinische, therapeutische Hilfe oder gar eine Problemdefinition hervorzurufen.

Die Begriffe Sucht und Abhängigkeit erleben heute eine inflationäre Verwendung. Sogenannte neue, stoffungebundene Süchte (Freß-, Liebes-, Fernseh-, Spiel-, Arbeitssucht) beschreiben seit kurzem Verhaltensweisen, die bis zu ihrer Kennzeichnung als Sucht relativ unauffällig gelebt werden konnten. Gemeint ist ein übersteigertes Verlangen nach Alltagsinhalten wie Essen, Sex, Fernsehen, Glücksspiel, Arbeit, die mit dem Suchtbegriff ihre harmlosere Bewertung als »Leidenschaft«, »Tick«, »spleen«, »Kauzigkeit« verloren haben. Die klassischen Suchtmerkmale sind nur mit sehr viel Mühe auf diese Verhaltensweisen anzuwenden: Überwältigendes Verlangen oder Bedürfnis (zwanghafter Art), die Drogeneinnahme fortzusetzen, und sich diese mit allen Mitteln zu verschaffen, Tendenz zur Dosissteigerung, psychische oder physische Abhängigkeit, zerstörerische Wirkungen auf das Individuum und die Gesellschaft (WHO 1952, S. 14).

Die Frage hier ist eher, wem nützt dieser Suchtbegriff? – Den Betroffenen zunächst: ihnen steht mit dem Suchtkonzept ein gängiges Erklärungs- oder Beschreibungsmuster für ihr – von ihnen selbst und/oder von außen als problematisch definiertes – Verhalten zur Verfügung. Ihre Probleme können nun in Selbsthilfegruppen oder mit professioneller Hilfe bearbeitet werden, z. T. wird diese Hilfe auch finanziert (HERWIG-LEMPP 1987, S. 54 ff.). Allerdings steckt in der inflationären Verwendung des Abhängigkeitsbegriffs die Tendenz, neue Problemgruppen zu schaffen, Behandlungsbedürftigkeiten zu unterstellen, schließlich große Teile der Bevölkerung zu »versüchteln« und damit restriktiver Kontrolle zu unterwerfen.

Dieser Prozeß wird mit Begriffen wie »Klientifizierung« oder »Entmündigung durch Experten« zutreffend beschrieben. Viele reale und schwerwiegende »Abhängigkeiten« in dieser Gesellschaft (von Autos, Partnern, Maschinen, Situationen) werden dadurch tendenziell entwertet und ein unerreichbares Ideal von »Un«-Abhängigkeit aufgebaut.

Das Menschenbild eines »Nicht-Süchtigen« sieht in vielen Publikationen über nichtstoffliche Süchte und auch in Therapieberichten idealerweise folgendermaßen aus (nach LIEB 1991, S. 16):
- »Er löst Probleme adäquat, stets und mit Erfolg. Er ist überhaupt ein nüchterner Problemlöser.
- Er hat Kontrolle über sich und weicht Problemen nie aus; er

liebt es vielmehr, sich Konflikten und Problemen zu stellen und mit ihnen zu ringen.
- Er sagt nein zu jeder Rauschverführung; er liebt das Leben, aber nie den Rausch.
- Er ist stets auf der Lauer, um den zahlreichen Rauschverführungen des Lebens zu widerstehen.
- Im Kontakt mit sich selbst trennt er streng zwischen einem guten, nüchternen und wahren Ich und einem falschen, verführbaren und vielleicht doch die Leidenschaft liebenden Ich.
- Er ist eher mißtrauisch gegenüber sich selbst und vermeidet Menschen, die nicht nüchtern sind wie er.
- Er gehört, da die Gesellschaft ja weithin »versüchtelt« ist, zu den Auserwählten, die der Versuchung widerstanden haben.«

professionelle und ökonomische Interessen

Externe Diagnosen weisen auf professionelle und ökonomische Interessen derjenigen Berufsgruppen hin, die sich gleichsam mit der Problembeschreibung als (einzige) Lösungsinstanz anbieten (FLOSSDORF 1989, S. 38 ff;). Parallel zur Ausdehnung des Sucht-/Abhängigkeitsbegriffs läßt sich dieser Prozeß gegenüber dem Drogenbegriff beobachten. Über den oberflächlichen Vergleich mit einer Droge hinaus wird bestimmten Verhaltensweisen direkte Drogenidentität zugeschrieben (Glücksspiel).

Verhaltensweisen wird direkte Drogenidentität zugeschrieben

»Als Droge wird in diesem Verständnis schlechthin alles bezeichnet, was in irgendeiner Weise besonders abhängig machen, berauschen, faszinieren, aber auch schaden kann. Allerdings impliziert diese Begriffsverwendung immer auch schon eine moralisch-politische Dimension: Bestimmte Verhaltensweisen werden mit dem Stigma des Lasterhaften und Gefährlichen belegt und es wird ein Beratungs- oder Therapiebedarf impliziert«. (SCHEERER/VOGT 1989, S. 7).

Drogendiskussion präzise und differenziert führen

Die Konsequenz aus diesen Begriffserörterungen ist, daß wir dazu anregen wollen, möglichst präzise mit Begriffen in Drogendiskussionen umzugehen und ein differenziertes Bild der Drogenwirklichkeit zu zeichnen. Zum Beispiel Drogenmißbrauch: aus welcher Sicht? – Abhängigkeit: von welchen Drogen, welches Gebrauchsmuster mit welchen Applikationsformen in welchem Kontext? – Stoffungebundene Süchte: welche Selbstwahrnehmung des Betroffenen, welche Funktion, welche Fremddefinition von Sucht? –

Zeitgeist

Schließlich wollen wir darauf aufmerksam machen, daß die Begrifflichkeiten abhängig sind vom Zeitgeist, von der moralischen Bewertung der Droge und ihrer Konsumenten, vom Wissensstand, von der Bedeutung der Droge, von der Verbreitung des Gebrauchs: So ist noch vor 25 Jahren Cannabis auch in den Niederlanden verteufelt worden, heute ist der Gebrauch verbreitet, öffentlich, der Erwerb in sog. Coffieshops normal; der hohe Symbolwert der Droge ist dem nüchternen Gebrauchswert gewichen.

»stepping-stone«-Theorie

Die »stepping-stone«-Theorie (vom Haschisch zum Heroin) findet heute kaum noch Verfechter. Dafür ändern sich die Normen in Bezug auf legale Drogen: Nikotingebrauch wird zunehmend als Gesundheitsrisiko und in der Öffentlichkeit als Störung bewertet.

2.3 Drogenproblem oder Drogenpolitikproblem?

Das Drogenproblem wird gemeinhin mit gesellschaftlichen und individuellen Problemen des Konsums illegaler Drogen gleichgesetzt. Die enorme Vielfalt aller psychotropen, auf das Zentralnervensystem einwirkenden und dadurch dämpfenden, anregenden oder sinnestäuschenden Stoffe, mit ihren komplexen Phänomenen (Wirkungsintensität, Suchterzeugung, Abhängigkeit, Gesundheitsschädlichkeit, kulturelle Integriertheit oder Fremdheit, individuelle und gesellschaftliche Reaktionen usw.) und Interdependenzen wird ausgeblendet zugunsten einer verzerrten Sichtweise auf nur sog. illegale Substanzen. Das Verbot dieser Substanzen wird gesellschaftsbezogen mit der Schädigung bzw. Gefährdung der Volksgesundheit gerechtfertigt.

<small>Verbot wegen Schädigung der Volksgesundheit</small>

Der Schaden für die Volksgesundheit bzw. Sozialschädlichkeit als offizieller Strafgrund, lassen sich für den Bereich des Drogenkonsums aufschlüsseln in individuelle und soziale »Kosten«, die z. B. durch Wegfall der Arbeitsfähigkeit, durch Beschaffungs-, Begleit- und Folgekriminalität, durch medizinische, beraterische und pflegerische Hilfen, durch die Überlastung des Strafvollzugs, durch Prostitution, AIDS und Todesfälle, durch notwendige Therapiemaßnahmen etc. entstehen. Die Sozialschädlichkeit von illegalen Drogen erscheint aber, jedenfalls in Abwägung absoluter Zahlen, erheblich geringer als diejenige der legalen Drogen: Zum Beispiel gab es 1993 1.738 sog. Drogentote, aber insgesamt ca. 40 – 50.000 Tote im Zusammenhang mit Alkohol, über 16.000 Todesfälle wegen alkoholbedingter Leberzirrhose, ca. 2.200 alkoholgeschädigte Neugeborene (Alkoholembryopathie), 41.098 alkoholbedingte Verkehrsunfälle mit 55.000 Verletzten und 2.048 Getöteten (JUNGE 1994, S.24). Ein erheblicher Teil der Gewaltkriminalität wird unter Alkoholeinfluß begangen. Geschätzt werden ca. 2,5 Millionen Alkoholabhängige in Westdeutschland; daneben gibt es 90.000 tabakbedingte Todesfälle und eine erhebliche Zahl von Sterbefällen aufgrund von Medikamentenmißbrauch.

<small>individuelle und soziale »Kosten«</small>

<small>Sozialschädlichkeit illegaler Drogen erheblich geringer als diejenige legaler</small>

Tabak- und Alkoholkonsum zusammen bescheren uns jährlich einen volkswirtschaftlichen Schaden von rund 100 Milliarden DM, die Steuereinnahmen hingegen beliefen sich z. B. 1988 bei Tabakwaren auf 14,5 Milliarden, bei Alkoholika auf über 6 Milliarden DM. Lediglich ein Fünftel der Schadenssumme wird durch Einnahmen gedeckt (HESS 1991, S. 33 f.). Der Gesetzgeber verschafft dem sog. Drogenproblem somit einen enormen Bedeutungsüberhang, der in keinem Verhältnis steht zu den realen Kosten für Individuum und Gesellschaft, die durch legale Substanzen entstehen.

<small>Tabak- und Alkoholkonsum: jährlich ein Schaden von rund 100 Milliarden DM</small>

Der Gesetzgeber und die offizielle Drogenpolitik behaupten dagegen die größere Gefährlichkeit illegaler Drogen und eine weltweit epidemische Ausweitung solcher Drogen, die mit strikter Prohibition, d. h. paternalistischem Schutz des Bürgers vor sich selbst, eingedämmt werden müsse. Damit rechtfertigt der Staat, der sich sonst (Ausnahme: Sexualität) nicht darum kümmert, wie der Bür-

<small>offizielle Drogenpolitik: strikte Prohibition</small>

ger mit dem eigenen Körper umgeht oder – angesichts objektiver Umwelt- und Gesundheitsrisiken – umgehen kann, den Eingriff in die an sich grundgesetzlich geschützte Intimsphäre und in elementare Freiheits- und Entfaltungsrechte. Da hierin auch die Rechtfertigung professioneller Beschäftigung mit Drogenkonsum liegt, halten wir es für sinnvoll und notwendig, an dieser Stelle in Umrissen zu skizzieren, was eigentlich wissenschaftlich zu dem Problem gesagt werden kann. Denn schließlich behauptet ja der bürgerliche Rechtsstaat, rational und einigermaßen gerecht zu handeln, müßte sich also auf Ergebnisse der Wissenschaft beziehen. Wir werden uns später (s. u. 2.5) mit der Frage beschäftigen, ob die Entscheidung des Gesetzgebers für solche Kriminalisierung und deren Ausgestaltung auf dem Hintergrund des heute verfügbaren Wissens über Drogen überhaupt haltbar ist. Wir meinen: Nein! – Warum entgegen wissenschaftlicher Erkenntnis auf extremer Repression beharrt wird, bedarf seinerseits wissenschaftlicher Erklärung.

Eingriff in elementare Freiheits- und Entfaltungsrechte

entgegen wissenschaftlicher Erkenntnis wird auf extremer Repression beharrt

Die rechtliche und institutionelle Struktur der Kontrolle einiger Drogen in der Bundesrepublik Deutschland ist geradezu perfektionistisch, während andere dem »freien Spiel der Kräfte« überlassen bleiben. Fünf Grade staatlicher Kontrolle lassen sich unterscheiden:

Fünf Grade staatlicher Kontrolle

1. Freiverkäuflichkeit;
2. Apothekenpflichtigkeit;
3. Verschreibungspflichtigkeit;
4. Sonderrezeptpflicht;
5. Verschreibungs- und Verkehrsverbot.

Während auf Stufe 1 lediglich Jugendschutzgesichtspunkte, auf den Stufen 2 und 3 das Arzneimittelgesetz mäßige Kontrollintensität entfalten, gestaltet das BtMG – z. T. in Umsetzung internationaler Vereinbarungen – eine Kontrollintensität höchsten Ausmaßes (Stufe 4 und 5). Bemerkenswert am BtMG ist die Tendenz zur Lückenlosigkeit, die durch einen – verfassungsrechtlich problematischen – flexiblen sachlichen Geltungsbereich (gem. § 1 Abs. 2 BtMG können jederzeit neue Drogen subsumiert werden) sowie durch eine umfassende zentralisierte staatliche Kontrolle (§§ 3 – 28 BtMG) angestrebt und durch die scharfe Sanktionierung, die mittels gestaffelter Strafen (§§ 29 – 31) und nur geringfügiger Strafersetzung durch Therapiemaßnahmen (§§ 35 ff.) sowie gerichtliche und staatsanwaltliche Einstellungswillkür (§§ 29 Abs. 5, 31a) verwirklicht wird (s. u. 3.1).

BtMG: Kontrollintensität höchsten Ausmaßes

Es muß gefragt werden, welche Erfolge und (unerwünschten) Nebenwirkungen die prohibitive Politik der Drogenkontrolle gezeitigt hat, d. h. zu prüfen, welche Erfolgsansprüche das Betäubungsmittelgesetz formuliert hat, und welche Folgen die Verbotspolitik für die Konsumenten, die Gesellschaft, die Drogenhilfe und Prävention gebracht hat?

Erfolge und Nebenwirkungen prohibitiver Politik

2.3.1 Der generalpräventive Anspruch

Die grundsätzliche Prämisse einer strafrechtlich orientierten Drogenpolitik basiert zunächst auf der Annahme, daß eine massive Strafandrohung und eine deutliche Demonstration der Ernsthaftigkeit dieser Drohung (durch intensive Verfolgung und Verurteilung von Verstößen gegen das BtMG) geeignete und unverzichtbare Mittel sind, um potentielle Konsumenten bestimmter Drogen vom Drogengebrauch abzuhalten. Sind also die Strafandrohung und -verfolgung adäquate Instrumente zur Durchsetzung abstrakter Verhaltensnormen – wie die der Abstinenz gegenüber bestimmten Drogen?

Strafandrohung und -verfolgung keine adäquaten Instrumente

Abgesehen von ohnmächtigen Behauptungen, wie »Es hätte alles noch viel schlimmer kommen können« oder »Im Ausland ist es genauso schlimm« weisen alle relevanten Indikatoren auf ein Scheitern dieses generalpräventiven Anspruchs hin. Jeder wichtige Bereich, über den Zahlen verfügbar sind, weist eine Steigerung zum Negativen auf:

Scheitern des generalpräventiven Anspruchs

- Zunächst ist in den letzten 23 Jahren eine Zunahme der Zahl polizeilich erfaßter Rauschgiftdelikte von 4.761 (1969) auf über das 25 fache, nämlich 122.240 Fälle (1993) zu verzeichnen (BKA 1993). Vor allem seit 1985 (60.000 Fälle) steigt die Zahl der Verstöße rapide an. Knapp 2/3 dieser erfaßten Rauschgiftdelikte wurden als allgemeine Delikte nach § 29 BtMG bewertet (Konsumdelikte). Allein 32.279 Fälle beziehen sich auf »allgemeine Verstöße« in Zusammenhang mit Cannabis. In 38.937 Fällen betrifft es solche Verstöße im Zusammenhang mit Heroin. Wohlgemerkt: all dies betrifft nur die der Polizei bekanntgewordenen Taten. Über die tatsächliche Größenordnung der Verstöße gegen das Drogenverbot ist damit nichts ausgesagt. Experten meinen, daß weniger als 10% aller abhängigen Drogenkonsumenten (KAISER 1980, S. 354) und weniger als 1% aller Haschischfälle (KREUZER 1986, S. 398) überhaupt polizeilich ermittelt werden.

Zahl polizeilich erfaßter Rauschgiftdelikte

- Die Anzahl von justiziellen Verurteilungen wegen Verstößen gegen das Betäubungsmittelgesetz steigt: von 17.128 (1986) auf 27.945 (1989). 82,2% der Verurteilungen entfielen auf § 29 Abs. 1 BtMG (allgemeine Grundtatbestände unterhalb bestimmter Mengengrenzen). Die Kriminalisierung trifft immer noch zum größten Teil Cannabiskonsumenten mit Eigenbedarfsmengen. Im Jahre 1987 wurden nach § 29 Abs. 1 BtMG 9.315 Beschuldigte im Zusammenhang mit Cannabis verurteilt, (2.999 in Zusammenhang mit Heroin, 267 mit Kokain).

Kriminalisierung trifft vor allem Cannabiskonsumenten

- Die Zahl der im Kontext mit Rauschgiftdelikten registrierten Tatverdächtigen stieg von 1.937 (1968) auf 93.038 (1992) an. Davon sind über 2/3 Wiederholungstäter (besonders hoch bei Heroindelikten), im Gegensatz zu 39,8% bei der Gesamtkriminalität.

Zahl der Tatverdächtigen

- Die Zahl der polizeilich festgestellten erstmalig auffälligen Konsumenten sog. harter Drogen steigt stark an: von lediglich 3.246 Personen im Jahre 1985 auf 14.346 im Jahre 1992 (leichter Rückgang 1993: 13.009).

Zahl der Drogentoten

- Seit spätestens 1985 steigt auch die Zahl der Drogentoten rapide an: von 324 (1985) auf 2.099 (1992); sie scheint sich trotz des Rückganges auf 1.738 (1993) und 1.624 (1994) auf diesem sehr hohen Niveau einzupendeln.

Zahl geschätzter Drogenabhängiger

- Die Zahl geschätzter Drogenabhängiger muß seit 1970 beständig nach oben korrigiert werden: Die DEUTSCHE HAUPTSTELLE GEGEN DIE SUCHTGEFAHREN ging 1970 noch von 30.000 – 40.000 Abhängigen aus, das Bundespresse- und Informationsamt schätzte 1987 eine Zahl unter 50.000; das BKA, Bundesinnenministerium und Experten gingen Anfang der 90er Jahre von etwa 100.000 Konsumenten harter Drogen aus (LEUNE 1992, S. 43). Diese Zahl ergibt sich bereits durch eine Addition der jemals polizeilich registrierten Konsumenten harter Drogen Ende 1989 (vgl. REUBAND 1989, 119). Die Zahl von Cannabiskonsumenten wird gemeinhin auf 3 bis 4 Mio. geschätzt.

Mengen beschlagnahmter Drogen

- Die Mengen beschlagnahmter Drogen deuten nicht nur eine Zunahme polizeilicher Aktivität an, sondern sie spiegeln auch Angebots- und Nachfrageentwicklungen wieder: seit 1986 lassen sich ein kontinuierlicher Anstieg in der Sicherstellung von Heroin, seit 1975 eine völlig gradlinige Kurve bei Kokain sowie wechselnde Mengen bei Haschisch und Marihuana feststellen. Dies deutet auf eine gestiegene Nachfrage nach illegalen Drogen in der Gesellschaft hin.

Gewinne des internationalen Drogenhandels

- Die Gewinne des internationalen Drogenhandels steigen weiter: zur Zeit werden 500 Milliarden US-Dollar als Umsatz angenommen. Das Bundeskriminalamt spricht für Deutschland von einer zunehmenden »Brutalisierung und Professionalisierung des Rauschgifthandels«. (BKA 1992, S. 67).

Verkaufspreise

- Die Verkaufspreise von Heroin und Kokain sind in den letzten Jahren gefallen, die Qualität hat sich scheinbar verbessert (BÜRGERSCHAFT 1991, S. 62).

Der Glaube also, das Strafrecht halte Menschen vom Konsum illegaler Drogen ab, wird durch diese Zahlen, die das Dunkelfeld von Neueinsteigern, Probierern noch nicht einmal versuchen aufzuhellen, nicht bestätigt. Weder die Verschärfung der Verfolgung und Bestrafung der Konsumenten illegaler Drogen zu Beginn der 70er Jahre noch die zu Anfang der 80er Jahre haben offenbar die erwünschten generalpräventiven Effekte gebracht. Nach der skizzierten Entwicklung erscheint es auch unwahrscheinlich, daß durch weitere Strafverschärfungen und eine Ausdehnung polizeilicher Ermittlungsbefugnisse das Angebot zu reduzieren ist.

Selbst Todes- oder Körperstrafen wirken nicht abschreckend

Selbst Todes- oder Körperstrafen sind offenbar, was die generalpräventive Wirkung angeht, nicht abschreckend genug, um die Drogenkriminalität bzw. den Drogengebrauch einzudämmen: in mindestens 23 Staaten der Welt (meistens in Drogenerzeugerländern, u. a. China und Malaysia) werden laut amnesty international (AI 1991) Verstöße gegen Anti-Drogengesetze mit dem Tod bestraft. Doch gerade in diesen Erzeugerländern steigt offenbar die Zahl der Drogengebraucher und damit auch die Drogenkriminalität (SPIEGEL 1989, S. 73 ff.). Dies spiegelt die Tatsache wieder, daß

Drogenabhängige auf Strafandrohung oder zu hohe Preise nicht einfach durch Konsumverzicht reagieren (können), sondern sich Drogen zu jedem Preis und um (fast) jeden Preis beschaffen. In Erweiterung einer ökonomischen Kategorie könnte man sagen: die Nachfrage ist nicht nur preis- sondern auch strafunelastisch. Eine Erfahrung, die man jüngst in Italien bestätigt fand. Dort hatte man 1990 mit einem »Antidrogengesetz«, das ein schärferes Vorgehen gegen die Konsumenten vorsah (u. a. abgestufte Sanktionen: bei der ersten polizeilichen Auffälligkeit mit mehr als der Tagesdosis erfolgten administrative Strafen wie Führerschein- oder Paßentzug, bei erneuten Auffälligkeiten sich steigernde Haftstrafen), versucht, einer Ausweitung des Drogengebrauchs zu begegnen. Ohne gewünschte Erfolge. Allerdings hatte das Gesetz die Zahl der Drogenabhängigen in Haft erheblich (auf mehr als 50% der 50.000 Insassen) gesteigert und wurde daher im Januar 1993 per Dekret rückgängig gemacht. Der Konsument darf nun die dreifache Tagesdosis bei sich führen und wird erst bei größeren Mengen als Kleinhändler betrachtet (vgl. RAITH 1993).

Im April 1993 wurde die Abschaffung der rechtlichen Sanktionen gegen Drogenabhängige in einem Referendum bestätigt. Das Verbot machte wenig Sinn, das hatten die wachsenden Konsumentenzahlen und die prohibitionsbedingten Schäden auf seiten der Konsumenten ebenso bewiesen, wie sie gleichermaßen belegten, daß der Staat dieses Verbot augenscheinlich nicht wirksam durchsetzen konnte. Ein Beispiel für teures Politikversagen, denn es führt offenbar zu noch weiteren nicht-intendierten politischen Folgen: das Rechtsbewußtsein der Bevölkerung wird geschwächt, die Strafnorm ausgehöhlt und die Glaubwürdigkeit des Rechtsstaats insgesamt in Frage gestellt. Rechtslage und Rechtswirklichkeit sollten so in Übereinstimmung gebracht werden, daß die staatlichen Ziele einer Drogenkontrolle akzeptierbar und rational nachvollziehbar werden.

Nachfrage preis- und strafunelastisch
Beispiel: Italien

teures Politikversagen

2.3.1.1 Der Verfolgungsapparat

Drogenumgang ist ein »opferloses« Delikt, d. h., es wird nicht wie sonst zumeist eine kriminelle Handlung durch Anzeige zur Kenntnis der Polizei gebracht. Ein immer größerer und spezialisierterer, hochtechnisierter, internationalisierter polizeilicher Apparat wird deshalb auf das aktive Aufspüren dieser Delinquenz angesetzt. Aufgrund des Nationalen Rauschgiftbekämpfungsplans (BMJFFG/BMI 1990, S. 35) wurden 400 zusätzliche Stellen für das BKA geschaffen. Ein kaum mehr durchschau- und kontrollierbareres, geheimdienstähnliches Heer ist entstanden. Beamtete Undercover-Agenten der Polizei, Spitzel und V-Leute, selbst strafbare Handlungen begehende »agents provocateurs« unterwandern ausgerüstet mit Drogen, Waffen und Wanzen nicht nur die Szene, sondern auch den Rechtsstaat. Bestrebungen, verdeckt ermittelnden Polizeibeamten den »großen Lauschangriff« auf Privatwohnungen und die bislang nur stillschweigend gedul-

Drogenumgang ein »opferloses« Delikt

aktives Aufspüren dieser Delinquenz

geheimdienstähnliches Heer unterwandern den Rechtsstaat

deten »milieubedingten Straftaten« offiziell zu genehmigen, um ihnen den Einstieg in die kriminelle Szene zu ermöglichen, sind fast am Ziel (s. u. 3.1.2.1.3).

Diejenigen, die die Aufgabe haben Gesetze zu schützen, dürfen dann Gesetze brechen – ganz abgesehen davon, daß niemand festlegt, was »milieubedingte Straftaten« sind: Dealerei, Brandstiftung, Anstiftung zum Totschlag? –

Durch das 1. »Gesetz zur Bekämpfung des illegalen Rauschgifthandels und anderer Erscheinungsformen der Organisierten Kriminalität (OrgKG)« sind 1992 die Befugnisse der Ermittlungsbehörden (Einsatz verdeckter Ermittler, Einsatz akustischer und optischer Überwachungsgeräte, Regelungen über die Rasterfahndung und die polizeiliche Beobachtung, Beteiligung der Geheimdienste) massiv ausgedehnt und zudem unsinnige Strafverschärfungen festgelegt worden (im einzelnen s. u. Kap. 3).

Im Mai 1994 verabschiedete der Bundestag unter weitgehender Zustimmung der SPD-Fraktion ein »Verbrechensbekämpfungsgesetz«, welches alles Vorangegangene in den Schatten stellt. Das sog. »Sicherheitspaket 94« des Bundesinnenministers wird durch weitere Kappung prozessualer Rechte Beschuldigter und massive Strafverschärfungen umgesetzt. Die Ausdehnung der Möglichkeiten des »beschleunigten Verfahrens«, Ermittlungen ohne konkreten Verdacht, »Lauschangriff« auf die grundgesetzlich geschützte Privatsphäre, informationelle Durchlässigkeit zwischen Polizei und Geheimdiensten und die ausgeweitete Vermögenseinziehung sind nur einige Beispiele für Regelungen vordemokratischen Zuschnitts, die unser liberales Strafrecht aushöhlen (dazu: StV 94, S. 153 ff.). Durch die in gefälligen Begriffen wie »Prävention«, »Verbrechensvorsorge«, »Vorfeldermittlungen« verpackten Erweiterungen polizeilich-geheimdienstlicher Aufgaben werden in weit stärkerem Maße als früher (z. B. die Rasterfahndung im Terrorismusbereich) nicht nur Drogenkonsumenten zum Objekt staatlicher Ausforschung, sondern als sog. Umfeld- und Kontaktpersonen auch relevante Teile der Bevölkerung.

Die Experten sind sich einig, daß auch mit dieser Etappe der Strategie des »Immer-Mehr-Desselben« und der totalen Überwachung der Bürger das Gesetzesziel nicht zu erreichen ist: »In den Kernbereich der Organisierten Kriminalität einzudringen« und sie von dort aus »zu zerschlagen und die hauptverantwortlichen Straftäter, die Organisatoren, Finanziers und im Hintergrund agierenden Drahtzieher zu überführen«. Die Strukturen der Syndikate entsprechen nicht herrschenden deutschen Ordnungsvorstellungen von hochdisziplinierter und weltweit klar strukturierter Organisation. Weil sie dezentral, ethnisch und familiär begrenzt sind, entziehen sie sich der Unterwanderung (HESS 1992). Die allgemeine Gier nach Profit und Schwarzgeld macht es den »Drahtziehern« auch nach den Gesetzesverschärfungen relativ leicht, Steuerparadiese, Banken zum Geldwaschen, Möglichkeiten zur risikofreien Investition zu finden. Die verdeckt ermittelnden Beamten werden, wegen der immensen Ermittlungsschwierigkeiten und aus Angst,

auch nach der zaghaften Entkriminalisierung »geringer Mengen« statt an der eigentlichen »Zielgruppe« weiterhin dort ansetzen, wo leichter Erfolge zu erzielen sind: an der Front des Kleinhandels, bei denjenigen, die zur Finanzierung des Eigenverbrauchs dealen. Der Krieg gegen die Drogen bleibt vor allem ein Krieg gegen die Drogenkonsumenten.
Das Scheitern aller Konzepte spiegelt sich auch in den sog. »BtM-Sicherstellungen«. Zwar sind die absoluten Zahlen hier ständig gestiegen (s. o. 2.3.1). Aber nach Schätzungen von Kriminalisten sind das allenfalls 5 – 10% der real importierten Mengen. Alle Indikatoren deuten darauf hin, daß noch nie reinere und billigere Drogen verfügbar waren als heute. Es scheint, als hätten international vernetzte polizeiliche Drogenkontrollversuche – trotz aller Erfolgsbemühungen und aller materiellen und personellen Aufrüstung – nicht einmal mehr die Funktion eines Preisregulativs am Markt. Es sind symbolische Handlungen, die vermitteln sollen, der Krieg gegen die Drogen werde geführt und sei sogar gewinnbar. Die Wirklichkeit wird ignoriert.

Der »War on Drugs« hat sich als Vehikel für die Erreichung anderer, verborgener und politisch noch nicht offen durchsetzbarer Zwecke entpuppt. So wurden unter dem Vorwand der Drogenkontrolle machtpolitisch motivierte Einsätze der USA in Mittel- und Südamerika gerechtfertigt. Vorreiter der Europäischen Union für eine verstärkte internationale Zusammenarbeit gegen die »O.K.« ist die Bundesrepublik Deutschland. Durch das von den europäischen Innenbehörden abgeschlossene »Schengener Abkommen« wurde – angeblich notwendiger »Ausgleich« für die entfallenen EG-Grenzkontrollen – die übernationale polizeiliche Organisation und Zusammenarbeit personell und technologisch immens verstärkt. Eine »European Drug Information Unit – EDIU« ist Vorläufer einer geplanten transeuropäischen und weltweit operierenden »Drug Enforcement Agency« nach amerikanischem Muster. Durch den Einsatz spezieller »Rauschgiftverbindungsbeamter« in den Erzeugerländern hat eine »Vorverlagerung der Drogenfront« in die Anbauländer stattgefunden. All diese Maßnahmen sind zumindest auch dienlich im Hinblick auf die Abwehr antizipierter globaler Sozialkonflikte, wahrscheinlich ist das sogar deren eigentlicher Zweck. Und: All diese Maßnahmen sind ohne demokratisch-parlamentarische Willensbildung zustandegekommen und durch die Justiz nicht nachprüfbar.

Eine doppelte Erosion ist zu konstatieren: Die Ökonomie wird nolens volens von Drogen-Schwarzgeld in Milliarden-Höhe unterwandert, der Rechtsstaat durch die Drogengesetzgebung und verselbständigte Apparate und Exekutivmaßnahmen ausgehöhlt.

2.3.1.2 Der Markt: Schwarzmarkt-Kapitalismus

Die selektive Drogenprohibition hat einen Schwarzmarkt provoziert, der Produzenten und vor allem Händlern illegaler Drogen große bis riesige Gewinne bietet. Der Anbau von

Marginalien:
- Krieg gegen die Drogen vor allem ein Krieg gegen die Konsumenten
- noch nie waren reinere und billigere Drogen verfügbar
- »War on Drugs«
- »Schengener Abkommen«
- »European Drug Information Unit – EDIU« »Drug Enforcement Agency«
- doppelte Erosion

Mohn, Coca oder Hanf, z. T. unter Schutz paramilitärischer Einheiten, bringt vielen Bauern in schwer zugänglichen Gegenden größere Absatzsicherheit und höhere Preise als legale Agrarprodukte. Anbau-Substitutionsprogramme müssen deshalb scheitern. Manche Länder erzielen einen Großteil ihrer Exporterlöse aus dem Handel mit Grundsubstanzen oder bereits aufbereiteten Drogen (vgl. HESS 1991), einige sind völlig vom illegalen Drogenmarkt abhängig (Jamaika, Libanon, Bolivien, Kolumbien). Die enge Verflechtung der Interessen von Drogenproduzenten, -händlern und Politikern, Staat und legaler Wirtschaft dehnt sich auf die Drogen-Importländer aus: die hohen Gewinne werden gewaschen, auf Banken deponiert und in andere lukrative Branchen investiert, Waffengeschäfte getätigt – legale Wirtschaft und Drogenschwarzmarkt verzahnen sich immer mehr. Es wird geschätzt, daß der Umsatz im internationalen Drogengeschäft ca. 300 bis 500 Milliarden US-Dollar beträgt (THAMM 1989, S. 154).

Anbau-Substitutionsprogramme scheitern

Die prohibitive Drogenpolitik fast aller Länder sichert durch ein Festhalten am Drogenverbot die Garantie für enorme Profitraten, den Auf- und Ausbau des wichtigsten Geschäftes des organisierten Verbrechens. In der »Wachstumsbranche Drogen« hat eine Kapital- und Machtkonzentration stattgefunden, die überstaatliche Ausmaße angenommen und geopolitische Veränderungen herbeigeführt hat. Die Fortsetzung der Prohibition bedeutet also auch die Fortsetzung der profitablen Geschäfte der organisierten Kriminalität.

prohibitive Drogenpolitik: Garantie für enorme Profitraten

Das Paradoxon: je erfolgreicher die Polizei, desto verheerender die Folgen für die Konsumenten. Denn temporäre Engpässe führen allenfalls zu kurzzeitig höheren Preisen, Stärkung anderer Anbieter und/oder Verschlechterung der Waren. Damit werden soziale und gesundheitliche Schäden der Verbraucher vorprogrammiert.

In einigen Staaten der USA und in den Niederlanden (zur Belieferung der Coffieshops) schließlich ist der Anbau von und der Verkehr mit Cannabis bereits heute zu einem wesentlichen ökonomischen Faktor gediehen, obwohl die Droge offiziell immer noch illegal ist; allerdings sind in einigen US-Bundesstaaten die Sanktionen stark gelockert.

USA/Niederlande

Cannabis ein wesentlicher ökonomischer Faktor

Die Ware auf diesem Schwarzmarkt ist natürlich keinen Reinheitskontrollen unterworfen: Streckmittel und Beimengungen sind oftmals gefährlicher als die Droge selbst, resultierend daraus, daß die Warenqualität Profiteuren überlassen bleibt, die keine Verantwortung zu übernehmen brauchen, weil niemals sich Produkthaftungsklagen gegen sie richten werden. Der immer noch relativ hohe Preis auf dem Schwarzmarkt legt es den Konsumenten nahe, eine Konsumform zu wählen, bei der der größte Nutzen aus der kleinsten Menge gezogen wird: die Injektion. Rauchen, Inhalieren oder Sniffen der Droge wären wesentlich teurer.

Schwarzmarkt: Streckmittel oftmals gefährlicher als die Droge

Konsumform Injektion

Wie würde sich die »Organisierte Kriminalität« (so es sie im Drogenbereich wie gedacht gibt – vgl. HESS 1992) wohl bei einer Legalisierung verhalten, da der Rauschgifthandel einen sehr profit-

Legalisierung und Rauschgifthandel

trächtigen Zweig darstellt? – Die Gleichsetzung von »OK« und Drogenhandel blendet allerdings aus, daß die »OK« – flexibel wie sie ist – im Prozeß einer Legalisierung ihre Geschäfte in anderen Bereichen tätigen bzw. intensivieren würde. Oder auch auf der Anbieterseite – dann jedoch legal – auftreten würde.

2.3.1.3 Die Zielgruppe der Strafverfolgung: Verfehlt!

Entgegen der proklamierten Absicht des Gesetzgebers konzentriert sich die Strafverfolgung in der Praxis nicht auf große kommerzielle Händler und Schmuggler, sondern vor allem auf Konsumenten, die in Zusammenhang mit geringen Mengen gefaßt und schließlich verurteilt werden (vgl. auch LEUNE 1992, S. 59). Von den im Jahre 1991 angezeigten 117.046 Delikten fallen 75.631 (64,6% der Delikte) in den Bereich der allgemeinen Verstöße (im wesentlichen Konsumentendelikte, d. h. Grundtatbestände im Bereich »geringer Mengen« hauptsächlich von Cannabis, Heroin und Kokain, mehr oder weniger für den Eigenbedarf). Nach wie vor richtet sich also die polizeiliche Ermittlungstätigkeit vorwiegend gegen Cannabis- und Heroinkonsumenten. Noch deutlicher wird der Kriminalisierungsdruck auf die Konsumenten, wenn man die gerichtlichen Entscheidungen in den Verfahren nach dem BtMG betrachtet: rund 78% aller 1987 getroffenen Entscheidungen (17.271) betreffen die o. g. Grundtatbestände im Bereich der »geringen Mengen« für den Eigenkonsum. In einer vorläufigen Auswertung der Entscheidungen des Zeitraums 1988 – 1990 beläuft sich der Prozentsatz der BtM-Entscheidungen im Rahmen der Konsumentendelikte gar auf 80,93% (DEUTSCHER BUNDESTAG 1992). Betrachtet man nun diese gerichtlichen Entscheidungen der »Konsumentendelikte« der Jahre 1988 – 1990 genauer, d. h. bezogen etwa auf Cannabis, dann läßt sich feststellen, daß 37% aller 65.068 Aburteilungen erfolgten wegen Delikten mit Cannabismengen bis zu 50g.

Mehr als 90% der verurteilten betäubungsmittelabhängigen Straftäter erhielten in den Jahren 1985 – 1987 Freiheits- oder Jugendstrafen. 80% dieser Strafen überschritten nicht die Zweijahresgrenze, so daß die Aussetzung zur Bewährung oder die sofortige Anwendung des § 35 BtMG grundsätzlich möglich gewesen wäre. Bezeichnend für den hohen Grad des Kriminalisierungsdrucks auf Drogengebraucher ist die Tatsache, daß ein erheblicher Teil der Drogenabhängigen in BtMG-Strafverfahren vorbestraft ist: von 1.949 im Jahre 1987 waren es 1.429. Kommt es zu keiner Entscheidung, und wird das Verfahren entweder durch die Staatsanwaltschaften oder die Gerichte eingestellt, so sind die Drogengebraucher in den einzelnen Bundesländern ziemlicher Willkür ausgeliefert: die Einstellungshäufigkeit in den einzelnen Bundesländern variiert erheblich.

Es ist bedeutsam, ob man in Berlin oder in Bayern angeklagt wird: In Berlin wurden in den Jahren 1985 – 1987 durchschnittlich ca. 75% aller Verfahren eingestellt, in Bayern im gleichen

Strafverfolgung auf Konsumenten konzentriert

Konsumentendelikte im Bereich geringer Mengen

Kriminalisierungsdruck durch BtMG-Verfahren

90% Freiheits- oder Jugendstrafen
80% innerhalb Zweijahresgrenze

Willkür: Einstellungshäufigkeit mit bedeutsamem Nord-Süd-Gefälle

38 2 Drogengebrauch – Formen, Bedingungen, Eingriffskonzepte, Alternativen

Zeitraum nur 5,9%. Die Einstellungen betreffen zu 80 – 90% »Cannabistäter« mit Kleinmengen zum Eigenkonsum (BUNDESREGIERUNG 1989).

Ungleichbehandlung von Gleichem
Unglaubwürdigkeit des Gesetzes

Diese regional sehr unterschiedliche Strafpraxis ist ein weiteres Glied in der Kette der Ungleichbehandlung von Gleichem, Willkür ersetzt Systematik und sorgt schließlich für die Unglaubwürdigkeit des Gesetzes. Dies hat nachhaltige Konsequenzen für die Wahrnehmung einer Strafnorm durch die Drogengebraucher selbst: letztlich gehen Schuld- bzw. Unrechtsbewußtsein völlig verloren. Die Strafbedrohung und -verfolgung wird als ungerechte Reglementierung abgelehnt und ignoriert.

Freiheit des Konsumenten

Der Umgang mit Cannabis findet in einer ansonsten drogentoleranten Gesellschaft statt, in der die Freiheit des Konsumenten beschworen, der Konsum gebilligt und dazu besonders animiert wird; daher muß das gesetzliche Cannabisverbot als ungerechter Eingriff in die persönliche Autonomie des Konsumenten erlebt und abgelehnt werden. Auch nach der Cannabis-Entscheidung des Bundesverfassungsgerichts (vgl. 3.1.1 u. 3.1.1.2.1) wird sich nicht viel ändern, solange nicht die Drogenpolitik grundsätzlich geändert wird. Denn selbst bei einer Vereinheitlichung der Richtlinien zur Einstellung des Strafverfahrens bleiben gravierende regionale und länderspezifische Unterschiede der polizeilichen Strategien und Praktiken.

Cannabis-Entscheidung des Bundesverfassungsgerichtes

2.3.2 Der spezialpräventive Anspruch

Der spezialpräventive Anspruch des Gesetzgebers, diejenigen, die bereits Kontakt mit illegalen Drogen haben, von ihrem weiteren Tun abzuschrecken, findet sich in der Novellierung des BtMG von 1981 in dem Anspruch wieder: »... kleine bis mittlere drogenabhängige Straftäter mehr als bisher zu einer notwendigen therapeutischen Behandlung zu motivieren, wobei Strafandrohung und Strafvollstreckung nur Hilfsmittel sein können, den erforderlichen ›Initialzwang‹ zur Therapiebereitschaft auszulösen«.

BtMG-Anspruch

»Therapie statt Strafe«

»Therapie statt Strafe« war das Motto des Gesetzgebers. Behandlungsbedürftig definierten Drogenabhängigen sollten mehr als bisher Therapiemöglichkeiten gewährt und sollte letztlich zu einem Leben ohne Drogen verholfen werden. Diese Absichten finden sich wieder im § 35 BtMG (Zurückstellung der Strafvollstreckung), Therapie statt Strafvollstreckung – in Verbindung mit § 36 BtMG (Anrechnung und Strafaussetzung zur Bewährung) und im § 37 (Absehen von der Verfolgung). Leitende Annahme war dabei, daß eine Verhaltens- bzw. Persönlichkeitsveränderung in Richtung Drogenfreiheit nur in einer stationären Langzeittherapie erreicht werden könne. Das waren bis vor kurzem staatlich anerkannte Einrichtungen, »in der die freie Gestaltung seiner Lebensführung erheblichen Beschränkungen unterliegt« (§ 36 BtMG).

Ziel: Drogenfreiheit

3.000 Therapieplätze in der BRD

Es existieren etwa 3.000 Therapieplätze in der Bundesrepublik Deutschland. Zu fragen ist, ob die Gesetzesziele und somit das

2.3 Drogenproblem oder Drogenpolitikproblem?

Grundprinzip »Therapie statt Strafe« als Kernstück der Reform des BtMG 1981 verwirklicht worden sind. BECKER/VAN LÜCK (1992) haben in ihrer Effektivitätsanalyse des BtMG Daten von 5.079 Drogengebrauchern in 23 Einrichtungen im Zeitraum von 1978 bis 1986 untersucht. Das Ziel, durch die Therapievorschriften nach der Novellierung des BtMG 1982 mehr Abhängige in die Therapie zu bekommen, kann nur für Männer bestätigt werden. Ein Mehr an männlichen Klienten geht aber auf Kosten einer erhöhten Fluktuation innerhalb der Einrichtungen. Der Anteil der Frauen bleibt im Untersuchungszeitraum konstant.

Eine wesentliche Intention des Gesetzgebers, durch die Anwendung des § 35 BtMG mehr Inhaftierte aus dem Strafvollzug in die Therapie zu bringen, ist nur unzureichend verwirklicht worden: nur jeder fünfte macht von dieser Möglichkeit Gebrauch (BECKER/VAN LÜCK S. 195). Die Einführung des § 35 BtMG verursachte eine enorme Verringerung der Anwendung des § 56c StGB, einer Bewährungsregelung, die flexiblere Hilfsmöglichkeiten gewährte.

Die Hoffnung des Gesetzgebers, daß durch eine Neuregelung des BtMG Klienten länger in therapeutischer Behandlung bleiben, also ab 1982 mehr Klienten erfolgreich eine Therapie abschließen würden als vorher, hat sich nicht erfüllt. Im Gegenteil, es war eine Abnahme der erfolgreichen Abschlüsse einer Therapie zu verzeichnen. Die durchschnittliche Abbruchquote stieg gegenüber den Jahren vor der Gesetzesnovellierung. In den ersten vier Monaten der Therapie brachen 65% der Patienten die Therapie ab. Eine Spitze erreichte die Abbruchquote noch einmal um den achten Therapiemonat, was durch die Anrechnung der Therapiezeit auf die Haftstrafe erklärt werden kann (a. a. O., S. 201). Das Abbruchverhalten ist bei denjenigen, die gemäß § 35 die Therapie angetreten haben, am niedrigsten, bei denjenigen (Männer), die »freiwillig« die Therapie angetreten haben, am größten. Bemerkenswert ist, daß immer weniger Abhängige »freiwillig« eine Therapie antreten (a. a. O., S. 147). Die beiden letzten Ergebnisse deuten darauf hin, daß zunehmend Verurteilte nach dem »35er« die Therapieeinrichtungen belegen, die natürlich mit einer anderen Motivation eine Therapie begonnen haben als »Freiwillige«. Dies deckt sich mit Einschätzungen von Therapeuten (FDR 1989), die über eine allgemeine Demotivation der Klienten und eine Verschlechterung des Therapieklimas klagen.

Zusammenfassend stellen BECKER/VAN LÜCK fest, daß die Therapievorschriften im Hinblick auf die Ziele des Gesetzgebers »nicht effektiver waren als die Maßnahmen, die bis 1981 Geltung hatten.« (a. a. O., S. 201)

Mit der Integration von Therapie in die Strafvollstreckung (inkl. Rückmeldepflicht) und mit der massiven Verquickung von Justiz und stationärer Langzeittherapie, der scheinbar einzig möglichen Form therapeutischer Hilfe, ist ein massiver Glaubwürdigkeitsverlust von Therapie und professioneller Hilfe eingetreten. Die stationäre Langzeittherapie wird zunehmend als Staatstherapie, als verlängerter Arm der Justiz wahrgenommen, als das kleinere

Randnotizen:
- Effektivitätsanalyse
- Mehr an männlichen Klienten bei erhöhter Fluktuation
- § 35 BtMG verringert Anwendung des § 56c StGB
- Therapieabschlüsse Abbruchquote
- Therapie-Motivation
- Integration von Therapie in die Strafvollstreckung Glaubwürdigkeitsverlust der professionellen Hilfe

Übel gegenüber dem Strafvollzug: »Aus unabhängiger, privater, selbständiger Therapie wird unter der Hand eine staatlich-strafjustitiell kontrollierte und kontrollierende, der Bewährungshilfe angenäherte, abhängige Tätigkeit« (KREUZER 1989a, S. 1509). Diese Situation wirkt stark demotivierend auf diejenigen, die »freiwillig« eine Therapie aufgenommen haben in der Annahme des Bestehens einer bestärkenden Gemeinschaft (vgl. auch FDR 1989).

70% sind aufgrund einer richterlichen Anordnung in LzTh

KREUZER/WILLE (1988) gehen davon aus, daß etwa 70% der in stationärer Langzeittherapie befindlichen Klienten aufgrund einer richterlichen Anordnung eine Therapie aufgenommen haben. Selbst eine quasi regierungsamtliche Studie kommt nicht zu besseren Ergebnissen. Auch sie betont die Nachteile der bürokratischen »Verwaltung« des § 35 durch die Staatsanwaltschaften (KURZE 1993, S. 255 ff.). Dies spiegelt sich auch im Unbehagen vieler Richter bei der Anwendung dieser Möglichkeiten (EGG 1992, S. 93 ff.).

bei jugendlichen Konsumenten

Vor allem bei jugendlichen Konsumenten illegaler Drogen kann nicht davon ausgegangen werden, daß sie durch gezielten polizeilichen oder justitiellen Druck zum Konsumverzicht bzw. zur Aufnahme drogenfreier therapeutischer Behandlungen bewegt werden können. Vielmehr sind »kontrapräventive Effekte« (BÜRGERSCHAFT 1991, S. 65) zu erwarten, die den eingeschlagenen Weg begünstigen:

»kontrapräventive Effekte«

- Fehlen eines Schuldbewußtseins in einer Gesellschaft, die sonst die Freiheit des Konsumenten beschwört und auch exzessiven und eindeutig schädigenden legalen Drogengebrauch billigt;
- bereits im Probierstadium beschert die Kriminalisierung den Drogenkonsumenten frühzeitige Stigmatisierungen und Ausgrenzungserfahrungen;
- aus geschürter Angst vor Entdeckung und Bestrafung werden Hilfebedürfnisse entweder nicht sofort oder gar nicht artikuliert, wodurch mögliche Hilfen aus dem sozialen Umfeld erschwert werden;
- die Kriminalisierung kann einen wechselseitig eskalativen Prozeß von zunehmender Identifizierung mit der Außenseiterrolle und dem subkulturellen Drogenmilieu einerseits und von fortschreitender gesellschaftlicher Desintegration andererseits provozieren und so eine Stabilisierung des Konsummusters bewirken. (Vgl. BÜRGERSCHAFT 1991, S. 65 f.).

»symbolische Gesetzgebung«

Angesichts der Erfolgslosigkeit auch spezialpräventiver Bemühungen spricht HASSEMER (1987, S. 258) von einer »symbolischen Gesetzgebung«, »deren Wirkungen nicht unmittelbar in einer Lösung des gesetzgeberischen Problems (der Drogenkriminalität), sondern mittelbar in dem beruhigenden öffentlichen Eindruck von einem präsenten und entschlossen handelnden Gesetzgeber erwartet werden.«

Verbesserung durch ambulante Substitutionstherapie

Eine Verbesserung der Situation könnte von einer allmählich zunehmenden Anerkennung ambulanter Substitutionstherapie i. S. § 35 BtMG ausgehen.

2.3.3 Die Folgen für die Konsumenten

Statt zu general- oder spezialpräventiven Erfolgen hat die strafrechtlich dominierende Drogenpolitik im wesentlichen zu einer massiven Kriminalisierung der Drogenkonsumenten und vor allem bei den Heroinabhängigen zu einer starken gesundheitlichen und sozialen Verelendung geführt. Wie bereits gezeigt, sind vor allem die Konsumenten und abhängige Kleinhändler von der Kriminalisierung betroffen. Für Drogengebraucher besteht aufgrund hoher Verfolgungsintensität schon relativ früh die Gefahr, mit dem Strafrecht in Konflikt zu geraten. Diese frühzeitige Stigmatisierung kann zur Verstärkung der subkulturellen Identität bzw. zur Identifizierung mit der Außenseiterrolle und dem subkulturellen Drogenmilieu führen. Der Beginn und die Verfestigung einer Drogenkarriere können durch soziale Desintegration (Verlust familiärer und partnerschaftlicher Bezüge, Verlust des Arbeits- oder Ausbildungsplatzes, Schulverweis) angestoßen bzw. beschleunigt werden. Die Verfolgung respektive Kriminalisierung fördert die Heimlichkeit des Konsums und behindert ein offenes Bekenntnis der Abhängigkeit bzw. des ggf. als problematisch erlebten Drogengebrauchs. »Die rechtzeitige Artikulation von Hilfsbedürfnissen und die Wahrnehmung von Hilfen seitens Suchtgefährdeter und Drogenabhängiger wird so gelähmt, die ggf. notwendige helfende Aufmerksamkeit oder integrierende Fürsorge der familiären, schulischen, beruflichen und sonstigen Umgebung erschwert« (SCHLÖMER 1993).

SCHNEIDER (1993) weist als Fazit seiner Untersuchung über das »Herauswachsen aus der Sucht« darauf hin, daß der selbstbestimmte und eigenverantwortliche Konsum, der wie bei vielen anderen Drogen auch bei Heroin möglich ist, von der Illegalität und Kriminalisierung ständig behindert und gestört wird, was letzlich zu Verfestigung einer drogenfixierten Identität führt. Ein selbstinitiierter oder privat organisierter Ausstieg oder eine Etablierung regelorientierter, kontrollierter Gebrauchsmuster ist häufig möglich, setzt allerdings voraus, daß soziale Stützsysteme (Freunde, Familie, Kontakte außerhalb der Drogenszene, Berufserfahrungen) wirksam genutzt werden können, und: daß eine soziale und berufliche Reintegration nicht durch Verfolgung, Verurteilung, Behandlungsauflagen, »helfenden Zwang« und Haftstrafen massiv verhindert wird.

Marginalien: Verelendung; Verfestigung einer Drogenkarriere; Kriminalisierung; Herauswachsen aus der Sucht; regelorientierte, kontrollierte Gebrauchsmuster; Reintegration

2.3.3.1 Gesundheitliche und soziale Verelendung

Die Lebensbedingungen insbesondere langjährig i. v. Drogenabhängiger haben sich vor allem im Laufe der letzten zehn Jahre drastisch verschlechtert. Der außerordentlich schlechte Gesundheitszustand vieler Drogengebraucher belegt dies eindringlich. Der langjährige Konsum von – mit teils gesundheitsschädlichen Substanzen gestrecktem, im Reinheitsgehalt unkalkulierbarem – Schwarzmarktheroin und anderen Substanzen sowie eine

Marginalie: Lebensbedingungen langjährig i. v. Drogenabhängiger

2 Drogengebrauch – Formen, Bedingungen, Eingriffskonzepte, Alternativen

Probleme

kriminalisierte Existenz vor allem zeitigen folgende Probleme:
- Akute gesundheitliche Leiden (Spritzenabszesse, Venenentzündungen, Zahnverfall, Blutvergiftung, Überdosierungen) und schwere chronische Erkrankungen, die z. T. gar nicht oder zu spät behandelt werden (Hepatitis, Geschlechtskrankheiten, AIDS-assoziierte Erkrankungen);
- Vernachlässigung elementarer Selbstfürsorge und Hygiene in der Lebensführung (Essen, Waschen, Bekleidung, Körperpflege) infolge des ständigen Beschaffungs-und Verfolgungsdrucks;
- zunehmenden Mischkonsum von Schlaf- und Beruhigungsmitteln, da das für Heroin benötigte Geld nicht aufgebracht werden kann und Entzugssymptome überbrückt werden müssen;
- hohe psychische Belastung durch Angst vor Verfolgung, Beschaffungsdruck und Prostitution unter ungeschützten und erniedrigenden Bedingungen (Schätzungen zufolge geht ein Großteil der DrogenkonsumentInnen zumindestens gelegentlich der Prostitution nach);
- Obdachlosigkeit bzw. wechselnde, kurzfristige Unterkünfte bei Bekannten aus der Drogenszene oder Freiern;
- soziale Isolation und Vereinsamung, da aufgrund der sozialen Ausgrenzung von Heroingebrauchern meistens Kontakte zu Familie, Freunden, Bekannten außerhalb der Drogenszene ausdünnen und schließlich abreißen und die sozialen Bezüge inder Szene stark durch Zwänge und Bedingungen der Drogenbeschaffung bestimmt sind.

Darüber hinaus besteht wenig Vertrauen in die Möglichkeit, die Lebenssituation grundlegend verbessern zu können, nachdem wiederholt Entzüge und Therapieversuche nicht aus der Abhängigkeit geführt haben, Arbeits- und Wohnungslosigkeit gegeben sind.

HIV- und Hepatitis-Infektionen

Mit der Ausbreitung der HIV- und Hepatitis-Infektionen unter Drogenabhängigen hat sich die Situation weiter verschärft. Ob ein positives Ergebnis des Antikörpertests als unerwarteter Schicksalsschlag oder zwangsläufige Konsequenz der bisherigen Lebensweise vom Betroffenen aufgenommen wird, immer hat dies einschneidende Auswirkungen auf die weitere Lebensperspektive. Die Möglichkeit eines frühen Todes, bisher situativ erfahren

Überdosierungs-erlebnis

als eigenes Überdosierungserlebnis mit noch nicht letalem Ausgang oder beim Sterben von Bekannten, wird zu einer ständig präsenten Bedrohung, die wiederum auf die Form des Drogenkonsums zurückwirkt. Es ist davon auszugehen, daß der Krankheitsausbruch durch Begleitfaktoren wie die gesundheitliche und soziale Verelendung forciert wird.

Techniken und Situationen des Konsums

Ein besonderes Problem stellt die hohe Verfolgungsintensität dar: sie führt zu gesundheitlich riskanten Techniken und Situationen des Konsums, die aus HIV-präventiver Perspektive unbedingt zu vermeiden sind.

Diskriminierung

Zur Diskriminierung als »Fixer« kommt ein zweites Stigma »HIV-Infizierter« bzw. »AIDS-Kranker« hinzu. Es wird damit noch

soziale Isolation

schwieriger aus der sozialen Isolation herauszukommen, Bekannte und Freunde zu finden. Kommt es zu einer AIDS-assoziierten Erkrankung, nimmt die Isolation weiter zu: Berührungsängste und Meidung sind nicht nur in der »Normalbevölkerung« als Reaktion auf AIDS verbreitet, sondern auch in der Drogenszene. Einige Drogenabhängige entschließen sich ihr Leben umzustellen, wenn sie erfahren, daß sie infiziert sind, um eine schnelle manifeste Erkrankung zu vermeiden oder zumindest Zeit zu gewinnen, um bisher aufgeschobene Interessen, Bedürfnisse und Wünsche zu realisieren.

Für die Mehrzahl gilt dies nicht. Resignation, Fatalismus und selbstdestruktive Tendenzen forcieren die soziale Verelendung und verstärken einen risikoreichen Drogen(misch)konsum. Eine Behandlung (mit AZT oder Pentamidin) ist meist deshalb nicht möglich, weil drogenabhängige Erkrankte – sofern sie nicht mit Ersatzmitteln substituiert werden – kaum regelmäßig und kontinuierlich an einer solchen Behandlung teilnehmen können. Die in der AIDS-Bekämpfung mittels dieser Therapien bislang erreichte Lebensverlängerung kommt ihnen deshalb auch nicht in dem möglichem Umfange zugute. Die Kontinuität, die diese notwendige Behandlung erfordert, steht dem Alltags- und Beschaffungsrhythmus diametral entgegen. Aufgrund von häufiger Wohnungs- oder Obdachlosigkeit ist eine adäquate Hauspflege AIDS-erkrankter Drogenkonsumenten kaum möglich.

Behandlung mit AZT oder Pentamidin

Alltags- und Beschaffungsrhythmus

Besonders prekär sind die Lebensbedingungen in der Haft: Noch immer gibt es mehr belegte Haft- als Therapieplätze. Der Konsum von Drogen ist in jeder Haftanstalt mehr oder minder verbreitet und findet unter schlechtesten und – aus der Perspektive der HIV-Prävention – äußerst riskanten Bedingungen statt. Ergebnisse sozialepidemiologischer Studien haben eine eindeutige Korrelation zwischen Haftaufenthalt und HIV-Infektion festgestellt (PANT/KLEIBER 1993). Die »AMSEL-Studie« (1991) hat in ihrer Begleitung von etwa 300 DrogengebraucherInnen über 4 Jahre festgestellt, daß die Ausstiegschancen sinken, je länger die durchschnittliche Haftzeitbelastung ist. Schließlich das Phänomen der »haftbedingten Sucht«: Nicht-Konsumenten illegaler Drogen steigen häufig erst im Strafvollzug in den Konsum ein (vgl. Überblick zu HIV/AIDS und Drogen im Strafvollzug: STÖVER 1994a).

Lebensbedingungen in der Haft

Korrelation Haftaufenthalt und HIV-Infektion

2.3.3.2 Der sogenannte Drogentod

Die Zahl der sog. Drogentoten ist eine in der öffentlichen und politischen Drogendebatte häufig verwendete Größe, um die Gefährlichkeit des Heroins zu beweisen und die Notwendigkeit eines repressiven Vorgehens zu rechtfertigen. In den Medien wird jeder Drogentote einzeln gezählt, »publizistisch zelebriert« (SCHEERER), unter völliger Ausblendung der Lebens- und Sterbebedingungen. Dagegen werden alkohol- und nikotinbedingte Todesfälle und ihre große Zahl weit weniger in den Medien thematisiert – eine bemerkenswerte Verdrängungsleistung.
Allgemein wird suggeriert, der Drogentod sei eine unausweichli-

Drogentote »publizistisch zelebriert«

2 Drogengebrauch – Formen, Bedingungen, Eingriffskonzepte, Alternativen

Drogentod eher Folge der Prohibitionspolitik

kriminalisierungsbedingte Erklärungen

che Folge dauerhaften Heroingebrauchs. Bei näherem Hinsehen jedoch erweist sich der sog. Drogentod eher als Konsequenz der Prohibitionspolitik, denn als unvermeidliches Risiko des Heroingebrauchs selbst. Drei kriminalisierungsbedingte Erklärungen für den Drogentod lassen sich anführen:

■ Unter Schwarzmarktbedingungen ist der Reinheitsgehalt des erworbenen Heroins kaum kalkulierbar, oft schwankend, und es erfolgen daher häufig versehentliche Überdosierungen mit Todesfolge. Dies geschieht sehr oft nach vorhergegangener, therapie- oder haftbedingter Abstinenz.

■ Ein weiterer Grund für die hohe Mortalität unter Heroingebrauchern liegt in einem verbreiteten Mischkonsum mit anderen Drogen (Alkohol, Medikamenten) zur Überbrückung von Entzugserscheinungen; diese Drogen verstärken die atemdepressive Wirkung des Heroins und sind mitverantwortlich für den Tod. Das Bundeskriminalamt weist die Todesursache »Überdosis Heroin« für 1989 nur in 44,2% aller Fälle aus (LEUNE 1992, S. 40). Eine genaue Feststellung der Todesursachen kann nur durch eine chemisch-toxikologische Untersuchung erfolgen. Obduktionen werden allerdings nur in einigen Bundesländern regelmäßig durchgeführt.

■ Schließlich wird der Tod bewußt herbeigeführt: aus Verzweiflung in einer als ausweglos empfundenen psycho-sozialen Lage. 1989 waren dies laut BKA 94 Personen (von 991 Drogentoten insgesamt), die aufgrund der Auffindesituation bzw. Aktenlage eindeutig als Suizid zu bewerten waren (BKA 1989, S. 7).

Fundort der Drogentoten

Von Interesse ist auch der Fundort der Drogentoten: Eine differentielle Untersuchung der Verbreitung und der Ursachen der Drogenmortalität unter DrogenkonsumentInnen in Berlin, Bremen und Hamburg (HECKMANN et al. 1993) hat ergeben, daß 54% der untersuchten 538 Drogentoten in der eigenen Wohnung oder in der von Angehörigen und/oder Freunden sterben, aber auch 24% in öffentlich zugänglichen Orten wie Toiletten, Parks oder auf der Straße. Letztere Zahl weist darauf hin, daß der Konsum vermutlich zu einem großen Teil schnell und unbedacht unter unhygienischen Bedingungen erfolgte. 56% der Drogentoten haben allein, 44% nicht allein konsumiert (S. 73).

Hier drängt sich die Frage auf: Haben Mitkonsumierende nur unzureichende Hilfe geleistet oder es aus Angst vor Strafverfolgung unterlassen, den Drogennotfall zu melden, Hilfe zu holen?

Entwicklung der Mortalität

Von 1970 bis 1994 sind 16.123 sog. Drogentote polizeilich registriert worden (eigene Berechnungen). Die Entwicklung der Mortalität verläuft keineswegs gradlinig: sie steigt von 1970 (29) bis 1979 (615) stetig an, fällt bis 1985 ab und steigt insbesondere in den Jahren 1988 (670) bis 1991 (2.125) steil an. Seitdem ist ein Rückgang auf hohem Niveau zu beobachten.

Das Durchschnittsalter liegt seit 1986 unverändert bei ca. 29 Jahren. Daß die Drogenabhängigen zum Zeitpunkt ihres Todes relativ alt sind weist darauf hin, daß selbst erfahrene Gebraucher einem hohen Sterberisiko ausgesetzt sind.

2.3.3.3 Kriminalisierte Subkultur

Konsumenten illegaler Drogen und vor allem davon Abhängige leben unter vielfältigen Zwängen und Unsicherheiten. Heroin hat einen hohen Schwarzmarktpreis, den Abhängige in der Regel nur durch illegale Aktivitäten aufbringen können. Beschaffungskriminalität und -prostitution sind Möglichkeiten, um die Mittel für einen wachsenden Bedarf zu beschaffen, »Abziehen« und »Linken« von Szeneangehörigen eine andere. Die Szene ist eine Zweckgemeinschaft in der Konkurrenz herrscht und das Recht des Stärkeren gilt. Freundschaft und Partnerschaft werden in der Regel dem Drang zur Stoffbeschaffung untergeordnet. Bei gegensätzlicher Interessenlage gibt es keine Schlichtungs- und Schiedsinstanz. Gewalt wird zunehmend zum Regulierungs- und Entscheidungsfaktor.

Beschaffungskriminalität und -prostitution

Gewalt

Illegalität und Verfolgungsdruck wirken destruktiv auf die sozialen Beziehungen: niemand kann sicher sein, daß sein Gegenüber nicht Informationen an die Polizei gibt, um sich Vorteile zu verschaffen (Kronzeugenparagraph). Drogengebrauch als bewußtes nonkonformes Verhalten und als Rebellion ist ebenso wie Szenesolidarität und -identität allenfalls ein Phänomen der frühen 70er Jahre. Konkurrenz, Resignation, gegenseitiges Mißtrauen und Einsamkeit prägen heute im wesentlichen das Geschehen auf der Szene. Solidarität ist allenfalls noch in kleinen Gruppen oder Paarbeziehungen zu finden.

Szenesolidarität und -identität

Anders als z. B. homosexuelle Männer besitzen Drogenkonsumenten bei uns kaum selbstorganisierte Zusammenschlüsse, die beratend und anleitend aktiv werden und eine politische Interessenvertretung bilden. Während in den Niederlanden die »Junkie-Bünde« nahezu ein Jahrzehnt existierten und aufgrund ihres Selbstverständnisses und des guten Kontaktes zur Szene bei der AIDS-Prävention eine Avantgarderolle einnehmen konnten, bildeten sich vergleichbare Zusammenschlüsse Anfang der 80er Jahre z. B. in Kassel, Frankfurt am Main, Bremen und West-Berlin, die sich allerdings innerhalb von ein bis zwei Jahren wieder auflösten. Sie scheiterten an einer repressiven Drogenpolitik, die ihnen die kontinuierliche Teilnahme am gesellschaftlichen Drogendiskurs verwehrte, und an den Zwängen zur zeitraubenden Geld- und Stoffbeschaffung sowie der Strafverfolgung und Inhaftierung, denen deren Protagonisten unterlagen.

selbstorganisierte Zusammenschlüsse »Junkie-Bünde«

bei der AIDS-Prävention eine Avantgarderolle

Zusammenschlüsse von Drogengebrauchern können gerade im Bereich von Gesundheitsschutz und AIDS-Prophylaxe (Vermittlung von »safe use«-Botschaften) eine wichtige Rolle spielen. Ein Überleben solcher Interessengruppen ist ohne Moratorium von den alltäglichen Belastungen auf der Szene – wie es in den Niederlanden durch die Substitutionsbehandlung mit Methadon möglich war – kaum vorstellbar. Dies mag auch eine entscheidende Voraussetzung für die Entstehung neuer Junkie-Bünde in der Bundesrepublik – wie z. B. dem »Final Countdown« in Düsseldorf oder dem »junkie-bund köln« – sein.

Vermittlung von »safe-use«- Botschaften

Junkie-Bünde in der BRD

1989 hat sich zudem ein Zusammenschluß von Junkies, Ehemaligen und Substituierten (J.E.S) bundesweit mit einigen regionalen Gruppen gegründet. Ziel dieses Zusammenschlusses ist es, die Kriminalisierung und gesellschaftliche Diskriminierung von (ehemaligen) Drogengebrauchern zu reduzieren und die Betroffenenkompetenz zu verstärken. Dieses Ziel soll mit verschiedenen Mitteln erreicht werden: durch niedrigschwellige und verbesserte Methadon-Programme, Integration von Betroffenen in die Drogenarbeit, »professionelle Selbsthilfe« (BÖSCHE 1993), »peer support« (TRAUTMANN 1995) und konkrete Entkriminalisierungsschritte (HERMANN 1991).

Betroffenenkompetenz stärken

2.3.4 Die Folgen für die Gesellschaft

Der »war on drugs« ist zum Krieg gegen die Konsumenten gewandelt. Die für die Gesellschaft negativen Folgen drücken sich zunächst in den enormen Kosten aus, die sich aus dem personellen und materiellen Aufwand für die Strafverfolgung und -vollstreckung (mindestens 30 – 40% aller Gefängnisinsassen sitzen aufgrund von direkten oder indirekten BtM-Delikten ein) ergeben (vgl. Überblicke zu den Kosten der Prohibition: MÜLLER 1991; SUTER 1991; JOSET 1991).

enorme Kosten der Strafverfolgung und -vollstreckung

Die »Eidgenössische Volksinitiative für eine vernünftige Drogenpolitik« errechnete z. B., daß 1/3 des gesamten Polizei- und Justizapparates mit der Durchsetzung der Prohibition beschäftigt ist, daß der Nutzen lediglich darin besteht, daß höchstens 10% der gesamten eingeführten Betäubungsmittel sichergestellt werden. Laut Hamburger Justizbehörde sind die Ressourcen der Staatsanwaltschaft allein durch Bagatellverfahren gegen Drogenkonsumenten zu 20% gebunden (DIE ZEIT, 28.2.1992).

Beschaffungskriminalität

Die für viele Mitbürger spürbare Beschaffungskriminalität hat ein enormes Ausmaß angenommen: das BKA (1992) geht davon aus, daß 10,2% der Raubüberfälle, 8,5% der Fälle beim schweren Diebstahl und 13,8% der Fälle beim Wohnungseinbruch von Konsumenten harter Drogen begangen worden sind (vgl. NAGLER-EULERING 1993). Dies führt zu massiver Unsicherheit und verbreiteten Ängsten in der gesamten Bevölkerung.

Sicherheit wird zum »Reichenprivileg«

Entlastende Maßnahmen gegen die steigende Kriminalität bei sinkenden Aufklärungsquoten können sich allerdings nur die oberen sozialen Schichten leisten: das private Sicherheitsgewerbe boomt und Sicherheit wird zum »Reichenprivileg«, wie die SPD-Projektgruppe »Kriminalitätsbekämpfung« jüngst feststellte. In Westdeutschland gibt es ca. 270.000 Angehörige privater Sicherheitsdienste, aber nur 250.000 Polizisten.

politische Kosten der Kriminalisierung

Doch die negativen Folgen gehen viel weiter als diese Aufstellung unmittelbarer Kosten der Kriminalisierung nahegelegt: es sind vor allem politische und rechtsstaatliche Werte und Garantien, die zu zerfallen drohen. Die Prohibitionspolitik entpuppt sich zunächst als unglaubwürdig, weil sie selektiv ist, und für viele Gebraucher erkennbar – zumindestens bei Cannabis etwa – gar nicht mehr angebracht und beim erreichten Konsumausmaß auch absolut sinnlos geworden ist. Was nützt eine Norm, die ein – sonst nicht strafbewehrtes – allenfalls selbstschädigendes Verhalten bestraft und nur sehr zufällig zu einem Strafverfahren führt? Sinn und Zweck solcher Normen werden auch in anderen Bereichen »opferloser Delikte« von (potentiellen) Übertretern stark in Frage gestellt. Zudem weiß man um den in den Niederlanden völlig offenen Umgang mit diesen Produkten in unzähligen Coffie-shops und Jugendzentren.

Bedrohlich ist vor allem die Aushöhlung rechtsstaatlicher Garantien, die mit dem »War on Drugs« gerechtfertigt werden; Verschärfungen in Betäubungsmittelrecht und Strafverfolgungspraxis werden zum Vorreiter einer repressiven Veränderung des gesamten Strafrechts (Kronzeugenprinzip) und wesentlicher Teile unserer demokratischen Verfassung (»Unverletztlichkeit der Wohnung«) gemacht. Darüberhinaus sollen die Ermittlungsbehörden mit solch weitreichenden Befugnissen ausgestattet werden (legitimer Einsatz von Wanzen und Richtmikrophonen beim sog. Großen Lauschangriff, polizeiliche V-Leute, die selbst Straftaten begehen, Lockspitzel), die sie in die Nähe zum Angeklagten bringen. ALBRECHT (1990, S. 184) spricht gar von der Gefahr »einer rechtsstaatlichen Verwilderung« der Sonderjustiz im Betäubungsmittelbereich. Weder mit präventiven Bedürfnissen noch mit Schulderwägungen sind Strafsanktionen gegenüber Drogendelinquenten in dem Ausmaß legitimierbar, wie sie sich in der Sanktionspraxis der Gerichte (s. 3.1.2.1.3) zeigen. Diese Praxis ist unnötige staatliche Gewaltanwendung und Machtdemonstration. Sie führt zu Glaubwürdigkeitsverlust und Erosion strafjustitiellen Handelns. Nützliche Einsichten und Verstehen von Verhaltenssanktionen vermag sie nicht zu vermitteln.

Die Stimmen mehren sich, die die schädlichen Folgen für die Konsumenten und die Gesellschaft als eindeutig kriminalisierungsbedingt identifizieren und den Schaden, der durch die Prohibition angerichtet wird, eindeutig höher bewerten als ihren vermeintlichen Nutzen. Das Dogma der Prohibition wird von vielen gesellschaftlichen Gruppen in Frage gestellt – insgesamt, oder nur festgemacht an einzelnen Drogen. Jedenfalls ist in den letzten Jahren, ausgehend von den USA, eine Legalisierungsdiskussion in Gang gekommen, die vor 10 Jahren an ihr Teilnehmenden noch den Verlust der wissenschaftlichen oder politischen Reputation eingebracht hätte.

»Das Elend wird verboten ...« steht als Kommentar zur »Zerschlagung« des Drogenstrichs und zur »Auflösung« der offenen Szene auf eine Bremer Hauswand gesprüht. Das Anwachsen der offenen Szenen in den Großstädten seit Mitte der 80er Jahre sowie die für alle sichtbare gesundheitliche und soziale Verelendung der Drogenkonsumenten stellen für Polizei, Drogenhilfe, Verwaltung, Politik und vor allem die betroffene Wohnbevölkerung ein schwer lösbares Problem dar. »Offen« sichtbar wird das Leben der DrogenkonsumentInnen in der Illegalität: Wohnungs- und Obdachlo-

---

nicht strafbewehrtes Verhalten bestraft

Aushöhlung rechtsstaatlicher Garantien

repressive Veränderung des gesamten Strafrechts und von Teilen der Verfassung

Gefahr »rechtsstaatlicher Verwilderung«

Dogma der Prohibition in Frage gestellt

Legalisierungsdiskussion

»Das Elend wird verboten ...«
offene Szenen

betroffene Wohnbevölkerung

sigkeit, gefährliche Eigensubstitution mit Alkohol, Schlaf- und Beruhigungsmitteln bei Versorgungslücken, offener Drogenkonsum hinter parkenden Autos, in Hauseingängen, auf Parkplätzen oder in irgendwelchen Nischen, Prostitution, körperliches Heruntergekommensein, Notbeatmung durch Ambulanzen, Polizeirazzien, Dealerei, Einbrüche, Hehlerei, weggeworfene Spritzen und Kondome, Gewalt unter den Junkies ...

All diese offenkundigen Phänomene, die von der betroffenen Wohnbevölkerung oftmals als Bedrohung empfunden werden, lösen unterschiedliche Reaktionen der Anwohner aus: neben allseitig ausgedrückter Ohnmacht, gibt es **Forderungen** nach »Beseitigung« des Elends mit polizeilichen Mitteln und Forderungen nach unmittelbaren Hilfsangeboten und einer Dezentralisierung dieser Angebote. Weil man aber sieht, daß Hilfe nicht alle Probleme lösen kann, und man sich ebenso überfordert fühlt wie die Polizei, werden Gesetzesänderungen, die die Prohibition bzw. die Illegalität der Junkies aufheben, gefordert (vgl. beispielhaft für den Hamburger Stadtteil St. Georg: JOHO 1993).

Kennzeichnend ist, daß es durchaus so etwas wie eine soziale Kompetenz im Umgang mit DrogenkonsumentInnen gibt, die sich durch einen differenzierten Blick auf die spezifischen kontrollinduzierten Probleme auszeichnet. Der **Ruf** aus der Wohnbevölkerung **nach einer ärztlich kontrollierten Abgabe von Heroin** an Abhängige ist dort zu verzeichnen. Insgesamt ist die massive Einmischung der Wohnbevölkerung ein **neuer Impuls in der Drogendiskussion**, der gleichwohl Administration und Polizei auch zu verschärftem und »populistischem« Handeln ermuntern kann. »Keine Platzspitze mehr!« scheint das Credo der Säuberungsstrategien zu sein. Das Beispiel einer unkontrollierten Enklave des freien Drogenhandels inmitten der Bankenmetropole Zürich scheint Kommunalpolitikern Abschreckung genug zu sein, um »Säuberungsmaßnahmen« zu rechtfertigen – wie etwa BAVIS (Bahnhof als Visitenkarte) in Frankfurt am Main, Dortmund, Nürnberg, Bremen, Berlin, Hamburg etc. Doch den meisten Beteiligten an der Diskussion um die Auflösung der großen offenen Szenen ist klar, daß man Hilfsmaßnahmen zwar dezentralisieren kann, daß man aber mit Repression die Treffpunkte und Handelsorte nur weiter in die Nischen der Illegalität zwingt.

Aus Anwohner-Interesse scheint eine Minimierung von Belästigungen durchaus nachvollziehbar, allerdings müssen Alternativplätze angeboten werden, wohin die DrogengebraucherInnen ausweichen können. Vertreibungspolitiken pur führen nur zu einer **Dezentralisierung des Elends**, zu neuen existentiellen Bedrohungen für die KonsumentInnen, zu gesundheitlichen Gefährdungen (vor allem auf dem sog. Drogenstrich arbeiten Frauen sehr viel ungeschützter mit großen gesundheitlichen Risiken, sind Freiern hilfloser ausgesetzt), verschlechterten Konsum- und Lebensbedingungen.

Vor diesem Hintergrund kann eine **»akzeptierende Drogenhilfe«** ihre schadensmindernden Angebote nur bei gleichzeitiger Forderung und Durchsetzung einer konsequenten Entkriminalisierung erfolgversprechend aufrechterhalten.

Jede »Zerschlagung« führt zu weiteren, anderen Problemen; die AIDS-prophylaktischen Angebote etwa am Platzspitz in Zürich sind mit der Sperrung des Platzspitz gleich mit abgeschafft worden; die Platzspitz-Besucher wurden zum Letti-Bahnhof verdrängt, bis auch dort Anfang 1995 die Szene aufgelöst wurde. Der Wohnbevölkerung ist klar, daß man allenfalls versuchen kann, Probleme mit ordungspolitischen Mitteln zu begrenzen, die allerdings wiederum gefährdende Nebeneffekte zur Folge haben: die Szene und der »Drogenstrich« lösen sich ja nicht in Luft auf, sondern werden in Seitenstraßen, Straßenbahnen, Büsche und Privatautos verlagert.

Der Ruf nach kontrollierter Opiatabgabe aus der »betroffenen Bevölkerung« bringt eine neue Dimension in die drogenpolitische Debatte.

Entkriminalisierung

AIDS-prophylaktische Angebote: z. B. am Platzspitz in Zürich

2.3.5 Zum Elend von Drogenhilfe und Prävention unter Prohibitionsbedingungen

2.3.5.1 Drogenhilfe: Arbeit an den gesundheitlichen, sozialen und ökonomischen Folgen der Prohibition

Die Drogenhilfe unterliegt nun zwanzig Jahre den Vorgaben des Strafrechts. Sie kann nicht länger so tun, als wäre – mehr oder weniger bis kaum widersprechend – eine »friedliche Koexistenz« von Repression und Hilfe (professionell und mit den besten Absichten) möglich, und man müsse die Ärmel nur hoch genug aufkrempeln, um wirkliche Hilfe leisten zu können. Das ist eine Fiktion. Sie ignoriert die alltägliche Behinderung und Verunmöglichung von Hilfsangeboten, die Unterminierung mühsam aufgebauter Vertrauensverhältnisse (z. B.: Spritzen werden im Kontaktladen getauscht und draußen von der Polizei beschlagnahmt) und die reale Verquickung von Strafe und Therapie (seitdem Therapie mit den Behandlungsparagraphen in die Strafvollstreckung integriert wurde). Die Motivation der Klientel, die über diese »Gefängnisvermeidungsparagraphen« in die Therapiestätten kommen, ist dementsprechend gering und wirkt sich extrem negativ auf die »Freiwilligen« aus (BECKER/VAN LÜCK 1992): »Das Resultat sind skeptische, mißtrauische und oft sehr unmotivierte Klienten und Klientinnen« (KRAUSHAAR 1993).

Drogenarbeit unter Prohibitionsbedingungen ist im wesentlichen Arbeit an den gesundheitlichen, psychischen, sozialen und ökonomischen Folgen der Kriminalisierung für den einzelnen Drogenkonsumenten. Eine klassische Suchtarbeit kann – auch im therapeutischen Setting abgeschiedener Therapiestätten – nicht mehr stattfinden: Kaum ein Moment im Alltag der therapeutisch-beraterischen Beziehung, der nicht geprägt wäre von den mittel- oder unmittelbaren Folgen der Kriminalisierung: HIV- und zunehmend

Vorgaben des Strafrechts

Verquickung von Strafe und Therapie

Drogenarbeit unter Prohibitionsbedingungen klassische Suchtarbeit nicht mehr möglich

Hepatitis B- und C-Infektionen, manifeste AIDS-Erkrankung, Schulden, Arbeits- und Wohnungslosigkeit, Zerstörung familiärer Beziehungen, chronische Erkrankungen.

Veränderung der Rolle des Helfers und seiner Beziehung zum Klienten

Auch die Rolle des Helfers und seine Beziehung zum Klienten verändert sich grundsätzlich: »Die Auseinandersetzung mit der Strafverfolgung und deren Verhinderung tritt in den Vordergrund. Taktisch-prophylaktisches Vorgehen der KlientInnen und gerichtliche Auflagen greifen ineinander und definieren die Rolle der BeraterIn um: von der BeraterIn für Drogen- und Lebensfragen zur StrafvermeidungshelferIn. Die gemeinsame Erarbeitung von Alternativen zum Drogengebrauch, die Bearbeitung psychosozialer Ursachen, die Begleitung der KlientInnen auf der Grundlage von Kontinuität, Klarheit und Eindeutigkeit wird erschwert durch Abbruch, Inhaftierung, Justizdruck häufig verunmöglicht« (GÖRGEN 1991, S. 53).

Von der Öffentlichkeit wird die Verquickung von Therapie und Justiz entweder nicht wahrgenommen oder ausdrücklich gutgeheißen, der Zweck heiligt die Mittel. Sie fordert: Drogenarbeit als Spezialdienst soll auffangen, Zugangsschwellen abbauen, sichtbares Elend beseitigen, Probleme bewältigen und Not kompensieren. Es kommt also darauf an zu vermitteln, daß unter den Bedingungen der Prohibition das gesundheitliche und soziale Elend weder von Therapeuten/Beratern noch durch die Polizei (auch nicht mit noch mehr Personal und Ressourcen) zu lösen ist, sondern daß Drogenverbot und strafrechtliche Verfolgung die individuellen und gesellschaftlichen Probleme produzieren. Schon jetzt kann diese drogenpolitische Bewußtseinsbildung in Angriff genommen werden: durch eine Gegenöffentlichkeit als interessengeleiteten Handlungszusammenhang der Betroffenen und Helfer.

Drogenarbeit als Spezialdienst: Not kompensieren

drogenpolitische Bewußtseinsbildung

massiver Glaubwürdigkeitsverlust

»Staatstherapie«

Mit der Integration der Therapie in die Strafvollstreckung hat die Drogenhilfe einen massiven Glaubwürdigkeitsverlust erlitten: Therapie erscheint den Konsumenten mehr und mehr als eine privat organisierte Fortsetzung der staatlichen Ausgrenzung – letzthin als »Staatstherapie«. Innerhalb dieser stationären »Staatstherapie« haben sich zum Teil dubiose therapeutische Methoden entwickelt, die bei den Klienten und in der Fachöffentlichkeit zunehmend ins Kreuzfeuer der Kritik geraten (vgl. KOWALSKY 1991). Vor allem pathologisierende, entmündigende und entwürdigende Behandlungsformen, zumeist basierend auf den Prämissen einer defizitären oder gestörten Persönlichkeitsstruktur, haben zur grundsätzlichen Kritik (SCHEERER 1979) und u. a. auch zur Einrichtung von Beschwerdestellen geführt – Ausdruck zunehmender Verbraucherorganisation (REGIONALVERBAND AKZEPT 1993).

pathologisierende Behandlungsformen

niedrigschwelliger Bereich

Auch im niedrigschwelligen Bereich wird zunehmend nur noch eine Infrastruktur von Notversorgungseinheiten errichtet, damit dringt auch im Hilfesektor die soziale Ausgrenzung vor: statt Wohnungen zu schaffen, werden Notunterkünfte eingerichtet; als nur vorläufige, als »Einrichtungen mit Übergangscharakter« deklariert, wandeln sie sich schnell in eine Form der Dauerversorgung, eine Form der Elendsverwaltung – mit neuen Abhängigkeiten: von der Notschlafstelle in den Kontaktladen, den betreuten Szenetreff oder Druckraum und zurück. Und der soziale Druck wächst: Die Einrichtungen im niedrigschwelligen Sektor, mit dem ersten und stärksten Kontakt zu den Drogenabhängigen, werden von Bürger- oder Anwohnerinitiativen verantwortlich gemacht für die Massierung offener Szenen, die Ansammlung des Elends; sie werden quasi als Sucht und Elend verlängernd angesehen.

Bürger- oder Anwohnerinitiativen

Die »akzeptierende Drogenarbeit«, die mit einem Gegenentwurf angetreten war, wird mehr und mehr von kommunalen Sozial- und Gesundheitsbehörden vereinnahmt. Zu fragen ist, ob ihr nicht ähnliches bevorsteht wie der traditionellen Drogenhilfe: Institutionalisierung, Bürokratisierung – letztlich auch ein Beitragen zu einer Sonderwirklichkeit auf Notversorgungsniveau sowie die Integration in die Strafvollstreckung (etwa über die psycho-soziale Begleitung der Substitutionsbehandlung).

akzeptierende Drogenarbeit

Auch für akzeptierende Ansätze setzen Prohibition und Strafrecht Grenzen. Das Konzept akzeptierender Drogenarbeit – unabhängig vom Drogengebrauch Hilfen zu organisieren, Abstinenz, d. h. eine Verhaltensänderung nicht zur zentralen Voraussetzung zu machen, sondern bei den Gebrauchern personale Kompetenzen, Selbsthilfepotentiale und das Wissen um einen risikoarmen Konsum zu stärken, kurz eine »Bemündigung« als Alternative zur traditionell vorherrschenden Entmündigung zu organisieren, zielt notwendigerweise auf eine Legalisierung der Drogen; denn: im paternalisitischen Drogenverbot ist das wesentliche Hemmnis zur Durchsetzung wahrhaft akzeptierender Drogenarbeit zu sehen (vgl. BOSSONG 1992).

risikoarmer Konsum

Eine Verkürzung von akzeptierender Drogenpolitik auf einen normativen und praktischen Wandlungsprozeß der Drogenhilfe in Richtung Akzeptanz mündet in das Scheitern der akzeptierenden Drogenarbeit, wenn nicht zugleich gesetzgeberische Maßnahmen in Richtung Legalisierung erfolgen, um der Gefahr der »Überstrapazierung der Erwartungen und realen Möglichkeiten von Pädagogik und Therapeutik« (BOSSONG 1992) zu begegnen.

Legalisierung

Fazit: Eine sinnvolle »Suchtarbeit« kann nur unter den Voraussetzungen der Entkriminalisierung von DrogengebraucherInnen und des legalen Zugangs zu Drogen (in welchem Modell auch immer) stattfinden. Erst diese Voraussetzung macht eine ehrliche Auseinandersetzung mit dem »Drogenproblem« der Konsumenten möglich, sofern hinter den offenkundigen »Drogenpolitikproblemen«, die jeder Drogenkonsum über kurz oder lang zwangsläufig bekommt, überhaupt eines vorhanden ist (s. 2.5).

Fazit

2.3.5.2 Prävention vor dem Hintergrund staatlicher Doppelmoral?

Drogenprävention sieht sich dem Dilemma ausgesetzt, den illegalen Drogen eine Sondergefährlichkeit in Fortsetzung staatlicher Verbotsrechtfertigung zu unterstellen, um nicht dem

Dilemma

Gesetzeszweck zuwider zu handeln. Eine verantwortungsvolle Gleichbehandlung der Drogen, zwar nach Suchtpotentialen differenziert, wird so nachhaltig behindert.

Selbstverantwortlich leben mit Drogen ... : Richtschnur für Präventionsarbeit

Selbstverantwortlich leben mit Drogen – selbstverantwortlich gut leben mit Drogen – selbstverantwortlich gut leben mit guten Drogen! Das könnte eine Richtschnur für zukünftige Präventionsarbeit sein. In der Fachdiskussion geht es nicht mehr um die Drogenprävention, als Vorbeugung gegen jeden Drogengebrauch. Vorbeugung im Sinne einer »Impfung« gegen den »Virus« Droge können Präventionslehrer oder -sozialarbeiter nicht leisten, denn es gibt andere, sozial und strukturell tief verankerte Gründe, sich für oder gegen eine bestimmte Droge zu entscheiden.

Suchtprävention

Die Suchtprävention hingegen konzentriert ihre Ziele auf die Vermeidung eines abhängigen Drogengebrauchsmusters bzw. die Vermeidung abhängiger Verhaltensweisen allgemein. Auch dieses Ziel (der sekundären Prävention) kann nur zum Teil erreicht werden, befinden wir uns doch in vielfältigen abhängigen Lebenszusammenhängen (VOGT 1990), und ist doch der Gebrauchsstil bzgl. einiger Drogen nur in der Abhängigkeit subkulturell anerkannt, »vollständig« und von den Gebrauchern vorstellbar.

Präventionsbegriff

DIETTRICH-HARTLEIB verwendet einen Präventionsbegriff, der mehr die Förderung von Neugier, Lern- und Lebenslust, Weckung der Bereitschaft, sich auf Neues und Ungewohntes einzulassen, betont. Prävention sei mehr als eine Pädagogik der Entwicklungsförderung, denn als eine der Verhinderung zu verstehen (1991, S. 203). Eine realistische und glaubwürdige Präventionsarbeit setzt an den von den Gebrauchern als positiv wahrgenommenen Seiten des Drogenkonsums an; sie versucht diese zu verstehen und zu akzeptieren. Drogen werden vorwiegend des Genusses, der positiven Effekte wegen konsumiert. Dieses Faktum war in der bisherigen Präventionsdebatte tabu: einseitige Gefahrenszenarien und weltfremd-tendenziöse Drogen-Sachkunde beherrschten die Drogen-Erziehung.

Pädagogik der Entwicklungsförderung

Genuß: in der bisherigen Präventionsdebatte tabu

Gerade mit den experimentierenden, probehandelnden, genußvollen, aber auch negativen, unerwarteten und nicht beabsichtigten Erfahrungen ist jedoch meist der Erwerb einer grundlegenden Kompetenz, eines Differenzierungsvermögens in Geschmack und Wirkung verbunden. Hier anzusetzen, eine Genußfähigkeit unter Vermeidung unerwünschter gesundheitlicher Neben-Effekte und sozialer Gefährdungen zu entwickeln, scheint insbesondere dort nötig, wo es aufgrund der Kriminalisierung an »positiven Genußvorbildern« innerhalb der Szene fehlt. Der Zugang für Probierer stellt sich für manche von ihnen nur über die »auffällige«, offene Szene, d. h. über meistens abhängige Konsumenten her. Ein Kontakt zu Drogengebrauchern zwischen den Polen Abstinenz und Abhängigkeit ensteht allenfalls zufällig, weil diese nur gelegentlich oder unauffällig illegale Drogen konsumieren.

Gebraucher-Kompetenz

»positive Genußvorbilder«

Genußfähigkeit Kriterien

Genußfähigkeit in Bezug auf Drogen ist nach NÖCKER (1990, S. 204) abhängig von mehreren Kriterien:

- Zeit haben/nehmen für die Entwicklung eines positiven Zustandes;
- Angstfreiheit als Voraussetzung für das Genießen;
- Erfahrungsbildung, um Vorgänge in sich und um sich herum besser und angemessen benennen zu können;
- Fokussierung und Konzentration auf den Drogenkonsum;
- Subjektivität des Genusses;
- Selbstbeschränkung als Vermeidung von Sättigung.

»Auch die AIDS-Prävention ist durch die Polizei-Aktion (Verschärfte Polizeikontrollen, Aussprechen von Haus- und Platzverboten in Nürnberg; d. Verf.) erschwert worden. Bisher verteilten Streetworker zum Schutz vor dem Virus täglich 150 Einwegspritzen in der Szene, jetzt sind es gerade noch 40. ›Die Spritzenübergabe gleicht nun konspirativen Treffen. Kaum jemand kommt noch direkt auf mich zu – aus Angst, die Polizei könnte uns beobachten und filzen‹, berichtet Streetworker Heinz Ausobsky.« (NÜRNBERGER NACHRICHTEN, 6./7.2.1993)
So wie hier wird in vielen Großstädten, z. T. noch drastischer, niedrigschwellige Drogenarbeit durch die Strafverfolgung behindert: Nach einer Zeit der Sensibilität gegenüber der HIV-Verbreitung und der Akzeptanz des Schutzes (mittels steriler Einwegspritzen) dominieren wieder ordnungspolitische Interessen die Drogenpolitik. In wenigen Bereichen wird die kontraproduktive Wirkung der Strafe auf die Hilfe so plastisch deutlich: die Repression verhindert den – erwünschten – Schutz vor einer irreversiblen Infektion, die, da es keine Impfung und keine Therapie gibt, in der Mehrzahl der Fälle zur tödlich verlaufenden AIDS-Erkrankung führt. Statt »Gib AIDS eine Chance« muß auch für die Drogenpolitik gelten: »Gib AIDS Keine Chance«.

AIDS-Prävention

Streetworker

Strafverfolgung

ordnungspolitische Interessen

2.3.6 Warum sich Drogenabhängige so gut als Sündenböcke eignen?

Illegalen Drogen wird etwas naturgegeben Böses und Dämonisches zugeschrieben; sie sind tabu. Das Tabu manifestiert sich im Individuum als »gesichertes Wissen« oder gar Gewissen, dementsprechend wird es auch nicht hinterfragt. Das Tabu hat für die Mitglieder einer entsprechenden Gruppe oder Gesellschaft die Funktion einer sozial integrierenden Gruppenmoral. Die mit dem Tabu verbundene kollektive Verleugnungs- und Vermeidungshaltung wehrt zugleich die Ur-Angst des Menschen vor dem Besessen- und Verschlungenwerden durch die Naturkräfte ab. Durch den Prozeß der Moralisierung, also der Spaltung in ideale Kategorien von Gut und Böse wird das Tabu gleichsam operationalisiert, die Furcht handhabbar gemacht und in entsprechende Handlungsanweisungen umgesetzt. Es kann dann eine scheinbar empirische und scheinbar rationale Begründung präsentiert werden: Drogen schädigen die Gesundheit bzw. die »Volksgesundheit«. Damit sind der Tabu-Charakter, die unaufgeklärte kollektive Ver-

Tabu

Funktion

Moralisierung

»Volkgesundheit«

leugnungs- und Vermeidungshaltung keineswegs aufgehoben. Dies wird dadurch bestätigt, daß der Realität dieser Behauptung im Bezugsrahmen sozialer Kontrolle nie systematisch nachgegangen wurde, daß statt rationaler Differenzierung sofort »Lager« und »Fronten« gebildet wurden, daß Zweifler und Dissidenten in die Ecke der teuflischen »Verführer« gestellt werden, und daß die inhumane strafrechtliche Verelendungspolitik beibehalten wird. Insofern unterscheidet sich die Tabuisierung des illegalen Drogengebrauchs und die Ausgrenzung der Gebraucher qualitativ von der Ausgrenzung der »normalen« Kriminellen: bei der durch Politik und Medien manipulierten, überschießenden Kriminalitätsfurcht geht es eher um politisch funktionalisierbare kollektiv-neurotische Mechanismen der unbewußten Erregungsverschiebung und der Projektion von dissozialen Handlungsimpulsen. Es ist nicht schwer, die politische und ökonomische, die machtsichernde Funktionalität solcher Moralen zu durchschauen: politische Folgebereitschaft und Konformität kraft Denkverboten und eindeutiger moralischer Orientierung, kraft Sanktionierung und Ausgrenzung des Abweichenden; Erhalt der Fabriktugenden wie Gehorsam, Fleiß, Ordnungsliebe, Zuverlässigkeit, Pünktlichkeit, stetige Arbeitsbereitschaft u. a. Rigide Zwangsmoralen lassen sich ohne solche sozio-ökonomischen Funktionen auf Dauer nicht durchsetzen, auch nicht in einer noch so manipulierten Mediendemokratie, weil ihre Inhalte nicht wirklich Sinn machen und man die Sinnhaftigkeit nicht in die Leute hineinprügeln kann.

Schädlichkeitsmythen sind auf die Dauer nicht gegen bessere Einsicht aufrechtzuerhalten. Zumindest bilden sich dann in der Gesellschaft gegensätzliche Moralen und sie vertretende Strömungen und Kräfte heraus, wie z. B. bei den §§ 218 u. 175 StGB.

Erst die Annahme tiefer liegender Bereitschaften, unbewußter, kollektiv-psychischer Dispositionen, macht verstehbar, daß bestimmte Moralen in wirklichkeitsfremder Weise haltbarer sind als andere. Es sind jene tabu-begründeten und phobie-gestützten Moralen, welche gegen Aufklärung besonders resistent sind. Das Drogen-Tabu, die Drogen(abstinenz)-Moral hat mit den magischen, gleichsam übernatürlichen, jedenfalls übermächtigen Kräften zu tun, welche den Drogen – fälschlich – zugeschrieben werden. Das sind Projektionen von Wunsch- und Angstphantasien, die jeder von uns aus seiner frühen Kindheit mitbringt: aufgespaltene Phantasien von grenzenloser, paradiesischer Lust und Verschmelzung einerseits, von allmächtiger Beherrschung, Ausgestoßensein und Zerstörung andererseits.

Es sind diejenigen Kräfte, welche im Verlauf der Sozialisation halbwegs zivilisiert wurden, in deren Bann man aber jederzeit zurückzufallen fürchtet. Diese Furcht oder Real-Angst ist unter dissozialen, entzivilisierten gesellschaftlichen Zuständen durchaus realitätsgerecht. Aber in den Drogen hat sie heute den falschen Bezugspunkt.

Durch die Drogenmythen werden wir von den wirklichen Gefahren und destruktiven sozialen und politischen Kräften abgelenkt.

Es sind nicht so sehr die Drogen, welche uns einlullen, sondern vielmehr die Drogen-Mythen (s. ausführlich: BÖLLINGER 1993).

die Drogen-Mythen lullen ein

2.4 Doppelstigmatisierung und doppeltes Leid: Drogen und AIDS

HIV-Infektionen und AIDS haben sich in Deutschland in der Gruppe der i. v. Drogengebraucher seit 1982 vor allem in den Großstädten rasch ausgebreitet. Etwa jeder fünfte Drogengebraucher ist HIV-infiziert, die Zahl der AIDS-Erkrankungen steigt bei ihnen stark an. Damit ist zu den die gesundheitlichen Risiken der Abhängigkeit von Schwarzmarktdrogen eine weitere Gesundheitsgefahr hinzugetreten. Dabei ist das Risiko einer HIV-Infektion wesentlich durch die sozialen Lebensbedingungen der Drogengebraucher mitbedingt: »Knasterfahrung, ein niedriger Bildungsstand, Heimerfahrungen und ein höheres Ausmaß an alltäglichen Belastungen (»daily hassles«) sind mit dem HIV-Status assoziiert.« (KLEIBER 1990, S. 44).
Gleichzeitig hat aber auch die gesellschaftliche Reaktion auf Drogenkonsum eine weitere stigmatisierende Dimension bekommen: Abhängige sind nicht nur kriminell/krank, sondern darüber hinaus auch potentielle Überträger eines tödlichen Virus in die heterosexuelle Allgemeinbevölkerung. Die Gesellschaft will sich in doppeltem Maße vor ihnen schützen. Dieses Denken hat dazu geführt, daß bestimmten Gruppen der i. v. Drogengebraucher – sog. Beschaffungsprostituierte – noch einmal ausgegrenzt werden, indem für sie bestimmte Hilfen mit stark ordnungspolitischem Charakter (HESSISCHES NETZWERK 1989) angeboten werden. Deutlichster Ausdruck der primär ordnungspolitischen Reaktion ist der Bayerische Maßnahmekatalog, der Meldepflicht, Zwangstestung, Kontrolle und Erfassung infizierter Menschen vorsieht und zu einer nachhaltigen Veränderung des Verhältnisses Drogenhilfe – Betroffene in Richtung Kontrolle, Mißtrauen und Vorsicht geführt hat.
Im folgenden wird auf den Stand der Forschung zu HIV/AIDS unter i. v. Drogenkonsumenten näher eingegangen (Die gegenwärtige Praxis der HIV/AIDS-Prävention wird unter 2.8.2.1.1, mögliche Alternativen werden unter 2.9.1.2 diskutiert).

Verbreitung

Risiko: soziale Lebensbedingungen

Beschaffungsprostituierte

Bayerischer Maßnahmekatalog

Stand der Forschung zu HIV/AIDS

2.4.1 HIV-Übertragung

HIV-Übertragungswege für die Gruppe der i. v. Drogengebraucher bestehen vor allem im ungeschützten Sexualverkehr bei der Beschaffungsprostitution und in der gemeinsamen Benutzung kontaminierten Spritzbestecks.
Insbesondere die Prostitution von Drogenabhängigen, die oft unter Ausnutzung der doppelten Abhängigkeit (von Drogen und der Geldbeschaffung) auf Wunsch der Freier ungeschützt verläuft, wird als ein gesundheitspolitisches Problem angesehen. Die Quote

Übertragungswege

derjenigen Drogengebraucher, die der Prostitution nachgehen wird für Frauen mit mehr als 50% und für Männer mit etwa 10% – 20% angegeben (BOSSONG 1989, S. 67). Die Prostitution wird deshalb als relevante Schleuse des HI-Virus in die nicht-drogenabhängige Allgemeinbevölkerung betrachtet, obwohl die weibliche Prostituierte ein höheres Risiko als der Freier eingeht. Das Freierverhalten wird dabei kaum problematisiert, trotz der Tatsache, daß die Verbreitung der HIV-Infektion unter i. v. Drogenkonsumenten sich nicht nachhaltig auf das Verhalten der Freier auswirkt. Nach wie vor wird das Risiko, sich eine HIV-Infektion, Hepatits oder eine Geschlechtskrankheit zuzuziehen, verdrängt: 80% der Freier würden es vorziehen, auf ein Kondom zu verzichten (GERSCH et al. 1988, S. 36).

Der Einfluß des Sexualverhaltens in der Beschaffungsprostitution auf die HIV-Infektionsrate ist deutlich (KLEIBER 1990). Insgesamt muß man allerdings davon ausgehen, daß die Gemeinsambenutzung gebrauchter Spritzen der dominante Infektionsweg ist, weil die Übertragungswahrscheinlichkeit hier viel höher ist. »Needle sharing« bedeutet, daß mehrere Drogengebraucher dieselbe mit Wirkstoff gefüllte Spritze benutzen oder eine Spritze an andere i.v. Drogenkonsumenten weitergeben, wobei ein Blutkontakt über die gemeinsam benutzte Spritze stattfindet. Dadurch können nicht nur das HIV-Virus, sondern auch das Hepatits-B- und C-Virus und Syphilis übertragen werden.

Das Risiko sich mit HIV zu infizieren, steigt mit der Häufigkeit des »needle sharing« bzw. der Zahl der »sharing«-Partner. Die Gründe für das »needle sharing« liegen v. a. in der Knappheit steriler Spritzen und Kanülen. Die Zugänglichkeit zu sterilen Spritzen ist vielerorts noch auf Apotheken und Austauschprogramme von Drogenberatungsstellen während des Tages begrenzt. In manchen Apotheken sind die Spritzen zu teuer, ein Verkauf findet nur in großen Mengen statt oder der Apotheker weigert sich, überhaupt Spritzen und Kanülen an Drogenabhängige zu verkaufen.

Ein weiterer Grund besteht in der Beschlagnahmepraxis der Polizei: der Besitz einer Spritze ist der Polizei ein wichtiger Hinweis für intravenösen Drogengebrauch. Der Anfangsverdacht dient als Legitimation für weitere Nachforschungen, Durchsuchungen und Vernehmungen. Gebrauchte Spritzen werden häufig auf Betäubungsmittelanhaftungen untersucht, was strafrechtliche Konsequenzen hat. Weil benutzte Spritzen Beweismittel sind, versucht der Drogengebraucher also möglichst unmittelbar nach der Injektion sich des belastenden Beweisstückes zu entledigen (AIDS-ENQUETE-KOMMISSION 1988, S. 192). Die Strafverfolgung begünstigt die Spritzenknappheit, die u. a. mit »needle sharing« kompensiert wird (vgl. zur Übersicht SCHULLER/STÖVER 1989).

Gesundheitliche Risiken der Übertragung von Infektionskrankheiten ergeben sich auch aus dem »drug sharing«, dem Teilen der aufgekochten Heroinlösung von einem Löffel oder mittels gebrauchter Spritzen (BORNEMANN/STÖVER 1990). Die oft angeführte mystisch-rituelle Bedeutung der »sharing«-Praktiken spielt im

Alltag kriminalisierter Drogenabhängiger eine wohl eher untergeordnete Rolle.

2.4.2 Veränderung des Risikoverhaltens unter intravenösen (i. v.) Drogengebrauchern

Entgegen pessimistischen Annahmen, Drogenabhängige wären so gut wie gar nicht über Aufklärung und verbessertes Wissen zu einer Verhaltensänderung zu bewegen, zeichnet sich eine gegenteilige Entwicklung ab. Eine Literaturdurchsicht zeigt, daß sie durchaus gut über HIV/HBV/HCV-Infektionsrisiken informiert und zu Verhaltensänderungen bereit sind. Zwar geben in der KLEIBER/PANT-Studie (1991a) knapp zwei Drittel der Befragten (n=1215) mehr oder weniger häufigen Nadeltausch in den letzten zwölf Monaten an; mehrere Studien zum Zusammenhang von Drogen und AIDS zeigen aber auch, daß die Häufigkeit des Nadeltausches reduziert werden kann. Unbedingt notwendig ist also, mit einem ausdifferenzierten Präventionsinstrumentarium und essentiellen Lebenshilfen die Zielgruppe zu erreichen, um Verhaltensänderungen zu unterstützen. Während die »safe use«-Regeln scheinbar ganz gut angenommen werden, bereitet die Umsetzung von »safe sex«-Regeln der Allgemeinbevölkerung wie auch den Drogenabhängigen mehr Schwierigkeiten, weil auch hier – trotz allem öffentlichen Reden über Sexualität – tabubegründete Moralen aufklärungsresistent wirken (s. o. 2.3.6).

Literaturdurchsicht

»safe use«-Regeln
»safe sex«-Regeln

2.4.3 Prävalenz und Inzidenz von HIV und AIDS

Epidemiologische Untersuchungen über die Verbreitung von HIV und AIDS liefern vor allem Eckdaten zur Dynamik der Infektionskrankheit, auf deren Basis der Interventionsbedarf sowie Hilfsstrategien entwickelt werden können. Diese Eckdaten werden zum einen aus dem Zahlenmaterial des »AIDS-Fallregisters« und den »Meldungen nach der Laborberichtspflicht« des Bundesgesundheitsamtes (BGA) und zum anderen aus Prävalenzstudien über HIV und AIDS bei i. v. DrogengebraucherInnen gewonnen.

Dynamik der Infektionskrankheit

AIDS-Fallregister – Meldungen nach der Laborberichtspflicht

Behandelnde Ärzte melden seit 1982 freiwillig in einem vertraulichen AIDS-Fallbericht nach bestimmten Vorgaben Daten zu individuellen AIDS-Fällen an das BGA. Der Anteil der AIDS-Fälle mit dem Infektionsrisiko »i. v. drogenabhängig« steigt seit Einrichtung dieses AIDS-Fallregisters 1982 beständig. Gegenwärtig liegt sein Anteil an der Gesamtzahl der kumulierten Fälle bei 14% (n=1506; Stand: Dez. 1993).
Im Gegensatz zur stark betroffenen Gruppe der Homo-/Bisexuellen steigen die Zahlen für i. v. Drogengebraucher in den letzten 12 Monaten auffällig stark an. Vermutlich steigen sie weiter, weil die

Infektionsrisiko »i. v. drogenabhängig«

Zahlen

größte Zahl der HIV-Infektionen bis etwa Mitte der 80er Jahre erfolgte und jetzt – nach Ablauf der Inkubationszeit – die AIDS-assoziierten Symptome auftreten. Die Zahlen liegen allerdings immer noch unter denen des europäischen Durchschnitts.

unter europäischem Durchschnitt

Bei einem Großteil der HIV-Infektionen, die im Rahmen der Laborberichtspflicht (bestehend seit 1987) an das BGA gemeldet werden ist zwar noch der Infektionsweg als unbekannt angegeben. Für die HIV-Infektionen mit bekanntem Infektionsweg gilt für mindestens ein Drittel das Übertragungsrisiko »intravenöser Drogengebrauch«.

2.4.3.1 Prävalenz in der Gruppe der i. v. Drogenabhängigen

Studien zur HIV-Prävalenz unter i. v. Drogenkonsumenten weisen Unterschiede je nach Selektion der Untersuchten auf. Tests im Strafvollzug, vor/während der Therapie, Untersuchungen des HIV-Antikörper-Status von Drogentoten, Alter der Untersuchten, Ort und Zeit sowie Größe der Stichprobe lassen nur in der Gesamtschau auf die verschiedenen Datenquellen Schätzwerte zur HIV-Prävalenz zu. Nur allzu schnell werden die Ergebnisse einzelner Prävalenzstudien (vor allem in Großstädten und in totalen Institutionen) als repräsentativ für die Gesamtheit der i. v. Drogenkonsumenten bewertet, ohne deren Aussagekraft zu problematisieren bzw. deren Begrenztheit zu diskutieren.

Datenquellen

Aussagekraft

Studie von KLEIBER/PANT Aussagen über Verhaltensänderungen

Die Ergebnisse der breit angelegten differentiell-epidemiologischen und multizentrischen Studie von KLEIBER/PANT (1991a) lassen Aussagen über eine HIV-Verbreitung ebenso zu wie eine Abschätzung der differentiellen Risiken und »eine Bestimmung/Abschätzung des Ausmaßes von Verhaltensänderungen bei i. v. Drogenabhängigen und der Akzeptanz der AIDS-Präventionsregeln von dieser Hauptbetroffenengruppe«. Das Resultat dieser Untersuchung war eine HIV-Prävalenz von 19,9% bei i. v. Drogenkonsumenten (n=1194).

HIV-Prävalenz

Längsschnittstudie »AMSEL«

KINDERMANN (1989) berichtet von der Längsschnittstudie »AMSEL«, in der 248 Abhängige (mit Hauptdroge Heroin) in einer »geschichteten Stichprobe« (private Szene, Therapie, Beratung, Gefängnis, Klinik, Straßenszene) in Frankfurt am Main und Umland u. a. mehrfach nach ihrem HIV-Status befragt wurden: 1986/87 waren 27,4% (68) von ihnen HIV-Antikörper-positiv.

Befragung stationärer Therapieeinrichtungen

Diese Ergebnisse werden ergänzt durch eine 1988 durchgeführte Befragung stationärer Therapieeinrichtungen, die aufgrund der Auflagen der Leistungsträger Kenntnisse über die HIV-Antikörpertestergebnisse nahezu jedes Abhängigen haben. In den Jahren 1984 – 87 wurden über 4.300 i. v. Drogenkonsumenten stationär behandelt, 14% hatten ein positives Testergebnis im Jahre 1987, 15% im Jahre 1986, 20,5% 1985 und 11,6% 1984. Auch diese Ergebnisse müssen im Zusammenhang betrachtet werden: zwar machen viele Heroin-Dauerkonsumenten im Laufe ihrer »Karriere« irgendwann eine Therapie mit, doch längst nicht alle.

HIV-Seroprävalenz bei 753 Drogentoten

Die Auswertung der HIV-Seroprävalenz bei 753 Drogentoten aus mehreren Großstädten im Zeitraum von 1985 – 1988 ergab eine kumulierte Prävalenz für den gesamten Zeitraum von 26%; die Prävalenz lag regional zwischen 15% und 25%, nur in Berlin betrug sie 42% (PÜSCHEL et al. 1990). STARK et al. (1994) weisen schließlich in einer Gruppe von 589 untersuchten i. v. Drogenabhängigen – aus unterschiedlichsten Berliner Hilfeeinrichtungen – eine HIV-Prävalenz von 17,5% aus. Hingegen ergab eine Untersuchung von 498 Drogentoten in Berlin, Hamburg und Bremen eine Prävalenz von 9,2% (BMG 1993, S. 87). Betrachtet man nur die Drogentoten in Berlin und Hamburg, so ergibt sich eine abnehmende HIV-Prävalenz in beiden Städten etwa seit 1986/87: 1991 lag sie für Berlin bei 14% (29 von 210 Drogentoten), in Hamburg bei 3% (6 von 184; vgl. BORNEMANN u.a. 1991). Wenn der Trend bei den HIV-Infektionen von i.v. Drogenkonsumenten sich weiterhin stabil hält, ist zu fragen, ob »harm reduction«-Modelle in der Drogenhilfe angenommen und gefruchtet, jedenfalls den Druck, »needle sharing« betreiben zu müssen, reduziert haben. Sicher waren in der ersten Jahren des Auftretens von HIV der Informationsgrad gering und dementsprechend das risikoreiche Verhalten noch weiter verbreitet.

»harm reduction«-Modelle

Angesichts der Bedrohlichkeit von HIV und AIDS sind die Hepatitiden zu Unrecht nicht genug im Blickfeld öffentlichen und gesundheitspolitischen Interesses. Nicht nur im Strafvollzug, auch auf der offenen Szene sind die Hepatitiden B und C weit verbreitet: die bereits erwähnte BMG-Drogennot- und -todesfallstudie (1993, S. 87) brachte folgende Ergebnisse: Von den 352 auf Hepatitis B untersuchten Drogentoten wiesen 36,6% eine aktive oder durchgemachte Hepatitis B auf. Von den 344 auf Hepatitis C untersuchten Drogentoten ergab sich bei 43,9% ein positiver Befund. Angesichts der im Folgekapitel dargestellten Langzeitschäden und -gefahren der Hepatitiden müssen Gesundheitspolitiker und Drogenhilfeprojekte auf diese grassierende Infektion eindringlich hingewiesen werden. Gegen Hepatitis B gibt es einen Impfschutz, gegen Hepatitis C nicht.

Hepatitiden

BMG-Drogennot- und -todesfallstudie

Trotz aller Einschränkung liefern die zitierten Studien wichtige Anhaltspunkte für eine Einschätzung der HIV-Antikörperprävalenz bei i. v. Drogenabhängigen in Deutschland: sie dürfte, mit großen regionalen Unterschieden, zwischen 14% und 28% liegen. Daten einer Kohortenstudie des Bundesgesundheitsamtes zeigen, daß innerhalb der ersten 10 Jahre nach der Infektion etwa 50% der Infizierten erkranken, jährlich 5%. (KOCH 1990, S. 67). Es ist davon auszugehen, daß bei der Gruppe der i. v. Drogenkonsumenten wiederholte HIV-Infektionen durch »needle sharing« oder ungeschützten Sexualverkehr sowie häufige Infektionskrankheiten, die bei mangelhafter medizinischer Versorgung und bei verschlechtertem Allgemein- und Ernährungszustand häufig chronifizieren, das Immunsystem zusätzlich schwächen und den Ausbruch AIDS-assoziierter Erkrankungen begünstigen (BUNDESZENTRALE FÜR GESUNDHEITLICHE AUFKLÄRUNG 1989, S. 8 f.; DES JARLAIS/FRIEDMAN 1987).

Kohortenstudie des BGA

2.4.3.2 Prävalenz illegalen Drogengebrauchs und viraler Infektionen (HIV und Hepatitis) im Strafvollzug

Infektionsprophylaxe im Strafvollzug wird zumeist gleichgesetzt mit der HIV/AIDS-Prävention, doch das ist verkürzt. HIV-Infektionen und AIDS-Erkrankungen sind nur ein Teil der Infektionen, denen DrogengebraucherInnen im Strafvollzug ausgesetzt sind – und hier stärker als anderswo. Hepatitis-Infektionen etwa werden mittlerweile als »desmoterische«, d. h. gefängnistypische Infektionen bezeichnet. In der verkürzt geführten Diskussion über HIV/AIDS offenbart sich lediglich die dramatischste und bedrohlichste Perspektive moderner Infektionen. Von der Schwere her betrachtet etwa, gibt es bei den Hepatitisinfektionen gleichfalls Langzeitschäden, die ebenfalls – und insbesondere bei Hepatitis C – zu einem tödlichen Ausgang führen können (vgl. zur Übersicht: STÖVER 1994a).

Hepatitis-Infektionen desmoterisch

Betroffen von HIV und AIDS sind im Strafvollzug fast ausschließlich KonsumentInnen illegaler Drogen (REX 1991). Sie stellen einen ständig wachsenden Teil der ca. 60.000 Inhaftierten in den deutschen Haftanstalten: Schätzungen schwanken enorm, fallen von Anstalt zu Anstalt unterschiedlich aus. Experten meinen, daß ca. ein Drittel aller Gefangenen DrogengebraucherInnen sind.

KonsumentInnen illegaler Drogen

ca. ein Drittel aller Gefangenen

Mehrere Indikatoren (Zahl der polizeilich erstmals auffällig gewordenen ErstkonsumentInnen, der Drogentoten, der Beschlagnahmemengen) sprechen seit Mitte der 80er Jahre für eine Zunahme der Zahl der DrogenkonsumentInnen außerhalb des Strafvollzuges. Parallel dazu muß auch eine Zunahme der wegen Betäubungsmittel- oder Beschaffungsdelikten verurteilten DrogengebraucherInnen im Strafvollzug erwartet werden: KRUMSIEK (1992) weist für NRW darauf hin, daß sich die Zahl der Drogenabhängigen im Strafvollzug innerhalb der letzten 10 Jahre verdoppelt habe. Eine Vielzahl der DrogengebraucherInnen kommt über kurz oder lang mit dem Strafrecht und dem Strafvollzug in Berührung: das Gefängnis wird im Verlauf der Drogenkarriere tendenziell zur dominanten Lebenswelt Abhängiger werden. Jüngere Untersuchungen sprechen von etwa 2/3 der DrogenkonsumentInnen: In der von KOCH/EHRENBERG (1992) durchgeführten Evaluationsstudie »Akzeptanz AIDS-präventiver Botschaften« (n=660) hatten 60% Hafterfahrungen (71% der Männer, 41% der Frauen); bestätigend: KLEIBER 1990). Dabei besteht ein signifikant positiver Zusammenhang zwischen Gesamthaftzeit und Dauer der Drogenabhängigkeit: d. h. die Haftzeit steigt mit andauernder Abhängigkeit (SICKINGER 1991, S. 342 ff.). Das AMSEL-Forschungsprojekt (»Ambulante Therapie und Selbstheilung«) förderte außerdem zutage, daß die Haftzeit stets länger ist als die Therapiezeit (n=324). Der Strafvollzug ist kein drogenfreier Raum. Der Drogengebrauch wird von einem Großteil der einsitzenden Drogengebraucher fortgeführt. Diese Einsicht hat mittlerweile auch Eingang in die gesundheitspolitische Diskussion auf Ministerebene gefunden: Bundesgesundheitsminister SEEHOFER schätzt, daß

Zunahme der Zahl

in 10 Jahren verdoppelt

Gefängnis: dominante Lebenswelt Abhängiger

Evaluationsstudie

Haftzeit länger als Therapiezeit

2.4 Doppelstigmatisierung und doppeltes Leid: Drogen und AIDS

trotz scharfer Kontrollen über 40% der 20.000 DrogenkonsumentInnen in Haft weiter illegale Drogen konsumieren. Mehrere Studien belegen dies eindrucksvoll und weisen gar einen höheren Anteil aus. KOCH/EHRENBERG (1992, S. 53) fanden bei ihrer Befragung (n=660) heraus, daß die Hälfte der bereits Inhaftierten ihren i. v. Drogenkonsum in Haft fortsetzte, ebenfalls vorwiegend mit der Hauptdroge Heroin.

Der Konsum von Drogen aller Art innerhalb des Strafvollzuges kann heute nicht mehr geleugnet werden: Die DEUTSCHE AIDS-HILFE befragte 117 Gefangene mit HIV und AIDS; 86,3% antworteten auf die Frage »Gibt es in der JVA, in der Sie Ihre Haftzeit verbüßen, Drogen?« mit Ja. In der großen Bandbreite verfügbarer Drogen wurden Marihuana und Heroin am häufigsten genannt (GÄHNER 1992, S. 22). KOCH/EHRENBERG bestätigen, daß Drogen, die in der Szene erhältlich sind, auch in den Strafvollzugsanstalten verfügbar sind und injiziert werden: »Die Konsumhäufigkeit wurde von ›mehrmals am Tag‹ bis zu ›seltener als 1 Mal pro Monat‹ angegeben. Nachschubprobleme mit Heroin oder Kokain schienen im Strafvollzug kaum zu bestehen.« (1992, S. 53). Allerdings variiert die Versorgungslage und der Preis von JVA zu JVA und selbst innerhalb der Anstalten von Haus zu Haus.

Trotz aller Schwankungen: Eine Griffnähe ist aufgrund geringer Ausweichmöglichkeiten jedoch auch für die Gefangenen vorhanden, die ursprünglich keine illegalen Drogen konsumierten, und bei denen sich eine »haftbedingte Sucht« mit vollzugsspezifischer Kriminalität entwickelt.

Randnotizen: Hauptdroge Heroin; kaum Nachschubprobleme; Griffnähe; »haftbedingte Sucht«

2.4.3.2.1 HIV-Infektion

Überträgt man die in mehreren epidemiologischen Studien bestätigte HIV-Prävalenz von etwa 20% (vgl. KOCH/EHRENBERG 1992; KLEIBER 1991), dann kann man davon ausgehen, daß jeder fünfte Drogengebraucher im Strafvollzug HIV-infiziert ist bzw. bereits AIDS-assoziierte Symptome aufweist. In absoluten Zahlen heißt das, daß etwa 1.200 HIV-infizierte Gefangene in den Strafanstalten leben. Die DAH-Befragung Gefangener mit HIV und AIDS hat ergeben, daß 70% meinen, sich durch gemeinsam benutztes Spritzbesteck angesteckt zu haben; 17% schließlich sind der Auffassung, sich im Strafvollzug infiziert zu haben, wobei ebenfalls »needle sharing« als der dominante Übertragungsweg angesehen wird.

Mehrere Studien belegen eine enge Korrelation zwischen Aufenthalt im Strafvollzug und Verbreitung der HIV-Infektion bei Gefangenen. KLEIBER fand in seiner differentiell-epidemiologischen und multizentrischen Studie eine HIV-Prävalenz unter i. v. DrogengebraucherInnen von 19,9% (n=1.253). Eine Analyse der HIV-Prävalenzraten verschiedener Subpopulationen ergab jedoch eine eindeutige soziale Determiniertheit der HIV-Infektion: Die ohne Hafterfahrung (n=499) waren zu 10% HIV-Antikörper-positiv (KLEIBER 1991, S. 35). Diejenigen mit Hafterfahrungen (n=728, et-

Randnotizen: ca. jeder fünfte Drogengebraucher im Strafvollzug ist HIV-infiziert; 70% meinen, durch gemeinsam benutztes Spritzbesteck; soziale Determiniertheit der HIV-Infektion

wa 60%) waren bereits zu 26% HIV-Antikörper-positiv, von denjenigen die darüberhinaus angaben, auch im Knast gefixt zu haben, waren 33,7% HIV-positiv. KLEIBER/PANT (1992, S. 16) zeigen auch, daß das HIV-Risiko mit mehreren Haftepisoden signifikant ansteigt. KOCH/EHRENBERG (1992, S. 48) bestätigen in ihrer Untersuchung (n=660) eine doppelt so hohe HIV-Prävalenz bei Befragten i. v. DrogenkonsumentInnen mit Hafterfahrungen (23,7%) gegenüber den Nicht-Hafterfahrenen (12,5%). Die HIV-Prävalenz von Frauen mit Hafterfahrung war sogar dreimal höher als bei Frauen, die nie im Gefängnis waren.

HIV-Prävalenz und Hafterfahrungen

PANT/KLEIBER (1994, S. 58) vergleichen die langfristigen epidemiologischen Effekte von Gefängnisaufenthalten mit der Rolle von »shooting galleries« wie in den angelsächsischen Ländern: »Hier wie dort erfolgen Drogenapplikation und Nadeltausch unter anonymen Bedingungen, die adäquate Risikoeinschätzungen und sinnvolle Partnerselektionsmechanismen, wie sie in vertrauten sozialen (Nadel-)Austauschkontexten für den einzelnen gegeben sind, unmöglich machen.«

»shooting galleries«

2.4.3.2.2 Hepatitis-Infektion

Die Diskussion über Infektionsrisiken fokussiert primär auf HIV und blendet die Hepatitis-Infektionsgefahren fast vollständig aus. Dabei kommen alle drei Hepatitiden (A, B und C) sehr viel häufiger in JVA vor als in der Normalbevölkerung. GAUBE et al. (1993) sprechen von 100 – 200 mal häufigerem Auftreten und bezeichnen diese Infektionen deshalb als »desmoterische«, d. h. gefängnistypische Infektionen. Sie untersuchten Strafgefangene der JVA Wolfenbüttel (Nds.): Von 108 HC-positiven Gefangenen waren 91 drogenabhängig; vergleichsweise hatten nur 68 von ihnen (= 63%) eine Hepatits B erworben. »Offensichtlich wird also die HC unter Drogenabhängigen durch ›needle-sharing‹ noch häufiger als die HB übertragen ...« (a. a. O., S. 248). »Der klinische Verlauf der Hepatitis C ist in 30 – 70% durch einen chronischen Verlauf und in 10 – 30% durch einen Übergang in die Leberzirrhose gekennzeichnet...« (RASENACK 1991, S. 111). Damit heilt die C- wesentlich seltener als die B-Hepatitis aus. Die parenterale Infektion gilt als der wahrscheinliche Übertragungsweg. Im Unterschied zur Hepatitis B ist zur Zeit bei HC keine aktive Immunisierung möglich. Hepatitis B und C sind als schwerwiegend anzusehen; insbesondere die HC, die sehr viel häufiger als die HB zu einer chronischen Ausprägung führt, kann schließlich ein Leberversagen nach sich ziehen. – Insgesamt sind die Möglichkeiten, sich in der Haft vor einer HIV- oder Hepatitis-Infektion zu schützen, sehr viel schlechter als in Freiheit. In einigen Gefängnissen grassieren diese Infektionen besorgniserregend.

100 – 200 mal häufiger als in der Normalbevölkerung

klinischer Verlauf

HC: keine aktive Immunisierung möglich

2.4.4 Prognosen für die Drogenarbeit

Die Größenordnung des Problems HIV-Infektion/AIDS-Erkrankung läßt sich nur schätzen: Eine HIV-Prävalenz von ca. 20% bei angenommenen 100.000 i. v. Drogenkonsumenten zugrundegelegt, würde eine Zahl von gegenwärtig 20.000 HIV-Antikörper-positiven Drogenkonsumenten bedeuten. Diese Hochrechnung ist allerdings problematisch, weil sie davon ausgeht, daß sich auch tatsächlich alle i. v. Drogenkonsumenten infizieren könnten, also »at risk« leben. Verhaltensänderungen unter i. v. Drogengebrauchern und die Ausweitung der materiellen Voraussetzungen für diese Verhaltensänderung (Spritzenumtausch-Programme, Automaten-Abgabe, verbesserte Apotheken-Abgabe) lassen den Schluß zu, daß es zu der o. g. absoluten Zahl von Infizierten nicht kommen wird.

Geht man davon aus, daß das Verhältnis der Zahl der AIDS-Erkrankten zu der der HIV-Infizierten insgesamt etwa 1:20 beträgt (KOCH 1990, S. 62), so kommt man auf eine absolute Zahl der HIV-Infektionen von 8.320. Ein Großteil der Drogenabhängigen mit Infektionsrisiko scheint bereits – vor allem Frauen – auf HIV getestet worden zu sein. Rückblickende Analysen lassen darüberhinaus vermuten, daß HIV sich insgesamt bis 1984/85 rascher ausgebreitet hat als danach (KOCH 1990, S. 64). Die Gesamtzahl von 10.000 HIV-infizierten Drogenabhängigen scheint gegenwärtig eine wahrscheinliche und hilfreiche Größe zu sein.

Welche Prognosen können bzgl. der Zahl der zukünftig zu erwartenden und zu versorgenden AIDS-Fälle gestellt werden? Prognosen auf Basis einer Kohortenstudie des BGA zeigen, daß innerhalb der ersten 10 Jahre nach Infektion etwa 50% der Infizierten erkranken, jährlich 5%. Bei einer angenommenen Zahl von 10.000 HIV-infizierten i. v. Drogenkonsumenten müßte man demnach mit 500 zusätzlichen AIDS-Patienten jährlich rechnen. Dabei ist die lange Inkubationszeit zu berücksichtigen und die Tatsache, daß HIV erst 1982 in die Population der i. v. Drogenkonsumenten eingedrungen ist und im Mittel nach 10 Jahren davon ausgegangen werden muß, daß die Hälfte der Infizierten erkrankt. Bei aller Unsicherheit über die exakte quantitative Entwicklung bei den AIDS-erkrankten Drogenkonsumenten, bleibt festzustellen, daß die Zahl der Drogenabhängigen, die sich hilfesuchend an Betreuungseinrichtungen wenden, in den nächsten Jahren weiter zunehmen wird: »Ohne rechtzeitige Entwicklung entsprechender Angebote für drogengebrauchende Menschen mit HIV und AIDS wird jedoch die bereits heute vorhandene Schere zwischen nachgefragtem Bedarf auf der einen und den vorhandenen Angeboten auf der anderen Seite weiter und in dramatischer Weise auseinanderklaffen« (BARSCH 1995).

Dazu kommt, daß die Zahl der gemeldeten HIV-Infektionen mit angegebenem Infektionsweg »i. v. Drogengebrauch« weiter steigt (KOCH 1990, S. 28), wenn auch deutlich langsamer als noch vor wenigen Jahren erwartet.

Marginalien: Größenordnung; Prognosen; Kohortenstudie des BGA; lange Inkubationszeit

Es ist also durchaus wahrscheinlich, daß Mitte der neunziger Jahre mit einer starken Zunahme der manifest an AIDS erkrankenden Drogengebraucher gerechnet werden muß.

2.5 Stand der Wissenschaft: Drogengebrauch – Ursachen, Verlauf, Beendigung

Wegen der Illegalität vieler Drogen unterliegt die Forschung starken Einschränkungen, ja Verboten. Das verstärkt den Zirkel von Mystifizierung, mangelnder Aufklärung und unsachgemäßem Gebrauch. Die Drogenforschung leidet außerdem an »fachlichen Scheuklappen« bzw. fehlender Interdisziplinarität. Die Frage nach Ursachen, Verlauf und Beendigung des Konsums illegaler Drogen kann mit Erklärungsansätzen individualisierender oder eindimensionaler Art nicht beantwortet werden (vgl. die Vielzahl von Erklärungsansätzen in: LETTIERI/WELZ 1983; kritisch SCHMERL 1984; relativ fortschrittlich LOWINSON et al. 1992; teilweise überholt SCHMIDBAUER/v.SCHEIDT 1993).

fachliche Scheuklappen

Methodologisch zu wenig reflektiert

Ambivalenz von Drogen

Mehr als in anderen Forschungsbereichen ist die Drogenforschung beeinflußt von drogenpolitischen Grundentscheidungen und Ideologien. Methodologisch wird zu wenig reflektiert, daß in die scheinbar wissenschaftliche Betrachtung normative Gesichtspunkte und soziale Kontrollinteressen einfließen. Besonders anschaulich ist dies bei der immer wieder übersehenen Ambivalenz von Drogen: Die vom Konsumenten erwünschte Wirkung erscheint aus dem Blickwinkel der gesellschaftlichen Ordnungshüter als abweichend, gestört, böse. Statistisch korrelierbare Fakten werden falsch oder in ihr Gegenteil verkehrt in einen Kausalzusammenhang gestellt. Das ist politisch opportun, weil man damit von den eigentlichen sozialen Ursachen ablenken kann.

Drogenabhängigkeit ist Normalverhalten

Abgrenzung illegale/ legale Drogen

Beziehungsfeld Persönlichkeit – Gesellschaft – Droge

Nur eine vielschichtige, fachübergreifende Untersuchung trägt der Kompliziertheit des Problems Rechnung. Bei Zugrundelegung eines weiten Drogenbegriffes (s. o. 2.2) ist Drogenabhängigkeit Alltagsverhalten, jedenfalls Normalverhalten und keine Abweichung per se (VOGT 1990). Die Gebrauchsmuster sind weitaus vielfältiger als lange Zeit angenommen: Es gibt nicht den Konsum schlechthin, sondern er kann intermittierender, spontaner, dauerhafter, kontrollierter, unkontrollierter Art sein – mit oder ohne folgende psychische oder physische Abhängigkeit. Weiter beruht die Abgrenzung zwischen illegalen und legalen Drogen – wie gezeigt – auf gesetzgeberischen bzw. politischen, nicht auf wissenschaftlichen Erwägungen. Statt monokausal Droge und Wirkung zu verknüpfen, ist Drogenabhängigkeit mehrdimensional als ein Prozeß zu untersuchen, der sich im Beziehungsfeld der Elemente Persönlichkeit – Gesellschaft – Droge entwickelt. Diese Elemente sind in wechselseitiger Abhängigkeit zueinander stehend zu begreifen. Dabei ist der Aspekt des Individuums zu differenzieren in vorgegebene Konstitution und Persönlichkeitsstruktur einerseits und subjektive Stimmungen und Erwartungen an die Droge andererseits. Der Aspekt der Gesellschaft ist in die Bereiche »sozialer Nahraum« und »gesellschaftlicher Bereich« (d. h. hier sind auch die Effekte gesellschaftlicher Drogenkontrollversuche miteinzubeziehen) zu differenzieren.

Diese Trias von Bedingungen ist zudem der Zeitdimension unterworfen: im Verlauf des mehr oder weniger kontinuierlichen Drogenkonsums verändern sich die soziale und die individuelle Dimension. Wir wollen hier einige uns wichtig erscheinende Ansätze bzw. Aspekte skizzieren, die Einzelkomponenten für ein Verstehen dieser Zusammenhänge darstellen. Es ist fraglich, ob es eine wissenschaftlich-erklärende Theorie für dieses komplexe Phänomen je geben wird.

Zeitdimension

2.5.1 Zum Stand der Opiat- und Cannabisforschung

Der nichtmedizinische Drogengebrauch muß immer im Spannungsfeld der Ambivalenzen von Chance und Gefahr, Nutzen und Schaden diskutiert werden, wie es bereits Paracelsus tat: »All ding sind gifft und nichts ohn gifft, allein die dosis macht das ein ding kein gifft ist«. Doch die Ambivalenz wurde in der bisherigen Drogendiskussion allzu oft dahingehend vereinseitigt, daß bestimmte Drogen von den einen nur verteufelt und von anderen nur als harmlos hingestellt wurden.

Paracelsus: »allein die dosis macht das ein ding kein gifft ist«

Es bedarf einer differenzierten Betrachtung der Chancen und Risiken des Drogenkonsums für den Einzelnen wie für die Gesellschaft. Viele Studien über Drogenwirkungen weisen jedoch erhebliche methodische Mängel auf: sei es, daß Ergebnisse im Labor oder aus Tierversuchen verkürzt übertragen oder daß statt Drogenwirkungen Drogenpolitikwirkungen gemessen wurden (QUENSEL 1989, S. 385).

Studien über Drogenwirkungen

Opiate etwa bieten »Chancen« in der medizinischen Anwendung als Analgetikum; für den nicht-medizinischen Gebrauch ist zunächst die euphorisierende, später die Entzugserscheinungen verhindernde Wirkung gesucht.

Drogenpolitikwirkungen liegen vor allem darin, daß verfolgte, in der Illegalität lebende Opiatgebraucher bestimmte Ernährungs-, Hygiene- und allgemeine Vorsichtsregeln nicht einhalten (können). In Zusammenhang mit Opiatgebrauch kann es zu Infektionskrankheiten aller Art, Unterernährung, Lungenentzündungen, Abszessen etc. kommen. Abgesehen von diesen Erscheinungen treten gewisse schädliche Folgen beim Opiatgebrauch selbst auf: Übelkeit, Verstopfung, Schwindelgefühl, Gallenkoliken; vor allem die Atemdepression infolge Überdosierung stellt ein enormes Risiko – u. U. mit Todesfolge – dar. »Obwohl also der Konsum von Heroin und selbst ein einziger Schuß davon aus einer Reihe von Gründen gefährlich sein kann, verursachen Opioide an sich gesehen (und wenn sie nicht als Überdosis genommen werden) keine irreversiblen körperlichen Störungen, auch nicht nach chronischem Gebrauch. Die bei post-mortem-Untersuchungen festgestellten neuropathologischen Veränderungen sind in der Regel

Drogenpolitik-wirkungen

Folgen bei Opiatgebrauch

keine irreversiblen körperlichen Störungen

auf Überdosierungen zurückzuführen« (VAN WELY 1989, S. 305).
Auch beim Cannabiskonsum sind individuelle und gesellschaftliche Risikoebenen zu unterscheiden. Einigkeit besteht inzwischen in der Wissenschaft über die Unschädlichkeit gelegentlichen Konsums geringer Dosen von Cannabis. Einigkeit herrscht auch hinsichtlich der Verneinung eines körperlichen Abhängigkeitspotentials. Die individuellen Risiken werden nur noch diskutiert an den negativen Folgen des Dauerkonsums größerer Mengen. Dabei sind die physischen Risiken (etwa im Vergleich zum Tabakrauchen) als relativ gering anzusehen: starkes Dauerrauchen von Cannabis verursacht Atemschwierigkeiten und eine Verringerung des Lungenvolumens. Zwar enthält Marihuana dieselben krebserzeugenden Substanzen wie Tabak; das Lungenkrebs-Risiko ist aber entsprechend den selbst bei Intensiv-Gebrauchern geringeren Konsummengen gemindert. Immer wieder werden Behauptungen aufgestellt und durch vereinzelte Untersuchungen zu belegen versucht, Cannabisgebrauch könne Schäden im Genom, im Fortpflanzungs- oder Immunsystem bewirken. Dafür finden sich keine Bestätigungen, die entsprechenden Untersuchungen halten methodologisch seriösen Überprüfungen nicht stand. Das was in der Wissenschaft über die psychischen Auswirkungen berichtet wird, ist wiederum vor dem spezifischen ideologischen Hintergrund zu sehen. Im Interesse einer objektiven Einschätzung ist zunächst die bereits erwähnte (s. o. 2.5) Ambivalenz der Drogenwirkung zu reflektieren. Was dem Konsumenten die erwünschte stimmungs- und bewußtseinsverändernde Wirkung ist, erscheint dem orthodoxen Psychiater als im Diagnostik-Schlüssel (z. B. ICD) klar einzuordnendes Symptom einer Bewußtseinsstörung oder gar Psychose. Immer wieder wird in der drogenpolitischen Diskussion auch warnend angeführt, Cannabiskonsum könne »echte« Psychosen, z. B. Zyklothymie oder Schizophrenie verursachen. Die kritische Durchsicht solcher Berichte hat ausnahmslos ergeben, daß entweder eine bereits latent vorhandene Psychose durch die mit der Cannabis-Wirkung zweifellos verbundene innerpsychische Veränderung ausgelöst wurde oder daß der Cannabis-Konsum einen bewußten oder unbewußten Selbstheilungsversuch nach bereits ausgebrochener Psychose darstellte. Gängig ist auch die Behauptung, Cannabis-Dauergebrauch erzeuge negative Persönlichkeitsveränderungen, z. B. ein »amotivationales Syndrom (AMS)«, also Antriebsverlust, Desinteresse, Mangel an Zielgerichtetheit und Energie.
Alle neueren Forschungsergebnisse stimmen darin überein, daß Cannabis für diese Phänomene nicht ursächlich verantwortlich gemacht werden kann, sondern lediglich die vorhandene Grundstimmung verstärkt und latente psychische Dispositionen manifest werden läßt. Es handelt sich beim »AMS« deutlich um eine normativ fundierte bzw. von Interessen sozialer Kontrolle motivierte Kritik bestimmter Lebensstile. Das gleiche gilt für die Theorie, nach Cannabis-Konsum könne es jederzeit und unvorhersehbar zu einem – insbesondere im Straßenverkehr – gefährlichen

»flash back«-Rausch kommen. Genauer differenzierende Studien ergaben, daß es sich hier um die – übrigens äußerst seltene – Erscheinungsform einer allgemeinen psychischen Fähigkeit handelt, innerpsychische Ereignisse spontan und intensiv wiederzuerleben, ohne daß dies mit einem Kontrollverlust verbunden wäre. Im übrigen gilt auch hier, was unten (2.5.3.2) zum Vorkommen von Angstzuständen nach Drogenkonsum gesagt wird.

»flash back«-Rausch

Entsprechend zu differenzieren ist auch die These, Cannabis-Dauerkonsum führe zu psychischer Abhängigkeit. Sie ist am ehesten mit derjenigen bezüglich des Zigarettenrauchens zu vergleichen. Je nach individueller Psycho-Struktur kann – wie jedes Verhalten und insbesondere vergleichbar dem Zigarettenrauchen (UCHTENHAGEN 1981, S. 789) – auch Cannabis-Dauerkonsum zum unwiderstehlichen Habitus werden. Dies gilt nach aller Erfahrung dann, wenn Cannabis nicht als Genußmittel, sondern bewußt oder unbewußt als Mittel zur Problemlösung oder Symptombekämpfung, also i. S. einer Selbst-Medikation verwendet wird. Dem entspricht dann bei Absetzen des regelmäßigen Konsums ein mildes Entziehungssyndrom in Form von Appetitlosigkeit, Schlaflosigkeit, Reizbarkeit. Auch von dauerhaftem Cannabisgebrauch sind also keine oder nur geringe psychische und physische Risiken zu erwarten.

Cannabis-Dauerkonsum

Selbst-Medikation

Beachtenswert in diesem Zusammenhang ist, daß die Chancen medizinisch-therapeutischer Anwendung von Cannabis aufgrund der Prohibition nicht genutzt werden. So sind die Indikationsmöglichkeiten dieses klassischen, im Gegensatz zu vielen chemischen Medikamenten besonders gut verträglichen Naturheilmittels nach wie vor gültig: etwa bei Glaukom, Epilepsie, Asthma, als Schmerzmittel oder als Mittel gegen Erbrechen bei der Krebs- oder AIDS-Chemotherapie; (vgl. GRINSPOON/BAKALAR 1992 und 1994).

Chancen medizinisch-therapeutischer Anwendung von Cannabis nicht genutzt

Wegen der Vielzahl der in Cannabis enthaltenen Wirkstoffe und der Unerforschtheit ihrer je spezifischen Wirkung gibt es bei der medikamentösen Verwendung aber noch Probleme: Zwar gibt es mangels Toxizität keine negativen Effekte, aber die positiven Effekte sind nicht sicher vorhersehbar. Jedenfalls nimmt zur Zeit der Anspruch der medizinischen Wissenschaft, diesen Bereich erforschen zu dürfen, deutlich zu. (Vgl. zu den wissenschaftlichen Forschungsergebnissen: QUENSEL 1982, 1984 und 1989, insbes. S. 379 ff., S. 388; LUDWIG BOLTZMANN INSTITUT 1980, dort insbesondere die Beiträge von UCHTENHAGEN, S. 63, NIDA, S. 71; sehr differenziert: FEUERLEIN 1980; BURIAN/EISENBACH-STANGL 1982, dort insbesondere die Beiträge von MIKURIYA/SPRINGER/UCHTENHAGEN; umfassende Übersicht über die Forschung: GRINSPOON/BAKALAR 1992 und 1994; umfassend und aktuell BEHR 1995).

2.5.2 Medizinisch-psychiatrische Aspekte

Der psychiatrische Ansatz der Erklärung von Drogenabhängigkeit beschränkt sich in der Trias von Persönlichkeit, Droge und Gesellschaft im wesentlichen auf den »Faktor Persönlich-

»Faktor Persönlichkeit«

keit«. Dieser Ansatz geht von einer für die Sucht prädisponierten – insofern gestörten – Persönlichkeit aus, die entweder als anlagebedingt oder als aufgrund negativer Erfahrungen in der frühen Kindheit geprägt gesehen wird (SCHMERL 1984, S. 49).

»Suchtstrukturen« Die zwanghafte Einnahme von Drogen wird als Symptom und auch als Form der Selbstheilung dieser Störung betrachtet. So ist häufig die Rede von »Suchtstrukturen« in der Persönlichkeit oder von »Suchtpersönlichkeiten«. Unreflektiert bleibt dabei zunächst der sozialer Kontrolle und normativer Definition unterworfene Suchtbegriff (vgl. oben 2.2). Da alle möglichen Formen von Abhängigkeit in unserer Kultur normal sind, fehlt es an einer trennscharfen Abgrenzung zu pathologischer Abhängigkeit.

Unklar bleibt ferner, wie es zu den »praemorbiden Charakterstrukturen« kommt, die die Drogenabhängigkeit verursachen sollen, oder warum eine »psychische Labilität« bei Drogenabhängigen für die Entstehung der Sucht verantwortlich sein soll.

trotz »Sucht« psychologisch normal Zwar erkennt die psychiatrische Wissenschaft heute ganz überwiegend an, daß viele Opiatabhängige – z. B. Methadon-Substituierte ebenso wie früher schon morphinabhängige Ärzte – trotz der »Sucht« psychologisch normal funktionieren, arbeits- und beziehungsfähig sind (vgl. 2.5.7); strittig ist aber, ob die Opiatabhängigkeit zwangsläufig zu einem »Verfall der Persönlichkeit« führt – so die immer noch herrschende Ansicht – oder solcher »Verfall« nicht vielmehr eine Folge vielfältiger anderer Umstände ist und im Prinzip ein in der durchschnittlichen Lebenserwartung nicht verkürztes Leben auch mit der Opiat-Sucht möglich ist. Insbesondere die Erfahrungen mit in Einzelfällen bis zu 30jähriger kontinuierlicher Methadon-Substitution in den USA sprechen für letztere Ansicht: es waren keine nennenswerten Gesundheitsschäden und Persönlichkeitsveränderungen feststellbar.

30jährige Erfahrungen mit Methadon-Substitution

Vieles spricht dafür, daß der Begriff »Sucht« sich letztlich auflösen wird in die subtilere und tieferschürfende Frage, unter welchen beeinflußbaren Bedingungen die Willenskraft eines Menschen ausreicht, mit dem Abhängigkeitsverhalten aufzuhören (s. a. 2.5.8). Problematisch an psychiatrischen Ansätzen zur Erklärung von Drogenabhängigkeit ist, daß sie an klinisch oder polizeilich auffällig gewordenen Drogengebrauchern entwickelt und verallgemeinert worden sind – unter völliger Ausblendung sozialer, lebensgeschichtlicher und pharmakologischer Faktoren. Schließlich gerät in der selbstverständlichen Unterstellung eines psychischen Leidens von Abhängigen aus dem Blickfeld, daß die beobachteten Symptome nicht zu den Ursachen der Abhängigkeit führen müssen, sondern auch als Folge des Drogenkonsums selbst gesehen werden können.

Problematisch an psychiatrischen Ansätzen

neuro-biologische und pharmakologische Perspektive Aus neuro-biologischer und pharmakologischer Perspektive weiß man noch nicht hundertprozentig, wie und warum die verschiedenen Drogen wirken. Im Hinblick auf Opiate wird aufgrund neuerer medizinische Forschungsergebnisse davon ausgegangen, daß manche Menschen wegen der Störung ihres körpereigenen Opioidhaushaltes, die äußere Zufuhr von Opiaten als besonders befrie-

Opiate

2.5 Stand der Wissenschaft: Drogengebrauch – Ursachen, Verlauf, Beendigung

digend erleben und deshalb besonders anfällig für eine Abhängigkeit vom Morphin-Typ sind. Die äußere Opiatzufuhr wird als derart dominant für das Wohlbefinden empfunden, daß auf diesem Wege das Phänomen des »Nicht-Mehr-Aufhören-Könnens« in Gang gesetzt wird (BILD DER WISSENSCHAFT 1990).

Ein anderes Konzept lautet: Es gibt körpereigene Neuro-Transmitter (Opioid-Peptide), also Nervenbotenstoffe, die Informationen zwischen den Nervenzellen übertragen und psychophysische Funktionen und Gefühlszustände steuern. Diese Botenstoffe koppeln sich an bestimmte Opioid-Haftstellen – Rezeptoren – im Gehirn an und können dadurch Schmerz- und (Un-)Lustgefühle beeinflussen. Die Produktion dieser körpereigenen »Endorphine« kann bei dauerhafter externer Zufuhr von Opiaten gehemmt oder gänzlich ausgesetzt sein, so daß nurmehr Unlustgefühle auftreten. Eine zusätzliche Annahme ist, daß diese Prozesse körperlicher Konditionierung von psychischer Konditionierung i. S. der Lerntheorie (s. u. 2.5.3.3) begleitet seien.

Um die Produktion von Neurotransmittern wieder anzuregen, sind im Anschluß an diese theoretischen Konzepte verschiedene Verfahren entwickelt worden, die Rezeptoren mittels sog. »Antagonisten« zu blockieren oder mit Hilfe von Stromfrequenzen stimulierend auf die körpereigene Neurotransmitter-Produktion einzuwirken (EQUINOX 1988; SAWALIES/GRZELKA 1990). (Zur Forschungslage betr. Opiate vgl.: SCHEERER/VOGT 1989, S. 26; COHEN 1981, S. 800 ff; WÜSTER 1981, S. 796 ff; SIMON 1992).

Auch die Neuro-Biologie der anderen illegalen Drogen ist noch nicht völlig aufgeklärt. Kokain ist ein Lokal-Anästhetikum, blockiert also die Entstehung und Weiterleitung von Nervenimpulsen. Die vom Konsumenten eigentlich angestrebte Wirkung, vordergründig betrachtet: Adrenalin-Ausschüttung und resultierendes Hochgefühl – entstehen wohl aufgrund einer Vielzahl von hochkomplexen neurobiologischen Prozessen, die noch nicht voll erfaßt sind. Die Frage der körperlichen Abhängigkeit von Kokain ist ebensowenig geklärt, wie die behaupteten Veränderungen im Gehirn nach Langzeitkonsum nicht eindeutig körperlich erklärbar sind; letztere können auch psychologischer Natur sein. (Zum Stand der Wissenschaft s. GOLD et al. 1992.; s. a. PÜSCHEL 1995) Ähnliches gilt für Amphetamine und MDMA (vgl. KING et al. 1992) sowie die Halluzinogene (Übersicht: UNGERLEIDER/PECHNIK 1992). Vermutlich wird die pharmakologisch-neurobiologische Erklärungsebene im Rahmen der Erklärungs-Trias hinsichtlich der von »set« (individuelle Erwartungs- und Psychostruktur) und »setting« (soziale Rahmenbedingungen des Konsums) abhängenden – spezifisch individuellen – Drogenwirkung letztlich einen eher untergeordnete Stellenwert einnehmen.

Marginalien: Opioid-Peptide; Kokain; Amphetamine; MDMA; Halluzinogene; »set«; »setting«

2.5.3 Individualpsychologische Erklärungsansätze

2.5.3.1 Persönlichkeitspsychologischer Ansatz

Dieser theoretische Ansatz geht von individuell feststehenden Eigenschaften, »Persönlichkeitszügen« und Charaktermerkmalen aus, welche empirisch feststellbar seien. Solche »Konstrukte«, d. h. gemutmaßte, aus Zusammenhängen erschlossene Denkmodelle, werden durch »Faktoren« gestützt, die z. B. durch psychologische Testverfahren ermittelt werden.

Problematisch ist diese Theorie wegen ihrer Annahme einer frühen Festlegung und Konstanz solcher »Wesensmerkmale« und der damit einhergehenden Ausblendung sozialer, kultureller, historischer, situativer und stofflicher Bedingtheit bzw. Wandelbarkeit von Drogenwirkungen und Abhängigkeitsentwicklungen. Bisher ist es nicht gelungen, z. B. den behaupteten Faktor »Drogen-Geneigtheit« durch Persönlichkeits-Tests herauszukristallisieren.

Faktor »Drogen-Geneigtheit«

2.5.3.2 Psychoanalytischer Ansatz

Zum Drogenkonsum sind 3 Aspekte zu unterscheiden:
1. Erklärungen hinsichtlich der »Ursachen« von Drogenkonsum und -abhängigkeit bzw. der Bedingungen eines Ausstiegs;
2. Psychoanalyse der Konsumsituation und der Drogenwirkung;
3. Sozialpsychologie der Drogenangst (zu den therapeutischen Konsequenzen s. 2.7.4.3).

1. Die traditionelle Psychoanalyse geht davon aus, daß die in der frühen Kindheit im Beziehungsgefüge zwischen Kleinkind und Eltern entstandenen und unbewußt gewordenen dynamischen Vorgänge und Strukturen auch die Entstehung von Sucht entscheidend bedingen. Wird das Kleinkind vernachlässigt, versucht es die Verluste an Zuwendung auszugleichen, sich durch halluzinierte Befriedigung zu trösten, sich Ersatzbefriedigungen zu verschaffen. Bleibt die Problematik dieser frühen Kindheitsphase (ca. bis zum 8. Monat) ungelöst, so wird das Verhalten beibehalten und stellt eine unbewußte Bedingung für die Entstehung süchtigen Verhaltens dar.

Entstehung von Sucht

Drogensucht kann als Regression (Rückschritt) in die orale Phase gedeutet werden. Die wichtigste Bezugsperson des Kindes ist in dieser Lebensphase die Mutter, die Droge wird später unbewußt zur tröstenden »Ersatzmutter«, zum Ersatz-Liebesobjekt. Der Süchtige versucht also die unbefriedigende Realität mit Hilfe der Droge erträglich zu machen. Der stärkste Auslöser eines solchen Verhaltens wäre z. B. der durch den Verlust einer geliebten Person reaktualisierte Totalverlust eines frühen Beziehungsobjekts.

Drogensucht als Regression

Viele haben jedoch in der frühen Kindheit ähnliche Probleme gehabt, werden aber später nicht süchtig. Die frühen Bedingungen sind also nicht allein maßgeblich; hinzukommen müssen spätere Konflikte, z. B. in der Pubertät, sowie gesellschaftliche Einflüsse. In der Pubertät können z. B. durch Neugier ausgelöster Konsum

z. B. Pubertät

2.5 Stand der Wissenschaft: Drogengebrauch – Ursachen, Verlauf, Beendigung

und zeitweilige Abhängigkeit nicht als krankhaft bzw. psychisch gestört erachtet werden, sondern bewegen sich eher im Spektrum der sowieso unvermeidlichen und damit gleichsam normalen Konfliktreaktionen der Adoleszenz. Dafür sprechen auch die Erkenntnisse der Ausstiegsforschung, die vom »ageing-out« oder »maturing-out«-Effekt ausgehen (s. u. 2.5.8).

»ageing-out« »maturing-out«

Auch totale Verwöhnung in der Kindheit kann spätere Suchttendenzen begründen. Es entsteht eine Fixierung auf die Lebensphase, in der das Kind alles hatte. Pubertätskrisen, die als Identitätskrisen verstanden werden können, beleben die Verschmelzungs- und Ohnmachtserlebnisse der frühesten Kindheit (präödipale Phase) sowie die Autoritätskonflikte der sog. ödipalen Phase (3. – 5. Lebensjahr) wieder; Verwöhnung und schwierige Familiensituationen werden dementsprechend häufig in Lebensläufen von Süchtigen festgestellt.

Ein ökonomisch-gesellschaftlicher Faktor wird darin gesehen, daß sich die Stellung der Familie in der alten Bundesrepublik in der Nachkriegszeit durch Wiederaufbau und expansive Wirtschaft, dann durch Entfremdungserscheinungen einer saturierten »Wohlstands- und Überflußgesellschaft« – mit ihren Tendenzen zu beziehungszerstörenden narzistischen Befriedigungsformen – drastisch veränderte. Häufig arbeiten beide Elternteile, und für die Kinder bleibt wenig Zeit. Sie werden materiell verwöhnt, emotional aber fehlt es ihnen an Sicherheit, Wärme und Geborgenheit; letztlich bilden sie nicht genug Ich-Stärke zur Bewältigung der Lebensanforderungen aus.

ökonomisch-gesellschaftlicher Faktor

Die Droge dient nun – so die klinische, in psychoanalytischen Behandlungen gewonnene Erfahrung – auch als Kompensation von Ich-Schwäche, als Ersatz für Defizite in der Persönlichkeitsstruktur. So können Menschen, die aufgrund von frühkindlichen Beziehungsstörungen zu Depressionen neigen, das Gefühl der Leere, Sinnlosigkeit und Kontaktunfähigkeit durch Drogenkonsum zu kompensieren suchen. Bedrückend empfundene Situationen werden mittels Droge geflohen, Angstminderung gesucht, die Kritikfähigkeit am eigenen Handeln herabgesetzt bzw. Selbstvorwürfe gemildert. Mit wachsenden Fluchttendenzen überlagert die Innenwelt die Wahrnehmung der äußeren Realität. Der Süchtige versucht gleichsam seine instabiles, löchriges Selbst durch die Droge zu plombieren. Die Droge kann im Sinne einer in den zwischenmenschlichen Beziehungen tabuisierten, nicht erlebbaren Ambivalenz auch als Mittel gesehen werden, Aggressionen gegen das eigene Selbst zu agieren; dies drückt sich auch in den Ausdrücken »schießen«, »Gift reinjagen« und im selbst-aggressiven Akt des Injizierens aus.

Kompensation von Ich-Schwäche

Aggressionen gegen das eigene Selbst

Wenn Drogenkonsum ein Symptom nicht nur für Fluchttendenzen, sondern auch für Kontakt- und Zuwendungssuche ist, liegt es nahe, daß er auch mit der Sexualität in einem Wechselwirkungsverhältnis steht: Zwar kann mancher Rausch das sexuelle Erleben intensivieren, auf Dauer scheint dieser zusätzliche »kick« aber nicht realisierbar zu sein, die sexuelle Erlebnisfähigkeit und

Sexualität

Befriedigung scheint eher abzunehmen. Viele Drogenabhängige berichten von Potenzstörungen bzw. Frigidität. Dann besteht wiederum Anlaß, mit der Droge die sexuellen Probleme beseitigen zu wollen. Weil eine total harmonische und befriedigende Liebeszuwendung gesucht wird, bleiben alle sexuellen und drogenbedingten Gemeinschaftserlebnisse hinter den Erwartungen zurück und verstärken ihrerseits wieder die Tendenz, mit der Droge die Unlust abzuwehren. Dieser dynamische Kreislauf stabilisiert die Abhängigkeit. (Allgemein zum psychoanalytischen Ansatz: KUTTER 1977, Kap. 21 – 23; LÜRSSEN 1982)

Kritik

Kritisch bleibt anzumerken, daß die psychoanalytische Theorie zwar vielen Fällen gerecht wird, allerdings die Psychoanalyse ihre Erkenntnisse – ähnlich wie die Psychiatrie – aus der Behandlung von klinisch und in der Regel eben auch sozial auffälligen Patienten bezieht. Damit entgehen ihr systematisch qualitativ andere Verläufe, bei denen entsprechende »Ursachen« des als Symptom verstandenen Drogenkonsums nicht feststellbar sind.

Drogenkonsum kann, muß aber nicht Symptom sein

Drogenkonsum kann, muß aber nicht Symptom sein. Zwar würde ein fachgerecht vorgehender Psychoanalytiker nicht – wie der Psychiater – stereotyp und schablonenhaft nach dem Diagnostik-Schlüssel ICD vom »Symptom Drogenkonsum« auf eine zugrundeliegende Störung schließen. Aber eine komplexe Persönlichkeitsdiagnose sollte erst nach ausführlicher Untersuchung und möglichst längerer Behandlung gestellt werden. Viele Psychoanalytiker erliegen jedoch der Versuchung, entgegen ihren eigenen methodischen Prinzipien der Einzelfall- und Verlaufsdiagnose vom »Symptom« unmittelbar auf die Ursache »frühe Störung« zu schließen. Damit laufen sie Gefahr, die – im Unterschied zu den meisten Neurosen –

vielschichtige soziale Bedingtheit

vielschichtige soziale Bedingtheit dieses »Symptoms« zu übersehen und vorschnell auf ein pathologisches Geschehen zu schließen, wo möglicherweise ein ich-gerechter, lediglich auf Genuß und nicht-pathologische »Regression im Dienste des Ich« zielender Drogenkonsum vorliegt. Selbst wenn solcher Konsum kraft Eigenlogik der Droge – wie bei den Opiaten – zu körperlicher Abhängigkeit führt, darf damit im psychoanalytischen Sinne nicht ohne weiteres von Pathologie gesprochen werden.

2. Für die Cannabis-Wirkung kommt es im Sinne der oben (2.5) skizzierten theoretischen Trias und nach dem zur spezifischen Substanzwirkung Gesagten (2.5.1) jedenfalls entscheidend

Rahmenbedingungen des Konsums

auf das »setting«, also die sozialen Rahmenbedingungen des Konsums, und den »set«, individuelle Psychostruktur und situative wie generelle Erwartungen, an.

Es unterliegt keinem Zweifel, daß jeglicher Drogenkonsum, gleich ob genußorientiert oder leidensmotiviert, einen Eingriff in die Psyche darstellt, der vorübergehend mehr oder minder große

Angst

Angst (ggf. auch Übelkeit) auslösen kann, wenn der Konsument noch unerfahren ist, und erst recht natürlich, wenn die Wirkstoff-Zufuhr gänzlich unerwartet ist (z. B. bei unwissentlich genossenen »space-cakes« bzw. »Hasch-Plätzchen«). Inhalt solcher Angst ist i.d.R. eine unbewußte, aber alsbald von der Realität widerlegte

Phantasie, gegenüber diesem unbekannten »Einfluß« die Kontrolle zu verlieren. Erfahrene Konsumenten hingegen wissen, was sie erwartet, sie können ich-gerecht mit der Drogenwirkung, dem gewollten Maß an intensivem Erleben von Wahrnehmungsveränderungen, Hochgefühlen, Entgrenzung etc., psychologisch gesprochen: mit der Regression umgehen. Jenseits der Real-Angst vor Kriminalisierung liegt eine Quelle von (scheinbar drogenbedingter) Angst auch in der kulturellen und sozialen Ablehnung der Drogenkonsumenten. Dies gilt vor allem, wenn unbewußt mit dem Drogenkonsum ein Autoritätskonflikt inszeniert wird. Inhalt solcher schuldgefühl-bedingter Angst ist der Verlust an Liebe und sozialem Rückhalt.

3. In sozialpsychologischer Erweiterung des psychoanalytischen Ansatzes kann gesagt werden, daß die Unfähigkeit zu gefühlsgetragenen Beziehungen, überstarke Selbstbezogenheit und Größengefühle, der sog. pathologische Narzißmus, heute ein geradezu kollektives Niveau angenommen haben. Lediglich in der Symptomatik, in der Art des Ausagierens unterscheiden sich die Individuen, was wiederum von Sozialfaktoren wie Schichtzugehörigkeit, beruflicher Identität, sozialen Zusammenhängen, besonderen Lebensereignissen (»life events«) etc. abhängig ist. Bestimmte Arten des Konsum- und Abhängigkeitsverhaltens, z. B. gesellschaftlich toleriertes Alkohol- und Aggressionsverhalten, Spielleidenschaft, der sog. »Konsumrausch« der »Yuppies« und Drogenabhängigkeit könnten sozial- und situationsbedingt unterschiedliche Symptomvarianten desselben Phänomens ausdrücken. Aber nur Drogengebrauch und -abhängigkeit allein übernehmen gesellschaftlich die Sündenbockfunktion für die allen Abhängigkeitsformen gleichermaßen zugrundeliegende sozialen Problematiken.

sozialpsychologische Erweiterung

pathologischer Narzißmus

Sündenbockfunktion für alle

Neben diesen Bedingungen spielen für den »Erfolg« der vernünftigen Einsichten, die der Drogen-Prohibition immer mehr im Kern widersprechen, aber auch psychisch tieferliegende Ursachen eine Rolle bei der Aufrechterhaltung der negativen Mythen über die illegalen Drogen. Es sind dies untergründige, kollektiv wirksame Ängste vor dem Verlust der Selbstkontrolle, vor Entgrenzung und Auflösung, der sich deshalb an die illegalen Drogen heften kann, weil sie – anders als Alkohol und Nikotin – Regression, Verschmelzung und »pure Lust« verheißen und auch tatsächlich ein Stück weit erlauben. In der Tat ist die individuelle Kompetenz, mit dieser Regression in ich-gerechter, angemessener Form umzugehen, von der persönlichen Ich-Stärke abhängig (vgl. BÖLLINGER 1993).

kollektiv wirksame Ängste

2.5.3.3 Lerntheoretischer Ansatz

Normales und abnormales Verhalten (z. B. Drogenkonsum) werden nach den Annahmen der Lerntheorie nach den gleichen Lernprinzipien gelernt.

1. »Imitationslernen«: Sehen wir, daß jemand mit einer bestimmten Handlungsweise Erfolg hat, so lernen wir daraus und

»Imitationslernen«

werden uns in einer ähnlichen Situation ebenfalls so verhalten, um ebenfalls Erfolg zu haben.

»Operantes Konditionieren«

2. »Operantes Konditionieren« nach SKINNER: Folgt einem beliebigen Verhalten unmittelbar ein bekräftigender Reiz, d. h. eine »positive Verstärkung« in der Art, daß wir uns besser fühlen, anerkannt werden, Schmerzen gelindert werden, so steigt die Wiederholungswahrscheinlichkeit, wir werden unser Verhalten wiederholen, um uns wieder gut zu fühlen.

Klassisches »Konditionieren«

3. Klassisches »Konditionieren« nach PAWLOW: Ein beliebiger, ehemals neutraler Reiz kann allein eine Reaktion auslösen, wenn er über einen längeren Zeitraum mit einem anderen Reiz verknüpft war, der diese Reaktion schon immer hervorrufen konnte. Zum Beispiel essen wir in einer gemütlichen Gaststätte gut, so wird uns nach mehrmaligem Besuch der Gaststätte bereits die äußere Atmosphäre »das Wasser im Munde zusammenlaufen« lassen.

Weg in die Abhängigkeit

Der Weg in die Abhängigkeit: Ein Jugendlicher trifft z. B. auf einer Party mit einem oder mehreren Drogenkonsumenten zusammen. Der Drogenkonsument ist anscheinend beliebt, prestigebehaftet und zeigt nach dem Genuß von Drogen bestimmte positive Wirkungen: er ist gelöster, fühlt sich offenbar besser. Der Jugendliche möchte auch so beliebt sein, möchte auch Aufmerksamkeit erregen, möchte auch so prestigebehaftet sein (Imitationslernen). Probiert er dann auch von der Droge, so erfährt er eine Reihe positiver sozialer Bekräftigungen durch die Gruppe (Zuwendung, Anerkennung usw.); weigert er sich zu probieren, wird er abgelehnt. (Auf ein bestimmtes Verhalten folgt unmittelbar ein bekräftigender Reiz – verstanden als »operantes Konditionieren«.) Drogenkonsum wird so durch die Reaktionen des sozialen Umwelt gesteuert. Nach einiger Zeit genügen die sozialen Reize (Beisammensein, Gleichgesinnte, Kneipen, Musik, die Droge selbst, Anblick der Spritze), die jeweils zeitlich und räumlich mit dem Genuß der Droge verknüpft waren, um allein das Verlangen nach der Droge zu bewirken (klassisches Konditionieren).

zweitrangige Verstärker

Bald werden auch »aversive Situationen« (Situationen, in denen man sich unwohl fühlt) zu zweitrangigen Verstärkern, denn der Jugendliche lernt, daß er Konfliktsituationen und Unbehagen mit der Droge beseitigen kann. Allmählich entwickelt sich ein sich

Verhaltenskreislauf

selbst in Gang haltender Verhaltenskreislauf: Der Jugendliche benötigt Drogen, um beginnende unangenehme Entzugserscheinungen (Schmerzen, Schwitzen, Unwohlsein u. a.) zu beseitigen. Er lernt, daß er sich nur dann wohlfühlt, wenn er die Droge nimmt.

Problematisch: die Ausblendung der sozialen Rahmenbedingungen

Problematisch am lerntheoretischen Ansatz ist die Ausblendung der sozialen Rahmenbedingungen und damit die zu weit gehende Reduzierung des gesellschaftlichen Problems auf individuelles Lernverhalten. Es zeigt sich leider, daß psychische Strukturen, die während vieler Jahre in sozialen Beziehungen und durch nachhaltige Umwelterfahrungen geprägt worden sind, nicht durch schlichtes »Verlernen« loszuwerden sind. Die Menschen sind doch etwas komplizierter als dieser Ansatz es gern hätte. Außerdem

2.5 Stand der Wissenschaft: Drogengebrauch – Ursachen, Verlauf, Beendigung

sind damit kaum die leidvollen Anpassungsprozesse in einer kriminalisierten Subkultur zu erklären.

Anpassungsprozesse

2.5.4 Gesellschaftszentrierte Erklärungsansätze

2.5.4.1 Soziologische Ansätze

Hier begegnet uns eine Fülle von verschiedenen, sich ergänzenden Betrachtungsweisen: In Zeiten gesellschaftlicher Krisen und Umwälzungen sind die gesellschaftlich akzeptierten Werte und Ziele mit legalen Mitteln nicht mehr für alle erreichbar. Einige werden durch die gesellschaftlichen Bedingungen auf die sich anbietenden Abwege gedrängt, z. B. zum Drogenkonsum als einem Anpassungsmuster der Passivität und des Rückzuges – bei Ablehnung der offiziellen kulturellen Ziele (»Anomietheorie«). Je nach sozialem Umfeld und konkreter Bezugsgruppe übernimmt das Individuum kulturelle und soziale Verhaltensmuster in einer Mischung von abweichenden und nicht-abweichenden Elementen, wobei durch bestimmte soziale Selektionsmechanismen die Anlehnung und Zugesellung in der einen oder anderen Richtung zu überwiegen beginnen und die endgültige Orientierung einleiten (»Theorie der differentiellen Assoziation« von SUTHERLAND 1968). Auch außerhalb von Krisenzeiten gibt es die Tendenz zur gesellschaftlichen Ausgrenzung Konsum- und Leistungsschwacher, für die sozusagen nichts mehr investiert wird i. S. einer Verbesserung ihrer Lebenslage. Drogenabhängige gehören zu diesen Abgeschriebenen; ihnen wird nur dann Hilfe zuteil, wenn sie die Moral der Drogenfreiheit akzeptieren. Solange sie den Drogenkonsum jedoch aktiv praktizieren überläßt man sie der gesundheitlichen und sozialen Verelendung. Bis zu einem gewissen Grade ist süchtiges Verhalten auch als notwendige Konsequenz der »süchtigmachenden« gesellschaftlichen Bedingungen zu verstehen.

»Anomietheorie«

»Theorie der differentiellen Assoziation«
Ausgrenzung Konsum- und Leistungsschwacher

Verelendung

Als Erklärung der Entstehung der (Drogen-)Subkultur wird ebenfalls die Lerntheorie herangezogen: mit dem individuellen Lernen des Drogenabhängigen und der hohen Attraktivität der Szene, des Lebensstils (»Fixersein als Lebensstil«; BERGER 1981) zusammenwirkend wird sein »Ausstieg« aus der Gesellschaft vorbereitet: Wegen des Tabu-Bruches ordnet die etablierte Gesellschaft dem Drogenabhängigen bestimmte Persönlichkeitsmerkmale zu. Aufgrund des Fehlverhaltens (Drogenkonsum) werden ihm alle negativen Verhaltensweisen zugeordnet. Er bekommt einen Stempel aufgedrückt: »krank«, »kriminell« oder »gestört«. Die etablierte Gesellschaft entzieht ihm nicht nur positive Bekräftigungen, sondern bestraft ihn durch Diffamierung und Isolation. Jeder Mensch versucht sich aber so zu verhalten, daß er positive soziale Bekräftigungen erhält. Diese erhält er durch die Drogenkonsumenten und die Droge selbst.

(Drogen-)Subkultur

»krank«, »kriminell«, »gestört«

Der Kontakt zur etablierten Gesellschaft nimmt mit steigendem Konsum illegaler Drogen ab. An Erlebnisse aus dem früheren Leben (mit Eltern, Lehrer, Arbeit) sind negative Empfindungen gekoppelt, die auf nahezu alle gesellschaftlichen Vorgaben, Einrichtungen, Instanzen etc. übertragen werden. Der Konsument richtet sich in der Drogensubkultur ein. Dort wird er aber nur dann akzeptiert, wenn er den dort herrschenden Normen und Werten entspricht. Auch hier sind nicht alle gleich, sondern es gibt Statusdifferenzen. Wer am meisten Geschick bei Beschaffung und Verkauf von Drogen zur Finanzierung hoher Dosen zeigt, zieht die meiste Aufmerksamkeit auf sich, erhält einen hohen Status. Die gelungene Nachahmung (Imitationslernen) des »coolen Junkies« hat die höchste positive Bekräftigung in der Drogensubkultur zur Folge. (Vgl. KANDEL 1981; BERGER 1981; LEGNARO 1981; SCHWENDTER 1992).

Statusdifferenzen

Bedeutung der Familie

Andere Soziologen betonen die Bedeutung der Familie und liefern damit Belege auch für den psychoanalytischen Ansatz: 46% der Suchtkranken haben in früher Kindheit schweres Elend erlebt. Bei 54% waren die Ehen der Eltern zerrüttet. 83 – 93% wiesen in der Kindheit durchgemachte Störungen des Familienlebens auf (BRON 1982). Das Problem solcher Untersuchungen ist allerdings, daß ihre Ergebnisse an auffällig gewordenen Drogenabhängigen gewonnen sind und all diejenigen außer acht lassen, die vielleicht dieselben sozialen Schwierigkeiten hatten, darauf aber ganz anders reagiert haben.

2.5.4.2 Soziale Kontrolle und Kolonialisierung von Lebenswelt

»weiche Kontrolle«

Neuere, vom Anspruch her umfassend-gesellschaftstheoretische Ansätze begreifen Drogenpolitik und Strafrecht – gerade in ihrer fatalen Verknüpfung als »Straftherapie« (nach § 35 BtMG ff.) – als »weiche Kontrolle«, eine gegenüber jeglichem als abweichend definierten Verhalten üblichen Kontrollform. Im Unterschied zur »klassischen« Repression – mittels äußerlicher Drohgebärde, Strafandrohung oder sonstiger Sanktionen – greift der Staat mit neu konzipierten Strategien und Instrumenten zunehmend in die Lebenswelt des Menschen ein. Indem Konsumgewohnheiten, Beziehungs- und Persönlichkeitseigenarten, d. h. allgemein der Lebensstil einer Normierung und Schablonisierung unterworfen werden, kann man von einer Überfremdung, ja Kolonialisierung von Lebens- und Innenwelt, von einem Direktzugriff der Kontrolle auf zwischenmenschliche Beziehungen und individuelle Psyche sprechen (vgl. HABERMAS 1981, S. 293 ff., S. 522 f.).

Intensivierung und Internationalisierung der Sozialkontrolle

Zudem wird mit dem »Drogenproblem« eine enorme Ausweitung, Intensivierung und Internationalisierung der Sozialkontrolle legitimiert, die entsprechende Einbußen an demokratischer Freiheit und Offenheit der Gesellschaft sowie an Rechtsstaatlichkeit mit sich bringt. Das »Sesam-öffne-Dich« der entsprechenden Interessengruppen in Politik und Gesellschaft heißt »Organisierte Kriminalität«. Mit der Behauptung hochorganisierter, weltumspannender, zunehmend zentralisierter und mächtiger Drogensyndikate, werden Gesetzgebungs- und Haushaltsmaßnahmen gerechtfertigt, welche eine ungeahnte Hochrüstung der Polizei eröffnen:

Hochrüstung der Polizei

2.5 Stand der Wissenschaft: Drogengebrauch – Ursachen, Verlauf, Beendigung

Überall werden die Drogenabteilungen ständig vergrößert; allein die BKA-Abteilung »Rauschgift« wurde nach dem Nationalen Rauschgiftbekämpfungsplan 1990 auf 800 Beamte verdoppelt. Unkontrollierbar durch Justiz und Verwaltung operieren immer größere geheimdienstähnliche Polizeikräfte (Verdeckte Fahnder, Lockspitzel etc.), kooperieren entgegen dem Grundgesetz zunehmend Geheimdienste und Polizei. Unter dem verniedlichenden Motto »Verbrechensvorsorge« werden mit verdeckten Ermittlungsmethoden auch gegen an Straftaten unbeteiligte Bürger, insbesondere mit akustischer Überwachung der Wohnung («Großer Lauschangriff«) und polizeilicher Anstiftung zu Drogendelikten letzte Bastionen individueller Freiheit und Privatsphäre, am Ende gar die menschliche Würde angetastet. Mit dem »Schengener Abkommen«, das die in Europa entfallenen Grenzkontrollen an dessen Außengrenzen verlegt, mit der »Pompidou-Gruppe«, einem geheimen Koordinationsgremium europäischer Innenminister, und mit der »European Drug Information Unit«, Keim einer geplanten militanten Verfolgungsinstanz nach dem Muster der amerikanischen »Drug Enforcement Agency«, sind international verzahnte Kontrollnetze entwickelt, die sich parlamentarisch oder durch die Regierungen kaum noch kontrollierbar lassen; sie sind zum »Staat im Staat« geworden. Wir nähern uns dem Polizeistaat und der Gedankenpolizei. Bei all diesen Maßnahmen und ihrer Begründung bleibt systematisch ausgeblendet, daß die als »Organisierte Kriminalität« (OK) begriffenen Phänomene wie Mafia, Drogenkartelle, Triaden etc. sich überhaupt nur aufgrund der Drogen-Prohibition entwickeln konnten, und daß sie kraft ihrer ethnisch und familiär geprägten, geradezu mittelalterlich-patriarchalischen Organisationsformen und internen Gewaltstrukturen nie zu ökonomisch-rationalen, effektiven »Großkonzernen« und »Multis« werden können, auch wenn sie im Einzelnen riesige Geldsummen anhäufen und zu reinvestieren suchen (vgl. HESS 1992).
Wenn man schon den höchst unklaren Begriff der »OK« benutzt, dann sind darunter viel eher diejenigen legalen Unternehmen und Konzerne zu begreifen, welche sich die Schlupflöcher demokratischer Gesellschaften systematisch zunutze machen, um in großem Stile Verbraucher und Kleinunternehmer zu betrügen, Polizei-, Justiz- und Verwaltungsbeamte zu bestechen, Steuern zu hinterziehen, Subventionen zu erschleichen, Schwarzgelder – darunter auch Drogengeld – zu waschen und zu investieren. Die maßlose Übertreibung der Drogengefahr lenkt nicht nur die Medien-Aufmerksamkeit, sondern auch die realen Polizeikräfte von diesen viel tiefgreifenderen sozialen Problematiken ab (vgl. AMENDT 1990).

entgegen dem Grundgesetz

letzte Bastionen individueller Freiheit und Privatsphäre angetastet

»Schengener Abkommen«

Polizeistaat und Gedankenpolizei

»Organisierte Kriminalität«

unklarer Begriff der »OK«

2.5.4.3 Sozioökonomische Aspekte

Man kann davon ausgehen, daß das Konsumangebot des illegalen und des legalen Drogenmarktes und die jederzeitige,

Werbung

billige Verfügbarkeit bestimmter, sehr sauberer Substanzen Absatzdruck erzeugt und nicht unmaßgeblich zum Konsum beiträgt. MC COY (1981, S. 590 ff.) hat für Australien aufgezeigt, welche Folgen Produktion und aggressive Vermarktung von pharmazeutischen Produkten für eine Gesellschaft und auch den Konsum illegaler Drogen haben kann. Werbung trägt dazu bei, (neue) Drogen und Konsumstile gesellschaftlich zu integrieren und (drogen)kulturell akzeptabel zu machen. Wenn auch aggressive Vermarktungsstrategien Bedürfnisse wecken, so ist doch auch ein allgemein-gesellschaftliches Bedürfnis nach bestimmten Drogen und ihren Wirkungen Voraussetzung einer gelingenden Absatzstrategie:

angeheizter Wechselprozeß zwischen Angebot und Nachfrage

Es ist also ein durch Werbung angeheizter Wechselprozeß zwischen Angebot und Nachfrage festzustellen. Erklärungen, die auf die »Griffnähe«, die leichte Verfügbarkeit von Drogen zur Entstehung von Sucht hinweisen, blenden die sozio-kulturelle Dimension des Drogenkonsums aus: dort wo Bedürfnis, Bedarf, Nachfrage (durch Werbung angeheizt oder nicht) nach gewissen Drogen*wirkungen* bestehen, werden sie auch befriedigt.

2.5.4.4 Etikettierungsansatz (»labeling approach«)

Diesem Ansatz geht es vor allem darum, die gesellschaftlichen Zuschreibungsprozesse zu analysieren, die jemanden zum Drogenabhängigen werden lassen. Unter Abstraktion vom Individuum wird angenommen, daß die Gesellschaft bestimmte Mengen »positiver« und »negativer« Güter und Werte zu verteilen hat, denen – je nach historischer Situation – ein gewisses Normalmaß zugeschrieben wird. Es sei eine Frage von machtbestimmten Herrschafts- und Selektionsmechanismen, welchen Mitgliedern der Gesellschaft welche Anteile zuerkannt würden. So würde einer statusbenachteiligten Randgruppe etwa das Etikett des »defekten und kriminellen Drogenabhängigen« angeheftet. Die Gruppe der Drogenabhängigen sei bevorzugtes Etikettierungsobjekt, weil sie die gesellschaftlichen Werte (Arbeit, Ordnung, Sicherheit) in provozierender Weise symbolisch in Frage stellt. Aufgrund ihrer »selbstbestätigenden Erwartungshaltung« finden die Kontrollinstanzen anhand »auffälliger Verhaltensmerkmale« problemlos jeweils geeignete Objekte. Die als »krank«, »kriminell« oder »defizitär« Stigmatisierten werden so in den ihnen einzig verbleibenden sozialen Anerkennungsraum, die Subkultur, abgedrängt und stabilisieren sich dort als »Outsider«.

Drogenabhängige bevorzugtes Etikettierungsobjekt

2.5.5 Sozialpsychologische Aspekte

Die sozialpsychologische Betrachtungsweise geht von kollektiv-psychologischen Bedürfnissen und universellen gruppendynamischen, in der Kleingruppenforschung bestätigten Mechanismen aus. Wirksam sind diese auch als Bedingungen des Drogenkonsums: Bei Verfügbarkeit von Drogen und aufgrund des allgemein menschlichen Bedürfnisses nach Bindung und des ju-

Kleingruppenforschung

2.5 Stand der Wissenschaft: Drogengebrauch – Ursachen, Verlauf, Beendigung

gendlichem Bedürfnisses nach Einbindung in eine altersgemäße soziale Bezugsgruppe (»peer group«) entwickeln sich manche solcher Gruppen – möglicherweise aus Protest gegen gesellschaftlich herrschende Normen – mit eigenständigen Normen in Richtung Drogen-Subkultur. Wenn eine solche Subkultur den Drogenkonsum positiv bewertet, kann sich ein Mitglied dem normativen Gruppendruck nur schwer entziehen, wird also mit einiger Wahrscheinlichkeit »mitmachen«.

»peer group«

Gruppendruck

Desweiteren erklärt dieser Ansatz die soziale Ächtung solcher abweichenden Subkulturen: Jeder Mensch hat mehr oder minder intensive suchtorientierte Bedürfnisse, die durch Zuschreibung, Abwälzung, Projektion auf dafür sich eignende, gesellschaftlich verpönte Menschen und Gruppen abgewehrt werden. Diese werden dann anstelle der eigenen, abgewehrten Antriebe verfolgt und bestraft (Sündenbock-Mechanismus).

Sündenbock-Mechanismus

Damit werden auch die eigentlichen Anlässe, nämlich die gesellschaftlichen Mißstände, aus dem Bewußtsein verbannt und geleugnet. Die Doppelmoral des Kapitalismus findet individuell verinnerlicht ihren Niederschlag, legitimiert kollektive Aggressionen der Mehrheit, die diese ohne Schuldgefühl an den Sündenböcken agieren kann. Gesellschaftlich werden Feindbilder bzw. Exklaven für »Sozialschädlinge« geschaffen; den Ausgegrenzten wird nur um den Preis des Widerrufs ihres Lebensstils die Wiedereingliederung angeboten.

»Sozialschädlinge«

Alternative Lebensstile einfach zu tolerieren ist deshalb so schwer, weil bei deren Präsenz die eigenen, mühselig aufrecht erhaltenen Abwehrstrukturen (Verdrängen, Verleugnen etc.) zu versagen drohen (s. a. 2.5.3.2).

2.5.6 Kriminologische Aspekte

Die *traditionelle* täterorientierte Kriminologie geht von der sog. »Verbrechenswirklichkeit« aus bzw. der gleichsam offiziellen Auffassung davon, die wiederum auf Kriminalstatistiken und Täteruntersuchungen basiert. Angesichts der anderen hier erwähnten Ansätze ist evident, daß diese Perspektive viel zu kurz greift.

Die *moderne* Kriminologie umfaßt dagegen den gesamten Prozeß der Kriminalisierung. Sie analysiert die Wechselbeziehungen von gesellschaftlicher Normierung, individueller und kollektiver Abweichung hiervon, staatlicher Reaktion auf Abweichung sowie den sekundären Umgang der Individuen mit dieser Reaktion. Aus solcher Betrachtungsweise auch des Drogenproblems folgt eine Analyse, deren Umrisse wir hier entwickelt haben (s. 2.3 und 2.5).

Prozeß der Kriminalisierung

2.5.7 Der kontrollierte Heroingebrauch

Zu den Mythen über Heroin und seine Gebraucher gehört die Annahme, daß es zwischen den Polen Abhängigkeit und Abstinenz, dem Ganz oder Garnicht, keine anderen stabilen Ge-

Ganz oder Garnicht

2 Drogengebrauch – Formen, Bedingungen, Eingriffskonzepte, Alternativen

»Gewißheit«: »Teufelsdroge« Heroin

brauchsmuster gibt. Dies entspricht der verbreiteten »Gewißheit«, Heroin sei eine »Teufelsdroge« und nicht kontrollierbar (insofern kulturell auch nicht integrierbar), die, einmal genommen, in die Einbahnstraße der Sucht und damit in den körperlichen und psychischen Ruin führe.

Alkoholkonsum

Während etwa für den Alkoholkonsum eine Reihe von Gebrauchsmustern, Trinkritualen, Trinkstilen ganz offensichtlich gesehen und akzeptiert werden, wird die Sicht des Heroinkonsums verengt auf die eine Variante des abhängigen Gebrauchs. Dies ist bzgl. der Heroinwirkung Ausdruck der »Vitalität kultureller Mythen« (HARDING 1981) – im öffentlichen wie im Bewußtsein von Wissenschaftlern.

pharmakologische Sichtweise

Die Sicht des Heroinkonsums ist eher pharmakologisch (s. o. 2.5.2): sie reduziert die erlebte Drogenwirkung und mögliche Gebrauchsmuster auf die pharmakologische Potenz der Droge. Dabei wissen wir von den Alltagsdrogen, daß es nicht nur die Substanzwirkung ist, die uns eine Droge in bestimmter Weise erleben läßt: immer spielen die persönliche körperliche und seelische Verfassung, die gewonnenen Erfahrungen mit dieser Droge, eigene und gesellschaftliche Bewertungen und Urteile, die äußeren Umstände, den Drogengebrauch fördernde oder verbietende Regeln und Werte ihre Rolle. Inzwischen wissen wir auch, daß es unter Opiatgebrauchern ebenfalls differenzierte Gebrauchsmuster gibt, die bezeichnet werden als »verantwortlicher«, »episodischer«, »sicherer«, »kontrollierter« oder »gelegentlicher« Gebrauch. Den Benutzern geht es darum, die positiven Wirkungen dieser Drogen zu nutzen und gleichzeitig Risiken und negative Erfahrungen, die mit diesen Substanzen unter den gegenwärtigen Prohibitionsbedingungen zwangsläufig verbunden sind, zu vermeiden.

Opiatgebrauch

HARDING (1981, S. 694 ff.) hat aufgrund empirischer Untersuchungen festgestellt, daß es vor allem Regeln, Normen und Riten sind, die von den Gelegenheitskonsumenten entwickelt und eingehalten werden, die schließlich einen abhängigen Gebrauch vermeiden helfen und einen kontrollierten Konsum dauerhaft unterstützen:

kontrollierter Konsum

Regeln

- Regeln bestimmen einen gemäßigten Konsum und verurteilen einen süchtigen Gebrauch; sie zeigen Risiken an: z. B. »Nimm nie jeden Tag« oder »Nimm niemals länger als an zwei aufeinanderfolgenden Tagen«.
- Regeln legen für den Gebrauch Örtlichkeiten und einen Personenkreis fest, die ein positives und risikoloses Drogenerleben begünstigen.
- Regeln beugen unangenehmen Folgen und Risiken vor und beschreiben einen sicheren Gebrauch.
- Regeln zielen darauf ab, den Konsum in Einklang mit den übrigen Verpflichtungen des Alltags zu bringen.

10% der Heroinkonsumenten »klassische« Süchtige

HARDING geht davon aus, daß gelegentliche Heroingebraucher in den USA 40% und mehr aller Heroinkonsumenten ausmachen. Manche schätzen den Anteil der »klassischen« Süchtigen unter den Heroinkonsumenten auf nur 10% (DE RIDDER 1991b, S. 17; für »Cocaine«: s. COHEN 1989b). Noch wissen wir zuwenig über

Entstehung und Beibehaltung differenzierter Opiatgebrauchsmuster, sind Fragen unbeantwortet: Welche drogenpolitischen und sozialen Faktoren unterstützen die Beibehaltung eines selbstkontrollierten Gebrauchs? Kann dieses Konsummuster »kontrollierter Gebrauch« ein Therapieziel darstellen (ähnlich dem kontrollierten Trinken bei Alkoholikern bzw. Alkoholgefährdeten)? Fördern bestimmte Techniken einen gelegentlichen Gebrauch? (Vgl. zur bundesdeutschen Forschung: WEBER/SCHNEIDER 1991)

Kontrollierter Konsum ein Therapieziel?

2.5.8 Ausstiegsprozesse aus der Drogenabhängigkeit

Entgegen landläufigen Auffassungen, wonach Heroinabhängige und Polytoxikomane mit Heroinproblematik kaum eine Chance auf Überwindung ihrer Sucht haben, erbrachten Langzeituntersuchungen vor allem aus dem anglo-amerikanischen Raum differierende Erkenntnisse. Langzeituntersuchungen haben auch in Deutschland begonnen und scheinen die anglo-amerikanischen Ergebnisse zu bestätigen (vgl. MAGS NRW 1985; LANGE 1986; WEBER/SCHNEIDER 1991).

Ergebnisse von Untersuchungen sowohl an behandelten Abhängigen als auch an Unbehandelten (sog. Selbstheiler) legen den Schluß nahe, daß 30 – 40% derjenigen Heroinabhängigen, die ca. 1960 – 1970 in der Bundesrepublik Deutschland abhängig geworden waren, den Ausstieg aus der Abhängigkeit zustandegebracht haben. Ein weiterer erheblicher Anteil von über 30% der ersten Fixer-Generation hat in der Zwischenzeit deutlich sichtbare Schritte in Richtung auf Überwindung der Abhängigkeit getan. Bei fortdauerndem gelegentlichen Konsum anderer Stoffe (Alkohol, Codein, Cannabis etc.) haben diese sich überwiegend aus dem Fixermilieu gelöst und begonnen, drogenunabhängige und tragfähige soziale Beziehungen aufzubauen. Sie sind schulisch, beruflich und sonstwie sozial weitgehend integriert und werden strafrechtlich kaum noch auffällig. Zwei Drittel aller Heroinabhängigen haben danach also die reelle Chance zum Ausstieg. Einige Untersuchungen lassen darüberhinaus den Schluß zu, daß es sich bei der beobachteten Heroinabstinenz ehemaliger Fixer nicht nur um die Fähigkeit zur Vermeidung von Konsum handelt, sondern um die Möglichkeit zur dauerhaften Überwindung von Heroinabhängigkeit; eine dauerhafte Substitution durch andere Suchtmittel, eine Suchtverlagerung, ist eher die Ausnahme (vgl. WILLE 1983; WALDORF 1983; KLINGEMANN 1990).

30 – 40% der ersten Fixer-Generation haben Ausstieg geschafft

Zwei Drittel haben reelle Chancen zum Ausstieg

Welche Faktoren sind für solche Ausstiegsprozesse maßgeblich? Bisherige Forschung und Erfahrungen der Drogenhilfe zeigen, daß das sehr individuelle Vorgänge sind, die sich bei verschiedenen Abhängigen entsprechend der Rolle, die die Droge in ihren Lebenskonzepten spielt, und entsprechend den materiellen, sozialen und entwicklungspsychologischen Ressourcen unterscheiden. Eine wichtige Rolle scheint dem entwicklungspsychologischen Prozeß des Erwachsenwerdens, der Ausbildung einer erwachsenen Identität zuzukommen. Jugendliche Abhängige entwickeln

Forschung und Erfahrungen der Drogenhilfe

Erwachsenwerden

mit zunehmendem Alter die Tendenz, aus dem Heroinkonsum auszusteigen und mit 30 – 35 Jahren gänzlich aufzuhören. Dieser Prozeß wird fachsprachlich als »maturing out« bezeichnet (vgl. WINICK 1962); er bestätigt Vermutungen, daß die Leiden und Ängste jugendlicher Identitätskrisen am Anfang der Ausbildung einer Heroinsucht stehen, daß diese jedoch allmählich überwunden werden können.

»maturing out«

Die Phase der Abhängigkeit kann also als eine zeitlich begrenzte Risikoperiode gesehen werden. Die Bedingungen und Hintergründe ihrer Überwindung sind z. B. einschneidende persönliche Krisensituationen (»rock bottom«-Erlebnisse), zu denen sog. Zieh-Faktoren hinzutreten, die eine Entwicklung vom Ausstiegswunsch zum -entschluß und -versuch begünstigen:

Bedingungen und Hintergründe »rock bottom«-Erlebnisse

- professionelle Drogenbehandlung;
- herrschende Werte wie Arbeit, gesichertes Leben und Konsumbedürfnisse;
- die zunehmenden Schwierigkeiten der Heroinbeschaffung, das Gefühl: so geht es nicht mehr weiter (»end of the road-Syndrom«);
- existentielle Erfahrungen und Schlüsselerlebnisse, z. B. spiritueller Natur (»naked lunch-Erlebnis«).

»end of the road-Syndrom«

»naked lunch-Erlebnis«

Es gibt aber auch eine Art Wegdriften aus der Abhängigkeit ohne die Erfahrung einer tiefgreifenden emotionalen Krise und meist auch ohne rationale Entscheidung. Bei einer anderen Gruppe wiederum spielten Veränderungen der unmittelbaren sozialen Umgebung eine größere Rolle als die persönliche Veränderung. Oder es traten Ereignisse ein, die eine konkrete Lebensperspektive eröffneten, so daß der Ausstieg die Form einer Bekehrung annahm (vgl. WEBER/SCHNEIDER 1991 m. w. N.).

Langzeituntersuchung

RASCHKE et al. (MAGS NRW 1985) stellten in ihrer Langzeituntersuchung fest, daß Drogentherapie zwar einen wichtigen Anstoß für die Ablösung aus dem Drogenkontext liefert. Die entscheidenden Einflüsse für einen dauerhaften Ablösungsprozeß liegen jedoch in der Verbesserung der schulischen und beruflichen Qualifikation, in positiven Erfolgserlebnissen im privaten und sozialen Umfeld sowie im persönlichen Reifeprozeß. D. h. der Prozeß des Herauswachsens aus der Drogenabhängigkeit ist weniger therapeutisch (eine »stabile« Drogenfreiheit direkt im Anschluß an die Therapie wird nur von 10 – 20% erreicht), sondern eher lebensgeschichtlich beeinflußt.

Ablösungsprozeß

weniger therapeutisch/eher lebensgeschichtlich bedingt

Faktoren, die diesen Reifungsprozeß und die soziale Integration blockieren, sind vor allem Kriminalisierung und soziale Ausgrenzung. Der Drogenhilfe muß die Aufgabe zukommen, diese sozialen Integrationsprozesse zu initiieren und zu unterstützen. Dabei liegt der Wert der Substitutionsbehandlung darin, legale Lebensräume zu eröffnen und diese für die Selbstheilung nutzbar zu machen. Eine engere Verknüpfung von professioneller Hilfe und dem privaten Bereich (Eltern, Geschwister, Partner, Bekannte) könnte dem keineswegs linear verlaufenden Prozeß des Ausstiegs förderlich sein. Klassische Sozialarbeit, praktische Lebenshilfen, existentiel-

Aufgabe der Drogenhilfe

praktische Lebenshilfen

le Hilfen und Gemeinwesenarbeit sind in der Drogenhilfe dringend gefragt.
Unklar bleibt, welche Auswirkung die AIDS-Furcht auf die Ausstiegsmotivation hat: die nachgewiesene HIV-Infektion könnte den Ausstiegswunsch ebensosehr verstärken wie ihn angesichts der Wahrscheinlichkeit des Auftretens von Krankheitssymptomen in Fatalismus und verschärfter Selbstdestruktivität untergehen lassen.

AIDS-Furcht

2.6 Diskussion: Verstehen statt Erklären!

2.6.1 Bringen die Erklärungsversuche denn was?

Klar dürfte sein, daß die hier angeführten sozialwissenschaftlichen Erklärungsansätze weiterer Vertiefung bedürfen. Sie können sich auch nicht mit dem Präzisionsgrad naturwissenschaftlicher Forschung messen. Wir meinen ohnehin, daß es angesichts der Verschiedenartigkeit individueller und sozialer Bedingungen eine einheitliche, erklärende, »schlagende« Theorie der Drogenabhängigkeit nicht geben kann. Auch die Addition verschiedener Ansätze zu einem »Mehrfaktoren-Ansatz« kann allenfalls zum besseren Verstehen beitragen, nicht aber zum umfassenden Erklären oder gar zu sicheren Voraussagen führen.
Eine Grundfehlerquelle ist zumeist, daß Erkenntnisse an Auffälligen gewonnen werden, die das Stigma oft in ihr Selbstbild übernommen haben; nicht-stigmatisierte Unauffällige in Kontrollgruppenuntersuchungen antworten ganz anders. Wenn man Drogenabhängige, die Gesamtpopulation hinreichend repräsentierend, wissenschaftlich und klinisch untersuchen würde, könnte sich herausstellen, daß ein Großteil von ihnen ganz »normale« Menschen sind. Wenn man Tausende von »Normalbürgern« entsprechend untersuchen würde, könnte sich umgekehrt herausstellen, daß darunter sehr viele mit ebensolchen sozialen Belastungen oder psychischen Störungen zu finden sind, wie sie den Süchtigen nachgesagt werden. Außerdem ist die Wissenschaft selbst auch nicht frei von Legenden und »kulturellen Mythen« (HARDING 1981) über Drogen und ihre Gebraucher.
In das große Dunkelfeld gehören auch die oben (s. o. 2.5.7 u. 2.5.8) angesprochenen sogenannten Selbstheiler bzw. Aussteiger (Spontanheilung, Selbstentzug) und die unauffälligen »kontrollierten« Konsumenten. Wenn man all die Ergebnisse und Erfahrungen zusammen sieht, stellt sich mit zunehmender Deutlichkeit heraus, daß Drogenkonsum und Drogenabhängigkeit mehr oder weniger vorübergehende Probleme der Adoleszenz, also zeitlich begrenzte »Risikoperioden« darstellen. Die meisten »User« wachsen langsam aus der Abhängigkeit ganz heraus oder gliedern sich ein in das Spektrum der »normalen« Drogenkonsumenten. Jedenfalls nimmt die Abhängigkeit von harten Drogen einen ganz anderen Verlauf als z. B. der Alkoholismus. Jenseits von 30 – 35 Jahren

die »schlagende« Theorie gibt es nicht

Grundfehlerquelle

Dunkelfeld

Drogenkonsum und Drogenabhängigkeit zeitlich begrenzte »Risikoperioden«

anderer Verlauf als Alkoholismus

nimmt die Anzahl der von illegalen Drogen Abhängigen im Vergleich zum Zuwachs bei den Alkoholkranken erheblich ab.
Es ist zu betonen und festzuhalten: *den* Drogenabhängigen gibt es nicht. Entsprechend der Vielfalt möglicher Ursachen, Bedingungen und Verläufe, einschließlich des Zufalls, gibt es außerordentlich viele »Typen« von Drogenabhängigen. Eigentlich kann man nur in jedem einzelnen Fall verstehend rekonstruieren, wie jemand drogenabhängig geworden ist. Man kann nicht umgekehrt voraussagen, z. B. mit Hilfe von Tests und dgl., welche Person unter welchen Bedingungen mit welcher Wahrscheinlichkeit abhängig von welchen Drogen werden wird.

einzelnen Fall verstehend rekonstruieren

Ein weiteres Mißverständnis ist der in der öffentlichen Meinung angenommene zwangsläufige Umstieg von weichen zu harten Drogen (Einstiegs- oder »stepping stone-Theorie«). Nach dieser Ideologie folgt auf Cannabis-Gebrauch mit hoher Wahrscheinlichkeit der »Einstieg« in den oder der »Umstieg« auf den Heroinkonsum. Es wird folgende »Drogensequenz« konstruiert: Nikotin – Alkohol – Cannabis – Halluzinogene – Opiate.

Mißverständnis Umstieg »stepping stone-Theorie«

Eine genaue Überprüfung zeigt, daß nur etwa 5% der Cannabis-Konsumenten in der Folge bis zum Heroinkonsum fortschreiten. Der durchschnittliche Zeitabstand zwischen dem Erstkonsum der illegalen Drogen Cannabis und Halluzinogene einerseits und Heroin andererseits ist meist zu groß, um daraus einen Ursachenzusammenhang zu konstruieren. Es spricht weitaus mehr für die Annahme, daß gesellschaftliche Rollenzuschreibungen, die Gleichsetzung von Haschisch-Rauchern und Heroin-Benutzern, die Tabuisierung, die Kriminalisierung u. a. dazu beitragen, manchem Cannabis-Benutzer den Heroingebrauch nahezulegen.

2.6.2 Eine brauchbare theoretische Grundlegung: Das »Karriere-Modell«

Es gibt keine »allgemeine« Theorie der Drogenabhängigkeit. Wir meinen aber, daß man unter Einbeziehung all der skizzierten Ansätze, Aspekte und empirischen Ergebnisse zu einem komplexen Verständnis des Drogenproblems als eines vielschichtigen und langfristigen psycho-sozialen Wechselwirkungsverlaufs und Aufschaukelungsprozesses gelangen kann. Der Versuch des »Zusammenhangverstehens« ermöglicht nach unserer Erfahrung das angemessene Eingehen und praktische Unterstützen im Einzelfall – ohne den gesellschaftlichen Hintergrund aus den Augen zu verlieren.

verstehendes Nachvollziehen und Einfühlen: zwischen individuellem Verhalten – und gesellschaftlichen Einflußfaktoren

Es geht uns um das verstehende Nachvollziehen und Einfühlen. Idealtypisch betrachtet handelt es sich dabei um ein (selbst)reflexives Hin- und Hergehen zwischen individuellem Verhalten, welches auf die unmittelbare soziale Umwelt, primär die Familie, zurückzuführen ist, sowie gesellschaftlichen und staatlichen Auslösefaktoren und Reaktionen. Am Anfang des Drogenkonsums können soziale Einflußfaktoren, Mißstände und Konflikte stehen, die sich *unmittelbar* über die Sozialisationsbedingungen, das Vorbild drogenkonsumierender Eltern, über Familienzerrüttung, Randgruppenzugehörigkeit, Subkulturbildung etc. – und *mittelbar* über den Konsumdruck, die Sozialisationswirkung der allseits suchtgeprägten Gesellschaft und der vielfältig drogenkonsumierenden Gesellschaftsmitglieder, die Zuschreibung abweichender Rollen usw. auf das Individuum auswirken. Zu diesen Umweltfaktoren und -anreizen gehören auch die Markt- und Werbemacht der legalen Pharma-Industrie sowie die »informellen« Konsumangebote des illegalen Drogenhandels.

Umweltanreize und -reaktionen treffen auf Individuen mit individuell verschiedenen Persönlichkeitsstrukturen, Befindlichkeiten, Verhaltensbereitschaften und Handlungsweisen, die je nach organisch-biologischer Anlage, nach Schichtzugehörigkeit, Besonderheiten der Sozialisation etc. unterschiedlich ausgeprägt sind. Es läßt sich nicht voraussagen, wer auf diese Bedingungen z. B. durch Drogenkonsum reagieren bzw. andere »Pfade« oder »Kanäle« (Krankheit, Kriminalität, Politikerkarriere, Managerlaufbahn) wählen wird. Wesentliche Faktoren dabei sind jedenfalls soziale Selektions-Mechanismen, die i. d. R. zu Lasten der unterprivilegierten Schichten funktionieren: diese werden mit weitaus größerer Wahrscheinlichkeit zum Objekt von Zuschreibung und Stigmatisierung als Angehörige der Mittelschicht, was nicht heißt, daß diese nicht auch vom »Drogenproblem« betroffen würden.

> Umweltanreize und -reaktionen

Die Entwicklung der »Karriere« des Drogenabhängigen von einem ersten Drogenkonsum (z. B. Probieren) hin zur Abhängigkeit ist jedenfalls nicht gradlinig und zwangsläufig; ob es zur Abhängigkeit kommt, ist abhängig von Ausprägungsgrad und Bestand der verschiedenen Faktoren sowie von deren Wechselwirkungen. Entfielen sie, würde der ganze Verlauf anders, weniger dramatisch aussehen. Das zeigt sich auch daran, daß Individuen, denen es gelingt, nicht auffällig zu werden, überhaupt nicht in diese Mühle geraten und relativ ungestört ihr Leben als Drogenabhängige führen können. Im Gegensatz zu den Alkoholabhängigen stehen dabei am Ende nicht notwendig Delirium, Leberzirrhose oder andere irreversible organische Schäden (VAN WELY 1989), sondern, da kontrollierter und sicherer Gebrauch auch auf Dauer prinzipiell ohne große Schäden möglich sind, eine relativ normale Lebenserwartung, wenn nicht der Konsum aufgrund des Herauswachsens aus Lebenskrisen und subkulturellen Zusammenhängen einfach ohnehin abebbt und ausläuft.

> Entwicklung der »Karriere«

> kontrollierter und sicherer Gebrauch auch auf Dauer prinzipiell möglich

Die Skizze auf den beiden folgenden Seiten soll den destruktiven Prozeßverlauf der »Drogen-Karriere« anschaulich machen (weiterentwickelt aus einer Vorlage von KINDERMANN 1992). Mögliche Alternativen einer Normalisierung und der Vermeidung einer Eskalation zur Karriere, erläutern wir unten (s. 2.8).

2 Drogengebrauch – Formen, Bedingungen, Eingriffskonzepte, Alternativen

Der Teufelskreis der Drogenkarriere

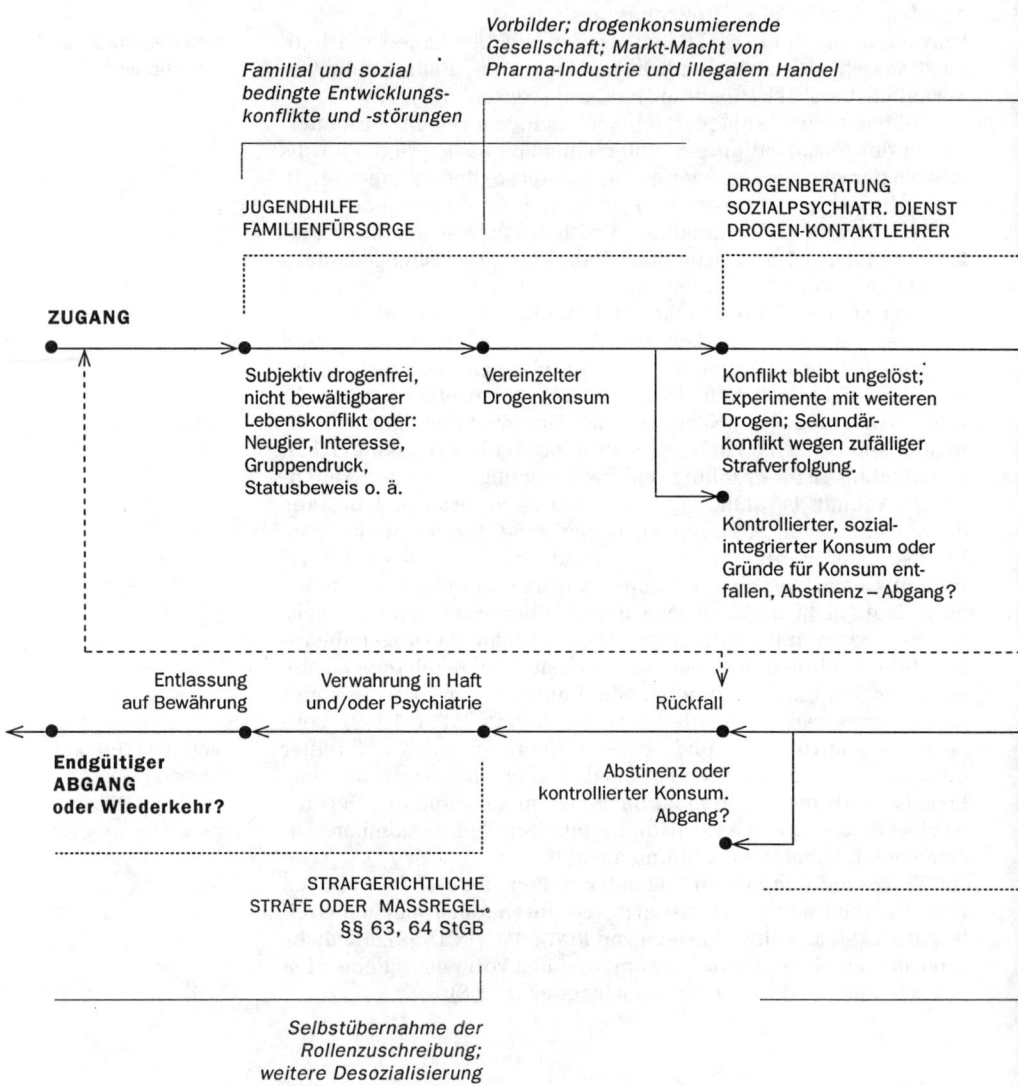

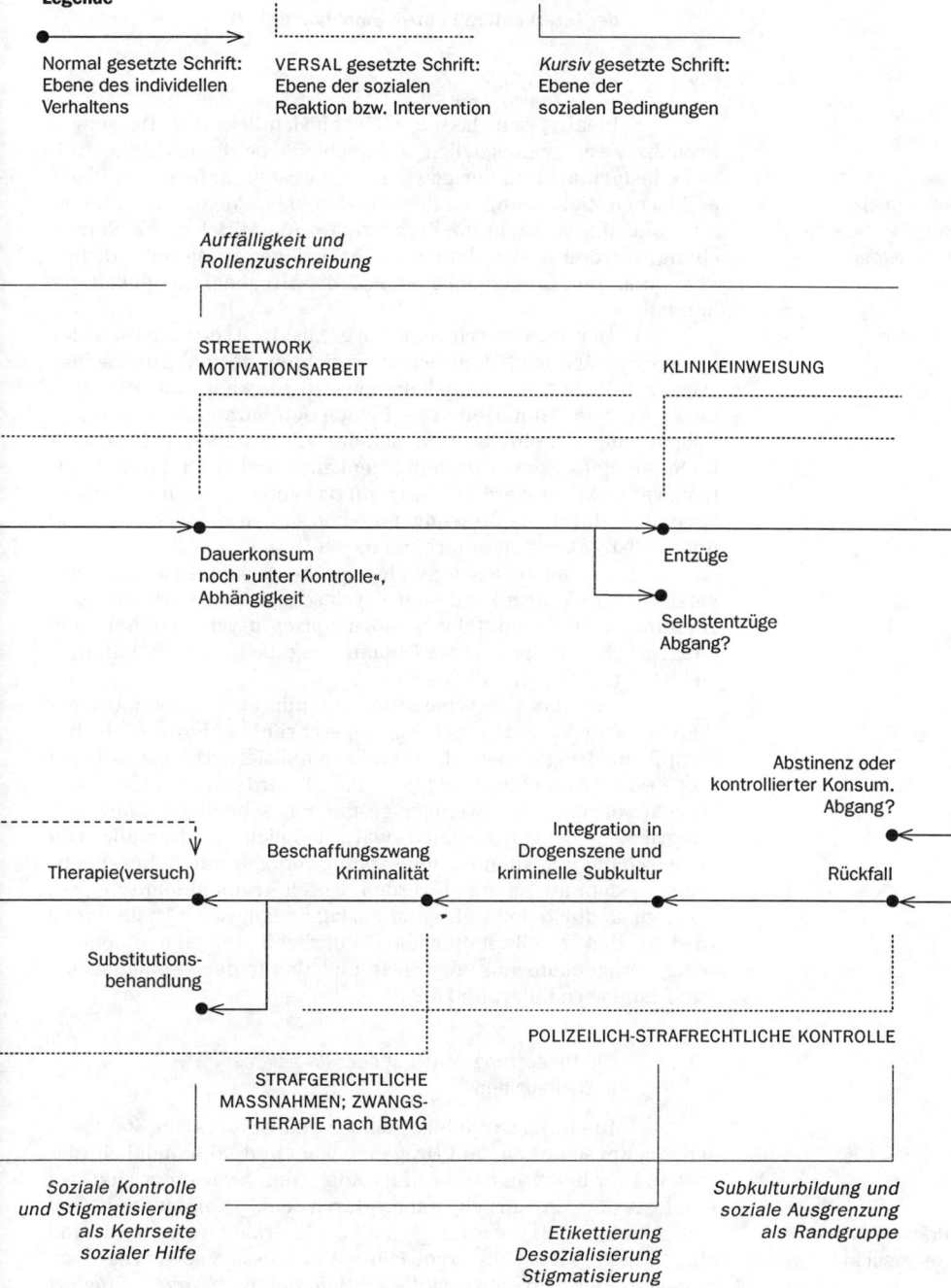

2.7 Was wird getan? – Theorie und Praxis der Intervention bei Drogenabhängigkeit

2.7.1 Strategien der Drogenkontrolle

Idealtypisch lassen sich hinsichtlich des Drogengebrauchs zwei grundsätzlich unterschiedliche Betrachtungsweisen – festgemacht an der gewünschten Gesellschaftsordnung und politischen Zielsetzung – unterscheiden, das »Abstinenz-Paradigma« und das »Akzeptanz-Paradigma«. Als Mittel zur Zielerreichung, werden drei Umgangsweisen mit dem gesellschaftlichen Phänomen des Drogenkonsums und der Drogenabhängigkeit gehandelt:

»Abstinenz- versus »Akzeptanz- Paradigma«

Ansätze

1. Der legalistisch-repressive Ansatz: Das Verhalten der Bürger hat sich nach dem Gesetz zu richten, das aufgrund seines rechtsstaatlichen Zustandekommens Richtigkeit und Wahrheit beanspruchen kann. Ohne Frage nach den Voraussetzungen und Folgen einer Kriminalisierung soll der »Buchstabe des Gesetzes« im Sinne eines rigiden Ordnungsdenkens durchgesetzt und Abstinenz verwirklicht werden. Man hofft das »ungesetzliche« Drogen-Verhalten durch umfassende und konsequente Strafverfolgung und -vollstreckung zu unterbinden.

2. Der medizinisch-psychologische Ansatz: Drogenabhängigkeit wird als Krankheit oder psychische Störung erkannt bzw. verstanden, die unmittelbarer medizinisch-psychiatrischer und/oder psychotherapeutischer Behandlung bedarf. Behandlungsziel ist notwendig die Abstinenz.

3. Der liberal-psychosoziale akzeptierende Ansatz: Drogen – auch harte – werden, evtl. in eingeschränkter Form (z. B. Rezeptpflicht) freigegeben, d. h. entkriminalisiert. Die schädlichen Folgen der Kriminalisierung (s. o. 2.5.6) werden vermieden. Bessere Aufklärung über weniger gesundheitsschädlichen, kulturell integrierten Drogengebrauch wäre möglich. Extremfälle von Selbstschädigung könnten ohne Zwang vom normalen therapeutischen System aufgefangen werden. Durch kriminalpolitische, sozial-, gesundheitspolitische und sozialpädagogische Maßnahmen wird an den gesellschaftlichen Primärbedingungen problematischen Drogenkonsums angesetzt und damit der Problemdruck langfristig vermindert (dazu 2.8).

2.7.2 Die Umsetzung des Abstinenz-Paradigmas in Deutschland

Die Bundesrepublik Deutschland ist eines der Staatswesen, die am schärfsten auf Drogenkonsum und -abhängigkeit reagieren. Hier herrscht das Abstinenzziel – und zwar umgesetzt, zumindest dem Anspruch nach, durch eine Kombination von Prävention und Repression. Es fehlt die liberale Komponente, und eindeutig liegt das Schwergewicht auf Repression sowie repressiv umgedeuteter bzw. ausgestalteter Behandlung. Kurz: es regiert

Prävention und Repression

das Prinzip von Zuckerbrot und Peitsche, genannt »Therapie statt Strafe« (dazu im einzelnen 3.1.3.1).

»Therapie statt Strafe«

Gegen die liberale, akzeptierende Position gibt es von vielen Seiten mit vielerlei Begründungen Einwände, Einwände von Drogenarbeitern, Juristen, Ärzten, Politikern; es wird auch eingewandt, man sei an internationale Verträge gebunden (dazu 2.9.3) und die Drogenfreigabe, insbesondere von Heroin, werde eine epidemische und katastrophale Ausweitung des Konsums bewirken, mithin die Volksgesundheit in ihrer Basis gefährden. Vor allem seien Jugendliche in ihrer Persönlichkeitsentwicklung gefährdet. Seit der Cannabis-Entscheidung des BUNDESVERFASSUNGSGERICHTS (1994) wird noch zusätzlich das uns völlig vage und absurd erscheinende Argument ins Spiel gebracht, Drogengebrauch schädige das »soziale Zusammenleben« (dazu 2.9.1.5).

Cannabis-Entscheidung

Die relative Freigabe bzw. Entkriminalisierung des Drogenkonsums im westlichen Ausland (z. B. in Kalifornien, Holland, England) hat erwiesenermaßen nicht zu einer solchen epidemischen Ausweitung geführt. Sie widerlegt auch das Argument von der strikten internationalen vertraglichen Gebundenheit. Allerdings betreiben die UN nach wie vor eine höchst repressive internationale Drogenpolitik, die auf »Welt-Drogengipfel-Treffen« regelmäßig bestätigt wird.

Entkriminalisierung im Ausland

Daß viele Drogenabhängige von alleine »aussteigen« ist nicht mehr von der Hand zu weisen (s. o. 2.5.8). Das Abschreckungs- und Repressionssystem ist ihnen gegenüber in hohem Maße unwirksam, ja kontraproduktiv, d. h., es bewirkt und verstärkt die Resultate, die es bekämpfen soll.

Abschreckungs- und Repressionssystem in hohem Maße unwirksam

Sozialpsychologisch erscheint inzwischen gesichert, daß gleichartige soziale Belastungen und psychische Störungen nicht notwendig zu einheitlichen individuellen Reaktionen, z. B. in die Drogenabhängigkeit führen. Es gibt viele gesellschaftliche Wege der Problembewältigung; und was die Drogenabhängigkeit angeht, gibt es nicht wenige Fälle, die auch längerfristig kein gravierendes soziales Problem darstellen (z. B. Methadon-Substitution).

Strafrechtlich sanktioniert werden dürfen nur solche Handlungsweisen, die erwiesenermaßen fremdschädigend sind. Auch wenn, wie durch Methadon- und Heroin-Erhaltungsprogramme der Konsum harter Drogen sich teilweise, allerdings nur vorübergehend geringfügig erhöht (wie in England nachgewiesen, vgl. WILLE 1981), so hat sich doch herauskristallisiert, daß die Austrocknung des »kriminellen Sumpfes« diesen Schaden bei weitem aufwiegt. Wir denken, es ist mehr die ungebrochene soziale Tabuisierung, die solche Lösungswege bei uns ausschließt, obwohl sie in Holland, USA, England, Schweiz, Hongkong etc. schon mit beeindruckendem Erfolg praktiziert werden (s. u. 2.9.1.2). Hinzu kommt, daß im Hinblick auf Härte Formulierung und Vollzug der Anti-Drogen-Gesetze die BRD unter den westlichen Ländern – neben Schweden – einsamer Vorreiter ist (s. o. 2.5.4.2). Andere Staaten haben zwar auch strikte Drogengesetze, praktizieren sie aber nicht mit demselben Perfektionismus (JANSEN 1991).

ungebrochene soziale Tabuisierung

Vollzug der Anti-Drogen-Gesetze: BRD einsamer Vorreiter

Lediglich geringfügig relativiert wird diese Rigidität durch die Verquickung von Repression mit Prävention. Dabei dominiert aber wiederum massiv die Sekundärprävention, also das Anknüpfen am Individuum, »wenn das Kind schon in den Brunnen gefallen ist«. Die Primärprävention, also eine Bearbeitung der gesellschaftlichen Bedingungen i. S. einer Verbesserung der Lebenslage Drogengefährdeter unterbleibt hingegen fast völlig. Demgemäß leichtfertig vollzieht man auch die Ursachen- und Schuldzuschreibung gegnüber den betroffenen Individuen und letztlich deren soziale Ausgrenzung (auch aus dem Blickfeld). Damit ist das Problem scheinbar gelöst.

Sekundärprävention

Primärprävention

Die undifferenzierte Strafverfolgung von »weichen« und »harten« Drogen gewährleistet einerseits relativ hohe Erfolgsziffern der Polizei, sie treibt aber andererseits in ihrer Verquickung mit Prävention das »Behandlungskonzept« in Richtung auf eine weitgehende Quasi-Therapeutisierung der Gesellschaft unter dem Motto der Bekämpfung des Drogenmißbrauchs. Was dann inhaltlich läuft, ist therapeutisch legitimiert. Daß erzwungene Therapie diesen Namen zu Unrecht trägt und inhuman ist, wo es nicht um den Schutz wirklich gefährdeter Opfer geht, wird dabei ignoriert (dazu im einzelnen 3.1.4). Zudem ist das Kontrollnetz von der Sozialversicherung über Vormundschaft, Freiheitsentzug, Polizeirecht, Strafrecht etc. bei uns praktisch lückenlos, ja sogar noch mit großflächigen Überlappungen versehen. Einiges spricht dafür, daß die spezifische therapeutische Strategie in der Bundesrepublik Deutschland in der Tat eine musterhafte Variante der »weichen« staatlichen Kontrolle abweichenden Verhaltens ist (s. o. 2.5.4.2).

undifferenzierte Strafverfolgung

Quasi-Therapeutisierung

Inzwischen haben die Zweifel an der stationär-therapeutischen Methode (erwiesene Abbruchquote: 60 – 70%, vgl. BT-Drs. 10/ 5856, S. 10) und die Skepsis gegenüber dem Prinzip »Therapie statt Strafe« stark zugenommen. Alternative Ansätze haben ihren Ausdruck z. B. im o. g. nicht-repressiv orientierten Teil des »Nationalen Rauschgiftbekämpfungsplans« (BMJFFG und BMI 1990) gefunden. Im übrigen mehren sich unüberhörbar die Stimmen Kundiger in den Bereichen von Polizei, Justiz, Wissenschaft und Kultur, die das Scheitern der deutschen Drogenpolitik feststellen und nach einer grundsätzlichen Wende rufen.

Skepsis gegenüber »Therapie statt Strafe«

Scheitern der deutschen Drogenpolitik

Im folgenden wollen wir zunächst die einzelnen Facetten des bestehenden Systems beschreiben und kritisch befragen, bevor wir die bereits existierenden und die noch zu verwirklichenden Bestandteile eines akzeptierenden Drogen-Kontrollsystems skizzieren (s. u. 2.9).

2.7.2.1 Prävention

Präventive Bemühungen lassen sich nach Interventionszeitpunkten und verfolgten Zielen (nach CAPLAN 1964) in drei Stadien gliedern:

Primäre Prävention

- Primäre Prävention ist ein Handeln, das noch vor dem Auftre-

ten eines Problems bzw. einer Störung einsetzt und dazu beitragen will, eine erwartete Krisensituation erst gar nicht entstehen zu lassen oder aber die Personen so auf diese vorzubereiten, daß sie diese erfolgreich bewältigen können.
- Sekundäre Prävention versucht, eine gerade in Entstehung begriffene Störung bzw. ein Problem zu erkennen und aufzufangen sowie zur Beseitigung der Störung bzw. des Problems beizutragen.
- Tertiäre Prävention wird als »Rückfallprophylaxe« verstanden, d. h., eine Störung wurde bereits erfolgreich behandelt (Therapie), und es gilt nun, das Erreichte zu stablisieren (vgl. auch NÖKKER 1990, S. 216).

Beispielhaft deutlich wird das Verständnis von Drogen- bzw. Suchtprävention der Bundesregierung im »Nationalen Rauschgiftbekämpfungsplan« (BMJFFG und BMI 1990) formuliert:
»Alle präventiven Maßnahmen müssen folgende Leitlinien der Drogenpolitik vermitteln:
- Totale Abstinenz im Hinblick auf illegale Drogen
- Selbstkontrollierter Umgang mit ›legalen Suchtmitteln‹ (z. B. Alkohol- und Tabakerzeugnisse) mit dem Ziel weitgehender Abstinenz
- Bestimmungsgemäßer Gebrauch von Medikamenten.« (S. 17 f.).

Gegenüber illegalen Drogen wird also eine totale Abstinenz verlangt, den Gebrauchern legaler Drogen hingegen wird ein selbstkontrollierter Umgang (mit dem Ziel »weitgehender Abstinenz«) zumindestens zugestanden. Hier wird die ganze Doppelbödigkeit und Doppelmoral des gegenwärtigen Drogendiskurses deutlich: die Möglichkeit eines kontrollierten Umgangs mit Drogen ist nämlich völlig unabhängig von ihrem Rechtsstatus. Gebraucher von Cannabis, Kokain oder auch Heroin wissen in der Regel um die Ambivalenz des Drogengebrauchs: man kann diese Drogen sowohl kontrolliert und in den Alltag eingebunden konsumieren, als auch von ihnen abhängig werden und die Kontrolle über einen selbstbestimmten Umgang mit ihnen (phasenweise) verlieren. Da wirkt die offizielle Betonung eines weiten Drogenbegriffs, der der Prävention zugrunde gelegt werden muß (Einbezug auch legaler Mittel, die suchtbildend wirken können), wie eine Floskel. Der skizzierte Präventionsansatz wird eindeutig dominiert von der kriminalpolitischen Sichtweise: kein kontrollierter Gebrauch der Drogen, deren Gebrauch verboten ist!

Eine Prävention, die mit ihren Maßnahmen hauptsächlich darauf zielt, den Umgang mit einem Teil der Drogen völlig zu verhindern, erscheint in mehrfacher Hinsicht problematisch:
- sie ist unrealistisch, wirklichkeitsfremd und inhaltlich blind, weil sie die Existenz und weite Verbreitung der illegalen Drogen ignoriert und nicht aktiv mit diesem Phänomen umgeht;
- sie ist unglaubwürdig, weil sie offensichtlich doppelmoralisch und nicht sachlich begründet ist;
- sie ist inhaltlich problematisch, weil sie einerseits die positiven Effekte dieser Drogen völlig ausblendet, deretwillen sie schließ-

Marginalien:
Sekundäre Prävention
Tertiäre Prävention
»Nationaler Rauschgiftbekämpfungsplan«
verlangt totale Abstinenz
Doppelmoral
kriminalpolitische Sichtweise
Prävention
inhaltlich blind
unglaubwürdig
inhaltlich problematisch

lich (anfangs) genommen werden, und weil sie andererseits Funktion, Bedeutung und Sinn des Drogengebrauchs zur Alltagsbewältigung oder in Prozessen der Identitätsentwicklung ignoriert.

offen über Chancen und Gefahren aller Drogen aufklären

Die Unterstellung eines Nicht-Kontrollieren-Könnens illegaler Drogen strickt so weiter am Mythos der unbeherrschbaren (kulturfremden) »Teufelsdrogen«, statt offen über Chancen und Gefahren *aller* Drogen aufzuklären. Dann könnten auch Bedingungen und Möglichkeiten einer Schadensbegrenzung und – bei manchen Drogen (etwa Cannabis) allerdings de facto bereits vollzogen – kulturellen Integration dieses Drogengebrauchs angemessen diskutiert werden.

Ausblendung der Selbstbestimmung

Charakteristisch für die Drogenpolitik gegenüber illegalen Drogen und bestimmendes Element bisheriger Aufklärung und Drogenprävention ist die völlige Ausblendung der Selbstbestimmung von Drogenbenutzern: in ihnen werden in erster Linie leicht verführbare jugendliche (unmündige) Konsumenten gesehen, die solche Drogen konsumieren, die per se nicht zu gebrauchen, sondern nur zu mißbrauchen sind. Statt den Prozeß der Identitätsbildung und des Erwerbs wichtiger psychosozialer Kompetenzen des Jugendlichen (Abhängigen) im Umgang mit (potentiellen) Risiken zu unterstützen, werden fremdbestimmte Hilfen gefördert (etwa professionelle Hilfen und Hilfen in entmündigenden Großinstitutionen), die dem Jugendlichen zunächst einen Objekt- bzw. Opferstatus zuweisen.

herrschende Praxis

Die herrschende Praxis der (Primär-)Prävention ist über weite Strecken noch eine klassische Drogenprävention: die Nachfrage soll reduziert werden, ein Kontakt mit einem Teil der verfügbaren Drogen soll erst gar nicht stattfinden; ihr erklärtes Ziel ist die einstellungsmäßige Immunisierung bisher abstinenter Jugendlicher und Heranwachsender. Zu diesem Zweck werden auf Länder- und Bundesebene verschiedene Maßnahmen entwickelt:

Maßnahmen

- Ausbildung und Einsatz von Drogenberatungs- und Kontaktlehrern in den Schulen, Erarbeitung von Unterrichtsmaterialien;
- Kampagnen mittels Zeitungsartikeln, Anzeigen, Film- und Fernsehsendungen und -spots, Ausstellungen, Plakataktionen, Verteilung von T-Shirts, Buttons, Aufklebern mit Slogans;
- Einrichtung von Telefon-, Beratungs- und Informationsdiensten,
- Fachtagungen mit Medienvertretern;
- Ausbildung und Unterstützung von Multiplikatoren als Vermittlern und Ansprechpartnern in der außerschulischen Jugendarbeit;
- Entwicklung und Erstellung von Aufklärungsmaterialien über Drogenmißbrauch für Eltern, Unterstützung von Elternkreisen. (Vgl. BMJFFG u. BMI, S. 17 ff.).

Abschreckungspädagogik und Stoff- und Warenkunde: kaum präventive Effektive

Insgesamt läßt sich sagen, daß eine Abschreckungspädagogik, aber auch eine isoliert kognitive Aufklärung über Wirkungsweisen der Drogen, d. h. eine um Sachlichkeit bemühte Stoff- und Warenkunde, wenig geeignet erscheinen, präventive Effektive zu erzielen. Dies gilt insbesondere dann, »wenn sie abgekoppelt von

2.7 Was wird getan? – Theorie und Praxis der Intervention bei Drogenabhängigkeit

personaler kontinuierlicher Kommunikation im Rahmen von massenmedialen Aufklärungskampagnen, Hochglanzbroschüren- und Zeigefingerpädagogik erfolgt. Sogeartete präventive Bemühungen vernachlässigen in der Regel die Entstehungszusammenhänge von gesundheitsriskanten Lebensweisen und übersehen, daß diese nicht selten Versuche verkörpern, mit Streß, Defiziten und Belastungen umzugehen« (SCHLÖMER 1991b, S. 32).

Die Inhalte von Anti-Drogen-Kampagnen sind oft leer (»Keine Macht den Drogen«, »Liebe statt Drogen«), diskriminierend (»Hascher sind lascher«) oder einfach naiv (»Just Say No«, »Mach'nen Bogen um die Drogen«) und schließlich denunziatorisch (»Just Say Who!«). Solche primärpräventiven Bemühungen besitzen eher legitimatorischen Charakter: »wir tun etwas« – und sie nähren die Illusion, mit diesen Mitteln etwas bewirken zu können.

Anti-Drogen-Kampagnen

Die Kriminalisierung eines Teils der verbreiteten Drogen verhindert in der Prävention die unverzichtbar *sachgerechte* Arbeit. Mit dem Verbot wird nicht nur gleichzeitig eine verführerische Probieraufforderung für Jugendliche und Heranwachsende transportiert, sondern es wird ein Tabubereich geschaffen, in dem eine aus präventiver Sicht notwendige offene Reflexion von Probier- und Konsumerfahrungen ebensowenig möglich ist wie die freie Artikulation von Hilfebedürfnissen oder die rechtzeitige Wahrnehmung von Hilfen zur Vermeidung von Suchtrisiken.

Kriminalisierung verhindert sachgerechte Arbeit

Die Kriminalisierung des Konsums bestimmter Drogen beschert auffälligen Konsumenten oft bereits in der Probierphase frühzeitige gesellschaftliche Stigmatisierungen und familiäre Ausgrenzungen. Damit wird ein Prozeß von sich wechselseitig verstärkender Identifizierung mit der Außenseiterrolle einerseits und von zunehmender gesellschaftlicher Desintegration andererseits angestoßen – mit der Folge, daß sich möglicherweise in die Abhängigkeit führende Verhaltensmuster verfestigen (s. 2.6.2; vgl. SCHLÖMER 1991b, S. 31). Insofern verhindert die Prohibition eine effektive Präventionsarbeit, sie läuft ihr geradezu zuwider. Daran ändert sich kaum etwas durch die jetzt vom Bundesverfassungsgericht befohlene Vereinheitlichung der staatsanwaltlichen Einstellungspraxis bei Erwerb und Besitz geringer Mengen zum Eigenverbrauch (s. 2.9.1.5); denn weiterhin werden die Personalien registriert und wird spätestens nach der zweiten oder dritten polizeilich registrierten Auffälligkeit das Strafverfahren doch in Gang gesetzt.

Stigmatisierungen und Ausgrenzungen

gesellschaftliche Desintegration

Einstellungspraxis bei Erwerb und Besitz geringer Menge zum Eigenverbrauch

Die mit illegalen Drogen auffällig gewordenen Jugendlichen werden an Spezialdienste (DROBS) verwiesen, weil die elterliche Erziehungs- und Bewältigungskompetenz im Umgang mit illegalen Drogen aufgegeben oder nicht entwickelt wurde. Prävention hat es noch nicht vermocht, die Gefühle der Unzuständigkeit, Überforderung und Inkompetenz bei Eltern, spiegelbildlicher Ausdruck der allgemeinen Drogenhysterie, der Mystifizierung, Verteufelung und undifferenzierten Qualifizierung der Gebrauchsmuster illegaler Drogen, abzubauen. Gerade die Entwicklung von

auffällig gewordene Jugendliche

Sicherheit und Differenzierungsvermögen aber kann im Umgang mit den Kindern zu einer glaubwürdigeren Position führen. Insofern sich Prävention immer wieder auf die illegalen Drogen fixiert, untermauert sie nicht nur die herrschende Ablehnung der sie Konsumierenden, sondern auch die vorherrschende Auffassung von Drogenkonsum als sozialem Problem Nr. 1. Der Gebrauch illegaler Drogen bekommt so – völlig ungerechtfertigt angesichts des Ausmaßes gesellschaftlicher Probleme mit legalen Drogen – einen enormen Bedeutungsüberhang. In dieser Wahrnehmung sind Drogenkonsumenten per se behandlungs-, zumindestens beratungsbedürftig; ihre mangelnde Einsicht legitimiert sodann den »helfenden Zwang«, jenes paternalistische »Wir wissen was das Beste für dich ist«. Den Konsum illegaler Drogen als Indiz für ein psychisches Problem oder gar eine Entwicklungsstörung zu definieren erlaubt eine Vorverlagerung der Kontrolle über bestimmte Verhaltensweisen und psychische Befindlichkeiten in die Zeit vor der Auffälligkeit: Eltern sollen auf »verdächtige Gegenstände«, »körperliche Anzeichen« oder »seelisch-charakterliche Auffälligkeiten« achten (HUNGERBÜHLER/MELLENTHIN 1982). Die gesellschaftliche Wahrnehmung der Jugend geschieht – infolge der Drogenhysterie – zunehmend durch die »Drogen-Brille«. Die Drogenkonsumenten werden bereits stigmatisiert, bevor sie mit Drogen auffällig geworden sind.

Es fehlen in der Primär- und Sekundärprävention offene Konzepte, die einen für den Konsumenten und die Gesellschaft risikoarmen Gebrauch akzeptieren, sozialpolitische Alternativen entwickeln und nicht nur am Individuum und seiner Einstellung zu den Drogen ansetzen (zu Alternativen der Prävention s. 2.9.1).

2.7.2.1.1 HIV/AIDS-Prävention

Die kurze Geschichte der HIV/AIDS-Präventionsarbeit macht die normative Blockade, Distanz und geringe Reichweite traditioneller Drogenhilfe deutlich. Während spätestens Mitte der 80er Jahre für Drogenkonsumenten und Drogenarbeiter klar war, daß der gemeinsame Gebrauch benutzter Spritzen und Kanülen (»needle sharing«) der wesentliche Übertragungsweg von HIV bei Drogengebrauchern ist, weigerten sich viele Beratungsstellen, sterile Spritzen und Kanülen als pragmatische und notwendige prophylaktische Maßnahme gegen eine HIV-Infektion abzugeben. Viele Einrichtungen waren verunsichert und zögern z. T. heute noch mutigen Einzelinitiativen in der Spritzenabgabe zu folgen. Fachliche Bedenken eines »double bind« wurden geltend gemacht: einerseits Drogenfreiheit in der Beratung als Ziel zu formulieren, andererseits die Mittel für einen erleichterten Konsum zur Verfügung zu stellen. Die Spritzenvergabe wurde gar – in Parallelität zur Methadonvergabe (BOSSONG/STÖVER 1992) – als »Kapitulation vor der Sucht« (DHS 1985) bezeichnet.

Diese fachlichen Bedenken sind eine deutliche Folge der Abstinenzfixierung. Demgemäß hat die Drogenhilfe in ihrer Mehrheit die gesundheitlichen Bedürfnisse der Noch-Drogengebraucher nicht als (lebens)wichtig anerkannt und entsprechende Angebote der Risikominderung entwickelt. Neben der Distanz zu den Bedürfnissen der Drogengebraucher wurde aber auch die geringe Reichweite der etablierten Drogenhilfe deutlich. Nur sehr schwerfällig wurden szenenahe und effektive Spritzenaustauschprogramme (mit starkem Nord-Süd-Gefälle) eingerichtet. Während im Norden der Bundesrepublik Spritzenaustauschprogramme angelaufen, in mehreren Städten auch Spritzenautomaten installiert worden sind, ist man in einigen südlichen Bundesländern von einer flächendeckenden, billigen, anonymen 24-Stunden-Zugänglichkeit zu sterilem Spritzbesteck als notwendiger Voraussetzung einer Verhaltensänderung von Drogengebrauchern im Sinne eines »safe use« am weitesten entfernt; z. T. wird diese Form der instrumentellen Prävention als therapeutisch »kontraproduktiv« (LANDTAG VON BADEN-WÜRTTEMBERG 1989) abgelehnt. Formulierte Erwartungen an eine Verhaltensänderung haben unter diesen Bedingungen nur moralischen Appellcharakter (s. 2.3.5).

Vor allem im Strafvollzug werden keine sterilen Spritzen oder auch nur Bleiche (»bleach«) an Gefangene verteilt. Auf den riskanten i. v. Drogengebrauch wird damit völlig falsch reagiert: Die wenigen hereingeschmuggelten Spritzen werden häufig gegen Tabak, Kaffee oder die Teilnahme an einem Druck verliehen. Die Vorsichtsmaßregeln sind den Umständen entsprechend. Es wird zwar auf die Reihenfolge beim Spritzen geachtet (Personen, die HIV-positiv sind, erhalten die Spritze als letzte), Spritzen werden ausgekocht (sofern ein Tauchsieder vorhanden ist) oder einfach nur durchgespült. Diese Methoden sind nicht zuverlässig, sie können auch nicht mit der erforderlichen Ruhe und Sorgfalt angewandt werden und vermitteln nur eine Scheinsicherheit.

Gegen eine Spritzenvergabe aus HIV-präventiver Notwendigkeit wird eingewandt: Sie sei unpraktikabel, da sie voraussetzen würde, daß der Empfänger sich als Drogenkonsument zu erkennen gibt und zugleich die unmittelbare Bereitschaft zu einer Straftat (Erwerb, Besitz von illegalen Drogen) signalisiert. Sie trage zur Ausbreitung des Drogenkonsums bei und leiste womöglich weiteren AIDS-Infektionen Vorschub. Diese Argumente zeigen, daß die Spritzenvergabe kein rechtliches (LESTING 1990), sondern ein vollzugspolitisches Problem darstellt. Technische Lösungen hinsichtlich der o. g. Bedenken, die vor allem die Anonymität des Drogengebrauchers wahren, bestehen einmal in der Aufstellung von Spritzenaustauschautomaten oder, als weniger geeignete Möglichkeit, in der Vergabe von Desinfektionsmitteln (vgl. SCHULLER/STÖVER 1989).

2.7.2.2 Die therapeutische Kette – Kette für die Betroffenen?

Der Begriff »Therapiekette« wurde gegen Ende der 70er Jahre zum Zauberwort der Drogenpolitik, hat aber seit Beginn der 90er deutlich an Glanz verloren. In ihm verdichteten sich

2 Drogengebrauch – Formen, Bedingungen, Eingriffskonzepte, Alternativen

Illusion psychotechnischer »Machbarkeit«

veritable Therapie-Konzerne

60 – 70% Abbrecher

Idealfall einer therapeutischen Kette

die unangemessenen Illusionen psychotechnischer »Machbarkeit« bzw. Veränderbarkeit des Menschen. Insbesondere seit sich die Klientel solcher Therapie zum größten Teil (70% und mehr) aus »BtMlern«, also aufgrund strafrechtlichen Zwanges Eingewiesenen (s. u. 3.1.3.1 ff.) zusammensetzt, und seit sich einige Behandlungsinstitutionen zu veritablen Therapie-Konzernen gewandelt haben, deren Pflegegeldinteressen eine ökonomische Eigendynamik in Gang gebracht haben, ist eine kritische Würdigung angebracht (s. u. 2.7.4.2). Man erinnert sich der warnenden Empirie von Goffmans »Totaler Institution« (GOFFMAN 1978), des humanen Anspruchs zwangfreier Therapie und registriert das Ausbleiben der geweissagten Erfolge. Immerhin hat auch die Bundesregierung offiziell zur Kenntnis genommen, daß ca. 60 – 70% der Drogenabhängigen die Therapie abbrechen (s. o. 2.7.2)
Mit der therapeutischen Kette im engeren Sinne ist ein Stufen- oder Phasenmodell, eine Reihe von möglichst aufeinander folgenden und ineinander greifenden Angeboten bzw. Maßnahmen zur Rehabilitation des Drogenabhängigen gemeint. Im Idealfall einer vollständigen therapeutischen Kette wären hintereinandergeschaltet:
1. Kontaktphase: Kontakt- und Beratungsstelle;
2. Entzugsphase: Entzugsklinik;
3. Entwöhnungsphase: stationäre Therapie;
4. Nachsorgephase: soziale und berufliche Integration (Wohnen, Arbeit, Schul- und Berufsausbildung.

2.7.2.2.1 Kontaktphase

Tätigkeitsbereiche der DROBS stark verändert

Ziele

Die Kontakt- und Beratungsarbeit wird im wesentlichen von Jugend- und Drogenberatungsstellen (kurz: DROBS) geleistet. In den letzten Jahren haben sich die Tätigkeitsbereiche der DROBS stark verändert: die Kontaktarbeit ist zumindest in Großstädten erweitert worden um niedrigschwellig und voraussetzungslos arbeitende Projekte (Café, Streetwork, Übernachtungsstellen, Spritzenumtausch). Die Beratungsarbeit umfaßt nach wie vor Therapievermittlung, Klärung der Kostenübernahme, Rechtsberatung, soziale Aktivitäten und Knastarbeit. Die Mittel dieser Arbeit sind Kontakt- und Anamnese-Gespräche, in denen die soziale Lage, Lebens- und Drogengeschichte, derzeitige Lebensumstände, Bedürfnisse, Interessen und Zukunftsorientierungen erfragt werden. Viele Einrichtungen unterhalten darüber hinaus ambulante Behandlungsangebote: Einzel-, Gruppen- oder Familientherapie. Ziele sind Förderung der Entzugs- bzw. Therapiemotivation und suchtbegleitende Formen der Hilfe.
In der Bundesrepublik Deutschland existieren ca. 300 DROBS, die ambulante Drogenberatungs- oder Behandlungsarbeit mit verschiedensten Personengruppen (Drogengebrauchern, Familienangehörigen, Partnern etc.) und bei diversen Problemlagen und Drogen (illegale Drogen, Medikamente) leisten (Adressen und Angebote s. ARCHIDO/FH FRANKFURT AM MAIN 1995). Die Arbeit die-

2.7 Was wird getan? – Theorie und Praxis der Intervention bei Drogenabhängigkeit

ser Einrichtungen wird mit Hilfe des – datenschutzrechtlich, aber auch statistisch-methodisch problematischen – »Einrichtungsbezogenen Informationssystems (EBIS)« erfaßt und statistisch ausgewertet (s. dazu 3.3.2.4, mit Muster des EBIS-Karteikartensystems). Die EBIS-Daten für 1989 beispielsweise beziehen sich auf 75.000 Klienten mit 2 und mehr Kontakten. Darüber hinaus werden bei einer Referenzerhebung mit 30 Einrichtungen präzisere Daten erfaßt. Die Auswertung der Zugangszahlen Opiatabhängiger in den ambulanten Beratungsstellen ist in Deutschland von 1980 – 1988 nahezu konstant geblieben, bei einem leicht rückgängigen Anteil opiatabhängiger Frauen.

Insgesamt sind die Daten stark drogenzentriert: d. h., die Klienten werden vornehmlich über die verwendeten Drogen bzw. ihre Abhängigkeit klassifiziert statt über die gesundheitliche und soziale Problemlage von z. B. kriminalisierten Drogenkonsumenten. Die Bewertungen der psychischen Probleme und des Sozialverhaltens folgen einem zu groben Raster, um z. T. kleine Fortschritte, eine leichte soziale Stabilisierung u. a. adäquat abzubilden. Was nützt es z. B., wenn eine »Hitliste« von Medikamenten mit Suchtpotential erstellt wird, aber aus dem Phänomen, daß 50% davon Benzodiazepine sind, keine Konsequenzen i. S. von Politikempfehlungen gezogen werden? (SIMON 1990, S. 143)

Daß solche Informationen auch der sozialen Kontrolle dienen, ist das Dilemma der DROBS. Uns erscheint es sinnvoll, auf das Datensammeln nach Möglichkeit zu verzichten bzw. nur das Allernötigste zu erfragen, um überhaupt mit dem Klienten kommunizieren zu können. Die Erfahrung zeigt, daß man für produktive Beratungs- und therapeutische Gespräche nicht unbedingt einen »gläsernen Menschen« vor sich zu haben braucht (Literatur zur DROB: SICKINGER 1982).

Randnotizen: EBIS; Zugangszahlen; Daten stark drogenzentriert; Bewertungen; soziale Kontrolle; Dilemma der DROBS

2.7.2.2.2 Entzugsphase – bei körperlich abhängig machenden Drogen

Entzugserscheinungen prägen – je nach Art und Umfang der Abhängigkeit, je nach der Gesundheit und individuellen Eigenschaften des Betroffenen – in unterschiedlichen Variationen das Bild des Süchtigen, der seinen »Hunger« z. B. auf die Droge Heroin nicht stillen kann: Es erscheinen zunächst Tränenfluß und Nasenlaufen, der Süchtige muß immerfort gähnen, wobei er zugleich von zunehmender Unruhe erfaßt wird. Schweißausbrüche und ein quälend-unruhiger Schlaf (der »yen«) kommen hinzu. Der Schlaf kann mehrere Stunden anhalten, doch der Süchtige erwacht noch unruhiger und elender. Es erscheinen zusätzliche Symptome: vergrößerte Pupillen, Appetitlosigkeit, Gänsehaut, Unruhe, Irritierbarkeit, Zittern. Die Symptome erreichen ihren Höhepunkt nach 48 bis 72 Stunden: Zunahme der Irritierbarkeit, Schlaflosigkeit, deutlicher Appetitverlust; schmerzhaftes Gähnen, schweres Niesen, Tränenfluß und Erbrechen, Magen- und Darmkrämpfe, Durchfall; erhöhter Puls und Blutdruck. Schüttelfrost

Randnotizen: Entzugserscheinungen; zusätzliche Symptome

98   2 Drogengebrauch – Formen, Bedingungen, Eingriffskonzepte, Alternativen

»cold turkey«

und wieder Schweißausbrüche. Dabei in Wellen Gänsehautbildung – die Haut ähnelt der eines gerupften Puters, daher der Ausdruck »cold turkey« zur Bezeichnung abrupten Entzugs ohne Behandlung. Schmerzen in den Knochen und Muskeln von Rücken und Extremitäten; typisch sind auch Muskelzuckungen und Stoßbewegungen, die vielleicht dem Ausdruck »kicking the habit« für »die Sucht loswerden« zu Grunde liegen. Andere Anzeichen sind unwillkürliche Ejakulationen bei Männern und Orgasmen bei Frauen. Die Unfähigkeit, flüssige oder feste Nahrung aufzunehmen, führt in Verbindung mit Erbrechen, Schweißausbrüchen und Durchfall zu deutlichem Gewichtsverlust und einer Verarmung des Wasserhaushalts. Gelegentlich kommt es zu Herz-Kreislauf-Versagen (JAFFE 1975, zit. nach SCHEERER 1979, S. 1).

dramatische Phase des Entzugs

Die dramatische Phase des Entzugs kann ein paar Tage, sie kann aber auch eine oder zwei Wochen dauern; alle Symptome und Beschwerden verschwinden in dem Augenblick, in dem der Süchtige eine Dosis des Suchtstoffs oder eines ähnlich zusammengesetzten Ersatzmittels erhält. Es ist diese Möglichkeit, das Leiden zu verhindern oder zu stoppen, die den Süchtigen in der Regel alles tun läßt, um sich »seine Droge« zu verschaffen: Auch der rechtschaffenste Arzt, Rechtsanwalt oder Angestellte wird zur Vermeidung der Entzugsqualen beginnen, Bücher oder Rezepte zu fälschen, zu stehlen; er wird bereit sein, zu simulieren und Freunde anzubetteln oder zu betrügen, eine doppelte Existenz zu führen, sich zu prostituieren oder – in die Enge getrieben – sich umzubringen.

Entzugsangst

Auch wenn die Entzugserscheinungen oft harmloser als in dieser dramatischen Darstellung verlaufen (das Alkoholentzugssyndrom ist in somatischer Hinsicht gefährlicher), sollte stets – wegen der Besonderheiten des körperlichen Opiatentzugs und der großen Bedeutsamkeit der Entzugsangst vor allem bei Mehrfachgebrauch/-abhängigkeit – unter Aufsicht eines entsprechend erfahrenen Arztes bzw. anderer fachkundiger Personen entzogen werden.

PKH
»kalter Entzug«

Faktisch wird der überwiegende Teil der Drogenabhängigen immer noch in Allgemein- bzw. Psychiatrischen Fachkrankenhäusern entzogen. Hier erfolgt der oft »kalte Entzug« (d. h. ohne medikamentengestützte Hilfe) meist innerhalb von 1 – 2 Wochen. Innerhalb dieser Fachkrankenhäuser entziehen Opiatabhängige meist auf geschlossenen Stationen zusammen mit Alkoholikern oder Medikamentenabhängigen. Auf den meisten Entzugsstationen erfolgt eine medizinische und pflegerische Hilfe durch nicht

unsicheres Personal

ausdrücklich für diese Klientel ausgebildetes und z. T. unsicheres Personal. »Da auf den meisten Entzugsstationen kein spezielles psychotherapeutisches Behandlungs- oder Betreuungsangebot besteht, ist, wie man in der Szenesprache sagt, zumeist reines Abhängen angesagt, bleibt die Zeit nicht nur ungenutzt, sondern eine solche Entgiftung ist angesichts des Negativverhaltens des Drogenabhängigen und seiner Konsum- und Anspruchshaltung

hohe Abbrecherquote, Demotivierung

kontraindiziert« (SAWALIES 1989, S. 87). Die Folge ist eine relativ hohe Abbrecherquote und eine Demotivierung in Hinsicht auf ei-

2.7 Was wird getan? – Theorie und Praxis der Intervention bei Drogenabhängigkeit

ne Weiterbehandlung. Der Entzug wird oft erlebt als erste Phase einer fremdbestimmten Therapievorbereitung und nicht als zumindestens denkbare Stabilisierungsphase, als Hilfe und Vorbereitung zur Selbsthilfe.

Diese Kritik an der traditionellen Entzugsbehandlung von Drogenabhängigen führte dazu, daß Alternativen in der stationären Entzugsbehandlung entwickelt wurden. Das 1989 fortgeschriebene Landesdrogenprogramm NRW etwa sieht vor, an 6 Standorten Schwerpunktentzugsabteilungen einzurichten, die medikamentengestützt oder »kalt« entziehen, die Motivationsstärkung für eine anschließende Entwöhnungsbehandlung wie auch Befähigung zur Selbsthilfe anstelle einer anschließenden Entwöhnungsbehandlung betreiben, und die in einem multidisziplinären Behandlungsteam eine bis zu 6wöchige Betreuungsarbeit leisten.

Ein Beispiel für einen »kalten Entzug« in diesen Entzugsabteilungen in NRW stellt die Einrichtung in Hagen-Hohenlimburg dar. Grundsätzlich wird hier unterschieden zwischen Entgiftung als Therapievorbereitungsphase oder Entgiftung als Stabilisierungsphase, als Hilfe und Vorbereitung zur Selbsthilfe. Innerhalb eines zwei- bis sechswöchigen Aufenthalts wird eine Gruppe von 12 – 18 Drogengebrauchern von einem interdisziplinär arbeitenden Team therapeutisch begleitet. Ziel der Behandlung ist zunächst eine Behandlungsmotivation (für eine anschließende Therapie) zu initiieren bzw. zu stabilisieren oder Veränderungsprozesse im Bewußtsein und der sozialen Situation in Gang zu setzen (für die, die anschließend keine Therapie antreten möchten und einen kontrollierten Entzug im Rahmen einer Selbstheilung nutzen).

Therapeutische Maßnahmen zielen auf die Förderung der Selbstkontrolle und auf konkrete Erfolgserlebnisse während der Aufenthaltsdauer ab. Die Methode ist der medikamentenlose »kalte Entzug«. (SAWALIES 1989, S. 87 ff.). Letztlich wird darauf abgezielt, die problematisch hohe Abbruchquote in der stationären Langzeittherapie von z. T. 25 – 40% bereits in den ersten vier Wochen mit einer intensiven Vorbereitung zu senken. Die in Hohenlimburg auf eine Therapie vorbereiteten Patienten weisen später lediglich eine Abbruchquote von 9 – 10% auf.

Ein Beispiel für einen medikamentengestützten Entzug (Neuroleptika, Benzodiazepam, Antidepressiva, synthetische Opiate wie Polamidon) bietet die Westfälische Klinik für Psychiatrie und Neurologie Lengerich »Cleanok« (zum medikamentengestützten Entzug in Hamburg/Ochsenzoll KELLERMANN 1988, S. 50 ff.). Auch in Lengerich arbeitet ein interdisziplinäres Team daran, innerhalb von max. 5 Wochen einen Entzug für therapiemotivierte oder solche Drogengebraucher zu erreichen, die den Entzug zur Regeneration im Rahmen ihrer Selbsthilfe nutzen wollen. Grundsätzlicher Anspruch von Cleanok (Adresse s. ARCHIDO/FHF 1995) ist, resignierte, sozial und gesundheitlich belastete Drogengebraucher zu erreichen, damit sie über eine humane Entzugsbehandlung wieder positive Erfahrungen mit dem Drogenhilfesystem sammeln können. »Uns ist bereits derjenige Klient willkommen,

Marginalien:
Alternativen
Landesdrogenprogramm NRW
Beispiel für »kalten Entzug«: Hagen-Hohenlimburg
Ziel Behandlungsmotivation
hohe Abbruchquote senken
Beispiel für medikamentengestützten Entzug: »Cleanok«
humane Entzugsbehandlung

dessen Vorstellungskraft allenfalls dazu ausreicht, einen ›Urlaub vom Drogenkonsum‹ zu machen, sich zeitweise der Szene und dem Konsum zu entziehen, – wenn auch nur kurzzeitig, um seinen Allgemeinzustand zu bessern durch eine aktive Form der Behandlung« (HEUDTLASS 1989, S. 11). Es wird mit körperorientierten Verfahren (Gruppen-, Bewegungs-, Entspannungstherapie, Sport, Gymnastik, Sauna) sowie mit themenzentrierter Interaktion in der Gruppe gearbeitet. In der medizinischen Behandlung wird eine stufenweise Herunterdosierung vorgenommen – bis zur Medikamentenfreiheit. Es folgt eine 2. Entzugsphase, die medikamentenfrei durchgeführt wird.

körperorientierte Verfahren

Problematisch ist für diejenigen, die anschließend eine Therapie machen wollen (machen müssen), daß oft kein nahtloser Übergang geschaffen wird. Diejenigen dagegen, die nur unter Aufsicht entziehen wollen, erleben die Kopplung des Entzuges an eine folgende Langzeittherapie als abschreckend und hinderlich. Dazu kommt, daß den unterschiedlichen Bedürfnissen, Fähigkeiten und Ressourcen der Drogengebraucher in der traditionellen stationären Entzugsbehandlung nicht Rechnung getragen wird. Daraus folgt: Entzugsbehandlungen müßten inhaltlich weiter ausdifferenziert werden, unter Einbeziehung medikamentengestützter und stärker psycho-sozial angelegter Unterstützung (vgl. 2.8.2.8).

Im Sinne einer Normalisierung des Umgangs mit illegalen Drogen erscheint uns die Praxis der Suchtkrankenarbeit des Zentralkrankenhauses Bremen-Ost in Sebaldsbrück vorbildlich: wohnortnah und individuumzentriert werden hier Abhängigkeitszustände aller Art diagnostiziert und stationär sowie teilstationär behandelt. Die Abstinenzmotivation der Patienten wird nicht vorausgesetzt, nach Möglichkeit wird auf ambulante Behandlung oder Selbsthilfe verwiesen. Wenn erforderlich, wird eine integrierte und multidisziplinäre stationäre Entzugs- und Entwöhnungstherapie durchgeführt, ggfs. in einem der zugrundeliegenden psychischen Störung spezifisch angepaßten Setting (z. B. »Borderline Station«). Aufgrund ausführlicher Abklärung und Verständigung mit dem Patienten werden diverse Behandlungsangebote von »kaltem« und medikamentengestütztem Entzug angeboten, jeweils mit psycho- oder gruppentherapeutischer Begleitung und unter Einbeziehung von Familie und Beziehungspartnern.

vorbildlich: Zentralkrankenhaus Bremen-Ost

spezifisch angepaßtes Setting

2.7.2.2.3 Entwöhnungsphase

Die herrschende Methode, der »Königsweg« in den gut 20 Jahren bundesdeutscher Drogenhilfe, war die stationäre Langzeittherapie (LzTh). Deren Ausgangspunkt ist die Unterstellung einer Persönlichkeits- bzw. Sozialisationsstörung und einer mißlungenen Identitätsbildung bei dem Drogenabhängigen. Die hierarchisch strukturierte therapeutische Wohngemeinschaft (TWG) als konkrete Ausprägung der stationären Langzeittherapie soll die psychosoziale Nachreifung ermöglichen. Viele Einrichtungen orientieren sich am Stufenmodell von PETZOLD/VORMANN (1980),

»Königsweg« LzTh

Stufenmodell

2.7 Was wird getan? – Theorie und Praxis der Intervention bei Drogenabhängigkeit

in dem der Klient den Entwicklungsprozeß vom hilfebedürftigen Kleinkind bis zum eigenverantwortlichen, »gereiften« Erwachsenen durchlaufen soll, um altersgleiche Verantwortung und drogenfreie Lebensbewältigungskompetenz zu entwickeln. VAN EPEN (1989, S. 329) stellt folgende typische Merkmale therapeutischer Gemeinschaft fest:

- die Hervorhebung der Eigenmotivation,
- die Isolierung von der Gesellschaft,
- die Deprivation der Gruppenmitglieder, vor allem in der Anfangszeit und bei Scheitern,
- die Verurteilung früheren Verhaltens,
- die Konfrontation, die Forderung nach uneingeschränkter Teilnahme,
- die Möglichkeit, durch positives Verhalten in der Hierarchie aufzusteigen,
- die Entlassung bei ausreichender Verhaltensänderung.

Merkmale therapeutischer Gemeinschaft

Die verwendeten Therapieformen sind im wesentlichen Psychotherapie, Gestalttherapie, Sozialtherapie, Arbeitstherapie, Musik, Malen, Sport und sozialpädagogische Ansätze (»Erlebnispädagogik«). Die Aufenthaltsdauer schwankt zwischen 6 und 18 Monaten. Dies hängt von der Bereitschaft der Kostenträger, die zunehmend eine kürzere Behandlungsdauer vorschreiben, ebenso ab wie von der psychischen Disposition und Motivation der Klienten. Es gibt auch Einrichtungen für Eltern mit Kindern (vgl. GROENEMEYER/BIRTSCH 1991).

Therapieformen

Aufenthaltsdauer

Zunächst wird dem Klienten von den meisten Kostenträgern bzw. Therapieeinrichtungen ein HIV-Test als Aufnahmebedingung abverlangt. Der »Reifeprozeß« in der Therapie ist hierarchisch organisiert: alle Drogentherapien sind in Stufen und Phasen gegliedert, die die Klienten nicht automatisch durchlaufen, sondern sich erst »erarbeiten« müssen. Während der ersten Abschnitte der Behandlung, der »Adaptionsphase«, wird der Klient sorgfältig überwacht, hat geringe Rechte und vorgegebene, seiner »drogenbedingten Dissozialität« und seinen »noch schwachen Kräften« angemessene Pflichten. Im Zuge der Kräftigung (»Nachreifung«, Sozialisation) wird ihm dann in der Therapie nach und nach »die Entwicklung eigenen Entschlußvermögens, das Einüben wirkungsvollen Sozialverhaltens, die Übernahme von Verantwortung für sich und andere und das Erlernen lebenspraktischer Fertigkeiten und das Aufholen schulischer Defizite ermöglicht« (BSCHOR 1979, S. 3).

HIV-Test als Aufnahmebedingung
Therapie in Stufen und Phasen

Allen Einrichtungen der LzTh gemeinsam ist das absolute Drogenverbot. Das Hauptproblem von Drogenfreiheit als Therapiemaxime eines sozialtherapeutisch übermäßig an idealen Zielen ausgerichteten und damit unrealistischen Konzepts ist die durch viele Untersuchungen belegte hohe Ausfallquote durch Therapieabbrüche, nämlich ca. 65 – 70% (vgl. BOSSONG 1983, S. 28 ff.; BEKKER/VAN LÜCK 1992, s. 2.4.2).

absolutes Drogenverbot

unrealistisch

Allgemein feststellen läßt sich in der 20jährigen Geschichte der Langzeit-Einrichtungen eine Entwicklung hin zu arbeitsteiliger

2 Drogengebrauch – Formen, Bedingungen, Eingriffskonzepte, Alternativen

Professionalisierung und Bürokratisierung

SYNANONS »Spiele« Zurücknahme der Konfrontation

»ganzheitliche Integration«

Professionalisierung und Bürokratisierung (SCHULLER 1991). Zum Beispiel ist die vor Jahren ausgeprägte Neigung, Ex-User als Co-Therapeuten lange im Programm zu halten, geschwunden. Durch die Patientengruppe selbst bestimmte Entscheidungsakte, Aufnahmerituale vor dem Plenum (z. B. Erniedrigungszeremonien etc.) werden, abgesehen von individuellen Willkürakten, offenbar nur noch in therapeutischen »Lebensgemeinschaften« praktiziert (SYNANONS »Spiele«). Inhaltlich ist eine Zurücknahme des konfrontativen Ansatzes in der Therapie zu beobachten. Vereinzelt werden Kinder, Partner, Angehörige, Freunde in die Therapie einbezogen. Soweit ersichtlich, betonen heute alle Konzepte mehr das »therapeutische Milieu« und die »ganzheitliche Integration« der verschiedenen therapeutischen Schulrichtungen: psychoanalytische Orientierungen, Gestalttherapie, Psychodrama, Verhaltenstherapie etc. finden sich z. T. in der Selbstdarstellung der Einrichtungen vereint. Auch die »Wiederbehandlung« nach Rückfällen ist inzwischen kein Tabu mehr.

Eine andere Frage ist, wie bei den inzwischen stark gemäßigten und gemilderten Konzeptionen die reale Praxis aussieht. Unverändert wirken bei der schwierigen und großteils unmotivierten Klientel gruppendynamische und organisationspsychologische Mechanismen dahingehend, daß die Intention herrschaftsfreier Kommunikation entgleist. Immer wieder gibt es Berichte von menschenunwürdiger Behandlung in einigen LzTh-Einrichtungen, die als »Mischung aus Kinderheim, Fremdenlegion und Strafvollzug« bezeichnet werden. So hat sich z. B. die Regionalgruppe Westfalen-Lippe seit 1993 zur Aufgabe gemacht, Beschwerden über solche Fälle zu sammeln und ihnen nachzugehen (Adresse s. ARCHIDO/FH FRANKFURT AM MAIN 1995).

Intention herrschaftsfreier Kommunikation

Projekte mit anderem Grundverständnis

Neben den »klassischen« stationären Langzeittherapien existieren jedoch eine Reihe von Projekten, die mit anderem Grundverständnis von Drogenabhängigkeit und gesellschaftlichen Bedingungen und auch anderer praktischer Ausrichtung arbeiten oder die inzwischen auch niedrigschwellige und akzeptierende Angebote machen: z. B. »Jugend hilft Jugend«, »Reitbrook Jork« in Hamburg, »Drogenhilfe Bremen« und »Bremer Hilfe zur Selbsthilfe« (Adressen s. ARCHIDO/FH FRANKFURT AM MAIN 1995).

Vor Therapieantritt

Fragen

Vor Therapieantritt ist sehr genau zu überlegen, welche Form der Therapie in Betracht kommen kann. Die Hochglanzbroschüren vieler Therapieeinrichtungen – mit lachenden Therapeuten-Gesichtern, vielversprechenden Konzeptionen und Alltagsbeschreibungen – vermitteln nur sehr einseitige Bilder. Mehrere Fragen stellen sich:

Kann ein stark konfrontativer Ansatz, wie er z. B. im »Synanon-Spiel« stattfindet, ausgehalten werden? – »Zwei- bis dreimal die Woche kommen sie abends in kleinen Gruppen zusammen, sitzen im Kreis, und jeder sagt, was ihm stinkt ... Da wird z. B. dem 38jährigen Hubert, der bei den Möbeltransporteuren arbeitet, von einem Älteren vorgeworfen, er sei ein Drückeberger, ›ein ganz mieser Vogel‹, der besser verschwinden sollte. Alle dreschen mit Beschimpfungen, Anklagen, Vorwürfen auf ihn ein, jeder schreit seine Wut, seine Aggressionen raus. Als alle mit ihm fertig sind, brüllt Herbert zurück, rechtfertigt sich, greift andere an, sagt, wen er seinerseits zum Kotzen findet. Das setzt sich fort, zwei Stunden lang. Dann gibt es Tee und Gebäck und Nüsse und Äpfel. Man ißt miteinander, man spricht wieder ruhig miteinander.« (DAHL 1986)

Welcher Grad an Isolation wird in der Einrichtung gefordert (d. h. wie lange ein Kontaktverbot zu Partnern, Familienangehörigen, Freunden)? – Welche Verbote (TV/Musik, Szeneutensilien etc.) bestehen darüberhinaus und sind sie nachvollziehbar? – Wann können (selbständige) Außenkontakte geknüpft werden? – Wo liegt die Einrichtung: Ist ein besonders künstliches Therapiemilieu geschaffen durch Abseitslage, was Besuch etc. erschwert? – Können Partner, Angehörige in die Therapie mit einbezogen werden? – Wie stark steht die Sprache, das Reflektieren-Können (-Müssen) im Vordergrund der therapeutischen Arbeit oder welche körperorientierten oder erlebnispädagogischen Angebote werden gemacht? – Welcher Schul- bzw. Berufsabschluß ist innerhalb der Therapiezeit möglich? – Welche eigenen Gestaltungsmöglichkeiten ergeben sich im Alltagsablauf? – Welche Rückzugsmöglichkeiten bestehen, d. h., wie und wann und wo kann man sich der Gruppe entziehen? – Wie verhält sich die Einrichtung bei einem Rückfall? –

Grad an Isolation

Der Ablauf einer LzTh soll am Beispiel »Eppstein« verdeutlicht werden: Das Therapiekonzept in Eppstein basiert auf einem »pragmatischen, sozialpädagogischen und handlungsorientierten Arbeitsansatz«. Was darunter zu verstehen ist, legt die Darstellung der Klinikorganisation und des Tages- bzw. Therapieablaufs offen. Für einen neuen Klienten sieht es so aus, daß er gleich am ersten Tag in eine Arbeitsgruppe kommt, in der er erst einmal zwei Wochen mitarbeitet. Der Klient soll sich dann für einen der Arbeitsbereiche Land-, Garten- und Hauswirtschaft, Schreinerei, Renovierung oder Hauswerkstatt entscheiden.

LzTh: Beispiel »Eppstein«

Am Abend des ersten Tages *kann* sich der/die Neue dann in der Tageskonferenz vorstellen und etwas über sich erzählen. Ein eigentliches Aufnahmegespräch gibt es nicht. Der Tagesablauf sieht folgendermaßen aus: 6.20 Wecken, 6.30 Frühsport, 7.15 Frühstück, 7.50 Arbeitsverteilung, 8.00 Arbeitsbeginn, 10.00 – 10.30 Pause, 12.30 Mittagspause, 16.00 Arbeitsende, 16.30 – 18.00 Tageskonferenz, 18.00 Abendessen, 19.30 – 21.00 Organisiertes Freizeitangebot (in der Anfangszeit Pflicht), 21.00 – 22.30 Freizeit, 22.30 Zimmerruhe, 23.00 Nachtruhe. Für die Freizeit werden z. B. handwerkliche Kurse, Töpfern, Fotolabor, Sport, Musik angeboten.

Tagesablauf

Jeder Klient durchläuft 3 aufeinander aufbauende und ineinander übergehende »Rehabilitationsschritte«, die sich durch eine sich steigernde Übernahme von Verantwortung im Arbeits- und Freizeitbereich, mehr Möglichkeiten in der Gestaltung der Zimmer, der Freizeit und in mehr Rückzugsmöglichkeiten unterschei-

3 »Rehabilitationsschritte«

den. Zum Beispiel dürfen Neuaufgenommene keine persönlichen Sachen im Zimmer haben, keine Bilder etc.; es sieht also anfangs aus wie in einem Hotelzimmer.

Die spätere Orientierung nach »draußen« wird verstärkt durch vermehrte Ausgänge, durch Wohnungs- und Arbeitssuche (oder Schulbesuche), in der letzten Phase durch den Umzug in die Außenwohngruppe, etwas abgetrennt von den anderen Gebäuden. Da ist dann auch das Zusammenleben von Pärchen möglich (während der Therapie werden stabile Beziehungen gefördert).

Auch für Telefongespräche, Besuche, Post, Rundfunk und Fernsehen gibt es bestimmte Regelungen, die sich im Verlauf der Therapie lockern. Wie in allen Einrichtungen gibt es auf Verlangen *Urinproben und Alkoholtests*, deren Verweigerung als Rückfall angesehen wird. In der Tageskonferenz sollten alle anstehenden Probleme besprochen werden, wobei jeder das Recht hat, das Gespräch über ein Thema abzubrechen. Es nehmen auch alle Mitarbeiter an jeweils einer der drei Tageskonferenzen teil, die nach anstehenden Problemen eingeteilt sind.

Wohngruppen

Die Klienten leben in Wohngruppen von 6 bis 9 Leuten, die aus allen Stufen kommen. Zwei bis drei Personen einer Stufe bewohnen ein Zimmer zusammen. Zur wöchentlichen Wohngruppenbesprechung gehen alle Wohngruppenleiter, die in jeder Wohngruppe gewählt werden. Eine Aufnahme von Eltern mit Kindern ist möglich.

Entlassung

Die Entlassung wird durch einen speziellen Nachsorge-Koordinator vorbereitet. Die in Betracht kommenden Möglichkeiten für die Zeit nach der Entlassung schildern wir im folgenden Abschnitt. Manche Klienten bleiben in ambulantem Kontakt mit den Mitarbeitern.

Abbruch oder Rückfall

Nach einem Abbruch oder Rückfall wird gemeinsam entschieden, ob der Betreffende wieder aufgenommen wird. Mitarbeiter und die älteren Klienten haben hier Entscheidungsbefugnis. Als Gründe für einen Ausschluß werden angegeben: Körperlicher Angriff einer Person; wiederholte schwere Regelverstöße und Anstiftung dazu; fehlende Bereitschaft zur Mitarbeit. (Berichte über andere Einrichtungen: SCHAULINSKI/DRÖGER 1985; KINDERMANN 1985).

2.7.2.2.4 Nachsorgephase

Nachsorge umfaßt alle Maßnahmen der Rehabilitation sowie stützende Hilfen zur Wiedereingliederung in die Gesellschaft, die nach Abschluß einer zeitlich begrenzten therapeutischen (stationären oder ambulanten) Arbeit mit Drogenabhängigen durchgeführt werden (FDR 1988). Zur Überleitung aus therapeutischen Einrichtungen in den Alltag draußen sind verschiedene *Modelle* entwickelt worden, die zum Teil miteinander kombiniert werden. Vier solcher Modelle seien hier skizziert.

Ambulante Beratung und Betreuung von Drogengefährdeten

Ein Angebot von Maßnahmen zur Rückfallverhütung, zur Therapie in Einzel- und Gruppenberatung sowie zur Vermittlung in Selbsthilfegruppen mit sozialarbeiterischer Betreuung – zwecks Wiedereingliederung (Wohnung, Schule und Ausbildung, Arbeit und Beruf, Schuldentilgung etc.) – kann optimal von einer darauf spezialisierten Einrichtung gemacht werden. Dadurch wird die den Klienten entmotivierende und überfordernde Zersplitterung von sozialen Diensten vermieden und eine auf die besonderen Probleme der Drogenabhängigkeit zugeschnittene Arbeit gewährleistet. Falls in der Einrichtung auch Ärzte und Psychologen mitarbeiten, können verschiedene Dienstleistungen auch über die Kassen abgerechnet werden. *[spezialisierte Einrichtung]*

Durch Ehemaligen-, Partner- oder Elterngruppen können soziale Kontakte und Bezüge wiederhergestellt werden. *[soziale Kontakte und Bezüge]*

Nachsorge-Wohngemeinschaft

In welcher Form Wohngemeinschaften (WG) für ehemalige Drogenabhängige, die eine LzTh hinter sich haben, organisiert werden, ist relativ beliebig. Im Prinzip leben die Mitglieder wie in normalen WG, unterstützen sich gegenseitig bei allen Schwierigkeiten und organisieren ihr Leben und den Tagesablauf möglichst weitgehend selbst. Die Aufenthaltsdauer beträgt i. d. R. 6 Monate, in Ausnahmefällen – z. B. bei Übergangsschwierigkeiten in »normale« Wohnformen – bis zu 12 Monaten. Jede Gruppe versorgt sich selbst. Die anfallenden Verpflichtungen werden aufgeteilt und sind für alle verbindlich. *[wie in normaler WG]*

Verantwortliche Mitarbeiter (meistens ein Sozialarbeiter/-pädagoge pro WG) halten sich – wenn überhaupt – nur an Werktagen im Haus auf. An Wochenenden und in Krisensituationen sind die Mitarbeiter telefonisch erreichbar. Es finden regelmäßig Einzelgespräche mit Mitarbeitern statt. Dabei werden Interaktions- und Kommunikationsübungen, Rollenspiele und Elemente aus verschiedenen Therapieformen (z. B. Gesprächs- und Gestalttherapie) eingesetzt. Im Mittelpunkt der Gruppengespräche stehen die wechselseitigen Beziehungen zwischen den Teilnehmern, aber auch das eigene Erleben in der WG, von Ausbildung, Beruf und gesellschaftlicher Situation. Es werden Methoden der »themenzentrierten Interaktion« und gruppentherapeutische Verfahren (z. B. Gestalttherapie) angewandt. Wer eigenes Einkommen hat, muß anteilige Beiträge zu den Pflegekosten an den Träger abgeben (vgl. auch FABIAN/DOHMEN 1985, S. 192; BRÖMER 1985). *[Verantwortliche Mitarbeiter]* *[Gruppengespräche]*

Zu fragen ist, ob die Wohnform Wohngemeinschaft wie selbstverständlich für Drogengebraucher gedacht werden muß, oder ob nicht auch andere Wohnformen, wie etwa (betreutes) Einzelwohnen, in Frage kommen. Denn die Verbreitung und Attraktivität von WG scheint gesamtgesellschaftlich abzunehmen und die Drogengebraucher haben Gemeinschaften in ihrer Therapiekarriere *[(betreutes) Einzelwohnen]* oft als Zwangszusammenhänge erlebt und schlecht ertragen (STÖ-VER/SCHULLER 1990).

Schule und Ausbildung

Beispiel: Hermann-Hesse-Schule

Beispielhaft auf diesem Gebiet (und in der Form einzig in Deutschland) ist die als stationäre Einrichtung geltende Hermann-Hesse-Schule (Träger: Jugendberatung und Jugendhilfe e.V.) in Frankfurt: Es handelt sich um eine Schule für suchtgefährdete und ehemals suchtkranke Jugendliche und junge Erwachsene. Sie offeriert sämtliche Schulabschlüsse und ist jederzeit zu einer Aufnahme bereit, vorausgesetzt der Klient ist willigt ein, ein Aufnahmegespräch zu führen und drogenfrei zu leben.

Die Drogenabhängigkeit selbst wird nach Möglichkeit im Unterricht zum Thema gemacht. Die Drogenstabilität wird stichprobenweise überprüft (CN = Clean-Nachweis-Programm: Urinkontrollen, Einstichstellenkontrolle). Ein Rückfall ist in jedem Fall selbstverständlicher Gegenstand der therapeutischen Bearbeitung und kann nur nach eingehender Prüfung der Sachlage im Wiederholungsfalle zum Ausschluß führen. Didaktisch wird in besonderem Maße auf die Schwierigkeiten der Schüler eingegangen (Angst vor Beurteilungen, niedrige Frustrationstoleranz, mangelnde Belastbarkeit, Konzentrations- und Leistungsschwäche, mangelndes Durchhaltevermögen).

problem- und persönlichkeitsbezogener Unterricht

Ein problem- und persönlichkeitsbezogener Unterricht – möglichst in Kleingruppen – hilft Lern- und Arbeitsstörungen zu überwinden.

Die Lehrer sind durch Zusatzausbildung entsprechend qualifiziert. Die sozialen Beziehungsstrukturen in der Schule werden mit zum Thema des Unterrichts gemacht, ebenso die äußeren sozialen Voraussetzungen der Einrichtung. Es gibt eine Schülervertretung.

Schülervertretung

In regelmäßigen Konferenzen werden die Probleme der Schüler besprochen. In Problemfällen gibt es besondere Stützungsmaßnahmen. Im Hinblick auf die besondere Belastung erhalten die Mitarbeiter Supervision.

Mitarbeiter-Supervision

Eingangsstufe

In der Eingangsstufe werden primär die Zusammenarbeit mit den Mitschülern, das verbindliche Einhalten von Terminen und Tagesgestaltung sowie das Vor- und Nachbereiten des Unterrichts zu Hause eingeübt. Zur Sicherheit wird zunächst der Hauptschulabschluß (Externenabschluß) vorbereitet, später dann die Vermittlung in eine Lehre gesucht. In zwei Jahren kann der Realschulabschluß und in drei Jahren das Abitur vorbereitet werden. In letzterem Falle nehmen die Schüler nach Möglichkeit an Schulveranstaltungen in der Schule teil, in der sie auch die Abitur-Prüfung ablegen sollen.

Hauptschulabschluß

Realschulabschluß Abitur

Im Hinblick auf die schwirigen Lebensumstände und ungesicherten Zukunftsaussichten unterstützt ein Team von Sozialarbeitern die Schüler. Alle Mitarbeiter stehen für Einzelgespräche zu allen Lebensproblemen bereit. Neben dem Unterricht finden – zumindest in der Eingangsstufe – auch Gruppensitzungen statt.

Ganztagsschule

Die Hermann-Hesse-Schule ist eine Ganztagsschule; das Essen

wird in der Schule eingenommen. Auf ca. 100 Schüler kommen 15 Lehrer und 5 Sozialarbeiter. Zur Aufnahme wird zwischen dem Träger und dem Schüler eine Art Vertrag über die Einhaltung der Regeln geschlossen. Nach Möglichkeit wohnen die Schüler in Nachsorge-WG oder privat. Die totale Abstinenzforderung wurde abgemildert, soweit die Schulleistungsfähigkeit nicht beeinträchtigt ist und nicht neue Abhängigkeit droht (vgl. hierzu: KELLER 1985, S. 122 ff.; KEHE 1985, S. 130 ff. aktuell).

Nachsorge-WG

Berufsausbildung

Beispielhaft für eine auf Drogengefährdete und ehemals Drogenabhängige spezialisierte Einrichtung der beruflichen Rehabilitation ist das Trainings- und Ausbildungszentrum des Frankfurter Vereins für soziale Heimstätten e. V. Sein Ziel ist, die Vermittlungschancen des Teilnehmers durch geeignete Qualifizierungsmaßnahmen zu verbessern und die Voraussetzungen für eine dauerhafte berufliche Eingliederung zu schaffen. Angeboten wird ein gestuftes Programm in den Berufsfeldern Holz, Metall, Elektro, Textil und Gartenbau, das es ermöglichen soll, auf die unterschiedlichen Startvoraussetzungen der Teilnehmer einzugehen. Kostenträger für die Eingangsstufe ist der überörtliche Sozialhilfeträger (z. B. in Hessen der Landeswohlfahrtsverband).
In der Eingangsstufe findet noch sozialpädagogische Betreuung zur Unterstützung bei der Qualifizierungsentscheidung statt. In der Qualifizierungsstufe geht es nur noch um die Vermittlung beruflicher Kenntnisse und Fertigkeiten. Es handelt sich dabei um Grundausbildungslehrgänge (G-Lehrgänge) von maximal einjähriger Dauer, in denen nach festen Ausbildungsplänen gearbeitet wird. Wenn die übrigen Voraussetzungen erfüllt sind, können die G-Lehrgänge auf die Vollausbildung/Umschulung bis zum Berufsschulabschluß durch die Industrie- und Handwerkskammern angerechnet werden. Begleitend finden sozialarbeiterische Hilfen und Erfahrungsaustausch mit Einrichtungen des Therapieverbundes statt (PFREUNDSCHUH 1985, S. 138).
Insgesamt läßt sich feststellen, daß die Einbeziehung von Schule, Ausbildungs- und Arbeitsmöglichkeiten in die Therapie- oder Betreuungseinrichtung im Spannungsfeld von real Machbarem, Nötigem und weiterer Ausgrenzung (von normalen Bezügen) steht. Zu fragen ist, ob durch die alles abdeckende Betreuung neue Spezialdienste aufgebaut werden, der Sonderstatus ehemaliger Drogengebraucher erhärtet wird, und die Regeldienste, »normale« Arbeits-, Lehr- und Ausbildungsstätten, aus ihrer Verantwortung entlassen werden, auch »problematische« Schüler, Lehrlinge oder Arbeiter zu beschäftigen. Je mehr solcher Spezialdienste existieren, umso stärker können Regeldienste auch auf sie verweisen und sich als »nicht kompetent« heraushalten. Dem Ziel einer Integration und Normalisierung, die in der sozialen Hilfe für Drogengebraucher angesichts der überall zu konstatierenden Sonderbehandlung dringend nötig ist, kommt man damit nicht näher.

Trainings- und Ausbildungszentrum Frankfurter Verein für soziale Heimstätten e. V.

Eingangsstufe

Qualifizierungsstufe

Berufsschulabschluß

Spezialdienste

Regeldienste

Ziel: Integration und Normalisierung

Hammer-Studie

Das MAGS NRW (1988) formuliert als Ergebnis der sog. Hammer-Studie (einer Untersuchung der Lebensläufe von Therapieabsolventen) in Bezug auf die Nachsorge: »Entscheidend für den Therapieerfolg sind die Erfolgserlebnisse, die der Patient in der Stolperstrecke nach der Therapie bzw. des Älterwerdens erfährt, inwieweit er dem richtigen Lebenspartner, den richtigen Freunden begegnet, die richtige Arbeit findet, die schulische und berufliche Qualifikation schafft. Solche Erfahrungen sind zentrale Stabilisierungselemente bzw. wichtige Umkehrpunkte für ein verändertes Verhalten. Solche Ergebnisse treten oft erst nach vielen Jahren ein. Sie sind nicht erzwingbar, aber auch nicht voraussetzungslos. Und damit zeigen sich zentrale Funktionen, die eine nachtherapeutische Hilfe erfüllen könnte oder müßte: Bedingungen zu schaffen oder zu begünstigen, die solche Erfolgserlebnisse wahrscheinlicher werden lassen«. (S. 184 f.). Für die ambulante Nachsorge heißt dies, die soziale und berufliche Integration zu unterstützen und realisierbare Lebensperspektiven zu erarbeiten. Eine realistische Ausbildungs- oder Berufsorientierung sollte bereits während der stationären Langzeittherapie erarbeitet werden (KLEMM-VETTERLEIN 1989).

Wo nach Abschluß der Langzeittherapie und Nachsorge auch beim besten Bemühen keine Wohnung und kein Job zu finden sind, ist der Rückfall allerdings vorprogrammiert.

2.7.2.3 »Kompakt-Therapie«

Seit einigen Jahren hat sich neben der LzTh die 3 – 6 Monate dauernde Kompakttherapie etabliert. Sie füllt insofern eine Lücke, als Drogenabhängige »mit (noch) instabiler Motivation« angesprochen werden sollen, denen die LzTh aus familiären, beruflichen oder psychischen Gründen (z. B. Angst) zu lang und einschränkend erscheint. Angesprochen werden sollen auch Ausstiegswillige, die es »einmal probieren« wollen, und »Therapiewiederholer«, die es nach einem oder mehreren Rückfällen erneut versuchen möchten.

Beispiel »Übergangseinrichtung für Drogenabhängige« in Waldsolms-Hasselborn

Beispiel für eine solche Einrichtung ist die »Übergangseinrichtung für Drogenabhängige« in Waldsolms-Hasselborn/Hessen (Adresse s. ARCHIDO/FH FRANKFURT AM MAIN 1995): Es geht um ein »niedrigschwelliges, vollstationäres Angebot mit Cleananspruch« mit schneller und unbürokratischer Aufnahme (26 Plätze). Für die Aufnahme genügt ein formloser Sozialbericht mit Aussagen über Wohn-, Arbeits-, Familien-Situation, Suchtstatus, Zukunftsplanung, psychosoziale Diagnose, Notwendigkeit der Unterbringung. Die »Drogenhilfe Tübingen« bietet Kompakttherapie in Reutlingen an (Adresse a. a. O.). Hier heißt es, daß die Behandlung »auf dem Hintergrund der kurzen Verweildauer von ca. 3 Monaten in starkem Maße auf die Entwicklung vorhandener Ressourcen der Klienten bezogen« sein soll. Deshalb wird eine »entsprechende Mitverantwortlichkeit für therapeutisch wirksame Prozesse gefordert«, Anamnese und Therapieziele sollen »ge-

Drogenhilfe Tübingen

meinsam erarbeitet« werden und »zu einer differentiellen Indikationsstellung im Hinblick auf nachfolgende Behandlungsperspektiven« führen. Im Klartext bedeutet dies wohl, daß hier höhere Anforderungen an die Abstinenz-Motivation gestellt werden, daß aber weniger unmittelbarer Erfolgsdruck herrscht.

Sicherlich spielen auch ökonomische Interessen eine Rolle: einerseits wollen die Einrichtungen zwecks Vollbelegung Klientengruppen erfassen, die bisher durch die Maschen gefallen sind; andererseits wünschen die Kostenträger billigere Therapieformen und -angebote.

2.7.3 Ambulante, »außerstationäre« Therapie – Möglichkeiten zur Entstigmatisierung und Normalisierung?

Ambulante Programme werden zugunsten von stationären LzTh-Konzepten in der Bundesrepublik Deutschland immer noch zu Unrecht vernachlässigt, obwohl hier im Zusammenhang mit der Krise der LzTh (s. o. 2.7.4.2) ein Prozeß des Umdenkens eingesetzt hat, die Bundesregierung ambulante Maßnahmen nun ausdrücklich befürwortet (s. BT-DRS. 10/5856, S. 8, S. 26 ff.) und die Rentenversicherer seit 1987 »Ambulante Nachsorge« finanzieren.

Bundesregierung befürwortet Rentenversicherer finanzieren Grundsatz »Ambulant vor stationär«

Allerdings müßte dem Grundsatz »Ambulant vor stationär« in der Drogenhilfe noch viel stärker Rechnung getragen werden. Für viele Drogenabhängige ist bereits die Einbindung in ein irgendwie geartetes Programm Voraussetzung genug, um Beziehungen einzugehen, die wiederum Basis für eine Veränderung bzw. Aufgabe des Drogenverhaltens werden können.

Besonders bedeutsam ist, daß ambulante Therapie zunehmend auch im Rahmen des Strafrechtskonzepts »Therapie vor Strafe« nach §§ 35 ff. BtMG anerkannt und angerechnet wird (dazu 3.1.3.1). Außerdem gibt es neuerdings aufgrund § 2a BtMVV einen problematischen strafrechtlichen Druck, sich parallel zu einer Substitutionsbehandlung ambulanter Psychotherapie zu unterziehen: mit Sicherheit brauchen nicht alle Substituierten Psychotherapie (dazu 2.7.4.3 u. 3.3.1.1.2).

»Therapie vor Strafe«

Ambulante Therapieangebote erscheinen uns wegen der notwendigen Eigenmotivation und des relativ geringen Zwangscharakters als wichtiger Meilenstein einer Normalisierung im Umgang mit Drogenabhängigen.

Die Kehrseite solcher staatlicher Befürwortung ist die weitere Medizinisierung und Therapeutisierung, mithin ein potentieller weiterer Zuwachs an Stigmatisierung und Kontrolle (s. o. 2.5.4.2), noch verstärkt durch die gesetzliche Mitwirkungspflicht des Kassenmitglieds (s. u. 4.1.6.4, 4.2, 5.4.1.6.4) sowie die Verquickung der Genehmigung einer Substitutionsbehandlung mit der Rückmeldepflicht gegenüber der Staatsanwaltschaft (dazu 3.1.3.1.1).

Kehrseite Medizinisierung und Therapeutisierung

Im Sinne besagter Normalisierung und Entstigmatisierung wäre die Gleichbehandlung von Drogenabhängigen und Normalbürgern anzustreben: Jeder, der es möchte und es aufgrund fachkun-

Gleichbehandlung anstreben

diger Indikationsstellung benötigt, sollte sich ambulant oder stationär psychotherapeutisch behandeln lassen und dafür Kassenleistungen in Anspruch nehmen können.
Im folgenden werden exemplarisch einige Modelle ambulanter Arbeit vorgestellt (zur rechtlichen Seite s. u. 3.1.3.1.1).

2.7.3.1 Ambulante Therapie im Spannungsfeld therapeutischer und juristischer Bedingungen

Entsprechend der Vielzahl individueller Entwicklungsprozesse und helferischer Kompetenzen und Persönlichkeiten kann es kein einheitliches Konzept einer ambulanten Therapie geben. Strukturmerkmale ambulanter Therapie sind:

Strukturmerkmale

- Zielsetzung: Drogenfreiheit oder Suchtbegleitung vor dem Hintergrund des »maturing out«-Phänomens (s. o. 2.5.8).
- Motivation kraft richterlicher Auflage oder Selbstbestimmung (s. u. 3.1.3.1).
- Dauerkonflikt zwischen der Notwendigkeit Vertrauen als Voraussetzung therapeutischen Arbeitens zu schaffen und staatlichen Erwartungen an die Kontrollfunktion der TherapeutInnen sowie dem Interesse der Mitarbeiter an der Erhaltung bzw. Finanzierung der DROB.

Gefahr: Rückmeldepflicht

Die Gefahr, als Erfüllungsgehilfe der Justiz mißbraucht zu werden, konkretisiert sich in der Rückmeldepflicht hinsichtlich Abbruch und Rückfall, der Kontrolle der Drogenfreiheit sowie dem Nachweis der Therapiedurchführung s. 3.1.3.1.1. Praktiziert werden: Urinkontrollen; schriftliche Bescheinigungen der Therapiesitzungen, die der Klient an die Justiz weiterreicht und aus deren Ausbleiben die Justiz auf Abbruch schließen kann.

Therapeutisch notwendig

Therapeutisch notwendig ist eine klare und eindeutige Darlegung für den Klienten seitens der Beratungsstelle, an welchen Punkten eventuell Kontakt mit der Justiz besteht. Jede Diffusität oder für den Klienten nicht einsichtige »Nähe« zur Justiz kann u. U. das Vertrauensverhältnis belasten. Durch größtmögliche Transparenz muß einer diesbezüglichen Gerüchtebildung vorgebeugt werden, da sonst der DROB schnellstens die Arbeitsgrundlage entzogen würde.

größtmögliche Transparenz

Beispiel »Ambulante Therapie DROBS Darmstadt«:
Sie praktiziert seit 1983 ihr Konzept nach entsprechendem Aushandeln in Übereinstimmung mit der Staatsanwaltschaft und den Richtern (berichtet von Wolfgang Schmidt): Vor Beginn der ambulanten Arbeit werden anamnestische Vorgespräche geführt (Lebensgeschichte, Drogenkonsum etc.) und die Bedingungen der Therapie erläutert (Wohnsitz im Raum Darmstadt; soziale Einbindung durch Arbeits- oder Ausbildungsplatz, Schulbesuch, eine feste Bezugsperson außerhalb der Drogenszene); Bereitschaft zur Mitarbeit und Einhaltung der Vereinbarungen. Nach einer 4 – 8 wöchigen Probephase entscheiden Therapeut und Klient gemeinsam, ob eine ambulante Therapie durchgeführt wird oder eine andere Maßnahme situationsgerechter und erfolgversprechender erscheint. Die Inhalte der Einzelgespräche in dieser Phase sind

Bedingungen der Therapie

2.7 Was wird getan? – Theorie und Praxis der Intervention bei Drogenabhängigkeit

vor allem Klärungsprozesse betreffend z. B.: Urinkontrollen, Kontakt mit der Justiz, Therapiemotivation. Eine ambulante Therapie erscheint vielen weniger belastend und »bequemer« als eine Langzeittherapie. In der Praxis sieht es jedoch so aus, daß eine ambulante Therapie erhebliche Anforderungen an die Selbstverantwortung und das Durchhaltevermögen des Klienten stellt (z. B. durch den Kontakt mit Drogenabhängigen noch während der Therapie). Gemeinsam wird versucht, angemessene Bewältigungsformen für die Probleme und Alltagsschwierigkeiten zu finden.

Anforderungen an die Selbstverantwortung

Die Inhalte der Therapiegespräche reichen von sozialarbeiterischer Hilfestellung (z. B. Arbeits- und Wohnungssuche) bis zu psychotherapeutischen Interventionen zur Aufarbeitung verdrängter Erlebnisse und von Kindheitstraumata. Die Mitarbeiter verfügen über entsprechende psychotherapeutische Zusatzausbildungen.

Inhalte der Therapiegespräche

Die Häufigkeit der Gespräche variiert je nach aktueller Situation des Klienten: von mehrmals pro Woche bei Krisen, bis zu einem Gespräch alle zwei Wochen bei Stabilisierung.

Häufigkeit

Die Gesamtdauer der Therapie variiert ebenfalls in Abhängigkeit vom Einzelfall; sie beträgt im Schnitt 6 Monate. In den Therapiebescheinigungen für die Justiz gibt die DROBS generell keine Auskunft über Inhalt und Verlauf der Therapie. In Fällen nach §§ 35, 37 teilt die DROBS den Abschluß oder Abbruch der Maßnahme direkt dem Staatsanwalt mit, bei Bewährungsauflagen nur auf Anfrage. Laborbefunde, z. B. aus Urinkontrollen, werden nicht weitergegeben.

Gesamtdauer der Therapie generell keine Auskunft über Inhalt und Verlauf der Therapie

Das Ende der Therapie wird entweder im Einvernehmen zwischen Therapeut und Klient festgelegt, von außen gesetzt (z. B. durch Gerichtsurteil) oder aber durch vorzeitigen Abbruch des Klienten eingeleitet.

Ende der Therapie

2.7.4 Therapiekonzepte im engeren Sinne: Psychotechnik

Was geschieht nun eigentlich in einer Therapie – sei sie stationär oder ambulant angelegt? – In den letzten Jahren haben sich zwei Grundströmungen mehr oder weniger durchgesetzt: Lerntheoretisch bzw. verhaltenstherapeutisch orientierte und im weitesten Sinne psychoanalytisch begründete Ansätze (vgl. PETZOLD 1974).

zwei Grundströmungen

Der Konzeption aller Einrichtungen, die LzTh praktizieren, liegt die These zugrunde, daß die Persönlichkeit des Abhängigen im Antriebs-, Gefühls-, Selbstwert- und Verhaltensbereich schwer gestört ist, daß diese Störung indes schrittweise durch Therapie verändert werden kann mit dem Ziel: Entwicklung einer selbstverantwortlichen, ich-starken Persönlichkeit. Diese Annahmen und insbesondere die Ausblendung der sozialen Bedingungen begründen Skepsis.

These

Immer wieder muß man sich selbstkritisch fragen, warum ausgerechnet die Konsumenten von illegalen Drogen von Staats wegen eine »ich-starke Persönlichkeit« aufgedrängt bekommen sollen, wo doch Millionen von anderen Staatsbürgern unbehelligt bleiben, solchen Forderungen ersichtlich nicht ausgesetzt werden. Einzig das Akzeptanz-Paradigma bietet die Chance einer gelasseneren und realistischeren Einschätzung: So wie diverse Lebensstile zu akzeptieren sind, müssen auch die unterschiedlichsten Persönlichkeitsstrukturen vorurteilsfrei respektiert werden, solange sie sich nicht wirklich in sozialschädlichem Verhalten auswirken. Die Definition von Sozialisationsidealen und deren strafbewehrte Durchsetzung erscheinen uns latent »rassistisch«, unmenschlich und antidemokratisch.

Persönlichkeitsstrukturen respektieren

2.7.4.1 Verhaltenstherapeutische Programme: Konditionierung

Solcher Programme bzw. Techniken bedienen sich die meisten Einrichtungen der LzTh, z. B. die Therapiekette Niedersachsen, Daytop, Drogenhilfe Tübingen e.V., die Drogen-Therapie-Konzerne in der Bundesrepublik. Der Drogenabhängige soll in der Therapie sein bisheriges Verhalten »verlernen« und gleichzeitig schrittweise neue Verhaltensweisen erlernen.

Drogen-Therapie-Konzerne

Im ersten Schritt muß die Verhaltenssequenz »Auslöser – Drogenkonsum – positive Bekräftigung« durchbrochen werden. Dazu werden alle Verhaltensweisen, die in der Drogensubkultur positiv bekräftigt werden, durch kontinuierliche Nichtbekräftigung und »Gegenkonditionierung« verlernt. Z. B. wird der Drogenabhängige, wenn er typische Drogenverhaltensweisen zeigt, einfach nicht beachtet. Um beachtet zu werden, muß er sozial erwünschte Verhaltensweisen zeigen. Zur Verstärkung wird oft Gruppendruck eingesetzt, z. B. lächerlich machen, ausschimpfen, öffentliche Mißbilligung, unangenehme Auflagen, Programmrückstufung etc. Die erwünschten Verhaltensmuster werden durch Vorbilder mit hohem sozialen Status vorgeführt, u. U. auch durch Ex-User, die eine höhere Stufe erreicht haben. Alle Teilnehmer einer Gruppe kontrollieren, bestrafen und loben sich gegenseitig.

Therapie-Schritte

»Gegenkonditionierung«

Die Behandlung ist in der Regel in 2 – 4 Stufen bzw. Phasen eingeteilt.

Behandlung: Stufen bzw. Phasen

■ In der ersten Phase erfolgt fast völlige Isolierung mit dem Zweck der Herauslösung aus dem bisherigen Milieu. Der Schwerpunkt liegt bei der Ein- und Unterordnung in die Institution und die Gruppe. Diese erste Phase dauert in der Regel 3 – 6 Monate.
■ In der zweiten Phase, die man erst erreicht, wenn man eine bestimmte Anzahl an Punkten gesammelt hat, sollen dann Verantwortung im Arbeits- und Freizeitbereich erlernt werden. Bei Fehlverhalten kann eine Rückstufung erfolgen.
■ In der dritten Phase können sodann Leitungsfunktionen übernommen werden.
■ In der vierten Phase schließlich erfolgt die unmittelbare Vorbereitung auf den Übergang in das Leben draußen (LANGE 1974).

Offenbar integrieren verhaltenstherapeutische Konzepte aufgrund ihrer Erfahrungen zunehmend Erkenntnisse der Psychoanalyse hinsichtlich der Behandler-Patienten-Beziehung: Die arge Verdinglichung weicht einer stärkeren Berücksichtigung der wechselseitigen Gefühle und der Wiederholungen spezifischer zwischenmenschlicher Interaktionsmuster und Dynamiken in der therapeutischen Situation (Übertragung, Gegenübertragung).

2.7.4.2 Kritik an der Langzeittherapie

Um die Zugangsvoraussetzungen für Therapie zu verändern ist jedenfalls eine Entkopplung von Therapie und Strafvollstreckung nötig. Die »Behandlungsparagraphen« §§ 35 ff. sollten daher aus dem BtMG gestrichen werden. Stattdessen sollten die Möglichkeiten zur Aussetzung von Freiheitsstrafe zur Bewährung gem. §§ 56, 57 StGB stärker genutzt und erweitert werden (DAH o. J., S. 10). Gegenwärtig kann nur davon ausgegangen werden, daß die Klienten der LzTh in hohem Maße für Therapie demotiviert sind, weil sie sich fremdbestimmt dort aufhalten. Mit der Integration von privater Therapie in staatliche Strafvollstreckung ist ein massiver Glaubwürdigkeitsverlust von therapeutischer Hilfe überhaupt eingetreten: Therapie wird nur als eine weitere fremdbestimmte Station aufgefaßt, in die man sich von Zeit zu Zeit begeben muß, weil sie mehr Freiräume bietet als der Knast. Sie ist i. d. R. auch nicht mehr als eine Gefängnisvermeidungsveranstaltung.

Wie sehr privatrechtlich organisierte Behandlung zum Vollstrecker gesetzlicher Regelungen wird, zeigt die Rückmeldepflicht bei Abbruch der Behandlung. Hier soll die behandelnde Einrichtung der Vollstreckungsbehörde einen Abbruch der Behandlung mitteilen, was zur Fortsetzung des Strafverfahrens bzw. der Strafvollstreckung führt. Der Verurteilte wird hier, anders als bei der gerichtlichen Weisung in Form einer Therapieauflage, aus der Verantwortung genommen.

Das Prinzip von »Zuckerbrot und Peitsche« bewirkt eine vordergründige Anpassung an die Anforderungen der Einrichtung, nicht jedoch den Erwerb psycho-sozialer Kompetenzen für die Übertragung des Gelernten in den Außenbereich. Die 18monatige »Neusozialisation«, fernab der Lebenswelten, aus denen die Gebraucher kommen, nährt lediglich Illusionen, so sie denn überhaupt gewünscht wird.

Als sozial erwünschtes Verhalten wird kritiklos das Spektrum der bei uns herrschenden Werte übernommen: Kontaktfähigkeit, Anpassungsbereitschaft, Arbeitsfähigkeit, Durchsetzungsfähigkeit. Andere Werte und Formen von Selbstverwirklichung, die mehr dem Bedürfnis und Selbstverständnis des Drogenabhängigen entsprechen, werden von vornherein entwertet. Gesellschaftsbezogene Kritik wird in die Anerkennung eigenen Fehlverhaltens umgemünzt. Ersichtlich geht es mehr um eine »technokratische Anpassung«, um das Funktionieren im Räderwerk, als um die Entwicklung von Vertrauen, Beziehungsfähigkeit und Selbstverwirklichung, – und vor allem geht es nicht um die Erkenntnis der sozialen Bedingungen des eigenen Handelns und eine Aktivierung in Richtung Veränderung dieser Bedingungen.

Marginalien:
- Entkopplung von Therapie und Strafvollstreckung nötig
- massiver Glaubwürdigkeitsverlust
- Rückmeldepflicht bei Abbruch der Behandlung
- 18monatige »Neusozialisation«
- kritiklos herrschende Werte übernommen

Stationäre LzTh

Kritik

Stationäre LzTh werden zunehmend von Kritikern und Abhängigen, gerade wegen ihrer Rigidität und Beeinträchtigungen von Grundrechten (DAMMANN 1985, S. 338), infrage gestellt. Zwar unterschreiben die Klienten eine »Freiwilligenerklärung«, die als Einwilligung in die Grundrechtsbeschränkung aufgefaßt wird, doch von einer autonomen Entscheidung kann nur dann gesprochen werden, wenn auf den Einwilligenden kein Zwang ausgeübt wird und also Verhaltensalternativen bestehen. Diese gibt es jedoch nur in Form des Strafvollzugs: »die Bereitschaft zur Therapie wird ... ein wenig abgenötigt« (LÜDERSSEN 1981, S. 748). Die Entrechtung der Klienten in LzTh ist umso schlimmer, als es hier, anders als im Knast, um das Eindringen in die Innenwelt geht (MÜLLER/SCHULLER/TSCHESCHE 1983), einer Intervention, der man sich erst zu entziehen hat.

Prinzip der absoluten Abstinenz

Durch alle Konzepte zieht sich als roter Faden das Prinzip der absoluten Abstinenz – gekoppelt an das Damoklesschwert des Ausschlusses. Für Drogenabhängige eine extreme Anforderung. Die solchen Techniken innewohnende Vorstellung einer grenzenlosen »Machbarkeit«, nämlich des grundlegenden Neuaufbaus der Persönlichkeit oder zumindest einer tiefgreifenden Veränderung, zeugt von einer hybriden Gottes- oder Omnipotenz-Phantasie (Literatur zur Therapiekette: PETZOLD 1974).

2.7.4.3 Psychoanalytisch begründete Therapieansätze

Die Psychoanalyse als aufdeckende Einzeltherapie und Couchbehandlung ist kein für die etablierte LzTh und staatliche Kontrollinteressen verwertbares Verfahren. Die Annahme der Psychoanalyse, daß Verhaltens- und Erlebnisstrukturen Resultat des Sozialisationsprozesses sind, daß jedes Individuum lebensgeschichtliche Krisen und soziale Umweltbelastungen in spezifischer Weise bewältigt und verarbeitet, daß sich schließlich diese Verarbeitungsstrukturen in aktuellen Sozialbezügen und Zweierbeziehungen wiederholen (»Übertragung«), ist aber die Grundlage von Konzepten, die verstehend auf den Einzelnen eingehen und deshalb für selbstbestimmte und eigenmotivierte Drogenkonsumenten und -abhängige durchaus in Betracht kommen. In der sozialen Interaktion (in der therapeutischen Zweier- und Gruppenbeziehung oder im staatsfreien sozialtherapeutischen Milieu als »Mikrokosmos der Gesellschaft«) können Elemente des Entwicklungsprozesses in bestimmten Formen wieder- oder neuerlebt werden. Durch die Reaktualisierung und Rekonstruktion von vergangenen, verdrängten Affekten, Phantasien, Szenen eröffnet sich die Chance, sich die Hintergründe fehlschlagender Beziehungen und Verhaltensweisen bewußt zu machen, neue Beziehungs- und Verhaltensformen zu erproben.

Grundlage von verstehenden Konzepten

Reaktualisierung und Rekonstruktion

Psychoanalyse im engeren Sinne

Dies kann nun auf verschiedenen Wegen geschehen. Psychoanalyse im engeren Sinne beruht vor allem auf Bewußtmachung, wiederholter Durcharbeitung der Handlungshintergründe mittels Wiederbelebung früherer Erlebnisse in der Beziehung zum The-

2.7 Was wird getan? – Theorie und Praxis der Intervention bei Drogenabhängigkeit

rapeuten oder zur therapeutischen Gruppe, und der darauf aufbauenden, einsichts- und erfahrungsgetragenen Verhaltensänderung und erlebnismäßigen Neubewertung.
Weniger einsichtsorientiert sind Verfahren, die frühere soziale Situationen als »Szene« bzw. »Gestalt« rekonstruieren, z. B. Psychodrama oder Gestalttherapie. Hier ermöglicht das Wiedererleben in der kollektiven Arbeit oder der Zweierbeziehung zum Therapeuten den Erwerb von neuen Erfahrungen, die letztlich Verhaltensänderungen ermöglichen. Bioenergetik knüpft mehr an den körperlichen Niederschlägen von erfahrenen Beziehungsstörungen und Belastungen an, die in der kollektiven Arbeit bewußt gemacht und aufgelöst werden sollen (zur psychoanalytisch orientierten Therapie vgl. auch: HOFFMANN 1985). Auch »körperorientierte« Verfahren auf psychoanalytischer Grundlage sind möglich, setzen allerdings besondere Therapeutenkompetenz zur Einhaltung der Grenzen der Arbeitsbeziehung voraus.

Eine wesentliche gemeinsame Annahme aller dieser Therapieformen ist, daß sich in der Zusammenarbeit Beziehungen entwickeln, in denen mit der Zeit aufgrund stabiler Sozialerfahrungen Vertrauen und Selbstverstehen möglich wird. Oft kann sich hier erstmalig Vertrauen bilden, welches in den frühen Lebensphasen nicht wirklich hat entstehen können oder brüchig blieb. Das setzt aber voraus, daß auf jeden Patienten individuell eingegangen wird bzw. ihm überlassen bleibt, wie er im Maße der sich in Ruhe entwickelnden Zweier- oder Gruppenbeziehung bereit und in der Lage ist, das Wiedererleben früherer Szenen zuzulassen. Es setzt weiter voraus, daß der Therapeut verstehender und verzeihender Begleiter ist und nicht Transporteur gesellschaftlicher Zwänge und Kontrollen. Natürlich unterliegt jeder Therapeut selbst auch gesellschaftlichen Zwängen. Es erscheint gleichwohl möglich, im Schutz und Schonraum der therapeutischen Beziehung eine Atmosphäre von Vertrauen und relativer Zwangsfreiheit herzustellen. Eine gut ausgestattete milieu-therapeutische Einrichtung kann diese Bedingungen eines »psychosozialen Moratoriums« u. U. gewährleisten – aber nur ohne Zwang (vgl. allgemein zur Zwangstherapie 3.1.4). Problematisch an diesem Ansatz ist, daß die Beziehung als Kern der Behandlung oft gar nicht erst richtig zustande kommt, weil sie geprägt ist durch die Klammer der Kriminalisierung (in Form gerichtlicher Auflagen o. ä.), Leben in der Illegalität (Stoffbeschaffung) etc. Neue Möglichkeiten für die Drogenhilfe ergäben sich allerdings durch die Substitution.

Schwierig ist weiterhin die Einbeziehung der gesellschaftlichen Realität in die Therapie bzw. die Vermeidung einer inhaltlichen Reduktion des Behandlungsbündnisses auf die Individualität des Klienten. Entscheidend erscheint uns, daß es der psychoanalytischen Therapie um ein ganzheitliches Verstehen des Klienten im gesellschaftlichen Zusammenhang geht, um die Freisetzung von Potentialen auch der Selbstakzeptanz in einer repressiven Umgebung, um einen bewußteren und möglicherweise akzeptierenden Umgang eben auch mit Drogen.

Marginalien:
- Psychodrama Gestalttherapie
- »körperorientierte« Verfahren
- Vertrauen bilden
- Therapeut ist verstehender und verzeihender Begleiter
- eines »psychosozialen Moratoriums« – Problematisch an diesem Ansatz
- Möglichkeiten durch die Substitution
- ganzheitliches Verstehen

Nicht nur Überlebens- und Arbeitsfähigkeit sowie die Fähigkeit, bis zu einem gewissen Grad Schwierigkeiten und Leid zu ertragen sollten Ziel therapeutischer Arbeit sein, sondern auch die Fähigkeit sich auf Beziehungen einzulassen, sich fallen zu lassen, zu lieben, zu genießen, eventuell sogar sich ohne Angst zu berauschen. Das setzt aber voraus, daß man über sich selbst, über die Drogen und über die Umstände des Drogengebrauchs gut bescheid weiß und in der Entscheidung zum Konsum und bei der Steuerung der Begleitumstände souverän bleibt. Die Psychoanalyse sagt dazu: »Regression im Dienste des Ich«. Eine Herausforderung, aber auch neue Möglichkeiten für die psychoanalytische Herangehensweise bietet die inzwischen weiter verbreitete Substitutionstherapie. Die traditionelle Psychoanalyse ist skeptisch, weil der opiatabhängige Patient gedämpft, in seinen Ich-Funktionen und seinem Gefühlserleben eingeschränkt sei. Demgegenüber belegen jüngere psychoanalytisch-therapeutische Erfahrungen, daß bei Einstellung auf eine konstante Dosis Wahrnehmung und Erleben normal sind und lediglich die Triebstärke sowohl in aggressiver als auch libidinöser Richtung gemindert erscheint (Impotenz als Nebenwirkung). Lediglich erheblicher und wechselnder Beigebrauch stellen insofern eine Kontraindikation dar, als jede therapeutische Arbeit einer gewissen Ruhe und Gleichförmigkeit der Lebensumstände bedarf. Hinter dem Drogengebrauch kann, muß aber nicht ein tieferer psychischer Konflikt stehen. Eine therapeutische Aufarbeitung kann bei mißbräuchlicher Entgleisung Spielräume, Entscheidungsfreiheit im Sinne einer bewußt abstinenten oder drogengenießenden Lebensweise wieder herstellen.

2.7.4.4 Diskussion: Die Frage des »Erfolges«

Uns erscheinen die Unterschiede zwischen den beiden Therapie-Schulen nicht als absolute. Wir denken, daß keine der Therapieformen ohne Elemente der anderen auskommt. Verhaltenstherapeutisch orientierte Einrichtungen erzielen vor allem deshalb gewisse Erfolge, weil sich bei aller – inzwischen etwas reduzierten – Rigidität und extrinsischen Motivation zum Zeitpunkt des Zugangs, doch auch Gruppen- und Einzelbeziehungen entwickeln, die ansatzweise den Erwerb von in die Außenwelt übertragbaren Fähigkeiten ermöglichen. Umgekehrt kommen auch die psychoanalytisch orientierten Konzepte ohne Vorbilder und Elemente von positiver und negativer Bekräftigung nicht aus.

Für die Potenz des Vertrauens- und Beziehungsprinzips als Basis dieser Therapieformen spricht auch die Erfahrung, daß trotz der hohen Abbruchquoten bei stationärer Therapie (vgl. WILLE 1981; DOSY 1986) informell sehr häufig der Kontakt zum Therapeuten wiederholt aufgenommen wird oder sogar die Therapie einige Zeit nach Abbruch fortgesetzt wird. Auch die Erfolgsforschung unterstützt diese These: Beide Therapiekonzepte – das psychoanalytische wie das verhaltenstherapeutische (seit es von der

2.7 Was wird getan? – Theorie und Praxis der Intervention bei Drogenabhängigkeit

»harten Linie« Abstand gewonnen hat und stärkeres Gewicht auch auf die Reflexion der Klienten-Therapeuten-Beziehung legt) – haben einen gewissen Erfolg bei der Behandlung. Erfolg versprechen unseres Erachtens v. a. Therapien, die nicht als »Gefängnisvermeidungsveranstaltung« betrachtet werden müssen, d. h. bei denen kein strafjustitieller Druck vorhanden ist, sondern in denen der gewollte Aufbau von sozialen Beziehungen im Vordergrund steht (Zweier- und Gruppenbeziehungen), und die nicht versuchen, das gesellschaftliche Zwangssystem von Arbeit, Ordnung, Sicherheit kritiklos abzubilden.

»Gefängnisvermeidungsveranstaltung«

Die Erfolgsforschung ist ein sehr schwieriges und manipulationsträchtiges Geschäft. Manche Institutionen berichten Erfolgsziffern von bis zu 90%. Die meisten Erfolgsberichte halten kritischer, wissenschaftlicher Überprüfung nicht stand. Die hohen Erfolgsquoten bestimmter Einrichtungen kommen meist nur deshalb zustande, weil frühzeitige Abbrecher nicht mitgerechnet werden. »Hausgemachte« Evaluationen stehen v. a. unter Erfolgsdruck der Einrichtungen selbst, da sie mit einer positiven Selbstdarstellung der Arbeit die Belegung ihrer Plätze sichern und die Richtigkeit ihres Konzepts beweisen wollen. Schließlich kann der Sonderaufwand, der für Modellinstitutionen betrieben wird, bewirken, daß tatsächlich eine Zeitlang Erfolge erzielt werden, die auf Dauer aber nicht zu halten sind.

Erfolgsberichte halten Überprüfung nicht stand

Ist nicht, was als »Erfolg« bspw. einer stationären LzTh definiert wird, die Tatsache nämlich, daß Klienten bis zum Ende der vorgesehenen Behandlungsdauer in der Einrichtung bleiben, höchst fragwürdig? – Dieser Erfolg könnte auch lediglich Ausdruck einer gelungenen Anpassung an die Anforderungen der Therapie sein. Oder ist die 18monatige Drogenfreiheit der Erfolg? – Sicherlich sind diese Clean-Zeiten zur körperlichen Genesung von großer Wichtigkeit, dazu die Erfahrung, ohne bestimmte Drogen wieder leben zu können. Doch oft wirkt die Therapie nur so lange wie sie währt. Was passiert nach dem Abschluß der Therapie? Wie lange kann der Erfolg stabilisiert werden (von den unvermeidlichen Rückfällen abgesehen)?

Clean-Zeiten

Als eine Art Faustregel läßt sich – bei mehreren Behandlungs- bzw. Betreuungsuntersuchungen – festhalten, daß ein Drittel »geheilt« (Drogenfreiheit von Heroin ist über mehr oder minder lange Phasen des Rückfalls erreicht), ein Drittel »gebessert« (»Stolpercleane«, die über lange Umwege – kontrollierten Heroingebrauch – schließlich drogenfrei werden) und ein Drittel unverändert (verelendet, ohne aus eigener oder mit fremder Kraft Verbesserungen zu ihrer Lebenslage herbeiführen zu können) lebt (im einzelnen vgl. SCHEERER 1979; GOSSOP 1982; BOSSONG 1983, S. 29 f.; MAGS NRW 1985; KOWALSKY 1991, S. 123).

ein Drittel »geheilt«

ein Drittel unverändert

Der bundesdeutschen Therapieforschung mangelt es insbesondere an Ergebnissen über Langzeitverläufe bei Drogenabhängigen unter Einschluß aller ursprünglich Behandelten und auch der Frühabbrecher. BSCHOR (1988, S. 91) plädiert für ein verstärktes Monitoring der Therapieverläufe. Indikatoren, die generell für

Therapieforschung

Wirksamkeit von Therapiemethoden
Indikatoren

die Prüfung der Wirksamkeit von Therapiemethoden zur Verfügung stehen, sind:
- Akzeptanz (Bereitschaft von Klienten, das Behandlungsangebot in Anspruch zu nehmen);
- Haltequote (wieviele Personen verbleiben im Programm?);
- Die Durchlaufquote (Zahl der Klienten, die das Programm voll absolvieren bzw. Zahl der Abbrecher);
- Erfolgsquote (Klienten, die das Therapieziel erreichen konnten);
- Mortalität (der Risikofaktor ist deshalb besonders wichtig, weil bei Opiatabhängigen die Gefahr der Überdosierung bei Rückfall nach Therapieabbruch besonders groß ist; BSCHOR 1988, S. 91);
- Legalbewährung (erneute Straffälligkeit);
- Serokonversionsrate (wieviele HIV-infizierte Klienten entwickeln AIDS-assoziierte Krankheitssymptome?).

Das Ziel, die Drogenfreiheit, kann nicht das alleinige Erfolgskriterium in Langzeituntersuchungen sein. Andere Parameter, wie die soziale und berufliche Integration trotz Drogenkonsums, also ein Leben mit Drogen erscheint, zumindestens phasenweise ebenso wichtig.

beispielhafte Langzeituntersuchung

RASCHKE et al. (MAGS NRW 1985) haben mit ihrer beispielhaften Langzeituntersuchung mit 189 Klienten der Therapie- und Rehabilitationseinrichtungen des »Hammer Modells« die Arbeit einer Therapieeinrichtung über einen Zeitraum von 12 Jahren erfaßt.

Therapieziele

Alle drei Therapieziele gleichzeitig – soziale Integration, berufliche Tätigkeit und Drogenfreiheit – erreichten 33% der Klienten; 14% konnten keines dieser Ziele realisieren. Drogenfrei lebten 40%; ein Drittel war noch stark abhängig. 77% der ehemaligen Klienten befanden sich in einem drogenfreien oder überwiegend drogenfreien Kontext. Interessant an dieser Langzeituntersuchung ist vor allem, daß die soziale und berufliche Integration, und damit das Herauslösen aus dem Drogenkontext, tendenziell der Drogenfreiheit vorausgeht.

Die Erforschung der begünstigenden und störenden Faktoren des Herauswachsens aus der Sucht steht noch am Anfang (s. 2.5.8): wieviele Menschen lösen sich ohne professionelle Hilfe, »selbstheilend« aus dem Drogenzusammenhang, und welche Rolle können »Methadonbehandlungen mit psychosozialer Begleitung« spielen? Forschungsergebnisse deuten darauf hin, daß sich sowohl individuell lebensgeschichtlich als auch aus gesellschaftlicher Perspektive der Umgang mit Drogen verändert: auf eine Phase

Umgang mit Drogen verändert

des Probierens und Experimentierens kann eine Phase extremen und unkontrollierten Konsums folgen, worauf dann in der Regel eine gewisse Ernüchterung, ein realistisches Einpendeln der Erwartungen an die Drogen folgt. Letztlich ergibt sich daraus – ohne repressive oder therapeutische Intervention beim ganz überwiegenden Teil der Konsumenten eine Normalisierung im Sinne eines regelmäßigen oder unregelmäßigen kontrollierten Umgangs oder gar des Abschieds von der Droge – nicht ohne Trauer über das Ausbleiben des (bewußt oder unbewußt) erträumten dauerhaften Glücks.

2.7.5 Die Substitutionsbehandlung

Der Einsatz des synthetischen Opiats Methadon in der Drogenhilfe ist in Deutschland in den letzten 10 Jahren kontrovers, z. T. glaubenskriegsartig, diskutiert worden (vgl. zur Übersicht RASCHKE 1994; BOSSONG/STÖVER 1992). Dabei ging es mit dieser Behandlungsform lediglich um die Möglichkeit, im Rahmen eines »multimodalen«, d. h. alle Möglichkeiten nutzenden und auf die unterschiedlichen Klientenbedürfnisse eingehenden Umgangs mit der Drogenabhängigkeit, Ersatzdrogen für eine gesundheitliche und soziale Stabilisierung und/oder einen Entzug zu verwenden. Die jahrzehntelange starre Weigerung der deutschen Ärzteschaft, im Rahmen einer Behandlung Drogenabhängiger Ersatzdrogen zu verschreiben, der sich auch die Bundesregierung (BUNDESREGIERUNG 1986) und auf Abstinenztherapie fixierte Fachkreise (FACHVERBAND DROGEN UND RAUSCHMITTEL 1988, S. 6 f.) angeschlossen hatten, ist in den letzten Jahren aufgeweicht worden. Mehr und mehr wird die Substitutionsbehandlung als eine hilfreiche Strategie anerkannt, wobei auch gesehen wird, daß ein Medikament allein keine tiefverwurzelten Probleme lösen kann; es kann lediglich zusammen mit weitergehenden Hilfestellungen der Drogenhilfe eine bessere Grundlage bieten, an ihnen zu arbeiten.

Vorläufig abgeschlossen wurde der Prozeß der Integration der Substitutionsbehandlung durch die Gesetzesänderungen: 1992 wurden § 13 Abs. 1 BtMG und 1994 die BtMVV so umformuliert, daß die Substitutionsbehandlung, wenn auch nachrangig gegenüber der LzTh offiziell anerkannt und geregelt ist (s. 3.3.1.1.2).

Ausschlaggebend für den langen Prozeß der Einführung von Methadonbehandlungen in Deutschland sind zwei Entwicklungen: zum einen die wachsende HIV- und AIDS-Verbreitung unter i. v. Drogenkonsumierenden, die aus präventiven und aus medizinischen Gründen einen Einsatz von Ersatzdrogen notwendig machte (STÖVER 1992, S. 46 ff.); zum anderen deckte die starke gesundheitliche und soziale Verelendung vieler Drogengebraucher die Defizite und Grenzen der abstinenzfixierten, hochschwelligen und damit sehr selektiven Drogenhilfe auf.

Das veränderte Verhältnis zur Substitution spiegelt sich auch in der Rechtsprechung wieder (s. ausführlich 3.1.1.1.2); der Bundesgerichtshof hat in einem Grundsatzbeschluß die Anwendung von Ersatzdrogen im Rahmen einer ambulanten Behandlung durch den Arzt erleichtert. Die Abweichung von der Schulmedizin, die die Substitutionsbehandlung noch darstellt, kann keine Strafbarkeit begründen: »Dies würde zu einer Kriminalisierung medizinisch vertretbarer abweichender Auffassungen führen und durch Strafandrohung die Entwicklung neuer Therapie verhindern.« (AZ: 3StR 8/91 – Beschluß v. 17.5.1991). Ausdrücklich wird in diesem Beschluß auf eine Auslegung des § 13 Abs. 1 BtMG (1981) dahingehend hingewiesen, daß eine sozialmedizinische Indikationsstellung für die Substitutionsbehandlung mit Methadon ausreicht, »z. B. um den Opiatabhängigen unter Inkaufnahme einer fortbe-

Weigerung der Ärzteschaft

Substitutionsbehandlung als hilfreiche Strategie

Gesetzesänderungen

HIV- und AIDS-Verbreitung

starke gesundheitliche und soziale Verelendung

Rechtsprechung

Substitutionsbehandlung als Baustein der Drogenhilfe
Wie bzw. Wie nicht

stehenden Abhängigkeit von dem Zwang zur Beschaffungskriminalität zu befreien« (S. 4).
Die Substitutionsbehandlung wird immer mehr als ein wichtiger Baustein in das Angebotsspektrum der Drogenhilfe integriert. Es geht gegenwärtig weniger um das Ob bzw. Warum einer Substitutionsbehandlung, als um das Wie bzw. Wie nicht. Deshalb verzichten wir hier auf eine Gegenüberstellung der grundsätzlichen Pro- und Contra-Argumente zum Einsatz von Methadon und verweisen auf die ausführliche Darstellung in der 3. Auflage dieses Leitfadens (1992, S. 57 ff.).

»Heroinhunger« blockieren

Die Verschreibung von Ersatzmitteln, die den »Heroinhunger« blockieren, ermöglicht den Gebrauchern eine legale Befriedigung ihrer Sucht; sie verschafft ihnen Zeit – nach Wegfall der Beschaffungskriminalität/-prostitution – gesundheitliche Probleme und soziale Belange anzugehen. Den Gewinn von Zeit erleben viele Drogengebraucher zunächst auch als ein »Methadonloch«, nach dem Fulltime-Job der Geld- und Drogenbeschaffung auf dem Schwarzmarkt. Probleme, die mit Heroin und anderen Mitteln jahrelang betäubt wurden, werden nun wieder bewußt, denn Methadon hat nur eine sehr gering euphorisierende Wirkung. Der Problemdruck wird von einigen Drogengebrauchern mit dem Beigebrauch anderer psychoaktiver, zumeist legaler Substanzen (Benzodiazepine, Barbiturate, Alkohol oder auch Kokain) kompensiert.

Methadonloch

Beigebrauch

Evaluationen und Erfahrungsberichte

Evaluationen und Erfahrungsberichte zur Substitutionsbehandlung aus dem In- und Ausland (vgl. zur Übersicht: VERTHEIN/KALKE/RASCHKE 1994, S. 128 ff.) belegen jedoch überwiegend positive Effekte auf die 1. gesundheitliche und 2. soziale Stabilisierung:

1. Gesundheitliche Stabilisierung

Der körperliche und psychische Gesundheitszustand vieler Drogengebraucher in Methadonbehandlungen verbessert sich z. T. dramatisch und schnell (WALGER et al. 1989; HOFMEISTER-WAGNER et al. 1990; RASCHKE 1994); L-Polamidon scheint einen positiven Einfluß auf das Immunsystem HIV-1-infizierter Drogenabhängigen zu haben (BROCKMEYER et al. 1990). Eine präventive Wirkung von Substitutionsbehandlungen hinsichtlich Infektionskrankheiten (Hepatitis) und im besonderen HIV-Infektionen und die Verlangsamung der Stadienprogression bereits HIV-Infizierter ist festzustellen (STÖVER 1992, m. w. N.).

präventive Wirkung

Verbesserungen des gesundheitlichen Allgemeinzustandes

Übereinstimmend wird in den bundesdeutschen Evaluationsstudien zu Substitutionsbehandlungen über deutliche Verbesserungen des gesundheitlichen Allgemeinzustandes berichtet (Ernährungszustand, Rückgang von Abszessen und Lebererkrankungen). Studien aus der Schweiz und Schweden sprechen zudem von einer Verminderung der Suizidalität und einer Senkung der Mortalitätsrate Substituierter gegenüber unbehandelten Drogenabhängigen. Auch das psychische Allgemeinbefinden wird verbessert: In mehreren Studien haben die Substituierten nachweislich positive Zu-

Verminderung der Suizidalität und Mortalitätsrate

kunftsperspektiven entwickelt. Für einen Teil jedoch tritt dies nicht oder nicht dauerhaft ein; zu groß scheinen die angestauten psychischen Probleme, die über lange Jahre betäubt wurden, als daß sie nun schnell oder überhaupt nüchtern (mit Methadon) ausgehalten werden könnten. Nach der Phase intensiven Drogendauergebrauchs reagieren diese Substituierten mit Depressionen auf diese Anforderung oder auch mit einer allgemeinen Sinnkrise. Sie versuchen durch sog. Beigebrauch (s. o.) ihre Ängste zu bannen und vor den für sie nicht oder im Moment nicht erfüllbaren Erwartungen an Verhaltensänderungen zu fliehen.

Depression
Sinnkrise

2. Soziale Stabilisierung

Während die gesundheitliche Verbesserung bei Methadonpatienten relativ schnell und sichtbar eintritt, ist es für viele sehr viel schwerer, ihre soziale Lage – Wohnen, Arbeiten, Distanzierung von der Szene, Legalbewährung, Kontakte und Beziehungen – zu stabilisieren. Für eine allgemeine Verbesserung der sozialen Situation sind gesellschaftliche Zugangsmöglichkeiten ausschlaggebend, die Situation auf dem Arbeits- und Wohnungsmarkt u.a. So berichten mehrere Studien, v. a. aus der Schweiz, über die Aufnahme der Voll- oder Teilzeitbeschäftigung von Substituierten, wobei die in der Schweiz relativ geringe Arbeitslosigkeit gesehen werden muß. Die Krise der deutschen Wirtschaft, die Einschränkung arbeitsmarktpolitischer Sonderprogramme, der Wegfall von Ausbildungs- oder Umschulungsförderungen bedeuten z. T. erhebliche Hürden, die von Substituierten – sofern sie beim Arbeitsamt gemeldet sind – nur schwer überwunden werden können. Bei einigen Arbeitsämtern bestehen Tendenzen, Substituierte als nicht vermittelbar auszugliedern.

gesellschaftliche Zugangsmöglichkeiten ausschlaggebend

Auch die Wohnsituation bleibt für viele Substituierte ebenso unbefriedigend wie deren befriedigende Lösung notwendig für eine weitere Stabilisierung: Das Leben in Obdachlosen- oder Notunterkünften – für etliche Substituierte nach wie vor Realität – behindert eine Stabilisierung ihrer sozialen Situation und eine Loslösung von der Szene.

Wohnsituation

In mehreren Studien wird von einer erheblichen Zunahme drogenfreier Kontakte von Substituierten bei gleichzeitiger Distanzierung von der Drogenszene berichtet; Partnerschaftsbeziehungen stabilisieren sich, Sportaktivitäten werden intensiviert. Ein deutlicher Rückgang der Beschaffungskriminalität, sowie eine z. T. drastische Reduzierung der Konflikte mit polizeilichen und juristischen Institutionen lassen sich beobachten (vgl. CHORZELSKI et al. 1993, S. 272 ff.).

Zunahme drogenfreier Kontakte

Mehrere Studien sprechen von einer Regelung der finanziellen Situation der Substituierten durch Schuldenregulierung und Inanspruchnahme der Leistungen der Sozial- und Arbeitsämter.

Schuldenregulierung

Im Jahre 1993 waren laut Zentralinstitut für die kassenärztliche Versorgung in Köln (WEBER 1993) ca. 4.500 Menschen in Substitutionsbehandlung mit Polamidon. Wie viele Drogenkonsumenten

ca. 4.500 Polamidon-Substituierte

mit Codeinpräparaten substituiert wurden bzw. werden, ist unklar; es dürfte sich jedoch um eine erheblich höhere Zahl handeln (s.2.7.5.2).

substituierende Ärzte — Zu substituierenden Ärzten bleibt festzustellen: Große Teile der deutschen Ärzteschaft zeigen sich gehemmt bei der Anwendung von Morphinen als Schmerzmittel bei Krebserkrankungen bzw. in der Schmerzbekämpfung. Dem korrespondiert eine fachliche (und rechtliche) Verunsicherung, die aus der mit Strafdrohungen überzogenen Substitutionstherapie Drogenabhängiger resultiert.

Verunsicherung

2.7.5.1 Die Rahmenbedingungen der Substitutionsbehandlung

zwei Formen der Substitutionsbehandlung — In der Bundesrepublik haben sich zwei unterschiedliche Formen der Substitutionsbehandlung herauskristallisiert: einmal staatlich finanzierte Methadon-Programme, ursprünglich in Nordrhein-Westfalen, heute ergänzend zur Substitutionsbehandlung durch niedergelassene Ärzte in Bremen und Niedersachsen; zum anderen die in allen Bundesländern praktizierte Einzelfallvergabe von Methadon durch niedergelassene Ärzte mit staatlich organisierter und (misch-)finanzierter psycho-sozialer Betreuung (vorweg schon regional in Bremen, Hamburg, Berlin entwickelt).

NUB-Richtlinien — Der Bundesausschuß der Ärzte und Krankenkassen hat am 2.7.1991 (geändert am: 16.2.1994) »Neue Untersuchungs- und Behandlungsrichtlinien zur Methadon-Substitutionsbehandlung« (kurz: NUB-Richtlinien) bei i. v. Heroinabhängigen beschlossen, die zum Ziel haben, Kriterien für eine als Kassenleistung abrechenbare Substitutionsbehandlung zu entwickeln. Diese NUB-Richtlinien stellen in vielerlei Hinsicht eine eindeutige Verschlechterung gegenüber den vorher in einzelnen Städten und Regionen bestehenden Regelungen dar (vgl. 3. Leitfaden-Auflage, S. 75 ff.).

Präambel läuft fachlichen Erkenntnissen zuwider — Bereits in der Präambel wird eine Bewertung der Substitutionsbehandlung vorgenommen, die den sich wandelnden fachlichen auch internationalen Erkenntnissen zuwiderläuft. Dort heißt es, »Drogensubstitution stellt für sich allein keine Krankenbehandlung dar und ist somit nicht Gegenstand der kassen-/vertragsärztlichen Versorgung. Die Drogensucht selbst stellt keine Indikation zur Drogensubstitution im Sinne einer Krankenbehandlung dar, denn therapeutisches Ziel bei der Behandlung einer Sucht bleibt die Drogenabstinenz.« Das als Dogma überwunden geglaubte Behandlungsziel der Abstinenz – als exklusives Ziel – wird damit neu gefestigt, palliative, Leiden lindernde Medizin wird im Fall der Behandlung Drogenabhängiger negiert zugunsten des starren Pochens auf Heilung, so als würde sich die ärztliche Praxis ausschließlich auf Heilung, d. h. Ursachenbekämpfung, und nicht auch auf Linderung, d. h. Symptombekämpfung, beziehen.

Indikationsbereich — Der Indikationsbereich wird im wesentlichen auf medizinische Indikationen beschränkt:
– »Drogenabhängigkeit mit lebensbedrohlichem Zustand im Entzug,

2.7 Was wird getan? – Theorie und Praxis der Intervention bei Drogenabhängigkeit

- Drogenabhängigkeit bei schweren konsumierenden Erkrankungen,
- Drogenabhängigkeit bei opiodpflichtigen Schmerzzuständen,
- Drogenabhängigkeit bei AIDS-Kranken,
- Drogenabhängigkeit bei Patienten, die sich einer unbedingt notwendigen stationären Behandlung wegen einer akuten oder schweren Erkrankung unterziehen müssen und denen gegen ihren Willen nicht gleichzeitig ein Drogenentzug zuzumuten ist (Überbrückungssituation),
- Drogenabhängigkeit in der Schwangerschaft, unter der Geburt und bis zu 6 Wochen nach der Geburt.«

Lediglich das Kriterium »Drogenabhängigkeit bei vergleichbar schweren Erkrankungen« bietet einer Kommission im Einzelfall die Möglichkeit, eine Substitutionsbehandlung als Teil der Krankenbehandlung für notwendig und damit finanzierbar zu erachten. (Zu Inhalt und rechtlicher Bewertung dieser NUB im einzelnen 3.3.1.1.2). Kann der Arzt bei eindeutigen medizinischen Indikationen selbst über die Aufnahme der Substitutionsbehandlung entscheiden, so muß er bei der o. g. Indikation »...vergleichbar schwere Erkrankungen« die Zustimmung der Kassenärztlichen Vereinigung (KV) einholen, die aufgrund der Empfehlung einer von ihr eingesetzten Kommission entscheidet.

Diese »Beratungskommission« hat also de facto Entscheidungsbefugnis: über die Kostenübernahme wird so die ärztliche Therapiefreiheit in verfassungswidriger Weise massiv eingeschränkt (s. 3.3.1.1.2).

Die »Beratungskommission« besteht aus sechs oder sieben Mitgliedern: drei Mitglieder (Ärzte) werden von der KV benannt, drei Mitglieder werden von den Landesverbänden der Krankenkassen/Ersatzkassen benannt, und ein weiteres Mitglied soll ein in der Drogenberatung erfahrener Arzt des öffentlichen Gesundheitswesens sein.

Bei dieser Besetzung wird auf eine Teilnahme von Mitarbeitern der (freien) Träger der Drogenhilfe oder gar auf Betroffene, die mehr Kontakt zur Lebenswirklichkeit von Drogengebrauchern haben, im Gegensatz zur Besetzung der gewachsenen regionalen Kommissionen (z. B. Bremen, Berlin, Hamburg) verzichtet. Die Kassenvertreter sind stark überrepräsentiert. Dies läßt eine Entscheidungspraxis vermuten, die weniger an den Bedürfnissen von Drogengebrauchern orientiert ist als an den entstehenden Kosten der Substitutionsbehandlung.

Weitere Einschränkungen bestehen darin, daß Ärzte, die eine Substitutionsbehandlung beginnen wollen, einer Genehmigung durch die KV bedürfen. Eine Genehmigung wird nur erteilt, wenn gewährleistet ist, daß der Arzt sowohl über pharmakologisches Wissen als auch über Kenntnisse der Drogensucht verfügt.

Fazit: Die NUB-Richtlinien beschränken massiv die Durchführung von Substitutionsbehandlungen und generell die Therapiefreiheit des Arztes. Ein Arzt wird abgeschreckt eine Substitutionsbehandlung zu beginnen, wenn eine Kostenübernahme durch die sehr ri-

Kriterium »Drogenabhängigkeit bei vergleichbar schweren Erkrankungen«

»Beratungskommission«

Genehmigung durch die KV

Fazit

giden NUB-Kriterien nicht von vornherein oder überhaupt nicht gesichert ist, und er sich gar möglichen Regreßforderungen ausgesetzt sieht.

Die Einführung der NUB-Richtlinien ist insofern bedauerlich, als sich gerade regionale Strukturen (in B, HH, HB) für eine erleichterte, weil den Bedürfnissen verfolgter, sozial und gesundheitlich verelendeter Drogengebraucher entsprechende Durchführung von Substitutionsbehandlungen entwickelt haben. Dort wo bislang keine Infrastrukturen für eine Substitutionsbehandlung vorhanden waren (in mehreren südlichen Bundesländern) können die NUB-Richtlinien einen Fortschritt einleiten. Alles in allem stellt jedoch der Indikationsbereich der NUB-Richtlinien eine Reduktion des möglichen Einsatzes von Methadon dar. Das Rad der Fachgeschichte ist aber auf Dauer nicht zurückzudrehen: Die NUB-Richtlinien sind bereits durch erste Gerichtsentscheidungen für unverbindlich erklärt worden (s. dazu 3.3.1.1.2).

erste Gerichtsentscheidungen

Die unterschiedlichen Länderpraktiken

Auf Länderebene differiert die praktische Organisation der Substitutionsbehandlung: je nachdem ob sie allein über die NUB-Richtlinien durchgeführt wird, oder ob sie durch »Ergänzende Methadonprogramme« (Bremen: für drogenabhängige sich prostituierende Frauen und sog. Altfixer) erweitert worden ist. Zudem spielen immer noch standesrechtliche und drogenpolitische Vorstellungen eine bedeutsame Rolle. Entsprechend unterschiedlich sind auch die länderspezifischen Regelungen: Verpflichtung zu einer psychosozialen Begleitung (Hamburg) oder eine eher extensive Auslegung der NUB-Richtlinie »vergleichbar schwere Erkrankung« in Hessen und Berlin oder eine mehr restriktive in Rheinland-Pfalz, Bayern und Baden-Württemberg.

»Ergänzende Methadonprogramme«

Verpflichtung zu einer psychosozialen Begleitung

Zusammenfassend läßt sich feststellen: Entscheidender Anstoß für die Integration der Substitutionsbehandlung in die Drogenhilfe war letztlich die Ausbreitung der HIV-Infektion bzw. AIDS-Krankheit unter Drogengebrauchern. Der Umorientierungsprozeß in der deutschen Ärzteschaft und der Fachgremien der Drogenhilfe ist im wesentlichen durch den mutigen Schritt Nordrhein-Westfalens eingeleitet worden, ein Methadon-Programm einzurichten. Er wird in allen Bundesländern fortgeführt über die ärztliche Einzelfallvergabe, die meist durch ein Sachverständigengremium fachlich abgesichert ist und eine Kooperation des Arztes mit einer psychosozial begleitenden DROB nahelegt.

Umorientierungsprozeß

Noch immer bleibt die Substitutionsbehandlung allerdings einer kleinen Gruppe von Drogenabhängigen vorbehalten. Hochschwelligkeit im Zugang, bürokratische Hemmnisse durch Antrags- und Bewilligungsmodalitäten, praxisferne Verschreibungs- und Vergabevorschriften (jeden Tag eine neues BtM-Rezept, keine »take home-Dosen« für das Wochenende) und die Unsicherheit und Reserviertheit von Teilen der Ärzteschaft und der Drogenhilfe verhindern eine größere Zahl von Substitutionsbehandlungen.

Substitutionsbehandlung einer kleinen Gruppe vorbehalten

2.7 Was wird getan? – Theorie und Praxis der Intervention bei Drogenabhängigkeit

Es steht zu befürchten, daß es zu einem Junktim in der Substitutionsbehandlung kommen wird, also zu einer strengen Verknüpfung von medizinischem Teil der Substitution mit psychosozialer Begleitung, die zum Teil schon über bestehende Regelungen eingeleitet worden ist. In dieser Form würde psychosoziale Begleitung zur Zwangsberatung/-betreuung. Außerdem besteht die Gefahr, daß die Krankenkassen sich in den Behandlungsverlauf über die Einforderung von Sozial- und Erfolgsberichten einmischen.

»Was die Indikationsstellung betrifft, so sollte der Nachweis einer bestehenden Opiatabhängigkeit (im übrigen nicht nur i. v.) und fehlender Motivation für Opiatentzug sowie -abstinenz durch Drogenberater und/oder Ärzte eigentlich für die Aufnahme von Substitutionstherapien mit Levomethadon oder Codein (z. B. Remedacen) ausreichen« (SCHLÖMER 1990).

Die Substitution sollte in einem gestaffelten Modell allen Drogengebrauchern angeboten werden: als szenenahe medizinische Grundversorgung (etwa durch einen Methadon-Bus wie z. B. in den Niederlanden), als anspruchsvollere Einzelfallmedikation über den Hausarzt oder über Drogenambulanzen (die insbesondere dort nötig scheinen, wo sich nur schwer genügend Ärzte bereit finden, Substitutionsbehandlungen durchzuführen) und den niedrigschwelligen Einsatz von Methadon in der Entgiftung.

Die Vergabe sollte verbraucherfreundlich organisiert sein, um dem Methadon-Nehmer möglichst viel Spielraum in der Gestaltung seines Alltags bzw. in der Nutzung seiner Rehabilitationschancen (Wohnungs- und Arbeitssuche, Freizeitgestaltung, Wiederherstellung sozialer Bezüge außerhalb der Drogenszene) zu lassen. Angezeigt sind eine dezentrale und terminlich flexible Ausgabe sowie bei fortschreitender sozialer Rehabilitation auch die Ausgabe von »take home-Dosen«. Dies erfordert eine liberalisierende Novellierung der BtMVV (s. 3.1.1.1.2).

Für die DROBS kommt es darauf an, attraktive und vor allem effektive Angebote im Bereich der psychosozialen Begleitung zu entwickeln. Während Drogenarbeit früher den Verzicht auf jegliche Drogeneinnahme und die Bereitschaft zur radikalen Umgestaltung der Lebensbedingungen zur Voraussetzung von Hilfe gemacht hat, kommt es nun darauf an, suchtbegleitend zu arbeiten. Die Sucht (in Form der kontinuierlichen Methadoneinnahme) steht nicht mehr unbedingt im Mittelpunkt der Hilfen, sondern eher die Unterstützung der gesundheitlichen und sozialen Stabilisierung. Es sind also klassische Fähigkeiten der Sozialarbeit gefragt (BERGMANN/KALINNA 1991).

Eine Streichung der »Ultima ratio-Klausel« aus dem BtMG, wie im Mai 1992 beschlossen, eine Gleichstellung drogenfreier mit medikamentengestützten Therapien also, würde die Rechtssicherheit und die Bereitschaft vieler Ärzte zur Substitutionsbehandlung enorm erhöhen und auch eine Angleichung an fachliche und rechtliche Standards im europäischen Ausland bedeuten (vgl. hierzu TRAUTMANN 1991; EIDGENÖSSISCHE BETÄUBUNGSMITTEL-KOMMISSION 1989).

Marginalien:
- Junktim in der Substitutionsbehandlung
- Nachweis einer Opiatabhängigkeit sollte ausreichen
- gestaffeltes Modell
- verbraucherfreundlich organisiert
- Novellierung der BtMVV
- DROBS Angebote
- suchtbegleitend arbeiten
- gesundheitliche und soziale Stabilisierung

2.7.5.2 Die Substitutionsbehandlung mit Codeinpräparaten

Gradmesser für eine bedürfnisgerechte Verschreibungspraxis

Eine Folge bundesdeutscher standes-, straf- und verwaltungsrechtlicher Verfolgung von mit L-Polamidon substituierenden Ärzten, ist der Rückgriff einzelner Ärzte auf Opioide, wie etwa Codeinpräparate (Handelsname des gebräuchlichsten Präparats: Remedacen), die nicht unter das Betäubungsmittelgesetz subsumiert sind. Gleichzeitig kann das Ausmaß von Codein-Substitutionen als Gradmesser für eine bedürfnisgerechte kommunale oder regionale Verschreibungspraxis betrachtet werden: Gibt es restriktive Verschreibungs- und Bewilligungsformen, wird das Ausmaß der freieren Codeinbehandlung groß sein. Insgesamt wird die Zahl der mit Codeinpräparaten Substituierten auf ca. 20 – 30.000 geschätzt.

Fürsprecher, aber auch Gegner

Auch diese Behandlungsmethode hat ihre Fürsprecher, aber auch Gegner (etwa die Krankenkassen, die z. T. Regreßforderungen stellen). Im Rahmen der Diskussion um die 6. Betäubungsmittelrechts-Änderungsverordnung wird die Absicht des Gesetzgebers deutlich, die »graue« Codeinsubstitution zu unterbinden, weil sie nicht kontrollier- und registrierbar ist. Fachverbände haben allerdings darauf hingewiesen (z. B. DAH 1994), daß das eine nicht ohne das andere geht: nur wenn eine grundsätzliche Vereinfachung und Verbesserung in der Zugänglichkeit zu Methadon erreicht wird, ist davon auszugehen, daß die Wahl des Codeins sich auf wenige Menschen beschränken wird, die für sich Codeinpräparate als pharmakologisch verträglicheres Substitut erfahren haben.

Vorteil der Codein-Substitution

Der Vorteil der Substitution mit Codeinpräparaten liegt eindeutig in den größeren Freiräumen sowohl für den Arzt, als auch für den Patienten: der Arzt kann die Behandlung sehr viel flexibler und mit weniger bürokratischem Aufwand betreiben; der Patient kann seinen Alltag sehr viel freier gestalten, weil er nicht täglich zur Abholung in der Praxis erscheinen muß. Für beide Seiten relevant ist: Es fehlen hochschwellige Eingangskriterien, langwierige Antragsverfahren und die Notwendigkeit, sich einer Begutachtung von Experten zwecks Indikation stellen zu müssen.

Nachteile

Nachteile liegen darin, daß der Arzt ggf. weniger Kontrolle über den Gesundheitszustand des Patienten hat, der Patient hingegen wird in der Regel Codein nur auf Privatrezept beziehen können, weil sich viele Krankenkassen sträuben, die Kosten für das Mittel zu übernehmen (ULMER 1990). Der Münchner Verein GESUNDHEIT UND PRÄVENTION hat seit mehreren Jahren Erfahrungen mit dem

Dihydrocodein-Saft

Dihydrocodein-Saft gewonnen, der erheblich billiger hergestellt werden kann und einige pharmakologische Vorteile dem Remedacen gegenüber vorweist.

Rezeptur

Zur Rezeptur für Dihydrocoedein-Saft: Als eine kostengünstige Alternative zum gängigen Codein-Präparat Remedacen bietet sich eine durch einen Apotheker herzustellende Codeinlösung an. Grundsubstanz ist Dehydrocodeinhydrogentatrat; das Endprodukt in einer 2,5%igen Lösung fällt nicht unter das Betäubungs-

mittelgesetz. Der Nachteil liegt darin, daß der Saft keine Langzeitwirkung hat, sondern nur ca. 4 Stunden lang vorhält, so daß er mehrmals täglich eingenommen werden muß. Die Wirkung selbst liegt zwischen der von Polamidon und der von Remedacen; i. G. zu letzterem blockiert es den »Heroinhunger« erheblich stärker (ELIAS 1991, S. 26). Interessierte Apotheker bzw. Initiativen können weitere Informationen zur Saftherstellung und formalen Vorgehensweise bei folgender Adresse einholen:
St. Martin Apotheke, Herr Ritzinger, Urspringerstr. 2, Straßlach b. München, Tel.: 08170/7128.

Informationen

2.7.5.3 Wie werden Substitutionsbehandlungen durchgeführt?

Die Modalitäten der Methadonvergabe sind je nach Ziel (Entzugs- oder Erhaltungsverschreibungsprogramm, niedrigschwellig oder hochschwellig) inhaltlich unterschiedlich ausgestaltet. Die Behandlung läßt sich grob wie folgt unterteilen (vgl. BORNEMANN et al. 1991, S. 87 ff.):

Modalitäten

1. Eine ärztliche Untersuchung stellt Opiatabhängigkeit und weiteren dauerhaften Drogengebrauch fest und prüft, ob eine medizinische oder sozial-medizinische Indikation und keine Kontraindikation vorliegt. Die Anamnese sollte auch frühere Therapieversuche, körperliche Erkrankungen und die soziale Situation mit einschließen. In Regionen, in denen Infrastrukturen für die Substitutionsbehandlung bereits entwickelt worden sind (z. B. Hamburg, Berlin, Bremen) würde ein Antrag an die Sachverständigen-Kommission folgen, um durch eine Empfehlung fachlich und rechtlich abgesichert zu sein. In Regionen, in denen diese Infrastrukturen noch nicht bestehen, wendet sich der Arzt an den wissenschaftlichen Dienst der betreffenden Krankenkasse und teilt dieser den Wunsch mit, eine Substitutionsbehandlung bei dem Versicherten zu beginnen. Eine Befürwortung schützt den Arzt vor Regreßforderungen durch die Krankenkassen.

ärztliche Untersuchung

2. Es empfiehlt sich, falls vorhanden, vertrauensvolle Beziehungen zu Mitarbeitern der Drogen- und AIDS-Hilfe für eine psychosoziale Begleitung des Substituierten zu nutzen. Eine Behandlungsvereinbarung zwischen dem substituierenden Arzt, dem Patienten und der psychosozialen Begleitung ist von Vorteil (BERLINER AIDS-HILFE, S. 34; s. auch 5.4.4 Formulare), um grundsätzliche Regeln für die zukünftige Behandlung und Zusammenarbeit klar festzulegen. Darin sollten Ziele und Verpflichtungen während der Substitution angesprochen sein.

psychosoziale Begleitung

3. Dosiseinstellung. Die Anfangsdosierung errechnet sich nach folgender Formel: tägl. konsumierte Heroinmenge in mg dividiert durch 30, ergibt die täglich zu verschreibende Polamidonmenge. Beispiel: der Patient gibt an, täglich ein 3/4 Gramm Heroin gespritzt zu haben; 750mg geteilt durch 30 ergeben 25mg Polamidon/Tag. Dieser Berechnungsmethode liegt eine 10%ige Reinheit des Straßenheroins zugrunde. Aufgrund von schwarzmarktbedingten Schwankungen des Reinheitsgehalts muß in den

Dosiseinstellung

ersten Tagen die tatsächlich benötigte Dosis ermittelt werden. Gibt der Patient Entzugssymptome vor Ablauf von 24 Stunden an, wird in 5mg-Schritten höherdosiert. Klagt der Patient über Schwindel, unklaren Kopf oder Konzentrationsstörungen, wird in 5mg-Schritten runterdosiert (GÖLZ 1995). Die tägliche Einnahmedosis pendelt sich meist zwischen 30 und 60mg ein.

Methadon seit 1994 verschreibbar

Seit Anfang des Jahres 1994 ist das Methadon – wie international verbreitet – auch in Deutschland verschreibbar. Dies wurde vor allem aus Kostengesichtspunkten gemacht: Methadon ist unter günstigen Umständen nur etwa 1/4 so teuer wie Polamidon. Der pharmakologische Unterschied zwischen beiden Methadonformen liegt darin, daß Polamidon ausschließlich aus dem wirksamen L-Methadon besteht, also eine gereinigte Form darstellt, während Methadon ein Gemisch ist und nur zu 50% aus dem wirksamen L-Methadon besteht. Deshalb muß der Arzt die doppelte Substanzmenge verschreiben, um die gleiche Wirkung zu erzielen wie vorab mit Polamidon (d. h. 100 mg Methadon = 50 mg Polamidon). Um ständiges Umrechnen zu vermeiden ist es ratsam, bereits bei der Mischung den Wirkunterschied zu berücksichtigen: bspw. kann man statt der 0,5%igen Polamidon-Lösung nun 1%ige Methadon-Lösungen verwenden.

Rezeptieren

4. Rezeptieren: Ein Rezept wäre bei einer täglichen Dosis von 50 mg entsprechend den geltenden Vorschriften folgendermaßen abzufassen: Rp. L-Polamidon liquid. 20 ml (zwanzig) in zwei Flaschen je 10 ml je 50 mg. Dosis: 1x10 ml/die, Bedarf für zwei Tage. Menge ärztlich begründet. Unterschrift mit vollem Namen, Praxisstempel (vgl. BORNEMANN 1991 et al., S. 95). Die handschriftliche Rezeptausfertigung ist lästig: die BtMVV müßte geändert werden.

Vergabemodalitäten

5. Vergabemodalitäten: Das BtM-Rezept wird durch Boten von der Praxis in die Apotheke gebracht; der Bote bringt das L-Polamidon in die Praxis, wo es täglich unter Aufsicht des Arztes bzw. der Arzthelferin in Fruchtsaft vermischt vom Patienten eingenommen wird. Für das Wochenende müssen noch immer andere Vergabestellen (Sozialstationen o. ä.) gefunden werden. Urlaube erfordern am Urlaubsort einen Arzt, der die Substitution übernimmt. In Abständen sind Urinkontrollen durchzuführen. Beigebrauch sollte zunächst Anlaß für Gespräche über die Ursachen sein.

Konkrete Auflagen

Konkrete Auflagen für die Verordnung und die Verabreichungsmodalitäten von Methadon durch praktische Ärzte werden vom Bundesgesundheitsamt (BGA) bei der Beantragung der für die Substitution notwendigen BtM-Rezeptformulare erteilt. Während das BGA bis vor kurzem u. a. darauf hinwies, daß Polamidon nur in ärztlich begründeten Ausnahmefällen und auch nur an AIDS-erkrankte Patienten im fortgeschrittenen Stadium abgegeben werden darf, ist es einer Klage dreier bayrischer Ärzte vor dem Berliner Verwaltungsgericht zu verdanken, daß die AIDS-Indikation fallengelassen worden ist (zu diesen Auflagen vgl. im einzelnen 3.3.1.1).

Jeder Arzt, der eine ambulante Substitutionsbehandlung bei Patienten beginnt, sollte sich vorher bei erfahrenen Kollegen oder Standesorganisationen über die besonderen praktischen Alltagsprobleme (insbesondere die Vergabe an Wochenenden und im Urlaub) informieren. Darüber hinaus bleiben immer noch rechtliche Details einzuhalten (etwa lt. BtM-Verschreibungsverordnung das führen eines BtM-Buches, in dem alle wichtigen Daten eingetragen werden). (Vgl. zu weiteren Details 3.1.1.1.2. u. 3.3.1.1.2).

rechtliche Details

2.7.5.4 Substitutionsbehandlung im Strafvollzug

Verbreiteter i. v. Drogenkonsum in den Haftanstalten und die Tatsache, daß viele Gefangene hochdosiert in U-Haft genommen werden, hat dazu geführt, daß in mehreren Haftanstalten Substitutionsbehandlungen durchgeführt werden. Dabei werden sowohl draußen begonnene Substitutionen in den Haftanstalten weitergeführt als auch neue angefangen: sei es zum schrittweisen Entzug, als Dauerbehandlung oder als Mittel im Rahmen der Entlassungsvorbereitung. Voraussetzung ist, daß die Substitution draußen weitergeführt wird; dies muß bereits zu Beginn der Substitutionsbehandlung verbindlich gemacht werden. Gerade im Strafvollzug ist eine psychosoziale Begleitung als unterstützende Hilfe sinnvoll (BOSSONG/STÖVER 1992). Die Methadonvergabe ist in Haftanstalten z. Z. noch nicht sehr verbreitet. Noch immer weigern sich viele Ärzte (und Anstaltsleitungen), das mit der Substitution verknüpfte Faktum anzuerkennen, daß ein i.v. Drogenkonsum auch in ihrer Haftanstalt exisitiert. Polamidon darf in der Praxis nicht zu einem Privileg oder ordnungspolitischen Mittel werden (vgl. zur Übersicht: FRITSCH 1992).

Voraussetzung

Methadonvergabe noch nicht sehr verbreitet

2.7.6 Die Frauenperspektive

Von Jutta Jacob

2.7.6.1 Entwicklung und Hintergründe des Frauenansatzes in der Drogenhilfe

Am Anfang frauenbezogener Ansätze in der Drogensozialarbeit stand ein grundsätzliches Infragestellen androzentrischer Perspektiven, Konzepte und Organisationsformen, die die traditionelle Drogenhilfe prägen. Frauendrogenarbeit als Alternative ist ebenso einer geschlechtsspezifischen Reflexion von Drogenpraxis und Drogenpolitik verpflichtet, wie sie sich auf eine feministische Gesellschaftsanalyse bezieht.
Der Begriff Feminismus verbindet politische und analytische Dimensionen. Mit Blick auf das hierarchische Geschlechtsverhältnis und seine Folgen für die soziale und innere Wirklichkeit von Frauen zielt der feministische Diskurs darauf, »... Abhängigkeiten und Unterdrückung in ihren äußeren Bedingungen sowie ihren Verin-

geschlechtsspezifische Reflexion von Drogenpraxis und Drogenpolitik
Feminismus

nerlichungen aufzudecken.« (METZ-GÖCKEL 1986, S. 33). Ausgangspunkt ist die soziale Kategorie »Geschlecht«, die über Symbolisierungen von »Männlichkeit« und »Weiblichkeit« als kulturelles Ordnungsprinzip wirkt und soziales Handeln von Frauen und Männern geschlechtsspezifisch strukturiert. [»Kultur der Zweigeschlechtlichkeit« (HAGEMANN-WHITE 1984)] Diese »... kulturelle Zweigeschlechtlichkeit unserer gesamten Lebenswelt (...) bedarf (...) einer Analyse, die aufzeigt, wie jedem menschlichen Verhalten geschlechtsspezifische Bedeutung zugeordnet und wie diese im Lauf der Entwicklung verinnerlicht wird.« (FREYTAG 1992, S. 13) Politisch versteht sich Feminismus als Gegenbewegung in widerständigen Organisationsformen und »... in der Intention, die Geschlechterherrschaft abzuschaffen und jegliche Herrschaft überhaupt.« (METZ-GÖCKEL 1986, S. 33)

kulturelle Zweigeschlechtlichkeit

jegliche Herrschaft abschaffen

Mit einer praxisbezogenen Analyse der Lebens-, Wohn- und Arbeitswelt drogenabhängiger Frauen im subkulturellen Lebensraum und in gemischtgeschlechtlichen Drogenhilfeeinrichtungen haben seit Beginn der 80er Jahre Mitarbeiterinnen, Ehemalige und Betroffene einen Erkenntnis- und Wandlungsprozeß eingeleitet, der die basalen Strukturen der sozialen und subjektiven Wirklichkeit drogenabhängiger Frauen aufdeckt und zur Grundlage konzeptueller Veränderung macht.

soziale und subjektive Wirklichkeit drogenabhängiger Frauen

Die kritische Auseinandersetzung mit der Novellierung des BtMG von 1981 (»Therapie-statt-Strafe«, Rückmeldepraxis, Zusammenarbeit zwischen PraktikerInnen, Drogenhilfe und Justiz), mit dessen Konsequenzen für die Drogenhilfe (Förderrichtlinien und staatliche Kontrolle) rückte Themen wie Kontrolle, Definitions- und Entscheidungsmacht und hierarchische Beziehungsformen in Beratungs- und Therapiezusammenhängen in den Vordergrund. Machtformen und Machtstrategien auf den Ebenen struktureller, interaktionaler und personaler Verhältnisse im Drogenbereich wurden transparent. Der unverstellte Blick auf die besondere Betroffenheit drogenabhängiger Frauen offenbarte: narzißtischen Mißbrauch und sexuelle Übergriffe durch Berater und Therapeuten, begangen an Klientinnen (vgl. VOGT 1991, S. 67 ff.); sexuelle Gewalterlebnisse in der Kindheit und der Prostitution (vgl. MEBES/ JEUK 1990, ARENZ-GREIVING 1990); Diskriminierungs- und Entwertungserfahrungen, Konfrontation mit Sexismus in gemischtgeschlechtlichen Einrichtungen (vgl. HEINRICH 1991, S. 164). Das Ausmaß von Gewalterfahrungen drogenabhängiger Frauen wird deutlich: die negativen Therapieerlebnisse sind Spiegelung der gesellschaftlichen Unterprivilegierung.

besondere Betroffenheit: narzißtischer Mißbrauch und sexuelle Übergriffe

Diskriminierungs- und Entwertungserfahrungen, Sexismus

Dagegen entwickeln Praktikerinnen in Abgrenzungskämpfen und unter Legitimationsdruck Angebote feministischer/frauenspezifischer Drogenarbeit. Die Bilanz des 10jährigen Kampfes zeigt nun, daß die Notwendigkeit von Frauenspezifik fachlich und inhaltlich anerkannt ist, daß Frauenschwerpunkte drogen-, frauen-, gesundheitspolitische Relevanz haben. Gegenwärtig existieren in allen Bereichen der Drogenhilfe Angebote (s. auch unten 2.8.2.6), Initiativen, Projekte und Einrichtungen für drogenabhängige

Angebote feministischer/frauenspezifischer Drogenarbeit

Frauen (vgl. KREYSSIG/KUTSCHER 1991, S. 141 ff.):
- Beratungsangebote für drogenabhängige Frauen
- Feministische Drogentherapie (vgl. HEINRICH, 1991)
- Frauennachsorgeeinrichtungen
- Frauenschwerpunkte in gemischtgeschlechtlichen Einrichtungen (Frauengruppen, Frauenräume, Frauen-Wohngruppen)
- Spezifische Angebote für inhaftierte drogenabhängige Frauen
- Niedrigschwellige Frauenangebote: offene Treffs, Gesundheitsbetreung, Frauengruppen für HIV- und AIDS-erkrankte Frauen, Wohn- und Übernachtungsplätze, Räume für drogenabhängige Prostituierte
- Psychosoziale Betreuung substituierter Frauen
- Frauenspezifische Drogenprävention (vgl. KURMANN, 1993).

Initiativen, Projekte Einrichtungen

Angesichts der beschriebenen Vielfalt dürfen die knappen Ressourcen nicht übersehen werden. Lange Wartezeiten, unsichere Arbeitsplätze und mangelnde Kontinuität bedrohen die Realität der Initiativen und Projekte. Frauenarbeit gilt in der Praxis der institutionellen Drogenarbeit noch nicht als Standard, sondern als das Besondere, die Alternative, als Zusätzliches, dem in Zeiten von »Sozialabbau« Streichung droht. Praktikerinnen arbeiten weiter am Aufbau einer stabilen Infrastruktur feministischer/frauenspezifischer Arbeit mit Mitteln von Vernetzung, der Öffentlichkeitsarbeit, der Kooperation, wissenschaftlicher Auseinandersetzung und drogenpolitischer Partizipation.

knappe Ressourcen

Aufbau einer stabilen Infrastruktur

2.7.6.2 Zur Standortbestimmung feministischer und frauenspezifischer Ansätze

Feministische Drogenarbeit charakterisieren folgende Arbeitsformen und Kommunikationsstrukturen:
- Autonome Projektarbeit von Frauen mit Frauen
- Verzicht auf fachliche und organisatorische Hierarchien
- das Selbsthilfeprinzip steht vor therapeutischen Interventionsformen.

Feministische Drogenarbeit

Diese Grundsätze im Umgang von Frauen untereinander umreißen einen Erfahrungsraum, der eine weibliche Identitätssuche im Aufspüren männlich dominierter und orientierter Weiblichkeitsideologie zuläßt und damit die Entwicklung von Lebensperspektiven (ohne Drogen) in Selbstbestimmung und Eigenverantwortung ermöglicht. Feministische Drogenarbeit versteht sich somit als frauenpolitische Praxis.

als frauenpolitische Praxis

Die beschriebenen Prämissen passen nicht mit Verbandshierarchie und starren, dem Frauenalltag entfremdeten Institutionen zusammen. Deshalb organisiert sich feministische Drogenarbeit in Initiativen, Projekten und unter Trägerschaft kleiner, an Zielgruppeninteressen orientierter Vereine. Transparenz und Durchlässigkeit von Arbeits- und Beziehungszusammenhängen werden

Transparenz und Durchlässigkeit

132 2 Drogengebrauch – Formen, Bedingungen, Eingriffskonzepte, Alternativen

basisdemokratische Entscheidungen

genauso angestrebt wie basisdemokratische Entscheidungsprozesse. Form und Inhalt der Arbeit ergänzen sich konsequent.
Der Begriff »frauenspezifische Arbeit« signalisiert mehr Integration. Frauenspezifische Arbeit erwächst aus gemischtgeschlechtlichen Arbeitsbezügen, indem sie die spezifischen Bedürfnisse und Interessen drogenabhängiger Frauen vertritt und in separaten, adäquaten Formen umsetzt: Frauengruppen, Beratung von Frauen durch Mitarbeiterinnen, Frauenzeiten, Frauenwohngruppen etc. Reine Frauenangebote im institutionellen Rahmen und in der öffentlichen Regelversorgung bezeichnen sich als frauenspezifisch.
Obwohl sich beide Ansätze, der »feministische« wie der »frauenspezifische«, in ihrem politischen Selbstverständnis unterscheiden, gilt der Lebenssituation von drogenabhängigen Frauen das

das gemeinsame Interesse

gemeinsame Interesse, das die Grundlagen und Ziele der konkreten Arbeit definiert.

2.8 Drogenhilfe: Was könnte getan werden? – Alternativen

In der Darstellung von Normen und Praxis des gegenwärtigen Drogen-Interventionssystems ist die Dominanz des abstinenzorientierten Ansatzes deutlich geworden. Gegen die Vorherrschaft dieses Ansatzes haben sich in den letzten Jahren aufgrund der zunehmenden sozialen und gesundheitlichen Verelendung, einer hohen Mortalitätsrate und der wachsenden Betroffenheit der Drogengebraucher durch HIV-Infektionen und AIDS-Erkrankungen Alternativen herausgebildet.
Das Ziel der Abstinenz hat in der Drogenhilfe auch weiterhin seine Bedeutung, nur kann es nicht länger das einzig unhinterfragte bleiben. Ebenso bedeutsam ist für den Drogengebraucher wie für eine bedürfnisgerechte Drogenhilfe das Ziel, das Überleben auf der Szene, das Leben mit Drogen unter risikoarmen Bedingungen zu sichern;

gefordert sind integrative, vorwiegend ambulante Hilfen

gefordert sind also integrative, vorwiegend ambulante Hilfen, um eine soziale, gesundheitliche und psychische Stabilisierung der Abhängigen zu erreichen und um einem frühzeitigen Tod oder irreversiblen gesundheitlichen Schäden vorzubeugen. Diese Prioritätenverschiebung eröffnet der sozialen Hilfe neue Perspektiven.

2.8.1 Akzeptierende Drogenarbeit

konzeptionelle und praktische Umorientierungen

In der professionellen Drogenarbeit sowie in der Selbsthilfe sind seit Mitte der 80er Jahre konzeptionelle und praktische Umorientierungen festzustellen. Diese Umorientierung wurde in Begriffe gefaßt wie »nicht-bevormundende«, »suchtbegleitende«, »offensive«, »klientenorientierte«, »risikomindernde«, »akzeptierende«, »niedrigschwellige« Drogenarbeit oder Drogenarbeit mit »schwellenlosen Angeboten«. Die Begriffe verweisen auf Abgrenzungen gegenüber der traditionellen Drogenhilfe, die als »bevormundend« und »hochschwellig« wahrgenommen wurde. Sie deuten auf neue Akzentsetzungen und Inhalte hin, die in der traditionellen Drogenarbeit nicht oder nur ungenügend berücksichtigt wurden, wie etwa Angebote, die darauf abzielen, das Risiko des Drogengebrauchs zu reduzieren und den Drogenabhängigen zu begleiten (s. HEUDTLASS/STÖVER/WINKLER 1995).

In der Negation der herrschenden Drogenhilfe wird allerdings nur ein vages Gegenkonzept deutlich: Schwellen im Zugang zur Drogenhilfe sollen abgebaut werden, um die Reichweite der Hilfsangebote zu vergrößern, insbesondere für die Drogengebraucher, die durch hochschwellige drogenfreie Angebote nicht mehr erreicht oder gar bewußt ausgegrenzt werden. Eine Erhöhung der Reichweite ist nur durch eine bedürfnisgerechte, lebensweltnahe Ausgestaltung der Angebote möglich. Die Alltagsprobleme der Gebraucher und die Risiken des Konsums treten in den Vordergrund. Eine Bevormundung durch beratende oder therapeutische Institutionen wird aufgegeben zugunsten der Betonung der Selbstbestimmung der Drogengebraucher. Im folgenden wird der Begriff »Akzeptierende Drogenarbeit« gewählt, weil in ihm die praktische und normative Umorientierung ausgedrückt sind.

Reichweite der Hilfsangebote vergrößern

lebensweltnahe Ausgestaltung der Angebote

Betonung der Selbstbestimmung

Begriff »Akzeptierende Drogenarbeit«

Auf der praktischen Ebene geht es darum, den Drogengebrauch derjenigen zu akzeptieren, die ihn derzeit nicht aufgeben wollen oder können. Es werden Angebote eingerichtet, die voraussetzungsarm genug sind, um zunächst Kontakt zu diesen Drogengebrauchern herzustellen. Ziel dieser Angebote sind Überlebenshilfen und Maßnahmen der Gesunderhaltung, die die Lebensphase der Abhängigkeit überhaupt und möglichst ohne irreversible Schäden (wie eine HIV-Infektion) überstehen helfen: Angebote des Gesundheitsschutzes (Spritzenabgabe, medizinische Basishilfen, nahrhaftes und billiges Essen, Substitutionsbehandlung) und der Wohnraumversorgung (Übernachtungs-, Übergangshäuser, Hilfe bei der Wohnungssuche). Rechtliche Hilfen (Rechtsbeistand, Sozialhilfeberatung, Schuldenregulierung, Haftvermeidung) dienen vor allem der Abfederung des Kriminalisierungsdrucks. Die Angebote sollen für alle Betroffenen zugänglich und erreichbar sein. Eine Unterstützung darf daher auch nicht von einem Drogenfreiheitswunsch bzw. der Abstinenzforderung abhängig gemacht werden.

Überlebenshilfen und Gesunderhaltung

Wohnraumversorgung Rechtliche Hilfen

keine Abstinenzforderung

Auf der normativen Ebene können folgende Prämissen akzeptierender Drogenarbeit formuliert werden:

normative Prämissen

- Drogengebraucher haben, auch und gerade unter den Bedingungen des fortgesetzten Konsums, ein Recht auf menschenwürdige gesundheitliche und soziale Lebensbedingungen; sie müssen es nicht erst durch abstinentes und angepaßtes Verhalten erwerben.

Recht auf menschenwürdige Lebensbedingungen

- Drogenkonsumenten können für sich selbst verantwortlich handeln; Freiwilligkeit in den therapeutischen Beziehungen und bei anderen Hilfsangeboten bildet daher eine unveräußerliche Grundlage.

Freiwilligkeit

- Auch scheinbar unverständliches Drogenkonsumverhalten soll

2 Drogengebrauch – Formen, Bedingungen, Eingriffskonzepte, Alternativen

Drogenkonsum als eigenständigen Lebensstil akzeptieren

als eine persönliche Entscheidung aufgrund eines anderen Wertkonzeptes akzeptiert werden, als ein eigenständiger Lebensstil – auch dann, wenn man ihn selbst niemals übernehmen wollte. Als professionelle Drogenarbeiter können und brauchen wir somit nicht zu wissen, was für Drogenkonsumenten richtig, »sinnvoll« und »gut« ist. Drogenarbeiter können zusammen mit den Gebrauchern Alternativen diskutieren und entwickeln; die Gebraucher entscheiden letztlich selbst.

Diese Prämissen entspringen einem anderen Verständnis von Abhängigkeit, das die Anteile von Selbstbestimmung und Verantwortlichkeit des Abhängigen neben suchtspezifischen Zwängen betont sowie die subjektive Bedeutung auch des fortgesetzten Konsums illegaler Drogen für einen Lebensstil bzw. die Zugehörigkeit zu einer Subkultur verstehen will (vgl. WIESE 1989, S. 177 f.).

Selbstheilungskräfte und Betroffenenkompetenz fördern

Es geht darum, den Objekt-Status des Abhängigen zu überwinden, um Selbstheilungskräfte und Betroffenenkompetenz besser fördern und nutzen zu können. Dabei soll nicht die Ambivalenz von Aufhören- und Weitermachen-Wollen, in der jeder Drogenabhängige steckt, ausgeblendet werden. Für viele Drogengebraucher ist diese Ambivalenz jedoch nicht leicht auflösbar; es müssen Formen des Umgehens damit gefunden werden.

Methoden akzeptierender Drogenarbeit

Während also Akzeptanz des Drogenkonsumenten mit seiner Abhängigkeit die normative Handlungsanleitung darstellt, sind die Methoden akzeptierender Drogenarbeit lebensweltnah und bedürfnisgerecht ausgestaltet. Ob diese Methoden dann schließlich »niedrigschwellig«, »suchtbegleitend« oder »risikomindernd« genannt werden, ist relativ belanglos, da sie alle auf »Akzeptanz des Drogenkonsums« als Grundvoraussetzung jeglicher Hilfe verweisen; diese Begriffe werden daher im folgenden synonym verwendet.

Abstinenzparadigma?

Die genannten Begriffe einer drogenarbeiterischen Umorientierung haben derzeit Hochkonjunktur: Es ist daher bei ihrer Kopplung an konkrete Angebote zu fragen, ob es sich bei diesen Angeboten lediglich um eine – zweifellos notwendige – Methodenerweiterung, um eine neue Spielart innerhalb traditioneller Drogenhilfe handelt oder ob tatsächlich normative Veränderungen in der Sichtweise gegenüber den Rechten und Bedürfnissen von Drogengebrauchern erreicht sind. Ist also das Abstinenzparadigma abgelöst worden durch eine differenzierte Sichtweise des Drogenkonsumenten und seiner Bedürfnisse oder wird nur mit neuen, verfeinerten Methoden versucht das Abstinenzparadigma aufrechtzuerhalten? – Eine Antwort auf diese Frage bedarf der kritischen Vermittlung von Ansprüchen/Motiven mit dem praktischen Tun. Wenn niedrigschwellige Arbeit als Methode den traditionellen Angebotsfächer erweitert, werden darüber zwangsläufig auch die Prämissen der bestehenden Drogenarbeit verändert, denn in Kontaktläden etwa formulieren die Gebraucher ihre Bedürfnisse selbst und sind damit eine Herausforderung für die Drogenarbeit, der diese sich nicht entziehen kann. Die Befürchtung, daß Niedrigschwelligkeit als ein Lockmittel für drogenfreie Angebote funk-

tionalisiert werden könnte, blendet die Entscheidungs- und Urteilsfähigkeit der Konsumenten aus.
Angesichts des verbreiteten abweisenden Klimas, dem Drogengebraucher bzw. illegaler Drogengebrauch ausgesetzt sind, scheint das Akzeptanz-Konzept geringe Wachstumschancen zu haben: Akzeptierende Drogenarbeit muß daher auch um rechtlichen und politischen Freiraum kämpfen.

um rechtlichen und politischen Freiraum kämpfen

2.8.2 Praxis akzeptierender Drogenarbeit

2.8.2.1 Prävention – aber anders!

Traditionelle Prävention war bisher vorwiegend der Nicht-Akzeptanz des Umgangs mit den illegalen Substanzen verpflichtet: jeder Umgang mit diesen Drogen wurde pathologisiert, als gesundheitliches, psychisches oder soziales Problem dargestellt. Positive Effekte des Gebrauchs dieser Drogen wurden ausgeblendet, zugunsten negativer Folgen und Gefahren überbetont. Individuelle und soziale Risiken des Konsums illegaler Drogen gehen jedoch nicht allein von der stofflichen Natur der Drogen aus. Risiken für die psychische und physische Gesundheit ergeben sich vor allem aus dem illegalen Status der Droge und den Bedingungen auf dem Schwarzmarkt, kaum aus den abhängigen bzw. süchtigen Formen des Drogengebrauchs.

Risiken für die psychische und physische Gesundheit

Die traditionelle Drogen-Prävention, die sich der Drogenfreiheit (in Bezug auf illegale Drogen) verschrieben hat, kann, bei Strafe ihres vermeintlichen Unglaubwürdig-Werdens, kaum Strategien der Sucht-Prävention oder gar der Suchtbegleitung entwickeln: Sich der bloßen Verhütung der Sucht widmen hieße, einen nichtsüchtigen Gebrauch zu akzeptieren; sich der schadensminimierenden Begleitung Süchtiger widmen hieße, die Sucht zu akzeptieren.

traditionelle Drogen-Prävention

Zukünftig muß eine glaubwürdige Primär-Prävention den Konsum und seine Funktion, die Existenz illegaler Drogen und deren Sinn bzw. die Bedeutung für die Konsumenten klar im Auge haben. Wir müssen davon ausgehen, daß nur ein verschwindend geringer Teil in unserer Gesellschaft drogenabstinent lebt. Drogenabstinenz zum Präventionsziel zu machen ist illusionär. Schließlich muß auch anerkannt werden, daß selbst ein abhängiger Dauergebrauch bestimmter Drogen für bestimmte Entwicklungsphasen bestimmte Bedeutung haben kann: Relativ viele Menschen wollen oder können nicht ohne Drogenkonsum, auch den in abhängiger Form, leben. Sie haben diese Drogen in ihren Alltag fest integriert.

glaubwürdige Primär-Prävention

Das Ziel der Suchtprävention kann daher nicht mehr in der Verhinderung des Drogenkonsums liegen, sondern vielmehr in der Vermittlung und im Erwerb grundlegender Kompetenzen im Umgang mit den verschiedensten Drogen. Es stellt sich die Frage, ob nicht gerade der experimentierende, probehandelnde, genußvolle

Ziel der Suchtprävention

Umgang etwa mit Alkohol oder Haschisch in einer mit Drogen so gesättigten Gesellschaft wie unserer nicht auch eine wichtige Funktion im Sinne der Suchtvorbeugung einnehmen kann (vgl. NÖCKER 1990, S. 190; vgl. auch DHS 1994). Suchtvorbeugung i. d. S. heißt selbstbewußt und selbstkritisch einen kontrollierten oder genußvollen Konsum zu »erlernen«. Bücher, die dieses Ziel verfolgten, wie etwa OLVEDIs »Kleine Anleitung zum Gebrauch von halluzinogenen Drogen« (1972, S. 197 ff.) oder »Das Definitive Deutsche Hanf-Handbuch« (HAI, o. J.) wurden als drogenverherrlichende Schriften abgetan, und ihr Vertrieb war z. T. verboten. Statt an den als negativ definierten Aspekten des Drogengebrauchs anzusetzen, scheint es realistischer und glaubwürdiger, die Gebraucher zu verstehen und zu akzeptieren und an den von den Gebrauchern als positiv wahrgenommenen Seiten des Konsums illegaler Drogen anzusetzen (QUENSEL 1991).

Anerkennung des Genusses beim Drogenkonsum war bisher in der Präventionsdebatte tabu: sei es, daß sie mit dem (fachlich begründeten) Abstinenzparadigma konfligierte, sei es, daß sie mit (rechtlich begründeten) Verbotsanforderungen unvereinbar war. Nicht nur der intravenöse Drogenkonsum in der Anlaufstelle, auch der Konsum etwa von Alkohol oder Cannabis im Jugendfreizeitheim schließt ein aktives Umgehen mit und Zulassen von Genuß aus – mit entsprechenden Folgen für die Konsumenten, Cliquen und das nähere soziale Umfeld. Diese Situation bedeutet insbesondere für den Bereich illegaler Drogen einen Mangel an »positiven Genußvorbildern« (NÖCKER 1990). Der Zugang für Probierer ist häufig nur über die »auffällige« (offene) Szene, d. h. über abhängige Konsumenten möglich. Ein Kontakt zu Drogengebrauchern zwischen den Polen Abstinenz und Abhängigkeit jedoch stellt sich allenfalls zufällig ein, weil diese nur gelegentlich oder unauffällig illegale Drogen konsumieren.

Die Genußfähigkeit in Bezug auf Drogen ist nach NÖCKER (1990, S. 204) abhängig von mehreren Kriterien:

– Zeit haben/nehmen für die Entwicklung eines positiven Zustandes,
– Angstfreiheit als Voraussetzung für das Genießen,
– Erfahrungsbildung, um Vorgänge in sich und um sich herum besser unterscheiden und angemessen benennen zu können,
– Fokussierung und Konzentration auf den Drogenkonsum,
– Subjektivität des Genusses,
– Selbstbeschränkung als Vermeidung von Sättigung.

Viel wäre schon mit dem Zulassen, Dulden, Diskutieren positiver Erlebnismöglichkeiten durch Drogen in pädagogischen Situationen gewonnen. Denn jugendliche Neugier läßt sich nicht über Verbote und Ausschlußdrohungen befriedigend regulieren. Neuere Forschungsergebnisse zeigen, wie wichtig es etwa für Ausstiegsprozesse oder für einen kontrollierten Gebrauch von Drogen wie deren Verläufe sein kann, daß die Selbstverantwortung ernstgenommen und die Selbstbestimmung begleitend unterstützt werden. Das kann auch zu einer vermehrten Integration von Noch-Gebrauchern mit ihrer Betroffenenkompetenz in die Präventionsarbeit führen.

MARZAHN (1983, S. 128 ff.) formuliert einen Gegenentwurf zur gegenwärtigen, von Marktimperativen und Prohibition dominierten Drogenkultur. Elemente dieser »gemeinen Drogenkultur« sind:

- die Einbettung des Konsumenten in eine vertraute und verläßliche Gemeinschaft;
- die Autonomie im Umgang mit Drogen (der Konsum erfolgt weder durch Verbot noch durch Abhängigkeit fremdbestimmt, sondern nach erfahrungsgeleiteten, selbstgesetzten Regeln);
- die Kundigkeit im Drogenumgang (die Gebraucher wissen um Lust und Last, die Drogen bringen können).

Elemente »gemeiner Drogenkultur«

Diese Elemente sollten durchaus als Hintergrund für Inhalte der Drogenerziehung (also die bewußte und planmäßige pädagogische Einwirkung auf Kinder und Jugendliche in Sachen Drogen) als auch für die Gestaltung des gesamten gesellschaftlichen Umgehens mit Drogen dienen.

Schließlich hat Prävention auch drogen- und suchtunspezifisch, nämlich strukturell zu erfolgen. Die Fixierung auf die Substanzen und mögliche Gefahren ihres Gebrauchs lenkt ab von den grundsätzlichen Anforderungen und Konflikten, mit denen wir, und vielleicht Jugendliche besonders, täglich konfrontiert werden. »Suchtprävention, das heißt in erster Linie die Förderung von psychosozialen Kompetenzen wie Selbständigkeit, Selbstachtung, Sinnfindung und Lebensfreude, kommunikative, kooperative und Konfliktbewältigungsfähigkeiten, und von Erfahrungs- und Erlebnismöglichkeiten, die die Attraktivitäten riskanten Drogengebrauchs reduzieren, kompensieren oder sogar übertreffen« (SCHLÖMER 1991, S. 32).

Prävention muß auch strukturell erfolgen

Es ist längst nicht mehr ausreichend individuell-präventiv nur beim Drogenbenutzer anzusetzen, sein Verhalten und seine Einstellung zur Droge in Richtung Totalabstinenz ändern zu wollen (etwa über Wurfsendungen an alle Haushalte), sondern in einem strukturell-präventiven Ansatz müssen Lebensbedingungen geschaffen werden, die Freiräume für Experimentieren, Risikoerfahrung und den genannten Erwerb psychosozialer Kompetenzen bieten: Dazu bedarf es vor allem gesellschaftlicher Akzeptanz und Integration statt Verfolgung und Ausgrenzung. Ernstgemeinte Prävention muß also vor allem durch gezielte sozialpolitische Maßnahmen in den Bereichen Jugend, Soziales, Gesundheit, Kultur und Umwelt unterstützt werden. Dies wird zwar oft gefordert, bleibt aber weitgehend Lippenbekenntnis, da diese Unterstützung nicht im »Kampf gegen die Drogen« politisch verwertbar ist.

Freiräume für Experimentieren

gezielte sozialpolitische Maßnahmen

Im sekundär-präventiven Bereich müssen die Gebraucher illegaler Substanzen aufklärend und nicht verklärend über Gefahren der Sucht und Möglichkeiten und Techniken der Entwicklung bzw. Beibehaltung eines risikoarmen und ggf. kontrollierten Umgangs mit legalen wie illegalen Drogen informiert werden. Für diese Ori-

im sekundär-präventiven Bereich

2 Drogengebrauch – Formen, Bedingungen, Eingriffskonzepte, Alternativen

»safe use«

»safe use-Botschaften«

»safe use«-Training

»safe sex«

Materialien/Medien

Verbraucherschutz bzw. Verbraucherberatung

Tertiäre Prävention

Verringerung der Drogennot- und -todesfälle: Vorschläge

entierung in der Präventionsarbeit hat sich in den letzten Jahren der Begriff »safe use« herausgeschält (vgl. ausführlich: HEUDT-LASS/STÖVER/WINKLER 1995). Frei von moralisch-ideologischen Blockaden werden »safe use-Botschaften« in speziellen Trainingskursen, in der personalen Kommunikation (im Beratungsgespräch zwischen GebraucherInnen und BeraterInnen oder unter GebraucherInnen selbst) und durch bestimmte Medien (Videos, Informationsbroschüren) vermittelt. »Das ›safe use‹-Training beinhaltet also, ausgehend von einer möglichst realen Widerspiegelung der Konsumbedingungen in der Bundesrepublik, Präventionsbotschaften näher zu bringen, mit denen unnötige, vermeidbare Risiken beim intravenösen Konsum eingeschränkt werden. Damit soll die Häufigkeit drogenkonsumbedingter Unfälle minimiert, Lebenshilfe geleistet werden und die Lebensqualität möglichst auf Dauer gesichert bleiben« (HEUDTLASS 1994, S. 154). Konsumbedingungen, -techniken und -folgen (etwa Mischkonsum), Reanimationen, Erste Hilfe bei Überdosierungen (SPI o. J.), »safe sex« sollten Inhalte der personalen Kommunikation v. a. in der niedrigschwelligen Drogenarbeit sein, um gesundheitliche Risiken vermeiden zu helfen. Grundlage dieser Kommunikation können Materialien/Medien sein, die in den letzten Jahren in vielen Städten entwickelt worden sind (z. B. DROB INN-Hamburg (1994) »Safer Use: Über den richtigen Umgang mit Spritzen«; KONTAKT UND BERATUNGSZENTRUM BAUERNSTRASSE und KOMMUNALE DROGENPOLITIK/VEREIN FÜR AKZEPTIERENDE DROGENARBEIT BREMEN (1994): »Gut in Schuß«; J.E.S 1990; (vgl. Übersicht in HEUDTLASS/STÖVER/WINKLER 1995, S. 216 ff.). Dabei können sowohl das Wissen des Gebrauchers als auch das des Beraters überprüft und aufgebessert werden. – All diese Aktivitäten sind erste Schritte zu einer neuen Form von notwendigem Verbraucherschutz bzw. einer Verbraucherberatung über Drogenwirkungen, über die Gefahrenpotentiale unkalkulierbarer Substanzen und über risikoarme Anwendungsformen.

Tertiäre Prävention bezieht sich auf die Verhinderung von Krankheiten, Not- und Todesfällen bei bereits abhängigen DrogenkonsumentInnen. Angesichts des schlechten Gesundheitszustandes vieler DrogenbraucherInnen und einer hohen Mortalitätsrate müssen konkrete Hilfen in Drogennotfällen und Präventionsformen angesichts von Drogentodesfällen entwickelt werden. Zur Verringerung der Drogennot- und Drogentodesfälle haben SPIKOFSKI et al. (o. J.) unter anderen folgende Vorschläge erarbeitet:

■ eine klare Trennung von Strafermittlung und Rettungsdienst, wobei Beurteilungsspielräume der Polizei zugunsten des Notfallpatienten interpretiert werden sollten;

■ die Einrichtung von »Krankenstuben« zur Verringerung der Morbidität chronisch Kranker und Obdachloser sowie zur Sicherstellung der medizinischen Grundversorgung als angemessenen Bestandteil der Notfallprophylaxe;

■ die Durchführung von Trainingsprogrammen zur Einleitung

von Erste-Hilfe-Maßnahmen durch Ärzte für Drogenkonsumenten und professionelle Helfer (vgl. ELIAS 1989b, S. 29);
- die Einführung von Trainingsprogrammen zur Qualifizierung und Sensibilisierung von Polizei und Rettungsdienst für gesundheitspolitische Aspekte beim Umgang mit Drogenabhängigen.

Das Bundesministerium für Gesundheit (1993, S. 157 ff.) kommt in seiner differentiellen Untersuchung der Prävalenz und Ätiologie der Drogenmortalität – neben anderen – zu folgenden ergänzenden Präventionsanforderungen:

- Einrichtung von Krisenzentren, die Tag und Nacht geöffnet sind und bereits eine soziale und medizinische Versorgung einleiten können;
- stärkere Berücksichtigung und Einbeziehung des absehbaren Rückfallgeschehens in Behandlungsangebote;
- bessere Versorgung von Drogennotfallpatienten im Notarztwagen und im Krankenhaus.

BMG-Untersuchung

ergänzende Präventionsanforderungen

2.8.2.1.1 Infektionsprophylaxe

Infektionsprophylaxe bezieht sich beim Drogengebrauch auf mehrere auf gleichem Weg übertragbare Infektionskrankheiten. Während sich die Verbreitung von HIV-Infektionen unter Drogenkonsumenten in den letzten Jahren stabilisiert hat, müssen Hepatitis-Infektionen (HBV, HCV) als gefährliche, massiv der sich in der Drogen-Szene ausbreitenden Infektionskrankheiten angesehen werden. Nach wie vor müssen daher Bedingungen geschaffen werden, die es intravenös konsumierenden Drogengebrauchern ermöglichen, risikoreiche und z. T. unhygienische Praktiken zu verändern.

HIV-Infektionen

Hepatitis-Infektionen

Spritzentausch

Wesentliche Voraussetzung für Verhaltensänderungen in Bezug auf »needle sharing« ist allerdings eine umfassende Verbesserung der Versorgung mit sterilem Spritzbesteck, die bislang jedoch nicht erreicht worden ist. Eine angemessene Versorgung erfüllte folgende Kriterien: Kostengünstige, anonyme, nicht-moralisierende, sozialverträgliche und dezentrale 24-Stunden-Zugänglichkeit zu Spritzen. Diese Anforderungen an eine angemessene Spritzenzugänglichkeit können nur in einem differenzierten Versorgungsmodell erfüllt werden, das die Regelversorgungsdienste (z. B. Apotheken) ausdrücklich integriert:

a) Aufgrund ihrer Vielzahl und der langen Öffnungszeiten ist die dezentrale Vergabe durch Apotheken ein wichtiger Bestandteil einer angemessenen Versorgung mit Spritzen. Allerdings müßte die Vergabe verbraucherfreundlich organisiert sein: Vergabe durch *alle* Apotheken, niedrige Preise, Verkauf empfohlener und gewünschter Spritzenarten und Kanülengrößen – auch in kleinen Mengen. Zu überlegen wäre, ob über Apotheken nicht auch der Spritzentausch bzw. die Entsorgung gebrauchter Sprit-

Voraussetzung für Verhaltensänderungen: Versorgung mit sterilem Spritzbesteck

differenziertes Versorgungsmodell

Apotheken

zen gewährleistet werden könnte (etwa über materielle Anreize).

Beratungsstellen b) Der Spritzenumtausch in Beratungsstellen bietet vor allem den Vorteil einer (möglichen) kostenlosen Vergabe und einer angemessenen Entsorgung (1:1-Umtausch). Darüber hinaus bieten sich Möglichkeiten des Kontakts, der Informationsvermittlung und zur Inanspruchnahme weiterer Angebote.

c) Um eine Versorgung in den Abend- und Nachtstunden sowie an Wochenenden und Feiertagen zu gewährleisten, ist eine **Automaten** Abgabe von Spritzen über Automaten sinnvoll. Erfahrungen in mehreren Städten (Bremen, Hannover, Berlin, Gießen und mehrere Städte in NRW) zeigen, daß dies eine notwendige und effektive Ergänzung bestehender Vergabepraktiken darstellt. Dieses 24-Stunden-Angebot kann vor allem auch von denen in Anspruch genommen werden, die einen Kontakt mit Drogenberatungsstellen vermeiden und sich auch in Apotheken nicht als Drogengebraucher zu erkennen geben wollen. Die Entsorgung und 24-Stunden-Zugänglichkeit bieten Spritzenumtauschautomaten, die bereits in mehreren Ländern Europas eingesetzt werden. Allerdings eignen sie sich aufgrund ihrer Störanfälligkeit weniger für den ungeschützten Außenbetrieb.

Infektionsprophylaxe über einen Spritzenumtausch Infektionsprophylaxe über einen Spritzenumtausch bietet schließlich Möglichkeiten Betroffene einzubeziehen, ihre Kompetenz zu nutzen. Aufklärungs- und Informationsarbeit kann so glaubwürdig und authentisch geleistet werden.

Schutzimpfungen

Stabile Verhaltensänderungen (über Spritzen- und Kondomvergabe, Thematisierung der Risiken in Beratungsgesprächen etc.) anzustreben und dauerhaft zu stützen, sichert eine weitgehend selbstverantwortete Infektionsprophylaxe. Eine andere Form des Schutzes besteht in der Impfung, die zwar gegen HIV **Impfung** oder Hepatitis C nicht existiert, wohl aber gegen Hepatitis B. Die **Schwierigkeit** Schwierigkeit dieser Impfung liegt zumindestens für diejenigen DrogenkonsumentInnen, die in instabilen Verhältnissen leben, darin, 5 Termine über ca. 8 Monate hinweg einzuhalten.

Beim ersten Mal wird Blut entnommen, um zu untersuchen, ob schon Antikörper vorhanden sind oder eine akute Lebererkrankung vorliegt. Wer bereits eine Hepatitis durchgemacht hat, ist immun und muß sich nicht mehr impfen lassen. Ansonsten sind ein zweiter, dritter und vierter Arztbesuch für die Impfung nötig: eine Injektion in den Oberarmmuskel in einem Abstand von 4 Wochen zwischen der ersten und der zweiten Impfung und nach ca. 6 Monaten die dritteImpfung. Einige Wochen danach muß noch einmal Blut abgenommen werden, um zu testen, ob die Impfung angeschlagen hat. Nach 4 – 5 Jahren ist eine Auffrischung nötig. Ein Impfpaß dient der Dokumentation der Impfungen. Sinnvoll ist es, vor allem im Strafvollzug diese Impfung zu beginnen oder **»Compliance«** ganz durchzuführen: Die »Compliance« (Bereitschaft zum Mittragen der Behandlung) ist hier notgedrungen größer.

Sonderfall Strafvollzug

Auf den i. v. Drogenkonsum im Strafvollzug mit seinen spezifischen Infektionsrisiken muß endlich mit effektiven Gesundheitsschutzangeboten reagiert werden. Nach der Straflosstellung der Spritzenabgabe im BtMG (1992) kann die Spritzenabgabe zur Infektionsprophylaxe im Strafvollzug nicht mehr aus rechtlichen, sondern nur noch aus anstaltsinternen und vollzugspolitischen Gründen abgelehnt werden. Doch je selbstverständlicher und fachlich anerkannter eine differenzierte Spritzenvergabe in Freiheit ist, desto weniger kann der Strafvollzug dieses sinnvolle Mittel der Infektionsprophylaxe vorenthalten – schon allein aufgrund des Angleichungsgrundsatzes nach § 3 Abs. 1 Strafvollzugsgesetz nicht:»Das Leben im Vollzug soll den allgemeinen Lebensverhältnissen soweit als möglich angeglichen werden«.

Straflosstellung der Spritzenabgabe im BtMG

Die Pflicht der Vollzugsbehörden zur Gesundheitsfürsorge umfaßt auch den Infektionsschutz bei riskantem Verhalten. Mit einem Zeitverzug von 10 Jahren gegenüber dem Stand draußen muß im Strafvollzug die Diskussion um Akzeptanz geführt werden (vgl. zur Übersicht über sinnvolle infektionsprophylaktische Maßnahmen HEUDTLASS 1995, WINKLER 1995, insbes. für den Strafvollzug STÖVER 1995, S. 203 ff.).

Pflicht der Vollzugsbehörden

Spritzen(austausch)automaten, anonymer Spritzentausch im Sanitätsbereich, Spritzentausch über externe Dienste und Gruppen, all das sind auch im Strafvollzug praktizierbare Modelle der Infektionsprophylaxe. Sie sollten begleitet werden von »safe use«-Trainingsangeboten für die Strafgefangenen, vor allem vor Entlassungen (die erneute Aufnahme des Drogenkonsums in Freiheit ist wahrscheinlich und besonders risikobehaftet) und durch Fortbildungsangebote für die Bediensteten.

»safe use«-Trainingsangebote

Bis diese Maßnahmen umgesetzt sind, sollten den Gefangenen auf jeden Fall Desinfektionsmöldichkeiten und -mittel (»bleach«) zum Reinigen bereits vorhandener Spritzen zugänglich gemacht werden – möglichst mit präzisen Gebrauchsanleitungen (s. u. 5.5 und vor allem HEUDTLASS/STÖVER/WINKLER 1995, S. 98 – 104, 206 ff.).

Über die Vermittlung von »safe use«-Botschaften (Vermeidung des gemeinsamen Spritzengebrauchs und riskanter Praktiken des »drug sharing«) hinaus müssen gleichrangig auch »safe sex«-Botschaften zur Erhöhung der Kondomakzeptanz und Vermeidung riskanter Sexualpraktiken vermittelt werden. Besondere Angebote und Aktionen (an bestimmte Zielgruppen wie z. B. Freier) können zu einer effektiven Vermittlung von »safe sex«-Regeln beitragen (vgl. VLASBLOM/BIERSTEKER 1995, SCHWARZ 1995).

»safe sex«-Botschaften

»Convenience advertising« könnte dabei ein praktisches Mittel sein, Zielgruppen direkt mit infektionsprophylaktischen Botschaften zu konfrontieren. Dafür sind unterschiedliche Orte und Medien geeignet, an denen sich spezifische Zielgruppen mit bestimmten Botschaften ansprechen lassen (Rave Discos, Spritzenautomaten und -packungen, Toiletten etc.).

zielgruppenspezifische Ansprache

2.8.2.2 Kontaktläden, Szene-Cafés

Kontaktläden sind offene Bereiche der Drogenhilfe, in denen bestimmte gesundheitliche, soziale und juristische Hilfen angeboten bzw. organisiert werden. Die Einrichtung von Kontaktläden ist in Deutschland zurückzuführen auf die Hochschwelligkeit und Selektivität bisheriger professioneller Beratungsangebote. Nur wenige Drogenkonsumenten wurden erreicht, vorwiegend diejenigen, die, bereits mit gerichtlichen Auflagen kommend, Bedingungen einer Therapieaufnahme klären wollten. Um die Reichweite der Hilfe zu erhöhen, mußten also neue Angebots- und Organisationsformen entwickelt werden (BATHEN/SCHLIEHE 1989, S. 402 ff.).

Ziel Ziel von Kontaktläden ist zunächst der frühe Kontakt zu bisher nicht erreichten Drogengebrauchern, um u. a. die Vermittlung HIV/AIDS-präventiver Botschaften zu gewährleisten. Im Prozeß der Kontaktaufnahme und der Gewährung unmittelbar existentieller Hilfen können auch Vorurteile der Drogengebraucher gegenüber der professionellen Drogenhilfe abgebaut werden. Dies kann zu einer erhöhten Akzeptanz vor allem im Bedarfsfall führen. Mit bedürfnisgerechten materiellen Angeboten soll die aktuelle Lebenssituation verbessert werden. Unmittelbare Ansprüche an Verhaltensänderungen wie die Drogenfreiheit werden nicht ge-

Grundregeln stellt; lediglich gewisse Grundregeln, wie nicht zu dealen oder keine Gewalt anzuwenden, müssen befolgt werden. Die Hilfe ist »zieloffen«, sie kann in beraterische oder therapeutische Hilfen übergehen, muß es aber nicht.

Angebote Konkret bestehen die Angebote in den Kontaktläden in: Spritzenvergabe, Kaffee- und Teeausschank, billigen und nahrhaften Mahlzeiten, ambulanter Wundversorgung, medizinischen Basishilfen, Hilfen bei Wohnungs- und Arbeitssuche, Arztvermittlung, Sozialhilfe- und Rechtsberatung, Anbieten von Freizeit- und Sportaktivitäten. Diese Angebote sind z. T. auf die besonderen Bedürfnisse von Frauen zugeschnitten (MICHAELIS 1991a). Wichtig

Offene Räume: Zentren der Kommnikation/Ausgangsorte für Selbsthilfeaktivitäten sind diese offenen Räume auch als Zentren der Kommunikation und als Ausgangsorte für Selbsthilfeaktivitäten. Beispielhaft sind die Kontaktläden von »Verein Kommunale Drogenpolitik/Verein für akzeptierende Drogenarbeit« in Bremen, »LA STRADA« und »Café Fix« in Frankfurt am Main, »BELLA VISTA« in Offenbach, »DROB-INN« in Hamburg (JUSOS 1991) und die DROBS in Biele-

BMJFFG-Modellprogramm feld entwickelt. Das Bundesministerium für Jugend, Familie, Frauen und Gesundheit hat 1989 ein Modellprogramm zur schwellenlosen Drogenberatung (Booster-Programm) aufgelegt.

2.8.2.3 »Druckräume«: Angebote, in denen der intravenöse Drogenkonsum toleriert wird

Akzeptierende Drogenarbeit in Kontaktläden oder Übernachtungsstätten findet dort ihre Grenze, wo es um die Duldung des i. v. Drogenkonsums geht. Die mehrmalige Injektion am

Tag wird so ausgegrenzt und muß in aller Heimlichkeit und unter unwürdigen und unhygienischen Bedingungen stattfinden: nach wie vor dienen öffentliche Toiletten in Szenenähe, Häusernischen, Abbruchhäuser, Kinderspielplätze oder Parks denjenigen als Orte für einen »Druck«, die, um Entzugserscheinungen zu lindern, die Droge unmittelbar nach dem Erwerb zu sich nehmen. Diese Konsumbedingungen sind geprägt durch Streß, Verfolgungsängste, Hektik, Unvorsichtigkeit, den Zwang zur möglichst schnellen Drogenzufuhr, was der Hygiene des Injektionsablaufs keineswegs förderlich ist. Diese Bedingungen lassen weder einen risikoarmen Drogengebrauch zu, noch können unter ihnen risikoarme Gebrauchsregeln weiterentwickelt werden.

Konsumbedingungen

Eine Analyse der Fundorte von Drogentoten durch das BKA zeigt, daß ein großer Teil der sog. Drogentoten in öffentlichen Bereichen stirbt – ohne eine Chance von Hilfe. Obwohl diese Problematik bekannt ist, bestehen in der Bundesrepublik Deutschland nach wie vor rechtliche und politische Bedenken gegen eine Duldung des i. v. Drogenkonsums in den Angebotsräumen der niedrigschwelligen AIDS- und Drogenhilfe (vgl. zur Übersicht STÖVER 1991; zum Recht: BÖLLINGER 1991a; KÖRNER 1993).

Analyse der Fundorte von Drogentoten

In der Schweiz sind bereits seit Mitte der 80er Jahre solche Einrichtungen entstanden: »Tschönki-Room«, »Spritzehüsli«, »Gassenzimmer«, »Fixerstübli«, »Fixerpavillon« – all dies sind Bezeichnungen für Räume, in denen der (intravenöse) Gebrauch von Drogen toleriert wird. Entstanden sind diese Räume in den schweizerischen Städten Bern, St. Gallen und Basel als Reaktion auf die zunehmende gesundheitliche und soziale Verelendung der Drogengebraucher, die steigende Zahl HIV-Infizierter und AIDS-Erkrankter sowie die hohe Zahl sog. Drogentoter. Angesichts dieser Entwicklung kommt es der Drogenhilfe in der Schweiz mehr und mehr auf das Primat der Überlebenshilfe und der Vermeidung irreversibler Gesundheitsschäden (wie eine HIV-Infektion) an statt auf die Durchsetzung einer abstrakten Abstinenzforderung. Mit den Fixerräumen wird der Versuch unternommen, den Anspruch »Überlebenshilfe« praktisch umzusetzen: durch medizinische Soforthilfe, Reanimation bei Überdosierungen, Bereitstellung entsprechender Utensilien für eine hygienische Injektion. Darüber hinaus bieten diese Räume Möglichkeiten zu Kommunikation und Erfahrungsaustausch für die Gebraucher untereinander wie auch mit den Mitarbeitern der Drogenhilfe (Vermittlung HIV-präventiver Botschaften bzgl. der Risiken beim »needle sharing« und bei »drug sharing«-Techniken, Risiken sexueller Übertragung). Fixerräume erfüllen neben gesundheitspolitischen auch ordnungspolitische Funktionen. FORSTER (1994, S. 81) weist darauf hin, daß Staatsanwaltschaft und Polizei die Gassenzimmer primär als Rechtfertigung für Szeneräumungen und Vertreibungs-Aktionen nutzen: Aufgegriffene Drogenabhängige werden z. T. in die dezentralen Kontakt- und Anlaufstellen »verschubt«, weil hier ja ein geduldeter Aufenthaltsort für sie geschaffen wurde. Die Szene mit ihren Kommunikationsstrukturen kann so zer-

Schweiz

Primat der Überlebenshilfe und der Vermeidung irreversibler Gesundheitsschäden

Ordnungspolitik

schlagen werden. Zudem werden die Fixerräume als Überwachungsorte geschätzt.

Bundesrepublik

In der Bundesrepublik Deutschland sind seit einigen Jahren erste Erfahrungen mit der Duldung des i. v. Drogenkonsums gemacht worden, sei es in Kontaktläden, Übernachtungshäusern oder Nachtangeboten für drogenabhängige Prostituierte (BELKE/MICHAELIS 1994, S. 213 ff.). Oftmals haben sich in diesen Angeboten

informelle Regelungen der Duldung

informelle Regelungen der Duldung herausgebildet, die an die Bedürfnisse der GebraucherInnen und die Umsicht der MitarbeiterInnen gekoppelt waren. So wurden Bedingungen für einen hygienischen und streßfreien Konsum geschaffen: Bereitstellung von Ascorbin, Alkoholtupfern, sterilen Spritzen und Kanülen, Desinfektionsmitteln, Löffeln; im Notfall erfolgt eines Reanimation bzw. Benachrichtigung der Ambulanz (siehe auch »LA STRADA« der Frankfurter AIDS-Hilfe).

Es kommen mehr Kontakte zu bisher nicht bekannten Drogengebrauchern zustande. Die Beziehungen der Mitarbeitschaft zu den Besuchern wird durch die Duldung »ehrlicher«, dadurch aber nicht unbedingt streßfreier oder konfliktärmer, weil auch weiterhin Verbote bzgl. des Handels aufrechterhalten bleiben. Die Mit-

Mitarbeiter

arbeiter übernehmen verstärkt Ordnungs- und Kontrollfunktionen; ihre psychische und physische Belastung ist enorm hoch.

Belastung enorm

Eine Erfahrung aus diesen Ansätzen muß festgehalten werden, dies bestätigen auch schweizer Erfahrungen, daß nur *eine* offene Anlaufstelle in einer Stadt aufgrund ihrer starken Nutzung erheb-

Nachbarschaft

liche Probleme für die Mitarbeiter und die Nachbarschaft mit sich bringt, die sich aus dem Handel und den Szene-Treffpunkten in der Nähe solcher Einrichtungen ergeben. Solange nicht mehrere Einrichtungen gleichzeitig den i. v. Drogenkonsum in ihren offenen Angeboten dulden, scheint es realistischer zu sein, den i. v. Drogengebrauch zunächst in halboffenen Bereichen zu tolerieren: Notschlafstellen, (Übergangs-)Wohneinrichtungen, ambulanten Nachtangeboten für bestimmte Gruppen (drogenabhängige Prostituierte). Dieser Weg ist für Mitarbeiter weniger belastend, für Nachbarn und Politiker eher akzeptabel.

Vor diesem Erfahrungshintergrund hat der Senat der Freien und Hansestadt Hamburg bereits 1992 Mittel zum Betreiben von Fi-

»Gesundheitsräume«

xerräumen bzw. »Gesundheitsräumen« im Haushalt bereitgestellt. Die Umsetzung dieser Planung erfolgt durch den Hamburger Verein FREIRAUM, der bereits zwei Gesundheitsräume betreibt (Drug-Mobil und Abrigado) und weitere plant. Allerdings muß man sich zunächst noch auf »safe use«-Training, Spritzentausch und Beratung beschränken (vgl. DER SPIEGEL Nr. 10/1994, S. 88). Die Duldung eines streßfreien und hygienischen i. v. Drogengebrauchs scheitert immer noch an rechtlichen Bedenken. Der hessische Oberstaatsanwalt KÖRNER (1993) hat zwar in einem

zur Zulässigkeit

strafrechtlichen Gutachten »Zur Zulässigkeit von Gesundheitsräumen für den hygienischen und streßfreien Konsum von Opiatabhängigen« die Straflosigkeit der Einrichtung und Unterhaltung von Gesundheitsräumen unter bestimmten Bedingungen festge-

stellt: »... sofern der Erwerb, der Handel und die Abgabe in diesen Räumen nicht geduldet wird und durch Sorgfalt, Kontrolle und Fürsorge für einen hygienischen, streßfreien, risikomindernden Konsum Sorge getragen wird.«.
Doch offenbar sieht das die Generalstaatsanwaltschaft Hamburgs – mittlerweile – anders. Der Generalstaatsanwalt Weinert meint, das Körner-Gutachten sei noch keine Mehrheitsmeinung, »Gesundheitsräume« damit nach wie vor nicht legal. Der rechtliche Graubereich für das Betreiben von »Druckräumen« liegt – noch – im § 29 Abs. 1 Nr. 10 BtMG: Danach wird das »Verschaffen bzw. Gewähren einer Gelegenheit zum unbefugten Verbrauch, Erwerb oder zur unbefugten Abgabe von Betäubungsmitteln« unter Strafe (Freiheitsstrafe bis zu 5 Jahren oder eine Geldstrafe) gestellt (s. hierzu auch 3.1.1.1.5).

keine Mehrheitsmeinung

Die Betreiber solcher »Druckräume« handeln allerdings aus uneigennützigen Motiven im Interesse eines Gesundheitsschutzes der Drogengebraucher und einer effektiven AIDS-Prävention. Sie stellen zwar Räumlichkeiten zur Verfügung, dies aber nur für Nutzer, die bereits abhängig sind, d. h. sowieso – und unter meist viel riskanteren Bedingungen – ihre Sucht zu befriedigen gezwungen sind. Der Handel ist in diesen Räumen streng untersagt, Zuwiderhandlungen werden sanktioniert (vgl. MICHAELIS 1991a, S. 111 ff.; BÖLLINGER 1991a; KÖRNER 1993).

Betreiber handeln aus uneigennützigen Motiven

2.8.2.4 Streetwork und aufsuchende Sozialarbeit

Während »Akzeptierende Drogenarbeit« in Kontaktläden darauf abzielt, daß die Gebraucher in die Kontaktläden kommen, konzentrieren sich »Streetwork« und »Aufsuchende Sozialarbeit« darauf, die Drogengebraucher dort anzusprechen, wo sie sich treffen. Ziel ist auch hier der Kontakt zu Drogengebrauchern, die die professionelle Drogenarbeit bisher nicht in Anspruch nahmen oder von ihr ausgeschlossen wurden. Inhalt und Ziel dieser ambulanten Arbeit auf der Straße ist die Vermittlung von Informationen und Hilfen, die der Verbesserung der materiellen Situation des Drogengebrauchers, der Verhinderung des weiteren sozialen Abstiegs und weiterer persönlicher Perspektivlosigkeit dienen.

Ziel

Inhalt

Streetwork hat – abgesehen von Gespräch, Spritzentausch und Kondomvergabe oder Erster Hilfe im Drogennotfall – wenig Möglichkeiten um weitergehende direkte Hilfen anzubieten. Streetwork macht dort Sinn, wo Kontaktläden nicht oder noch nicht einzurichten waren. Streetwork und Kontaktläden können sich durchaus hilfreich ergänzen. Auch Streetwork ist zieloffen, nicht abstinenzfixiert, muß es sein, um überhaupt akzeptiert und an den Treffpunkten toleriert zu werden. Je nach Umgebung, Zielgruppe, Fachkompetenz, Erfindungsgeist und Durchsetzungsvermögen der Streetworker oder Mitarbeiter in niedrigschwelligen Angeboten gibt es die unterschiedlichsten Möglichkeiten zu ambulanter Arbeit (vgl. die Beiträge in KRAUSS/STEFFAN 1985; STEF-

Möglichkeiten

FAN 1988; zur Streetwork insgesamt: SOZIAL EXTRA, Heft 6, 1991; GUSY et al. 1994).

Bundesmodellprogramm

Innerhalb des Bundesmodellprogramms »Aufsuchende Sozialarbeit für betäubungsmittelabhängige Straftäter« (ASS) sind Erfahrungen mit aufsuchender Arbeit/Streetwork für langjährig Drogenabhängige (n=259) gemacht und ausgewertet worden (ARNOLD/FRITSCH/KORNDÖRFER 1989, S. 120 ff.). Aufsuchende Sozialarbeit wird im Rahmen dieses Programms geleistet auf der offenen Drogen-Szene, in einschlägigen Lokalen, Treffpunkten sowie

Angebote

in Kliniken und Psychiatrien. Die Angebote bestehen in der Vermittlung in Kliniken zur körperlichen Entzugsbehandlung und in stationäre Langzeiteinrichtungen, Aufsuchen von Klienten in Haft. Zielgruppe sind Drogenabhängige, die Therapien abgebrochen haben, aus der Strafhaft oder der Psychiatrie entlassen wurden.

2.8.2.5 Übernachtungsstätten

Aufgrund der sozialen Desintegration vieler Drogengebraucher und der enormen Wohnungsnot in den Großstädten gewinnen Übernachtungsstätten, die ohne großen bürokratischen Aufwand oder besondere Verhaltensanforderungen (»Clean-Sein«) in Anspruch genommen werden können, eine immer größere Bedeutung.

Nutzer dieser Angebote

Zu den Nutzern dieser Angebote gehören neben Obdachlosen auch Therapieabbrecher, Haft- oder Psychiatrieentlassene, die einige Monate dort übernachten und sich neu orientieren können. Diese Übernachtungsstätten unterscheiden sich nach Länge der möglichen Aufenthaltsdauer, der begleitenden Hilfsangebote und der Zulässigkeit des Konsums von Drogen bzw. der Sanktionierung des Drogengebrauchs (vgl. HIERETH 1989, S. 95 ff.).

Schweiz

Während in der Schweiz zunehmend auch Übernachtungsstätten den Drogengebrauch tolerieren und aus HIV/AIDS- und HBV-prophylaktischer Perspektive auch mit entsprechenden Utensilien für einen hygienischen intravenösen Drogengebrauch ausgestat-

Bundesrepublik

tet sind, arbeiten fast alle Übernachtungsstätten in der Bundesrepublik Deutschland mit der Auflage: kein Drogenbesitz, kein Drogenhandel und kein Drogenkonsum in der Übernachtungsstätte. Der »Verein Kommunale Drogenpolitik/Verein für akzeptierende Drogenarbeit« in Bremen toleriert in seinem Übernachtungs- und Wohnprojekt »Roonstraße 65« das »Drücken«: »Uns ging es dabei lediglich um einen aufrichtigeren und verantwortungsvolleren Umgang mit der Tatsache, daß an einem Ort, an dem sich 27 abhängige DrogengebraucherInnen aufhalten, unausweichlich intravenöser Drogenkonsum stattfindet.« (OPPERMANN 1991). Für die Akzeptanz des Drogengebrauchs gab es alle einschlägigen Gründe: ausschlaggebend war letzlich die Möglichkeit zur Erste-Hilfe-Leistung und angemessener gesundheitlicher Versorgung (Notarzt).

Bedarf

Der Bedarf an niedrigschwelligen Übernachtungs- und Kurzzeitwohnmöglichkeiten wird zukünftig mit wachsender Wohnungsnot und weiterer gesundheitlicher und sozialer Verlendung der Drogengebraucher sowie aufgrund der HIV/AIDS-Problematik steigen. Eine Untersuchung über Wohnprojekte für HIV-infizierte und AIDS-erkrankte Drogengebraucher zeigt, daß gerade die infizierten und erkrankten Noch-Gebraucher aus vielen »cleanen« Projekten herausfallen (STÖVER/SCHULLER 1990). Für viele Wohnprojekte (gerade auch im Rahmen des o. g. ASS-Programms) ist es bereits ein konzeptioneller Fortschritt, daß erst mit der Aufnahme in das Wohnprojekt der Drogenfreiheitsanspruch gilt und nicht der zeitlich vorgelagerte Aufenthalt in einer stationären Langzeiteinrichtung oder ein längerer Clean-Status vor dem Einzug (ARNOLD/FRITSCH/KORNDÖRFER 1989, S. 121; s. a. 2.7.2.2.4).

Wohnprojekte

2.8.2.6 Frauenspezifische Angebote

Die besondere Problematik drogenabhängiger Frauen (grundsätzlich s. o. 2.7.8) wird im Alltag wesentlich bestimmt durch die psychischen, gesundheitlichen und sozialen Folgen der Prostitution. Etwa ein Drittel bis zu 80 Prozent (vgl. MICHAELIS 1991a) aller drogenabhängigen Frauen gehen zumindestens gelegentlich der Straßenprostitution nach. Die Finanzierung der Sucht ist unmittelbarer Zweck der Prostitution. Die psychische und physische Belastung der Frauen wird zusätzlich durch prägende Gewalterlebnisse mit Freiern verschärft. Eine gesundheitliche Verelendung ergibt sich hauptsächlich aus dem ungeschützten Geschlechtsverkehr, den noch immer ein Großteil der Freier von drogenabhängigen Frauen verlangen; die Folge: Geschlechtskrankheiten und HIV-Übertragung(smöglichkeiten).

Um den Problemen drogenabhängiger Frauen gerecht zu werden, haben sich mehrere frauenspezifische Angebote in der niedrigschwelligen und therapeutischen Drogenarbeit entwickelt (vgl. o. 2.7.8; zum Überblick auch MERFERTH-DIETE/SOLTAU 1984), um die negativen Folgen psychischer, gesundheitlicher und sozialer Verelendung abzufedern. Ein gesundheitsförderndes Nachtangebot des »Vereins Kommunale Drogenpolitik/Verein für akzeptierende Drogenarbeit« in Bremen wendete sich z. B. ausdrücklich an drogenabhängige Prostituierte. Das Nachtangebot umfaßte folgende Angebote: Körperhygiene (Duschen, Wäschewaschen, Körperpflegemittel stellen), Ernährung (gesunde warme Mahlzeiten), Spritzentausch und Kondomvergabe zur Infektionsprophylaxe, Notübernachtung, Krisenintervention nach Vergewaltigungen, AIDS-, Sozial- und Rechtsberatung, Möglichkeit zum streßfreien und hygienischen i. v. Drogengebrauch (HEMKES 1991).

Prostitution

Gewalterlebnisse mit Freiern

z. B. Bremen

2.8.2.7 Selbsthilfeorganisationen und »alternativer Lebensstil«

TROJAN (1983) definiert die individuellen und kollektiven Handlungsformen als Selbsthilfe, die ohne Inanspruchnahme professioneller Dienstleistungen der prophylaktischen und reakti-

Definitionen

ven Bewältigung von Konflikten im sozialen Nahfeld und von individuellen Befindlichkeitsstörungen dienen. BOSSONG/MARZAHN (1989) unterscheiden zwischen alltäglicher und organisierter Selbsthilfe. Unter *alltäglicher Selbsthilfe* wird diejenige verstanden, die im Alltag der Angehörigen einer bestimmten Subkultur verankert ist und deren Zielsetzung nicht explizit thematisiert wird. »Hierzu zählen (...) die Formen einer ritualisierten, regelhaften Handlungspraxis, die der Ausgrenzung störender oder schädlicher Abweichungen und Exzesse dienen, insofern sie die Handlungspraxis weitgehend der individuellen Willkür entziehen«. (BOSSONG/MARZAHN 1989, S. 434 f.). Ein ritualisierter Drogengebrauch, als Ausdruck von Selbsthilfe, die Vermittlung von Wissen (über Wirkung, risikoarme Einnahmeformen und -techniken, Set und Setting) wird allerdings bedroht bzw. durch die Dynamiken von Prohibition und Schwarzmarkt erheblich erschwert.

Für die organisierte Selbsthilfe schlagen BOSSONG/MARZAHN (1989) folgende Unterteilung vor: kompensatorische, komplementäre und emanzipatorische oder autonomistische Selbsthilfe. Die kompensatorische Selbsthilfe hat die Funktion des Ausgleichs von Defiziten, die vom herrschenden Drogenhilfesystem nicht, nur unzureichend oder noch behoben werden können. Als Beispiel seien hier niedrigschwellige Kontaktläden genannt, die von Drogengebrauchern und Nicht-Benutzern eingerichtet wurden. Ihr Defizit bestand in der Nicht-Gewährung existentieller Hilfen (Spritzentausch etc.). Mit der vermehrten Einrichtung solcher offenen Bereiche in vielen DROBSen etablierter Träger der Drogenhilfe bleibt dieses Defizit z. Z. leider auch hier noch weiter auf der Tagesordnung.

Als komplementäre Selbsthilfe wird diejenige bezeichnet, die die traditionelle Drogenhilfe entlastet und komplettiert. Meistens ist eine Ausrichtung an Prämissen und Politik angrenzender Institutionen erfolgt. Als Prototypen seien Elternkreise und Nachsorgegruppen ehemaliger Drogenabhängiger genannt (vgl. zur Übersicht: LANDSCHAFTSVERBAND 1988).

Elternarbeit versucht, den Eltern und Angehörigen von jugendlichen Drogengebrauchern Unterstützung in Gesprächs- und Selbsterfahrungsgruppen zu geben, meistens allerdings – in drogenpolitischer Hinsicht – mit Abstinenzorientierung. Es haben sich aber Ende der 80iger Jahre Alternativverbände herauskristallisiert, die die Drogenfreiheitsfixierung zugunsten der Befürwortung von Substitutionsangeboten aufgegeben haben (vgl. HEGER 1994).

Die emanzipatorische oder autonomistische Selbsthilfe ist durch eine eigenständige und von traditionellen Institutionen unabhängige Problemsicht und -bearbeitung gekennzeichnet. Autonome Zieldefinition und Mittelwahl sind weitere prägende Merkmale.

Hingewiesen sei hier auch auf den Selbsthilfe-Typus der totalen Integration in eine homogene Lebensgemeinschaft nach dem Muster von »Synanon«. In ihm verbinden sich Aufnahmerituale, strikte Verhaltensnormen (z. B. absolute Abstinenz von jeglichen legalen und illegalen Drogen) mit einer fast absoluten Strukturierung des Tagesablaufs hinsichtlich Arbeit, Freizeit und Partnerbeziehung. Entscheidungsstrukturen sind strikt hierarchisch aufgebaut; Konflikte werden in besonderen »Spielen« aufgearbeitet, in denen Meinungsverschiedenheiten und emotionale Spannungen abgebaut werden sollen. Obwohl »Synanon« ursprünglich den Charakter einer Lebensgemeinschaft hat, in der jedes Mitglied so lange bleiben kann, wie es bestimmte Regeln einhält, kann »Synanon« als § 35er Einrichtung auch als Zweckgemeinschaft »genutzt« werden, die man nach Beendigung der »Therapie« wie alle anderen wieder verläßt. Der Nachteil »totalitärer« Selbsthilfekonzepte liegt vor allem in der Gefahr der Abkapselung gegenüber der äußeren sozialen Realität sowie der subkulturellen Verselbständigung.

Ein Beispiel der emanzipatorischen Selbsthilfe von Noch-Konsumenten bildeten die Anfang der 80er Jahre nach holländischem Vorbild in mehreren Städten der Bundesrepublik Deutschland entstandenen Junkie-Bünde. Diesen Zusammenschlüssen von Heroingebrauchern ging es um eine humane Behandlung und um bedürfnisgerechte Angebote auch für die Junkies, die kein drogenabstinentes Leben führen wollten oder konnten. Opiatgebrauch sollte als ein »alternativer Lebensstil« akzeptiert werden (vgl. BOSSONG/PYTTLIK/SCHAABER 1983, S. 142 ff.).

Beispiel emanzipatorischer Selbsthilfe Junkie-Bünde

Die Auflösung der meisten Gruppen bis Mitte der 80er Jahre ist zurückzuführen auf die hohe personelle Fluktuation. Aufgrund der Kriminalisierung der Drogengebraucher wurden Aktivisten verfolgt, verurteilt und mußten entweder eine Therapie oder Haftstrafe antreten. Erst Ende der 80er Jahre haben sich Selbsthilfeorganisationen von Nochgebrauchern neu gebildet. Der Grund dafür bestand vor allem in der stärker verbreiteten Substitutionsbehandlung, die es Drogengebrauchern erlaubte, ohne Beschaffungsstreß kontinuierlich politisch und helfend zu arbeiten. Die bekanntesten Gruppen sind der Junkie-Bund in Düsseldorf und der überregionale Zusammenschluß kommunaler Selbsthilfe-Gruppen J.E.S (Junkies, Ehemalige und Substituierte).

J.E.S

Mit J.E.S ist eine durch Betroffenenkompetenz und politische Artikulationsfähigkeit ausgezeichnete Organisation entstanden, die Selbsthilfe in der Drogen- und AIDS-Aufklärung leistet bzw. unterstützt und sozialpolitische Interessen der Drogengebraucher wahrnehmen kann. J.E.S ist ein Aktionsbündnis, das 1989 von Teilnehmern der Seminare zur Drogen- und AIDS-Situation der Deutschen AIDS-Hilfe gegründet wurde. Jedes halbe Jahr wird ein Sprecherrat gewählt, der die Aktivitäten plant und koordiniert. J.E.S richtet mehrere Seminare im Jahr zu spezifischen Problemen der Lage von Opiatgebrauchern aus. Die drogenpolitischen Forderungen von J.E.S lauten: Legalisierung und Gleichstellung mit anderen Suchtmittelgebrauchern (Alkoholikern, Tablettengebrauchern etc.), größere gesellschaftliche Akzeptanz gegenüber dem Lebensstil von Drogengebrauchern und Ex-Usern; kulturelle, juristische, soziale und gesundheitserhaltende Alter-

drogenpolitische Forderungen

nativen im Umgang mit den Bedürfnissen und Problemlagen von Drogengebrauchern und Ex-Usern; Wahrnehmung und Anerkennung der Betroffenenkompetenz durch Drogen- und Gesundheitspolitik (HERMANN 1991). Als politisches Nahziel fordert J.E.S den Einsatz des normalen Gesundheitswesens mit seiner Kapazität für die Ersatzmittelvergabe für jeden Drogenabhängigen, der die Substitution nutzen will.

politisches Nahziel

Wert dieser Gruppen

Der Wert dieser Gruppen liegt vor allem darin, daß die Entwicklung von Eigenaktivitäten und Verantwortung die Selbstbestimmung und Solidarität fördert. Die Selbsthilfeinteressen der Drogengebraucher sollten daher auf kommunaler Ebene wesentlich stärker unterstützt werden.

2.8.2.8   Alternative Entzüge

Die Neuorientierung der Drogenarbeit vernachlässigte alternative Formen des Drogenentzugs weitgehend. Erst in jüngster Zeit werden konkrete Alternativen praktiziert (vgl. zur Übersicht LANDSCHAFTSVERBAND WESTFALEN-LIPPE 1990). Grundsätzlich gefordert und zum Teil umgesetzt wird eine Entkopplung von Entzug und anschließender stationärer oder auch ambulanter Therapie, um auch diejenigen zu erreichen, die einen Entzug lediglich im Rahmen ihres Selbstheilungsprozesses nutzen wollen. Weiterhin geht es um inhaltlich differenziertere Methoden, um den unterschiedlichen Bedürfnissen, Fähigkeiten und Ressourcen der Drogengebraucher gerecht zu werden. Dazu zählt vor allem der medikamentengestützte Entzug, der von vielen Fachleuten seit Jahren als Ergänzung zum »Kalten Entzug« gefordert wird. Hier sind allerdings erst allererste Erfahrungen in Nordrhein-Westfalen und Hamburg gesammelt worden (s. 2.7.2.2.2).

Entkopplung von Entzug und Therapie

differenziertere Methoden

Neben dem stationären Entzug in einer Großinstitution sind auch ambulante, psychisch und sozial gestützte Entzüge (die von Personen verschiedenster Disziplinen aber auch von kundigen Laien geleistet werden können) mittels leicht erreichbarer medizinischer Hilfe möglich. Hier können auch die bei praktisch jedem Drogenabhängigen vorhandenen eigenen Entgiftungserfahrungen genutzt werden. Generell sollte auch hier gelten: ambulant vor stationär.

ambulant vor stationär!

CIKADE

Als alternatives Entzugsmodell, das zwar medikamentenlos, doch mit einem unkonventionellen Setting arbeitet, ist die CIKADE (Contact- und Aufbaustelle für kalten Entzug) in Basel zu verstehen. Seit 1981 führt die CIKADE (Adresse s. ARCHIDO/FH FRANKFURT AM MAIN 1995) 15tägige Entzüge für feste Gruppen von jeweils 7 – 9 Drogenabhängigen durch. Die Gruppendynamik soll dabei fruchtbar gemacht werden in Form von täglichen Gruppengesprächen, gegenseitiger Unterstützung bei Entzugsbeschwerden und einem gemeinsamen Einstieg in eine neue Lebensphase. Nach einer gründlichen Vorbereitung und medizinischen Voruntersuchung fährt ein interdisziplinäres Team mit der Gruppe in ein von Basel abseits gelegenes Haus und unterstützt dort mit therapeutischen Mitteln den Drogenentzug. Körperliche Pflege, Bäder, Massagen, Wickel, Sauna, Bewegung an der frischen Luft, Kräutertees werden als Mittel benutzt, um auf den gesamten Organismus ausgleichend und harmonisierend zu wirken. Die Haltequote derer, die den 15tägigen Entzug in den letzten 7 Jahren abgeschlossen haben, ist mit durchschnittlich 73,9 % relativ hoch (LEBER 1990, S. 38 ff.).

Haltequote

Angelehnt an das CIKADE-Konzept hat der Landschaftsverband Westfalen-Lippe das 14tägige außerklinische, binationale (d. h. auch für Deutsche aus den Niederlanden) Drogenentzugsprojekt COUDEX (Adresse s. ARCHIDO/FH FRANKFURT AM MAIN 1995) eingerichtet. Wesentliches Anliegen von COUDEX ist es, 14 Tage ohne Drogen zu leben und hierbei möglichst viele positive Erfahrungen zu sammeln.

COUDEX

Zunehmend wird die Akupunktur als unterstützende Maßnahme in der Entzugsbehandlung eingesetzt (OUDEMANN 1990, S. 32).

Um die eigenen Ressourcen für einen Selbstentzug zu stärken hat die Drogengebraucher-Organisation MDHG in Amsterdam (s. hierzu TRAUTMANN 1995, S. 221 ff.) Tips und Erfahrungen für den Selbstentzug veröffentlicht (1987). Der Entzug ist unter entsprechenden äußeren Bedingungen und unterstützt durch Hilfspersonen durchaus zu Hause durchführbar.

Selbstentzug

zu Hause

2.8.2.9   Wie können sich Nichtbenutzer beteiligen?

Ein Modell der aktiven Beteiligung von Nicht-Benutzern von Drogen an der Hilfe für Abhängige liefert der an den Erfahrungen der Anti-Psychiatrie orientierte »Medizinisch-Soziale Dienst für Heroingebraucher Amsterdam« (vgl. SCHAABER 1983b, S. 153). Diese Organisation Engagierter, vorwiegend Intellektueller, hat es sich zur Aufgabe gemacht, die Öffentlichkeit auf allen Ebenen über die Probleme des Heroin-Konsums und vor allem die Konsumenten unter dem Aspekt der Kriminalisierung aufzuklären. Sie hat nicht den Kampf gegen die Sucht auf ihr Banner geschrieben, sondern stellt sich der Aufgabe, die Situation für Drogenabhängige erträglich zu gestalten. Und es scheint, daß eine solche Organisation auf jeder Ebene alternativer Drogenarbeit mitarbeiten kann, ohne notwendig in das Kontrollnetz des Staates eingebunden zu werden. Auch für nicht-professionelle sozial Engagierte, insbesondere auch für Eltern, Angehörige und Freunde liegt hierin eine Chance, sich – ohne Rettungsphantasien im Sinne des »Helfer-Syndroms« (SCHMIDBAUER 1977) – zu betätigen.

MDGH-Modell

nicht-professionelle sozial Engagierte

Zunehmend melden sich auch Elternvereinigungen zu Wort, die nicht nur Selbsthilfe zwecks Aufarbeitung ihrer eigenen Lage betreiben, sondern die sich auch aktiv an der drogenpolitischen und fachlichen Diskussion beteiligen. Kennzeichnend für diese Gruppen ist die im Gegensatz zur Bundesvereinigung der Elternverbände befürwortende Position zu Methadon und zu bedürfnisgerechten und akzeptierenden Versorgungsstrukturen im Sozial- und Gesundheitssystem (Adressen s. ARCHIDO/FH FRANKFURT AM MAIN

Elternvereinigungen

1995.; vgl. zur Diskussion über Elternkreisarbeit: LANDSCHAFTS-
VERBAND WESTFALEN-LIPPE 1988).

2.9 Drogenpolitik: Was könnte getan werden? – Alternativen

2.9.1 Entkriminalisierung – Legalisierung

»Krieg gegen die Drogen«

Die repressiven Maßnahmen der Drogenpolitik sind international eskaliert zum »Krieg gegen die Drogen«. Die negativen und kontraproduktiven Folgen dieser Kriegspolitik für die Drogenarbeit, die Drogengebraucher und einen gesellschaftlich aufgeklärten Umgang mit dem »Drogenproblem« sind offensichtlich. In letzter Zeit verstärkt sich die Diskussion um Kontrollalternativen (vgl. zur Übersicht über die Diskussion in den USA: INCIARDI 1991; in der BRD: STÖVER 1994b). Aufgrund der Vielfalt der in der Drogenarbeit und -politik involvierten nationalen wie internationalen Interessen, ist ein schneller Übergang von der Prohibition in die Freigabe, selbst wenn sie gewollt würde, nicht zu realisieren. – Dies belegt der öffentlich vielfach mißverstandene Beschluß des Bundesverfassungsgerichts vom 9.3.1994 (veröffentlicht in: StV 1994, S. 295 ff.): Es ist von lediglich symbolischer Bedeutung, daß darin zögerlich verlangt wird, die Einstellungspraxis in Strafverfahren gegen Gelegenheitskonsumenten, die »geringe Mengen« von Cannabis zum Eigenverbrauch erwerben und besitzen, zu vereinheitlichen (ausführlich dazu s. u. 3.1.1).

Übergang von der Prohibition in die Freigabe

realisierbare Zwischenschritte

Im folgenden geht es vielmehr um realisierbare Zwischenschritte auf dem Weg zu einer ganzheitlichen, verbraucherfreundlichen und die Interessen der Konsumenten berücksichtigenden Drogenpolitik.

Daß eine Kontrolle psychotroper Substanzen grundsätzlich nötig ist, kann als ein gesellschaftlicher Minimalkonsens vorausgesetzt werden. Die strafrechtsorientierte, selektive Prohibition hat es jedoch nicht vermocht Produktion, Verkehr und Handel von Drogen wie auch die Qualität der konsumierten Substanzen wirksam zu kontrollieren. Sie überläßt alles dem freien Schwarzmarkt, dessen Existenz und Gewinne sie so garantiert. Prohibition bewirkt das Gegenteil von Regulation und Kontrolle: Deregulation.

Prohibition bewirkt Deregulation

Es kommt also darauf an, wirksame, gesellschaftlich erprobte, legitimierbare und bereits akzeptierte Kontrollmodelle auf Möglichkeiten einer Integration der unter das Betäubungsmittelgesetz subsumierten Substanzen zu prüfen.

Mit Legalisierung meinen wir:

Begrifflich muß dabei sorgfältig unterschieden werden: Mit Legalisierung meinen wir die Aufhebung des absoluten Verbots bestimmter Drogen. Dies kann durch Herausnahme aus der Liste der nicht verkehrsfähigen Substanzen und Umstufung in die Liste verschreibungsfähiger Drogen geschehen, aber auch durch eine komplette Herausnahme aus dem BtMG und eine verwaltungsrechtliche Regelung im Arzneimittelgesetz oder im Lebensmittel- und Bedarfsgegenstände-Gesetz, das z. B. den Umgang mit Alkohol und Tabak regelt. Die legale Zugänglichkeit zu Drogen ist stets nur denkbar innerhalb eines bestimmten Kontrollmodells, das u. a. Abgabe-, Verkaufsbeschränkungen (Mengen, Zielgruppe), Qualitätssicherung u. ä. regelt. Einige Autoren unterscheiden zwischen Totallegalisierung (vgl. das »Genußmittelmodell« von SCHMIDT-SEMISCH 1992) und Partiallegalisierung, in der nur bestimmte Drogen legalisiert werden (etwa durch eine ärztliche Verschreibung im Medizinmodell).

Totallegalisierung
Partiallegalisierung

Mit Entkriminalisierung meinen wir relative Maßnahmen, wie z.B. geringere Strafmaße, die Bewährungsaussetzung sowie »Therapie vor Strafe«, die Umwandlung von Freiheitsstrafe in Geldstrafe, und vor allem den Strafverzicht durch Verfahrenseinstellung. Die Juristen sprechen insofern genauer von Entpönalisierung.

Mit Entkriminalisierung meinen wir:

Unter dem Begriff Liberalisierung wird in einem allgemeinen Sinne eine Lockerung der prohibitiven Gesetzgebung verstanden, die sowohl Elemente der Entkriminalisierung als auch der Depönalisierung beinhalten kann.

Liberalisierung

Die Forderungen nach Deeskalation, Normalisierung und einer rationalen Drogenpolitik zielen darauf, den irrationalen Umgang mit Konsumenten illegaler Drogen, ihre Ausgrenzung und Sonderbehandlung abzubauen. Für COHEN (1992, S. 50) besitzt »Normalisierung« mehr als nur eine strafrechtliche Dimension: Er begreift sie als einen Prozeß, an dessen Ende ein Verhalten offiziell toleriert wird, das vom Gesetzgeber oder der Mainstream-Kultur zuvor als pathologisch, kriminell oder in anderer Hinsicht abweichend sanktioniert wurde.

»Normalisierung«

2.9.1.1 Immanente Verbesserungen des BtMG

Zentraler Ansatzpunkt für immanente Verbesserungen des BtMG ist die gesetzlich schon vorhandene, doch in der Verurteilungspraxis zuwenig in Anspruch genommene Möglichkeit der Verfahrenseinstellung und des Absehens von Strafe bei konsumorientierten Umgangsweisen mit Drogen (ausführlich dazu 3.1.2.1.9). Zwar wurde durch die – über den Bundesrat ursprünglich von Hamburg initiierte – Einführung des § 31a BtMG im Jahre 1992 noch deutlicher auf dieses an sich auch vorher schon vorhandene Instrument der Entkriminalisierung hingewiesen. Weiterhin variieren aber die Einstellungsquoten sehr stark, z. B. zwischen 5,9% in Bayern und nahezu 80% im Norden der Republik. Zwar hat das BVerfG das BtMG pauschal für verfassungskonform erklärt, es hat aber immerhin eine verbindliche Vereinheitlichung der Einstellungspraxis gefordert. Von Teilen der Strafrechtswissenschaft wird gefordert, eindeutige diesbezügliche Regeln und Grenzwerte in das BtMG hineinzuschreiben (zu den Mengenfestlegungen s. 3.1.1.2.1 u. 3.1.2.1.9). Bei einer weiterhin rigiden Drogenpolitik und ohne Aussicht auf eine wirkliche Entkriminalisierung auch nur von Cannabis liegt im Fehlen der gesetzlichen Regelung aber auch die Chance, daß die Untergerichte allmählich

Zentraler Ansatzpunkt: Möglichkeit der Verfahrenseinstellung und des Absehens von Strafe

Einstellungsquoten

Strafrechtswissenschaft fordert

Untergerichte

entgegen der höchstrichterlichen Rechtsprechung höhere Grenzwerte entwickeln und durchsetzen. Dies betont sogar das BVerfG. Je höher die Grenzwerte, desto mehr Verfahren müßten bzw. könnten die Staatsanwaltschaften dann einstellen. Dies wäre angesichts der mit circa 80% extrem disproportionalen Bestrafung von Drogengebrauchern ein wichtiger Schritt zur faktischen Entkriminalisierung.

Konkretisierung des BVerfG-Beschlusses notwendig

Es ist zur Konkretisierung des BVerfG-Beschlusses notwendig, einen konkreten Beispiels- oder Kriterienkatalog für die Bestimmung von Drogenmengen, des Schuldmaßes und des öffentlichen Interesses tatbestandlich oder in den Richtlinien für das Straf- und Bußgeldverfahren (RiStBV) zu verankern (so auch KÖRNER 1994). Außerdem müßten entsprechende Richtlinien für die Einstellung bei allgemeinen Beschaffungsdelikten geschaffen werden. Weitergehend würden wir im Sinne einer solchen mittelfristigen und relativen Entkriminalisierung nach holländischem Muster für eine flexible Handhabung durch die örtlichen Behörden – mit der Möglichkeit drastischer Erhöhung der Grenzmengen – plädieren: dort werden Konsumenten nicht verfolgt, wenn sie mit Mengen bis zu einem Monatsbedarf angetroffen werden (JANSEN 1991). Teilweise liegt die Grenze z. B. bei 500 g Cannabis, zum Teil toleriert man auch den Opiatbesitz: Würde man den Stoff konfiszieren, wären die Konsumenten sofort wieder auf der Szene und zu weiterer Beschaffungskriminalität gezwungen.

Entkriminalisierung nach holländischem Muster

materiell-rechtliche Legalisierung

Weiterhin bleibt aber die materiell-rechtliche Legalisierung zu fordern, möglicherweise abgestuft nach Drogenarten und Mengen. Auf jeden Fall müßte der Straftatbestand des Besitzes »geringer Mengen« (§ 29 Abs. 1 Nr. 3) gestrichen werden (so auch DEUTSCHE AIDS-HILFE, o. J.; KÖRNER 1994). Gleichzeitig könnte man andere Umgangsformen (Erwerb, Herstellung, Einfuhr, Ausfuhr, Veräußerung) mit Drogen, die der Deckung des Eigenbedarfes dienen, aus dem Katalog der Straftaten herausnehmen.

Rechtssicherheit schaffende Hinweise im BtMG gefordert

Über die Entkriminalisierung der Drogengebraucher hinaus sind auch Rechtssicherheit schaffende Hinweise im BtMG zur Strafbarkeit bestimmter Hilfsmaßnahmen gefordert. Neben der gesetzlichen Fixierung der Möglichkeit (in § 13 BtMG) und der Praktikabilität (in § 2 BtMVV) der Substitutionsbehandlung für jeden Drogenabhängigen, der die Substitution wünscht (siehe im folgenden Absatz), sowie der Straflosigkeit der Abgabe von sterilen Spritzen (in § 29 Abs. 1 Ziffer 14 BtMG) bleibt zu fordern, das »Verschaffen einer Gelegenheit zu unerlaubtem Drogengebrauch« (§ 29, 1, Zi. 10 BtMG) aus dem Strafbereich herauszunehmen. Danach wäre auch die Einrichtung von Kontakt- und Anlaufstellen bzw. sog. »Fixer-Stübli« oder »Gesundheitsräume«, in denen der Gebrauch von Drogen toleriert wird, straflos (vgl. KÖRNER 1993; s. a. 2.8.2.3).

»Gesundheitsräume«

Substanzanalyse straflos stellen

Schließlich bleibt eine gesetzliche Klarstellung zu fordern, daß die unserer Meinung nach gemäß § 4 Abs. 1 Nr. 1e BtMG rechtmäßige, risikomindernde Substanzanalyse bzw. Untersuchung von illegalen Drogen durch Apotheker oder andere Experten straflos ist.

2.9 Drogenpolitik: Was könnte getan werden? – Alternativen

Statt materiell-rechtlich zu entkriminalisieren hat das sog. »Organisierte-Kriminalitäts-Gesetz« vom 15.7.1992 massive Strafbarkeitsverschärfungen gebracht, welche angeblich nur die gefährlichen Dealer und Hintermänner treffen sollen: Eine besondere Strafbarkeit der Geldwäsche (§ 261 StGB); eine – verfassungsrechtlich problematische – neue Strafart: die Vermögensstrafe (§ 30 c BtMG); den »Verfall« aller im Zusammenhang mit rechtswidrigen Taten vermutlich erlangten Vermögensvorteile (§§ 73 ff. StGB); von 4 auf 5 Jahre erhöhte allgemeine Strafdrohungen und wesentlich höhere für »besonders gefährliche Begehungsweisen« wie Drogenumgang mit »nicht geringen Mengen« oder als »Bande«.

OrgKG

Die kriminologische Forschung zeigt, daß solche Gesetzesverschärfungen kaum je die eigentlichen Adressaten treffen, sondern faktisch – vor allem wegen des Erfolgsdrucks der Polizei – zumeist auf selbst abhängige und behandlungsbedürftige Dealer angewandt werden. Zu fordern ist also die Rückgängigmachung dieser kontraproduktiven Vorschriften.

kriminologische Forschung

Schließlich sollte auf der Rechtsfolgenseite die unselige Verquickung von justitieller Strafe und therapeutischer Hilfe gelöst werden (s. im einzelnen 3.1.3.1). Zwar hat das »Gesetz zur Änderung des BtMG« vom 9.9.1992 geringfügige Verbesserungen gebracht: Gegen die Ablehnung der Zurückstellung gibt es nun ein Rechtsmittel (§ 35 Abs. 2 BtMG); die Zurückstellung muß bei Therapieabbruch nicht unbedingt widerrufen werden (§ 35 Abs. 5); das Erfordernis der »erheblichen Einschränkung der Lebensführung« wurde fallengelassen, so daß nun relativ offene oder gar ambulante Therapieformen auf die Strafe anrechenbar sind (§ 36 Abs. 3 BtMG); schließlich ist das »Absehen von der Verfolgung« nach § 37 BtMG derart erleichtert worden, daß der Nachweis irgendeiner, also auch einer ambulanten Behandlung genügt.

Verquickung von justitieller Strafe und Therapie lösen

Zurückstellung

Absehen von der Verfolgung

All dies sind Schritte in die richtige Richtung. Zu fordern bleibt einiges: Die Heraufsetzung der Grenze der Freiheitsstrafe, bis zu der die Strafe zurückgestellt werden kann, von 2 auf 3 Jahre, weil bei steigenden Strafmaßen immer mehr drogenabhängige, zur Deckung des Eigenbedarfs handeltreibende Kleindealer die Strafe absitzen müssen.

Zu fordern bleibt: Erweiterung des Strafverzichts

Im Interesse einer allmählichen Wiederherstellung der verfassungsrechtlich gewährleisteten Therapiefreiheit und der notwendigen Entkoppelung von Therapie und Strafe wäre zumindest auf das Erfordernis der staatlichen Anerkennung zu verzichten: die notwendige Ausbildung für die und die Sorgfaltswaltung bei der Substitutionsbehandlung sind wie bei jeder ärztlichen Behandlung ein Problem der Wissenschaft und ärztlichen Fortbildung, nicht jedoch das einer dogmatischen Schulmedizin (vgl. BÖLLINGER 1989; HAFFKE 1990).

Therapiefreiheit

Im Sinne eines Endes der diskriminierenden Sonderbehandlung von Drogenabhängigen finden wir es im übrigen weiterhin notwendig, die §§ 35 – 38 BtMG überhaupt zu streichen. Sinnvolle Maßnahmen wie Therapie und Substitutionsbehandlung können,

§§ 35 – 38 BtMG streichen

Kronzeugenregelung abschaffen

individuell abgestimmt und ohne entwürdigenden Zwang, dafür aber mit mehr Erfolgsaussicht, im Rahmen der Bewährungsaussetzung mit Auflagen und Weisungen nach §§ 56 ff. StGB umgesetzt werden.
Um weitere Denunziation, Gewalt und das Mißtrauen innerhalb der Drogenszenen, die ja auch gesundheitsschützende Elemente entwickeln können, abzubauen, sollte außerdem die Kronzeugenregelung (§ 31 BtMG), abgeschafft werden. Dies fordert am konsequentesten die AG-Drogenpolitik der SPD (vgl. AG DROGENPOLITIK 1991).

2.9.1.2 Diversifizierte Opiatabgabe

Als unverzichtbarer Bestandteil einer Entkriminalisierungsstrategie hat sich die Substitutionsbehandlung Opiatabhängiger nun endlich auch in Deutschland durchgesetzt, wenn auch regional noch in sehr unterschiedlichem Maße (im einzelnen 2.7.5). Diese sichert eine gesundheitliche und soziale Stabilisierung der Konsumenten und eine Befreiung vom Drogenbeschaffungsdruck über eine legale Befriedigung der Sucht innerhalb einer kontrollierten Ersatzstoffabgabe. Getestet bzw. verwendet

legale Medikamente bzw. Wirkstoffe

werden derzeit in Deutschland vor allem die legalen Medikamente bzw. Wirkstoffe L-Polamidon und das durch die 5. BtMÄndV seit 1.2.1994 zugelassene Methadon-Racemat, aber auch Remedacen, Clonidin, Burprenorphin, Naltrexon. Hinsichtlich der letztgenannten gibt es starke Bestrebungen, ihre Verwendung als Substitutionsmittel in dem gegenwärtigen Entwurf der 6. BtMÄndV nur bei Unverträglichkeit von Methadon zu erlauben.
Die Nachfrage nach Substitutionsangeboten übersteigt weiterhin das Angebot. Das liegt einmal an der unveränderten, auch nach der offiziellen Anerkennung durch den neugefaßten § 13 BtMG rechtlich vorgegebenen Nachrangigkeit der Substitutionsbehandlung; zum zweiten an der anhaltenden, glaubensbekenntnishaften Skepsis gegenüber einer »suchterhaltenden« Therapie; schließlich an der angesammelten Macht der die stationäre Langzeittherapie dogmatisch verteidigenden und verwaltenden Therapie-Konzerne. Die neueste Entwicklung in Holland deutet aber darauf

»Jellinek-Kliniek«

hin, daß sich das Dogma der LzTh allmählich auflöst: die »Jellinek-Kliniek« als Vorkämpferin der LzTh führt nur noch bis zu 7monatige Therapien durch.

Genehmigungsverfahren nach den NUB-Richtlinien

Eine Rolle spielt auch das schwerfällige Genehmigungsverfahren nach den NUB-Richtlinien (vgl. 3.3.1.1.2 u. 5.3.2). Zwar gibt es schon jetzt sozialgerichtliche Entscheidungen und maßgebliche Rechtsmeinungen, die den NUB-Richtlinien überhaupt die Rechtmäßigkeit absprechen. Zweifellos wäre es aber besser, sie würden auch formell aus der Welt geschafft zugunsten einer Wiederherstellung der Therapiefreiheit von Arzt und Patient. Als ungute so-

ungute öffentliche Kontrolle

ziale Nebenwirkung der jetzigen Medikalisierungspraxis erscheint uns ein hohes Maß an öffentlicher Kontrolle durch das Genehmigungsverfahren und die neuerdings in § 2a BtMVV vorgegebene Verknüpfung mit psychotherapeutischen Maßnahmen: in einer die Prinzipien des Datenschutzes, der allgemeinen Handlungsfreiheit und der Menschenwürde verletzenden Weise wird hier in die Intimspähre des drogenabhängigen Bürgers eingegriffen (vgl. POLAK 1994).

Allerdings muß man auch der zunehmenden Problematik Rechnung tragen, daß Ärzte unter Außerachtlassung der gebotenen Sorgfalt ausschließlich zwecks Profitmaximierung Substitutionsbehandlung anbieten: hier bleibt eine Steuerung über sozial- und strafrechtliche Maßgaben der konkreten wissenschaftlich anerkannten Standards und Kunstregeln bzw. letztlich der allgemeinen ärztlichen Sorgfaltspflichten notwendig.

Profitmaximierung über Substitutionsbehandlung

Was die Modalitäten der Vergabepraxis anbelangt, so müssen die Bedürfnisse und Interessen der Drogengebraucher stärker berücksichtigt werden: die Höhe der Eingangsschwelle, der Umfang der Kontrollen, die Form der Sanktionen, die Existenz und die Inhalte psycho-sozialer Begleitung bestimmen schließlich die Akzeptanz und den Erfolg des Angebots (FUCHS 1989).

Modalitäten der Vergabepraxis

Inzwischen hat sich die Erkenntnis durchgesetzt, daß auch die Substitutionsbehandlung bestimmte Patientengruppen nicht erreicht (z. B. Allergieprobleme; Ablehnung durch dissoziale Langzeitabhängige). Um auch diesen einen therapeutischen Zugang zu ermöglichen, erscheinen weitergehende Änderungen des BtMG notwendig: Wie bereits erwähnt haben viele der laut Anlage I zu § 1 BtMG nicht verkehrs- und verschreibungsfähigen Drogen auch medizinische Anwendungsmöglichkeiten – insbesondere in der Abhängigkeitsbehandlung, die wegen der Illegalisierung unterdrückt oder nicht weiter erforscht wurden (s. 5.1.2). Entsprechend dem ureigenen ärztlichen Auftrag und im Interesse des wissenschaftlichen Fortschritts muß der Arzt im Rahmen seiner Kompetenzen und Sorgfaltspflichten im Einzelfall entscheiden können, welche Behandlung er für geeignet und angemessen hält. Die Wiederherstellung dieser verfassungsrechtlich garantierten »Kurierfreiheit« erfordert gesetzliche Regelungen, die die ärztliche Verordnung oder die unter Aufsicht niedergelassener oder im Krankenhaus tätiger Ärzte – und in Zusammenarbeit mit therapeutischen Hilfsangeboten stattfindende – kontrollierte Abgabe von Opiaten, Kokain, Amphetaminen an Drogenkonsumenten ermöglichen (so DIE GRÜNEN 1989).

bestimmte Patientengruppen nicht erreicht

Wiederherstellung der Kurierfreiheit

kontrollierte Abgabe von Opiaten

Aber auch im Rahmen des geltenden Rechts lassen sich – zumindest probeweise – solche Erkenntnisse umsetzen: im Rahmen der Ausnahmeklausel des § 3 Abs. 3 BtMG können zu »wissenschaftlichen oder anderen im öffentlichen Interesse liegenden Zwecken« vom Bundesgesundheitsamt bzw. nach dessen Auflösung von der entsprechenden Nachfolgeinstitution Ausnahmegenehmigungen erteilt werden. Ein entsprechender Antrag der Stadt Frankfurt am Main vom 11.2.1993 betreffend ein auf fünf Jahre befristetes Heroin-Vergabeprogramm für »Altfixer« (vgl. NIMSCH 1993) wurde vom BGA mit Bescheid vom 14.1.1994 abgelehnt. Gegen die in sachlicher und rechtlicher Hinsicht völlig unzulänglich begründe-

Ausnahmeklausel des § 3 Abs. 3 BtMG

Antrag der Stadt FFM

te Ablehnung klagt die Stadt Frankfurt am Main derzeit vor dem Verwaltungsgericht (vgl. GEBERT/KÖRNER 1994).

Hamburger Gesetzesinitiative

Nicht zuletzt in realistischer Einschätzung der restriktiven Position des BGA hat das Bundesland Hamburg einen Gesetzentwurf des Bundesrates initiiert (BT-Drs. 12/5673), wonach ein neuer § 3a BtMG die Vergabe von Opiaten zu wissenschaftlicher Forschung generell regeln soll.

Medizinalisierungsmodelle

Medizinalisierungsmodelle sehen die kontrollierte Drogenabgabe an Abhängige im Rahmen medizinischer Suchtbehandlung vor. Über die reine Abgabe von – in der Regel – Opiaten hinaus sollen psychosoziale Begleittherapien angeboten werden. Die kontrollierte Drogenabgabe dient einerseits der Stabilisierung und Verbesserung des somatischen und psychosozialen Zustandes der Patienten, der Vermeidung von Drogennotfällen, Todesfällen sowie der HIV/AIDS-Prophylaxe. Daneben geht es um die Integration der Drogenabhängigen in die Gesundheitsversorgung und ihre Herauslösung aus den gesundheitsschädigenden Lebensverhältnissen in der Drogensubkultur.

Zielgruppe

Die Zielgruppe sind demgemäß Drogenabhängige, denen bislang weder mit den abstinenzorientierten Angeboten noch mit Substitutionsbehandlungen geholfen werden konnte oder die von diesen gar nicht erreicht wurden (vgl. Überblick zur kontrollierten Vergabe von Heroin/Morphium: NOLLER 1990 und MINO 1990). FUCHS (1993) betont, daß die Verschreibung von Opiaten wie Morphin oder Heroin nur sinnvoll ist, wenn sie in eine differenzierte therapeutische Strategie der »harm reduction« eingebettet ist.

therapeut. Strategie der »harm reduction«

Heroinverschreibung?

Warum statt oder ergänzend zur Methadon- nun noch eine Heroinverschreibung? BOSSONG (1993) führt aus, daß viele Methadonpatienten über Motivations- bzw. Compliance-Probleme und Nebenwirkungen von Methadon klagen, die bei Heroin offenbar so nicht auftreten. Der Beigebrauch, der in mehreren Substitutionsbegleitstudien auch über einen gewissen Adaptionszeitraum hinaus festgestellt wurde, ist Ausdruck der Unzufriedenheit mit dem »Nüchternmacher« Methadon. Methadon mit seiner kaum ausgeprägten euphorisierenden Wirkung stellt für viele eine nicht gewünschte und beunruhigende Ernüchterung dar, nachdem sie sich lange mit starken Analgetika wie Heroin betäubt hatten. Für manche Patienten ist dieser Übergang vom unkontrollierten Heroingebrauch zum kontrollierten Ersatzmittelgebrauch zu drastisch.

»Nüchternmacher« Methadon

Ärzte sollen eine möglichst große Therapiefreiheit in der Drogensucht-Behandlung bekommen, die ihnen auf der Grundlage wissenschaftlich fundierter Verfahren erlaubt, andere Opiate neben Methadon zu verschreiben. Die Aufgabe der Indikationsstellung läge im Einzelfall bei ihnen. Denkt man dieses Modell weiter, integrierte man andere Opiate aus der Anlage 1 in die Anlage III des Betäubungsmittelgesetzes, machte sie somit ärztlich verschreibungsfähig, dann würde die Therapiefreiheit der niedergelassenen Ärzte erheblich erhöht werden. Der die Drogensucht behandelnde Arzt könnte somit auf ein breiteres Spektrum von

Opiate aus der Anlage I in die Anlage III

Substanzen zurückgreifen und einen größeren Teil der Hilfesuchenden annehmen: »Grundsätzlich sollten alle diejenigen manifest Drogenabhängigen in Frage kommen, die durch andere Behandlungsformen (stationäre oder ambulante Abstinenztherapien, Substitutionsbehandlung) aktuell nicht ansprechbar sind. Je früher in der sogenannten Suchtkarriere es gelingt, durch ärztliche Behandlung – eventuell eben auch ärztliche Drogenverschreibung – den einzelnen Abhängigen von der unkontrollierten Selbstverabreichung von Drogen abzubringen, desto größer sind die Chancen, daß er die Zeit der Drogensucht überlebt, daß sich ein gesundheitsschädlicher Lebenswandel nicht chronifiziert und daß – zum Teil irreversible – Sekundärkrankheiten vermieden werden« (BOSSONG 1993).

unkontrollierte Selbstmedikation

Dieses Modell weist drei wesentliche Nachteile auf: Zum einen bliebe die Reichweite auf bereits mehrjährig (Schwerst-)Abhängige beschränkt, Gelegenheitskonsumenten und Probierer wären ausgeschlossen; zum anderen wäre kein Austrocknen des Drogenschwarzmarktes zu erwarten; denn selbst wenn alle Abhängigen, die es wollten, in die legale Versorgung mit Opiaten integriert würden, würde zwar der illegale Opiathandel erhebliche Einbußen erleiden, aber der Schwarzmarkt für andere Substanzen bliebe bestehen; drittens würden die Ärzte zu Drogenkontrolleuren. Immerhin wären die Vorteile für Opiatabhängige enorm.

Modell-Nachteile

Vorteile für Abhängige

2.9.1.2.1 Erfahrungen im Ausland

Erfahrungen mit der medizinischen Drogenabgabe in England und mit einem kleinen Morphium-Programm in Amsterdam zeigen, daß sich mit diesen Maßnahmen gesundheitliche und sozial-integrative Stabilisierungen erreichen lassen. Das »British-System« sieht seit den 20er Jahren eine ärztliche Verschreibungsmöglichkeit von Drogen vor. Seit den sechziger Jahren erfolgt eine Abgabe von Heroin und Amphetaminen an Drogenabhängige nur noch in speziellen »Drug Dependence Clinics« (DDC), während alle weiteren Ärzte Methadon, Heroin nur noch in der Schmerztherapie verschreiben können. Doch nicht alle DDC verschreiben Originalsubstanzen; Methadon hat aufgrund seiner therapeutischen Vorzüge für den Arzt auch in Großbritannien eine dominierende Stellung in der medizinischen Behandlung Opiatabhängiger: orale Einnahmeform, lange Halbwertzeit, geringe Euphorisierung (was mit der ärztlichen Abneigung gegenüber hedonistischem Gebrauch korrespondiert). Gleichwohl nimmt die Bereitschaft englischer Ärzte, kontrolliert Drogen zu verschreiben, angesichts der Bedrohung durch HIV und AIDS in den letzten Jahren wieder zu. Laut MARKS (1992, S. 60) verschreiben ca. 25% aller berechtigten Psychiater »einigermaßen großzügig«.

»British-System«

»Drug Dependence Clinics«

Methadon

Obwohl es bisher keine abschließende Fremdevaluation der englischen Erfahrungen mit der ärztlich-kontrollierten Abgabe von Opiaten, Amphetaminen sowie Kokain gegeben hat und die Zahl der Behandelten recht klein ist, läßt sich zusammenfassend fest-

stellen, daß es mit dieser Strategie durchaus gelingen kann:
1. den allgemeinen Gesundheitszustand der Patienten zu verbessern,
2. die drogenbedingte HIV- bzw. AIDS-Rate signifikant zu senken,
3. in erheblichem Maße die Zahl der Drogentodes- und Drogennotfälle zu verringern (BOSSONG 1993; vgl. zur Übersicht SCHMIDT-SEMISCH 1992) und
4. die Kriminalität zu reduzieren (MARKS 1992, S. 61).

Das Behandlungskonzept

Das Behandlungskonzept: »Das wichtigste und unmittelbare Ziel ist es, daß der Drogenabhängige mit einer verantwortlichen ärztlichen Autorität Kontakt behält, wenn er nicht davon abzubringen ist, seine Drogenabhängigkeit auf legale und am wenigsten gesundheitsschädliche Weise weiterzubetreiben. Die Forschung hat gezeigt, daß keinerlei äußere Einmischung auf die Dauer der psychologischen Abhängigkeit, die eine Gaußsche Verteilung um ungefähr 10 Jahre hat, irgendwelche bedeutende Wirkung hat. Wenn also Süchtige von ihrer Süchtigkeit trotz der Ärzte und Polizisten und nicht etwa mit ihrer Hilfe geheilt werden, dann ist der beste ärztliche Eingriff, ein gesundes, legales Überleben sicherzustellen, bis die psychologische Abhängigkeit von der Sucht abflaut« (MARKS 1992, S. 63).

Letztlich legt dieses Konzept nahe, Drogen auch in anderem Kontext (obwohl die Ärzte eine sehr hohe Kompetenz im Umgang mit Pharmaka aufweisen) kontrolliert abzugeben, um Überleben und schließlich einen selbstinitiierten Ausstieg zu gewährleisten (vgl. auch die ausführliche Darstellung der Verschreibung von Heroin in Widnes/Liverpool von GLAUERT, in: Basler-Zeitung, 31.7.1993).

Amsterdam

In Amsterdam wurde bereits in den Jahren 1983/84 erwogen, einer Gruppe von etwa 300 »Extrem Problematischen Drogengebrauchern«, d. h. langjährig und schwer integrierbaren Drogenabhängigen, Heroin zu verschreiben. Dieses Vorhaben wurde von der Regierung als nicht praktikabel abgewiesen, unter anderem, weil man Proteste aus dem Ausland befürchtete. Einem Teil dieser Gruppe wurde seit 1983 im Rahmen eines wissenschaftlich begleiteten Behandlungsversuchs Morphin verabreicht. Das Morphin-Abgabe-Programm richtete sich vornehmlich an langjährige Drogengebraucher (die Mehrzahl mehr als 11 Jahre abhängig), die von oralen Methadonangeboten nicht (mehr) angesprochen werden konnten. Das Ziel dieser Morphin-Behandlung war nicht Abstinenz, sondern die Stabilisierung der Abhängigkeit und die Behandlung somatischer und psychischer Störungen. Eine Reduktion der gesundheitlichen Risiken wurde durch die Vergabe von sauberem Opiat angestrebt: Zugang zum Programm mit ursprünglich 37 Klienten hatten Drogengebraucher mit einer somatischen oder psychiatrischen Indikation. Es wurden sowohl Morphin (zum Teil ausschließlich) als auch (ergänzend und später zum Teil ausschließlich) orales Methadon verschrieben.

Morphin-Abgabe-Programm

Resultate

Die Resultate müssen vorsichtig bewertet werden. Psychiatrische und soziale Probleme wurden in befriedigendem Maße reduziert

(DERKS 1988, S. 17), Mischkonsum und depressive Zustände nahmen ebenfalls ab, eine bessere Tagesstrukturierung wurde hingegen nur in geringem Maße erreicht. Ein Ergebnis dieses Programms ist sicherlich, daß bestimmte Gruppen durchaus von einer differenzierten Opiatabgabe profitieren konnten, die etwa aus dem Methadon-Programm aufgrund bestimmter Auffälligkeiten herausfielen.

Ein Modell für die ärztliche Abgabe von Opiaten, d. h. sowohl von Substitutionsmitteln wie auch von Originalsubstanzen, wird, angelehnt an das »British System«, von André Seidenberg aus Zürich favorisiert. Ausgangspunkt seines Medizinalisierungsmodells ist die klare Differenzierung zwischen den Risiken der Substanzwirkung von Drogen und den Risiken bestimmter Konsumformen. Seine ärztliche Aufgabe sieht er vor allem darin, die Konsumformen so zu beeinflussen, daß zusätzliche Risiken des Drogengebrauchs gemindert werden. In einer Rangordnung »gefährlicher« Konsumformen steht das Spritzen von Drogen ganz oben, vor Rauchen und Schnupfen (»Sniefen«) und oraler Applikation. In einer auch von dem Verein Schweizerischer Drogenfachleute (VSD) geforderten »diversifizierten Drogenverschreibung und Drogenabgabe (DDD)« sollen Ärzte versuchsweise alle auf der Straße angebotenen Drogen (Heroin, Morphium, Temgesic, Methadon, Kokain) verschreiben können: »In DDD-Versuchen soll also die Droge der Wahl in der Konsumform der Wahl bezogen werden können. Wir wollen versuchsweise den geregelten Nachschub von Drogen für Abhängige gewährleisten. Wir hoffen dadurch, die mit dem Konsum dieser Drogen verbundenen, sekundären Probleme (diverse Infektionskrankheiten, Beschaffungskriminalität, -prostitution, Verelendung jeglicher Art etc.) verkleinern oder aufheben zu können. Die Daten, die in den Versuchen gesammelt werden können, sollen Aufschluß darüber geben, ob tatsächlich und in welchem Ausmaß eine Schadensminimierung (›harm reduction‹) eintritt.« (SEIDENBERG 1992, S. 135; CHARLES/SEIDENBERG 1993).

Anfang 1994 startete neben anderen ein Versuch der »diversifizierten Drogenverschreibung und Drogenabgabe an sich prostituierende, drogenabhängige Frauen in Zürich«, mit dem ihre besonderen Risiken und Probleme angegangen werden sollten: Frauen, welche weniger unter Beschaffungsdruck stehen, können sich besser »den Zwängen, der Gewalt und der Angst vor Gewalt auf dem Drogenstrich entziehen«, was auch aus aidspräventiven Gründen sehr bedeutsam ist.(a. a. O.)

Drei unterschiedliche Gruppen mit jeweils 50 Frauen wurden mit dem Ziel gebildet, zu prüfen, ob die Verschreibung und Abgabe von Drogen Prostitution und damit assoziierte Probleme vermindert: Eine Gruppe erhielt Heroin zum Spritzen und/oder Rauchen sowie allenfalls Methadon zum Schlucken; die zweite Gruppe erhielt Morphium zum Spritzen sowie allenfalls Morphium oder Methadon zum Schlucken; die dritte Gruppe erhielt Methadon zum Spritzen und/oder zum Schlucken. Durch besondere Indikation

Medizinalisierungsmodell favorisiert

Schweiz: VSD fordert DDD

Drogenabgabe an sich prostituierende, drogenabhängige Frauen

konnte in allen drei Gruppen Kokain zum Rauchen (Cocqueretten) verschrieben werden. Die Betreuung mit Angebotscharakter, auf die Risikoreduktion beim Drogengenuß ausgerichtet, konnte unabhängig vom Drogenbezug in Anspruch genommen werden.

Ausgehend von der Erkenntnis, daß orale Methadonangebote mit niedrigen Eintrittsanforderungen vermutlich mehr Opiatabhängige erreichen und halten können als hochschwellige Angebote mit restriktiven Indikationskriterien und Vergabebedingungen, sind bereits die »Zürcher Opiatkonsumlokale« (ZoKl 1 + 2) eingerichtet worden, in denen aus rechtlichen Gründen allerdings nur Methadonpatienten nach einer ärztlichen Eingangsuntersuchung ein niedrigschwelliger Zugang zu einer EDV-gesteuerten Methadonabgabe geboten wird, und die das Methadon möglichst an Ort und Stelle konsumieren. Diese Abgabelokale sind in hohem Maße »patientenfreundlich« gestaltet, sie überlassen bestimmte Entscheidungen (schrittweise Dosisveränderung, Abholung etc.) den gegenwärtig 400 Patienten, beschränken sich nicht auf Substitution (trotz Methadonabgabe findet ein Spritzentausch statt; es wird akzeptiert, daß die Besucher gegebenenfalls neben der oralen Methadoneinnahme auch noch Drogen intravenös konsumieren) und erlauben eine flexible Abgabe (bei stabiler Dosis kann eine Mitgabe für die Wochenenden und Feiertage erfolgen).

SEIDENBERG sieht den Weg über die Konsumlokale mit einer »diversifizierten Drogenverschreibung und Drogenabgabe (DDD)« als eine »medizinalisierte Marktordnung«: Ärzte gewährleisten Gefahren- und Problemarmut, sie helfen mit ärztlich geleiteten Konsumgelegenheiten weniger gefährlich zu konsumieren. »Ärztlich geleitete Konsumformen sind Schritte auf dem Weg zu einem autonomen Umgang mit der Droge, mit welcher eine Konsumentin oder ein Konsument schon Probleme bekommen hat.« (SEIDENBERG 1992, S. 138).

Dieses Modell setzt auf einen medizinischen Filter: Abhängige erhalten über eine ärztliche Krankheitsdefinition Zugang zu sauberen und kontrollierten Drogen. Diejenigen, die noch nicht abhängig sind oder nicht als abhängig gelten wollen, können sich einstweilen auf dem Schwarzmarkt weiter versorgen. Die ärztliche Zuschreibung ist sehr weitgreifend: Jeder fortgesetzte Konsum wird aus pragmatischen Gründen als »krank« definiert, auch dann, wenn er eindeutig hedonistisch motiviert sein sollte. Eine pragmatische Lösung, die vielen DrogengebraucherInnen einen legalen, kontrollierten Zugang bieten würde, eine bestimmte Klientel (etwa Kokain-Gebraucher) aber davon abhalten würde, ihre Bedürfnisse innerhalb eines medizinischen Settings zu befriedigen.

Regelmäßigen Drogengebrauch als krank zu definieren wie in diesem Modell, ist pauschalisierend, unpräzise, nicht selten unzutreffend – und ruft mit Sicherheit die Kostenträger auf den Plan. Nicht jede Abhängigkeit ist bereits Ausdruck von Krankheit; allerdings kann jede psychische oder physische Abhängigkeit zur behandlungsbedürftigen Krankheit werden.

Wenn einzig über den medizinischen Filter der legale Zugang zu bestimmten Drogen ermöglicht würde, hätte dies keine nennenswerte Auswirkung auf das Fortexistieren des Schwarzmarktes mit seinen schädigenden Folgen. Insofern kann dieses Medizinalisierungsmodell nur eine Übergangslösung auf dem Weg zu einer selbstbestimmten Wahl bestimmter Drogen und Konsumformen darstellen.

Übergangslösung

Doch lassen die ärztliche Ethik, der hippokratische Eid (»nil nocere«) die Verschreibung bestimmter, eindeutig hedonistischen Motiven zuordbarer Substanzen überhaupt zu? – Wohl kaum, denn Drogen sind sowohl Genuß- als auch Arzneimittel. Den gesamten Zugang zu Genußmitteln über Ärzte regeln zu wollen, würde »eine Neudefinition medizinisch-therapeutischen Handelns erfordern« (BAUER 1992, S. 92) und widerspräche den Bemühungen um eine Integration von Drogenkonsumenten: »Normalisierung bedeutet, daß die heute verbotenen Drogen nur insoweit von Ärzten verschrieben werden, als dies im Rahmen einer Krankenbehandlung erfolgt. Was Freizeitkonsum angeht, ist das Selbstbestimmungsrecht der Konsumenten zu respektieren. Obwohl die heute verbotenen Drogen also auch verschreibungsfähig sein müssen (Arzneimittelgesetz!), müssen sie auch frei und ohne Rezept erhältlich sein.« (SCHEERER 1992, S. 24)

ärztliche Ethik

»Normalisierung«

2.9.1.2.2 Ansätze zur Originalstoffabgabe in der Bundesrepublik

Angesichts der jetzigen Situation hätte die ärztliche Abgabe von Originalsubstanzen unabweisbare Vorteile: Es würden grundsätzlich mehr Abhängige angesprochen; die Reichweite medizinischer Behandlungen und (HIV/AIDS- sowie HBV-) präventiver Bemühungen ließe sich enorm steigern; und die Ärzte wären in das Drogenhilfesystem, von dem sie sich in der Bundesrepublik so lange ferngehalten haben, integriert. Ein Schritt also in Richtung Normalisierung.

unabweisbare Vorteile

Auch in Deutschland wird die Originalstoffabgabe diskutiert, von politischen Parteien und der Fachöffentlichkeit gefordert (SPD – Bundestagsfraktion, SPD Hamburg und SPD – Landespartei Bremen, »akzept«-Bundeskongreß: Hamburger Erklärung, FDP, JUSOS). Hamburg und Frankfurt am Main haben erste politische und verwaltungsrechtliche Schritte zur rechtlichen Ermöglichung bzw. Genehmigung unternommen. BAUER/BOSSONG fassen diese Schritte zusammen:

Diskussion in Politik und Fachöffentlichkeit

»... das Bundesland Hamburg hat im Mai 1992 einen Gesetzesantrag zur Änderung des BtMG (Schaffung eines neuen § 3a BtMG) eingebracht, um generell wissenschaftliche Versuche mit Betäubungsmitteln und in der eigenen Stadt einen Heroinbehandlungsversuch mit 200 Drogenabhängigen zu ermöglichen und in einem zweiten Schritt zu erreichen, daß nach erfolgreichem Versuchsabschluß die erprobten BtM, konkret Heroin, in Anlage III BtMG (das sind die verkehrs- und verschreibungsfähigen Betäubungsmittel wie z. B. Levomethadon) transferiert wird. Der Gesetzesan-

Bundesregierung ablehnend

trag hat zwar im Juni 1993 eine Mehrheit im Bundesrat gefunden, von der Bundesregierung liegt allerdings bereits eine ablehnende Stellungnahme vor. In der Begründung wird erneut vor allem die Abstinenzfixierung der bundesdeutschen Drogenpolitik deutlich. Gesundheitliche Verbesserungen für Abhängige, die auf der Basis einer ideologiefreien Strategie der Schadensminimierung durch eine Heroinabgabe anvisiert waren, werden dem langfristigen Ziel der Drogenfreiheit bedingungslos untergeordnet: ›Auch für Schwerstabhängige bedeutet eine staatlich kontrollierte Verabreichung von Heroin insgesamt keine Verbesserung ihrer Therapiemöglichkeiten. Heroin vom Arzt vermag sie ebensowenig wie der Konsum von Straßenheroin zur Drogenfreiheit zu führen (...) Darüber hinaus wird eine staatliche Heroinverabreichung die ohnehin schwachen Kräfte des Süchtigen zum Ausstieg aus der Sucht endgültig lähmen‹ (Dt. Bundestag 1993, Anl. 2).

Die gesundheitliche und soziale Lebensrealität vieler Drogenkonsumenten, die z. T. weit entfernt ist von Ausstieg und Drogenfreiheit, wird beispielhaft ausgeblendet zugunsten eines lebensweltfremden Wunschdenkens. Die Stadt Frankfurt hat im März 1993 nach § 3 Abs. 2 BtMG beim Bundesgesundheitsamt (BGA) einen Antrag auf Sondergenehmigung zur Durchführung eines Heroin-Versuchs bei 100 Abhängigen gestellt. Ein Bescheid des BGA liegt noch nicht vor. Auch Frankfurt möchte – wie Hamburg –, daß nach erfolgreichem Abschluß des Versuchs Heroin in die Anlage III BtMG transferiert wird.« (AKZEPT 1993, S. 134).

lebensweltfremdes Wunschdenken

Hamburger und Frankfurter Weg: politische Implikationen und Realisierungschancen

Der Hamburger und der Frankfurter Weg zur Umsetzung einer Originalstoffvergabe unterscheiden sich in der Formulierung der Zielgruppen und der Behandlungsziele. Über die politischen Implikationen und Realisierungschancen beider Vorgehensweisen läßt sich streiten. Während für den Hamburger Änderungsantrag zum BtMG (BR-DRS. 296/92) erst Mehrheiten im Bundestag gefunden werden müßten, könnte das Bundesgesundheitsamt für Frankfurt eine Genehmigung erteilen, die möglicherweise mit einem so restriktiven Auflagenkatalog versehen sein könnte, daß der Versuch zum Scheitern verurteilt wäre. Der Hamburger Vorstoß umfaßt auch wissenschaftliche Erprobungsvorhaben mit anderen Drogen.

Wie sehr die Positionen in der Diskussion um die Originalstoffvergabe auseinandergehen, dokumentiert eine Äußerung des Parlamentarischen Geschäftsführers der CDU/CSU-Bundestagsfraktion Rüttgers, der es als »kollektiven Wahnsinn« bezeichnete, einen Gesetzentwurf mit der Möglichkeit einer ärztlich kontrollierten Abgabe von Heroin an die Bundesregierung zu schicken. Einerseits wolle die SPD Schußwaffen verbieten, andererseits solle die »Todeswaffe Heroin« freigegeben werden, kritisierte er in der »Berliner Morgenpost«.

Gesundheitsminister Seehofer (CSU) wertete den Beschluß der Länderkammer als »verantwortungslos gegenüber unseren Kindern« (SPIEGEL, Nr. 26, 1993, S. 54)

Darüber hinaus existiert im Entschließungsantrag (BR-Drs. 582/

92) der Hessischen Landesregierung der Vorschlag, einen neuen § 12a ins Betäubungsmittelgesetz aufzunehmen, der bestimmte Betäubungsmittelabgabestellen vorsieht, in denen an Personen über 18 Jahre, bei denen nach dem Zeugnis eines Amtsarztes eine Drogenabhängigkeit vorliegt, Originalsubstanzen vergeben werden könnten. Dieser Vorschlag läuft auf ein »British Model« hinaus, und würde weiter reichen, als die genannten Vorschläge aus Hamburg und Frankfurt am Main, allerdings sind seine Durchsetzungschancen gegenwärtig am geringsten.

In eine ähnliche Richtung zielt der Reformvorschlag der »Hessischen Kommission ›Kriminalpolitik‹« zum Betäubungsmittelstrafrecht (1992, S. 253 f.): »Als Ausnahme zum betäubungsmittelgesetzlichen Abgabeverbot ist die kontrollierte, ärztlich indizierte Abgabe von Betäubungsmitteln und Ersatzstoffen an Abhängige durch Gesundheitsämter und staatlich anerkannte Drogenberatungsstellen zu ermöglichen«.

Hessische Landesregierung: Betäubungsmittelabgabestellen

Hessische Kommission ›Kriminalpolitik‹: Abgabe durch Gesundheitsämter und DROBS

2.9.1.3 Verbesserung der Substitutionsangebote

Mit Recht wird in der Diskussion um eine kontrollierte Abgabe von Heroin darauf hingewiesen, daß vor allem die Substitutionsbehandlung in Deutschland sich noch in einem sehr unbefriedigenden und entwicklungsbedürftigen Stadium befindet. SEIDENBERG (1993) macht in seinem Medizinalisierungsmodell deutlich, daß zunächst ein nachfragedeckendes Methadonangebot geschaffen werden müßte, bevor Erfahrungen mit der Vergabe von Originalsubstanzen gesammelt werden sollten. Die Attraktivität der Verschreibung von Originalsubstanzen liegt für ihn nur in der verbesserten Erreichbarkeit von Konsumenten, die sich bislang nicht von Methadonangeboten, gleich welcher Schwellenhöhe, erreichen ließen.

Zu erreichen bleibt: daß der rechtliche Rahmen für wissenschaftliche Erprobungsvorhaben mit Heroinverschreibungen jetzt auf dem Beschlußweg vorangebracht wird, und daß gleichzeitig intensiv die Ausweitung der Indikationskriterien (nach den NUB-Richtlinien, die die Finanzierung durch die Krankenkassen regeln) für eine Substitutionsbehandlung betrieben werden. Zwar ist die Substitutionsbehandlung inzwischen durch die NUB-Richtlinien in den Katalog kassenärztlicher Leistungen aufgenommen worden, allerdings nicht als Methode der Wahl bei der Behandlung von Drogenabhängigkeit, sondern als Mittel in der Behandlung von drogenbedingten Sekundärkrankheiten.

In den »Genuß« einer Methadon-Behandlung kommen also nur diejenigen, die bereits gesundheitlich stark angeschlagen oder verelendet sind. Die Philosophie des »rock-bottom-point«, die man bei der Abstinenzbehandlung für genügend entzugsmotivierend hielt, wird auf die Substitutionsbehandlung übertragen: Erst dem, der ganz unten ist, wird mit Methadon geholfen. Nötig wäre es dagegen, auch den Opiatabhängigen Methadon anzubieten, die gesundheitlich noch relativ unbeschadet und sozial noch nicht

wissenschaftliche Erprobungsvorhaben

Ausweitung der Indikationskriterien für eine Substitutionsbehandlung

Philosophie des »rock-bottom-point«

auffällig geworden sind oder noch über wichtige soziale Bezüge verfügen.

Die Interesssenvertretung betroffener Drogengebraucher – Junkies, Ex-User, Substitutierte · J.E.S – fordert bereits seit langem, daß allein das Vorliegen einer Opiatabhängigkeit als Indikation für die Aufnahme einer Substitutionsbehandlung genügen sollte: »Methadon ist keine Vergünstigung, sondern eine Krankenbehandlung. Statt der Selektion geeigneter Kandidaten aus der Gesamtheit der Abhängigen fordert J.E.S ein Anrecht für jeden auf medikamentöse Behandlung als ein Teil des Gesamtangebotes von Therapien für Drogensüchtige in der BRD« (HERMANN 1991, S. 166).

J.E.S: Opiatabhängigkeit als alleinige Indikation

Vieles an der gegenwärtigen Substitutionsbehandlung schreckt nach wie vor ab: Sozialmedizinische oder soziale Indikationen zu stellen, bedeutet für jeden substitutionswilligen Arzt, für ein als sinnvoll und effektiv erachtetes therapeutisches Verfahren einen unangemessen hohen bürokratischen Aufwand zu betreiben und sich stärkerer Kontrolle auszusetzen als bei jeder anderen Krankenbehandlung. Weiterhin bestehen bei vielen Medizinern rechtliche und auch fachliche Unsicherheiten. Dementsprechend gibt es im Bundesgebiet nur eine relativ geringe Zahl von Ärzten, die eine Genehmigung zur Substitutionsbehandlung (nach den NUB-Richtlinien) besitzen: 1.682, d. h. 5,3% aller Allgemeinärzte und praktischen Ärzte der Kassenärztlichen Vereinigungen Deutschlands (SCHMID 1993). Die Zahl tatsächlich substituierender Ärzte dürfte weit geringer sein, da sich viele Ärzte »vorsorglich« eine Genehmigung haben ausstellen lassen.

Mediziner: rechtliche und auch fachliche Unsicherheiten

Positiv ist allerdings zu vermerken, daß die Substitutionsbehandlung, wenn auch langsam, so doch mehr und mehr in die gesundheitliche Regelversorgung durch niedergelassene Ärzte integriert wird. Das Ende des erbittert geführten Glaubenskrieges um Methadon in Deutschland zeichnet sich ab. Die deutsche Ärzteschaft hat sich in der Drogenhilfe sehr lange abstinent verhalten: Im Gegensatz zur englischen Ärzteschaft hat sie sich bereits frühzeitig auf völlige Drogenabstinenz als Behandlungsziel und stationäre Langzeitbehandlung als Behandlungsmethode festgelegt (vgl. BOSSONG 1992, S. 17). Zu hoffen bleibt, daß bald auch die »Sondersprechzeiten« für die teilweise als »nicht wartezimmerfähig« eingeschätzten Patienten entfallen.

Integration in die gesundheitliche Regelversorgung

Methadon nur in bestimmten, staatlich finanzierten Programmen abzugeben (wie im »Wissenschaftlichen Erprobungsverfahren Substitutionsbehandlung« in Nordrhein-Westfalen geschehen), hat zwar als »Pionierunternehmen« zu einer erhöhten Akzeptanz und fachlichen Sicherheit der Substitutionsbehandlung geführt. Allerdings würde man durch eine Fortsetzung die Ärzte aus ihrer Verantwortung entlassen und gesundheitliche und vermittelt auch soziale Regeldienste vom Problem Drogenabhängigkeit entbinden. Die Verantwortung und auch die Kosten blieben auf Spezialdienste und -hilfen abgewälzt, was die weitere Ausgliederung Drogenabhängiger aus »normalen« Bezügen bedeuten würde.

staatlich finanzierte Programme

Die parallel zur Vergabe durch niedergelassene Ärzte organisierten »Ergänzenden Methadonprogramme« (wie etwa in Bremen) für bestimmte Zielgruppen (Haftentlassene, drogenabhängige Prostituierte) dürfen nicht darauf abzielen, eine bestimmte, von Ärzten gegebenenfalls als schwierig empfundene Klientel zu versorgen. Hier kann es nur darum gehen, dringend notwendige, momentan aber nicht durch die NUB-Richtlinien finanzierbare Substitutionsbehandlungen (bspw. bei sozialer Indikation) durchzuführen.

Ergänzende Methadonprogramme

Mittlerweile zeugen eine Reihe wissenschaftlicher Evaluationsstudien in Deutschland von den positiven Ergebnissen von Substitutionsprogrammen (vgl. MAGS 1993; BOSSONG/STÖVER 1992; STÖVER 1991).

Evaluationsstudien

Die Ergebnisse belegen deutlich, daß Substitutionsbehandlungen:

Beweiskräftige Ergebnisse

1. wesentlich zur gesundheitlichen und psychischen Stabilisierung beitragen und vor allem lebenserhaltende Wirkung haben,
2. die soziale Reintegration unterstützen,
3. den Herauslösungsprozeß aus der Szene begünstigen,
4. die Legalbewährung fördern,
5. den Ausstieg aus der Abhängigkeit begünstigen.

Die Substitutionsbehandlung ist kein Allheilmittel, vor allem dann nicht, wenn existentielle Probleme, etwa die Arbeits- und Wohnsituation, nicht gelöst werden; sie ist aber eine erfolgreiche Hilfe bei der Integration ausgegrenzter Menschen. Umso bedauerlicher ist, daß die Zugangsschwellen zu einer Substitutionsbehandlung sehr hoch liegen und vorwiegend für bereits Kranke und Verelendete eine Behandlung in Aussicht stellen, sofern andere auf Drogenfreiheit orientierte Behandlungsmaßnahmen nicht gegriffen haben. Die überwiegende Zahl der substitutionswilligen Heroingebraucher bleibt von der Methadonbehandlung ausgeschlossen. Von einer niedrigschwelligen, flexiblen, flächendeckenden Versorgung ist die Substitutionsbehandlung weit entfernt: Lediglich 4.518 Drogengebraucher (also 4,5% bei einer geschätzten Zahl von 100.000 Opiatkonsumenten) wurden Anfang 1993 im Rahmen der kassenärztlichen Versorgung mit Levomethadon substituiert (SCHMID 1993).

Zugangsschwellen

Aus Sicht der Betroffenen hätte eine bedürfnisadäquate Substitutionsbehandlung folgende Bedingungen zu erfüllen: Hilfeangebot für jeden, der es wünscht (einzige Indikation »Drogenabhängigkeit«), niedrigschwelliger Zugang, Normalisierung der Behandlung. Dazu gehört vor allem auch, den Methadonnehmern die gleiche Eigenverantwortung zu lassen wie den übrigen Patienten, die andere Medikamente verschrieben bekommen. Zwar gibt es mittlerweile das Angebot sogenannter »take home«-Dosen von Levomethadon, aber erst nach einer Bewährungszeit von einem Jahr. Wie in anderen Arzt-Patienten-Beziehungen auch sollte es stattdessen dem Vertrauensverhältnis und nicht einer übergeordneten Landesbehörde überantwortet sein, Methadon mit nach Hause oder in den Urlaub zu geben. Noch immer führen die um-

Bedingungen bedürfnisadäquater Substitutionsbehandlung

168 2 Drogengebrauch – Formen, Bedingungen, Eingriffskonzepte, Alternativen

umständliche Vergabemodalitäten

ständlichen Vergabemodalitäten dazu, daß der Alltag um die Methadon-Ausgabe herum organisiert werden muß, statt umgekehrt. Umständliche Vergabemodalitäten verhindern geradezu das Ziel der sozialen Reintegration. Psycho-soziale Begleitung sollte auf freiwilliger Basis angeboten und nicht bindend mit der Substitutionsbehandlung verknüpft werden, da sonst ein Zwangsmechanismus reproduziert werden würde, der in der Drogenhilfe der letzten zwanzig Jahren unheilvoll dominierte.

unheilvoller Zwangsmechanismus

»ultima-ratio«-Klausel in § 13 Abs. 1 BtMG streichen

Um eine Gleichstellung der Substitutionsbehandlung mit anderen Hilfsangeboten zu erreichen, ist es nötig, die sogenannte »ultima-ratio«-Klausel in § 13 Abs. 1 BtMG zu streichen. Gleichzeitig bedarf es einer umfassenden bürokratischen Entrümpelung der Betäubungsmittelverschreibungs-Verordnung (BtMVV), was übrigens auch für die Schmerztherapie gefordert wird. Vorschläge, die wesentliche Verbesserungen für den Alltag der Substitutionsbehandlung – sowohl für den Patienten als auch für den Arzt – enthalten, sind hinreichend gemacht. Die ärztliche Therapiefreiheit bei Substitutionsbehandlungen und im Bereich der Schmerzbehandlung ist zu erweitern.

2.9.1.4 Trennung der Märkte

Auf dem Weg zur Legalisierung der Drogen sind Zwischenschritte einer »Liberalisierung« nötig, die einerseits einen Schritt hin zu dem entfernten Gesamtziel darstellten, andererseits in die blockierte Situation Bewegung brächten. Praktisch ist die Entkriminalisierung nur als behutsam beschrittener Weg vorstellbar; in einem kontrollierten Rahmen könnte so erprobt werden, »inwieweit ergänzend zu den allgemeinen Regelungen des Jugendschutzgesetzes, der Straßenverkehrsordnung und des Arbeitsschutzgesetzes, in deren Regelungsbereich der Umgang mit den neu legalisierten Drogen aufzunehmen wäre, zusätzliche Reglements und Kontrollen auch für die heute schon legalen Drogen sinnvoll und effektiv sein können« (BAUER/BOSSONG 1992, S. 94). »Trennung der Märkte« bedeutet, daß ergänzend zu einer ärztlich kontrollierten Abgabe harter Drogen (Heroin) z. B. Cannabisprodukte durch eine Herausnahme aus den Anlagen zum Betäubungsmittelgesetz oder durch eine großzügige Anwendung des Opportunitätsprinzips (s. u. 2.9.15) legalisiert bzw. leicht zugänglich werden.

Entkriminalisierung

»Trennung der Märkte« bedeutet:

Herausnahme von Cannabisprodukten aus dem BtMG

Die Hessische Landesregierung hatte im Bundesrat einen Entschließungsantrag (BR-Drs. 582/92) eingebracht, der eine Herausnahme von Cannabisprodukten aus dem Betäubungsmittelgesetz vorsah. Herstellung, Ein- und Ausfuhr, Handel, Besteuerung, Jugendschutz, ein Werbeverbot und die Sanktionen gegen Zuwiderhandlungen sollte in Anlehnung an das Branntweinmonopolgesetz neu geregelt werden. Der Antrag wurde inzwischen zurückgenommen, um einer formalen Ablehnung im Bundesrat zuvorzukommen.

Reformvorschlag

Der Vorstoß beruhte auf dem Reformvorschlag der »Hessischen

Kommission ›Kriminalpolitik‹« zum Betäubungsmittelstrafrecht (1992, S. 254), der die Herausnahme von Cannabisprodukten aus der Anlage 1 des Betäubungsmittelgesetzes als ersten Schritt einer Zurücknahme des Strafrechts aus der Drogenkontrolle empfahl: »Die Entkriminalisierung von Cannabisprodukten kann als Erprobungs- und Erfahrungsphase verstanden werden, um großflächig die Folgen erweiterter Drogenfreigabe zu überprüfen und rechts- wie sozialpolitisch zu bewerten. Der Markt, d. h. die Handels- und Vertriebsstrukturen, könnten beobachtet und überwacht, ggfs. auch durch staatliche Eingriffe reglementiert werden. Veränderungen im Konsumverhalten der Bevölkerung, insbesondere unter Jugendlichen, könnten ermittelt und durch »Imagemanipulation« (negative Werbung) beeinflußt werden. Schließlich müßte eine solche Erfahrungsphase durch intensive Wirkungsforschung in sozialer, medizinischer, kriminologischer und strafjustitieller Hinsicht begleitet werden. Von der Entkriminalisierung unberührt bliebe die Strafbarkeit von Kraftfahrern, die in Folge des Genusses von Cannabisprodukten fahruntauglich sind. Denn die einschlägigen §§ 315c, 316 StGB differenzieren nicht danach, ob die Fahruntauglichkeit auf der Einnahme verbotener oder erlaubter Rauschmittel beruht.«

Wirkungsforschung

BAUER/BOSSONG (1992, S. 93 f.) schlagen darüber hinaus vor, zusätzlich auch eine Droge aus dem Strafrecht herauszunehmen (etwa Kokain), »deren Verbreitung derzeit noch gering ist und bei der man die Frage untersuchen kann, ob durch frühzeitigen Sanktionsverzicht die bei anderen Drogen bekannten gravierenden Folgeschäden (Schwarzmarkt, exzessiver und unsachgemäßer Gebrauch, psychosoziale Verelendung, soziale Ausgrenzung usf.) vermieden werden können.« Die aus dem BtMG herausgelösten Stoffe könnten in eine neu zu schaffende Anlage V aufgenommen werden, wo sie bestimmten Kontrollen bezüglich Anbau, Einfuhr, Vermarktungsform, Qualität und Werbung unterworfen blieben.

neu zu schaffende Anlage V

2.9.1.5 Ausdehnung des Opportunitätsprinzips

Möglichkeiten, Opportunitätserwägungen in der Justizpraxis umzusetzen, bot bereits das alte Betäubungsmittelgesetz (§ 29, Abs. 5). Danach konnte der Richter in der Hauptverhandlung ein Verfahren einstellen, wenn es sich um Delikte mit einer »geringen Menge« zum Eigenverbrauch handelte und eine Verfolgung von geringem öffentlichen Interesse war (§§ 153, 153a StPO). Die Auswertung von BtM-Entscheidungen der Jahre 1985 – 1987 (BIFOS) zeigt, daß in den einzelnen Bundesländern von diesem § 29, Abs. 5 unterschiedlicher Gebrauch gemacht wurde (Nord-Süd-Gefälle), da erhebliche Differenzen darüber bestanden, was als »geringe Menge« zu interpretieren sei. Mit dem neu ins BtMG aufgenommenen § 31a kann nun bereits auf der staatsanwaltschaftlichen Ermittlungsebene ein Verfahren – vornehmlich »Konsumdelikte« betreffend – eingestellt werden. Dies verla-

BtM-Entscheidungen: Nord-Süd-Gefälle

170 2 Drogengebrauch – Formen, Bedingungen, Eingriffskonzepte, Alternativen

keine Rechtssicherheit
Beispiel Bremen

gert möglicherweise die ungleiche Einstellungspraxis auf die staatsanwaltschaftliche Ebene vor, weil klare definitorische Mengenangaben hinsichtlich einer »geringen Menge« im Gesetz fehlen. Diese Neuregelung verschafft keine Rechtssicherheit und ist keine Garantie dafür, daß polizeilicher Verfolgungsdruck nachläßt. Das beste Beispiel dafür liefert eine Verfügung der Bremer Oberstaatsanwaltschaft, von dieser entkriminalisierenden Möglichkeit keinen Gebrauch zu machen, um das repressive Vorgehen der Polizei vor Ort (»Zerschlagung der offenen Szene«, »Auflösung des Drogenstrichs«) nicht zu unterminieren. Denn welcher Polizist sähe noch den Sinn und Zweck von Platzverweisen, Durchsuchungen, Verhaftungen ein, wenn bei den Staatsanwaltschaften die vorgeführten Bagatelldelikte sofort wieder eingestellt werden würden. – Wir haben hier einen Beleg dafür, wie justitielle Neuregelungen zur Entkriminalisierung momentanen ordnungspolitischen Interessen untergeordnet werden.

Beispiel Schleswig-Holstein

Andererseits erlaubt die Einführung des Opportunitätsprinzips, daß die mit ihm gegebenen Möglichkeiten von einzelnen Landesregierungen auch offensiv genutzt werden. So hat zum Beispiel die Landesregierung Schleswig-Holsteins am 12. Mai 1993 eine Richtlinie zu Verfahrenseinstellungen bei Drogenstraftaten beschlossen, die der Polizei und Staatsanwaltschaft konkrete, landesweit einheitliche Mengenangaben darüber an die Hand gibt, was als Eigenbedarfsmenge betrachtet werden kann. Nach dieser Richtlinie stellt die Staatsanwaltschaft Strafverfahren auch in Wiederholungsfällen ein, wenn die Menge bei

1. Cannabisprodukten (mit Ausnahme von Haschischöl) 30 Gramm,
2. Kokain und Amphetaminen 5 Gramm,
3. Heroin 1 Gramm Bruttogewicht nicht überschreitet (vgl. LANDESREGIERUNG 1993).

Mengenangaben im Gesetz verankern

Diese Regelung könnte ein erster Schritt dahin sein, die von der Landesregierung Schleswig-Holstein vorgeschlagenen Mengenangaben im Gesetz zu verankern. Ähnlich dem holländischen Vorbild bezogen auf Cannabisprodukte: Cannabis erhielt – aus pragmatischen Gründen – 1976 eine Sonderstellung, um eine spürbare Entlastung für die Konsumenten und die Justiz zu bringen. Besitz von bis zu 30 g Cannabis wurde zu einer Übertretung mit einer Höchststrafe von einem Monat zurückgestuft. Ähnliches ließe sich auch mit konkreten Mengenangaben für andere Drogen klären. Dies könnte zur Rechtssicherheit sowohl der Justiz- und Strafverfolgungsbehörden als auch der Konsumenten beitragen und bei ihnen ein gelasseneres Umgehen mit kalkulierten Mengen unterstützen. Möglich wäre die Tolerierung von bestimmten Orten, an denen lediglich mit kleinen Mengen (bis 50g) gehandelt bzw. umgegangen würde.

2.9.1.6 Herauslösung einzelner Straftatbestände aus dem Strafrecht

Diese Regelung wäre eindeutiger: Bundesweit den Paragraphen 31a großzügig mit Mengenfestschreibungen zu versehen oder besser noch, wie SCHEERER (1992, S. 22) vorschlägt, »in einem ersten Schritt den § 29 BtMG so zu reduzieren, daß mit Freiheitsstrafe nur bedroht wird, wer die verbotenen Drogen in nicht geringen Mengen ohne Erlaubnis anbaut, herstellt oder mit ihnen Handel treibt. Soweit dies in geringen Mengen geschieht, könnten diese Handlungen als Ordnungswidrigkeiten eingestuft werden. Wer hingegen diese Substanzen, ohne Handel zu treiben, einführt, ausführt, abgibt, veräußert, erwirbt, besitzt, der sollte – ganz entgegen dem gegenwärtigen Gesetzeswortlaut und der aktuellen Verfolgungspraxis – gänzlich straffrei gestellt werden (...) Damit wäre die Konsumsphäre in Bezug auf alle heute verbotenen Drogen von staatlicher Bevormundung und Diskriminierung befreit. Alle Konsumenten wären nicht mehr der Vielleicht-Vielleicht-Auch-Nicht-Willkür einer staatsanwaltschaftlichen Einstellungsverfügung ausgeliefert, sondern wirklich ›entkriminalisiert‹«. Geringe Mengen zum Eigenverbrauch müßten bei diesem Vorschlag allerdings klar benannt werden (vgl. auch: BAUER/BOSSONG 1992; BÜRGERSCHAFT 1991).

Ordnungswidrigkeiten

statt staatsanwaltlicher Willkür entkriminalisieren

Anhand der Analyse der richterlichen BtM-Entscheidungen der Jahre 1985 – 1987 läßt sich ablesen, daß von dieser Entkriminalisierung ein erheblicher Teil der Verurteilten profitieren würde. Allerdings wären auch hier klare Mengenangaben vonnöten, um nicht ständig das deutsche Nord-Süd-Gefälle zu reproduzieren.

Analyse richterlicher BtM-Entscheidungen

KÖRNER (1994, S. 44) weist ebenfalls auf verschiedene Möglichkeiten hin, Strafvorschriften herabzustufen:
Umgang mit weichen Drogen als Ordnungswidrigkeit behandeln, Senkung des Strafrahmens und vor allem Streichung bestimmter Strafvorschriften, die sich in der Vergangenheit als untauglich oder sogar kontraproduktiv erwiesen haben. Dabei wäre an erster Stelle die Abschaffung der »Kronzeugenregelung« (§ 31 BtMG) zu nennen, um weitere Entsolidarisierungen durch gegenseitige Anzeigen innerhalb der kriminalisierten Drogenszene zu verhindern.

»Kronzeugenregelung« abschaffen

Mit einem Gesetzesantrag im Bundesrat (BR-Drs. 58/93) will das Land Rheinland-Pfalz den Umgang mit kleineren Mengen Cannabis entkriminalisieren und schlägt vor, Handlungen, die sich auf bis zu 20 g Haschisch und 100 g Cannabis beziehen, als Ordnungswidrigkeit einzustufen. Diese soll mit einer Geldbuße bis zu fünftausend Deutsche Mark geahndet werden können. Eine solche Regelung wäre ein erster Schritt in Richtung Differenzierung der Märkte und Entkriminalisierung der Konsumenten. Problematisch ist es allerdings, dies nicht grundsätzlich für alle sogenannten Konsumentendelikte, also alle Drogendelikte zur Deckung des Eigenbedarfs, vorzusehen. In ersten Schritten zu einer effektiven Entkriminalisierung müßten die ca. 80% von Verurteil-

Gesetzesantrag

Differenzierung der Märkte und Entkriminalisierung der Konsumenten

ten anvisiert werden, die »allgemeine Verstöße« gegen das BtMG begehen.

2.9.1.7 Abschaffung des Behandlungsteils des Betäubungsmittelgesetzes

Die Verquickung von Strafe und Therapie in den Paragraphen 35 ff. des 1982 novellierten BtMG, mithin die Integration der Therapie in die Strafvollstreckung, ist bereits bei ihrer Einführung auf erhebliche Kritik durch die Fachöffentlichkeit gestoßen. Therapie, die die Mündigkeit und Entscheidungsfähigkeit des Drogengebrauchers verneint, die in unheilvoller Allianz mit der Strafjustiz »in den besten Absichten« mit Konzepten des »helfenden Zwangs« und des »Leidensdrucks« versucht, im Dienste des dogmatisch festgehaltenen Zieles der Drogenabstinenz zu arbeiten, hat ihre Glaubwürdigkeit eingebüßt.

»Therapie statt Strafe« – »Therapie als Strafe«

Das mittlerweile europaweit postulierte Ziel, Abhängige unter dem Motto »Therapie statt Strafe« einer Behandlung zuzuführen, muß unter Prohibitionsbedingungen zu einer »Therapie als Strafe« (SCHEERER) oder »Therapiestrafe« (EISENBACH-STANGL) verkommen. Die in das Konzept »Therapie statt Strafe« gesetzten Erwartungen haben sich nicht erfüllt: Behandlungsauflagen wie im § 35 BtMG sind eher dazu geeignet, Verhaltensänderungen der Drogengebraucher zu verhindern und drogale Identitäten zu verstärken (WEBER/SCHNEIDER 1991). Die Behandlungsparagraphen erschweren die Abgrenzung zwischen Drogenhilfe und Justiz erheblich.

7. Abschnitt des BtMG abschaffen

Auch für den Therapiebereich müßte die Sonderregelung aufgehoben werden, was allerdings nur über eine generelle Abschaffung des gesamten 7. Abschnitts des Betäubungsmittelgesetzes geht. Statt der Vollstreckungslösung nach § 35 BtMG sollte verstärkt auf die im »normalen« Strafrecht angelegten Möglichkeiten des Aussetzens einer Strafe zur Bewährung (gemäß §§ 56, 57 StGB) zurückgegriffen werden (vgl. FACHVERBAND DROGEN UND RAUSCHMITTEL 1989; BÜRGERSCHAFT 1991).

Kritiker haben immer wieder darauf hingewiesen, daß die Bewährungsmöglichkeiten flexiblere und vor allem ambulante Hilfen ermöglichten, die der Therapie als stationärer Langzeittherapie allemal vorzuziehen sind.

Die Abschaffung des gesamten Behandlungsteils, dessen Auswirkungen von vielen Drogengebrauchern während ihrer Karriere rituell und periodisch als modifizierte Strafverbüßung wahrgenommen wurden, böte die Chance, Attraktivität, Reichweite und Effizienz drogentherapeutischer Angebote wieder zu erhöhen.

2.9.2 Verfassung und ganzheitliche Drogenpolitik

Gefordert werden bessere Bedingungen für Substitutionsbehandlungen und eine medizinisch kontrollierte Originalstoffvergabe; darüberhinaus formiert sich der Widerstand gegen

Widerstand gegen

die Prohibition bestimmter psychotroper Substanzen. Dieser Widerstand hebt zum einen ab auf die Ineffizienz, Schädlichkeit und Inhumanität der Prohibition: Die Wegnahme des Strafrechts soll zu einer Deeskalierung und Normalisierung des Umgangs mit Konsumenten illegaler Drogen führen. Bei einer Abschaffung des Sondergesetzes BtMG könnten relevante Teile in andere Gesetze (Arzneimittelrecht, Jugendschutzgesetz, Strafgesetz) integriert werden. Für die Drogenhilfe wären verbesserte Behandlungsvoraussetzungen und Arbeitsbedingungen sowie eine Entlastung zu erwarten: »Unter den Bedingungen der Freigabe kann die Drogenhilfe vielmehr – analog zur heutigen Hilfe für Alkoholkranke – unbelasteter und dementsprechend gezielter mit Abhängigkeitskranken arbeiten. Die Entkriminalisierung der Patienten stellt eine Arbeitserleichterung für die Sucht-(Drogen-)krankenhelfer dar« (THAMM 1989, S. 378 f.). Strafandrohung als Initialzwang oder »Fremdmotivation«, das Kooperieren von Therapieträgern und Justiz zwecks Erhöhung der Therapiebereitschaft mittels Leidensdrucks wären außer Kraft. Der künstlich durch das Strafrecht erzeugte Leidensdruck wiche einem Problemdruck, der quasi »natürlich« erzeugt und authentisch erlebt würde und den Ausschlag für eine Verhaltensänderung geben könnte. Schließlich würde eine Drogenfreigabe dem Staat die Chance bieten, gesundheitspolitisch glaubwürdiger zu werden, »da es unter diesen Bedingungen keine ›Zwei-Klassen-Suchtkrankheit‹ und keine ›Zwei-Klassen-Suchtkrankenhilfe‹ geben würde, sondern nur ein drogenpolitisches Konzept für Hilfen bei Abhängigkeitserkrankungen« (THAMM 1989, S. 379).

Der Widerstand hebt zum andern ab auf die verfassungsrechtliche Problematik des Abstinenz-Paradigmas und die vor allem die Drogenkonsumenten treffende repressive Drogenpolitik (BÖLLINGER 1991b): Es gibt eine zunehmende Zahl von Juristen, Polizisten und anderen, durch Erfahrung und wissenschaftlich begründete Einsicht aufgeklärten Bürgern, welche eine grundsätzliche Wende in der Drogenpolitik fordern. In diesem Zusammenhang ist eine ganze Reihe von in den letzten Jahren ergangenen sog. Vorlagebeschlüssen von Strafgerichten nach Art. 100 GG zu sehen. Am bekanntesten wurde der von Richter Nescovic am LG Lübeck. Gerichte, die der Auffassung sind, daß das BtM-Strafgesetz hinsichtlich Cannabis nicht mit der Verfassung vereinbar ist, haben damit vor der endgültigen Entscheidung eine Überprüfung dieser Norm durch das Bundesverfassungsgericht veranlaßt. Wie bekannt hat das BVerfG in seinem Beschluß vom 9.3.1994 – entgegen dem sich schnell ausbreitenden öffentlichen Mißverständnis – in einer juristisch, methodisch höchst kritikwürdigen Weise (dazu BÖLLINGER 1994b) alle Einwände zurückgewiesen und die Strafbarkeit auch konsumorientierter Umgangsweisen mit »geringen Mengen zum Eigenbedarf« für verfassungsgemäß bezeichnet und lediglich eine bundesweite Vereinheitlichung der staatsanwaltlichen Einstellungspraxis verlangt.

Die strafrechtliche Repression wird zentral mit einer behaupteten

Prohibition

Abschaffung des Sondergesetzes BtMG

verbesserte Arbeitsbedingungen für die Drogenhilfe

realer Leidensdruck statt künstlicher Problemdruck

keine ›Zwei-Klassen-Suchtkrankenhilfe‹

Bürger fordern grundsätzliche Wende in der Drogenpolitik

Lübecker Vorlagebeschluß

BVerfG-Beschluß

174   2 Drogengebrauch – Formen, Bedingungen, Eingriffskonzepte, Alternativen

Neuauflage der Einstiegstheorie

Gefährdung der Gesellschaft begründet: nämlich mit der auch vom reinen Eigenkonsum ausgehenden Weitergabe- und Nachahmungsgefahr sowie der Schädigung der Jugend durch »Heranführung an die Welt der Drogen«. Letztlich wird also wieder eine Art Einstiegstheorie verkündet, die eigentlich vom BVerfG selbst für überholt angesehen wird.

Damit erscheint zunächst einmal weitergehenden Argumenten, wie sie hier vertreten werden, die Aussicht auf Beachtung entzogen. Gleichwohl sind einige grundsätzliche Aussagen des BVerfG positiv zu werten, z. B., daß der Gesetzgeber verpflichtet ist, den wissenschaftlichen Erkenntnisfortschritt zu beachten und das Gesetz gegebenenfalls doch noch zu ändern. Zum andern hat ein Mitglied des achtköpfigen 2. Senats des BVerfG, Verfassungsrichter Sommer, eine »abweichende Meinung«, welche eine viel weitergehende, den Vorlagebeschlüssen weitgehend stattgebende, verfassungsrechtliche Argumentation enthält.

an verfassungsrechtlichen Grundsätzen festhalten

Auch die Verfassungsjustiz ist eine politische Justiz, und auch ihre Rechtsprechung kann sich unter veränderten gesellschaftlichen Bedingungen ändern. Deshalb halten wir an den verfassungsrechtlichen Grundsätzen fest, die wir bereits in der letzten Leitfaden-Auflage (S. 103) formuliert hatten. »Verfassungsrechtlich legitimiert sich das Strafrecht als Mittel zum Zweck: Rechtsgüterschutz und Vermeidung von Sozialschäden und -gefahren mittels General- und Spezialprävention, d. h. durch Abschreckung und Normbewußtseinsbildung bezogen auf die Allgemeinheit und durch Rückfallhinderung und »resozialisierende« Verhaltensbeeinflussung bezogen auf das Individuum. Daß ein behauptetes substantielles Rechtsgut und dessen Schädigung überhaupt real sind und – im Verhältnis zu anderen sozialen Werten und Gefahren – überhaupt der staatlichen Intervention bedürfen, muß der Gesetzgeber nicht zuletzt mit Hilfe der Wissenschaft und geleitet von grundgesetzlichen Maßstäben nachweisen. Und wenn er intervenieren zu müssen glaubt, muß er die Art und Intensität der Mittel nach verfassungsrechtlichen Maßstäben und unter Ausübung methodischer Sorgfalt auswählen. Im Zweifel muß er sich für die Freiheit entscheiden. Verhalten muß materiell sozialschädlich sein, nicht nur moralisch anstößig, um Gegenstand strafrechtlicher Intervention werden zu können.«

Im Zweifel für die Freiheit

Schadensbehauptungen nie wissenschaftlich überprüft

Die Berücksichtigung all dessen ist bei der Schaffung des BtMG im Falle der Drogengesetzgebung unterblieben. Unbesehen und unhinterfragt wurden die seit Beginn des Jahrhunderts von den USA gesteuerten Definitionen und Schadensbehauptungen über die »Teufelsdrogen« übernommen und nie einer wissenschaftlichen Überprüfung unterzogen – auch jetzt durch das BVerfG noch nicht.

Rechtsgut »Volksgesundheit« nicht substantiierbar

Es ist an der Zeit, dies – z. B. in der jetzt vorgeschlagenen Form einer parlamentarischen Enquete-Kommission oder einer Experten-Anhörung – zu tun. Nicht nur, weil das behauptete Rechtsgut »Volksgesundheit« überhaupt nicht substantiierbar, sondern diffus und inhaltsleer ist; auch durch die illegalen Drogen an sich

2.9 Drogenpolitik: Was könnte getan werden? – Alternativen

gibt es keine Drogentoten und keine Verelendung, sondern vor allem kraft der von der Prohibition bestimmten sozialen Bedingungen des Drogengebrauchs (s. o. 2.1 – 2.6).
Durch die Praxis der Drogenpolitik werden also nicht etwa schützenswerte Grundrechte gewährleistet, sondern umgekehrt werden Grundrechte und Grundprinzipien unserer Verfassung verletzt: die Grundrechte der Konsumenten illegaler Drogen aus Art. 1 und 2 GG auf freie Entfaltung der Persönlichkeit und körperliche Unversehrtheit, aus Art. 3, 4 u. 5 GG auf Gleichbehandlung, Gewissens- und Meinungsäußerungsfreiheit sowie das allgemeine verfassungsrechtliche Übermaßverbot und Prinzip der Geeignetheit und Erforderlichkeit staatlichen Handelns. Auch verfassungsrechtlich folgt daraus nach unserer Auffassung die Notwendigkeit einer grundständigen Überprüfung der Drogenpolitik und einer Streichung der Strafnormen bei angemessener Regulierung des Verkehrs mit Drogen (im einzelnen: BÖLLINGER 1991b).

Grundrechte und Grundprinzipien unserer Verfassung werden verletzt

Diese Überlegungen zur Drogenfreigabe sind zunächst als antiprohibitiv zu verstehen, d. h., sie richten sich vornehmlich gegen die Prohibition unter Auslassung der Gestaltung des entstehenden Kontrollvakuums bei Wegnahme des Strafrechts, also der legislativen Ausgestaltung. Offen bleiben Formen einer alternativen Drogenkontrolle, die der Heterogenität von Bedeutungen, Gebrauchsweisen, Gefährdungspotentialen der Drogen in einer abgestuften Zugänglichkeit gerecht werden.

Langfristiges Ziel sollte jedoch sein, im Rahmen eines einheitlichen Gesamtkonzeptes der Drogenpolitik Regelungen für den Zugang zu allen Drogen und Behandlungsmöglichkeiten für diejenigen zu schaffen, die ihren Drogenkonsum als problematisch erleben oder deren Gebrauch Dritte schädigt oder wesentlich in Mitleidenschaft zieht. Allerdings ist die gegenwärtige Drogenpolitik von einem ganzheitlichen Denken (gegenüber den z. Z. illegalen und legalen Drogen) weit entfernt. Es regiert weiterhin die Drogendoppelmoral, die gesundheitspolitisch verbrämt, sozialpolitisch – bzgl. der Stigmatisierung von unliebsamen Bevölkerungsgruppen – ihre zynische Funktionalität entfaltet.

Langfristiges Ziel

Endgültige Modelle einer alternativen Drogenkontrolle können an dieser Stelle nicht vorgestellt werden, wohl aber im Ausland praktizierte Modelle und vorläufige Überlegungen, die, auf dem Weg zur Abolition des Strafrechts im Drogenbereich, wichtige und realisierbare Teilziele darstellen bzw. formulieren.

im Ausland praktizierte Modelle

Beispielhaft wird immer wieder auf das »holländische Modell« weitgehender Entkriminalisierung der Cannabis-Konsumenten Bezug genommen. Hier sind Besitz, Verkauf und Herstellung von weniger als 30 g Haschisch oder Marihuana entkriminalisiert; gegen den Cannabis-Verkauf in Jugendzentren, Coffieshops wird nicht mehr gezielt vorgegangen. Der Konsum von Haschisch und Marihuana bleibt laut Untersuchungen trotz dieser de-facto-Entkriminalisierung des Cannabisgebrauchs seit einigen Jahren konstant (JANSEN 1991; MINISTERIUM FÜR GEMEINWOHL 1989, S. 1). Der Handel findet heute »sichtbar« und damit kontrollierbar – für

das »holländische Modell«

176   2 Drogengebrauch – Formen, Bedingungen, Eingriffskonzepte, Alternativen

Coffieshops

alle Beteiligten – in sogenannten Cannabis-Coffieshops (in Amsterdam gibt es ca. 300, in ganz Holland etwa 1000) und Jugendzentren statt; der Straßenhandel mit Cannabis in der Amsterdamer Innenstadt ist beinahe völlig verschwunden. Diese Politik scheint eine weitgehende Trennung der Märkte von »weichen« und »harten« Drogen erreicht zu haben. Coffieshops scheinen einen ähnlich normalen Charakter mit ebensolcher ökonomischer Bedeutung zu haben wie die »Kneipe«. Eine Untersuchung über Coffieshops weist schließlich darauf hin, daß eine ziemlich problemlose Integration von Cannabis in die gesamte holländische Drogengebrauchskultur erreicht worden ist (JANSEN 1990).

»vertrauenswürdige« Heroin- und Kokain-Dealer

Auf der anderen Seite werden in gewissem Umfang »vertrauenswürdige« Heroin- und Kokain-Dealer von der Polizei toleriert, solange sie sich an bestimmte Regeln halten (z. B. keine schädlichen Beimengungen, bestimmte gut kontrollierbare »Marktplätze« wie Bahnhöfe und dergl.) oder sich als sog. »Haus-Dealer« betätigen. In der Rotterdamer Paulus-Kirche ließ ein couragierter Pfarrer im Rahmen eines umfassenden Betreuungsangebots für Junkies sogar monatelang von zuverlässigen Dealern sauberes Heroin verkaufen, bevor ihn die Justizbehörde im Juli 1994 sanft in seine Grenzen wies – mit dem unausgesprochenen Hinweis, daß man ihn in Ruhe lassen werde, wenn er diese Praxis in weniger auffälliger Weise weiterführe.

Angesichts des europäischen Integrationsprozesses wird der Spielraum für die niederländische Regierung für einen drogenpolitischen Alleingang von den repressiv vorgehenden Nachbarstaaten allerdings immer mehr eingeengt (SILVIS 1989). Daher muß jede drogenpolitische Veränderung im europäischen Kontext gesehen werden. Ebenso muß sich drogenpolitischer Widerstand europaweit organisieren.

»Überlegungen zum legalen Zugang zu Heroin für alle«

Gegen die Begrenztheit und Selektivität der Opiatabgabe an nur Abhängige im Rahmen eines medizinisch legitimierten Kontrollmodells hat SCHMIDT-SEMISCH (1990) in seinen »Überlegungen zu einem legalen Zugang zu Heroin für alle« argumentiert. Er diskutiert einen legalen Zugang zu Heroin auch für gelegentliche oder kontrollierte Gebraucher und Neueinsteiger und kommt zu dem Ergebnis, daß eine Legalisierung jenseits von Konsumverbot und Konsumgebot die gesellschaftlichen Voraussetzungen für alle Konsumenten verändert und eine realistische Perspektive für eine

Heroin-Kultur

Heroin-Kultur eröffnet. Innerhalb dieser Kultur können Drogenerfahrungen ausgetauscht und durch Regeln Sicherheit, Halt und Orientierung im Umgang mit Heroin vermittelt und verstärkt werden. Diese bereits in Ansätzen bestehenden Selbstregulierungskräfte einer drogenkonsumierenden Kultur sind bisher sowohl in der Drogenarbeit als auch in der Drogenpolitik völlig vernachlässigt worden.

historische und prospektive Forschung

Um die Wirkungen einer Entkriminalisierung im Hinblick auf die Zunahme des Gebrauchs gesicherter prognostizieren zu können, bedarf es einer umfangreichen historischen und prospektiven Forschung, die verschiedene Szenarien für eine Abschaffung des

Strafrechts im Drogenbereich entwickelte. PILGRAM (1980, S. 507 ff.) hat folgende, schlagzeilenartig zusammengefaßte »Grundsätze einer rationalen Drogenpolitik« aufgestellt:

»Grundsätze rationaler Drogenpolitik«

1. Einschluß legaler Drogen in die drogenpolitischen Überlegungen.
2. Differenzierung zwischen den Drogen – wider die Moral als drogenpolitisches Kriterium.
3. Klärung der Kontrollkriterien – wider ein Gesundheitsdiktat in der Drogenpolitik.
4. Kontrolle der Drogenwirtschaft – wider ein drogenpolitisches Laissez-faire.

Insbesondere der letzte Aspekt scheint besonders wichtig, um nicht das Konsumverbot in ein Konsumgebot umzukehren (MARZAHN 1983).

2.9.3 Internationale Verträge

Gegen eine kontrollierte Drogenabgabe oder gar gegen eine Entkriminalisierung der Konsumenten wird häufig eingewandt, sie seien unvereinbar mit internationalen Vertragsverpflichtungen. Abgesehen davon, daß UN-Konventionen kündbar (Single Convention: jedes Unterzeichnerland kann nach sechsmonatiger Vorankündigung aus der Konvention austreten; Art. 46) oder veränderbar sind (nach Art. 47 hat jeder Signatarstaat das Recht Abänderungsanträge zu stellen, wenn diese nicht binnen 18 Monaten von einem Unterzeichnerland abgelehnt werden, treten sie in Kraft; falls der Antrag abgelehnt wird, entscheidet der »Economic and Social Council«, ob eine Konferenz zu diesem Thema eingerichtet wird), lassen sie doch erhebliche Spielräume bezüglich der nationalen Umsetzung der vereinbarten Kontrolle von Drogen. Dies wird besonders deutlich an der unterschiedlichen Ausgestaltung der Drogenpolitiken von anderen Staaten (I, NL, GB) die die UN-Konventionen gleichwohl ratifiziert haben.

UN-Konventionen

erhebliche Umsetzungsspielräume

Die Single Convention spricht davon Produktion, Distribution, Handel, Gebrauch und Besitz auf wissenschaftliche und medizinische Zwecke zu beschränken. Die kontrollierte Abgabe von Opiaten (zumindest an Opiatabhängige) etwa wäre durchaus als medizinische Maßnahme zu betrachten. Eine generelle Anwendung strafrechtlicher Maßnahmen – ungeachtet der nationalen Verfassungen der Unterzeichnerländer – ist aus der Konvention nicht ableitbar: Ein Verbot soll nur erfolgen, wenn eine Vertragspartei »dies im Hinblick auf die in ihrem Staat herrschenden Verhältnisse für das geeignetste Mittel hält, die Volksgesundheit und das öffentliche Wohl zu schützen« (Art. 2 Vb, zit. n. DÜNKEL 1981, S. 675).

Single Convention

Artikel 36 führt aus: »Vorbehaltlich ihrer Verfassungsordnung wird jede Vertragspartei aufgefordert, Verstöße gegen das Abkommen mit Strafe zu bedrohen, sowie schwere Verstöße angemessen zu ahnden, insbesondere mit Gefängnis oder sonstigen Arten des Freiheitsentzuges«. Klar wird, daß es dem jeweiligen

Staat vorbehalten bleibt, wie er »schwere Verstöße« ahndet. Offenbar zielt die Konvention nach Sinn und Zweck allein auf die Pönalisierung des Drogenhandels und weniger auf den »Besitz« von Drogen.

Raum für weitgehende Kontrollalternativen

Der Artikel 33 (Besitz von Drogen) läßt auch Raum für weitgehende Kontrollalternativen: »The parties shall not permit the possession of drugs, except under legal authority«. Unter »gesetzliche Aufsicht« fällt letztlich auch der Besitz von Alkoholika. Diese Sicht wird auch von Kommentatoren der Single Convention geteilt: ... »non-medical (use of drugs) – although prohibited – need not necessarily be subject to penal sanctions ... each government is free to decide, in the light of the particular conditions existing in its country, on the most appropriate measures for preventing the non-medical use of drugs.« (Vors. der International Narcotic Control Board, zit. n. LOGAN 1979, S. 53).

Wiener Zusatzabkommen von 1988

Allerdings hat das 1988 in Wien beschlossene »Übereinkommen der Vereinten Nationen gegen den unerlaubten Verkehr mit Suchtstoffen und psychotropen Stoffen«, das als Zusatzabkommen zur o. g. Single Convention von 1961 verstanden werden muß, Grundzüge international verpflichtender Drogenkontrolle schärfer formuliert. In Art. 3 Abs. 2 der neuen Konvention heißt es: »Besitz, Kauf oder Anbau von Suchtstoffen oder psychotropen Stoffen für den persönlichen Gebrauch« sind von den Vertragsparteien,»wenn absichtlich begangen, als strafbar zu definieren« (zit. n. EISENBACH-STANGL 1989, S. 10). Allerdings wird den Vertragsparteien gleichzeitig zugestanden, die Straftat gemäß ihren Verfassungsgrundsätzen und den Grundzügen ihrer Rechtsordnung zu definieren. Welche Form der Strafe also gewählt wird, bleibt den Unterzeichner-Ländern überlassen. Der Trend zu einer gewollten schärferen Kriminalisierung in dieser Konvention ist allerdings nicht zu übersehen.

2.9.4 Alternative Formen der Drogenkontrolle

Wenn Kreuzers Annahme zutrifft, daß das »Strafrecht insgesamt wenig Einfluß auf Ausmaße des gesamten Umgangs mit Suchtmitteln hat« (KREUZER 1989b, S. 49), seine Rolle und Wirksamkeit in der Drogenpolitik also überschätzt wird (PILGRAM 1980, S. 507), dann muß gefragt werden, wie das Ausmaß und die Dynamik des Gebrauchs bestimmter Drogen sonst zu erklären

Ätiologie des Umgangs mit Drogen

bzw. zu beeinflussen sind? – Die Frage nach der Ätiologie des Umgangs mit Drogen in unserer Gesellschaft führt auf eine Vielzahl von Erklärungsansätzen: Kompensation von Sinnleere, Ausdruck von Ohnmacht angesichts ökologischer und militärischer Katastrophen, Identitätsgewinn in der Drogenszene, Erlebnis von Gefühlssensationen, Drogen als Selbsterfahrungsmedien und Emanzipationssymbole, Hilfe bei der Bewältigung und dem Ertragen des Alltags schlechthin (vgl. o. 2.5).

Strafrecht ist relativ wirkungslos

Welche Erklärung individuell und kulturell auch die größte Aussagekraft haben mag, das Strafrecht ist relativ wirkungslos in der

Kontrolle und der Steuerung des Drogenverhaltens. Drogenkontrolle muß sich angemessenerer, für den Einzelnen und die Gesellschaft weniger schädlicher Mittel bedienen, um Drogenverhalten zu beeinflussen. Neben der Prävention kommen entscheidende Bedeutung der Förderung und Stützung selbstregulierender Kräfte und den alternativen Kontrollen zu.

Unsere Ängste gegenüber einem legalen und kontrollierten Zugang zu heute verbotenen Drogen rühren vor allem daher, daß wir einen enormen Anstieg des Konsums und die Einbindung der Produktion in eine ausschließlich profitorientierte Wirtschaft befürchten. Diesen Ängsten muß mit den bereits angedeuteten wissenschaftlich begründeten Szenarien begegnet werden. Zwei Effekte jedoch sind in diesen Szenarien besonders schwer zu kalkulieren und werden allzuoft ganz übersehen, das sind:
 1. die positiven Selbstregulationsmechanismen der Drogengebraucher und der Drogenkultur und
 2. alternative gesellschaftliche Kontrollen.

Ängste

1. Selbstregulierungsmechanismen

Die strafrechtsfixierte prohibitive Drogenpolitik bekommt die individuellen und subkulturellen Selbstregulierungspotentiale der Konsumenten illegaler Drogen nicht in den Blick. Resultat auch des Objekt-Denkens, das einseitig die Opfer- und Krankenrolle betont und Drogenabhängigen Eigenverantwortung, Selbstheilungskräfte und Kompetenz abspricht: »Oft wird der Widerspruch, daß jemand, der die Kontrolle verloren hat, selbstverantwortlich Ziele erreichen können soll, zugunsten der lebenslangen Kontrolle aufgelöst. Nach der Devise, Vertrauen ist gut, Kontrolle aber besser, wird oft eine lückenlose Behandlungskette um den Süchtigen gelegt, deren Glieder ›Selbstkontrolle‹ und ›Fremdkontrolle‹ heißen. Viele der üblichen Vorgehensweisen zeugen davon, daß es im Suchthilfesystem mit dem Zutrauen in die Eigenverantwortlichkeit und die Kompetenz der Klienten, eigene Ressourcen zu aktivieren und dauerhafte Lösungen zu finden, nicht zum besten steht« (EBERLING 1989, S. 31 f.).
Dieser entmündigende Denk- und Behandlungsansatz gegenüber Gebrauchern illegaler Drogen ist, indem die prohibitive Ordnung als quasi naturgegeben hingenommen wird, Ausdruck und »Spätfolge« bestehender »Gedankengefängnisse« (QUENSEL).
Wer von der Notwendigkeit des Drogenverbots ausgeht, einem verdinglichten »Sachzwangdenken« anhängt, kann nicht akzeptierend auf die in den Drogensubkulturen entwickelten Regeln, Werte und Normen und die (unterschiedlichen) subkulturellen und sozialen Bedeutungen des Gebrauchs bestimmter Drogen eingehen, geschweige denn diese in die Drogenarbeit mit einbeziehen.
Auch die traditionelle Drogenarbeit schenkte bisher – abstinenzorientiert – der Kompetenz Betroffener und einer scheuklappenfreien Kommunikation mit diesen wenig Beachtung. So etwa bzgl.

Objekt-Denken gegenüber Konsumenten illegaler Drogen

lückenlose Behandlungskette

entmündigender Denk- und Behandlungsansatz

verdinglichtes »Sachzwangdenken«

Kompetenz Betroffener

der Entzugskompetenz: Die meisten Gebraucher machen im Laufe ihrer Drogenkonsums viele Entzüge, um sich herunterzudosieren oder damit sich die Venen regenerieren können. Diese Betroffenenkompetenz könnte durch kundige Anleitung unterstützt, vertieft und verbreitet werden (s. 2.8.2.8).

kontrolliert Konsumierende

Weitere Beispiele für Selbstregulationen sind die gelegentlich oder kontrolliert Konsumierenden: Mit Hilfe welcher Regeln und Normen schaffen sie es, den Gebrauch so zu organisieren, daß sie das Auftreten von Entzugssymptomen vermeiden? Das Phänomen dieses Gebrauchsmusters wurde erst in den letzten Jahren wahrgenommen, obwohl es schon länger existiert. – Oder die sogenannten Selbstheiler: Wie kann Drogenarbeit und Drogenpolitik diese Prozesse des selbstgewählten Ausstiegs fördern? – Schließlich muß die Selbstorganisation Betroffener erwähnt werden: Wie kann der bereits stattfindende Prozeß dieser Selbstorganisation unterstützt werden? Wie können die Selbstorganisationsansätze in die Drogen- und AIDS-Arbeit einbezogen werden? Insbesondere in der AIDS-Prävention kann die Integration Betroffener mit ihren Erfahrungen und ihrem authentischen Wissen wertvoll und unersetzbar sein. Zum Beispiel in der Verbraucherberatung über verschiedene Konsumformen: Ist nicht dringend eine moralfreie Verbraucherberatung über die Folgen bestimmter Einnahmeformen und über die Vermeidung von Risiken etwa bei der Injektion von Drogen (J.E.S 1990) vonnöten? (Wir versuchen unter 5.5.2 einen kleinen Schritt in diese Richtung; s. vor allem auch HEUDTLASS/STÖVER/WINKLER 1995.)

Selbstheiler

Selbstorganisation

Drogen- und AIDS-Arbeit

moralfreie Verbraucherberatung

2. Alternative gesellschaftliche Kontrollen

Legalisierung

Ist von Legalisierung die Rede, wird zumeist die völlig freie Erhältlichkeit der angesprochenen Drogen assoziert. Diese Sichtweise blendet jedoch wirksame Kontrollformen und die eingeschränkte Verfügbarkeit heute legaler Drogen aus (vgl. SCHEERER/VOGT 1989, S. 30 ff.), die vom Verkehrs- und Verschreibungsverbot zur Verschreibungsmöglichkeit mit Sonderrezeptpflicht (im Betäubungsmittelgesetz), über Verschreibungs- und Apothekenpflichtigkeit (im Arzneimittelgesetz) zur freien Zugänglichkeit zu Drogen mit eingeschränkter Zugänglichkeit für bestimmte Konsumentenkreise, etwa Jugendliche (in entsprechenden Schutzbestimmungen) reichen.

wirksame Kontrollformen

Beeinflussung der Motivation

Über diese formellen Zugänglichkeitskontrollen hinaus existieren jedoch auch noch andere Möglichkeiten zur Beeinflussung der Motivation von Konsumenten: Preisgestaltung, sachgerechte Aufklärung über Chancen und Risiken, informelle Reaktionen auf als unerwünscht oder störend empfundenen Drogengebrauch (wie etwa gegenüber Tabak heute; vgl. HESS 1989, S. 154 ff.) etc. Insbesondere die informellen Reaktionen können Veränderungen in Bedeutung und Image von Drogen und Drogenkonsum initiieren und unterstützen.

2.10 Zum Prozeß von Drogenabhängigkeit und Kriminalisierung

Auf Basis der wissenschaftlichen und empirischen Erläuterungen des Kapitels 2 sowie in Anlehnung an QUENSEL (1970) und DECHENE (1975) haben wir ein idealtypisches Verlaufsschema (s. nächste Seite) zusammengestellt.

Verlaufsschema
Zum Prozeß von Drogenabhängigkeit und Kriminalisierung

	Phasen und Fakten im Prozess von Drogenabhängigkeit und Kriminalisierung	Positive Lösung, wonach Drogenabhängigkeit und Delinquenz aufhören	Wünschenswerte soziale, pädagogische, therapeutische Interventionen
1. Stufe	Individuum subjektiv drogenfrei oder genußorientierter, kontrollierter Drogenkonsum. Es entsteht eine scheinbar nicht zu bewältigende Lebenssituation: Erst- oder Mehrkonsum zur Entlastung oder Problemlösung; Probierkonsum auf der Suche nach Lebenssinn und -stil, Identität.	Problem entfällt wieder oder wird doch noch bewältigt, z. B. Hilfe durch Bezugsperson im sozialen Umfeld, Erfolgserlebnis (Schule, Arbeit, Beziehung).	Aufklärung über risikoarmen Drogenkonsum (auf allen Stufen sinnvoll); Arbeiten an sozialen Problemen; pädagogische Elternberatung, Paar- oder Einzelberatung, jeweils ohne Dramatisierung und Registrierung.
2. Stufe	Keine Problemlösung, weiterer Entlastungs- bzw. Verdrängungskonsum. Noch geringe Gefahr, auffällig zu werden.	Bei Glück keine Auffälligkeit. Problem wird doch noch selbst oder mit Hilfe von Bezugspersonen bewältigt.	Bereitstellung von spezifischen sozialen Aktivitäten, drogenthematische Beratung, Vermittlung in Selbsthilfegruppen. Verstehen des Drogenkonsums als Appell, aber kein Aufdrängen von Interventionen.
3. Stufe	Wahrscheinlichkeit der Auffälligkeit bei Drogenbeschaffung, erstes Delikt (BtMG), erste Rollenzuschreibung und kontrollierende soziale Intervention. Ursprüngliches Problem vertieft sich und wird durch Verfolgung verstärkt.	U. U. wird Individuum noch von sozialer Bezugsgruppe aufgefangen oder geht in Selbsthilfegruppe, Arbeitsgruppe oder ambulante Therapie.	Einstellung des Strafverfahrens durch Staatsanwalt, wenigstens Zurückstellung der Strafe nach § 35 BtMG. Kein Beziehungsabbruch zum sozialen Umfeld! Gemeindenahe Intervention!
4. Stufe	Auffälligkeit hochwahrscheinlich; Einbindung in Drogensubkultur und Übernahme von deren Normen. Strafe wird als ungerecht erlebt, bestätigt Feindbilder, führt zur Überbetonung realer sozialer Mißstände und zu totaler Verweigerung. Dauernde Verfolgungssituation und Beschaffungskriminalität werden zum eigenständigen Hauptproblem, Verstärken den Hang zur Droge. Gesundheitsrisiken steigen wegen Illegalität enorm.	Selbstentzug, Spontanheilung aufgrund positiver Veränderung der sozialen Situation (Beziehung, Schwangerschaft etc.); positive Lösung jedoch zunehmend unwahrscheinlich.	Wie 3. Stufe. Wenn Freiheitsentzug unumgänglich. Versuch Sozialtherapeutische Anstalt oder Drogenknast als geringeres Übel anzusteuern. Freiwillige Therapie, evtl. in therapeutischem Milieu, falls soziale Bezüge sowieso zerrüttet. Möglicherweise auch Erhaltungsprogramm (Methadon) mit begleitender sozialpädagogischer und therapeutischer Betreuung.

2.10 Zum Prozeß von Drogenabhängigkeit und Kriminalisierung

	Phasen und Fakten im Prozess von Drogenabhängigkeit und Kriminalisierung	Positive Lösung, wonach Drogenabhängigkeit und Delinquenz aufhören	Wünschenswerte soziale, pädagogische, therapeutische Interventionen
5. Stufe	Selbst bei kontrolliertem Konsum Doppelbelastung durch Stigmatisierung: höchste Wahrscheinlichkeit der Wiederauffälligkeit, Rückfallstrafschärfung. Doppelstigma als Drogenabhängiger und Krimineller. Drogenkonsum wird Selbstzweck, totale Selbstzuschreibung des Stigmas.	Besondere Einfühlung und milieutherapeutische Intervention, die zunächst einmal Sekundärschäden bearbeitet, gefolgt von spezifisch einzeltherapeutischer Hilfe. Professionelle Hilfe erforderlich!	Therapeutische Programme ungenügend, deshalb zunächst Methadon-Programm zum Abbau des kriminellen Stigmas, begleitet von sozialpädagogischen Hilfen und/oder Vermittlung in Selbsthilfegruppe (z. B. Junkie-Bund – J.E.S). In der Folge erst ambulantes – und wenn nicht anders möglich – stationäres therapeutisches Programm.
6. Stufe	Dissozialisierung durch kriminelle Subkultur und Haft komplett. Negatives Selbstbild und trotzige Provokation der Umwelt. Endgültige kriminelle Karriere und Etikettierung als »therapieresistent«. Verwahrung in Haft oder Psychiatrie.	Positive soziale Angebote und Beziehungen eröffnen in Einzelfällen die Möglichkeit des Ausstiegs.	Wie 5. Stufe. Mit Rehabilitation kaum noch zu rechnen, relative Verbesserungen sollten aber als Ziel akzeptiert werden. Absage an das Etikett »Therapieresistenz«.
7. Stufe	Dauerverwahrung in JVA oder Psychiatrie. Abschreibung des Individuums durch die Gesellschaft.		Wie 6. Versuch der Entlassung in Selbsthilfeorganisation mit »totaler Struktur« (Synanon). Gruppen in JVA/Psychiatrie.
8. Stufe	Doppelte Isolierung in der Institution aufgrund doppelter Stigmatisierung. Oft Tod oder Suizid. Nach Entlassung Fortbestehen der doppelten Stigmatisierung. Gesundheits- und Alterungsprobleme verstärken Problematik noch mehr.		Wie 5. und 6. Trotzdem professionelle Hilfe in »totalem Milieu«, eventuell längerfristig mit gewisser Rehabilitationschance.

3 RECHT: DROGEN-UN-RECHT – UND WIE MAN RECHT BEKOMMEN KANN

3.1 Strafrecht: Betäubungsmittelgesetz (BtMG), BtM-Verschreibungs-Verordnung (BtMVV) und Strafgesetzbuch (StGB)

Verwaltungsgesetze als Nebenstrafrecht	Was strafbar ist, ist im Prinzip im StGB geregelt. Viele Gesetze, die alle möglichen öffentlichen Belange regeln, enthalten Ordnungswidrigkeitenvorschriften, teilweise aber auch Strafbestimmungen für Verstöße gegen diese Gesetze, das sog. Nebenstrafrecht. Ein solches verwaltungsrechtliches Gesetz ist auch das
BtMG	BtMG (Gesetzestexte in erforderlicher Auswahl s. 5.1). Es macht jeglichen Verkehr und Umgang mit Betäubungsmitteln (BtM) von einer Erlaubnis des Bundesgesundheitsamtes abhängig (§ 3). Die davon betroffenen Substanzen sind in den Anlagen 1 – 3 zu § 1 Abs. 1 BtMG aufgelistet, die durch nachträgliche Verordnungen aktualisiert werden, in dringenden Fällen sogar ohne die sonst erforderliche Zustimmung des Bundesrates (§ 1 Abs. 3 u. 4 BtMG; s. dazu 5.1.1).
Strafbar macht sich:	Strafbar macht sich nach §§ 29 – 30b, wer ohne entsprechende Erlaubnis mit BtM umgeht (zur Verfassungsmäßigkeit des BtMG s.
Strafzumessungsregeln	o. 2.9.3.3). Dabei modulieren sog. Strafzumessungsregeln die Strafhöhe bei »besonders schweren Fällen« (z. B. § 29 Abs. 3) oder »minder schweren Fällen« (z. B. § 29a Abs. 2 BtMG). § 29 Abs. 1 BtMG ist sozusagen der »normale« Vergehenstatbestand, der für fast alle nur erdenklichen Umgangsweisen mit illegalen Drogen Strafen von bis zu fünf Jahren androht (s. 3.1.1.1 ff.).
Verbrechenstatbestände	§§ 29a – 30a BtMG sind sog. Verbrechenstatbestände, welche »besonders gefährliche« Begehungsweisen zum Gegenstand haben und Strafen ab 1, 2 oder gar von 5 bis zu 15 Jahren androhen (s. 3.1.1.2 ff.).
	Nach § 29 Abs. 5 BtMG kann das Gericht unter bestimmten Umständen von Strafe absehen, nach § 31a BtMG können Staatsanwaltschaft oder Gericht das Ermittlungs- bzw. Strafverfahren einstellen (s. 3.1.2.1.9). § 32 BtMG definiert die als weniger gravierend eingestuften Verstöße gegen das BtMG als Ordnungswidrigkeiten, die mit Bußgeld belegt werden. §§ 35 ff. BtMG
»Therapie statt Strafe«	schließlich regeln die Modalitäten des Prinzips »Therapie statt Strafe« (s. 3.1.3.1).
Straftatbestände des BtMG in der Praxis	Die Strafvorschriften und wichtige andere Gesetzes- und Verordnungswerke sind in den Materialien (unter 5.1) zu finden. Im folgenden erläutern wir, wie die Straftatbestände des BtMG rechtsdogmatisch ausgelegt und in der Praxis angewandt werden. Wir weisen nur dort auf die Auslegung hin, wo der Sinn des Gesetzes nicht ohne weiteres verständlich erscheint. Wir wenden uns da-
Strafverfolgung konkret	mit nur an den strafjuristischen Laien, um ihm in Umrissen verständlich zu machen, wie die Strafverfolgung konkret abläuft.

Für die präzise Klärung von Rechtsfragen ist das Nachschauen in Gesetzeskommentaren, Rechtsprechung und sonstiger Fachliteratur unerläßlich.

Wie werden die Strafvorschriften angewandt?

Die Gesetzesformulierungen, die sog. Straftatbestände, sind nicht so ohne weiteres – quasi-automatisch – auf den Einzelfall anwendbar, sondern bedürfen der kunstgerechten Auslegung und Subsumption, wie sie der Jurist im Studium lernt. Damit ist gemeint, daß die Gesetzesbegriffe – wiederum nach bestimmten Auslegungsregeln – abstrakt erläutert werden, um dann das angeblich strafbare Geschehen unter sie einzuordnen und zu schauen, ob es paßt, ob es nicht ausnahmsweise gerechtfertigt ist (z. B. durch Notwehr), und ob der Täter »schuldhaft« gehandelt hat (ob er z. B. aufgrund von Krankheit nicht anders handeln konnte). Das nennt man »subsumieren«.

kunstgerechte Auslegung und Subsumption

Schuld

Zwar gibt es zum Teil große Auslegungsspielräume. Praktisch kommt es aber letztlich auf diejenige Auslegung an, die sich durchgesetzt hat, nämlich die der obersten Gerichte: Bundesgerichtshof (BGH), Oberlandesgericht (OLG). Diese jeweils »herrschende Meinung« (hM) entnimmt man unmittelbar den Urteilssammlungen (z. B. BGH in Strafsachen) oder einem der gängigen Gesetzeskommentare (s. 5.6.1).

herrschende Meinung

Gesetzeskommentare

Am aktuellsten, informativsten und in seiner drogenpolitischen Tendenz pro Entkriminalisierung von Konsumenten ist KÖRNER 1994; ausführlich: PFEIL/HEMPEL/SCHIEDERMAIR/SLOTTY 1988, HÜGEL/JUNGE 1993 und ERBS/KOHLHAAS/PELCHEN 1995; handlich: JOACHIMSKI 1994; speziell für die Strafverteidigung: EBERTH/MÜLLER 1993; aktuelle Sammlung aller BtM-Rechtsmaterien: LUNDT/SCHIWY; regelmäßige Rechtsprechungsübersichten zudem in den Zeitschriften STRAFVERTEIDIGER (SCHOREIT) und MDR (SCHMIDT) sowie NEUE STRAFRECHTSZEITSCHRIFT. Ferner: BIFOS = BtM-Info-System des BMJustiz (Bundesjustizministerium).

Was für den Laien noch schwerer verständlich ist: Viel wesentlicher als diese relativ präzise und kalkulierbar erscheinende Auslegung und Subsumption ist das, was ihnen zugrundegelegt wird: der Sachverhalt. Dieser gibt nämlich nicht unbedingt objektiv die Wirklichkeit wieder, sondern nur dasjenige, was die Beweisaufnahme in der Hauptverhandlung bzw. die richterliche Überzeugung daraus gemacht haben. Wir nennen das eine soziale, d. h. von Herrschaftsverhältnissen mitbedingte (Re-)Konstruktion von Wirklichkeit. Deshalb, und weil dieser Sachverhalt zudem – anders als in der »Berufung« – in der höchstrichterlichen Instanz (Revision) nur noch im Hinblick auf Lücken und Widersprüche in Begründung und Darstellung geprüft wird, kommt es sehr maßgeblich auf die Qualität der Strafverteidigung an. Innerhalb der weiten gesetzlichen Strafrahmen hat der Richter schließlich einen großen Ermessensspielraum hinsichtlich der sog. Strafzumessung (dazu regelm. MÖSL in NStZ). Im Hinblick auf diese Rechtsfolgen-

der Sachverhalt

soziale (Re-)Konstruktion von Wirklichkeit

Ermessensspielraum bei Strafzumessung

entscheidung, die ja auch anderes umfassen kann als Strafe (s. u. 3.1.3), haben wiederum der Strafverteidiger, aber auch Bewährungs- und Drogenhelfer und sonstige Zeugen sowie eventuell Sachverständige eine wichtige Funktion.

Zusammenwirken der Prozeßbeteiligten

3.1.1 Das Strafkonzept des BtMG

Das eigentlich als Verwaltungsgesetz konzipierte BtMG hat sich zum repressivsten Strafgesetz überhaupt entwickelt: Gemessen an dem unter Strafrechtswissenschaftlern einhellig als äußerst diffus und inhaltsleer angesehenen Rechtsgut »Volksgesundheit« sind die Strafdrohungen mit bis zu 5 Jahren für den einfachen Umgang mit Drogen und bis zu 15 Jahren z. B. für das Handeltreiben mit einer »nicht geringen Menge« (s. § 29a Abs. 2 BtMG) exorbitant hoch – verglichen z. B. mit der gleich hohen Strafbarkeit für Totschlag oder der Höchststrafe von 5 Jahren bei einem »minder schweren Fall« des Totschlags oder einer Vergewaltigung. Begründet wird solche Strafintensität mit der Notwendigkeit, die Volksgesundheit und die drogenfreie Entwicklung der Jugend zu schützen. Neuerdings – in der Cannabis-Entscheidung v. 9.3.1994 – will das Bundesverfassungsgericht sogar das »ungestörte soziale Zusammenleben« der Bürger durch das BtMG geschützt sehen. Mit dieser Begründung könnte man auch Zucker strafrechtlich verbieten: ist er doch gesundheitsschädlich, macht abhängig und beeinträchtigt die Entwicklung der Jugend (vgl. zu unserer Kritik im einzelnen 2.3).

BtMG: repressivstes Strafgesetz »Volksgesundheit«

Cannabis-Entscheidung (v. 9.3.1994): das »ungestörte soziale Zusammenleben« der Bürger schützen

Trotz der Abstraktheit und Inhaltsleere dieser angeblich durch Strafrecht zu schützenden »Rechtsgüter« ist die Strafbarkeit im Vergleich zum sonstigen Strafrecht nicht nur extrem hoch, sondern auch noch weit in den Bereich sog. Rechtsgutsgefährdung und Straftat-Vorbereitung vorverlagert, der in unserem sog. Tat-Strafrecht sonst straffrei bleibt: Man kann sich straflos ein Messer kaufen, mit dem man jemanden umbringen will – solange man nicht dazu ansetzt, es zu tun. Und man wird überhaupt nicht strafrechtlich belangt, wenn man jemandem ein Messer oder Zyankali überläßt oder verkauft, mit dem derjenige sich dann umbringt.

Strafbarkeit in den Bereich sog. Rechtsgutsgefährdung und Straftat-Vorbereitung vorverlagert

Daß der Besitz von illegalen Drogen zum ausschließlichen Eigengebrauch, erst recht aber die Abgabe und der Verkauf gleichwohl strafbar sind, wird jetzt auch vom Bundesverfassungsgericht so begründet: Das Weitergeben solcher Substanzen und das schlichte Ansichtigwerden durch andere üben eine derartige Verführungskraft aus, daß die drohende – von den Juristen wohl als infektiös-epidemisch phantasierte – Massenhaftigkeit des Konsums zu allgemeiner Abhängigkeit und Verelendung führe. Daran ändere nichts, daß Cannabis-Konsum erwiesenermaßen nicht schädlich sei, führe er doch die Jugendlichen »an die Welt der Drogen« und damit an das Unheil heran! Solche Weltfremdheit fördert nicht gerade die Glaubwürdigkeit des Staates und der Justiz bei Jugendlichen.

Bundesverfassungsgericht begründet so:

Weltfremdheit

3.1.1.1 Vergehenstatbestände des § 29 BtMG

3.1.1.1.1 § 29, Abs. 1 Nr. 1 – 5, 14: Jedweder Umgang – außer Konsum

In den hier aufgelisteten Grund-Tatbeständen geht es um Täterschaft in dem Sinne, daß jedwede direkte Form von Drogenumgang strafrechtlich erfaßt werden soll.

»Anbau« (Nr. 1) wird ausgelegt als Aussaat von Samen und Aufzucht von Pflanzen, aus denen BtM i. S. des BtMG gewonnen werden können. Der Blumentopf vor dem Fenster genügt. Das Erwerben und Lagern von Samen ist nicht strafbar.

»Anbau«

»Herstellen« (Nr. 2) umfaßt jede Form von Gewinnen, Anfertigen, Zubereiten, Be- oder Verarbeiten, Reinigen und Umwandeln von BtM und erlangt insbesondere mit Blick auf die synthetischen Drogen zunehmende Bedeutung. Schon das Abstreifen der wirkstoffhaltigen Blätter einer Cannabis-Pflanze reicht aus. Auch »ausgenommene Zubereitungen« werden nach Nr. 2 erfaßt.

»Herstellen«

»Handeltreiben«, das umfassendste und in der Justizpraxis bedeutsamste Merkmal, wird definiert als »alle eigennützigen Bemühungen, die darauf gerichtet sind, den Umsatz mit BtM zu ermöglichen oder zu fördern.« Die hM läßt eine einmalige oder auch nur vermittelnde Tätigkeit dafür genügen (KÖRNER 1994, § 29, Anm. 71). Besitz an dem Stoff und Übergabe sind davon umfaßt, aber nicht Voraussetzung. Auch Tausch gegen sonstige Waren kann Handel sein. Die Vorverlagerung der Strafbarkeit wird schier grenzenlos gehandhabt: schon das Verhandeln und Anbieten genügen, auch wenn es zum eigentlichen Geschäft nicht kommt (BGH StV 92, 517), sowie das Besitzverschaffen mit der Absicht späterer Veräußerung (BGH NStZ 93, 44).

»Handeltreiben«

»Eigennützig« heißt, das BtM muß mit Gewinn oder gegen einen sonstigen Vorteil veräußert werden. Das könnte bei gutem Willen auch restriktiv ausgelegt werden: Eigennützigkeit nur bei Profitorientierung, also nicht schon wegen des Wunsches, an das BtM zu kommen bzw. den Eigenbedarf zu decken. Verkauft man jedoch ohne eigenen Vorteil, verschenkt man oder kauft auf fremde Rechnung ohne eigenen Profit (OLG Düsseldorf StV 92, 233), entfallen Eigennutz und damit Handel, es kommen aber als Auffangtatbestände »Abgabe« oder »Veräußern« in Betracht.

»Eigennützig«

Auffangtatbestände

»Ein- und Ausfuhr«: Verbringen des Stoffes aus einem anderen Hoheitsgebiet in den Geltungsbereich des BtMG bzw. umgekehrt. Zum Hoheitsgebiet der Bundesrepublik Deutschland zählt auch ein Zollfreigebiet. Der Einführende muß im Inland über den eingeführten Stoff verfügen können, sonst handelt es sich nur um Durchfuhr (Nr. 5) bzw. Besitz (Nr. 3).

»Ein- und Ausfuhr«

»Veräußern« ist die rechtsgeschäftliche, gegen Entgelt oder sonstige geldwerte Gegenleistung erfolgende »Abgabe«, die rein tatsächliche Übertragung von Besitz oder Verfügungsgewalt auf einen anderen.

»Veräußern«

»Sonst in den Verkehr bringen« dient als Auffangtatbestand, um

»Sonst in den Verkehr bringen«

»Erwerben«

»Sich in sonstiger Weise verschaffen«

Kuhmist als Haschisch anbieten ist strafbar

»Besitz«

mittelbarer Besitz

Konsumieren

Besitz zum Eigenkonsum

»Erschleichen«

Hauptanwendungsfall ärztliche Substitutionsbehandlung

jede erdenkliche Lücke in der absoluten Weitergabesperre zu schließen.

»Erwerben« bedingt die »Erlangung der eigenen tatsächlichen Verfügungsgewalt auf abgeleitetem Weg« (BGH). Der Abschluß eines entsprechenden Rechtsgeschäfts genügt noch nicht. Auch nicht darunter fällt z. B. das Sich-injizieren-lassen ohne eigene vorherige Verfügungsgewalt am Heroin.

»Sich in sonstiger Weise verschaffen« dient ebenso als Auffangtatbestand für solche Fälle, in denen kein abgeleiteter Erwerb vorliegt: z. B. Diebstahl von Drogen.

Nach § 29 Abs. 6 fallen übrigens, wenn es um Handel, Abgabe und Veräußern geht, auch nur vermeintliche BtM-Nachahmungen unter die Strafbewehrung der Nr. 1. Skurril mutet an, daß man sich damit z. B. auch strafbar macht, wenn man Kuhmist als Haschisch anbietet. Als derartige Pseudo-Drogen werden im übrigen auch Lösungs- und Streckmittel gewertet.

»Besitz« (Nr. 3): Es zählt das bewußte tatsächliche Innehaben bzw. Herrschaftsverhältnis, gleich wie erlangt (z. B. ererbt). Das kurze Ansichnehmen ohne Herrschaftswille genügt nicht (z. B. bekommt man in der Freundesrunde den Joint angeboten und zieht daran: auch wenn man ihn eine Minute in der Hand hält, ist dies kein Besitz). Bei nur mittelbarem Besitz müssen sicherer Zugang und freie Verfügung über das BtM gewährleistet sein (was z. B. im Transit auf dem Flughafen regelmäßig der Fall ist). Wenn man aber das BtM für jemanden transportiert, kann das Beihilfe zum Handel sein, auch wenn an der Abwicklung des Geschäfts kein Anteil besteht.

Auch Schließfachaufbewahrung ist Besitz. Konsumieren allein (essen, trinken, schnupfen, rauchen, injizieren) erfüllt weder den Tatbestand des »Erwerbens« noch den des »Besitzens«. Nicht verwertbare Anhaftungen an BtM-Utensilien aus vorangegangenem Gebrauch sind kein Besitz. Besitz zum Eigenkonsum ist aber strafbar. Als Auffangtatbestand wird »Besitz« von »Handeltreiben« und »Erwerb« verdrängt.

»Erschleichen« (Nr. 9): Täuschung des behandelnden Arztes durch verbale oder gestische Angabe bzw. Vorspielen falscher Tatsachen, nicht bloßer Wertungen: z. B. durch Atropin-geweitete Pupillen, simulierte Schweißausbrüche etc.

3.1.1.1.2 § 29, Abs. 1 Nr. 6, 7: Abgabe durch Ärzte und Apotheker – Strafrecht und Substitutionstherapie

Strafbar macht sich der Arzt nach Nr. 6, wenn er – auch sich selbst – nicht verkehrsfähige und nicht verschreibungsfähige BtM (a) verordnet bzw. diese (b) verabreicht oder zum unmittelbaren Verbrauch überläßt. Unter letzteres fällt auch das Weiterreichen z. B. eines Joints in einer Raucherrunde. Hauptanwendungsfall ist aber die ärztliche Substitutionsbehandlung – mit gem. Anl. II zu § 1 Abs. 1 BtMG (s. u. Anhang 5.1.2) – verschreibungsfähigen BtM: das erst zum 1.2.1994 zugelassene Methadon-Razemat und

das herkömmliche, teurere Levo-Methadon, aber auch Codein-Zubereitungen wie Remedacen. Hinsichtlich der Codein-Zubereitungen gibt es Bestrebungen, sie für die Substitutionsbehandlung zu sperren.
Auch die verkehrs- und verschreibungsfähigen BtM dürfen nur verschrieben werden, wenn ihre Anwendung begründet ist (§ 13 Abs. 1 S. 1) und der beabsichtigte Zweck nicht auch auf andere Weise erreicht werden kann (§ 13 Abs. 1 S. 2 BtMG). Es gab einen langen und paradoxen Streit um die Auslegung dieser Klauseln. Die ärztliche Standesorganisation beharrte jahrlang stur auf dem Dogma, die l-Polamidon-Behandlung verstoße – außer in ganz eng umgrenzten Ausnahmefällen – gegen die Regeln ärztlicher Kunst und sei mithin sowohl nach § 29 Abs. 1 Nr. 6 BtMG als auch wegen Körperverletzung nach § 223 StGB strafbar. Auch KÖRNER (1990, Anm. 646 ff.), HÜGEL/JUNGE/WINKLER (Rz. 16) und PFEIL et al. (Rz. 208) folgten als »herrschende Meinung« bisher dieser Linie, die einerseits der organisierten Ärzteschaft eine Richtlinienkompetenz über ihre Zwangsmitglieder und andererseits den Gerichten eine Urteilskompetenz über die Kunstregelhaftigkeit einer ärztlichen Behandlung zugestand.

wenn Anwendung begründet ist

Streit um die Auslegung

herrschende Meinung

Paradox erschien dies deshalb, weil die Bundesärztekammer – übrigens im Gegensatz zu den Landesärztekammern ein Organ ohne öffentlich-rechtliche Funktion – sich Rechtsetzungskompetenz anmaßte und dieses vermeintlich gesetzte Recht durch die Gerichte angewandt wissen wollte. Dies ist eine groteske Verzerrung der eigentlichen Rechtslage (vgl. BVerfG 76, 171). Grundsätzlich genießt der Arzt kraft unseres Grundgesetzes Therapiefreiheit: er behandelt den einzelnen Patienten nach seinem ärztlichen Ermessen und im Rahmen von dessen Einwilligung. Er muß dabei allerdings die allgemeinen ärztlichen Sorgfaltspflichten einhalten, d. h. angemessene Untersuchungs- und Behandlungsmethoden anwenden. Für die Beantwortung der Frage, ob die Behandlungsweise angemessen ist, sind die ärztlichen Kunstregeln und der Stand der Wissenschaft wesentliche Indizien. Im Einzelfall kann aber gerade ein Abweichen von diesen im Rahmen der allgemeinen Sorgfaltspflicht angezeigt sein, um der besonderen Problematik des Falles gerecht zu werden. Andernfalls wären Fortschritte der Medizin durch vorsichtige Erprobung neuer Verfahren und eine Bezugnahme z. B. auf ausländische Erfahrungen und Regeln strafrechtlich ausgeschlossen (ausführlich dazu: BÖLLINGER 1989; HAFFKE 1990; SCHUMACHER 1988; MOLL 1990).

paradoxe Anmaßung der Ärzteschaft

Therapiefreiheit

ärztliche Sorgfaltspflichten

Außerdem bestreitet die ärztliche Standesorganisation, daß Aspekte der sozialen Mitbedingtheit und Folgen einer Krankheit, die »soziale Indikation« (vgl. Abtreibung!) in die Indikationsstellung einbezogen werden dürften. Auch dies ist weder fachlich noch rechtlich haltbar. Für die Frage, wie eine Krankheit entstanden ist und wie ihre Behandlung aussichtsreich sein kann, muß der Arzt psychosoziale Erwägungen anstellen. Dies gilt in besonderem Maße bei der Behandlung von Drogenabhängigkeit.

soziale Indikation

Die Rechtsprechung, insbesondere die des BGH, hat denn auch

Rechtsprechung

Substitutionsbehandlung legal

durchgängig keinen Zweifel an der grundsätzlichen Kurierfreiheit des Arztes gelassen (BGH 29, 6 u. 37, 383): Die ambulante Substitutionsbehandlung ist nicht nach § 29 Abs. 1 Nr. 6 i. V. m. § 13 Abs. 1 S. 2 BtMG verboten. Lediglich die Maßstäbe der ärztlichen Sorgfalt bei der Substitutionsbehandlung von Drogenabhängigen werden präzisiert. Im übrigen wird die soziale Indikation selbstverständlich anerkannt. Eine Strafbarkeit aus § 223 StGB kommt nur in Betracht, wenn der Arzt bei der Durchführung dieser an sich legalen Behandlungsmethode Kunstfehler begeht, z. B. gegen Sorgfaltspflichten verstößt. Auch der maßgebliche Kommentator KÖRNER ist nun auf dieses schon in den früheren Auflagen unseres Leitfadens vertretene Verständnis der Rechtsprechung eingeschwenkt.

sozialmedizinische Indikation

In seiner Entscheidung von 1991 (BGH 37, 383) hat der BGH insbesondere die Möglichkeit der sozialmedizinischen Indikation unterstrichen. Die für die strafrechtliche Auslegung maßgeblichen Regeln der ärztlichen Kunst sind danach eindeutig nicht mit der Schulmedizin gleichzusetzen. Gerade auf einem medizinisch umstrittenen Gebiet dürfen vertretbare abweichende Auffassungen nicht kriminalisiert werden, weil das die Entwicklung neuer Therapien verhindern würde. Der Vorstand der Bundesärztekammer

Bundesärztekammer

(BÄK) hat danach auch keine – einen Indikationenkatalog betreffende – »Richtlinienkompetenz«. Der BGH stellt auch fest, daß sich die BÄK selbst widerspricht, weil die in ihren Richtlinien aufgeführten Indikationen ausdrücklich nur Beispielfälle sind, die Raum für eine einzelfallbezogene Annahme einer anderen Indikation lassen. Es diente nur der rechtlichen Klarstellung, daß 1992 in § 13 Abs. 1 S. 1 BtMG ausdrücklich auch die Therapie der BtM-Abhängigkeit mit BtM, also die Möglichkeit der Substitutionstherapie, aufgenommen wurde.

Subsidiaritätsklausel

Nach wie vor steht dort aber eine Subsidiaritätsklausel (S. 2): Wenn der Behandlungszweck auch auf andere Weise erreicht werden kann, spricht eine primäre Vermutung gegen die Begründetheit solcher Behandlung. Damit wird im Grunde lediglich eine allgemeine ärztliche Sorgfaltsregel wiederholt, die ärztliche Indikationsfreiheit aber nicht grundsätzlich angetastet.

spezifische Sorgfaltsregeln

Im übrigen gelten für die Substitutionsbehandlung aus strafrechtlicher Sicht weiterhin folgende spezifische Sorgfaltsregeln, die der BGH schon 1979 (BGH 29, 6 = NJW 1979, S. 1943; SUCHTGEFAHREN 1981, S. 116 ff.; zu den Sorgfaltsregeln bei der Codein-Substitution vgl. 3.3.1.1.2) festgestellt hat.

■ Vor der Verschreibung bedarf es einer sorgfältigen ärztlichen Untersuchung und sicheren Diagnose; die Untersuchungsergebnisse müssen sorgfältig in der Krankengeschichte dokumentiert werden (BGH MDR 1978, 1015). Bei mangelnder Sorgfalt kann sich der Arzt ebenso wegen § 29 Abs. 1 Nr. 6 strafbar machen, wie wenn er Gefälligkeitsrezepte ausstellt, auch wenn dies unter Druck oder Drohung geschieht (vgl. HAFFKE 1989, GERCHOW 1977).

Patienten-Aufklärung

■ Aufklärung des Patienten über Diagnose, Therapie und etwaige

Risiken und Nebenwirkungen (BGH NJW 1984, S. 1395 f.); ohne Aufklärung kann sich der Arzt wegen Körperverletzung strafbar machen.
- Die Zieldefinition der Heilbehandlung (BGH MDR 1988, 40 f.; BayObLG NJW 1970, S. 529), d. h. die Erhaltung und Wiederherstellung des Lebens, des Körpers, der physischen und psychischen Gesundheit des Patienten. Es kann nicht generalisierend behauptet werden, der beabsichtigte Zweck sei auf andere, drogenfreie Weise – eben durch die Langzeit-Therapie (LzTh) – zu erreichen (§ 13 Abs. 1 S. 2 BtMG).

Zieldefinition der Heilbehandlung

Auch eine BtM-Verschreibung, die psychosoziale Ziele, insbesondere Entkriminalisierung und damit bessere Behandelbarkeit und Patientenmitarbeit bezweckt (»soziale Indikation«), fällt in diesem Sinne unter Heilbehandlung. Ebenso eine Überbrückungsbehandlung, die den späteren Einsatz einer anderen Behandlung oder lediglich das Offenhalten einer weiteren Diagnostik und Indikationsstellung ermöglichen soll.

psychosoziale Ziele

Überbrückungsbehandlung

- Im Bewußtsein der Mißbrauchsgefahr muß der Arzt die bestimmungsmäßige Mitteleinnahme selbst oder durch zuverlässige Hilfspersonen kontrollieren und Täuschungen durch abhängige Patienten entgegenwirken (BayObLG NJW 1970, S. 529). Polamidon ist oral einzunehmen. Es muß verhindert werden, daß Polamidon zusammen mit anderen Drogen oder Medikamenten eingenommen wird.

Mißbrauchsgefahr

- Die Vorschriften der BtMVV über Höchstmengen, Rezepte, Dokumentation etc. sind zu beachten (s. u. 3.1.1.1.3). Aus fachlicher Sicht ist aber auch auf eine ausreichend hohe Dosierung zu achten, um Beigebrauch zu vermeiden.

Vorschriften der BtMVV beachten

- Der behandelnde Arzt muß in der Entzugsbehandlung erfahren sein. Das bedeutet nicht, daß er sich spezieller Fortbildung unterzogen haben muß. Im Einzelfall muß es genügen, daß er sich konsiliarisch über die Besonderheiten der Behandlung informiert.

in der Entzugsbehandlung erfahren

Die Behandlung darf sich nicht auf die Verschreibung von Medikamenten beschränken, sondern soll Bestandteil einer ganzheitlichen Therapie sein. Das kann im Einzelfall bedeuten, daß sich der substituierende Arzt um eine psychotherapeutische und/oder sozialpädagogische Begleitung der Behandlung bemüht.

ganzheitliche Therapie

Weitere Sicherheits- oder Kontrollmaßnahmen werden vom BGH ausdrücklich nicht verlangt. Sollte der Arzt die Voraussetzungen seiner Indikationsstellungen verkennen, so befindet er sich in einem Tatbestandsirrtum und ist nicht strafbar (BGH 37, 388). Daß ein Münchner Arzt nach Polamidon-Behandlung rechtskräftig mit einem partiellen Berufsverbot bestraft wurde, ist mit der Verletzung der Sorgfaltspflichten begründet worden (LG München vom 21.7.1988 Az.: KLs 333 Js 17792/84, vgl. KÖRNER Anm. 658).

Tatbestandsirrtum

Eine andere Frage ist, inwieweit diese strafrechtliche Klärung von der ärztlichen Standesorganisation und den Krankenkassen gleichwohl wiederum unterlaufen wird. Versucht wird dies mit den in ihrer Rechtsnatur und -gültigkeit umstrittenen »Neuen Untersuchungs- und Behandlungs-Richtlinien« (NUB-Richtlinien).

NUB-Richtlinien

Darin ist übrigens ein Beispiel dafür zu sehen, wie auch außerhalb des Strafrechts durch Medikalisierung und sozialrechtliche Disziplinierung von Ärzten soziale Kontrolle ausgeübt werden kann (zu dieser arzt- und sozialrechtlichen Problematik im einzelnen unter 2.7.5, 3.3.1.1 u. 5.3.2).

§ 15 BtM-Außenhandels-Verordnung

Eine Entlastung für Ausländer und aus dem Ausland (z. B. Holland) kommende Deutsche ergibt sich aus § 15 der BtM-Außenhandels-Verordnung (abgedruckt bei EBERTH/MÜLLER 1982; LUNDT/SCHIWY 1981 ff.): Wenn vom Arzt verordnet, darf man den Reisebedarf an Methadon legal einführen.

3.1.1.1.3 § 29 Abs. 1 Nr. 14: Verstoß gegen die BtM-Verschreibungsverordnung (BtMVV)

§ 10 BtMVV i. d. F. d. 5. BtMGÄndG vom 18.1.1994 (Text s. u. 5.1.2) regelt, daß bei bestimmten Verstößen gegen die BtMVV § 29 Abs. 1 Nr. 14 bzw. dessen Strafrahmen ebenfalls zur Anwendung kommt. Danach ist strafbewehrt, daß von den verschreibungsfähigen Drogen gem. Anlage III nur Zubereitungen (Nr. 1), sowie nur die in § 2 Abs. 1 u. 2 BtMVV bestimmten Substanzen und Höchstmengen (Nr. 2a) verschrieben werden dürfen. Ebenfalls ist strafbewehrt (Nr. 2b), daß für den Praxisbedarf bestimmte Substanzen (z. B. Kokain) nur zu bestimmten Zweck und maximal als Zwei-Wochen-Bedarf verschrieben bzw. als Ein-Monats-Bedarf bevorratet werden dürfen. Bestraft werden kann nach § 10 Nr. 3 auch, wer entgegen § 2 Abs. 4 BtM für andere Einrichtungen als für Krankenhaus-Stationen verschreibt. Das bedeutet, daß z. B. der Bedarf von Strafvollzugsabteilungen, LzTh-Einrichtungen, therapeutischen Wohngemeinschaften und dergleichen, in denen Substitutionstherapie praktiziert wird, nur individuell an die Patienten verschrieben und verabreicht wird.

strafbewehrt

ordnungswidrig

Formverstöße

Im übrigen handelt ordnungswidrig i. S. § 32 Abs. 1 Nr. 6 BtMG und kann mit Bußgeld belegt werden, wer diverse in § 11 BtMVV aufgelistete Formverstöße begeht (z. B. kein BtM-Rezept sondern ein normales Rezept zur Verschreibung von BtM benutzt). Durch die 4. und 5. BtMÄndVO ist die BtMVV ein Stück weit an die drogenpolitischen und medizinischen Neuerungen angepaßt worden. Allerdings sind die Regelungen betr. die Höchstmengen und die Wochenendvergabe nach wie vor unbefriedigend; eine weitere, 6. ÄndV zur BtMVV ist in Vorbereitung, wodurch die Indikationen und die Mitgabe- bzw. Rezeptierungsmöglichkeiten bis zu einer Woche erweitert werden sollen, andererseits aber Codein nicht länger als Substitutionsmittel zugelassen sein soll. Letzteres ist noch äußerst kontrovers.

6. ÄndV zur BtMVV in Vorbereitung

Zwar können jetzt im Rahmen jedweder Behandlung mit zugelassenen BtM maximal 30 Tage lang täglich bestimmte Höchstmengen verschrieben werden. Insbesondere die »take home«-Dosis für Wochenende, Reisen und Urlaub (s. BR-Drs. 646/92) darf ausnahmsweise für drei Tage auf einmal verschrieben werden.

»Dauerbehandlung«

Bei »Dauerbehandlung« können nach Abs. 2 die Höchstmengen

und die 30-Tages-Frist überschritten werden. Praktisch bedeutet dies für die Substitutionsbehandlung mit BtM, daß die notwendige Erhaltungsdosis Methadon problemlos verschrieben bzw. verabreicht und entsprechend das Dreifache der regulären oder erhöhten Dosis (z. B. 300 mg Methadon) fürs Wochenende mitgegeben werden können. Die Mitgabe einer für längere Reisen ausreichenden Menge – z. B. bei zuverlässigen Patienten – ist aber unverändert ausgeschlossen (vgl. im übrigen die Anmerkungen zu Abs. 7).
Weitere Maßgaben für die Substitutionsbehandlung enthält der 1992 neu eingefügte § 2a BtMVV.

Weitere Maßgaben für die Substitutionsbehandlung

Abs. 1: Die Behandlung muß gem. § 13 Abs. 1 BtMG und unter Beachtung der Regeln der ärztlichen Kunst erfolgen (s. dazu im einzelnen 3.1.1.1.2).

Abs. 2: Der behandelnde Arzt muß darauf hinwirken, daß Substituierte »kontinuierlich an einer Psycho- und/oder Soziotherapie« teilnehmen. Eine solche Teilnahme kann nicht erzwungen werden und darf nicht zur Bedingung der Substitutionsbehandlung gemacht werden. Der Behandler muß lediglich nachweisen können, daß er in den notwendigen Gesprächen auf eine solche grundsätzlich freiwillige Entscheidung des Patienten hingewirkt hat. Noch weiter einschränkend ist die Vorschrift dahingehend auszulegen, daß ein solches »Hinwirken« nur bei entsprechender Indikation einer Psycho- bzw. Soziotherapie notwendig ist. In vielen Fällen gelungener Resozialisierung bedarf es bei weiterlaufender Substitution nicht unbedingt ständiger therapeutischer Begleitung. Allerdings ist bei abruptem oder ausschleichendem Entzug des Methadons eine psychotherapeutische Begleitung häufig indiziert.

Psycho- und/oder Soziotherapie

»Hinwirken«

Abs. 3: verlangt – ohne Sanktionsdrohung – die eigenhändige Einlösung des Substitutions-Rezepts durch den Arzt oder sein damit beauftragtes, sorgfältig ausgewähltes und zuverlässiges Personal.
Abs. 4 – 8 enthalten weitere praktische Regeln für die kontrollierte und sichere Durchführung der Substitutionsbehandlung.
Abs. 4: Unzulässigkeit der Injizierbarkeit. Danach wäre neben der oralen Verabreichung auch die – in Holland und der Schweiz verschiedentlich mit Erfolg praktizierte – anale Verabreichung in Form von Suppositorien (Zäpfchen) zulässig. Die notwendige Beaufsichtigung der Einzelgabe – »zum unmittelbaren Gebrauch« – muß durch den »verschreibenden Arzt oder seinen ärztlichen Vertreter« erfolgen. Nach herrschender Ansicht genügt dieser Voraussetzung die ärztliche Oberaufsicht über zuverlässige Arzthelfer, welche die eigentliche Abgabe vornehmen.

Unzulässigkeit der Injizierbarkeit

»zum unmittelbaren Gebrauch«

Abs. 5: An Wochenenden und Feiertagen ist die Beaufsichtigung der Einzelgabe auch ohne ärztliche Oberaufsicht möglich. In unregelmäßigen Abständen sollten Kontrollen (meist in Form von Urintests) durchgeführt werden, um einen Beigebrauch zu minimieren.

Kontrollen

Abs. 7: Mit schriftlicher Zustimmung der zuständigen Landesbehörde (zumeist das Gesundheitsamt) darf der Arzt dem Substituierten einmal wöchentlich ein 3-Tage-Rezept aushändigen. Vorangegangen sein muß eine mindestens 12monatige erfolgreiche

3-Tage-Rezept

Substitution und ein »ausreichend langer Zeitraum« ohne Beigebrauch. Dieser Rechtsbegriff ist unbestimmt und läßt dem Arzt erheblichen Spielraum bei der Einzelentscheidung, welchen Zeitraum er als »ausreichend« erachtet. Im übrigen muß die Verschreibung auf nicht-injizierbare Stoffe in genau abgeteilten und datierten Einzeldosen lauten (S. 2). Zur Sicherheit darf die Apotheke das BtM nur gegen Vorlage des Personalausweises aushändigen.

Entscheidungsspielraum

Abs. 8: Durch Bescheinigen der regelmäßigen Substitutionsbehandlung kann dem Patienten die kurzfristige Zwischen- und Weiterbehandlung ermöglicht werden, wenn er den Arzt für einen bestimmten Zeitraum nicht aufsuchen kann. (Zur genauen Form dieser Substitutionsbescheinigung siehe § 2a Abs. 7, abgedruckt unter: 5.1.3).

Substitutionsbescheinigung

Abs. 9: Schließlich muß der Arzt die gesamte Behandlung einschließlich Begleittherapie dokumentieren und der zuständigen Behörde anzeigen bzw. auf Verlangen zur Einsicht und Auswertung vorlegen. Vor allem darin sehen wir einen Beleg für unsere These, daß diese Regelung der Substitutionsbehandlung eine bedenkliche Kehrseite hat: den »gläsernen Patienten«, der staatlicher Kontrolle bis hinein in seine Psyche ausgesetzt wird.

Dokumentation

»gläserner Patient«

Gemäß §§ 5 ff. BtMVV gilt im übrigen folgendes: BtM dürfen nur auf speziellen amtlichen, d. h. vom BGA auszugebenden, numerierten dreiteiligen Formblättern (»BtM-Rezepte«) verschrieben werden (Muster: s. KÖRNER 1994, Anhang 4). Der Arzt muß darauf eine Reihe von Angaben machen (§ 6) und gegen Entwendung von BtM und Rezeptblöcken Vorkehrungen treffen (z. B. Tresor). Schließlich muß über alle Vorgänge Buch geführt werden (§ 9, vgl. Muster ebd.). Verstöße gegen diese Pflichten können die Rücknahme der Genehmigung durch das BGA zur Folge haben.

»BtM-Rezepte«

Die Maßgaben der BtMVV, insbesondere der für die Substitutionstherapie geltende § 2a BtMVV sind ausdrücklich nicht straf- oder ordnungswidrigkeitenrechtlich bewehrt. Sie haben lediglich Indizfunktion für die Bewertung der Behandlung als kunstregelgemäß i. S. § 223 StGB (s. o. 3.1.1.1.2 u. 3.1.1.1.6). Das Unterlassen des Arztes, beim Substitutionspatienten auf kontinuierliche Psychotherapie hinzuwirken, ist z. B. nur dann ein Verstoß gegen § 2a Abs. 2 BtMVV und möglicherweise als Kunstfehler relevant, wenn er im Einzelfall nicht sorgfältig untersucht und geprüft hat.

§ 2a BtMVV

Verstoß nur bei Sorgfaltspflichtverletzung

3.1.1.1.4 § 29 Abs. 1 Nr. 8, 12: Werben und öffentlich auffordern

Nr. 8: Durch diese Vorschrift wird die Strafbarkeit – durch eine Hochstufung unverbindlichen Anpreisungsverhaltens ohne direkten Drogenumgang – zu täterschaftlich gewerteter Anstiftung noch extremer ausgeweitet: »Werben für BtM« ist »jede auf Absatzförderung abzielende Anpreisung«. Dieser Tatbestandsexpansion ist durch restriktive Auslegung entgegenzuwirken: zum Beispiel genügen nicht das Versenden von Preis- und Angebotslisten über verschiedene Haschischsorten oder Samen

»Werben für BtM«

oder Aufforderungen wie »Koksen Sie mit« u. dgl. – bei Demonstrationen oder in Drogen-Cafes.

Nr. 12: Letztere Aufforderungen können allerdings nach der neuerlichen Verschärfung des BtMG (2.8.1993) als »öffentliches Auffordern« geahndet werden. Damit liegt die Strafbarkeit höher als bei § 111 StGB, wonach das öffentliche Auffordern zu jeglicher rechtswidriger Tat lediglich mit der milderungsfähigen Anstiftungsstrafbarkeit belegt ist.

»öffentliches Auffordern«

3.1.1.1.5 § 29 Abs. 1 Nr. 10, 13: Gelegenheit und Geldmittel verschaffen – Strafrecht und »Fixer-Räume«

Auch hierbei handelt es sich um die Hochstilisierung der Rechtsgutsgefährdung und eine entsprechende Vorverlagerung und Intensivierung der Strafbarkeit eines ansonsten im Strafrecht nicht oder weniger »strafwürdigen« Vorbereitungs- und Teilnahmeverhaltens. Außerdem ist die Anwendbarkeit dieser Vorschriften schier uferlos, weil eine strafbare Handlung dessen, dem man zum Drogenumgang verhilft, anders als bei der ansonsten im Strafrecht gebräuchlichen Teilnahmestrafbarkeit nicht Bedingung ist (Wegfall der sog. Akzessorietät).

Hochstilisierung der Rechtsgutsgefährdung

Nr. 10: – Damit sollen die »Öffentliche oder eigennützige Mitteilung, Verschaffung oder Gewährung von Gelegenheit zum Verbrauch, Erwerb oder Abgabe« oder die »Verleitung zum Verbrauch« erfaßt werden. Damit sollen – i. S. eines weiteren Auffangtatbestandes mit dem Ziel der Schließung letzter Strafbarkeitslücken – vor allem diejenigen getroffen werden, die weder Handel treiben noch werben. Bei den beiden ersten Varianten hat den Gesetzesmachern vor allem der skrupellose Gastwirt vorgeschwebt, der sein Lokal zur Rauschgifthölle macht und dafür in der Szene auch noch Reklame macht. Ein Staatsanwalt könnte die Vorschrift aber auch dahingehend ausweiten, daß es genügt, jemandem die Wohnung zum Drogenkonsum zur Verfügung zu stellen. Dagegen sollte man mit restriktiver Auslegung argumentieren, daß diese Überlassung in der Absicht der Hilfeleistung und Risikominderung geschieht.

»Öffentliche oder eigennützige Mitteilung...«

Schließung letzter Strafbarkeitslücken

Auch bei der 2. Tatbestandsvariante »Gelegenheit verschaffen« muß – trotz uneindeutigem Wortlauts – die Strafbarkeit davon abhängig gemacht werden, daß die Handlung eigennützig war, also dem persönlichen Vorteil dienlich war (ausführlich: BÖLLINGER 1991a).

»Gelegenheit verschaffen«

Immerhin hat der Gesetzgeber diese Argumente durch die Einführung des § 29 Abs. 1 S. 2 BtMG ein Stück weit anerkannt: die Abgabe von Einmalspritzen ist nicht mehr unter Nr. 10 subsumierbar. Kontrovers ist aber weiterhin die Anwendung dieses Tatbestandes hinsichtlich der Einrichtung von sog. »Fixer-Räumen« nach dem Vorbild der Schweizer »Fixer-Stübli« (vgl. 2.8.2.3). Nachdem die hM hier Nr. 10 eindeutig bejahte, bahnt sich seit einem Gutachten von KÖRNER (1993; darin auch Bezugnahme auf BÖLLINGER 1991a) ein Umschwung zugunsten der Straflosigkeit

Abgabe von Einmalspritzen
»Fixer-Räume«

»Gesundheitsräume zum hygienischen und streßfreien Gebrauch«

des Betreibens von »Gesundheitsräumen zum hygienischen und streßfreien Gebrauch« an, solange diese Einrichtungen Sicherheits- und Sorgfaltserfordernissen genügen.

Die Staatsanwaltschaft Frankfurt hat in einer souveränen Entscheidung vom 15.9.1994 (Az. 89 Js 6637.6.94) festgestellt, daß eine Strafbarkeit wegen Gelegenheitsverschaffen durch Unterlassen ausscheidet. Die Verantwortlichen haben nämlich faktisch keine Möglichkeit, den Drogenhandel zu verhindern. Wenn dies schon in geschlossenen Strafanstalten oder forensischen Kliniken nicht gelingen kann, dann erst recht nicht in einer öffentlichen Einrichtung.

zum Gebrauch verleiten

Die dritte Tatbestandsvariante (die hier eigentlich fehl am Platz ist und systematisch Nr. 8 oder 12 zuzuordnen wäre) stuft eine klassische Anstiftungshandlung zur täterschaftlichen Begehung herauf. Damit soll vor allem verhindert werden, daß Jugendliche neugierig gemacht und sonstwie zum Drogenkonsum verführt werden. Dem ist durch einschränkende Anwendung auf entsprechende Fälle Rechnung zu tragen, denn nach dem Selbstverständnis des Strafrechts wäre – jedenfalls – bei Erwachsenen erst der eigenverantwortliche Willensentschluß für den Konsum maßgeblich.

Nr. 13 trifft eher Freunde und Verwandte

Geldmittel bereitstellen

auf keinen Fall vertretbar

Nr. 13: Dieser Tatbestand steht von seiner Zwecksetzung Nr. 10 nahe. Treffen wollte der Gesetzgeber eigentlich die Hintermänner, die »Bosse« der Organisierten Kriminalität, welche ihr Kapital in den illegalen Handel investieren. In der praktischen Rechtsanwendung trifft es aber eher Freunde und Verwandte, welche Drogenabhängigen mit Geld aushelfen. Denn »Bereitstellen von Geldmitteln« kann sehr weit i. S. jedweder Verfügbarmachung von Geldbeträgen zum Drogenumgang ausgelegt werden. Dem sollte eine einschränkende Auslegung dahingehend entgegengesetzt werden, daß nur die eigennützige, profitorientierte Investition unter dieses Tatbestandsmerkmal fällt. Auf keinen Fall ist es vertretbar, allgemeine Zuwendungen an einen Drogenabhängigen (z. B. Unterhalt, Geldgeschenke) unter Nr. 13 zu subsumieren, auch wenn er davon Drogen kauft und man das nicht positiv ausschließen kann.

3.1.1.1.6 § 29 Abs. 3: »Besonders schwere Fälle«: Gewerbe – Bande – Gesundheitsbeschädigung

sog. Strafzumessungsregel

Regelbeispiele

Bei **Abs. 3** handelt es sich um eine sog. Strafzumessungsregel anhand von Regelbeispielen (S. 2). Deren Vorliegen hat für das Gericht, das seine Entscheidung auf eine Abwägung aller Umstände stützen muß, Indizfunktion. Auch bei ihrem Vorliegen kann das Gericht von der Anwendung von Abs. 3 absehen. Es kann aber auch ohne ihr Vorliegen nach Satz 1 auf eine Strafe von 1 – 15 Jahren erkennen, wenn es allgemein eine erhöhte Strafwürdigkeit des Verhaltens feststellt. Das Gericht hat damit einen kaum zu verantwortenden Beurteilungsspielraum. Regelbeispiele (Satz 2) sind:

Nr. 1: »Gewerbsmäßigkeit« in den Fällen der Nr. 1, 5, 6, 10, 11 oder 13. Damit sollen insbesondere die illegalen Rauschgifthändler, »pusher«, getroffen werden. Erforderlich ist die »Absicht, sich durch wiederholte Begehung eine fortlaufende Einnahmequelle von einiger Dauer zu verschaffen; dafür kann u. U. schon einmaliges Handeltreiben ein Hinweis sein.« (BGH StV 1987, 345). Gegenüber der mittleren Verteilungsebene im Drogenhandel greift diese Vorschrift faktisch kaum, es trifft – entgegen dem Gesetzeszweck – zumeist selbst abhängige Dealer, die regelmäßig zur Deckung des Eigenbedarfs Handel treiben. Dadurch kommt man schnell in den Bereich dieser extremen Strafandrohung. Man sollte gegen die »hM« einschränkend auslegen: »gewerbsmäßig« setzt voraus, daß der Handel die überwiegende Einnahmequelle darstellt und gewinnorientiert ist. Damit könnte man die Kleindealer aussparen.

»Gewerbsmäßigkeit«

»gewerbsmäßig« einschränkend auslegen

Nr. 2: »Bandenmäßige Begehung« in den Fällen der Nr. 11. Mit dieser »mildesten« Form der Banden-Strafe will man diejenigen Profiteure abschrecken, welche mit durch EU-Recht bestimmten, sog. »abgezweigten«, zur Herstellung von Suchtstoffen und psychotropen Stoffen dienenden Substanzen Handel treiben. Zur Auslegung des Banden-Begriffs s. 3.1.1.2.2.

»Bandenmäßige Begehung«

Nr. 3: »Gesundheitsgefährdung mehrerer Menschen« durch eine Handlung nach Nr. 1, 6 oder 7. Nach dieser justizpraktisch kaum anwendbaren Norm muß eine konkrete Gefährdung nachgewiesen sein. Dafür genügt nicht eine vorübergehende Störung des Wohlbefindens; vorliegen muß eine zu befürchtende erhebliche Schädigung von einiger Dauer. Es genügt also nicht, wie von manchen Politikern beabsichtigt, die Herstellung im Laboratorium als Kriterium: jedes Rauschmittel wäre dann als gesundheitsschädlich zu bewerten. Anzuwenden wäre Nr. 3, wenn z. B. mindestens zwei Menschen durch eine üble Mischung von Heroin (z. B. mit Strychnin) zu Schaden kommen könnten. Bei der Ursachenzuschreibung von Schäden muß klar zwischen der an sich ungefährlichen Wirkung der reinen und richtig dosierten Droge und den eigentlich schädigenden Randbedingungen unterschieden werden, z. B. der vom Käufer eigenverantwortete Beigebrauch von Barbituraten oder der kriminalisierungsbedingte Verelendungszustand.

»Gesundheitsgefährdung mehrerer Menschen«

Ursachenzuschreibung

Trotz formalen Vorliegens eines »besonders schweren Falles«, kann – wie bereits erwähnt – in Ausnahmefällen auf das entsprechende Strafmaß verzichtet werden, wenn wesentliche Strafmilderungsgründe gegeben sind, und dadurch Unrecht und Schuld des Täters gemindert erscheinen. Es zählen Argumente wie die schwere Drogenabhängigkeit des Angeklagten oder die »extreme psychische Belastungssituation« (Beziehungskonflikt, Berufsprobleme etc.), aber auch daß der Angeklagte Opfer eines Lockspitzeleinsatzes wurde, daß er Aufklärungshilfe leistete (§ 31 BtMG), oder daß eine Bestrafung wegen derselben Tat bereits durch ein ausländisches Gericht erfolgte (KÖRNER 1990, § 29 Anm. 779 ff.). Umgekehrt kann aber auch in anderen, nicht als Regelbeispiel ge-

kein Zwang zu hohem Strafmaß

nannten Fällen ein »besonders schwerer Fall« angenommen werden. So z. B. dann, wenn BtM in besonderen, eigens dafür angefertigten Schmuggelverstecken oder an schwer zugänglichen Stellen verborgen wurden. Darüberhinaus dann, wenn BtM in Krankenhäusern, Justizvollzugsanstalten, Schulen oder Therapieeinrichtungen eingeschmuggelt werden oder dort mit ihnen gehandelt wird, insbesondere, wenn dazu die eigene Berufstätigkeit ausgenutzt wird. Weiter bei der Ausbeutung von Drogensüchtigen oder deren Angehörigen und schließlich auch beim bewaffneten und gewaltsamen Drogenhandel (KÖRNER 1990, § 29 Anm. 789 ff.).

nicht als Regelbeispiel genannte Fälle

3.1.1.1.7 § 29 Abs. 4: Fahrlässigkeit

Fahrlässig handelt im Hinblick auf alle Tatbestände des § 29, wer die Sorgfalt, zu der er nach den Umständen und nach seinen persönlichen Fähigkeiten und Kenntnissen verpflichtet und imstande ist, außer acht läßt und infolgedessen die Tatbestandsverwirklichung nicht voraussieht. Darunter kann z. B. der Irrtum über die Illegalität einer Droge fallen.

3.1.1.2 Verbrechenstatbestände

3.1.1.2.1 § 29a: Jugendschutz – »Nicht geringe Menge«

Die Behauptung der besonderen Jugendgefährdung durch Drogen und eines hohen Grades allgemeiner Gesundheitsgefährdung durch den Umgang mit »nicht geringen Mengen« hat den Gesetzgeber motiviert, die bis 1992 in § 29 Abs. 3 enthaltenen speziellen Strafschärfungsgründe von Vergehen zu Verbrechen heraufzustufen. Dies ist lediglich ein symbolischer Akt, denn der Strafrahmen bleibt bei 1 – 15 Jahren.

Strafrahmen bei 1 – 15 Jahren

Abs. 1 Nr. 1 Jugendschutz. Auch hierbei handelt es sich um typische Teilnahmehandlungen, die zur »unmittelbar gefährlichen« Täterschaft hochstilisiert sind:

Jugendschutz

a) »Abgeben« wird weiter ausgelegt als in § 29 Abs. 1 Nr. 1: jede Form des Weitergebens wird davon erfaßt. »Verabreichen« bedeutet jede Form der direkten Anwendung am Körper des anderen: z. B. Einflößen, Injizieren. »Überlassen zum sofortigen Gebrauch« meint sofortigen Konsum an Ort und Stelle.

»Abgeben«

b) »Bestimmen« heißt anstiften, also im anderen einen Willensentschluß hervorrufen.

»Bestimmen«

Abs. 1 Nr. 2: Sonderproblem »nicht geringe Menge«. – Handel, Herstellung, Besitz und Abgabe einer »nicht geringen Menge« gelten als besonders »gefährlich für die Volksgesundheit«. Mit dieser Vorschrift sollen vor allem Dealer getroffen und abgeschreckt werden. Die Bestimmung dessen, was als »nicht geringe Menge« gewertet wird, bleibt im Prinzip dem einzelnen Gericht überlassen, welches alle Umstände des Einzelfalles zu berücksichtigen hat. Diese Einzelfall-Kompetenz betont auch wieder das

»nicht geringe Menge«

BVerfG (StV 1994, 269). Dadurch entsteht aber die Zwickmühle, daß für den Bürger unvorhersehbar bleibt, wie er sich strafbar macht. Das verstößt gegen Art. 103 Abs. 2 GG. Deshalb kommt es faktisch zur höchstrichterlichen Festlegung von Grenzwerten, welche unten wiedergegeben werden.
Gleichwohl sollten Verteidiger auf die Einzelfallkompetenz der Gerichte bewußt abstellen und sie sich zunutze machen. Es ist der Erinnerung wert, daß bei Reinheit und richtiger Dosierung nicht die Drogen an sich gefährlich sind, sondern die Beimengungen der Substanz, der Kontext ihres Konsums und der persönliche, eventuell durch Kriminalisierung verelendete Zustand des Konsumenten (vgl. 2.3.3). Gemessen am geschützten Rechtsgut Volksgesundheit bzw. dem angenommenen Gefährlichkeitsgrad der Drogen ist es unsinnig, stereotyp an Markt- oder Wirkstoffmengen anzuknüpfen (ausführlich: NESTLER-TREMEL, EZSt zu BtMG § 30 Nr. 22). Man kann sagen: Je stärker gestreckt, desto gefährlicher der Stoff; je reiner, desto ungefährlicher, wenn der Konsument die Konzentration kennt. Dies sollte man argumentativ immer wieder gegen die Rechtsprechung vorbringen.

Vom Gesetz richterlicher Auslegung überlassen ist also die Abgrenzung der »nicht geringen Menge« einerseits und der »geringen Menge« in § 29 Abs. 5 BtMG andererseits (s. u. 3.1.2.1.9). Folgende Auslegung mit einer Dreiteilung der Mengen und auf der Basis einer durch Beweiserhebung festzustellenden Wirkstoffkonzentration hat sich höchstrichterlich durchgesetzt (ERBS/KOHLHAAS/PELCHEN § 29a Anm. 4):
- geringe Menge § 29 Abs. 5, § 31 = strafmildernd
- normale Menge § 29 Abs. 1 = normale Strafe
- nicht geringe Menge §§ 29a – 30a = straferhöhend

Mindestgrenzwerte bzw. Richtwerte der »nicht geringen Menge« auf der Basis des Wirkstoffgehalts. Die Marktmenge ist unmaßgeblich.
Heroin: 1,5 g reines Heroinhydrochlorid (BGH 32, 164).
Haschisch, Marihuana: 7,5 g Tetrahydrocannabinol (BGH 33,8).
Opium: 6 g (Schätzung)
Morphin: 6 g Morphinhydrochlorid. (BGH StV 93, H. 10)
Methadon: 1,5 g Methadonhydrochlorid (LG StV 1993, 345)
Kokain: 5 g Kokainhydrochlorid (BGH NStZ 83, 560)
Amphetamin:10 g Amphetamin-Base (BGH 33, 169)
MDMA: 24 g MDMA-Base. (BGH NStZ 93, 287)
LSD: 6 mg Wirkstoff (BGH 35, 43)
Methylaminorex-Base: 10 g (LG NStZ 93, 444)
Fenetyllin: 40g Wirkstoff (Schätzung).
In einer mutigen Pionier-Entscheidung hat das LG Lübeck in einer noch unveröffentlichten Entscheidung vom 1.9.1994, Az. 1 Ns (kl. 34/94) unter Berufung auf die Cannabis-Entscheidung des BVerfG mehrere Kilogramm Haschisch noch nicht als »nicht geringe Menge gewertet«.
Der Wirkstoffgehalt muß im Einzelfall mit Hilfe von Sachverständigen ermittelt werden oder, falls dies nicht möglich ist, vom Ge-

richt geschätzt werden, wobei der jeweilige Sachverhalt, insbesondere die BtM-Menge, die Umstände des Konsums zugrunde gelegt werden, und der Grundsatz »im Zweifel für den Angeklagten« Anwendung finden muß.

»im Zweifel für den Angeklagten« Mittäterschaft

Bei Bewertung als Mittäterschaft ist jedem der Täter die Gesamtmenge zuzurechnen. Beim fortgesetzten, also über längere Zeit sich erstreckenden Erwerb von BtM, müssen nach der neuen, verschärften BGH-Rechtsprechung die Einzeldelikte separat nachgewiesen und bewertet werden, wodurch insgesamt ein höheres Strafniveau vorgegeben wird, andererseits aber nicht so leicht der Bereich der »nicht geringen Menge« erreicht wird.

dealende Abhängige

Aber weiterhin gerät auch der zur Finanzierung des Eigenbedarfs dealende Abhängige schnell in den Bereich des »besonders schweren Falles« und damit aus dem Bereich des § 35 BtMG. Gegen diese Sinnwidrigkeit sollte man immer wieder argumentieren (s. o.). Von der »gebunkerten« und deshalb »nicht geringen« Eigenverbrauchsmenge ist in der Vorschrift nicht die Rede. In unnötig weiter Auslegung wird das aber als »ungeschriebener besonders schwerer Fall« eingestuft, wogegen man argumentieren sollte (vgl. KÖRNER 1990, § 29 Anm. 766 mit BGH-Nachw.).

»minder schwere Fälle«

Abs. 2 setzt die Bestrafung in »minder schweren Fällen« auf 3 Monate bis 5 Jahre herab. Als Kriterien kommen in Betracht: Nähe zum Grenzwert; keine Geeignetheit des Verhaltens i. S. einer Weitergabe oder Gefahr für die Volksgesundheit; Eigenbedarfsvorrat etc. Die Gerichte haben also, selbst wenn einer der Tatbestände bejaht wird, im Einzelfall immer noch großen Entscheidungsspielraum.

großer Entscheidungsspielraum

3.1.1.2.2 § 30: Bande – Gewerbe – Todesverursachung durch Abgabe – Einfuhr »nicht geringer Menge«

Mit der Definition von – als »besonders gefährlich und verabscheuungswürdig« (Bt-Drs. 8/3551, S. 37) bewerteten – Handlungsweisen als Verbrechen, bei einer angedrohten Mindeststrafe von 2 Jahren und einer Höchststrafe von 15 Jahren, sollen die besonders »gefährlichen Drogentäter« abgeschreckt werden. Dabei handelt es sich um eine Norm, die im Vergleich zu vorsätzlichen bzw. fahrlässigen Körperverletzungs- und Tötungsdelikten mit unverhältnismäßig hoher Strafe droht und deshalb aus unserer Sicht verfassungswidrig ist. Praktische Bedeutsamkeit hat diese Vorschrift bisher kaum erlangt: die Hintermänner und Groß-Dealer erwischt man kaum. Auch hier kann die Strafe nach den oben erwähnten Kriterien gemildert werden (Abs. 2).

Strafrahmen bei 2 – 15 Jahren

aus unserer Sicht verfassungswidrig

»Bande«

Nr. 1: »Bande«, bezogen lediglich auf Anbau, Herstellen und Handeltreiben. BGH (NJW 92, 58) bejaht eine »Bande« bereits bei zwei Mitgliedern (z. B. Ehepaar); eine »kriminelle Vereinigung« braucht dagegen mindestens 3 Mitglieder. Verbindet mehrere Täter der Wille, vorübergehend, und zwar von Fall zu Fall in verschiedenen Zusammensetzungen und in Ausnutzung günstiger Gelegenheiten gemeinsam Straftaten unter der Führung eines Täters zu begehen, so liegt bandenmäßige Begehensweise vor. Ein internationaler Rauschgiftring kann u. U. auch eine »kriminelle Vereinigung« darstellen (s. u. § 30b BtMG bzw. § 129 StGB). Erforderlich ist ein entsprechendes subjektives Bewußtsein. Sinnwidrig wäre es, wenn schon das Fixerpärchen, welches sich zur Bedarfsdeckung zusammentut, als Bande gewertet würde.

»kriminelle Vereinigung«

Nr. 2: »Gewerbsmäßigkeit« bezogen auf die Modalitäten des § 29a Abs. 1 Nr. 1.: Zweck der Vorschrift ist der Jugendschutz. Zur Auslegung s. 3.1.1.1.6. Die gewerbsmäßige Abgabe braucht nicht auf Jugendliche beschränkt zu sein.

»Gewerbsmäßigkeit«

Nr. 3: »Leichtfertige Todesverursachung«. – Zunächst muß eine zurechenbare Ursächlichkeit zwischen der Abgabe oder Verbrauchsüberlassung und dem Todeseintritt gegeben sein: der Stoff muß durch die Tathandlung unmittelbar an oder in das Opfer gelangt sein. Die Rechtsprechung ist sich nach wie vor nicht einig, ob in solchen Fällen § 30 Abs. 1 Nr. 3 BtMG (Strafe: 2 – 15 Jahre!) §§ 222, 13 StGB (Höchststrafe: 5 Jahre) oder gar §§ 212. 13 (5 – 15 Jahre) angewendet werden sollen (s. im einzelnen 3.1.1.6).

»Leichtfertige Todesverursachung«

Grundsätzlich können Strafnormen des BtMG und des StGB zugleich angewandt werden (§ 52 StGB). In zwei Drogen betreffenden Leitentscheidungen sagt der BGH zwar hinsichtlich der Tötungsdelikte nach StGB: »Eigenverantwortlich gewollte und verwirklichte Selbstgefährdungen unterfallen nicht dem Tatbestand eines Körperverletzungs- oder Tötungsdelikts, wenn das mit der Gefährdung bewußt eingegangene Risiko sich realisiert. Wer lediglich eine solche Selbstgefährdung veranlaßt, ermöglicht oder fördert, macht sich nicht ... strafbar« (BGH 32, 262). »Wer eine eigenverantwortlich gewollte und verwirklichte Selbstgefährdung vorsätzlich oder fahrlässig unterstützt, ist mangels Haupttat nicht strafbar. Die Strafbarkeit des den Akt der Selbstgefährdenden fördernden Dritten beginnt erst dort, wo er kraft überlegenen Sachwissens das Risiko besser erfaßt als der sich selbst Gefährdende.« (NStZ 1985, 25). Damit ist eigentlich klar, daß ein drogenbedingter Todesfall demjenigen, der abgibt oder zum Verbrauch überläßt, ausschließlich dann zugerechnet bzw. angelastet werden kann, wenn der Konsument nicht ausreichend informiert war, z. B. hinsichtlich der Zusammensetzung oder Wirkstoffkonzentration des Stoffes etc., oder sich in einem der Schuldunfähigkeit entsprechenden Zustand befand und deshalb die Situation nicht voll erfassen konnte. Gleichwohl sehen der BGH in einer anderen Leitentscheidung und die hM jedoch betreffend § 30 Abs. 1 Nr. 3 BtMG, der in diesen Leitentscheidungen gar nicht geprüft wurde, nicht nur Verabreichen, sondern auch Abgabe und Überlassung zum unmittelbaren Verbrauch als kausale Verursachung an: Der Schutzzweck der BtM-Vorschriften verlange »eine Einschränkung des Prinzips der Selbstgefährdung und somit der Grundsätze zur bewußten Selbstgefährdung« (BGH 37, 179). Denn hier sei nicht nur das Rechtsgut Leben geschützt, sondern darüberhinaus auch das Rechtsgut Volksgesundheit. Diese

Grundsatz: nicht strafbar

Unterstützung von Selbstgefährdung nur bei überlegenem Sachwissen strafbar

drogenbedingter Todesfall

Schutzzweck der BtM-Vorschriften auch Verhinderung von Selbstschädigung

Argumentation unhaltbar

Argumentation halten wir unter strafrechtsmethodischen Gesichtspunkten für widersprüchlich und unhaltbar. Auch Beihilfe zum eigenverantwortlichen Suizid ist straflos!

Leichtfertigkeit

Leichtfertigkeit wird angenommen, wenn der Täter in »grober Achtlosigkeit« nicht erkennt, daß er den Tatbestand verwirklicht, wenn er »unbeachtet läßt, was jedem einleuchten muß«. Dies wird z. B. verneint, wenn der Verkäufer einen Hinweis auf die besonders starke Wirkung des BtM gegeben hat. Einem seit Jahren auf der Szene verkehrenden Fixer wird aus strafrechtlicher Sicht grundsätzlich zugetraut und zugemutet, einen riskanten Verlauf vorauszusehen, wenn er Drogen weitergibt.

Aus medizinischer Sicht erscheint dies teilweise überzogen und zu viel verlangt, denn bei Heroinvergiftungen können die ver-

tödliche Verläufe

schiedensten tödlichen Verläufe vorkommen:

- relative oder absolute Überdosierung führt zu Atemlähmung;– Überreaktion eines geschwächten Organismus, allergischer Schock;
- giftige, unverträgliche Heroinmischungen;– wirkungssteigernder Beigebrauch von Kokain, Psychopharmaka und v. a. Barbituraten;
- Erbrechen, Verschlucken und Ersticken nach Heroin-Injektion;
- innere Organkomplikationen nach Heroin-Injektion.

Leichtfertigkeit nur bei bewußt hohem Risiko

Wegen der gleichen Höchststrafe wie bei Totschlag muß das Merkmal »leichtfertig« jedenfalls so eng ausgelegt werden, daß es an den »bedingten Vorsatz« angenähert wird. Bei der Würdigung müssen auch die drogenpolitischen Rahmenbedingungen Berücksichtigung finden, z. B. daß der Todeseintritt häufig verhindert werden könnte, wenn – durch geschützten Konsum in »Fixerräumen« (s. o. 2.8.2.3) – schnell Hilfe geleistet werden könnte.

»Einfuhr nicht geringer Mengen«

Nr. 4: »Einfuhr nicht geringer Mengen«. Die Bundesregierung sieht in dieser Vorschrift »die wichtigste strafrechtliche Maßnahme gegen die Überschwemmung des Bundesgebiets mit Rauschgift« (BtDrs. 8/3551, S. 53). Absurd erscheint, daß dafür die Einfuhr (z. B. von 7,5 g Cannabis-Wirkstoff!) zum Eigenbedarf ausreicht. Dies läßt sich nur über die Annahme eines »minder schweren Falles« nach Abs. 2 korrigieren.

3.1.1.2.3 §§ 30a, 30b: Gegen »Organisierte Kriminalität«

Mit nicht unter 5 Jahren sollen schließlich die mutmaßlich großen und international operierenden Banden, Kartelle, Triaden, Mafias etc. abgeschreckt werden. (Zur Auslegung des Banden-Begriffs und zur »nicht geringen Menge« s. 3.1.1.2.2). Während § 129 StGB normalerweise nur inländische »kriminelle Vereinigungen« erfaßt, wird seine Anwendbarkeit durch § 30b BtMG auch auf Angehörige ausländischer Rauschgifthandelsorganisationen ausgeweitet. Im übrigen werden nach dem sog. Welt-

Weltrechtsprinzip

rechtsprinzip des § 6 Abs. 5 StGB von dieser Strafbarkeit auch nur in Deutschland strafbare, von Ausländern im Ausland begangene Straftaten erfaßt. Diese völkerrechtswidrige Souveränitätsanmaßung wird allerdings dahingehend von der Rechtsprechung korrigiert, daß schutzwürdige Inlandsbelange berührt sein müssen (BGH 34, 334).

schutzwürdige Inlandsbelange

3.1.1.3 Opiatabgabe und -verabreichung als Straftat

Eine weitere Ebene der Drogen-Repression wird, wie bereits gezeigt, durch die Anwendung von allgemeinem Strafrecht auf all diejenigen eröffnet, die Drogen privat unter Freunden, als kleiner oder professioneller Dealer abgeben, zum Verbrauch überlassen oder verabreichen.
Abgesehen vom hier nicht zu erwägenden Fall, daß jemand Opiate (Morphin, Heroin, Methadon) vorsätzlich als Tötungsgift benutzt, kommt eine »Tötung durch Unterlassen« (§§ 212, 13 StGB) dann in Betracht, wenn der Handelnde gegenüber dem Opiat-Konsumenten eine besondere Handlungs- und Fürsorgepflicht (»Garantenstellung«) hat, wie z. B. Verwandte, Lebenspartner, der behandelnde Arzt, aber auch der Partner einer kurzfristigen Gefahrengemeinschaft, wie sie im gemeinsamen Konsum gesehen werden kann. In solchen Konstellationen muß der Verantwortliche die Anwendung des Opiats genau überwachen und dabeibleiben, um im Notfall (s. o. 3.1.1.6) helfend eingreifen zu können. Andernfalls macht er sich einer Tötung durch Unterlassen schuldig, wenn er den Todeseintritt »billigend in Kauf genommen« hat, zumindest aber einer fahrlässigen Tötung durch Unterlassen (§§ 222, 13 StGB). Letzteres hat der BGH (JR 1979 S. 429) zu Lasten eines Arztes angenommen, der einem drogenabhängigen Patienten bei einer Entziehungstherapie ein Suchtmittel verordnete, welches sich dieser entgegen der ausdrücklichen Anordnung des Arztes intravenös und in Überdosis spritzte: hier wurde die Eigenverantwortlichkeit des Drogenabhängigen kraft »überlegenen ärztlichen Sachwissens« verneint.
Kritisch ist häufig die Situation, daß ein Drogengebraucher unmittelbar nach dem Erwerb noch im Beisein des Dealers injiziert. Der BGH (StV 1985, S. 56) schreibt die besondere Handlungspflicht in diesem Fall auch dem Heroinlieferanten zu. Wenn der Konsument bewußtlos wird, und der Dealer aus Angst vor der Justiz keinen Krankenwagen ruft, sondern sich davonmacht, erfülle er §§ 222, 13 StGB. Auch nach § 323c StGB – Unterlassene Hilfeleistung – kann der Dealer insofern belangt werden, als er an der Selbstgefährdung seines Abnehmers mitgewirkt hat (so auch KÖRNER 1990, § 30 Anm. 39). Dasselbe gilt für sog. Fixer-Runden aufgrund ihrer Gefahrengemeinschaft.
Bei Opiatverabreichung kommt auch noch eine Strafbarkeit aus §§ 223, 223a StGB in Betracht (s. o. 3.1.1.1.3). In manchen Fällen wird man sagen können, daß die verabreichende Person nur Beauftragte oder Hilfsperson dessen ist, der selbst das Opiat konsumieren will: dann spricht man von strafloser, eigenverantwortlicher Selbstschädigung mittels eines Werkzeuges. Die Hilfsperson erfüllt dann nicht den Tatbestand. Überwiegend wird aber eine

»Tötung durch Unterlassen«

Tod »billigend in Kauf genommen«

besondere Handlungspflicht des Dealers

Gefahrengemeinschaft

Hilfsperson

tatbestandliche Körperverletzung angenommen, weil es sich bei der Applikation, sei sie intravenös oder peroral, um einen Eingriff in die körperliche und psychische Integrität handele.

ärztlicher Heileingriff

Normalerweise ist der ärztliche Heileingriff gerechtfertigt, wenn nach sorgfältiger Untersuchung und Aufklärung der Patient einwilligt. Bei einer ärztlich nicht indizierten Behandlung wird ebenso wie bei einer durch einen Nicht-Arzt vorgenommenen, an sich vielleicht sogar indizierten Behandlung, verschiedentlich angenommen, daß eine Rechtfertigung durch Einwilligung nach § 226a StGB wegen Verstoßes gegen die »guten Sitten« nicht möglich sei (OLG Frankfurt NStZ 1988, S. 25; vgl. im einzelnen BÖLLINGER 1989). Dagegen muß nach unserer Ansicht allein auf die Kenntnis des mündigen und eigenverantwortlichen Konsumenten abgestellt werden: wenn er voll über Modalitäten und Risiken der Verabreichung informiert war, gilt seine Einwilligung, eine Strafbarkeit nach §§ 223, 223a StGB entfällt (s. a. ROXIN, NStZ 1984, S. 412).

Einwilligung

eigenverantwortlicher Konsument

3.1.1.4 Beschaffungs-, Folge- oder Begleitkriminalität

Oftmals machen sich Drogenabhängige nicht nur durch Verkauf, Erwerb, Besitz etc. von illegalen Drogen strafbar, sondern auch dadurch, daß sie sich Geld für den Stoff mit illegalen Methoden beschaffen (müssen), oder schlicht durch die Berauschung selbst (s. o. 2.3 und 2.5.6). Auch als Helfer oder Angehöriger ist man in Gefahr. Wie man sich dabei strafbar machen kann, ergibt sich aus dem StGB. Beispielhaft erwähnt seien nur die folgenden Tatbestände des StGB:

Andere Strafbarkeitsrisiken

- Urkundenfälschung bei Fälschung von BtM-Rezepten (§ 267);
- Diebstahl und schwerer Diebstahl (§§ 242, 243): z. B. Apothekeneinbruch, Diebstähle aus Autos;
- Raub (§ 249): z. B. wenn man jemandem mit Gewalt Geld oder auch Stoff (z. B. einem Dealer) wegnimmt;
- Begünstigung, Strafvereitelung, Hehlerei (§§ 257 – 259): wenn man einem anderen hilft, sich die Vorteile einer Straftat zu sichern oder der Strafverfolgung zu entgehen, z. B. durch Hilfe beim Verstecken der Beute, durch Beherbergung in der Wohnung (außer bei Angehörigen; vgl. unten 3.3.2.3);
- kriminelle Vereinigung (§ 129): Gründung einer Vereinigung mit dem Zweck, BtM-Delikte zu begehen. Eine Gruppe zum Zwecke der Verwirklichung alternativen Lebensstils durch Drogenkonsum würde wohl nicht darunter fallen;
- Verletzung der Erziehungspflicht (§ 170 d): als Elternteil bzw. Erziehungsberechtigter kann man sich strafbar machen, wenn man eine/n Jugendliche/n unter 16 Jahren Drogen konsumieren läßt (Begründung: Gefahr der erheblichen Gefährdung der körperlichen oder psychischen Entwicklung);
- Gefährdung einer Entziehungskur (§ 330 b): dafür genügt z. B., jemandem, der gerade in der Psychiatrie ist, Drogen zukommen zu lassen.

- Vollrausch (§ 323a): wenn man im Drogenrausch eine Straftat begeht und deshalb als schuldunfähig gilt.
In den meisten Fällen ist Freiheitsstrafe von maximal 5 Jahren angedroht, bei § 170 d maximal 3 Jahre, bei § 330 b maximal 1 Jahr.

Freiheitsstrafe von max. 5 Jahren

3.1.1.5 Drogen, Straßenverkehr und Strafrecht

Straftatvoraussetzungen: In den letzten Jahren ist der Zusammenhang von Drogen und Straßenverkehrsunfällen in den Medien und von Politikern immer stärker thematisiert worden. Angesichts des statistisch geringen Aufkommens entsprechender Tatsachen (z. B. 11% Mischkonsum von Alkohol und Cannabis bei untersuchten Blutproben; vgl. BINIEK 1994, S. 4 ff. m. w. N.) und der Massenhaftigkeit alkoholbedingter Unfälle mit Toten und Verletzten muß man die weitgehend auf Spekulation beruhende Dramatisierung in den Medien als einen von Interessengruppen gesteuerten Versuch interpretieren, von dem wirklich extrem gravierenden Sozialproblem des Alkohols im Straßenverkehr abzulenken.

Straftatvoraussetzungen

Massenhaftigkeit alkoholbedingter Unfälle

Gleichwohl müssen wir uns hier mit den möglichen strafrechtlichen Konsequenzen des illegalen Drogengebrauchs befassen. Vorweg sei – unabhängig von jeglicher strafrechtlichen Abschreckung – empfohlen, nach dem Genuß von BtM jeglicher Art unbedingt auf Autofahren und Radfahren zu verzichten. Dies gilt nicht für Opiatabhängige, wenn sie auf eine konstante Dosis eingestellt sind (z. B. während der Substitutionstherapie) und keinen irgendwie gearteten Beigebrauch betreiben. Zwar hat die neuere Forschung, insbesondere eine im Auftrag des staatlichen U.S.-Forschungsinstituts NIDA an der Universität Maastricht durchgeführte Untersuchung ergeben, daß mäßiger Cannabis-Konsum die Fahrtüchtigkeit nicht beeinträchtigt, soweit nicht Interaktionseffekte mit anderen Drogen hinzukommen. Jedoch raten wir – zwecks Vermeidung des Führerscheinentzugs – vorläufig noch zu völliger Abstinenz am Steuer (s. a. 3.2.4).

Nach BtM-Konsum nicht in den Straßenverkehr!

Forschung zum Fahrverhalten

Nach §§ 315c Abs. 1 Nr. 1a, 316 Abs. 1 etc. wird bestraft, wer im Straßenverkehr ein Fahrzeug führt, obwohl er infolge des Genusses berauschender Mittel nicht in der Lage ist, daß Fahrzeug sicher zu führen. BtM i. S. des BtMG gelten ungeachtet ihrer tatsächlichen Wirkung als berauschende Mittel. Eine der 1,1-Promille-Grenze nach Alkoholgenuß vergleichbare, wissenschaftlich begründete Grenze absoluter Fahrunsicherheit existiert aber bislang bei keiner illegalen Droge. Also muß im Einzelfall anhand von Indizien die absolute oder relative Fahruntüchtigkeit festgestellt werden. Erforderlich ist das Vorliegen zumindest einer Ausfallerscheinung (OLG Köln StV 92, 167). Dagegen wird zunehmend versucht, jeglichen BtM-Konsum an sich – aufgrund eines behaupteten generellen Gefährdungspotentials – für ausreichend i. S. §§ 315c, 316 zu erklären (sog. Null-Grenze). Dies widerspräche der Rechtsnatur des § 315c als konkretem Gefährdungsdelikt

§§ 315c Abs. 1 Nr. 1a, 316 Abs. 1

absolute oder relative Fahruntüchtigkeit

Gefährdungspotential behauptet

und insgesamt dem Rechtsgüterschutzprinzip, weil der erforderliche spezifische Gefahrenzusammenhang fehlt. Damit wäre schleichend eine weitere Strafbarkeitsebene für Drogenkonsumenten eingezogen.

Unfallflucht
Vollrausch

In Betracht kommt in diesem Zusammenhang weiter eine Strafbarkeit wegen unerlaubten Entfernens vom Unfallort (sog. Unfallflucht, § 142 StGB) sowie wegen Vollrausches (§ 323a StGB) unter der Voraussetzung, daß er aufgrund dieses die Schuldfähigkeit ausschließenden Zustandes eine Straftat begangen hat.

Straftatfolgen

Straftatfolgen: Wegen dieser Delikte kann auf Freiheitsstrafe bis zu 1 Jahr (§ 316) bzw. bis zu fünf Jahren (§ 315c) oder Geldstrafe erkannt werden.

Nebenstrafe Fahrverbot

Gemäß § 44 StGB kann als Nebenstrafe ein Fahrverbot von 1 – 3 Monaten verhängt werden, wenn jemand wegen einer rechtswidrigen Tat im Zusammenhang mit dem Führen eines Kfz oder unter Verletzung der Pflichten eines Kfz-Führers zu einer Freiheits- oder Geldstrafe verurteilt wurde. Sie muß zwingend verhängt werden, wenn wegen einer Verurteilung nach § 315c Abs. 1 Nr. 1a oder § 316 StGB keine Maßregel nach § 69 StGB angeordnet wird (s. u.). In diesem Fall kann der Führerschein nach § 46üb StPO beschlagnahmt werden, wenn er nicht freiwillig herausgeben wird.

»Entziehung der Fahrerlaubnis«

Nach § 69 StGB kann im übrigen als sog. nicht-strafende, rein am Besserungs- und Sicherungszweck orientierte Rechtsfolge die Maßregel der »Entziehung der Fahrerlaubnis« angeordnet werden. Voraussetzung ist wie bei § 44, daß jemand wegen einer rechtswidrigen Tat im Zusammenhang mit dem Führen eines Kfz oder unter Verletzung der Pflichten eines Kfz-Führers verurteilt oder nur mangels nachweisbarer Schuldfähigkeit nicht verurteilt wird. Das Vorliegen der in Abs. 2 genannten Vergehen (§§ 315c, 316, 142, 323a StGB) begründet eine widerlegliche Vermutung der Ungeeignetheit. In jedem Fall muß unter Würdigung der Gesamtumstände konkret nachgewiesen und zum Zeitpunkt des Urteils festgestellt werden, daß er zum Führen von Kfz ungeeignet ist, daß er also in Zukunft für die Allgemeinheit gefährlich sein wird (Prognose). Dagegen kann insbesondere eine laufende oder abgeschlossene Behandlung eingewandt werden. Mit der Entziehung der Fahrerlaubnis bestimmt das Gericht zugleich eine Sperre

Sperre

von 6 Monaten bis zu 5 Jahren (äußerstenfalls sogar für immer), innerhalb derer keine neue Fahrerlaubnis erteilt werden darf (§ 69a StGB).Nach § 111a StPO kann die Fahrerlaubnis vorläufig entzogen werden, wenn dringende Gründe für die Annahme sprechen, daß § 69 StGB zur Anwendung kommen wird. (Zum verwaltungsrechtlichen Verfahren der Entziehung der Fahrerlaubnis s. u. 3.2.4).

3.1.1.6 Strafbar ist fast alles – auch Drogen-Check und Stoff-Analyse

Das folgende Schema macht die Strafandrohungen des BtMG anschaulich:

1/4	1/2	1	2	3	4	5	15 Jahre
					§ 29 (1)		
	§ 29 (4)					§§ 29 (3), 29a (1)	
				§ 29a (2)			
							§ 30 (1)
				§ 30 (2)			
							§ 30a (1)
				§ 30a (2)			

Die angesprochenen Straftatbestände sind teilweise ohnehin bereits extrem überdehnt. Darüber hinaus wird die Strafbarkeit wegen drogenbezogener Handlungen durch die folgenden allgemeinen strafrechtlichen Vorschriften vorverlagert und erweitert:

- Begehung durch Unterlassen (§ 13 StGB): Danach kann jedes strafrechtliche Delikt auch durch Nichtstun begangen werden, wenn nämlich kraft einer sog. Garantenstellung (vgl. 3.1.1.2.2) eine Handlungspflicht besteht und der »Erfolg« einer Rechtsgutsverletzung durch entsprechendes Handeln hätte verhindert werden können. Da die BtM-Straftatbestände als Gefährdungsdelikte ausgestaltet sind (außer § 30 Abs. 1 Nr. 3: erfolgsqualifiziertes Delikt), kommt allerdings die Unterlassungsstrafbarkeit nur bei Verstößen gegen Erfolgsdelikte des StGB zum tragen. »Begehung durch Unterlassen«
- Versuch (§§ 22 ff.): Nach § 29 Abs. 1 Nr. 1, 2, 5, 6b, 11 sowie nach §§ 29a – 30a BtMG ist wegen Versuchs strafbar, wer ein entsprechendes Delikt begehen wollte, die Ausführung jedoch nicht vollendet hat. Zum Beispiel beginnt der Versuch der Einfuhr in einem Kfz erst kurz vor Erreichen der Hoheitsgrenze (BGH StV 89, 526). Strafbar ist auch der sog. »untaugliche Versuch«, z. B. der Erwerb von als Heroin deklariertem Gips. Solange die Tat noch nicht aufgedeckt ist, kann man sich allerdings durch »Rücktritt vom Versuch« noch vor der Strafe retten (§ 24 StGB). »Versuch« »untauglicher Versuch« »Rücktritt vom Versuch«
- Teilnahme (§§ 26 ff. StGB): Grundsätzlich macht man sich ebenso strafbar, wenn man einen anderen zu den Taten nach §§ 29 ff. BtMG, die eigentlich selbst vielfach Teilnahmecharakter haben, anstiftet (§ 26 StGB) oder Beihilfe leistet (§ 27 StGB). »Teilnahme«
- Anstiftung setzt voraus, daß ein anderer vorsätzlich zu einer eigenen vorsätzlichen und rechtswidrigen Straftat angestiftet wird. Schuldhaft braucht diese sog. Haupttat dagegen nicht begangen zu sein. Aber ohne rechtswidrige Haupttat keine Strafbarkeit des Anstifters (sog. Akzessorietät). »Anstiftung«

»Beihilfe«

- Beihilfe bedeutet die vorsätzliche Hilfeleistung zu fremder, vorsätzlicher, rechtswidriger Haupttat. Je nach Einzelfall kann unter Umständen bereits eine intensive moralische Unterstützung als »psychische Beihilfe« ausgelegt werden, erst recht ist natürlich jede Form sachlicher und tätiger Unterstützung als Beihilfe zu werten. Besonders bedeutsam ist in diesem Zusammenhang die Frage, ob die Substanzuntersuchung (Stoffanalyse, Drogen-Check z. B. hinsichtlich der Zusammensetzung und des Reinheitsgrades von Straßenheroin) einer illegalen Droge im Auftrag des Konsumenten als i. S. § 27 StGB zu werten ist (vgl. 2.9.1.1).

Substanzuntersuchung

Ein solcher Fall ist gerichtlich nach unserer Kenntnis noch nicht entschieden worden. Zwar könnte ein Staatsanwalt argumentieren, daß die Substanzanalyse *objektiv* eine tätige, zumindest aber psychische Unterstützung des Konsums darstellt. Wir würden dagegen halten, daß der ohnehin geplante Konsum dadurch nicht gefördert, sondern verzögert oder bei entsprechendem Befund gegebenenfalls sogar unterlassen wird. Durch eine solche Handlung wird objektiv das Rechtsgut Volksgesundheit geschützt, jedenfalls nicht zusätzlich gefährdet. Auch *subjektiv* fehlt es in solchen Fällen regelmäßig am Vorsatz, fremdes Risikoverhalten zu fördern. Umgekehrt ist der Antrieb einer solchen Stoffanalyse das Ziel der Risikominderung. Schließlich ist direkt aus dem BtMG die Straflosigkeit des Drogen-Checks zu entnehmen, jedenfalls soweit er durch einen Apotheker erfolgt: § 4 Abs. 1 Nr. 1 e stellt nämlich den Apotheker von der Erlaubnispflicht frei, wenn er BtM »zur Untersuchung, zur Weiterleitung an eine zur Untersuchung von BtM berechtigte Stelle oder zur Vernichtung entgegennimmt«.

Straflosigkeit des Drogen-Checks

Drogentesting in Holland

Um ganz sicher zu gehen, wäre allerdings auszuschließen, daß die untersuchte Substanz an den Konsumenten zurückgegeben wird. So wird dies in Holland praktiziert. Eine minimale Portion genügt für die chemisch-toxikologische Untersuchung. Ein anderes Problem ist, daß sich die Polizei möglicherweise für diesbezügliche Unterlagen des Apothekers interessieren könnte. Ein anonymes Codierungsverfahren wie in Holland funktioniert nur, wenn Staatsanwaltschaft und Polizei auf die potentielle Zeugenaussage verzichten (vgl. 3.1.2.1). Die ist in Holland ausdrücklich im Interesse der Risikominimierung abgesprochen.

Risikominimierung

Zu erwähnen ist noch, daß auch BtM-Taten bestraft werden, die von Deutschen im Ausland begangen werden, allerdings nicht der Erwerb zum dortigen Eigenverbrauch (BGH StV 1986, 473), sondern erst die Einfuhr. Auch besteht insofern kein Hinderungsgrund, bereits im Ausland Bestrafte hier nochmals zu bestrafen, wobei lediglich die dort verbüßte Strafe anzurechnen ist (§ 51 Abs. 3 StGB), u. E. ein unerträglicher Zustand (vgl. KÖRNER NStZ 1986, S. 306 m. w. N.).

Hierarchie von »Auffangtatbeständen«

Das Strafrecht ist als repressives Kontrollinstrument (s. o. 2.5.4.2) größtenteils so konstruiert, daß mit einer Hierarchie von »Auffangtatbeständen« ein fast lückenloses Netz geknüpft ist. Selbst wenn man wegen eines Rauschzustands schuldunfähig (zurechnungsunfähig) ist (§ 20 StGB), also nicht verurteilt, sondern allenfalls in die Psychiatrie oder Entziehung eingewiesen werden kann (vgl. u. 3.1.3.5.1), kann man doch belangt werden, wenn nachgewiesen wird, daß man sich absichtlich »vollgepumpt« hat, um bei Tatbegehung schuldunfähig zu sein (actio libera in causa). Es nützt auch nichts, wenn man von der Strafbarkeit (z. B. des Anbaus illegaler BtM) nichts gewußt hatte. Dieser sogenannte Verbotsirrtum ist nur dann strafbefreiend, wenn er trotz entsprechender Sorgfalt »unvermeidbar« war (§ 17 StGB). Unkenntnis schützt vor Strafe nicht.

actio libera in causa

Verbotsirrtum

3.1.2 Wie läuft das Strafverfahren ab?

In diesem Teil wird geschildert, wie das Strafverfahren abläuft. Der Betroffene muß wissen, was ihn erwartet, und der Berater soll ihm helfen können, sich auf den Streß eines Strafverfahrens angemessen vorzubereiten.
Die Beratung durch den Verteidiger kann der Leitfaden zum Strafverfahren nicht ersetzen. Aber wenn man sich etwas auskennt, kann man wiederum die Verteidiger besser einschätzen.

Leitfaden zum Strafverfahren

3.1.2.1 Das Ermittlungsverfahren – Wie verhält man sich gegenüber der Polizei?

Wenn Anzeige erstattet wird oder die Polizei (z. B. durch einen ihrer verdeckten Fahnder) jemanden erwischt, legt sie eine Akte an, das »Vor- oder Ermittlungsverfahren« hat begonnen. Im Umgang mit der Polizei ist folgendes zu beachten:

3.1.2.1.1 Hausdurchsuchung und Personendurchsuchung (§§ 102 – 110 StPO)

Hausdurchsuchung

Hausdurchsuchung ist die Standardermittlungsmethode in Ermittlungsverfahren wegen Drogen. Wenn die Polizei ordnungsgemäß klingelt: Durchsuchungsbefehl zeigen lassen. Durchsuchung darf nur durch den Richter, bei »Gefahr im Verzug« durch Staatsanwalt oder Polizei angeordnet werden, und zwar nur, um beim Verdächtigen in der Wohnung oder an seiner Person Beweismittel zu suchen (§ 102 StPO) oder beim Unverdächtigen erwiesenermaßen vorhandene Beweismittel sicherzustellen (§ 103 StPO). Es müssen Tatsachen vorliegen, aus denen zu schließen ist, daß die gesuchte Person, Spur oder Sache sich dort befindet. (Zu dem Fall, daß sich die Polizei mit Hilfe von V-Leuten Zugang zur Wohnung verschafft s. u. 3.1.2.1.3).
Die Durchsuchung einer Anwaltskanzlei, wodurch die Staatsanwaltschaft Kenntnis von der Verteidigungskonzeption erlangt, begründet kein Verfahrenshindernis, allenfalls ein Beweisverwertungsverbot (BGH StV 1984, S. 99). Die Durchsuchung einer DROBS mit unzulässiger Beschlagnahme von Klientenakten aller-

Standardermittlungsmethode

Anordnung

Anwaltskanzlei

DROBS

dings findet keine höchstrichterliche Billigung (BVerfGE 44, S. 353). Unzulässigerweise gewonnenes Beweismaterial ist unverwertbar (KG StV 1985, S. 404).

Schema zur Hausdurchsuchung

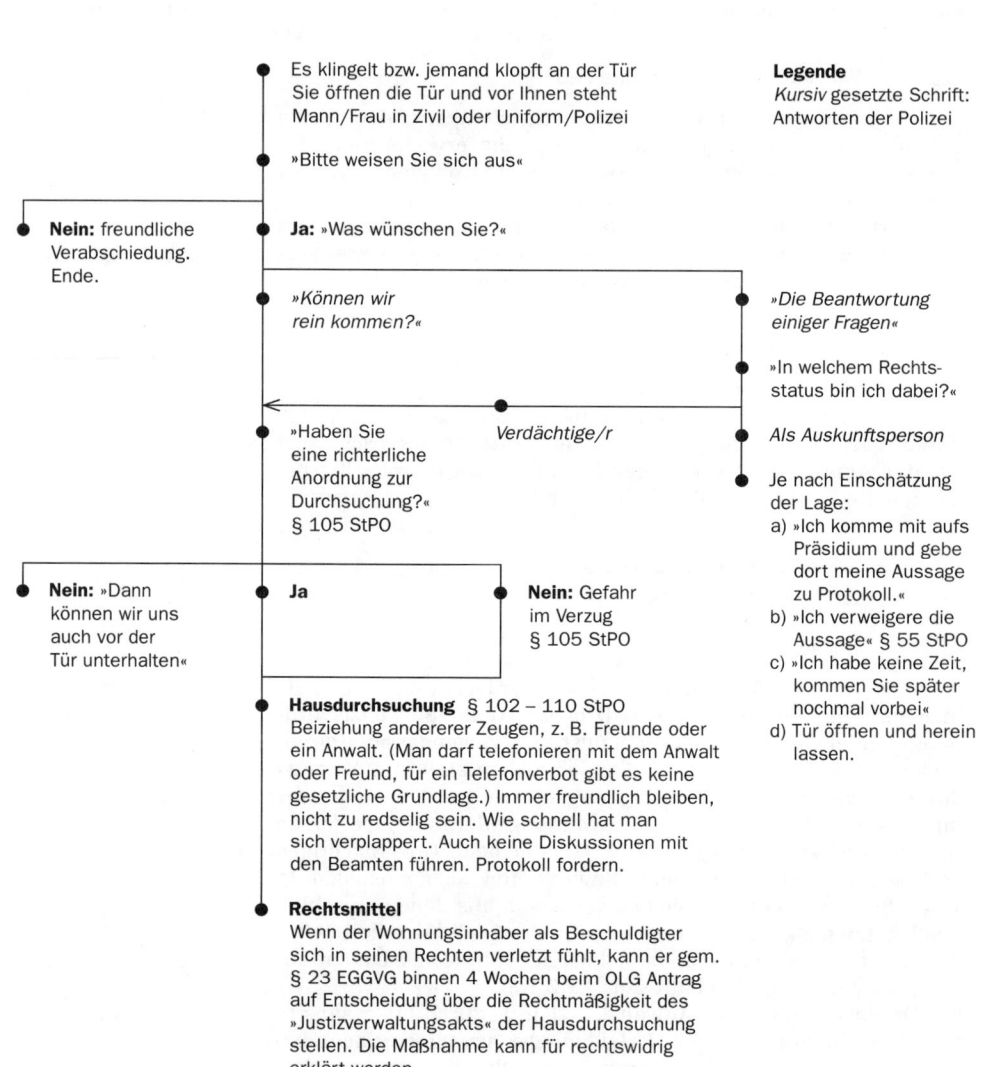

Zwar können formal nur bei Verdacht einer terroristischen Vereinigung ganze Gebäudekomplexe durchsucht werden (§ 103 Abs. 1 S. 2 StPO). Jedoch werden planmäßige überraschende Polizeiaktionen zur Identitätsüberprüfung an sog. gefährlichen Orten, »Razzia«, auch aus Abschreckungsgründen gerade im Drogenbereich zunehmend durchgeführt. Gegen damit verbundene Zwangsmaßnahmen besteht nur das (komplizierte) Rechtsmittel nach §§ 23 ff. EGGVG. (dazu KATHOLNIGG 1990, S. 388 ff.).

»Razzia«

Nachts darf nicht durchsucht werden, außer bei »Gefahr im Verzug«, die natürlich häufig behauptet wird (§ 104 StPO). Also: Begründung unbedingt mitteilen lassen und notieren.

nachts

Wenn Hausdurchsuchung (HD) ohne Anwesenheit von Richter oder Staatsanwalt erfolgt: Dienstausweis zeigen lassen, Hinzuziehung eines Zeugen verlangen. Die Polizei kann einen Zeugen bestimmen, der aber kein Polizeibeamter sein darf. Der Inhaber der Wohnung darf die HD jedenfalls beobachten. Beschädigungen im Protokoll festhalten lassen. Falls die Polizei die gestellten Anträge nicht erfüllt:

Falls Polizei gestellte Anträge nicht erfüllt

- Sämtliche Anträge auf einem Blatt Papier schriftlich niederlegen und dieses Schriftstück zu den Akten geben. Verweigert die Polizei die Annahme, zusammen mit der Polizei das Haus verlassen und so versperren, daß die Räume von niemandem mehr betreten werden können. Auf der Dienststelle veranlassen, daß das nicht mitgenommene Schriftstück zu den Akten geholt wird.
- Bei Beschädigungen Zeugen zur Beweissicherung holen, am besten diejenigen, die als letzte die Wohnung in ordentlichem Zustand gesehen haben; nur solche Zeugen aussuchen, die bei der HD nicht anwesend waren.
- Fotos machen.

Am Ende der Durchsuchung eine schriftliche Mitteilung verlangen (§ 107 StPO). Widerstand und Gewalt gegen die Beamten sind sinnlos. Man macht sich nur strafbar (§ 113 StGB).

schriftliche Mitteilung verlangen

HD dürfen vom 1.4. bis 30.9. jeweils zwischen 4 Uhr und 21 Uhr, vom 1.10. bis 31.3. zwischen 6 Uhr und 21 Uhr durchgeführt werden, bei Gefahr im Verzug und Verdacht auf BtM-Handel, Prostitution, Glücksspiel und Waffenhandel auch sonst (§ 104 StPO).

Personendurchsuchung

1. Nur der Verdächtige darf durchsucht werden (Leibesvisitation) – auf Anordnung eines Richters, Staatsanwalts oder bei »Gefahr im Verzug« (der häufigste Fall in der Praxis) durch Polizeibeamte – gem. §§ 102, 103, 105 StPO. Die Personendurchsuchung gestattet aber keine körperlichen Eingriffe (wie Operationen, Magenauspumpen, Blutabnahme etc.), wie sie bei der körperlichen Untersuchung gegen den Beschuldigten nach § 81a StPO zulässig sind. Die körperliche Untersuchung einer Frau darf nur durch eine Frau oder einen Arzt erfolgen.

keine körperlichen Eingriffe

2. Die Personendurchsuchung erstreckt sich auch auf die dem Betroffenen gehörenden Sachen, § 102 StPO. Man braucht

nicht Eigentümer der Sachen zu sein; es genügt, daß man sie bei sich hat (Kleidung, Tüten, Taschen, Einkaufswagen, Fahrradtaschen etc.). Auf Verlangen des Betroffenen muß ein Verzeichnis der in Beschlag genommenen Sachen angefertigt werden, §§ 107 Satz 2, 111 Abs. 3 StPO.

Verzeichnis verlangen

3. Personendurchsuchungen läßt man am besten widerstandslos über sich ergehen. Man soll aber auf jeden Fall den Zweck der Aktion und die Akteure erfragen. Besonders prekär ist, daß die Polizei gewöhnlich aus dem schlichten Vorhandensein eines Spritzbestecks bereits auf ein Drogenvergehen schließt. Da inzwischen geregelt ist, daß die Vergabe von Einmalspritzen straflos bleibt und Spritzbesteck lediglich ein Indiz für den straflosen Eigenkonsum darstellt (s. o. 3.1.1.1.3), erzwingt das Legalitätsprinzip keine Intervention. Richtlinien sollten dies den Beamten »an der Front« verdeutlichen.

am besten widerstandslos

Vorhandensein eines Spritzbestecks

3.1.2.1.2 Körperliche Untersuchung (§ 81a StPO) – Beschlagnahme (§§ 94 – 98 StPO)

Körperliche Untersuchungen dürfen gem. § 81a StPO zur Feststellung von Tatsachen angeordnet werden, die für das Verfahren von Bedeutung sind. Solche nach den Regeln der ärztlichen Kunst vorzunehmenden Eingriffe gewinnen allgemein bei Drogendelikten und besonders im Zusammenhang von Drogenkonsum und Straßenverkehr (s. 3.1.1.5) immer größere Bedeutung. Zwar gibt es noch keine erprobte und leicht handhabbare, den Alkotests vergleichbare Methoden, einen Täter auf den Konsum von illegalen Drogen hin zu untersuchen. Die meisten Substanzen sind aber durch Urin-Tests nachweisbar, allerdings nur kurzfristig.

Urin-Tests

Inzwischen ist man heftig dabei, Methoden zur Aufdeckung länger zurückliegenden Drogenkonsums zu entwickeln; als infamste erscheint uns die noch Monate nach dem Konsum ergebnisträchtige Haaranalyse (vgl. dazu KRIMINALISTIK 1992, S. 253 ff.), für die noch nicht einmal ein ärztlicher Eingriff notwendig ist.

Haaranalyse

Beschlagnahmen (§§ 94 ff. StPO) finden im Ermittlungsverfahren zumeist, ohne die eigentlich notwendige richterliche Anordnung »ausnahmsweise wegen Gefahr im Verzug«, als Überraschungscoups der Polizei statt. Voraussetzung ist, daß die zu beschlagnahmende Sache als Beweismittel benötigt wird (vgl. das Schema zur Beschlagnahme).

Beschlagnahmen

Folgende Grundregeln sollten Betroffene beachten:

Grundregeln beachten

- Nur das herausgeben, was man will. Herausgegeben werden muß allerdings verdächtiges Material, soweit es nicht gem. § 97 StPO »beschlagnahmefrei« ist, z. B. wenn es von Angehörigen (§ 11 StGB), Verlobten oder Ehegatten stammt oder an diese gerichtet ist. Schriftstücke von Rechtsanwälten, Ärzten, Geistlichen, sonstigen Verteidigern, die ein Zeugnisverweigerungsrecht nach § 53 StPO geltend machen könnten, sind ebenfalls geschützt.

»beschlagnahmefrei«

**Schema
zur Beschlagnahme**

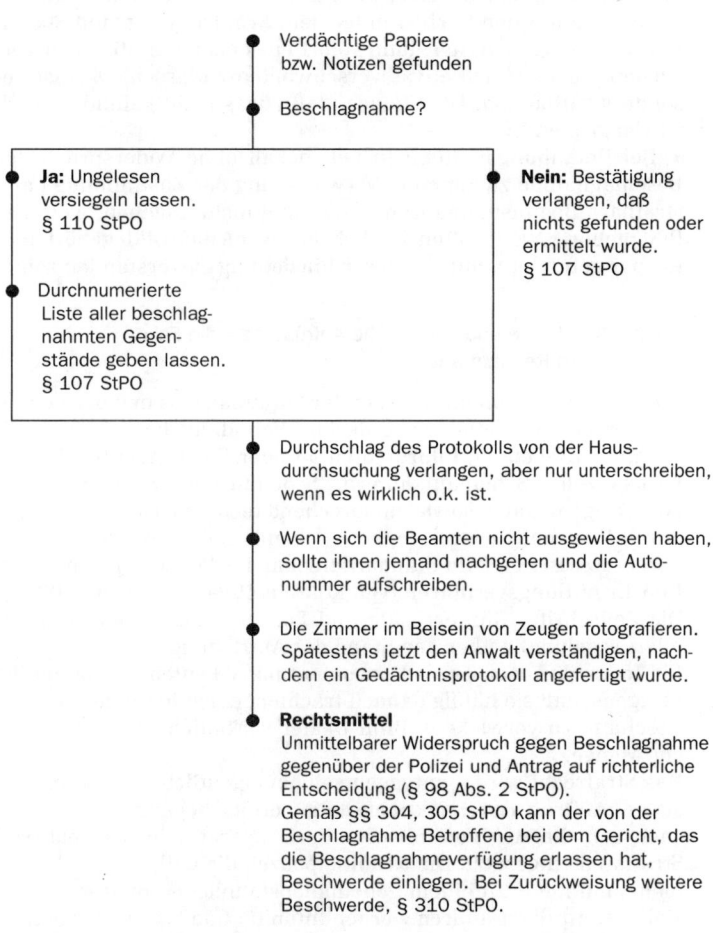

- In jedem Fall sofort Widerspruch einlegen (§ 98 Abs. 2 StPO): eine Taktik um leichter Akteneinsicht zu bekommen, die wiederum essentiell für eine angemessene Verteidigung ist. Nach § 107 StPO muß auf Verlangen ein Verzeichnis der mitgenommenen Gegenstände ausgehändigt werden. Am besten man protokolliert selbst, was beschlagnahmt wird bzw. macht die Herausgabe von Protokollierung und Unterzeichnung des Protokolls durch die Beamten abhängig. Umgekehrt sollte man allerdings der Polizei nichts unterschreiben!

sofort Widerspruch einlegen

Verzeichnis der mitgenommenen Gegenstände

nichts unterschreiben

- Wenn »beschlagnahmefreie Gegenstände« (§ 97 StPO) mitgenommen werden sollen, die nicht verwertet werden dürfen, darauf bestehen, daß alles unter Beobachtung versiegelt wird. In jedem Fall empfiehlt es sich, die Sachen nicht aus den Augen zu lassen und mit den Sachen unter dem Arm freiwillig zum Staatsanwalt mitzugehen, der dann sofort entscheiden muß. Nicht versuchen, noch schnell etwas verschwinden zu lassen. Dies ist besonders verdächtig. Die Chance, daß etwas nicht gefunden wird, ist viel größer.

Sachen nicht aus den Augen lassen

- Bei Betäubungsmitteln: In jedem Fall ohne Widerspruch der Beschlagnahme zustimmen (Verweigerung der Zustimmung kann strafbare Begünstigung sein). Man muß nicht angeben, wem das BtM gehört. Wenn offensichtlich ist, wem das BtM gehört (am Körper gefunden), mit formloser Einziehung einverstanden sein.

Bei Betäubungsmitteln

3.1.2.1.3 V-Leute und polizeiliche Aufrüstung – die Falle im Rechtsstaat

Alle – von uns noch in der Vorauflage als neu bezeichneten – Arten und Methoden verdeckter Fahndung der Kriminalpolizei mittels V-Leuten, Informanten, »Under-Cover Agents« (UCAs), Lockspitzeln, Scheinaufkäufern, Scheinfirmen, Scheinwohnungen, Drogenlokalen sowie entsprechend technologisch Aufrüstung durch Wanzen, Richtmikrophone, chemische Detektoren etc. gehören inzwischen zum Standardarsenal der Polizei – jedenfalls in BtM-Ermittlungsverfahren (vgl. KÖRNER 1994, § 31 Anm. 103 ff.). Die Zeitschrift »Bürgerrechte und Polizei – CILIP«, Berlin, informiert regelmäßig über den Stand der Aufrüstung.

Methoden verdeckter Fahndung

Ein Indiz, daß man es als Konsument mit V-Leuten zu tun hat, ist übrigens, daß sie häufig danach trachten, einen in immer größere Geschäfte zu verwickeln. Profi-Dealer verkaufen immer die gleiche Menge.

V-Leute

Das Strafrecht wird – entgegen seinem eigentlichen Sinn und sozialen Auftrag der Sanktionierung bereits begangener Verbrechen zunehmend zukunftsorientiert, operativ im Vorfeld von Straftaten eingesetzt. Die Kriminalpolizei, die aufklären soll, wird mehr und mehr zu einem geheimdienstähnlichen Instrument sozialer Kontrolle. Dadurch werden Intimität und Würde der betroffenen Verdächtigen und Nicht-Verdächtigen verletzt und Grundstrukturen des demokratischen Rechtsstaats gefährdet (vgl. LÜDERSSEN 1985; man denke an die STASI). Begründet und legitimiert wird der ausufernde Einsatz heimlicher Ermittlungstechniken mit den Sachzwängen des Zielbereichs, vor allem mit den veränderten Kriminalitätsstrukturen und dem hohen Organisationsgrad des internationalen Drogenhandels.

Strafrecht

Kriminalpolizei

Bisher ist empirisch weder belegbar, daß es diese Sachzwänge wirklich gibt (s. o. 2.3.1.2), noch, daß die polizeiliche Aufrüstung geeignet, erforderlich und verhältnismäßig ist (vgl. BÖLLINGER 1991b). Faktisch ist diese Praxis gesetzeswidrig und von liberaler Seite wurde deren Einstellung gefordert. Mit dem »Gesetz zur Be-

Praxis gesetzeswidrig

kämpfung des Rauschgifthandels und der Organisierten Kriminalität« (OrgKG 1992) hat dagegen der Bundestag wesentliche Freiheitsrechte eingeschränkt. So regeln nunmehr §§ 110a – 110e StPO umfassende Befugnisse zum Einsatz von V-Leuten und zu deren Rolle im Strafverfahren sowie das heimliche Fotografieren und Belauschen mit Richtmikrophonen. Wie schon einige Male zuvor wurde wiederum das faktisch illegale Handeln der Ermittlungsbehörden, welche immer wieder scheinbar unausweichliche Sachzwänge behaupten, legalisiert. Damit werden diese neuen Fahndungsmethoden nicht mehr – gegen die Kritik aus der Strafrechtswissenschaft – grundsätzlich infrage gestellt, sondern nur noch begrenzt (BVerfG, NStZ 1987, S. 276; BGHSt, StV 1984, 406). Die bei der verdeckten Fahndung notwendig begangenen »milieutypischen« BtM-Straftaten werden nach § 4 Abs. 2 BtMG kraft »Erlaubnis« und mangels Vorsatzes hinsichtlich der Verfügungsgewalt über die Drogen für nicht tatbestandsmäßig erklärt. Lediglich das »Bunkern« von Drogen durch Scheinaufkäufer, die Entfaltung eines zu regen eigenen Geschäfts über den angeordneten Rahmen hinaus kann ebenso wie die Begehung von Diebstählen und Waffendelikten im Einzelfall strafbar sein, aber auch nach § 34 StGB wegen übergesetzlichem Notstand »im höheren Staatsinteresse« für gerechtfertigt erklärt werden, z. B., wenn der V-Mann sich unter dem »Vorwand eines BtM-Geschäfts« Zugang zu einer Wohnung verschafft (tatbestandlich Hausfriedensbruch, § 123 Abs. 1 StGB; OLG München, NJW 1972, S. 2275).

Auch die sog. Tatprovokation, wenn ein »agent provocateur« einen anderen zum Erwerb oder Verkauf von BtM bestimmt, ist nicht wegen Anstiftung zum Rauschgifthandel strafbar, weil der sog. Vollendungsvorsatz bzw. der Vorsatz der Rechtsgutsverletzung fehlt (BGH KÖRNER 1990 § 31 Anm. 153 ff.; kritisch: KELLER 1989).

Die durch den Lockspitzel provozierten Taten werden gegen viele Stimmen in der Rechtswissenschaft, die sich auf Verfassungsrecht und § 136a StPO berufen, von der Rechtsprechung als strafbar angesehen (LÜDERSSEN 1985). Allerdings wird im Einzelfall der Strafzumessung je nach Tatentschlossenheit des provozierten Täters, nach bestimmten Wertungskriterien wie Verdacht, Art der Tatprovokation abgewogen. Nicht strafbar ist – auch bei bereits einschlägig Aufgefallenen – das originäre, hartnäckige Wecken einer Tatbereitschaft und Steuern des Geschehens, das in eine Falle Locken, die Ausnutzung von Not- und Schwächesituationen, das (z. B. sexuelle) Eindringen in die Intimsphäre, die Nötigung, das arglistige Erschleichen des Vertrauens, das Locken auf fremdes Hoheitsgebiet sowie das Überreden und Verführen unbescholtener Bürger (KELLER 1989). War die Tatprovokation unzulässig, wird ein Verfahrenshindernis oder Strafausschließungsgrund angenommen.

OrgKG

Einsatz von V-Leuten

»milieutypische« BtM-Straftaten

Diebstähle und Waffendelikte

Tatprovokation

Strafzumessung im Einzelfall

Verfahrenshindernis Strafausschließungsgrund

Weitere Fahndungsmethoden

Telefonüberwachung

- Telefonüberwachung (§§ 100a Nr. 4, 100b StPO): Anordnung durch den Richter setzt einen strafrechtlichen Vorwurf nach §§ 29 Abs. 3 Nr. 1, 4 oder 30 Abs. 1 Nr. 4 – außer bei »nicht geringer Menge« – BtMG und spezifischen Grund für die Überwachung voraus. Bei rechtmäßiger Telefonüberwachung dürfen auch andere sich im Rahmen des § 100a bewegende Verdachtsgründe als die der Anordnung zugrundeliegenden verfolgt werden (»Zufallsfunde«, BGH, StV 1983, S. 442). Das Abhören von »Raumgesprächen« über den abgehobenen Telefonhörer ist aber (noch) nicht erlaubt.

Verborgene Abhöranlagen

- Verborgene Abhöranlagen (Wanzen) sind nunmehr legal: § 100c StPO. Gekämpft wird aber weiterhin um den sog. »Großen Lauschangriff«, d. h. das Belauschen der Privatwohnung mit heute verfügbaren hochempfindlichen Richtmikrophonen. Dadurch würde in den Kernbereich des Grundrechts auf Unverletzlichkeit der Wohnung (Art. 13) eingegriffen.

Heimliche Bildaufnahmen

- Heimliche Bildaufnahmen gelten nur dann als rechtswidrig, wenn der Intimbereich berührt ist, sonst sind sie verwertbar (BGH, NJW 1975, S. 2075).

- Die Verwertung von Tagebüchern kann ebenso wie die von heimlichen Tonbandaufnahmen in Fällen schwerer Kriminalität gerechtfertigt sein (BGHSt 19, 325).

3.1.2.1.4 Vernehmungen durch die Polizei

Leichter als man glaubt, kann man selbst in eine durch Kriminalfilme wohlbekannte Situation geraten: Die Vernehmung als Zeuge oder Beschuldigter durch die Polizei. Man ist ihr allerdings nicht hilflos ausgeliefert, wenn man seine Rechte kennt (zur Vernehmungsfähigkeit s. u. 3.1.2.3).

Rechte

1. Zeugnisverweigerungsrecht aus persönlichen Gründen, § 52 StPO (falls Verwandte bzw. Angehörige betroffen sind).
2. Zeugnisverweigerungsrecht aus beruflichen Gründen, §§ 52, 53a StPO (s. u.3.3.2.2)
3. Auskunftsverweigerungsrecht, § 55 StPO (falls man sich bei wahrheitsgemäßer Aussage selbst belasten würde).

Vorladung zur Polizei

Man braucht einer Vorladung zur Polizei (aus der man entnehmen kann, ob man als Beschuldigter oder Zeuge aussagen soll) nicht Folge zu leisten, nur zum Richter oder Staatsanwalt muß man letztlich hin, sonst kann man vorgeführt werden (s. u.). Grundsätzlich am besten ist, bei der Polizei keine Aussage zu machen – lediglich Angaben zur Person (d. h. nur die Daten, die im Personalausweis stehen). Denn die Vernehmung wird von der Polizei u. U. sehr ungenau oder einseitig protokolliert.
Vorsicht! Man hat es mit informationshungrigen Spezialisten zu tun.
Nicht auf »freundschaftliche« persönliche Gespräche einlassen.

Der vernehmende Beamte kann u. U. in der Hauptverhandlung als Zeuge vernommen werden.

Als Beschuldigter kann man die Aussage generell verweigern (§ 55 StPO). Außerdem kann ein Verteidiger hinzugezogen werden (§ 136 StPO). Kommt es im Verlauf der Ermittlungen zur Ladung und Vernehmung durch die Staatsanwaltschaft oder den Ermittlungsrichter, gilt für den Beschuldigten folgendes:

- Die beste Verteidigung ist die Aussageverweigerung.
- Ist eine Vorführung angedroht, sofort mit Hinweis auf Aussageverweigerung Rechtsmittel dagegen einlegen, und zwar:
- Bei Ladung durch Staatsanwalt: Antrag auf gerichtliche Entscheidung, § 163a Abs. 3 StPO.
- Bei Ladung durch Ermittlungsrichter: Beschwerde nach § 304 StPO.
- Wird die Androhung der Vorführung für rechtmäßig erklärt, muß man erscheinen, braucht aber auch dann keine Aussage zu machen.

Zeugen müssen bei Ladung erscheinen und aussagen, sofern sie nicht von einem Zeugnisverweigerungsrecht Gebrauch machen wollen, und sie dies dem Ermittlungsrichter oder Staatsanwalt mitteilen (§ 52 StPO): z. B. gegenwärtiges oder früheres Verlobungs-, Ehe- oder Verwandtschafts- bzw. Verschwägerungsverhältnis.

Beschuldigter

Die beste Verteidigung ist die Aussageverweigerung

Verbotene Vernehmungsmethoden

Gewisse Methoden sind nach § 136a StPO eindeutig verboten: Mißhandlungen, Quälerei, Täuschungen, Drohungen und Versprechungen, nicht jedoch List. Grundsatz: Die Willensentscheidung und Willensbestätigung darf nicht beeinträchtigt werden. Beweise, die durch Verstoß gegen § 136a StPO gewonnen werden, dürfen nicht vor Gericht verwendet werden.

Das bisher Genannte gilt auch im Falle der Vernehmung als Beschuldigter. Hier ist die Polizei allerdings verpflichtet, vor der Vernehmung mitzuteilen, was einem zur Last gelegt wird (Belehrung), § 163a IV StPO. Unterbleibt diese »versehentlich«, kann die Aussage gleichwohl verwertet werden (BGH 31, S.395).

Die Ankündigung von Vorteilen bei wahrheitsgemäßer Aussage hindert nicht die Verwertung, nur die rechtswidrige Zusage der Vorteile des § 31 BtMG durch die Polizei oder Staatsanwaltschaft hindert die prozessuale Verwertung der Aussage. Verboten ist die Vernehmung im akuten Rauschzustand (GLATZEL 1981).

eindeutig verboten

3.1.2.1.5 Festnahmen und Verhaftungen (§§ 112 ff. StPO)

Die Polizei ist zwecks Gefahrenabwehr und Strafverfolgung wie jeder Bürger auch zur vorläufigen Festnahme eines Störers bzw. eines z. B. »auf frischer Tat ertappten« Verdächtigen (§ 127 Abs. 1 StPO) berechtigt, sog. »1. polizeilicher Zugriff«. Sie ist erst recht dazu befugt, wenn die Voraussetzungen eines

»1. polizeilicher Zugriff«

218 3 Recht: Drogen-Un-Recht – und wie man recht bekommen kann

Voraussetzungen	Haft- oder Unterbringungsbefehls vorliegen (§ 129 Abs. 2 StPO). Voraussetzungen einer Festnahme sind: – Gefahr im Verzug, so daß ein Haftbefehl nicht mehr zu erwirken ist; – dringender Tatverdacht einer Straftat; – Haftgrund (s. u.); – Verhältnismäßigkeit der Maßnahme in bezug auf den Anlaß.
»Gefahr im Verzug«	Bei Drogenabhängigen kann »Gefahr im Verzug« im Zusammenhang mit § 112a StPO (Wiederholungsgefahr) relativ leicht unterstellt werden, auch wenn sich hinterher etwas anderes herausstellen sollte. Man verbringt so u. U. einen scheußlichen Tag im Polizeigewahrsam.

Verhalten bei Festnahme und Verhaftung

Am besten passiv verhalten	■ Am besten passiv verhalten, um keine überzogenen Reaktionen der Polizisten (sie sind bewaffnet) oder ein Verfahren wegen Widerstands gegen Vollstreckungsbeamte (§ 113 StPO) heraufzubeschwören (ausführliche Verhaltensvorschläge: RATGEBER FÜR GEFANGENE 1987; ESCHEN/SAMI 1978; BRÜHL 1981a). Die Polizei sagt manchmal, sie wisse schon alles, dann braucht man auch nichts zu sagen. Ein Geständnis vor der Polizei stellt nicht besser, sondern vergrößert nur das Risiko – z. B. eines Bewährungswiderrufs.
unbedingt Verteidiger verlangen	■ Bei Festnahme unbedingt Verteidiger verlangen (§ 137 StPO). Nachts und wochenends eventuell den örtlichen Rechtsanwalts-Notruf konsultieren (s. Telefonbuch)!
Angaben zur Person – zur Sache	Angaben zur Person müssen immer gemacht werden. Angaben zur Sache können immer verweigert werden, wenn man selbst beschuldigt wird. Als Zeuge muß man nur vor dem Richter oder Staatsanwalt, nicht aber vor der Polizei aussagen. Als Zeuge darf man nicht festgenommen werden, muß aber wahre Aussagen machen. Wenn man als Zeuge aussagt, überlege man genau, ob man sich selbst strafbar gemacht hat. Falls ja, sollte man ebenfalls die Auskunft verweigern (§ 55 StPO).
erkennungsdienstliche Behandlung: widersprechen und Antrag auf Unterlagenvernichtung	■ Gegen die erkennungsdienstliche Behandlung – Nehmen von Fingerabdrücken und Fotos – kann man sich nicht wehren. Man sollte der »e. B.« jedoch sofort zu Protokoll widersprechen und Antrag auf Vernichtung der Unterlagen stellen. ■ Als Beschuldigter kann man einen Angehörigen und einen Rechtsanwalt von der Festnahme in Kenntnis setzen. Ein Recht, selbst zu telefonieren, hat man nicht. Zur polizeilichen Vernehmung s. o. Keinesfalls ein Geständnis machen. Versprechungen, daß man anschließend wieder freigelassen wird, sind unverbindlich, weil rechtlich verboten. Protokolle allenfalls bei Geständnissen unterschreiben! Bei »unverbindlichen Gesprächen«, die nicht protokolliert werden, vorsichtig sein. Ein Gedächtnisprotokoll des Polizeibeamten nach dem Weggang kann zu Beweiszwecken verwendet werden. Auch wenn man auf Entzug ist, gut überlegen, ob
Protokolle	

man gestehen will. In jedem Fall ins Protokoll schreiben, daß man unter Entzugserscheinungen gelitten hat. Außerdem: Grund der Festnahme und Tatvorwurf genau sagen lassen! Sofort eigenes Gedächtnisprotokoll anfertigen!

- Spätestens bis zum Ende des auf die Festnahme folgenden Tages muß man einem Richter vorgeführt und von ihm angehört werden (§§ 115, 128 StPO). Man sollte spätestens zu diesem Zeitpunkt die Bestellung eines Pflichtverteidigers beantragen, denn nach der Haftprüfung muß das von Amts wegen ohnehin geschehen (s. u. 3.1.2.1.7). In der Regel sind die Richter wohlwollend. Wenn es möglicherweise um Schuldunfähigkeit geht, möglichst frühzeitig nach geeigneten Sachverständigen Ausschau halten: Nach Nr. 187 RiStBV sollen Wünsche des Angeklagten berücksichtigt werden.

richterliche Vernehmung

- Der Verhaftete kann jederzeit Haftprüfung durch einen Richter verlangen und gegen die die Freilassung ablehnende Entscheidung (Haft-)Beschwerde einlegen (§ 117 StPO). Nach erneuter Ablehnung kann weitere Beschwerde eingereicht werden, §§ 117, 304, 310 StPO. Ansonsten findet Haftprüfung automatisch nach 3 Monaten statt. Solche Haftprüfungen sollten aber nur nach gründlicher Vorbesprechung und nicht übereilt, einfach ins Blaue hinein beantragt werden. Wichtig ist die frühzeitige Entwicklung einer Konzeption, z. B. Therapieeinleitung im Sinne § 35 BtMG.

Haftprüfung

Verteidigungs-Konzeption

Bei dringendem Tatverdacht, Vorliegen eines Haftgrundes und Verhältnismäßigkeit darf durch den Haftrichter beim Amtsgericht (in Frankfurt am Main z. B. Abt. 933) U-Haft angeordnet werden: Haftbefehl. Haftgründe sind: Flucht, Fluchtgefahr, Verdunkelungsgefahr (§ 112 StPO) und in bestimmten Fällen und unter bestimmten Voraussetzungen Wiederholungsgefahr, insbesondere: § 29 Abs. 1 Nr. 1, 4, 10; § 29 Abs. 3, § 30 Abs. 1 BtMG (s. o. 3.1.1) i. V. m. § 112a StPO.

Haftgrund

Haftbefehl

Auch bei Aufrechterhaltung des Haftbefehls kommt dessen Aussetzung – evtl. gegen Kaution – in Betracht: Haftverschonung (§ 116, § 116a), wenn durch weniger einschneidende Maßnahmen, wie z. B. bestimmte Auflagen (s. u. 3.1.2.1.8) der Zweck der U-Haft (s. o. Haftgründe) auch erreicht werden kann. Hier kommt insbesondere der frühzeitige Beginn einer ambulanten oder stationären Therapie in Betracht, was gut vorbereitet sein muß. Dadurch entspannt sich das Hauptverfahren, die Chancen für Strafmilderung verbessern sich. Umgekehrt reagieren Richter verständlicherweise negativ, wenn eine Therapie beantragt, dann aber nicht angetreten oder schon vor der Hauptverhandlung wieder abgebrochen wird.

Haftverschonung

Die U-Haft ist nach § 119 StPO und der U-Haft-Vollzugsordnung (einer Vereinbarung der Landesjustizverwaltungen) sowie den entsprechenden Richtlinien und Runderlassen der Landesjustizverwaltungen zu vollziehen (ausführlich dazu: RATGEBER FÜR GEFANGENE 1987 2.1). Für die U-Haft-Bedingungen ist der Haftrichter zuständig. An ihn wendet man sich mit Anträgen bzw.

U-Haft

Bedingungen

3 Recht: Drogen-Un-Recht – und wie man recht bekommen kann

Beschwerden. Sie kommen z. B. in Betracht, wenn man in eine Beruhigungszelle gesteckt oder im Einkauf beschränkt wird. Wird der Antrag abgelehnt, kann man gegen die Entscheidung des Haftrichters Beschwerde nach § 304 f. StPO einlegen. Alles, was den ordnungsgemäßen Tagesablauf in der Justizvollzugsanstalt (JVA) regelt, fällt in die Zuständigkeit des Anstaltsleiters. Gegen seine Maßnahmen kann man direkt beim OLG Antrag auf gerichtliche Entscheidung gem. § 23 f. EGGVG stellen. Im RATGEBER FÜR GEFANGENE finden sich Muster und ein übersichtliches Schema für die Rechtsmittel in der Haft.

Beschwerden
Tagesablauf
Rechtsmittel in der Haft

Für Drogenabhängige stellt die U-Haft i. d. R. eine besondere Belastung bzw. zusätzliche Schädigung dar (vgl. ADAMS/GERHARDT 1981), die man in Anträgen betonen sollte. Häufig wird behauptet, der »Schock« der Freiheitsentziehung sei für die Therapiemotivation förderlich. Davon ist nach psychologischen Erkenntnissen überhaupt nichts zu halten (s. u. 3.1.4). Umgekehrt kann aber die U-Haft für jemanden, der clean bleiben will, eine Entlastung darstellen im Vergleich zum Regelvollzug, wo Drogen gut erhältlich sind.

»Schock« der Freiheitsentziehung

Die Kosten für einen Besuchsüberwachungsdolmetscher in der U-Haft müssen von der Staatskasse bezahlt werden.

Dolmetscher

3.1.2.1.6 Psychiatrisierung I: Vorläufige Unterbringung

Hat jemand die Tat im Zustand der Schuldunfähigkeit oder verminderten Schuldfähigkeit begangen (s. u. 3.1.2.4), kann er gem. § 126a StPO unter denselben Voraussetzungen und mit denselben Wirkungen wie bei einem Haftbefehl (s. o.) in einem Psychiatrischen Krankenhaus (PKH) oder einer Entziehungsanstalt untergebracht werden (Unterbringungsbefehl), »wenn die öffentliche Sicherheit es erfordert«. In solchen Fällen ist ein Anwalt unbedingt erforderlich. Zum Vollzug dieser Unterbringung in der Forensischen Psychiatrie s. u. 3.1.3.5. Diese kann relativ erträglicher sein als die U-Haft.

Schuldunfähigkeit oder verminderte Schuldfähigkeit

Anwalt unbedingt erforderlich

3.1.2.1.7 Wie besorgt man sich einen Anwalt?

Wenn das Ermittlungsverfahren läuft oder man sich in U-Haft oder vorläufiger Unterbringung befindet, empfiehlt es sich, so schnell wie möglich einen Verteidiger zu suchen, denn anders ist auf den Gang der Ermittlungen kaum Einfluß zu nehmen. In der Regel wird von der Staatsanwaltschaft ein Verteidiger der Wahl auch frühzeitig im Vorverfahren bestellt (§ 141 Abs. 3 StPO). Man sollte sich hier nicht scheuen, trotz geringer Gebühren besonders gute und prominente Anwälte zu benennen. Falls der Anwalt nicht von ganz weit herkommt oder politisch mißliebig ist, wird i. d. R. auch der zum Pflichtverteidiger bestimmt, den man sich wünscht. Wichtig ist allerdings, daß der Verteidiger in Drogenverfahren erfahren ist (am besten bei einer DROBS erfragen). Auf jeden Fall sollte man eigene Ermittlungen anstellen, um Ent-

Verteidiger

gute und prominente benennen

lastungsbeweise zu finden. Auch wenn man an dem Tatvorwurf nicht rütteln kann, ist es wichtig, frühzeitig Argumente und Beweise dafür zu sammeln, daß die »Schuld« gering ist, also die Strafe möglichst niedrig bleibt (2 Jahre Freiheitsstrafe sind die obere Grenze, bis zu der eine therapeutische Lösung oder eine Bewährungsaussetzung möglich sind). Solche Argumente finden sich meist in Lebensgeschichte und Persönlichkeit unter dem Aspekt »Hätte man anders handeln können?«
Wichtig ist auch, daß der Verteidiger Anträge im Hinblick auf die bei Drogenabhängigen oft erforderlichen besonderen Behandlungsmaßnahmen stellt (z. B. körperliche Entgiftung und Sanierung, vor allem der Zähne) und im weiteren Verlauf einen Therapieplatz samt Kostenzusage beschaffen hilft. Wichtig z. B. ist der sofortige Kontenklärungsantrag an den Rentenversicherer zwecks Beschleunigung der Kostenübernahme etc.
Manchmal kann man – vor allem bei der ersten Auffälligkeit, aber auch bei Wiederholungstaten – erreichen, daß ein Verfahren bei geringer Menge zum Eigenverbrauch (§ 29 Abs. 5 BtMG) eingestellt wird. Diese Regelung ist deutlich weiter als §§ 153, 153a StPO, die geringe Schuld und öffentliches Interesse voraussetzen und evtl. eine von Drogenabhängigen selten einzuhaltende Auflage beinhalten.
Es kann sein, daß man den Rechtsanwalt erst mit Eröffnung des Hauptverfahrens als Pflichtverteidiger beigeordnet bekommt; aber auch das geschieht nicht immer: Wenn die angeklagte Tat ein Vergehen ist (Mindeststrafdrohung liegt unter 1 Jahr, z. B. § 29 BtMG), ist im Prinzip das Amtsgericht (Schöffengericht: ein Berufs- und 2 Laien-Richter) zuständig; dann hat man keinen Anspruch auf einen Pflichtverteidiger. Nur in Ausnahmefällen, z. B. wenn man mindestens 3 Monate in einer Anstalt oder in U-Haft war oder wenn es um die Anfertigung eines psychiatrischen Gutachtens geht, muß ein Pflichtverteidiger beigeordnet werden (§ 140 StPO).
In allen Fällen, in denen eine Tat als Verbrechen (Mindeststrafdrohung 1 Jahr, z. B. § 30 BtMG) angeklagt ist oder sie aus sonstigen Gründen vor dem Landgericht verhandelt wird (z. B. wegen der »besonderen Bedeutung« oder weil die Unterbringung in einem PKH zu erwarten ist, §§ 24, 74 Abs. 1 GVG), muß ein Pflichtverteidiger bestellt werden, den dann die Staatskasse auch für seine Aktivitäten im Vorverfahren bezahlt. Dasselbe gilt, wenn zu erwarten ist, daß eine LzTh i. S. § 35 BtMG durchgeführt wird (so LG Kleve StV 1986, S. 246; AG Hannover StV 1986, S. 52 m. w. N.; s. u. 3.1.3.3.1).
Schließlich muß insbesondere in den »besonders schweren Fällen« nach § 29 Abs. 3 BtMG – nach der Vorschrift des § 142 Abs. 3 StPO – ein Pflichtverteidiger bestellt werden.
Wenn kein Fall der »notwendigen Verteidigung« vorliegt, muß man einen Verteidiger selbst bezahlen. Man kann auch – allerdings mit wenig Aussicht auf Erfolg – versuchen, über das Gesetz über Beratungs- und Prozeßkostenhilfe (vgl. unten 3.1.3.4.2) ei-

Entlastungsbeweise finden

besondere Behandlungsmaßnahmen

Kontenklärungsantrag

Verfahrenseinstellung

Pflichtverteidiger im Hauptverfahren

Staatskasse bezahlt

Prozeßkostenhilfe

3 Recht: Drogen-Un-Recht – und wie man recht bekommen kann

zivilrechtliche Probleme

nen Anwalt zu bekommen. Vor allem empfiehlt es sich, wenn man auch noch zivilrechtliche Probleme hat (z. B. unangenehme Gläubiger).
Als Beistände im Verfahren müssen übrigens auch Ehegatten und gesetzliche Vertreter (Eltern) zugelassen werden (§ 149 StPO). Nach § 138 Abs. 2 StPO können mit gerichtlicher Genehmigung auch andere Personen als Rechtsbeistände mit den Funktionen eines Verteidigers gewählt werden. Infrage kommt z. B. der Drogenberater. Er kann das dann und wann beantragen, muß aber aufpassen, daß er es nicht zu häufig macht, weil er sonst mit dem Rechtsberatungsgesetz in Konflikt kommt, wonach die »geschäftsmäßige Rechtsberatung« verboten ist.

Drogenberater als Rechtsbeistand

Akteneinsicht

Maßgeblich für die Vorbereitung der Hauptverhandlung ist Akteneinsicht. Sie wird häufig nach § 147 Abs. 2 StPO wegen angeblicher »Gefährdung des Untersuchungszwecks« bis zur Eröffnung des Hauptverfahrens verweigert. Ein Mittel dagegen ist die Ankündigung, daß der Mandant nach Akteneinsicht aussagen werde. Nur im Einzelfall zu entscheiden ist im übrigen das Problem, ob der Verteidiger sich eventuell auf eine Vereinbarung mit Gericht und Staatsanwaltschaft (StA) einlassen soll, einen »Deal« z.B. der Sorte »Geständnis gegen Strafmilderung«. Wenn überhaupt, nur mit beiden gleichzeitig, denn einseitige Zusagen der StA sind unverbindlich.

»Deal« im Prozeß

ausländische Klienten

Für ausländische Klienten kann der Pflicht- und Wahl-Verteidiger untentgeltlich einen Dolmetscher nach Wahl erhalten.

3.1.2.1.8 Therapie im Vorfeld der Hauptverhandlung

Es gibt bereits vor der Hauptverhandlung zwei Wege »sanften Zwanges« eine Therapie herbeizuführen (s. u. 3.1.4): Im Falle der Haftverschonung (s. o. 3.1.2.1.6) kann eine Therapieweisung erfolgen, deren Nichteinhaltung zur Wiederinkraftsetzung des Haftbefehls führen kann, aber nicht muß. Dies gilt sogar bei schwereren Verstößen gegen das BtMG (ständige Rechtsprechung, vgl. OLG Hamm StV 1984, S. 123 m. w. N.). Also: Wenn möglich, mit dem Gericht verhandeln!

Therapieweisung

Rechtsmittel

Rechtsmittel gegen Ablehnung: Beschwerde, §§ 304, 310 StPO. Der andere Weg führt gemäß § 37 BtMG über die Staatsanwaltschaft (vgl. dazu im einzelnen 3.1.3.1.3). Eventuell sollte jeweils der ohnehin bereits bestellte Sachverständige (s. u. 3.1.2.4) dazu gehört werden.

3.1.2.1.9 Einstellung des Strafverfahrens (§§ 31a, 29 Abs. 5 BtMG – Das Problem der »geringen Menge«)

Einstellung des Ermittlungsverfahrens durch die Staatsanwaltschaft (§ 31a Abs. 1): Als Spezialgesetz gegenüber den sonst bei Bagatelldelikten häufig angewandten §§ 153 ff. StPO bzw. § 45 JGG wurde 1992 § 31a in das BtMG eingefügt. Eine Einstellung des Ermittlungsverfahrens in BtM-Sachen wegen § 29

Abs. 1, 2 oder 4 muß also nach dieser Vorschrift durchgeführt werden und bedarf nicht, wie bei §§ 153 ff. StPO, der Zustimmung des Gerichts.
Zweck der Vorschrift ist die Entlastung der StA von der Verfolgung suchtbedingter Kleinkriminalität und Konzentration auf den professionellen Rauschgifthandel (Bt.Drs. 12/934, S. 5).
In welchem Maße von dieser Möglichkeit Gebrauch gemacht wird, ist noch nicht erforscht. Frühere Erhebungen haben extreme regionale Differenzen in der Einstellungspraxis der StA offenbart (z. B. 5,9% aller BtM-Ermittlungsverfahren in Bayern, 79,6% in Berlin: vgl. BT-Drs. 11/4329, Tab. 14 – 18). Auf diese erschreckende Diskrepanz bezieht sich die Aufforderung des BVerfG in seinem Cannabis-Beschluß (StV 1994, 269), hier über bundeseinheitliche Richtlinien zu einer Gleichbehandlung der Beschuldigten zu kommen. Voraussetzung für eine Einstellung ist neben geringer Schuld des Täters und fehlendem öffentlichen Interesse vor allem der rein konsumorientierte Umgang mit einer bestimmten »geringen Menge«, und zwar: anbauen, herstellen, ein-, aus- und durchführen, erwerben, sich in sonstiger Weise verschaffen und besitzen. Was als geringe Schuld eingestuft wird, obliegt dem Gericht im Rahmen seiner Gesamtwürdigung des Einzelfalls. Öffentliches Interesse wird z. B. bejaht, wenn Jugendliche einen Konsumvorgang beobachten konnten.
Problematisch ist wie bei der Bestimmung der »nicht geringen Menge« die normative Klärung des Begriffs der »geringen Menge« (g. M.). Die Rechtsprechung – zuletzt auch das BVerfG – betonen, daß nach dem Zweck der Vorschrift nur der Gelegenheitskonsument entkriminalisiert werden soll. Dies mag zu den ursprünglichen Intentionen des Gesetzgebers gehört haben, geht aber an der Realität des Drogenkonsums und den Erfordernissen der Praxis völlig vorbei. Im Sinne der gesicherten Einsichten in die Strukturen der Drogenszene und Verlaufsformen der Abhängigkeit mit vielfachem Hin und Her zwischen verschiedensten Konsumintensitäten einerseits und angesichts der Beweisschwierigkeiten andererseits sollte diese Einstellungsmöglichkeit für alle Konsumentengruppen offen gehalten werden. Jedenfalls darf auch einschlägig Vorbestraften diese Chance nicht vorenthalten werden (BGH 4 StR 454/83). Die Voraussetzung der Eigenverbrauchsorientierung bedeutet, daß der Stoff nicht mit Dritten geteilt oder weitergegeben werden darf.
Zur Bestimmung der g. M. verlangt die Rechtsprechung zunächst eine Würdigung aller Umstände des Einzelfalles, stellt aber vor allem auf den Kurzzeitbedarf ab: in der Regel wird der Bedarf von drei Tagen in Form von Konsumeinheiten bestimmt und als Grenze der »geringen Menge« definiert. Dabei kommt es, soweit feststellbar, auf den Reinheitsgehalt und die Anzahl der mit dieser Menge erzeugbaren Rauschzustände an (BGH NStZ 1982, 425). Wegen der Probleme bei der Bestimmung des Reinheitsgrades bei kleinen Mengen muß im Zweifel zugunsten des Angeklagten von einer niedrigen Konzentration ausgegangen werden.

Die Verteidigung sollte besonders beachten, daß es bei der Bestimmung des Wirkstoffgehaltes methodische Probleme gibt und gravierende Fehler passieren können (vgl. TONDORF StV 93, 43 m. w. N.). Aus diesen Gründen wird jedenfalls bei der »geringen Menge« auf die Gemischmenge bzw. die Straßensubstanz abgestellt. Die Festlegung der Grenzwerte ist uneinheitlicher als bei der »nicht geringen Menge«, weil sie im wesentlichen durch die Landesjustizverwaltungen geschieht und es wenig Rechtsprechung dazu gibt. Zur Orientierung (merke: Gemischmengen!):

Gemischmengen zur Orientierung

Cannabis: 10 g (in Schleswig-Holstein 30 g, Berlin 6 g)
Heroin: 0,5 – 1 g
Kokain: 1 g (in Schleswig-Holstein 5 g)
Amphetamin: 1 g (in Schleswig-Holstein 5 g)

Staatsanwaltschaften großzügig

Die Staatsanwaltschaften gehen in der Regel großzügig mit der Bewertung einer Menge als Eigenverbrauchsmenge um. Die Standards haben sich deutlich nach oben verlagert. Wiederholtes Antreffen auf der »Szene« kann allerdings ein Indiz für »fremdgefährdendes Verhalten« sein. Grundsätzlich muß man aber für die Bewertung auch nach mehrfacher Auffälligkeit und Verurteilung die objektiv geringe Gefahr zugrundelegen, welche von einer »geringen Menge« ausgeht. Zum Teil wird darauf abgestellt, ob ein Täter zuvor schon einmal von der Polizei erwischt und belehrt wurde. Andererseits versucht man nach Möglichkeit, wegen einer »geringen Menge« nicht gleich eine Bewährung zu widerrufen, sondern sich mit einem Strafbefehl zu begnügen.

Cannabis-Beschluß

Nach dem Cannabis-Beschluß des Verfassungsgerichts kann man wohl allmählich darauf vertrauen, daß einen die Kripo mit kleineren Mengen Cannabis überhaupt in Ruhe läßt – solange man nicht irgendwie mit dem Handel zu tun zu haben scheint. Bei einer fortgesetzten Handlung wurde bisher die gesamte und nicht die jeweils erworbene Menge zugrundegelegt. Dies ist nach der neuesten Entscheidung des BGH zum Fortsetzungszusammenhang nicht mehr möglich (BHG, STRAFVERTEIDIGER 1994, S. 306): ausgegangen werden muß von der Einzelmenge, welche Gegenstand des konkreten Ermittlungsverfahrens ist.

fortgesetzte Handlung

Einstellung des Strafverfahrens durch das Gericht (§§ 31a Abs. 2, 29 Abs. 5): Nach § 31a Abs. 2 kann das Gericht das Verfahren mit Zustimmung der StA – ebenso wie nach § 153 Abs. 2 StPO – in jeder Lage des Verfahrens einstellen, wenn die unter Abs. 1 genannten Voraussetzungen erfüllt sind. Damit kollidiert der neue § 31a – wahrscheinlich aufgrund eines schlichten Versehens der Gesetzesmacher – mit dem schon bisher gültigen § 29 Abs. 5, wonach das Gericht das Hauptverfahren ohne Zustimmung der StA – unter ansonsten gleichlautenden Voraussetzungen – jederzeit einstellen kann. Falls es darüber je zum Streit kommen sollte, könnte das Gericht nach § 29 Abs. 5 verfahren und die StA übergehen.

§ 31a kollidiert mit § 29 Abs. 5

Aushandeln

Ein Aushandeln dieser Erledigungsform mittels des Angebots, sich einer Therapie zu unterziehen, scheidet – jedenfalls nach der offiziellen Lesart dieser Norm – aus, wenn man nur Gelegenheitskonsumenten in den Genuß dieser Privilegierung kommen lassen will. Legt man die Norm, wie hier vertreten, zugunsten aller Konsumenten weit aus, könnte das informelle Verständigungsangebot im Verfahren die Geneigtheit des Gerichts erhöhen. Allerdings ist dies eine delikate Zwickmühle für die Verteidigung.

3.1.2.2 Die Hauptverhandlung

3.1.2.2.1 Anklageschrift und Eröffnung des Hauptverfahrens

Vor Anberaumung einer Hauptverhandlung muß die Staatsanwaltschaft die öffentliche Klage erhoben haben (vgl. §§ 151 ff. StPO). Die Anklageschrift muß die Person des Angeschuldigten genau bezeichnen, weiter die Tat, die ihm zur Last gelegt wird, sowie Zeit und Ort der Begehung. Sie muß ausführen, auf welche Weise die gesetzlichen Merkmale (Tatbestand) der Straftat erfüllt sind und muß ferner die anzuwendenden Strafvorschriften, sämtliche Beweismittel und das Gericht, vor dem angeklagt wird, bezeichnen. Falls der Angeschuldigte einen Verteidiger hat, muß auch dieser benannt werden (§ 200 StPO). *Anklageschrift*

Die Akte wird dann mit der Anklageschrift an das Gericht geschickt, und das Gericht entscheidet darüber, ob das Hauptverfahren eröffnet wird (§§ 199 ff. StPO).

Das Gericht stellt dem Angeschuldigten die Anklageschrift zu und gibt ihm Gelegenheit, innerhalb einer bestimmten Frist Beweisanträge zu stellen und Einwendungen gegen die Eröffnung des Hauptverfahrens vorzutragen. Nach Ablauf einer Frist wird das Hauptverfahren eröffnet, wenn die Akte belegt, daß der Angeschuldigte der Straftat hinreichend verdächtig erscheint (§ 203 StPO). Sodann wird der Termin zur Hauptverhandlung festgesetzt (vgl. §§ 213 ff. StPO). *Beweisanträge und Einwendungen*

Da das eröffnende Gericht auch über die Haftfortdauer beschließen muß, besteht hier nochmals die Möglichkeit, Anträge zu stellen und Informationen (z. B. über eine begonnene Therapie) zu liefern. Von der regelmäßigen Aufforderung, Beweisanträge »spätestens 10 Tage vor Beginn der Hauptverhandlung« zu stellen, sollte man sich nicht schrecken lassen: sie sind rechtlich bis zur Urteilsverkündung möglich.

3.1.2.2.2 Gang der Hauptverhandlung (§§ 226 ff. StPO)

Zur Hauptverhandlung müssen anwesend sein: Das Gericht (beim Schöffengericht 1 Berufsrichter und 2 Schöffen, bei der Strafkammer 3 Berufsrichter und 2 Schöffen, beim Strafrichter 1 Berufsrichter), 1 Staatsanwalt und der oder die Angeklagte/n (vgl. §§ 226, 231 StPO). In besonderen Fällen (§ 140 StPO) muß auch ein Verteidiger des Angeklagten anwesend sein. *Anwesende*

Wenn der Angeklagte nicht erschienen ist, ohne daß er entschuldigt ist, kann die Hauptverhandlung nicht stattfinden; er wird zum nächsten Termin zwangsweise vorgeführt oder es wird Haftbefehl gegen ihn erlassen (§ 230 StPO). *zwangsweise Vorführung*

Hauptverhandlung Wie die Hauptverhandlung im einzelnen abläuft, ergibt sich aus dem § 243 StPO:

1. Der Vorsitzende des Gerichtes stellt fest, ob der Angeklagte und ggf. der Verteidiger erschienen sind, ferner ob die geladenen Zeugen und Sachverständigen erschienen sind. Im allgemeinen werden jetzt bereits sämtliche Zeugen nach § 57 StPO belehrt. Dann verlassen die Zeugen den Sitzungssaal und der Vorsitzende vernimmt den Angeklagten kurz über seine persönlichen Verhältnisse. (In manchen Fällen wird der Angeklagte hier bereits im wesentlichen seinen Lebenslauf schildern, in anderen Fällen hält es das Gericht für angemessen, zur Identitätsfeststellung lediglich die Personalien zu erörtern und den Angeklagten ausführlich über seinen Lebenslauf erst am Ende der Beweisaufnahme zu befragen, nämlich erst dann, wenn eine Verurteilung möglich bzw. wahrscheinlich erscheint).

Anklagesatz Danach verliest der Sitzungsvertreter der Staatsanwaltschaft den Anklagesatz. Danach wird der Angeklagte darauf hingewiesen, daß es ihm freisteht, sich zur Anklage zu äußern oder aber zu

Vernehmung dem Vorwurf zu schweigen. Wenn der Angeklagte aussagen will, wird er dann vernommen. Nach der Vernehmung des Angeklag-

Beweisaufnahme ten erfolgt die restliche Beweisaufnahme (§ 244 StPO).

2. Im Rahmen dieser Beweisaufnahme werden die Zeugen vernommen, die Sachverständigen, Gerichtshelfer, Jugendgerichtshelfer gehört, evtl. Überführungsstücke (z. B. BtM, das zu einem Einbruch benutzte Werkzeug oder Teile der Beute) in Augenschein genommen. Unter Umständen kommt es auch zu einer Ortsbesichtigung. Während der Beweisaufnahme werden auch Urkunden und andere als Beweismittel dienende Schriftstücke verlesen (§§ 249 ff. StPO).

Zeugen Grundsätzlich müssen sämtliche Zeugen persönlich in der Hauptverhandlung vernommen werden (§ 250 StPO); es ist im allgemeinen nicht ausreichend, wenn Protokolle früherer polizeilicher Vernehmungen verlesen werden. Der Zeuge kann sich auch nicht auf seine früher protokollierte Aussage beziehen, was Zeugen häufig versuchen, da sie nicht einsehen, warum sie wiederholt über denselben Sachverhalt Aussagen machen sollen.

Lediglich zur Unterstützung des Gedächtnisses dürfen die Teile einer früheren Aussage, an die sich der Zeuge nicht mehr erinnert, vorgelesen werden (§ 253 StPO). (V-Leute der Polizei als Zeugen: s. u. 3.1.2.2.3)

Geständnis vor der Hauptverhandlung Hat der Angeklagte bereits vor der Hauptverhandlung vor einem Richter ein Geständnis abgelegt, so darf dieses Geständnis, wenn der Angeklagte in der Hauptverhandlung andere Angaben macht, verlesen werden (§ 254 StPO). Im Laufe der Beweisaufnahme hat der Angeklagte stets die Gelegenheit, sich zu den jeweiligen Beweismitteln zu äußern (§ 257 StPO).

Plädoyer der Staatsanwaltschaft 3. Nach Schluß der Beweisaufnahme plädiert die Staatsanwaltschaft. In ihrem Plädoyer hat sie die gesamte Beweisaufnahme zu würdigen und auszuführen, ob der Angeklagte wegen der angeklagten Delikte teilweise oder ganz verurteilt werden

soll, oder ob teilweise oder ganz Freispruch erfolgen soll. Außerdem enthält das Plädoyer, soweit Verurteilung beantragt wird, Ausführungen zum Strafmaß. Erwähnt werden soll der in Betracht kommende gesetzliche Strafrahmen, sodann sind die nach § 46 StGB relevanten Grundsätze der Strafzumessung am konkreten Fall zu erörtern. Das Plädoyer endet mit dem Strafantrag.
Nach der Staatsanwaltschaft plädiert der Angeklagte oder sein Verteidiger oder beide. Sie erwidern die Ausführungen der Staatsanwaltschaft und stellen das Beweisergebnis aus ihrer Sicht dar. Gelegentlich werden auch noch Beweisanträge gestellt. Besonderes Gewicht sollte die Verteidigung beim Schlußvortrag auf die Strafzumessungsgründe legen. Der Schlußvortrag der Verteidigung oder des Angeklagten muß nicht mit einem konkreten Antrag enden.
Die Staatsanwaltschaft kann dann die Rede des Verteidigers oder des Angeklagten noch einmal erwidern (§ 258 StPO). Davon wird aber in der Praxis sehr selten Gebrauch gemacht. Dem Angeklagten steht immer das letzte Wort zu. Das ist auch dann der Fall, wenn sein Verteidiger bereits für ihn gesprochen hat.
Nach den Schlußvorträgen zieht sich das Gericht zur Beratung zurück. Die Hauptverhandlung schließt mit der Verkündung des Urteils (§ 260 StPO). Das Gesagte gilt auch – mit geringen jugendspezifischen Änderungen – für Jugendliche und Heranwachsende (§ 104 JGG). Andererseits kann das Gericht statt des Urteils, wie zuvor in jedem Verfahrensstadium, auch jetzt noch von Strafe absehen und das Verfahren einstellen (ausführlich dazu: 3.1.2.1.9).

Strafantrag
Verteidigungsplädoyer

Strafzumessungsgründe

Staatsanwaltschaft kann erwidern

das letzte Wort

Verkündung des Urteils

3.1.2.2.3 V-Leute: Phantome in der Hauptverhandlung

Oben wurde auf die verdeckte Fahndung und deren kürzliche Legalisierung durch Änderungen der StPO eingegangen (s. 3.1.2.1.3). Die daraus resultierenden beweisrechtlichen Probleme gehen ganz zu Lasten der Strafverteidigung. Nach BGH-Rechtsprechung ist die Polizei nicht verpflichtet, den Namen ihres Informanten preiszugeben, wenn sie diesem Vertraulichkeit zugesichert hat.
Wird allerdings ein V-Mann enttarnt und als Zeuge geladen, muß er i. d. R. aussagen, denn er hat kein Zeugnisverweigerungsrecht wie ein Kripo-Beamter (§ 54 StPO), der kraft Amtsverschwiegenheitspflicht vor Gericht je nach Aussagegenehmigung seiner Behörde nicht oder nur sehr eng beschränkt auszusagen braucht. Allerdings darf die Aussagegenehmigung nur bei Gefährdung des Staatswohls verweigert werden, und zwar durch den Innenminister. In einem solchen Fall braucht der Kripo-Beamte auch einen V-Mann nicht preiszugeben. Die Teilnahme von V-Leuten an Scheingeschäften muß aber in den Akten vermerkt werden, und sie dürfen auch nicht zum Schein verhaftet werden (KÖRNER 1994, § 31 Anm. 128 ff.). Man sollte sich in der Hauptverhandlung die Aussagegenehmigung unbedingt in Kopie geben lassen, um die Begründung genau prüfen und eventuell angreifen zu können.

V-Mann enttarnt und als Zeuge geladen

Aussagegenehmigung unbedingt in Kopie

Rechtsmittel	Als Rechtsmittel gegen die Verweigerung der Aussagegenehmigung, das Geheimhalten von Lockspitzeln etc. gibt es neben der Dienstaufsichtsbeschwerde, die erfahrungsgemäß form-, frist- und fruchtlos ist, den Rechtsweg gemäß §§ 23 ff. EGGVG (s. OLG Stuttgart NJW 1985, S. 77 ff.; KATHOLNIG 1990) und, wenn durch die Behörde die Aussagegenehmigung verweigert wird (»Sperrerklärung«), die Anfechtungsklage vor dem Verwaltungsgericht. Ist ein V-Mann in der Akte vermerkt, nützt das dem Angeschuldigten u. U. nichts, denn die Staatsanwaltschaft kann gem. § 147 StPO dem Verteidiger die Akteneinsicht verwehren, wenn dadurch der Untersuchungszweck gefährdet würde, – und wann das der Fall ist, entscheidet der Staatsanwalt. In der Hauptverhandlung muß dann das Gericht allerdings einen V-Mann zu ermitteln versuchen und ihn vernehmen (Aufklärungspflicht). Ein Verstoß dagegen begründet die Revision (KÖRNER 1994 § 31 Anm. 223 ff.). Bei der
Zeugenschutzvorkehrungen	Vernehmung müssen Zeugenschutzvorkehrungen getroffen werden, z. B. Vernehmung an geheimem Ort oder unter Ausschluß der Öffentlichkeit etc. Die früher mögliche optische Abschirmung ist nicht mehr zulässig (BGH-GS StV 1983, 490).
Anwesenheitsrecht	Der Verteidiger hat bei dieser Vernehmung ein Anwesenheitsrecht, er darf daher auch nicht mit der Begründung der Gefährdung des Untersuchungserfolges ausgeschlossen werden. Liegt eine solche Gefährdung vor, kann aber von einer Benachrichtigung des Verteidigers über den Vernehmungstermin abgesehen werden. Sein Anwesenheitsrecht bleibt jedoch unberührt, falls er auf anderem Wege von diesem Termin erfährt (BGHSt 31, 148).

3.1.2.2.4 Der Kronzeuge: Aufklärungsgehilfe nach § 31 BtMG

Rechtsgedanke »tätiger Reue«	Zwar ist der Rechtsgedanke »tätiger Reue«, also das Abstand nehmen vom bereits begonnenen Delikt, sein Ungeschehenmachen, im Strafrecht seit langem verankert (z. B. § 24, § 129 Abs. 6, § 83a StGB). Einmalig und nach U.S.-Muster gestrickt war bei Einführung des § 31 BtMG in unserer Rechtsordnung die Möglichkeit, auch in gravierenden BtM-Sachen Strafmilderung oder Straffreiheit zu erhalten. Inzwischen gibt es diese inzwischen unbefristete Regelung auch für Terroristen (Kronzeugenregelung, v. 9.6.1989, BGBl. I, S. 1059). Auf die faktischen, rechtsstaatlichen
Probleme	und ethischen Probleme (z. B. Denunziantentum und falsche Anschuldigung; Degradierung der Verteidiger zu Gehilfen der Staatsanwaltschaft) sind wir an anderer Stelle eingegangen (s. o. 2.3.1.1).
dringend abzuraten	Die strafprozeßrechtlichen Probleme können wir hier nicht angemessen behandeln (dazu: WEIDER 1985; 1987). Daher nur einige Hinweise: Aufgrund vielfältiger Erfahrungen ist von der Wahrnehmung der »Vergünstigung« Strafmilderung aus der Sicht des Beschuldigten dringend abzuraten! Es zeigt sich, daß die Glaubwürdigkeit des Aufklärungsgehilfen vor allem an seiner Bereitschaft zur Selbstbezichtigung gemessen wird. Je mehr er selbst

gesteht, desto höher das Strafmaß und desto geringer die relative Auswirkung des »Kronzeugen-Rabatts«.
Einigkeit besteht in der Lehre, die Vorschrift wegen ihrer rechtsstaatlichen Problematik sehr zurückhaltend und eng auszulegen (KÖRNER 1994 § 31 Anm. 3). Ausreichend ist die freiwillige Offenbarung eines Wissens gegenüber den Ermittlungsbehörden. Man braucht sich der Justiz nicht als echter Kronzeuge zur Verfügung zu stellen. Ein vollständiges Geständnis über den eigenen Tatbeitrag ist nicht erforderlich, ebensowenig ist es notwendig, daß man selbst noch nicht überführt wurde. Auch eine späte Nennung der Mitwirkenden und Tatbeteiligten, möglicherweise auch erst in der Hauptverhandlung, begründet eine Strafmilderung.

freiwillige Offenbarung

Der Richter kann dann von § 31 Gebrauch machen, wenn er überzeugt ist, daß die Schilderung über die Beteiligung des Mittäters zutreffend ist und dadurch zu einem erfolgreichen Abschluß des Strafverfahrens oder jedenfalls zu einem Aufklärungserfolg beigetragen werde (BGH StV 93, 308). Das bedeutet aber auch, daß sich aus der Offenbarung für die Aufklärung Wesentliches ergeben muß, daß die Sache nicht ohnedies bereits zur Gewißheit feststand. Freiwillig ist die Offenbarung jedenfalls dann, wenn der Täter Angaben macht, obwohl eine Aufdeckung der gesamten Tatumstände aus seiner Sicht nicht zu befürchten stand. Daß er Angst vor Festnahme und Strafe hat, schränkt seine Freiwilligkeit nicht ein (BGH StV 83, 203).

Nur das zuständige Gericht kann die Vergünstigung des § 31 BtMG zusagen, nicht die Kripo: Man braucht sich also von polizeilichen Versprechungen nichts zu erhoffen.

3.1.2.3 Zum Problem der Vernehmungsfähigkeit

Ein spezielles verteidigungsstrategisches Problem stellt die Vernehmungsfähigkeit beschuldigter Drogenabhängiger dar, gerade weil sie, wie die Erfahrung zeigt, oft gegenüber Polizei und Staatsanwaltschaft kooperationsbereit sind. Unter Vernehmungsfähigkeit verstehen die Juristen das Vermögen des Beschuldigten, seine Interessen vernünftig wahrzunehmen, die Verteidigung in verständiger und verständlicher Form zu führen sowie Erklärungen abzugeben und entgegenzunehmen. Drogenabhängige sind, besonders während des Entzugs, sehr anfällig für die Vernehmungstricks der Polizei- und Gerichtsbediensteten. Wenn man sich als Beschuldigter schon bei der Polizei nicht rechtzeitig bremsen konnte, sollte man im Prozeß versuchen, die Ergebnisse der Vernehmungen dadurch infragezustellen, daß man die Vernehmungsfähigkeit zum Zeitpunkt der Vernehmung anzweifelt. Die Frage muß dann unter Hinziehung eines Sachverständigen beurteilt werden.

Drogenabhängige oft kooperationsbereit

Ein häufiger Irrtum der Vernehmungsbeamten ist, von der Aussagefreudigkeit des Beschuldigten auf seine Vernehmungsfähigkeit zu schließen, während sich bei genauer Nachprüfung die erhöhte Kooperationsbereitschaft gerade als Ausdruck einer schwerwie-

häufiger Irrtum der Vernehmungsbeamten

genden Befindlichkeitsstörung des Beschuldigten herausstellen kann, die die Vernehmungsfähigkeit ausschließt.

Die Drogenintoxikation kann Vernehmungsfähigkeit ebenso unmittelbar ausschließen wie die Entzugssymptomatik. Auch mittelbare Folgen des Drogenkonsums genügen unter Umständen, wenn sich Wesen und Persönlichkeit des Abhängigen nach langfristigem Mißbrauch und durch die Desozialisierung (Kriminalisierung) stark verändert haben. Andererseits kann ein langjährig auf eine bestimmte Dosis eingestellter Drogenabhängiger sich durchaus in einem psychologischen Normalzustand befinden, so daß keine Einschränkung der Vernehmungsfähigkeit angenommen werden kann.

Faustregel Als Faustregel wird formuliert, daß sich die Frage nach der Vernehmungsfähigkeit umso dringlicher stellt, je kooperationsbereiter sich der Drogenabhängige gegenüber vernehmenden Beamten verhält, je größer seine Aussagebereitschaft – auch unter Mißachtung der eigenen Interessen und derjenigen anderer – ist, und je schwerer er unter erkennbaren körperlichen Entzugserscheinungen leidet. Gegebenenfalls muß die Vernehmungsfähigkeit in der Hauptverhandlung durch einen Sachverständigen festgestellt werden (BGH NStZ 1984, S. 174).

Aussagetüchtigkeit In der Begutachtungspraxis wird von der forensischen Schulpsychiatrie schematisch auf folgende Kriterien (»Parameter«) der sogenannte Aussagetüchtigkeit geachtet: Wahrnehmung des Geschehens, Speicherung, Wiedergabefähigkeit, Aussagewahrhaftigkeit, Glaubwürdigkeit (vgl. TÄSCHNER, NJW 1993, 322; kritisch dazu GLATZEL, StV 94, 46). Man darf aber nicht einfach von der kognitiv-physiologischen Aussagetüchtigkeit auf Vernehmungsfähigkeit schließen, denn dafür spielen – vor allem bei Beschuldigten – psychische Faktoren eine entscheidende Rolle, die unter Drogeneinfluß bzw. bei Abhängigkeit spezifisch im Einzelfall beurteilt werden müssen (vgl. GLATZEL ebd.).

3.1.2.4 Psychiatrisierung II: Die Feststellung der Schuldfähigkeit

3.1.2.4.1 Voraussetzungen der Psychiatrisierung

entscheidend die Schuldfähigkeit Im Hinblick auf die Frage, ob jemand in eine Strafanstalt oder in eine Entziehungsanstalt kommt, ist manchmal entscheidend, ob er schuldfähig – umgangssprachlich: zurechnungsfähig – ist oder nicht. »Ohne Schuld handelt, wer bei Begehung der Tat wegen einer krankhaften seelischen Störung, wegen einer tiefgreifenden Bewußtseinsstörung oder wegen Schwachsinn oder einer schweren anderen seelischen Abartigkeit unfähig ist, das Unrecht der Tat einzusehen oder nach dieser Einsicht zu handeln.« (§ 20 StGB).

Für den Betroffenen und seinen Verteidiger stellt sich immer zunächst die Frage, ob ein Freispruch mangels Schuldfähigkeit und die damit wahrscheinlich verbundene Einweisung in eine Entziehungsanstalt oder die Psychiatrie (vgl. unten 3.1.3.4) anstrebens-

wert ist. Angesichts der Verhältnisse in vielen Anstalten kann es nämlich u. U. weniger schlimm sein, sich eine begrenzte Zeit lang im Knast aufzuhalten, als auf unabsehbare Zeit im Maßregelvollzug, sprich Psychiatrie zu landen.
Traditionell erstellen die forensischen (gerichtlichen) Psychiater die meisten Gutachten zur Schuldfähigkeit im Strafverfahren. Zur Beurteilung, ob eine »schwere andere seelische Abartigkeit« vorliegt und wie das Normalverhalten eines Angeklagten einzustufen ist, sind die besser qualifizierten Psychologen und Psychoanalytiker vorzuziehen (vgl. BAUER/THOSS 1983). Die Wertung, ob durch die vom Gutachter festgestellte Krankheit oder sonstige psychopathologische Störungen die Einsichts- und Steuerungsfähigkeit beeinträchtigt ist und deshalb die Schuldfähigkeit auszuschließen oder als vermindert anzusehen ist, steht alleine dem Richter zu. Dies wird im Strafprozeß meist übersehen, wenn Psychiater z. B. § 20 StGB »bejahen«. Fortschrittliche Psychiater und Psychologen gehen längst davon aus, daß prinzipiell jede Art psychischer Störungen zur Annahme erheblich verminderter Schuldfähigkeit bzw. Schuldunfähigkeit führen kann. Die eigentliche Wertung ist aber eine soziale und juristische, sie muß vom Richter getroffen werden. (Zur konservativen Sicht dieser Dinge vgl. TÄSCHNER 1984)

Es ist wichtig, sich frühzeitig um einen Sachverständigen zu kümmern, um auf die Auswahl der berufsständisch wie politisch sehr unterschiedlich orientierten Gutachter Einfluß zu nehmen (siehe: RiStBV Nr. 70, 87).

Verteidigungsstrategisch interessant ist der § 21 StGB jedenfalls wegen der daraus sich ergebenden Strafmilderung (§ 49 StGB), die von den Gerichten bei Drogenabhängigen sehr häufig gewährt wird. Meist entscheiden hier die Gerichte ohne Anhörung eines Sachverständigen, das erspart die zusätzliche Entblößung einer Begutachtung (vgl. BGH, StV 1988, S. 198 ff.).

forensische Psychiater

besser qualifizierte Psychologen vorzuziehen

verteidigungsstrategisch interessant

3.1.2.4.2 Was hat man vom Gerichtspsychiater oder Gerichtspsychologen zu erwarten?

Die klassischen Psychiater halten sich bei der Erstellung von Gutachten an die juristischen Vorgaben, d. h., sie ziehen nicht in Betracht, daß die staatliche Reaktion bzw. die Kriminalisierung selbst zu einem erheblichen Teil für die Schädigung bzw. Krankheit verantwortlich sind. Bei der Begutachtung gehen sie in erster Linie von Tätertypen, von der Art der Begehung des Delikts und von der konkreten Begehungsweise aus (vgl. TÄSCHNER/WANKE 1974; TÄSCHNER 1984). Immer mehr setzt sich bei den Gerichten die Erkenntnis durch, daß für die Begutachtung zumindest auch der Psychologe maßgeblich ist, weil der über die Persönlichkeit, d. h. über spezifische Verarbeitungsweisen des Täters – von Umwelt, Droge, Krankheit, Strafe, Therapie etc. – besser Auskunft geben kann.

Wichtig ist, daß der Verteidiger den Klienten gut auf die Begut-

Gutachten

Wichtig

achtungssituation vorbereitet, ohne dabei den Bereich der Strafvereitelung (§ 258 StGB) zu berühren: Da er bezüglich der gutachtenrelevanten Inhalte und Anknüpfungstatsachen von seiner Schweigepflicht entbunden ist und insofern auch kein Zeugnisverweigerungsrecht nach § 52 StPO geltend machen kann, darf der Mandant dem Sachverständigen nicht alles erzählen, wenn er sein Auskunftsverweigerungsrecht nach § 55 StPO bewahren will.

nicht alles erzählen

verminderte/aufgehobene strafrechtl. Verantwortlichkeit:

Drei Voraussetzungen werden kumulativ oder alternativ für die Annahme erheblich verminderter oder aufgehobener strafrechtlicher Verantwortlichkeit gemacht:
1. Der Drogenkonsum muß zu körperlicher Abhängigkeit geführt haben;
2. Entzugserscheinungen müssen dem Konsumenten bekannt gewesen sein;
3. eine akute Entzugssituation aufgrund von Drogenmangel muß vorgelegen haben oder unmittelbar zu erwarten gewesen sein.

Weiter kommt es für den Psychiater darauf an, die Art des Delikts in seiner Beziehung zu der bestehenden Sucht zu untersuchen bzw. auszuschließen, daß die Drogenabhängigkeit Motiv der Straftat war. Dabei sind folgende Punkte zu berücksichtigen:

Motiv der Straftat

1. Psychopathologisches Bild zur Tatzeit und zum Begutachtungszeitpunkt;
2. Art, Menge und Zeitpunkt der letzten Drogeneinnahme vor der Tat, Kombination mit anderen Drogen (Barbiturate, Alkohol);
3. Persönlichkeit des Täters (Persönlichkeitsveränderungen durch Dauerabhängigkeit?);
4. Grad der Abhängigkeit, Entzugserscheinungen, hirnorganische Veränderungen;
5. Schwere und Art von Tat und Tatausführung.

Schuldunfähigkeit nur, wenn:

Schuldunfähigkeit kommt für Delikte der direkten Beschaffungskriminalität bei folgenden psychopathologischen Zustandsbildern ohne weiteres infrage:
1. Bei akuter toxischer Bewußtseinsstörung, wie sie etwa akuter Rausch und Delir darstellen;
2. in chronisch intoxiziertem Zustand, wie er bei nachhaltigem Drogenkonsum und fortgeschrittener Drogenkarriere i. d. R. vorliegt;
3. beim Vorliegen oder im Vorstadium körperlicher Entzugserscheinungen;
4. bei schwerem hirnorganischem Abbau oder entsprechend hochgradiger Wesensveränderung nach langjährigem chronischem Suchtmittelmißbrauch (vgl. TÄSCHNER/WANKE 1974, S. 154).

Ganz in Übereinstimmung mit der herrschenden Psychiatrie-Schule erkennt der BGH bei Drogenabhängigkeit nicht ohne weiteres auf Schuldunfähigkeit oder verminderte Schuldfähigkeit, sondern nur, wenn

die Persönlichkeit des Drogenabhängigen infolge der Sucht hoch-

gradig, »schwerst« verändert ist (BGH, Beschluß v. 6.4.1979 – 2StR 29/79; BGH MDR 1977, S. 982) oder
massive Entzugserscheinungen unmittelbar zur Deliktsbegehung geführt haben oder
direkt im Rausch gehandelt wurde (BGH NJW 81, S. 1221).
Bei langjährigem Haschisch-Konsum z. B. ist die Rechtsprechung uneinheitlich (vgl. BGH StV 88, 198).
Bevor in dieser Weise eventuell die Schuldfähigkeit ausgeschlossen wird, muß geprüft werden, ob der Drogenabhängige nicht bestraft werden kann, weil er sich berauscht hat, nur um im Zustand der Schuldunfähigkeit eine Straftat begehen zu können – oder zumindest hätte wissen können, daß es im Rausch zur Tat kommen werde. Dies wird nur selten nachzuweisen sein.

Weiter wird geprüft, ob man nicht wegen »Vollrausch« gemäß § 323a StGB bestrafen kann: dann, wenn sich jemand vorsätzlich oder fahrlässig in einen Rausch versetzt und im Rausch eine Straftat begeht. Wenn überhaupt, so kommt eine Strafbarkeit nur dann infrage, wenn man als Anfänger von der Droge noch voll berauschbar ist. Der Drogenabhängige, der nur konsumiert, um die Entzugserscheinungen zu vermeiden, kommt dafür nicht infrage. *»Vollrausch«*

Hauptkritikpunkt gegenüber dieser »klassischen Verfahrensweise« ist die Außerachtlassung der Entstehung der dissozialen Persönlichkeitsveränderung im psychosozialen Prozeß (s. o. 2.10). *dissoziale Persönlichkeitsveränderung*

Das verteidigungsstrategische Dilemma liegt darin, daß der Angeklagte im Interesse der Bestimmung seiner Schuldfähigkeit Angaben zu seinem Drogenkonsum macht, die wiederum Anlaß für weitere Ermittlungen sein können, zumindest aber den Grund für die (verschärfte) Verurteilung liefern. Wenn man aber zur Schuldfrage nichts aussagt, setzt man sich der Gefahr einer Höherbewertung der Schuld, mithin einer höheren Strafe aus.

3.1.2.4.3 Beobachtungsunterbringung (§§ 81 StPO, 73 JGG)

Zur Vorbereitung eines Gutachtens über den psychischen Zustand eines Beschuldigten kann das Gericht nach Anhörung eines Sachverständigen und des Verteidigers bei dringendem Tatverdacht anordnen, daß der Beschuldigte in einem öffentlichen PKH bis zu 6 Wochen beobachtet wird. (Von dieser sehr einschneidenden Maßnahme wird aber selten Gebrauch gemacht.) Der Betroffene kann dagegen Beschwerde einlegen, die aufschiebende Wirkung hat, d. h. die Unterbringung darf vorerst nicht vollzogen werden. In solchen Fällen muß auch ein Pflichtverteidiger beigeordnet werden. *Beobachtung im PKH bis zu 6 Wochen*

3.1.2.4.4 Was machen psychiatrische und psychologische Gutachter – mit welchen Methoden arbeiten und wie beurteilen sie?

Viele Psychiater entsprechen nicht mehr dem Bild vom klassischen forensischen Psychiater, der Kriminelle mit moralisierenden und abwertenden Begriffen belegte (z. B. »gemütsarm«,

»gefühlskalt«, »haltlos«, »psychopathisch«, »selbstsüchtig«, »asozial« usw.). Man kann heute in den PKH bzw. psychiatrischen Abteilungen der Krankenhäuser aufgeklärte und aufgeschlossene Ärzte finden, die auch nicht bedingungslos Psychopharmaka verordnen und den »Psychopathen« ohne Ansehung der Person für schuldfähig erklären.

Begutachtung: Psychologe hinzuziehen

Jedenfalls sollte man, wenn es zu einer Begutachtung kommt, darauf bestehen, daß ein Psychologe hinzugezogen wird oder – noch besser – das Gutachten anfertigt. Der BGH hat eindeutig die Gleichwertigkeit von psychologischen und psychiatrischen Sachverständigen anerkannt (vgl. MAISCH/SCHORSCH 1983). Psychiater sind im Bereich der schweren psychischen Krankheiten, der Psychosen, eindeutig kompetent. Psychologen haben aber in bezug auf die Diagnose psychischer (»psychogener«) Störungen, bei der Beurteilung der Schweregrade und bei der Einschätzung der persönlichkeitsspezifischen Verarbeitungsweisen von Umwelt, Droge, Krankheit, Strafe, Therapie, Beziehung etc. inzwischen bessere Methoden und Konzepte. Insbesondere arbeiten sie weniger mit subjektiven (Ab-)Wertungen und erschweren es dem Richter dadurch, eine Verurteilung direkt mit dem Gutachten zu begründen.

Einsicht und Verhaltenssteuerung

Für die Frage der Schuldfähigkeit ist nicht entscheidend, ob jemand eine schwere psychische Krankheit hat, sondern lediglich, ob er aufgrund bestimmter psychischer Störungen zur Einsicht und Verhaltenssteuerung unfähig war. Wenn ein Psychiater sich dazu allzu unqualifiziert äußert, sollte man – ähnlich wie bei Sexualstrafverfahren – versuchen, einen weiteren Gutachter zu bestellen mit der Begründung, daß dieser über »überlegene Forschungsmittel« verfügt (§ 244 Abs. 4 StPO).

Auch die Begutachtung durch einen Psychologen ist nicht unproblematisch: Schließlich dienen die diagnostischen Instrumente (psychologische Tests etc.) der Feststellung einer Abweichung von der Norm und damit letztlich auch der sozialen Kontrolle. Insofern ist die Frage schwer zu beantworten, inwieweit man mit einem Gutachter kooperieren sollte. Auch der Gutachter versucht normalerweise, seine Arbeit mit möglichst geringem Aufwand zu bewältigen. Deshalb wird er u. U. auch Mittel des sanften Druckes einsetzen, Vergünstigungen im Falle der Kooperationswilligkeit anbieten bzw. Nachteile für den Fall der Abwehr androhen.

Mittel des sanften Druckes

Nebentatsachen

Ein schwerwiegendes Problem ist jedenfalls, daß die über den psychiatrischen Aspekt hinausgehenden Auskünfte, die man dem Gutachter im diagnostischen Gespräch gibt (sog. Nebentatsachen), u. U. vom Gericht auch strafrechtlich verwendet werden können bzw. der Sachverständige dazu als Zeuge gehört werden kann. Nach hM gelten Gutachter nicht als behandelnde Ärzte und haben deshalb kein Zeugnisverweigerungsrecht nach § 53 StPO (vgl. LÖWE/ROSENBERG StPO, 24. Aufl., 1988, § 77 Anm. 2). Nur die juristische Mindermeinung, der wir uns anschließen, erkennt an, daß durch diagnostische Gespräche auch ein Stück therapeutischer Arbeit und Beziehung in die Wege geleitet wird. Daraus muß ein Zeugnisverweigerungsrecht des Sachverständigen für

Gutachter haben kein Zeugnisverweigerungsrecht Mindermeinung

Nebentatsachen folgen, die nicht Befundtatsachen sind (so MÜLLER-SAX, StPO § 53 6 Nr. üc, 5; s. u. 3.3.1.1 und 3.3.2.1). Immerhin wird anerkannt, daß Mitteilungen des Untersuchten, die mit dem Gutachten in keinem Zusammenhang stehen und bei denen die Annahme besteht, daß sie unter der Voraussetzung der Geheimhaltung gemacht worden sind, unter das Zeugnisverweigerungsrecht fallen (RGSt 61, S. 384; LÖWE/ROSENBERG, a. a. O., Anm. 2).

Befundtatsachen

Ein Gutachter sollte nicht der spätere Therapeut sein. Psychisch belastend und ein ethisches Problem ist, daß die angebahnte therapeutische Beziehung durch die Beschränkung auf den Strafprozeß i. d. R. notwendig abgebrochen wird.

Es ist nicht leicht, praktische Ratschläge aus all dem abzuleiten. Grundsätzlich sollte man davon ausgehen, daß ein Gutachter nicht allmächtig und die diagnostischen Verfahren (insbesondere die psychologischen Tests) keine Wundermittel sind. Letztere geben allemal nur vage Hinweise, die erst durch die Interpretation eines ausgebildeten Psychologen psychologische Aussagekraft und juristische Relevanz erhalten können. Gesicherte Aussagen sind nur dann zu erwarten, wenn verschiedene Tests (»Testbatterie«) mit ausführlichen Interviews kombiniert werden. Einzelne Testverfahren sind im RATGEBER FÜR GEFANGENE 1987 (Abschnitt 5.7 und 5.8) dargestellt.

Gesicherte Aussagen

Wir meinen, daß es aus verteidigungs-taktischen, aber auch das eigene Selbst betreffenden Gründen nicht sinnvoll ist und sogar schädlich sein kann, ein Gespräch mit dem Gutachter völlig zu verweigern. Man wird dann als verstockt angesehen und umso leichter ausgegrenzt. Sinnvoll ist, dem Gutachter in vernünftiger Weise die oben erwähnte Problematik deutlich zu machen, insbesondere daß man sich nicht in strafrechtlicher und psychischer Hinsicht selbst gefährden möchte. Je realistischer man die Lage einschätzt, in der man sich befindet, desto weniger leicht wird es dem Gutachter fallen, einen zu »pathologisieren«, d. h. als krank abzustempeln oder als »Psychopathen« zu etikettieren. Die Paradoxie der letztgenannten Bezeichnung ist, daß Psychopathie zwar von der herrschenden Psychiatrie als »angeborene Persönlichkeitsstörung« angesehen wird, die mit bestimmten Symptomen (Geltungssucht, Aggressivität, Gefühlskälte, Gefühlsarmut etc.) beschrieben wird, gleichwohl aber die Fähigkeit unterstellt wird, die eigenen Handlungen im Sinne der geltenden Gesetze steuern zu können (»Willensfreiheit«).

Gespräch mit dem Gutachter

»Psychopathen«-Paradoxie »angeborene Persönlichkeitsstörung«

»Willensfreiheit«

Wenn man spürt, daß ein Gutachter einen auf diese Schiene bugsieren will, sollte man möglichst ruhig und klar sagen, daß ein Vertrauensverhältnis nicht zustande kommen kann, und daß deshalb die weitere Mitarbeit verweigert wird. Allerdings wird man oft nicht klar erkennen, was der Gutachter verfolgt, und kann sich letztlich nur auf das Gefühl verlassen, ob einem der Gutachter vertrauenswürdig erscheint oder nicht.

Vertrauensverhältnis

Der Drogenabhängige ist in einer besonders schwierigen Situation: Er leidet vielleicht unter dem Entzug und ist auch aus sonstigen Gründen (ungewohntes Strafverfahren etc.) besonders auf

schwierige Situation des Drogenabhängigen

menschlichen Kontakt angewiesen. Ein scheint diesen oft zu versprechen. In solcher Situation innezuhalten und kritisch zu fragen, mit wem man es zu tun hat, evtl. die Mitarbeit vernünftig zu verweigern, ohne sich verstockt zu verhalten, ist überaus schwierig. Eine Rolle bei der Entscheidung, wie man sich dem Gutachter gegenüber verhält, spielt auch, ob man tatsächlich therapiemotiviert ist und eine bestimmte psychiatrische Einrichtung, die man vielleicht schon kennt, für geeignet und vertrauenswürdig hält. In solchen Fällen lohnt es sich, über den Verteidiger auf die Auswahl des Gutachters Einfluß zu nehmen. Es kann dann u. U. günstig sein, durch die Feststellung der Schuldunfähigkeit oder der verminderten Schuldfähigkeit zu einer Maßregel zu kommen, die dann in der angepeilten psychiatrischen Einrichtung vollzogen wird (vgl. 3.1.3.5) – oder gar zu einer Strafaussetzung zur Bewährung mit Therapieweisung.

Therapiemotivation

Maßregel

Strafaussetzung mit Therapieweisung

Wir betonen: Es gibt in diesem Bereich keine einfachen Lösungen und Handlungsanweisungen z. B. der Art:»Verweigere jedes Gespräch mit dem Gutachter!« Entscheidend ist immer, sich mit jemandem, dem man vertraut, dem Rechtsanwalt, dem Drogenberater, beraten zu können, um nicht von Angst überwältigt zu werden und folgenreiche, lästige Fehler zu machen.

3.1.3 Was kommt mit dem Urteil und danach? – »Rechtsfolgen«

»Im Namen des Volkes« – so beginnt der Richter am Schluß der Hauptverhandlung die Urteilsverkündung. Oft kriegt man vor Schrecken gar nicht mehr mit, was da im einzelnen verhängt wird. Abgesehen vom Freispruch mangels Beweises oder mangels Schuldfähigkeit (s. o. 3.1.2.4) sind als Varianten möglich:

möglich:
Absehen von Strafe

- Absehen von Strafe (§ 29 Abs. 5 BtMG; § 60 StGB) bzw. Einstellung des Verfahrens durch das Gericht (§ 31a BtMG); ausführlich dazu: 3.1.2.1.9)

Absehen von Klage

- Vorläufiges Absehen von Klage mit Weisungen und Auflagen gem. § 153a; der Angeklagte und die Staatsanwaltschaft müssen zustimmen. Ohne Rechtsgrundlage wird hier zuweilen eine Therapieauflage ausgesprochen.

Verwarnung mit Strafvorbehalt

- Verwarnung mit Strafvorbehalt, wenn eine Geldstrafe bis 180 Tagessätze verwirkt wäre und in den vorangegangenen 3 Jahren keine Verwarnung oder Bestrafung erfolgte (§ 59 StGB). Es werden eine Bewährungszeit und Auflagen bzw. Weisungen ausgesprochen (§ 59a StGB; s. u.).

Geld- oder Freiheitsstrafe unverhältnismäßig

- Verurteilung zu Geld- oder Freiheitsstrafe (§§ 38 bzw. 40 StGB): Freiheitsstrafen im BtM-Bereich fallen im Vergleich zum Bereich der Gewalttaten unverhältnismäßig hoch aus.

Bspw. wurden von den deutschen Gerichten 1991 folgende Strafen ausgeworfen:

Fahrlässige Körperverletzung

- Fahrlässige Körperverletzung im Straßenverkehr in Trunkenheit (8.355 Fälle): 88,7% Geldstrafen, 8,9% Freiheitsstrafen mit Bewährung, und zwar 2,1% unter 1 Jahr und 0,3% über 1 Jahr.

Fahrlässige Tötung

- Fahrlässige Tötung im Straßenverkehr in Trunkenheit (286

Fälle): 5,2% Geldstrafe, 65% Freiheitsstrafen mit Bewährung, und zwar 9,8% unter 1 Jahr und 20,6% über ein Jahr.
- BtMG-Delikte unabhängig von der Schwere, keine Todesfälle (22.896 Fälle): 48,7% Geldstrafe, 31,2% Freiheitsstrafen mit Bewährung, und zwar 6,7% unter 1 Jahr und 13,3% über ein Jahr.

BtMG-Delikte

Es ist also – in Strafmaß gerechnet – wesentlich »billiger«, jemanden fahrlässig im Straßenverkehr zu verletzen, als illegal mit BtM umzugehen. Und jemanden fahrlässig zu töten ist kaum nennenswert teurer! Zudem gelten Straf-Taxen, d. h. typische Strafmaße, die ein erhebliches Gefälle von Süden nach Norden bzw. vom Land zur Stadt aufweisen: so kann man z. B. für dasselbe Delikt in Würzburg 9 Jahre, in Frankfurt 5 Jahre Freiheitsstrafe bekommen.

Diese justizgeographischen Unterschiede ermöglichen auch Manipulationen durch die Staatsanwaltschaft und die Polizei. So können Strafverfahren zusammengezogen werden oder an andere Staatsanwaltschaften abgegeben werden. Auch die Polizei versucht zu steuern, indem sie z. B. Übergabetermine mit bestimmten V-Leuten an Tatbegehungsorte legt, die im Zuständigkeitsbereich besonders hart urteilender Gerichte liegen.

justizgeographische Unterschiede

- Kurze Freiheitsstrafen unter 6 Monaten sollen nur in Ausnahmefällen verhängt werden, wenn es die »Persönlichkeit des Täters« oder die »Verteidigung der Rechtsordnung« erfordern (§ 47 StGB). Gerade im Drogenbereich wird relativ häufig von dieser Ausnahmeregelung Gebrauch gemacht (vgl. HACHMANN/JAUSS 1983). Dies muß man in die Verteidigungsstrategie einbeziehen.

Freiheitsstrafen unter 6 Monaten

- Strafaussetzung zur Bewährung (§ 56 ff.; ausführlich dazu 3.1.3.2).
- Verurteilung zu Vermögensstrafe (§ 43a StGB i. V. m. § 30c BtMG): Diese neue Strafform soll Hintermänner und Geldgeber treffen, die am illegalen Drogenmarkt verdienen und ihn finanzieren. Faktisch begünstigt sie aber Tauschhandel nach dem Muster Freiheitsstrafe gegen Vermögensstrafe. Es erscheint unrealistisch, daß solche Täter ihre Vermögensverhältnisse offenlegen und die Werte greifbar halten.

Strafaussetzung zur Bewährung
Vermögensstrafe

- Verhängung eines Fahrverbots bis zu drei Monaten, wenn man wegen einer Straftat verurteilt wird, die man im Zusammenhang mit dem führen eines Kraftfahrzeuges begangen hat (Nebenstrafe nach § 44 StGB; ausführlich dazu 3.1.3.2).

Fahrverbot bis zu drei Monaten

- Anordnung einer Maßregel der Besserung und Sicherung (MBS) gem. §§ 61 ff. StGB (vgl. dazu unten 3.1.3.5). Solche Maßregeln sind zwar offiziell keine Strafe, haben aber oft faktisch dieselbe Funktion oder können den Betroffenen sogar noch schlimmer treffen als eine offizielle Strafe. Sie dienen vor allem dem »Schutz der Allgemeinheit« in den Fällen, in denen die Strafe diesen Schutz nicht ausreichend sichert oder mangels Schuldfähigkeit keine Strafe verhängt werden kann. Dies wird bei Drogenabhängigen relativ oft bejaht. In Betracht kommen zum einen freiheitsentziehende MBS nach §§ 63 u. 64 StGB (dazu im einzel-

Maßregeln

»Schutz der Allgemeinheit«

nen 3.1.3.5), zum andern Führungsaufsicht nach §§ 68 ff. StGB i. V. m. § 34 BtMG (s. 3.1.3.2), die Entziehung der Fahrerlaubnis (§ 69 StGB, s. ausführlich 3.2.4) und schließlich in Extremfällen sogar ein Berufsverbot (§§ 70 ff. StGB).

Maßnahmen der Einziehung, des Verfalls, der Unbrauchbarmachung

- Maßnahmen der Einziehung, des Verfalls, der Unbrauchbarmachung gem. §§ 73 ff. StGB. und § 33 BtMG. Das Geld, welches man bei einem Deal »erwirtschaftet« hat, und zwar ohne Rücksicht auf dafür getätigte Aufwendungen (sog. Bruttoprinzip), der Stoff selbst, aber auch Gegenstände, die im Zusammenhang mit Konsum und Handel benutzt worden sind (z. B. Auto) können von der Justiz einbehalten bzw. eingezogen und vernichtet bzw. verwertet werden. Als besondere, möglicherweise aber grundgesetzwidrige Verschärfung wurde 1992 mit § 73d StGB die Möglichkeit des sog. »erweiterten Verfalls« eingeführt. Das bedeutet i. S. einer Art Beweislastumkehr, daß speziell in Drogenverfahren die begründete Vermutung genügt, daß die dem Verfall unterliegenden Gegenstände aus Straftaten stammen. Für diese Quasi-Strafe gilt danach nicht das Prinzip »im Zweifel für den Angeklagten«.

Was macht man gegen ein Strafurteil?

Rechtsmittel Berufung

Revision

Gegen eine Verurteilung zu Strafe und/oder Maßregel ist innerhalb einer Woche die Einlegung von Rechtsmitteln möglich, i. d. R. die Berufung beim nächsthöheren Gericht (§§ 312 ff. StPO). Sie muß innerhalb einer weiteren Woche begründet werden. In Fällen des § 30 BtMG, bei denen in erster Instanz das Landgericht zuständig ist, gibt es nur ein Rechtsmittel, die Revision zum BGH, Frist: 1 Woche (§§ 333 ff. StPO). Die Revision muß innerhalb eines Monats begründet werden. Im Rechtsmittelverfahren benötigt man einen Strafverteidiger (s. o. 3.1.2.1.8; zur Prozeßkostenhilfe s. u. 3.1.3.4.2).

Keinesfalls sollte man im Überschwang einer milden Strafe oder unter dem Druck des § 35 BtMG voreilig auf Rechtsmittel verzichten. Die Modalitäten des § 35 können auch aufschiebend bedingt festgelegt werden. Jedenfalls sollte man die Wochenfrist nutzen, um sich das in Ruhe zu überlegen. Auch bei Bewährungsaussetzung darf die Aufhebung des Haftbefehls nicht von der Rechtskraft abhängig gemacht werden.

Wie ist das mit dem Etikett »VORBESTRAFT«?

Bundeszentralregister

Die Erteilung dieses »Titels« richtet sich nach dem Bundeszentralregister-Gesetz (BZRG). Im Bundeszentralregister werden alle Verurteilungen wegen Straftaten, Bewährungsaussetzungen, Verbüßungen, aber auch Freisprüche wegen Schuldunfähigkeit, weiterhin Entmündigungen und ausländerrechtliche Verwaltungsentscheidungen eingetragen. Auf Antrag erhält man für sich selbst, z. B. zur Vorlage bei einer Behörde, ein »Führungszeugnis«, in dem nur Strafen von über 3 Monaten Freiheitsentzug oder 90 Tagessätzen Geldstrafe bzw. über 2 Jahre Jugendstrafe ausgewiesen werden (§§ 28, 30 BZRG). Insbesondere eine Verurteilung nach BtMG wird nicht mitgeteilt, wenn die Strafe weniger als 2

Jahre betrug und gemäß §§ 35, 37 BtMG oder §§ 56 ff. StGB ausgesetzt wurde (§ 32 Abs. 2 Nr. 6 a, b BZRG). In Führungszeugnissen, die direkt von Behörden beantragt werden, sind dagegen in größerem Umfang Informationen preiszugeben. »Unbeschränkte Auskunft« aus dem Register erhalten nur Gerichte, Staatsanwaltschaften und oberste Bundesbehörden.
Innerhalb bestimmter Fristen werden die Eintragungen im BZR »getilgt«: je nach Höhe der Verurteilung betragen diese 5, 10 (z. B. bei Freiheitsstrafe bis 3 Mon.) oder 15 Jahre (z. B. bei Freiheitsstrafe über 1 Jahr ohne Bewährung). Danach dürfen solche Daten in keiner Hinsicht mehr verwendet werden. Als »vorbestraft« braucht man sich nur entsprechend dem Inhalt eines Führungszeugnisses bezeichnen zu lassen. Unabhängig davon braucht man gegenüber dem Arbeitgeber und dergl. nur solche Vorstrafen anzugeben, die unmittelbar etwas mit der Berufsausübung zu tun haben (z. B. BtM-Delikt bei Bewerbung in DROBS).

Was geschieht nach einer Verurteilung?

Unmittelbar maßgeblich für den Betroffenen ist außer dem Strafmaß einer Freiheitsstrafe, ob er in eine JVA kommt (s. u. 3.1.3.3) oder wegen Einlegung der Berufung, also mangels Rechtskraft, noch auf freiem Fuß bleibt, ob die Strafe zur Bewährung ausgesetzt wird (s. u. 3.1.3.2) oder ob er in den »Genuß« der Drogenkontrollstrategie »Therapie statt Strafe« kommt. Dazu und zu den speziellen Rechtsmitteln dagegen im folgenden: Gesetzestext, Schaubild, Muster und Kommentar. Im Anschluß daran schildern wir, wie es Drogenabhängigen im Freiheitsentzug geht (3.1.3.3).

3.1.3.1 »Therapie statt Strafe«: §§ 35 ff. BtMG

Bei Durchführung einer Therapie kann auf Anklageerhebung verzichtet (§ 37) oder die Vollstreckung einer verhängten Strafe oder Maßregel bzw. eines Strafrestes zurückgestellt werden, wobei die Therapiezeit angerechnet und der Strafrest zur Bewährung ausgesetzt werden (§§ 35, 36). Die schon in der 1. Auflage dieses Leitfadens (1983) geäußerte Kritik hat sich bestätigt (s. o. 2.3.2 zu den empirischen Daten).
Weiterhin scheint von den §§ 35 ff. eine nicht unbeachtliche Sogwirkung zur Strafe auszugehen: Um zu § 35 und der mit der Strafdrohung bezweckten Sekundärmotivation zu kommen, muß zunächst eine Strafe verhängt werden. Auf die sonst eher gesuchten Möglichkeiten der »Diversion«, also die Vermeidung von Bestrafung wird weiterhin nicht mehr so viel Wert gelegt.
Besonders kritikwürdig ist, daß trotz der Beteuerungen, die therapeutische Komponente der Drogenkontrolle verstärken zu wollen, die Höchstgrenze von 2 Jahren Freiheitsentzug nicht auf 3 Jahre erhöht worden ist. Mehr denn je werden nach den (unter 3.1.1 beschriebenen) Verschärfungen des BtM-Strafrechts in den letzten Jahren Freiheitsstrafen über 2 Jahre verhängt. Sie treffen

entgegen den offiziellen Intentionen zumeist nicht die Hintermänner, Bosse und Mafiosi, sondern die leichter zu fangenden, selbst abhängigen Kleindealer, die zur Deckung des Eigenbedarfs Handel treiben. Sie treffen sogar Konsumenten, die ausschließlich zum Eigenkonsum die leicht erreichbare »nicht geringe Menge« zur Vorratshaltung gebunkert haben.

Verlockung für den Richter

Nach wie vor existiert für den Richter geradezu eine Verlockung, höher zu verurteilen, wenn er aus Abschreckungsgründen die »Vergünstigung« der Therapie verhindern will. Und weiterhin werden die Möglichkeiten der §§ 35 ff. von den Betroffenen nur zögernd und widerwillig in Anspruch genommen, weil das Mißtrauen gegenüber den verordneten stationären Therapien zu groß ist, die Motivation eben sekundär bleibt. Dies gilt erst recht, seit mit der Substitutionstherapie weniger eingreifende Möglichkeiten auch bei uns Platz greifen. (Zum allgemeinen Problem der Zwangstherapie s. 3.1.4; zur Praxis der Therapievermittlung aus dem Strafvollzug s. u. 3.1.3.3.1)

Betroffenen-Mißtrauen

Zwar hat sich das wegen der Überlastung der Staatsanwälte äußerst langwierige und »motivationstötende« Bearbeitungsverfahren zur Routine entwickelt und die LzTh-Einrichtungen haben sich aufgrund der komfortablen Klienten- und Finanzzufuhr auch hinsichtlich der Rückmeldepflicht gut auf Dauer mit der Justiz arrangiert. Man hat sich daran gewöhnt, daß die Intensität der Kontrolle hoch ist (s. o. 2.5.4.2).

LzTh: eine Art Freiheitsentzug

Die LzTh sind teilweise auch weiterhin eine Art Freiheitsentzug, der zudem als private Unternehmung verfassungsrechtlichen Begrenzungen der Eingriffe in die Persönlichkeit weitgehend entzogen ist (vgl. DAMMANN 1985b). Erst allmählich wirkt sich die neue Möglichkeit der Anerkennung auch solcher Therapien, in denen »die freie Gestaltung der Lebensführung erheblichen Beschränkungen« nicht mehr unterliegt (§ 36 BtMG n.F.) dahingehend aus, daß die Therapieformen gelockert werden. Die dadurch formalisierte, aber auch schon früher vorhandene, jedoch über lange Zeit regelrecht verleugnete Möglichkeit der Anrechnung ambulanter Therapie und insbesondere der Substitutionstherapie nach §§ 35, 36 wird erst jetzt verstärkt in Betracht gezogen und auch justiziell anerkannt (vgl. KÖRNER 1994, § 35 Anm. 39). Gleichwohl bleiben ambulante und suchtbegleitende Therapieformen nachrangig (vgl. § 13 Abs. 1 S. 2; s. o. 3.1.1.1.2) und man muß leider nach wie vor vom Prinzip »Therapie plus Strafe« sprechen. Im folgenden die Erläuterung der Vorschriften im einzelnen (s. Gesetzestext unter 6.1.1):

Möglichkeit der Anrechnung

»Therapie plus Strafe«

3.1.3.1.1 Zurückstellung der Strafvollstreckung: § 35 BtMG – Erläuterungen

1. Voraussetzungen: Es handelt sich bei dieser sog. Vollstreckungslösung um die vorläufige Herausnahme des Verurteilten aus der Straf- und Maßregelvollstreckung, wenn therapeutische oder rehabilitative Maßnahmen durchgeführt werden. Die-

se Suspendierung kann u. U. widerrufen werden. Bei positivem Verlauf muß oder kann die therapeutisch verwendete Zeit auf die Strafe angerechnet werden. Voraussetzungen sind (s. u. auch Schaubild und Musterformular S. 247 ff.):
- Verurteilung zu einer (Gesamt-)Freiheitsstrafe bzw. (Gesamt-) Strafrest von nicht mehr als 2 Jahren; Verurteilung ausschließlich zu einer Maßregel genügt nicht.
- BtM-Abhängigkeit bereits zur Tatzeit, die vom Angeklagten selbst nachgewiesen sein muß. Es genügt Freibeweis, d. h. irgendein Beleg, Sachverständigengutachen nicht erforderlich; evtl. empfiehlt es sich, bereits bei der Einlieferung in die Haftanstalt eine ärztliche Untersuchung zu verlangen, bei der der Arzt Anhaltspunkte für die BtM-Abhängigkeit sammeln kann (z. B. Urinprobe; zu Entzugserscheinungen s. 2.7.2.2.2). Gegebenenfalls kann man den Arzt später zur Beweisführung von der Schweigepflicht entbinden. Mit Sanitätern sollte man sich in dieser Hinsicht nicht einlassen: sie sind aussagepflichtig.
- Eine ursächlich auf der BtM-Abhängigkeit beruhende Straftat, gleich ob Verstoß gegen BtMG oder StGB (Beschaffungstat); bei Drogenabhängigen, die primär aus Gewinnstreben dealen, ist das zu verneinen; wenn auf eine Gesamtfreiheitsstrafe erkannt worden ist (§ 35 Abs. 2), muß der größere Teil der Strafe auf Taten beruhen, die aufgrund der Drogenabhängigkeit begangen wurden.
- Rechtskraft. Daraus resultiert ein sanfter Zwang, selbst dann auf Rechtsmittel zu verzichten und das Urteil anzunehmen, wenn man ansonsten noch Chancen auf einen Freispruch hätte: die sog. »Therapiefalle«.
- Eine der Rehabilitation dienende Behandlung läuft oder wird vom Verurteilten zugesagt und ihr Beginn ist gewährleistet. Dafür genügt eine Bescheinigung oder direkte mündliche Mitteilung der behandelnden Einrichtung oder des Behandlers an das Gericht.
- Keine Möglichkeit der Bewährungsaussetzung nach § 56 StGB, welche grundsätzlich Vorrang hat (KÖRNER 1994, § 35 Anm..12).

2. Welche Behandlungsformen sind zulässig? Als eine »der Rehabilitation dienende Behandlung« (§ 35 Abs. 1 S. 1) ist aus rechtlicher Sicht jegliches dem therapeutischen und rehabilitativen Zweck dienliche, theorie- und konzeptgeleitete, systematisch-konsistente und für einen bestimmten Zeitraum kontinuierliche Vorgehen. Die Behandlung muß nicht ärztlich, aber fachwissenschaftlich anerkannt sein, nach einem konkreten Therapiekonzept verlaufen, in geeigneten Räumlichkeiten stattfinden und durch qualifiziertes Fachpersonal erfolgen. Auf das Ausmaß der Therapiewilligkeit und die günstige Prognose kommt es nicht an, sondern nur darauf, daß der Beginn der Behandlung gewährleistet ist.
Anders als bei konkret diagnostizierbaren und symptomatisch bzw. teilweise kausal therapierbaren Krankheiten und psychischen Störungen ist Drogenabhängigkeit ein bestimmtes Stadium in einer Karriere mit komplexer, multifaktorieller Interaktionsgeschichte. Dementsprechend vielfältig können und müssen Inter-

Interventionsformen

ventionsformen sein (s. o. 2.5 u. 2.6). Entgegen einem verbreiteten Mißverständnis kommt es auf dem heutigen Stand des Rechts für die Anwendung des § 35 Abs. 1 nicht darauf an, ob die Behandlung stationär oder ambulant, offen oder geschlossen, drogenfrei oder Drogenkonsum akzeptierend erfolgt, oder ob die Behandlungseinrichtung staatlich anerkannt ist (dazu § 36). Anders als in Medizin und Psychotherapie kann danach keine bestimmte Behandlungsmethode oder therapeutische Schulrichtung für sich beanspruchen, die nach dem Stand der Wissenschaft einzig anerkannte Behandlungsform zu sein (vgl. OLG Düsseldorf StV 93, 476). Gleichwohl muß man Scharlatanerie durch Anlegung der o. g. Maßstäbe ausschließen.

Behandlungskonzepte

Folgende Grundtypen von theoriegeleiteten Behandlungskonzepten müssen demnach gem. § 35 Abs. 1 berücksichtigt werden (vgl. 2.7.2. u. 2.7.3):

- Stationäre Behandlungsformen, und zwar in Form von:
  - Langzeittherapie (Konzepte u. Kritik s. 2.7.2.2);
  - Kompakttherapie als Kurzform der LzTh (s. 2.7.2.3);
  - Selbsthilfe-Organisationen als umfassende Lebensgemeinschaften (z. B. Synanon; s. u.);
  - teilstationäre Behandlungskonzepte, z. B. Nachtklinik oder Tagesbehandlung, gegebenenfalls einschließlich Substitutionstherapie; betreutes Wohnen, ggfs. einschließlich Einzel-/ Gruppentherapie und/oder Substitutionstherapie.
- Ambulante Behandlungsformen (vgl. KÖRNER 1994, § 35 Anm. 37; EBERTH/MÜLLER § 35 Anm. 57; OLG Zweibrücken, StV 84, 124), und zwar in Form von:
  - Gruppen- oder Einzelpsychotherapie in Institutionen oder bei niedergelassenen Therapeuten;
  - Sozialtherapie und soziale Trainingsprogramme;
  - Substitutionstherapie in Form von institutionellen Programmen oder bei niedergelassenen Ärzten (vgl. 3.3.1.1.2);
  - Behandlung durch Selbsthilfe unter der Voraussetzung zuverlässiger Sozialkontrolle und Unterstützung durch Familie und Umfeld (vgl. KÖRNER 1994, § 35 Anm.44).

Methode der Wahl

Entwöhnungsbehandlung

Methode der Wahl war nach überkommener hM noch nicht die Entzugsbehandlung oder eine die Begleiterkrankungen betreffende Übergangsbehandlung, sondern erst die einzel-, milieu- oder sozialtherapeutisch durchgeführte Entwöhnungsbehandlung. Diese Auffassung ist angesichts der Erfahrungsfülle mit verschiedensten Behandlungsansätzen dringend zu revidieren: Fast alle Programme der Entzugsbehandlung enthalten bereits Elemente der Entwöhnungsbehandlung, sind in gewisser Weise deren erster Abschnitt (s. 2.7.2.2) und müssen deshalb für § 35 berücksichtigt werden.

Fortsetzung oder Wiederbehandlung

Auch setzt sich zunehmend durch, daß die Behandlung so kurz wie möglich sein sollte, und daß man durchaus eine Fortsetzung oder Wiederbehandlung nach einem oder mehreren Abbrüchen in Kauf nehmen könne. Dies hat auch der Gesetzgeber anerkannt, indem er § 35 Abs. 5 dahingehend faßte, daß eine »Behandlung

derselben Art alsbald begonnen oder wiederaufgenommen wird« bzw., daß ein Widerruf einer erneuten Zurückstellung nicht entgegenstehe.
Schon vor der Novellierung ergab die gesetzgeberische Begründung für die – recht unklar formulierte – Vorschrift des § 35 Abs. 1 S. 2 (BT-Drs. 8/4285, S. 8), daß auch andere, nicht unbedingt »der Rehabilitation dienende«, also nicht im engeren Sinne therapeutische oder von Fachkräften durchgeführte Ansätze der Abhängigkeitsbehandlung berücksichtigt werden sollten, allerdings unter der einengenden Voraussetzung der staatlichen Anerkennung. Faktisch wurden bisher nur stationäre Konzepte staatlich anerkannt. Damit erhalten sich die Instanzen eine durchgreifende Kontrollmöglichkeit über alternative und neue Behandlungskonzepte. Gefordert wird, daß die Behandlung geeignet sein muß, das Selbstwertgefühl des Verurteilten zu stärken und sein soziales Verhalten zu trainieren. Dazu können zum einen quasi-stationäre Selbsthilfeorganisationen wie SYNANON oder RELEASE (s. o. 2.7.2.2 u. 2.9.4) zählen, in denen Ex-User mitarbeiten, sowie teilstationäre betreute Wohngemeinschaften.

stationäre Konzepte

alternative Behandlungskonzepte

Spätestens seitdem ambulante Behandlungsformen in § 13 Abs. 1 BtMG und § 2a BtMVV sowie der Wegfall der Freiheits-Einschränkungs-Klausel in § 36 Abs. 1 BtMG offiziell geregelt sind, müssen aber auch solche Behandlungsformen staatlich anerkannt werden; sie können damit aus einer gewissen Grauzone heraustreten. Jedenfalls müssen sie, auch ohne staatliche Anerkennung, nach § 35 Abs. 1 S. 1 berücksichtigt werden. Sie sind stationären Methoden unbedingt vorzuziehen, um die Hospitalisierungs-Phänomene in den abgelegenen LzTh-Institutionen sowie die dortigen subkulturellen Verselbständigungsprozesse zu vermeiden und die sozialen Bezüge (Familie, Partnerschaft, Ausbildung, Beruf) so weit wie möglich aufrechtzuerhalten oder wiederaufzunehmen. Andererseits wird es weiterhin Patientengruppen geben, für die eine quasi-geschlossene Unterbringung und Behandlung indiziert ist. Angesichts der durch empirische Untersuchungen belegten relativ hohen Selbst- bzw. Spontanheilungsquote (ca. 25% bei Heroinabhängigen) kann grundsätzlich auch eine strukturierte und von Familie und sozialem Umfeld gestützte Selbsthilfe-Behandlung Anknüpfungspunkt für § 35 sein. Jedoch werden in der Praxis hohe Anforderungen an die genannten Voraussetzungen zu stellen sein. Da inzwischen bekannt ist, welche Zickzack-Wege zum Ausstieg aus der Heroinabhängigkeit führen, sollten Gerichte auch die Möglichkeit der Selbsthilfe-Behandlung nutzen. Gemäß § 35 Abs. 5 kann immer noch auf andere Methoden zurückgegriffen werden, wenn ein solcher Versuch scheitert.

ambulante Behandlungsformen

Hospitalisierungs-Phänomene

Selbsthilfe-Behandlung

3. Staatliche Anerkennung: Die meisten drogentherapeutischen Einrichtungen sind mittlerweile von den Bundesländern gemäß § 35 f. BtMG anerkannt. Auf folgende Kriterien für die staatliche Anerkennung i. S. § 35 haben sich die Drogenbeauftragten des Bundes und der Länder 1981 geeinigt:

Kriterien	– Fachlich anzuerkennendes Behandlungskonzept; – Definition des Behandlungsabbruches (bei mehr als siebentägiger Entfernung aus der Einrichtung); – Verpflichtung der Mitarbeiter zur unverzüglichen Meldung des Abbruches an die Vollstreckungsbehörde; – Sicherstellung der Kostenregelung für die Einrichtung; – Überweisung in nachbehandelnde Einrichtungen nur, wenn Kontinuität gewährleistet ist; – multidisziplinäre Teambehandlung durch zahlenmäßig ausreichendes Fachpersonal; – ausreichende Räumlichkeiten und Ausstattung.
Antrag	**4. Verfahren:** Voraussetzung für eine Zurückstellung der Strafvollstreckung ist ein Antrag des Verurteilten auf der Grundlage einer bereits laufenden Therapie oder einer Therapiezusage (s. u. 5.4 Formulare; zur Besorgung eines Therapieplatzes und Kostenzusage s. 4.2.2).
Wichtig: Vorbereitung	Besonders wichtig ist die möglichst frühzeitige Vorbereitung eines solchen Antrags durch Suche eines geeigneten Therapieplatzes und einen Kontenklärungsantrag beim Rentenversicherer, damit auch alsbald die Kostenzusage erfolgen kann. Keinesfalls sollte man versuchen, die vom Gericht angstrebte Kontinuität von U-Haft und LzTh zu unterlaufen: wenn man in dieser Zeit rückfällig wird, vergeigt man die Chancen zukünftiger Aussetzung.
Entscheidung	Die Entscheidung über Zurückstellung gem. § 35 steht in der Zuständigkeit und dem Ermessen der Staatsanwaltschaft, wobei aber das Gericht zustimmen muß (auch bei Ablehnung). Im Ju-
Jugendverfahren	gendverfahren ist es umgekehrt (§ 38 BtMG). Gegen die Verweigerung der Zustimmung kann die StA seit der Einfügung des § 35
StA-Beschwerde	Abs. 2 (Neuregelung 1992) Beschwerde nach §§ 304 ff. StPO einlegen. Ein Verurteilter kann danach die Ablehnung seines Zurückstellungsgesuchs nur zusammen mit der Ablehnung durch die StA nach § 23 Abs. 1 EGGVG anfechten, worüber dann das OLG entscheidet. Falls die StA nicht ablehnt, ist er auf deren bevormundende Bereitschaft angewiesen, selbst Beschwerde einzulegen. – Die Justiz macht von der Möglichkeit der Zurückstellung bei ambulanter Behandlung immer noch zurückhaltend Ge-
Verhaltenskontrolle	brauch, verlangt zumindest eine effektive Verhaltenskontrolle (z.B. Urinkontrollprogramm). Deshalb muß man hierfür erhebli-
Begründungsaufwand	chen Begründungsaufwand hinsichtlich des Behandlungskonzepts und der Erfolgsaussichten treiben (z. B. Gutachten, Stellungnahmen, Empfehlungen etc. von namhaften Experten).
	5. Verhältnis zur Strafaussetzung zur Bewährung: § 35 darf nicht dazu verleiten, die Möglichkeit der Strafaussetzung zur Bewährung mit Therapieweisung (§§ 56 ff. StGB, s. u. 3.1.3.2)
verteidigungsstrategisch sehr wichtig	zu vernachlässigen, die immer zuerst geprüft werden muß. Dies ist verteidigungsstrategisch sehr wichtig. § 35 kommt also nur in Betracht, wenn keine günstige Prognose im Sionne § 56 StGB gestellt werden kann. Es ist nicht einzusehen, warum nicht mit der Bewährungslösung auszukommen war. Ein Grund ist sicherlich die Verschärfung der Kontrolle durch das

direkte Zugriffsrecht der Staatsanwaltschaft (s. unten 3.1.3.1.3).
6. Rückmeldepflicht – Therapeuten als Hilfs-Staatsanwälte?
Nach § 35 Abs. 4 muß der Verurteilte seine Therapeuten hinsichtlich des Verlaufs und des Ergebnisses der Therapie von der Schweigepflicht entbinden (s. u. 3.3.2.1), um ihnen die Mitteilung des Behandlungsabbruchs zu ermöglichen. Aus der therapeutischen Praxis (s. o. 2.7.4.2) ergibt sich eindeutig die fachliche Unvertretbarkeit und Schädlichkeit solcher, das Vertrauensverhältnis zerstörender Mitteilungspflichten. Gerade die im Bereich der Drogentherapie häufige Erfahrung, daß viele von den 70% Therapieabbrechern wiederkommen, z. T. nach mehrfachen Abbrüchen, beweist die Blindheit dieser gesetzlichen Regelung gegenüber gesicherten Erfahrungen (vgl. STRATENWERTH 1981). Außerdem wird dadurch das Auskunftsverweigerungsrecht der Therapeuten (s. u. 3.3.2.2) ausgehöhlt.

Schädlichkeit

Die Drogenbeauftragten der Länder haben am 29.10.1981 durch Vereinbarung empfohlen, eine unerlaubte Abwesenheit von mehr als 7 Tagen als Therapieabbruch zu werten (EGG/KURZE 1989, S. 101 ff.).

Therapieabbruch

Die Nichtbefolgung der Rückmeldepflicht eröffnet zwar die Möglichkeit des Widerrufs (Abs. 4), zieht jedoch keine Sanktionen für die Mitarbeiter nach sich, im Gesetz ist nichts von Unabdingbarkeit gesagt. Eine Rücknahme der staatlichen Anerkennung ist in solchen Fällen noch nicht erfolgt. KÖRNER (1990, § 35 Anm. 72) droht mit strafrechtlichen Konsequenzen wegen Vollstreckungsvereitelung (s. u. 3.3.2.3). Das würde eine Garantenstellung voraussetzen, die wir nicht für begründbar halten (so auch ADAMS/EBERTH, NStZ 1983, S. 193).

Nichtbefolgung der Rückmeldepflicht

Für aussichtsreich halten wir es aufgrund von Erfahrungen, den Staatsanwalt mit fundierter Argumentation vom Verzicht auf die Umsetzung dieser Regelung zu bewegen. Bewährt hat sich in Absprache mit der Staatsanwaltschaft, den Klienten Bescheinigungen über die Therapieteilnahme zu erteilen, die sie der Staatsanwaltschaft vorlegen. Wenn die Bescheinigungen ausbleiben, kann daraus auf Abbruch geschlossen und nachgefragt werden. Diskutabel ist auch das »Bremer Abkommen«, geschlossen zwischen Bremer und Hamburger Einrichtungen und der Justiz:

»Bremer Abkommen«,

- An- und Abmeldung des Klienten durch die Einrichtung beim Einwohnermeldeamt;
- Anfragen des Gerichts bzw. der Staatsanwaltschaft richten sich an den Betroffenen persönlich, nicht an die Institution;
- befindet sich der Betroffene nicht mehr in der Einrichtung, geht die an ihn gerichtete Post mit dem Vermerk »unbekannt verzogen« an den Absender zurück, war er nie in der Einrichtung, geschieht dasselbe mit dem Vermerk »hier unbekannt«.

Wenn eine Einrichtung aus Prinzip direkte Meldungen oder Aufenthaltsbestätigungen verweigert, darf dies außerdem einem Strafverfolgten nicht zum Nachteil gereichen (so OLG Hamburg am 22.10.1982). Diese Lösung ist seit der Neuregelung (1992) des Abs. 5 (s. u.) noch leichter vertretbar: der Gesetzgeber gesteht

Drogentherapie: Abbrüche und Wiederaufnahmen

darin zu, daß Drogentherapie standardmäßig von vielen Abbrüchen und Wiederaufnahmen gekennzeichnet ist und deshalb gelassener darauf reagiert werden kann.

7. Widerruf der Zurückstellung (§ 35 Abs. 5): Zwar werden die hier entwickelten Argumente gegen erzwungene Therapie (s. u. 3.1.4) von der herrschenden Drogenpolitik (noch) nicht anerkannt. Der Gesetzgeber hat aber durch die Neufassung des Abs. 5 der empirisch begründeten Erkenntnis Rechnung getragen, daß Therapien oft erst nach mehrfachen Abbrüchen und Wiederaufnahmen bzw. Versuchen mit anderen Ansätzen glücken oder zumindest eine relative Verbesserung bringen (s. a. KÖRNER 1994, § 35 Anm. 82). Deswegen darf die Zurückstellung erst widerrufen werden, wenn die Behandlung gar nicht erst begonnen, oder wenn sie endgültig abgebrochen wurde. Solange Erklärungen des Verurteilten und andere Indizien dafür sprechen, daß die Behandlung »alsbald« begonnen oder wieder aufgenommen werden wird, auch wenn der Nachweis nach Abs. 4 nicht bzw. erst verspätet erbracht wurde. Selbst wenn ein Widerruf schon ergangen ist, kann nunmehr unmittelbar erneut zurückgestellt werden. Insofern ist die in der 3. Auflage formulierte Kritik der direkten Kontrolle und massiven Sanktionsmöglichkeiten des StA jetzt zu relativieren. Nach wie vor bleibt das Instrument der Bewährungsaussetzung vorzuziehen: Während im Fall beharrlicher und gravierender Verstöße gegen Bewährungsauflagen und -weisungen gem. §§ 56b u. c StGB erst das Gericht (Strafvollstreckungskammer) über den Bewährungswiderruf entscheidet und zum Zweck der Anhörung einen Sicherungshaftbefehl erläßt, kann der Staatsanwalt im Falle des Therapieabbruches, der Flucht oder erneuter Straftaten ohne Anhörung widerrufen und sofort einen Vollstreckungshaftbefehl in Vollzug setzen sowie die Polizei alarmieren. Darin liegt eine erhebliche Schlechterstellung für den Verurteilten. Man sollte bei einem Widerruf trotzdem darauf bestehen, angehört zu werden.

Neufassung des Abs. 5

Bewährungsaussetzung vorziehen

Therapieabbruch, Flucht, Straftaten: Vollstreckungshaftbefehl

Widerruf

Nach Abs. 6 muß die Zurückstellung zwingend widerrufen werden, wenn nachträglich wegen anderer Straftaten eine Gesamtstrafe gebildet worden ist oder weitere Freiheitsstrafen oder Maßregeln verhängt worden sind, deren Vollstreckung nicht zurückgestellt wurde. Gem. § 35 Abs. 7 kann beim erstinstanzlichen Gericht gegen den Vollstreckungshaftbefehl Rechtsmittel eingelegt werden, welches jedoch die Vollstreckung der Strafe nicht aufhält.

Gem. § 35 Abs. 7 Rechtsmittel

3.1.3.1.2 Anrechnung und Strafaussetzung zur Bewährung: § 36 BtMG – Erläuterungen

1. Obligatorische und fakultative Anrechnung (Gesetzestext s. u. 5.1.1): Das Gericht, das verurteilt hat, entscheidet gemäß § 36 BtMG mit der Zustimmung zur Zurückstellungsentscheidung der Staatsanwaltschaft auch über die Anrechnung der Therapiezeit auf die Strafe.

Schaubild

Zu »Zurückstellung der Strafvollstreckung und Anrechnung von Therapie«

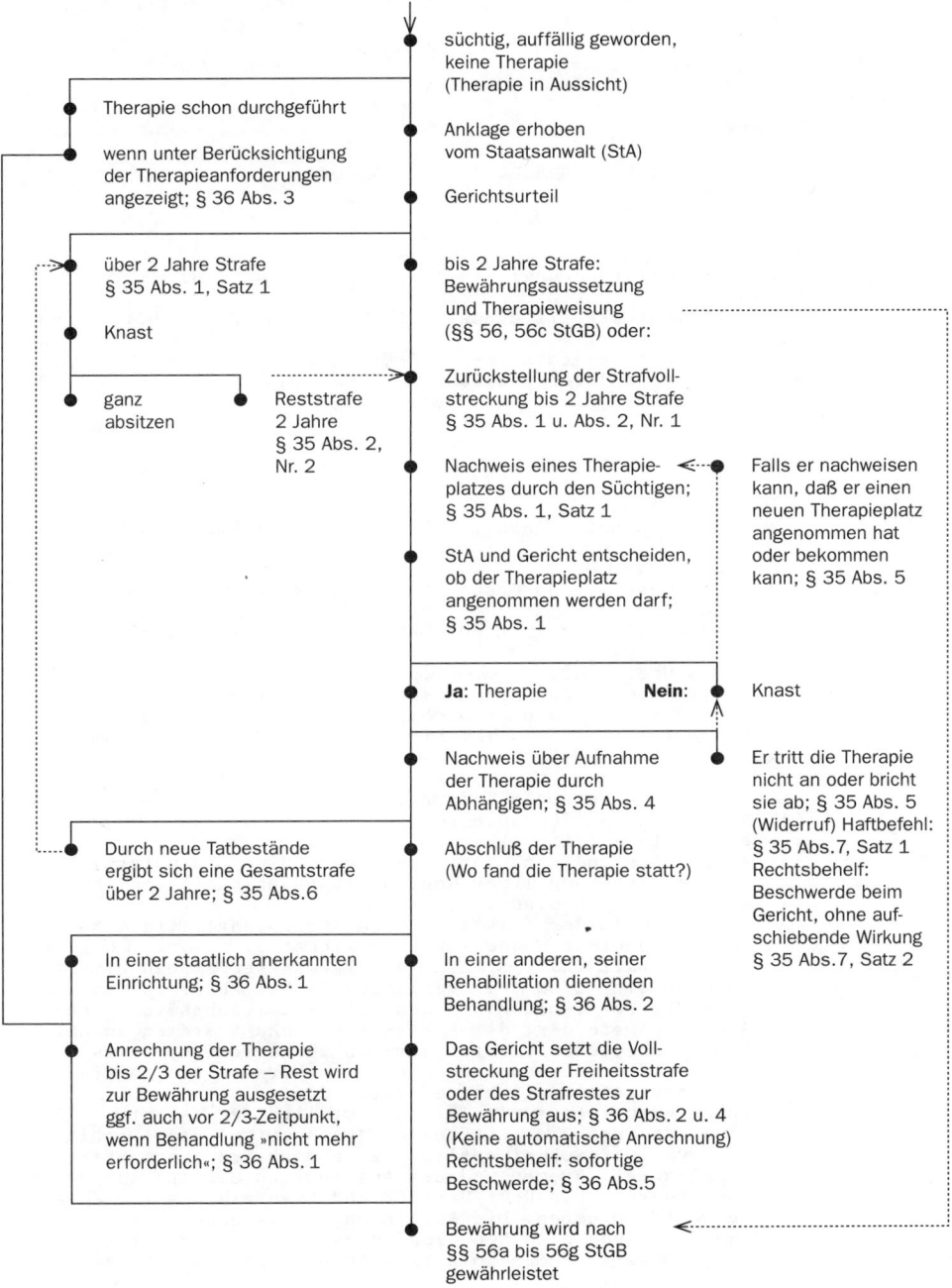

Muster
Zurückstellung der Vollstreckung der
Maßregel und Strafe gem. § 35 BtMG

Staatsanwaltschaft Bremen   Bremen, den
     VRs   /

I. **Vermerk**

   <u>Betrifft: Entscheidung gem. § 35 BtM-Ges.</u>
   Verurteilte(r):
   Urteil vom
   wegen
   Strafe: Bl.   VH
   Stand der Vollstreckung: Bl.   VH
   2/3 am:
   Zurückstellung bereits einmal erfolgt: Ja/Nein Bl.   VH
   Antragsteller: Bl.   VH
   Zustimmung des Gerichts des I. Rechtszuges: Bl.   VH
   Stellungnahme anderer Stellen: Bl.   VH

II. **Verfügung:**

   1. Eintragen in 50∅ AR.

   2. Herrn AL 5
      m.d.B. um Kenntnisnahme, Billigung u. Zeichnung zu 3.

   3. Schreiben an   (Bl.   ) mit ZU:
      Auf Ihr Gesuch- das Gesuch des Rechtsanwalts- der Rechtsan-
      wältin   vom   für
      wird die Vollstreckung der Maßregel und Strafe von

      aus dem Urteil des   Amts-gerichts Bremen vom
      der Strafkammer des Landgerichts Bremen vom
      - hinsichtlich des noch nicht verbüßten Strafrestes - mit
      Wirkung vom   bis zum   gemäß § 35 BtMG
      zurückgestellt.

         Ihnen werden folgende Weisungen erteilt:
      1. Sie haben die Therapie am   in der Therapie
         einrichtung ....
         anzutreten und sich dort einer Behandlung zu unterziehen,
         die der Behebung Ihrer Rauschgiftabhängigkeit und Ihrer
         Rehabilitation dient.
      2. Der Nachweis des fristgerechten Therapieantritts muß
         innerhalb einer Woche bis spätestens .... bei der
         Staatsanwaltschaft Bremen zu obigem Aktenzeichen einge
         gangen sein. Eine Fristverlängerung ist ausgeschlossen.
      3. Über die Fortführung und den Erfolg der Behandlung haben
         Sie unaufgefordert der Staatsanwaltschaft Bremen zu obi
         gem Aktenzeichen vierteljährlich zu berichten, estmals
         zum .... Nach Abschluß der Therapie teilen Sie
         Ihre neue Anschrift bitte umgehend mit.
      4. Ihnen wird ferner die Weisung erteilt, den verantwortli-
         chen Arzt und die zuständigen Therapeuten unter Entbin-
         dung von der Schweigepflicht zu ermächtigen, der Staats-
         anwaltschaft Bremen und dem zuständigen Gericht auf deren
         Aufforderung hin über Verlauf und Ergebnis der Therapie
         Auskunft zu geben. Die Entbindungserklärung haben Sie
         innerhalb von 2 Wochen nach Therapieantritt d. Staats-
         anwaltschaft Bremen zu obigem Aktenzeichen zu übersenden.

Die Zurückstellung der Strafvollstreckung/Maßregel wird
widerrufen:
a) Wenn die Behandlung nicht am   angetreten oder
   nicht fortgesetzt wird
b) Wenn Sie den Nachweis über die Aufnahme und Fortführung
   der Behandlung nicht erbringen und die Entbindungserklärung nicht übersenden.
c) Wenn bei nachträglicher Bildung einer Gesamtstrafe nicht
   auch deren Vollstreckung zurückgestellt wird.
d) Wenn eine weitere gegen Sie erkannte Freiheitsstrafe oder
   freiheitsentziehende Maßregel der Besserung und Sicherung
   zu vollstrecken ist.

Hochachtungsvoll

4. Begl. Abschrift von Ziff. 3 an:
   a) JVA/ZKH Bremen-Ost z. K. und m.d.B., den/die Verurteilte(n)
      über die Auflagen und Weisungen zu belehren (formlos).
      Zusatz: Der/Die Verurteilte ist am   zu entlassen;
   b) Rechtsanwalt(in)   (Bl.   )   z.K. (formlos):
   c) Therapieeinrichtung   (Bl.   )
      Zusatz: Auf Ihre Pflicht zur Anzeige eines evtl. Behand
              lungsabbruchs wird besonders hingewiesen
              (§ 35 Abs. 4 BtMG)   (mit ZU).
5. Weitere Durchschrift zu:
   a) Hauptakten,
   b) 500 AR
   c)
   d)   e)   f)
6. Frau/Herrn Rechtspfleger(in)
   zur Veranlassung der rechtzeitigen Entlassung am
   und Überprüfung des Therapieantritts am
7. Urschriftlich mit Akten
   an das
   Amtsgericht   oder   Landgericht
   - Abt. Strafsachen -   - Strafkammern -
   B r e m e n
   mit Rechtsmittelverzicht gegen den Beschluß vom
   (Bl.   VH) übersandt.
8. Frist zu Ziff. 7:
9. Nach Wiedereingang: Frau/Herrn Rechtspfleger(in)
mit der Bitte um Fristnotierung gemäß § 36 I S. 1 u. 3 BtMG und
mit der Bitte um Überwachung der vierteljährl. Berichtsfristen
sowie mit der Bitte, die Reihenfolge der Anrechnung auf die
einzelnen Strafen mit den beteiligten Vollstreckungsbehörden zu
klären und im VH zu vermerken (bei gleichzeitiger Zurückstellung
der Vollstreckung mehrerer Strafen).
Die Anrechnungsfähigkeit nach § 36 I BtMG beginnt am
sofern die Therapie zu diesem Zeitpunkt angetreten ist.
10. Wiedervorlage zur Frist nach Ziff. 9.

Ober-Staatsanwalt(in)

Therapie	**Abs. 1:** Wenn die Therapie in einer staatlich anerkannten Einrichtung stattfand, muß angerechnet werden.
»freie« Abhängigkeitsbehandlungen	**Abs. 2 u. 3:** Andere, sog. »freie«, nicht anstaltsmäßige Abhängigkeitsbehandlungen, die nach der Tat durchgeführt wurden (s. o. stationäre Behandlungsformen in 3.1.3.1.1) können ganz oder teilweise angerechnet werden, wenn die Anforderungen der Behandlung den Ansprüchen genügen. Insofern hat das Gericht einen
großer Ermessensspielraum	großen Ermessensspielraum. Man muß versuchen, das Gericht mit ausführlicher Begründung und gegebenenfalls psychologischen Gutachten zu überzeugen. Für die Praxis besonders bedeutsam ist, daß auch ambulante Behandlungen verschiedener Art, angerechnet werden können, insbesondere eine Substitutionsbehandlung.
	Wenn der Drogentäter sich zwischen Tat und Hauptverhandlung einer Drogentherapie unterzogen hat und diese erfolgreich abge-
auch bei mehr als 2 Jahren Freiheitsstrafe	schlossen hat, ist Abs. 3 auch bei einer Freiheitsstrafe von mehr als 2 Jahren anwendbar (FISCHER, StV 91, 239 m. w. N.; KREUZER 1986b, S. 117).
	Die Anrechnung erfolgt unabhängig vom Erfolg der Therapie. Nach hM soll 1/3 der Strafe stehen bleiben, um das Fortbestehen der Abstinenz-Motivation zu sichern (KÖRNER 1994, § 36 Anm. 7). Diese entmündigende Strategie ist angesichts der inzwischen an-
hM nicht weiter vertretbar	erkannten akzeptierenden und niedrigschwelligen Behandlungsformen nicht weiter vertretbar. Die Möglichkeit voller Anrechnung durch Kombination von Abs. 1 und 3 ist zu praktizieren (so LUNDT/SCHIWY § 36 Anm. III 1; dagg.: KÖRNER 1994, § 36 Anm.
Rechtsmittel	12). Rechtsmittel gegen eine Anrechnungsentscheidung: sofortige Beschwerde gem. § 311 StPO.
	2. Bewährungsaussetzung der Reststrafe: Bei Anrechnung (Abs. 1, 3), aber auch ohne Anrechnung (Abs. 2) wird die Reststrafe zur Bewährung ausgesetzt, wenn die Behandlung zu Ende ist und eine Erprobung der Straffreiheit »verantwortet«
Strittig	werden kann, also auch vor Abgeltung von 2/3 der Strafzeit. Strittig ist, ob dies auch vor Verbüßung der Strafhälfte möglich ist. Doch wird heute schon zunehmend die Strafaussetzung vor dem Halbstrafentermin befürwortet (LG Darmstadt, StV 1985, 117; OLG Frankfurt, Suchtgefahren 1986, 118; OLG Celle, StV 1986, 113; OLG Stuttgart, StV 1986, 111; jetzt auch: KÖRNER 1994, § 36 Anm. 16).
	Im übrigen gelten nach Abs. 4 die Vorschriften der §§ 56a – g StGB entsprechend. Das bedeutet, daß das Gericht die Bewährungszeit, Auflagen, Weisungen, Bewährungshilfe bestimmen, die Strafaussetzung widerrufen und letztlich die Strafe erlassen kann.

3.1.3.1.3 Absehen von der Verfolgung: § 37 BtMG – Erläuterungen

	1. Diese Vorschrift soll auf der Grundlage abgeschlossener Ermittlungen im Vorfeld von Anklageerhebung und Hauptver-
Fortführung einer begonnenen Therapie ermöglichen	handlung die Fortführung einer bereits begonnenen Therapie ermöglichen. Das Verfahren und die Voraussetzungen ergeben sich

im übrigen aus § 35. Wenn Anklage bereits erhoben war, entscheidet das Gericht mit Zustimmung der Staatsanwaltschaft. Es handelt sich insofern um einen Spezialfall des § 31a BtMG. Von dieser Möglichkeit der Entkriminalisierung wird insbesondere seit der die Voraussetzungen erleichternden Neufassung 1992 zunehmend Gebrauch gemacht: Nur sie verdient wirklich das Etikett »Therapie statt Strafe«.

»Therapie statt Strafe«

Der Nachweis der Therapie hat durch Urkunden und Zeugen zu erfolgen. Die LzTh kann durchaus bereits beendet sein, was bei den allgemein kürzer werdenden Therapien immer wahrscheinlicher wird (vgl. OLG Celle StV 93, 318). Auch hier kann die Staatsanwaltschaft nach der Neuregelung 1992 bei Therapieabbruch flexibel reagieren (s. o. 3.1.3.1.1), weil häufig nach den schier unvermeidlichen Rückfällen früher oder später mit einer Fortsetzung der Therapie zu rechnen ist. Für den Fall des eindeutigen Therapieabbruchs oder des fehlenden Therapienachweises, bei Begehung neuer Straftaten oder wenn aufgrund neuer Tatsachen oder Beweismittel nunmehr eine höhere Strafe als 2 Jahre zu erwarten ist, wird das Verfahren fortgesetzt. Diese Regelung ist nach der Neufassung 1992 realistischer, weil die faktische Bewährungszeit von bisher 4 auf 2 Jahre reduziert wurde (Abs. 2). Therapiewillige mit Freiheitsstrafen oder Strafresten über 2 Jahren können vor Ablauf dieser Zeitgrenze einen Antrag nach § 37 BtMG stellen. Falls jemand die »cleanere« U-Haft-Atmosphäre bevorzugt, ist es ratsam, die U-Haft durch Rechtsmittel zu verlängern. Dies kann man ruhig mit dem Gericht aushandeln.

Therapieabbruch

 2. Schaubild zum Absehen von der Verfolgung (S. 252)
 3. Muster zum Widerruf der Zurückstellung der Strafvollstreckung gem. § 35 BtMG (S. 253)
 4. Muster zum Absehen von der Erhebung der öffentlichen Klage nach § 37 BtMG (S. 254)

3.1.3.2 Strafaussetzung zur Bewährung mit Therapieweisung: §§ 56 ff. StGB

Grundsätzlich ist vor Heranziehung von §§ 35 ff. BtMG darauf hinzuarbeiten, daß die Strafe gem. § 56 StGB, § 21 JGG durch das Gericht zur Bewährung ausgesetzt wird. Dies ist dann möglich, wenn das Strafmaß 1 Jahr, bei »besonderen Umständen« 2 Jahre nicht überschreitet, und »wenn zu erwarten ist, daß der Verurteilte sich schon die Verurteilung zur Warnung dienen lassen und künftig auch ohne die Einwirkung des Strafvollzugs keine Straftaten mehr begehen wird. Dabei sind namentlich die Persönlichkeit des Verurteilten, sein Vorleben, die Umstände seiner Tat, sein Verhalten nach der Tat, seine Lebensverhältnisse und die Wirkungen zu berücksichtigen, die von der Aussetzung für ihn zu erwarten sind«.

Grundsätzlich

zu berücksichtigende Umstände

Der Richter stützt diese Erwartung im allgemeinen darauf, daß man einen guten Eindruck macht, daß man konkrete Zukunfts- und Berufsvorstellungen hat, eine solide Partnerschaft besteht.

Schaubild
Zum »Absehen von der Verfolgung«

- süchtig, erwischt, in Therapie

- Keine höhere Freiheitsstrafe als 2 Jahre zu erwarten: § 37 Abs. 1, Satz 1

- Nachweis einer laufenden Behandlung gem. § 35 Abs. 1 und zu erwartende Resozialisierung: § 37 Abs. 1, Sätze 1 u. 2

- Der StA kann mit Zustimmung des Gerichts von der öffentlichen Klage absehen.

- Wenn Anklage bereits erhoben, kann Gericht mit Zustimmung des StA einstellen; § 37 Abs. 2 Gegen Gerichtsbeschluß kein Rechtsbehelf möglich

- Gründe zur Erhebung der Anklage sind, wenn der Beschuldigte
  1. Behandlungen nicht fortgeführt hat,
  2. Nachweis über die Therapie nicht erbringt (nachträglicher Nachweis weiterer Behandlung genügt; § 37 Abs. 1, Satz 4),
  3. eine Straftat während der Therapie begeht, und hierdurch Resozialisierungserwartung enttäuscht,
  4. aufgrund neuer Tatsachen eine Freiheitsstrafe von mehr als 2 Jahren zu erwarten hat. Siehe § 37 Abs. 1, Satz 3, Nr. 1 bis 4.

- Nach 2 Jahren kein Verfahren mehr möglich; § 37 Abs. 1, Satz 5

- Wird die Therapie nach Unterbrechung fortgesetzt bzw. Nachweis erbracht; Punkte 1 u. 2, § 37 Abs. 2

- Siehe Beispiel 1, ab »StA erhebt Anklage«; Punkte 1 bis 4

Muster
Widerruf der Zurückstellung der
Strafvollstreckung gem. § 35 BtMG

Staatsanwaltschaft Bremen   28 Bremen, den
   VRs   /

                                            S o f o r t !

                        I. Vermerk:

Vollstreckung zurückgestellt mit Wirkung vom   (Bl.   )
                      II. Verfügung:

1. Die Zurückstellung wird aus den Gründen zu Ziff. 3 widerrufen.
2. Herrn AL 5 m. d. B. um Kenntnisnahme und Billigung von Ziff.1.
3. Bescheid an VU   (Bl.   ):
In Ihrer Strafsache war die Vollstreckung der Rest-Strafe aus dem
Urteil des Amtsgerichts - Schöffengerichts in Bremen vom
der Strafkammer des Landgerichts Bremen vom
mit Wirkung vom   gem. § 35 I BtMG zurückgestellt worden.
Diese Zurückstellung wird hiermit widerrufen (§ 35 Abs.5 BtMG),
weil Sie die Therapieeinrichtung am   vor Abschluß der Behandlung verlassen/die Therapie nicht angetreten/die Ihnen durch
Bescheid v.   unter Ziff. erteilten Weisungen nicht befolgt
haben und somit die Voraussetzungen einer Zurückstellung der
Strafvollstreckung nach § 35 BtMG nicht mehr vorliegen.
Gegen diesen Widerruf kann die Entscheidung des Gerichts des
ersten Rechtszuges herbeigeführt werden. Der Fortgang der Vollstreckung wird durch die Anrufung des Gerichts nicht gehemmt (§ 35
Abs. 7 BtMG).
4. Durchschrift von Ziff. 3:
   a) an Therapiestelle   (Bl.   ) z.K.;
   b) an RA   (Bl.   ) z.K.;
   c) zu den Hauptakten u. zum VH;
   d) zu 21 AR
   e)
   f)
   g)
5. Herrn/Frau Rechtspfleger(in)
   m. d. B., die Aushändigung des Bescheides zu Ziff. 3 an den/die
   Verurteilte(n) im Falle seiner/ihrer Festnahme oder Gestellung
   zu veranlassen. Ich bitte, Vollstreckungshaftbefehl zu erlassen, da der/die Verurteilte unbekannten Aufenthalts ist.

                                          Ober-Staatsanwalt(in)

Muster

Absehen von der Erhebung der
öffentliche Klage gem § 37 BtMG

Staatsanwaltschaft Bremen   Bremen, den
    VRs   /

I. Vermerk
Betrifft: Entscheidung gem. § 37 BtM-Ges.
Antragsteller: Bl.
Zustimmung des Gerichts   Bl.

II. Verfügung:
1. Von der Erhebung der öffentlichen Klage wird nach § 37 BtMG im Hinblick auf den Aufenthalt des/der Besch. in der Therapie--einrichtung   Bl.   vorläufig abgesehen.

2. ABL 5 mit der Bitte um Listeneintrag

3. Schreiben an   (Bl.   ) mit ZU:
   Auf Ihr Gesuch - das Gesuch d. Rechtsanwalts/anwältin
                       vom   wird von der Erhebung
   der öffentlichen Klage gem. § 37 BtMG vorläufig abgesehen.

   Ihnen werden folgende Weisungen erteilt:
   1. Sie haben die Therapie in der Therapieeinrichtung
      ....(Bl.   )
      fortzusetzen und sich dort einer Behandlung zu unterziehen, die der Behebung Ihrer Rauschgiftabhängigkeit und Ihrer Rehabilitation dient.
   2. Über die Fortführung und den Erfolg der Behandlung haben Sie unaufgefordert der Staatsanwaltschaft Bremen zu obigem Aktenzeichen vierteljährlich zu berichten, erstmals zum
   3. Ihnen wird ferner die Weisung erteilt, die zuständigen Therapeuten unter Entbindung von der Schweigepflicht zu ermächtigen, der Staatsanwaltschaft Bremen und dem zuständigen Gericht auf deren Aufforderung hin über Verlauf und Ergebnis der Therapie Auskunft zu geben. Die Entbindungserklärung haben Sie innerhalb von 2 Wochen nach Erhalt dieses Bescheides d. Staatsanwaltschaft Bremen zu obigem Aktenzeichen zu übersenden.
      Das Verfahren wird fortgesetzt,
      - wenn die Behandlung nicht fortgesetzt wird,
      - wenn Sie den Nachweis über d. Fortführung d.Behandlung nicht erbringen und die Entbindungserklärung nicht übersenden.
      - wenn Sie eine Straftat begehen und dadurch zeigen, daß die Erwartung, die dem Absehen von der Erhebung der öffentlichen Klage zugrunde lag, sich nicht erfüllt hat, oder
      - wenn aufgrund neuer Tatsachen oder Beweismittel eine Freiheitsstrafe von mehr als 2 Jahren zu erwarten ist.
   Hochachtungsvoll

4. Begl. Abschrift von Ziff. 1 an:
   a) Rechtsanwalt(in)   (Bl.   ) z.K. (formlos)
   b) Therapieeinrichtung   (Bl.   )   (formlos)
        Zusatz: Ich bitte, mir einen etwaigen Abbruch der Behaundlung zu obigem Aktenzeichen kurzfristig mitzuteilen.
5. Weitere Durchschrift zu: a) Hauptakten, b) 50ø AR
6. Frau/Herrn Dezernenten(in)Rechtspfleger(in)
   mit der Bitte um Kenntnisnahme und der Bitte um Überwachung der Berichtsfristen. Ich bitte, mir die Akten wieder zuzuleiten, wenn ein Widerrufsgrund eintritt oder die endgültige Einstellung nach § 37 I S.5 BtMG zu erfolgen hat.

Ober-Staatsanwalt(in)

Desweiteren darauf, daß man einer Arbeit nachgeht und in stabilen Wohnverhältnissen lebt. Von großer Bedeutung ist die Möglichkeit, dem verurteilten Drogenabhängigen im Zusammenhang mit der Strafaussetzung die Weisung zu erteilen, sich einer Heil- oder Entziehungsbehandlung zu unterziehen (§ 56c StGB).
Im Prinzip ist hierin die Möglichkeit des § 35 BtMG in weniger einschneidender Weise enthalten. Die Nichtbefolgung der Weisung kann, muß aber nicht unmittelbar den Bewährungswiderruf zur Folge haben (§ 56 f. StGB); diesem muß in jedem Fall eine Anhörung des Betroffenen und ein Gerichtsbeschluß der Strafvollzugskammer (§ 56e StGB) vorausgegangen sein.

Wenn ein Gericht wirklich völlig uneinsichtig ist, kann man versuchen, sich dem Widerruf durch einen Trick zu entziehen: die gem. § 56c StGB notwendige Zustimmung zur Bewährungsaussetzung widerrufen. Das bedeutet, daß die Rechtsgrundlage für Bewährungsauflagen und -weisungen entfällt und deshalb nicht widerrufen werden kann. Das sollte man aber nur im äußersten Fall probieren, denn die Gerichte würden bei häufiger Nutzung sicherlich andere Widerrufsgründe finden.   *Trick*

Im Falle der Aussetzung zur Bewährung wird der Verurteilte in der Regel für eine bestimmte Dauer (meist für drei Jahre) der Aufsicht und Leitung eines Bewährungshelfers unterstellt, um ihn von Straftaten abzuhalten (§ 56d StGB). Bewährungshelfer haben einen dieser »unmöglichen« Berufe: sie sollen sowohl helfen als auch kontrollieren. Es ist lästig, regelmäßig zum Bewährungshelfer gehen zu müssen und dessen Kontrolle ausgesetzt zu sein. Zwar sind viele Bewährungshelfer heute fortschrittlich eingestellt und melden nicht jeden Verstoß gegen die Bewährungsauflagen. Insbesondere neue Straftaten (sprich: Drogenkonsum) veranlassen den zuständigen Richter zum Widerruf der Bewährung, was das Absitzenmüssen der Strafe zur Folge haben kann, falls der Versuch scheitert, den Widerruf dadurch zu vermeiden, daß man über einen Sachverständigen nachweist, daß die »neue Straftat« oder der Therapieabbruch im Zustand der Schuldunfähigkeit oder verminderten Schuldfähigkeit aufgrund der Drogenabhängigkeit begangen wurde. Voraussetzung für den Widerruf ist nämlich, daß man »schuldhaft« gegen Bewährungsauflagen und -weisungen verstoßen hat.

Aussetzung zur Bewährung
Bewährungshelfer

Widerruf vermeiden

Schuldunfähigkeit oder verminderte Schuldfähigkeit nachweisen

Bewährungshilfe wird meist angeordnet (§ 56 d StB). Zwar erhöht solche verstärkte Kontrolle das Risiko erneut auffällig zu werden. Jedoch sind viele BewährungshelferInnen trotz ihrer Justizzugehörigkeit wichtig für die Stabilisierung in Freiheit.   *Bewährungshilfe*

Nach Verbüßung von 2/3 der Strafe, bei Nicht-Rückfälligen schon nach Halbstrafe, kann der Strafrest gem. § 57 StGB zur Bewährung ausgesetzt werden. Das geschieht auch meist, wenn man nicht allzuviel Konflikt mit der Vollstreckungsbehörde riskiert. Wenn man die Bewährungszeit übersteht, ohne erneut straffällig geworden zu sein, wird einem die Strafe erlassen (vgl. allg. MÜLLER-DIETZ 1983).   *2/3 der Strafe Halbstrafe*

Führungsaufsicht (§ 68 StGB): Ein ähnliches, wenn auch schärfe-   *Führungsaufsicht* res »ambulantes« Kontrollmittel als die Bewährungshilfe ist die Maßregel der Führungsaufsicht, die das Gericht gem. § 34 BtMG in den Fällen der §§ 29 Abs. 3, 29a, 30 und 30a BtMG anordnen kann. Sie bezweckt insbesondere durch die notwendige Beiordnung eines Bewährungshelfers sowie durch stark in das Privatleben eingreifende Weisungen (z. B. betr. Wohnort) eine intensive Überwachung und damit Sicherung der Öffentlichkeit vor weiteren Straftaten. Allerdings wird die Vorschrift in der Justizpraxis nicht angewandt (BT-Drs. 11/4329). Sie sollte gestrichen werden.

intensive Überwachung nicht mehr angewandt

3.1.3.3 Drogenbenutzer im Strafvollzug: Ein gesellschaftlicher Skandal

3.1.3.3.1 Zur Situation Drogenabhängiger im Regelvollzug

Daß bald ca. 60.000 Menschen inhaftiert sind (1970: 33.000) und die Justizvollzugsanstalten (JVA) hoffnungslos und menschenunwürdig überbelegt sind, ist schlimm genug. Schlimmer ist, daß der Strafvollzug – wie wissenschaftlich geklärt – nicht das geeignete Mittel zur »Resozialisierung« ist, und trotzdem neue Vollzugsanstalten gebaut werden, von denen dann wiederum ein Sog- und Festhalte-Effekt ausgeht. Die Verschärfung geht fast völlig auf das Konto der Drogenpolitik: der Langstrafenzuwachs 1976 – 1981 allein in Hessen beträgt bei BtM-Delikten 558%! (vgl. VOSS in Kriminalsoz. Bibl. 45, 1984, S. 37; s. a. drogen-report 4/1985, S. 22). Auch Todesfälle durch Überdosierung sind nicht selten (BT-Drs. 10/2309).

Strafvollzug nicht das geeignete Mittel zur »Resozialisierung«

Daß Drogenabhängige weiterhin zuhauf in die JVA wandern, verschärft die Probleme und spitzt folgenden Widerspruch zu: Drogenabhängigkeit wird als Krankheit definiert, gleichwohl werden diese Kranken aufgrund der juristischen Unterstellung ihrer Willensfreiheit inhaftiert – eine verfassungsrechtlich untragbare Sonderbehandlung. Der Skandal wird dadurch komplett, daß ein wesentlicher Teil des Leidens von Drogenabhängigen erst durch die Kriminalisierung erzeugt wird (s. o. 2.5.6; vgl. auch das eindrucksvolle Selbstzeugnis INOWLOCKI/MAI 1980). In den meisten Strafanstalten sind heute 10 – 20% der Gefangenen drogenabhängig, in Jugendstrafanstalten z. T. 35 – 50%. Ungeklärt ist, wieviele erst im Knast »angefixt«, durch die schlimmen Lebensbedingungen in der Haft zum Drogenkonsum veranlaßt und in die Abhängigkeit getrieben werden (vgl. KINDERMANN 1979, LESCHHORN 1981 sowie die weiter unten berichtete Untersuchung im Auftrag des Hessischen Justizministers).

verfassungsrechtlich untragbare Sonderbehandlung

Die Haftanstalten waren immer ein Eldorado des Drogenkonsums, wenn man von der juristischen Unterscheidung von legalen und illegalen Drogen einmal absieht. »Standarddrogen« sind allemal Nikotin, Alkohol, Kaffee. Alkohol kostet pro Dreiviertelliter ungefähr 150,– DM; er wird häufig aus Fruchtsaft, Brot, Zucker etc. selbst angesetzt. 80% der Insassen trinken zur Entlastung.

JVA: Eldorado des Drogenkonsums

»Standarddrogen«

Besonders ausgeprägt ist der Medikamentenmißbrauch, z. T. amtlich verordnet durch Anstaltsärzte, die sich häufig nicht viel Mühe machen und hilflos suchterzeugende Mittel überdosiert verschreiben. Dadurch wird z. T. das Horten und Weiterverkaufen von Tabletten ermöglicht. Verbreitet ist auch der Konsum von Mischungen aus Tabak und pulverisierten Tabletten.

Medikamentenmißbrauch

Schließlich gibt es besondere »Kicks«: Wasser und Nescafe im Verhältnis 1:1 (»Kaffeepeitsche«), Schnüffeln von Klebstoff, der zu »Bastelzwecken« bestellt wurde. Das »billigste« Suchtmittel besteht darin, eine Sauerstoffverknappung und damit einhergehende Hyperventilation zu erzeugen. Kein Zweifel, daß letzteres Mittel an Selbstmordversuche heranreicht. Aber auch die anderen Praktiken sind eindeutig gesundheitsschädlich. Warum wird hier nicht ebenso rigide mit der »Notwendigkeit des Schutzes des Individuums vor sich selbst« argumentiert wie bei den illegalen Drogen?

»Kicks«

Zwar heißt der »Knast« laut Strafvollzugsgesetz (StVollzG) »Behandlungsvollzug«. Jedoch sind – ganz abgesehen von der Frage, ob Drogenkonsumenten überhaupt der Behandlung bedürfen – die sachlichen und personellen Gegebenheiten im Strafvollzug für die Behandlung nicht geeignet. Viele potentielle Klienten einer wirklichen Behandlung bleiben in Haft, weil sie sich nicht rechtzeitig um einen LzTh-Platz gekümmert haben – oder über dem ominösen 2-Jahres-Mindestsatz liegen – oder dem offerierten Angebot »Therapie statt Strafe« gegenüber skeptisch sind – oder weil das Verfahren zu schwerfällig ist (s. u. 3.1.3.3.2, Externe DROB). Vollzugsbehörden und Personal sind mit dem Problem Drogenabhängigkeit schlichtweg überfordert.

»Behandlungsvollzug«

für die Behandlung nicht geeignet

Vollzugsbehörden und Personal überfordert

Mancher hochgradig Abhängige kommt ins Gefängnis, ohne daß vorher sachgemäß entzogen worden ist. Er hat die Abhängigkeit aus der berechtigten Sorge verschwiegen, solche Informationen könnten das Strafmaß erhöhen bzw. ihm sonstige Nachteile verschaffen. Dadurch werden seine Beschwerden u. U. verschlimmert.

Bei der ständigen erheblichen Unterbesetzung von Anstaltsarztstellen kommt es nicht schnell genug zu einer Anfangsuntersuchung bzw. sachgemäßen Diagnose. Stets wird Zwangsentzug angeordnet, der häufig nicht sachgerecht durchgeführt wird, entweder aufgrund von Unter- bzw. Überdosierung der Medikamente oder aufgrund falscher Mittel. Überdosiert wird z. B. aus übertriebener Angst vor Entzugserscheinungen oder zur Suizidprophylaxe. Dadurch werden u. U. neue Suchtprobleme erzeugt (Verlagerung zu legalen Drogen).

Zwangsentzug nicht sachgerecht

Die während und nach dem Zwangsentzug häufig depressive Verstimmung der Inhaftierten birgt Suizidgefahren. Daher wird der Drogenabhängige in eine Gemeinschaftszelle gesteckt, sofern er nicht kurzfristig in ein Justiz- oder Landeskrankenhaus verlegt wird. Nachts leidet er unter Unruhe und Schlafstörungen und stört dadurch die Mitgefangenen und die Anstaltsordnung, weil er sich nicht in den regelmäßigen Ablauf einfügen kann. Mehrere

Drogenabhängige will man wiederum nicht zusammenlegen, weil die Gefahr des Aufbaus einer Szene in der JVA besteht.

Teufelskreis — Ein Teufelskreis beginnt: Die Abweichungen von der rigiden Haftordnung, Konflikte mit Mitgefangenen, »mangelhafte Hygiene«, Versuche, sich Stoff zu besorgen, Arztgänge mit vorgeschobenen Beschwerden, Nichterkennen von tatsächlichen symptomatischen Beschwerden bzw. Abtun als Simulation durch Wärter und Arzt, schließlich, nach Eingewöhnung in die »Knast-Subkultur« und dem Durchschauen der Abläufe, Kontaktaufnahme zu der allemal vorhandenen Drogenszene. Kontakte und Handel finden statt beim Wäschetausch, beim Baden, Hof-, Kirchgang, in den Freizeitgruppen und im Arztwartezimmer – dem beliebtesten Ort.

Markt funktioniert — Der Markt funktioniert mit Hilfe von Lazarett-Kalfaktoren, Außenarbeitern, Besuchern, Transportgefangenen und nicht zuletzt korrupten Bediensteten; er bietet i. d. R. eine breite Drogenpalette, Voraussetzung für eine Ausweitung der Mehrfachabhängigkeit. Die Versuche, das alles besser zu kontrollieren, sind zum Scheitern verdammt. Je größer die Anstalt und je schlechter – aufgrund des Vorrangs der Kontrolle – die personellen sozialen Ressourcen, desto weniger hilfreiche Zuwendung kann für den einzelnen Gefangenen aufgebracht werden.

Arbeitsprobleme — Hinzu kommen die Arbeitsprobleme Drogenabhängiger, die ebenfalls dazu beitragen, sie zu Abweichenden unter den Abweichenden, ihre Gruppe zur Subkultur in der Subkultur zu machen. Oft haben sie noch keine »anständige« Arbeitsanpassung hinter sich oder verweigern sie bewußt, aufgrund einer anderen Klassenherkunft, eines anderen Lebensstils oder einer anderen politischen Einstellung. Aufgrund ihres geschwächten Zustandes sind sie meist auch gar nicht in der Lage, ein normales Arbeitspensum zu erfüllen. Die Folge sind Hausstrafen, die ihre Situation verschlimmern und wiederum für viele Anlaß sind, zu Drogen zu greifen, um der miserablen Stimmung und Situation zu entfliehen. – Außerdem besteht immer auch die Möglichkeit, daß jemand unter dem Anpassungsdruck der Vollzugsgruppe, eben um so zu sein, wie die anderen, um nicht zu vereinsamen, um akzeptiert zu sein, aber auch, um an der »magischen Lust« teilzuhaben – erstmals Drogen probiert und in der Folge abhängig wird. (Vgl. LESCHHORN 1981).

Hausstrafen

Anpassungsdruck

Bezeichnenderweise gibt es keine neueren Untersuchungen über Drogenabhängige im Knast. Die offizielle Statistik gibt darüber keine Auskunft. Offizielle Darstellungen spielen das Problem herunter (z. B. KRUMSIEK 1992). Aus älteren Darstellungen ergibt sich folgendes Bild.

Beispiel JVA Berlin-Tegel — Ein aussagekräftiges Beispiel ist die JVA Berlin-Tegel (»Höllenhaus«). Nach offiziellen Angaben wird dort monatlich 1 kg Heroin im Verkaufswert von ca. 1,5 Mio. DM eingeschleust. Bei jährlich hunderttausend Besuchern und Tausenden von Freigängen und Beurlaubungen ist eine umfassende Kontrolle unmöglich. Die Dealer, von denen manche gezielt wegen der guten Absatzchancen in den Knast geschleust werden, verdienen Zehntausende.

Ein Schuß kostet 30 Mark, berichtet die Gefangenenzeitung »Lichtblick«. Ein Abhängiger braucht »5 – 6 Meter am Tag«. Es kommt zu regelrechten Sklaven-Verhältnissen, wenn einer nicht mehr zahlen kann. Angehörige draußen werden angezapft, Frauen und Freundinnen müssen auf den Strich gehen oder Jugendliche selbst in der Haft auf den Strich, im sogenannten »Bahnhof Zoo«, der Zentrale des Hauses II. Eine gut organisierte Mafia ist hier am Werk (CLAUS/RUFF 1983).

»5 – 6 Meter am Tag«

In Hessen, wo das Justizministerium eine Untersuchung zum Thema Drogenabhängigkeit im Vollzug durchführen ließ (HESS. JUSTIZMINISTER 1982), sieht die Lage wie folgt aus: Mit 5.458 Gefangenen, davon 346 Frauen, hat Hessen über ein Viertel mehr Gefangene als 1976. Ungefähr 9,5% dieser Gefangenen sind mittlerweile im offenen Vollzug untergebracht, d. h., sie können das Gefängnis tagsüber zur Berufsausübung verlassen. Auf 209 Gefangene kommt offiziell ein Psychologe, auf 227 ein Pädagoge und auf 61 ein Sozialarbeiter. Die Quote verschlechtert sich aber für die meisten JVA dadurch, daß bestimmte Sonderanstalten einen besseren Personalschlüssel haben; in einzelnen JVA sind viele Stellen dauerhaft überhaupt nicht besetzt; so trifft man z. B. auf Personalschlüssel von 90:1 bei den Sozialarbeitern.

Hessen

Personalschlüssel

Ausländer stellen inzwischen 28,8% der Belegschaft, in der JVA Frankfurt I (U-Haft) sind es sogar 63%. Aus dem hessischen Vollstreckungsplan ergibt sich, daß verschiedene Kategorien von Gefangenen auf verschiedene Anstalten verteilt werden. Solche Klassifizierungen lassen sich aber nur ungenau durchführen. Insbesondere Drogenabhängige werden in Hessen (mit Ausnahme des Vollzugs für Frauen) nicht abgesondert.

Nach der 1982 vorgelegten Untersuchung sind Drogenabhängige im hessischen Stafvollzug wie folgt vertreten: Nach dem BtMG verurteilt: 1977 = 949; 1980 = 2095; nach dem BtMG verurteilte Gefangene: 1977 = 224; 1981 = 785.

Drogenabhängige im hessischen Strafvollzug

Der prozentuale Anteil Drogenabhängiger im Justizvollzug: Männer in Strafhaft = 18%, U-Haft = 30%; männliche Jugendliche und Heranwachsende: Strafhaft = 33%, U-Haft = 40%; Jugendliche und erwachsene Frauen: Strafhaft = 39%, U-Haft = 42%. Mit 46% liegt der Anteil bei jungen U-Haft-Gefangenen in der JVA Frankfurt II (Ffm.-Höchst) am höchsten, mit 35% folgt die Jugendstrafanstalt Wiesbaden. Aber auch in der Erwachsenenstrafanstalt Butzbach gibt es schon 18% Drogenabhängige. Rauschmittel-Kontakt wurde schon bei über 50% der Belegschaft festgestellt. Ärztliche Untersuchungen und Beobachtungen durch das Personal sprechen dafür, daß diese Ziffern noch um 5 – 8% zu niedrig liegen.

Die Erfassung drogenabhängiger Gefangener ist schwierig. Folgende Verfahren zur Erkennung von Drogenabhängigkeit werden genannt: Beobachtung von Entzugserscheinungen; Feststellen von Injektionsnarben u. ä. körperlichen Anzeichen chronischen Drogenmißbrauchs; Befragung von Drogenabhängigen (Interview oder Fragebogen); Analyse von Urinproben; Beobachtung

Erkennung von Drogenabhängigkeit

Problem AIDS

von auffälligem Verhalten; Auswertung von Strafverfahrensakten. Bei allen veröffentlichten Daten ist Vorsicht geboten, nicht nur weil die wissenschaftliche Zuverlässigkeit und Gültigkeit in Frage steht, sondern weil sich in ihnen u. U. ein staatliches Interesse an der Dramatisierung der Entwicklung im Verborgenen hält, um Verschärfungen im Vollzugsbereich besser durchsetzen und legitimieren zu können.

Ein neues, noch schwierigeres Problem ergibt sich aus dem AIDS-Risiko (s. o. 2.4.3.2). Die Gefangenen werden z. T. durch Androhung von Absonderung genötigt, sich einem AIDS-Test zu unterziehen, so daß in jedem Fall mit Diskriminierung zu rechnen ist. Immerhin hat der hessische Datenschutzbeauftragte erreicht, daß die Bluttest-Ergebnisse nicht gespeichert werden dürfen. Gefängnispersonal distanziert sich noch mehr von den möglicherweise AIDS-Infizierten. Gleichwohl wird die Ausgabe von Einmalspritzen, die eine wesentliche Risikominderung brächte, weiterhin von den Vollzugsbehörden mit dem Argument abgelehnt, im Vollzug gebe es keine harten Drogen (speziell hierzu Ratgeber DAH 1990: »Positiv, was nun?«; STÖVER 1995, S. 203 – 219).

3.1.3.3.2 Strategien zur »Lösung des Problems Drogenabhängige im Strafvollzug«

Angesichts des erwähnten – in allen Bundesländern ungefähr gleich schlechten – Personalschlüssels ist unschwer festzustellen, daß von einem umfangreichen Behandlungsprogramm, wie es das StVollzG fordert (nach Einlieferung soll z. B. ein »Behandlungsplan« aufgestellt werden), nicht die Rede sein kann. Es gibt folgende drei Strategien, mit dem Problem Drogenabhängigkeit im Rahmen des Regelvollzugs fertig zu werden.

Strategien

Wohngruppenvollzug

Es wird angestrebt, die Insassen in den Strafanstalten und im U-Haft-Vollzug für Jugendliche in überschaubaren, familienähnlichen Wohngruppen von 6 – 12 Gefangenen zusammenzufassen, um sozialpädagogische Arbeit im Wohngruppenvollzug zu ermöglichen. Dieser kann z. B. in Hessen zur Zeit im Jugendvollzug in Rockenberg, Wiesbaden und Frankfurt III, mit sozialtherapeutischem Anspruch in der JVA Kassel II und im Mutter-Kind-Heim sowie der Drogenstation der JVA Frankfurt III (Frauen) praktiziert werden; darüber hinaus auch in Haus IV der Frauen-JVA Berlin. Schwerpunkte in diesen Behandlungsbereichen sind:
- die Arbeit, Beratung und Therapie, mit drogengefährdeten und suchtabhängigen Gefangenen;
- Gemeinschaftsaktivitäten und soziales Training;
- Aufbau und Pflege von Kontakten mit nicht-drogenabhängigen Personen, insbesondere mit Angehörigen (Ehe- und Familien-Gespräche oder -Seminare);
- verschiedene Formen von Kreativ- und Arbeitstherapie;

Schwerpunkte

– Einbeziehung von externen Mitarbeitern zur Kompensation der Kontrollfunktion vollzugsinterner Therapeuten.
Problematisch an diesem Ansatz ist, daß Drogenabhängige im Wohngruppenvollzug leicht eine Mini-Subkultur bilden, die dann einer strafvollzugswidrigen Sonderbehandlung (s. u. Strategie 3: Drogenstationen im Justizvollzug/»Drogenknäste« I) unterworfen werden »muß«. Die Folge ist eine doppelte Stigmatisierung: Ausschluß aus der Gesellschaft und aus der »normalen« Gefängnissubkultur.

Kritik

doppelte Stigmatisierung

Ein weiteres Problem: In der Praxis wird oft das aggressivste Mitglied zum Anführer, nicht selten der Dealer der Gruppe.

Die Wohngruppengröße variiert je nach Bundesland sehr stark (8 – 100), z. T. handelt es sich um schlichte Um-Etikettierungen herkömmlicher Abteilungen. Es scheint allerdings, daß die inzwischen langjährige Erfahrung auch mehr Humanität und Gelassenheit zuläßt, welche de-eskalierend wirkt: Lockerungen werden nicht mehr ohne weiteres verweigert. Die unvermeidlichen Rückfälle werden nicht unbedingt strafend geahndet, sondern therapeutisch durchgearbeitet.

Modell der externen Drogenberatung

Die zweite Alternative ergibt sich aus der wachsenden Einsicht, daß Hilfen unter den genannten Umständen nur darin bestehen können, zum körperlichen Entzug beizutragen und bei den Drogenabhängigen die Bereitschaft zu wecken, sich außerhalb des Vollzugs einer LzTh zu unterziehen. Dazu muß der Drogenabhängige im Justizvollzug über Therapiemöglichkeiten und Behandlungsziele informiert werden. Außerdem sollen in gemeinsamer Arbeit neue Zukunftsperspektiven entwickelt werden.

Bereitschaft zu LzTh wecken

Diese Motivierungsarbeit in den JVA kann durch Suchtkrankenhelfer im Vollzug erfolgen (vgl. KEMPE 1982): Vollzugsmitarbeiter (i. d. R. Sozialarbeiter) übernehmen die Funktion eines spezialisierten Helfers für die Drogenabhängigen. Unter den gegebenen Verhältnissen drohen jedoch die Schwierigkeiten in der Institution seine Kräfte aufzuzehren: Er bleibt in den regulären Dienstpflichten (z. B. Dienstbuchführung) zu verstrickt, wird von den Kollegen nicht ernstgenommen, als »Minidachdecker« verachtet; ihm fehlt zudem oft die geeignete Aus- und Fortbildung, und er wird oft von den Gefangenen mit dem »Dachdecker« (Psychologen) oder »Himmelskomiker« (Pfarrer) gleichgesetzt.

Suchtkrankenhelfer im Vollzug

Daher erfolgt die Motivierung der Drogenabhängigen besser durch einen externen Drogenberater einer regionalen DROBS: Dem Drogenabhängigen wird so Gelegenheit gegeben, seine Probleme in den Beratungsgesprächen offener und mit weniger Rücksicht auf zukünftige Vollzugsentscheidungen zur Sprache zu bringen. Ist der Abhängige therapiewillig, soll seine Bereitschaft durch vorzeitige Entlassung zur Bewährung, durch Gnadenerweis oder – sofern die Voraussetzungen vorliegen – nach den Bestimmungen des BtMG (s. o. 3.1.3.1) zum Antritt einer Therapie ge-

externe Drogenberater

nutzt werden. Beratungsarbeit in der U-Haft soll neben der Wekkung der grundsätzlichen Therapiebereitschaft auch dazu dienen, dem Richter ein therapieorientiertes Urteil zu ermöglichen. Die Zahl der aus dem Strafvollzug in Therapie vermittelten Strafentlassenen hat sich seit 1982 durch die Aktivitäten der externen Drobs vervielfacht.

Wie sieht diese Beratungsarbeit konkret aus? – Der externe Drogenberater versucht auf allen möglichen Wegen mit dem Klienten in Kontakt zu kommen, z. B. durch regelmäßig erscheinende Anzeigen in den »hausamtlichen Mitteilungen«; durch das Angebot, über die anstaltsinterne Postverteilung ein Anliegen an das Postfach des »Drogenberaters« weiterleiten zu können; durch Vermittlung der in der Anstalt tätigen Psychologen, Sozialarbeiter, Pfarrer und den Anstaltsarzt, aber auch durch Bedienstete bzw. Aufsichtsbeamte; durch einen Informationsbrief des Drogenberaters, der in der JVA in möglichst hoher Auflage verteilt wird; durch die Aufforderung zum brieflichen Kontakt mit DROBS. Der persönliche Erstkontakt mit dem externen Drogenberater kann in Form von regelmäßig stattfindenden Gruppenveranstaltungen erfolgen, um in rationeller Weise zunächst einmal allgemeine Informationen zu vermitteln. Hierzu gehören z. B. Informationen über Erscheinungsformen, Ursachen und Behandlungsmöglichkeiten der Drogenabhängigkeit.

Kontakt

Gruppenveranstaltungen

Angst reduzieren

Konkrete Informationen sollen vor allem Angst reduzieren, indem sie Horrorgerüchte aus der Szene oder der JVA entkräften, ohne die therapeutischen Maßnahmen unrealistisch ideal darzustellen. Da in solchen Gruppen immer die Gruppendynamik in Gang kommt, muß vermieden werden, daß aus ihnen Therapie- oder Selbsterfahrungsgruppen werden. Die bewußte Beschränkung der Gruppenveranstaltungen auf Information und Wissensvermittlung muß stets deutlich gemacht und konsequent eingehalten werden, auch bzw. gerade wenn sich der Drogenberater in seinem Anspruch und in seiner Kompetenz unterfordert fühlt.

Einzelgespräche

Im Rahmen solcher Informationstreffen bietet der externe Drogenberater feste Termine für Einzelgespräche an. Im Einzelgespräch soll der Klient möglichst direkt mit seiner Problematik (Drogenabhängigkeit, Kriminalität) sowie seiner momentanen Situation konfrontiert werden, um Aufschluß über seine Ernsthaftigkeit und Therapiebereitschaft zu erhalten. Es kommt wesentlich darauf an, den Klienten nicht abzuschrecken, ihn aber doch realistisch über die Schwierigkeiten und Härten der bevorstehenden Therapie zu informieren, damit er nicht später einen »Schock« erleidet, der zu spontanem Abbruch führen kann. Für die Zeit des Wartens und insbesondere für solche Klienten, die sich noch nicht entscheiden können, sollten die regelmäßigen Gruppensitzungen fortgeführt werden.

Vermittlung in LzTh Voraussetzungen

Für die Vermittlung aus dem Knast in LzTh müssen folgende formale Voraussetzungen erfüllt sein:
1. Bewerbung bei der gewünschten Einrichtung;
2. Lebenslauf;

3. Freiwilligkeitserklärung;
4. ärztliches Gutachten (Anstaltsarzt);
5. Sozialbericht (s. u. 5.4.1.6.1);
6. Antrag an AGSU bzw. zuständigen Kostenträger (s. u. 5.4);
7. nach der Kostenzusage Antrag beim zuständigen Sozialamt auf Taschengeld, Kleiderbeihilfe etc. während der Therapie;
8. Stellungnahme der Strafvollzugskammer.

Voraussetzung für eine produktive Arbeit des externen Drogenberaters, der ja zunächst von den Anstaltsmitarbeitern wie ein Fremdkörper mißtrauisch beäugt wird, ist eine gute Kooperation mit allen Gruppen der Anstalt. So liegt es einerseits auch im Interesse des Klienten, daß der Sozialdienst, der Psychologe, der Arzt, aber auch das Aufsichtspersonal und der Anstaltsleiter über seine Problematik informiert werden; andererseits wird aber gerade dadurch der externe Drogenberater ebenfalls zum Kontrollorgan. Da ja Sozialarbeiter immer noch kein Recht auf Aussageverweigerung im Strafprozeß haben, verstärkt sich die Schwierigkeit, mit dem Klienten ein wirkliches Vertrauensverhältnis aufzubauen (s. u. 3.3.2.2).

kein Recht auf Aussageverweigerung im Strafprozeß

Es erfordert eine starke Persönlichkeit, um nicht zwischen den Fronten zerrieben zu werden. Hinzu kommt, daß der durch die Konzeption nahegelegte Arbeitsaufwand enorm ist: So soll der externe Drogenberater mit allen Gruppen im Strafvollzug ebenso Kontakt halten wie mit Richtern, Staatsanwälten, Verteidigern, dem Justizministerium. Er soll sich um Elternarbeit kümmern und die Behandlungseinrichtungen gut kennen, damit er seinen Klienten spezifische und sachgerechte Empfehlungen geben kann. Dies ist schon rein zeitlich ein großes Problem, wenn er 40 – 100 Klienten zu betreuen hat. Es braucht viele, häufig lange Wege in und zwischen den Anstalten, Institutionen und Instanzen. Meist dauert es mehrere Wochen, bis die notwendigen Zustimmungen und Genehmigungen von Gericht und anderen Instanzen eintreffen, die z. B. nach §§ 35 ff. BtMG erforderlich sind.

Arbeitsaufwand enorm

Die Kostenzusage beansprucht ebenfalls mehr Zeit als bei nichtinhaftierten Drogenabhängigen. Manchmal werden Bescheinigungen des Anstaltsarztes als nicht ausreichend zurückgewiesen, was dem Gefangenen, der keine freie Arztwahl hat, wie Schikane erscheinen muß. Schließlich ist zweifelhaft, ob die gewünschte Einrichtung genehmigt wird. Trotz all dieser Schwierigkeiten gibt es zu dieser Form der Arbeit mit Drogenabhängigen im Strafvollzug bisher keine durchsetzbare bessere Alternative.

keine bessere Alternative

Drogenstationen im Justizvollzug – »Drogenknäste« I

Aus den beschriebenen Zuständen im Regelvollzug (s. o. 3.1.3.3.1) wird von manchen Fachleuten die Forderung der »Entmischung« von Gefangenen abgeleitet, also die Unterbringung von Drogenabhängigen in Sonderanstalten oder -abteilungen. D. h., der Straf-

»Entmischung«

Formen der Therapie	vollzug wird in diesen Sondereinrichtungen mit irgendwelchen Formen der Therapie, meist einer 4-Stufen-Form (Kontakt – Motivation – Therapie – Entlassungsvorbereitung) verknüpft (vgl. KINDERMANN 1979; BRAKHOF 1988). Beispielhaft für solche Konzepte ist das »Berliner Modell«, welches seit 1977 in verschiedenen Strafanstalten durchgeführt worden ist (Neukölln, Plötzensee, Tegel, Lehrter Straße), nur teilweise mit Erfolg (vgl. LESCHHORN 1983).
Beispiel: »Berliner Modell«	
Konzept	Die Drogenabteilung, auch »Fachbereich für Suchtgefährdete« genannt, die laut Konzept nur mit »ehemaligen« Drogenabhängigen belegt sein soll, besteht aus zwei Stationen mit je 15 Haftträumen, der geschlossenen bzw. Aufnahmestation (Stufe 1) und der halboffenen Station (Stufe 2), auf der stabile und »abstinente« Drogenabhängige leben. Beide Stationen sind Wohngruppen, zu denen jeweils der Stationsdienst (2 Stationsbedienstete als Gruppenbetreuer) sowie ein Psychologe gehören.
Stufe 1	
Stufe 2	
Aufnahmeverfahren	Die Selektion der Bewerber erfolgt im Aufnahmeverfahren, für das Voraussetzung ist: Schriftliche Bewerbung mit Lebenslauf und 2stündiges »Streßinterview« bzw. Aufnahmegespräch, in dem die persönlichen Daten und die Lebensgeschichte, frühere Inhaftierungen, die bisherige Drogenkarriere, Erwartungen an die Drogenabteilung und bisherige Therapieversuche zur Sprache kommen sollen. Die Aufnahmeentscheidung trifft das Aufnahmegremium, gewöhnlich das Behandlungsteam oder ein Teil desselben. Aufnahmekriterien sind:
Aufnahmekriterien	

– Abhängigkeit von harten Drogen;
– Reststrafzeit von 1 – 3 Jahren;
– erkennbarer Wille zur Drogenabstinenz;
– voraussichtliche Gruppenfähigkeit und Einpassungsfähigkeit in die jeweils bestehende Gruppe;
– nicht-psychotisch und nicht erheblich minderbegabt;
– schriftliche Anerkennung der Stationsregeln.

In Ausnahmefällen, bei besonderer Empfehlung und günstigem bisherigen Verlauf des Ausstiegs aus der Abhängigkeit kann ein Drogenabhängiger direkt in Stufe II aufgenommen werden.

Stufe I: Hier erfolgen die diagnostische Klärung der Drogenkarriere und der persönlichen Entwicklung und die Einleitung des Behandlungsprozesses durch Integration in eine bestehende Gruppe, durch Auseinandersetzungen mit den übrigen Gruppenmitgliedern in einer Nicht-Szene-Atmosphäre: Beginn der Selbstreflexion, Entwicklung der Fähigkeit, einen geordneten Tagesablauf einzuhalten und Arbeitsleistungen zu erbringen, Abbau von Ausweichverhalten.

Vorrangiges Ziel: angstfreies Gruppenklima	Vorrangiges Ziel ist, ein für die Behandlung angstfreies Gruppenklima zu schaffen, das die Ausbildung der vollzugsüblichen Subkultur vermeidet, Mißtrauen abbaut, die Bereitschaft zur Zusammenarbeit fördert und Spannungen ausgleicht. Deshalb werden betont aggressive Drogenabhängige nicht aufgenommen. Stufe I dauert in der Regel sechs Monate. Davon wird ein Monat der Orientierung, dem Kennenlernen und dem Eingewöhnen gewidmet.

Hier wird also besonders stark auf die Einhaltung von Regeln geachtet. Die nächsten vier Monate dienen vornehmlich der Motivierung für die eigentliche Therapie. Ferner soll der Drogenabhängige lernen, seine Situation (»ich bin süchtig«) zu akzeptieren, Ausstiegsmöglichkeiten zu erkennen, die eigenen Fähigkeiten zu mobilisieren.

Zum Behandlungsprogramm gehören täglich sechs Stunden Pflichtarbeit in der Beschäftigungswerkstatt, u.U. auch Beginn der Ausbildung in einem Lehrberuf. Freizeitprogramme finden außerhalb der Arbeitszeit statt und beinhalten obligatorische Sportveranstaltungen und Gruppenarbeiten (z. B. Keramik, Malen etc.).

Pflichtarbeit
Freizeitprogramme

Die dritte Säule neben diesem Leistungs- bzw. Arbeitsbereich und dem Freizeitbereich ist der »Persönlichkeitsbereich«. Hier werden verschiedene Gesprächs- bzw. Therapiegruppen angeboten. Auch die Teilnahme hieran ist Pflicht. Wenn eine dieser Pflichten nicht eingehalten wird, wird alsbald ein »Konfrontationsgespräch« mit einem Team-Mitglied anberaumt. Werden die Regeln anhaltend nicht befolgt, kommt es zur Rückverlegung in den Regelvollzug. Frühestens nach vier Wochen kann sich der Proband erneut bewerben.

»Persönlichkeitsbereich«

»Konfrontationsgespräch«
Rückverlegung

Während des letzten Monats in Stufe I soll sich der Drogenabhängige verstärkt Gedanken über seine weiteren Perspektiven machen. Zur Prüfung der Drogenfreiheit werden verstärkt Urinkontrollen durchgeführt. Es wird auch mindestens ein begleitender Tagesausflug zwecks Beobachtung des Verhaltens außerhalb der Anstalt gemacht.

Nach Abschluß von Stufe I erfolgt entweder für weitere sechs Monate die Verlegung in Stufe II, die halboffene Station oder die Entlassung in eine externe Therapieeinrichtung. Möglich ist aber auch die unbedingte Entlassung, wenn Drogenresistenz und günstige Beurteilung vorliegen.

Abschluß Stufe I

Stufe II: Hier werden die eingeleiteten Behandlungsmaßnahmen mit den drei genannten Komponenten fortgeführt. Jetzt setzen insbesondere abgestufte Urlaubsmaßnahmen ein: zunächst zwei Tagesausgänge, dann nach positivem Verlauf Urlaub bis zu drei zusammenhängenden Tagen, die in der Vorbereitungsphase zur Entlassung bei positiver Prognose auf sieben Tage ausgedehnt werden können. Gruppenausgänge und Reisen in Kleingruppen gehören ebenfalls zum Behandlungsangebot. Bei Urlaubsmißbrauch entfallen weitere Urlaubsmaßnahmen für die Dauer von einem Vierteljahr. Der Zeitpunkt der Wiederzulassung zum neuen Urlaub richtet sich nach der persönlichen Entwicklung des Drogenabhängigen. Bei anhaltenden Regelverstößen kommt es zur Rückverlegung in Stufe I.

abgestufte Urlaubsmaßnahmen

Rückverlegung

Welche Schwierigkeiten gibt's? – Ein Hauptproblem ergibt sich zunächst einmal aus den institutionellen Zwängen: Bei hohem Personal- und Sachaufwand herrscht starker Druck, ständig alle Plätze zu belegen. Dadurch kommt es immer wieder zu Aufnahmeentscheidungen, »nur um die Plätze zu füllen«. Hinzu kommt, daß oft Stellen im Team unbesetzt bleiben, weil die Arbeitsbedin-

Hauptproblem institutionelle Zwänge

gungen Bewerbern zu unzulänglich sind oder gerade wieder einmal Geld gespart werden muß.

Festhalten am hierarchischen Modell

Das starre Festhalten am hierarchischen Modell – Ausdruck der konsequenten Umsetzung des staatlichen Kontrollinteresses – bewirkt, daß es häufig zu Rückstufungen in Stufe I kommt. Die Drogenabhängigen verweigern sich zunehmend der »Beförderung« in Stufe 2, weil sie absehbar – anläßlich der kleinsten Schwäche – doch wieder zurückgestuft werden. Die Verweigerung wiederum nutzt die definitionsmächtige Institution als Beleg für die Richtigkeit ihres Behandlungsprogramms, indem sie den Probanden einseitig anlastet, daß die Behandlung nicht klappt. Staatliche

»Fremdbestimmung«

Kontrolle bis hin zum Versuch der »totalen Fremdbestimmung« (Entrechtung) liegen in unversöhnlichem Widerstreit mit gestützter Selbstkontrolle (s. u. 3.1.3.3.3) bis hin zur »vollen Selbstbestimmung«.

»Selbstbestimmung«

Bezeichnenderweise scheiterte das Berliner Modell (Tegel) daran, daß die Junkies gar nicht so passiv und antriebsschwach waren, wie es ihnen immer wieder diagnostiziert wird, sondern daß sie sich – z. T. mit der Sympathie des psychologischen Teams und der Sozialarbeiter – gegen die zusätzliche Entrechtung im Drogenknast zu wehren begannen. Die Folge war, daß die Mitarbeiter des Modellversuchs gehen mußten und die Abteilung »umstrukturiert« wurde (vgl. PÄD. EXTRA SOZIALARBEIT, H. 12, 1981, S. 30; CLAUS/RULFF 1983).

Behandlungskonzepte heute weniger rigide

Inzwischen sind solche Anfangswirren vorüber: Die Behandlungskonzepte sind heute deutlich weniger rigide und durchlässiger für individuelle Ausgestaltungen. Rückfälle werden nicht mehr sofort mit der Ausstoßung aus dem Programm geahndet, sondern nach Möglichkeit konstruktiv in den Behandlungsprozeß integriert. Das Personal ist sich bewußt, daß trotz ihrer Bemühungen viel »gelinkt« wird, daß Drogen im Knast sind, daß die therapeutischen Mögichkeiten sehr gering sind. Umso eher ist eine geringfügige,

Humanisierung

aber eben doch bedeutsame Humanisierung des Umgangs mit drogenabhängigen Gefangenen möglich.

Kritik der Sonderbehandlung

Zentrales Argument der Teams ist, daß die Realität des Gefängnisses die der Gesellschaft spiegelt. Dieser fortschrittlich klingende Satz erscheint uns als Kunstgriff zur Legitimierung der Konzepte. Schließlich sind dadurch auch Stellen für Sozialarbeiter und Psychologen geschaffen worden. Die Angst vor Verlust des Arbeitsplatzes und vor Konflikten mit den Vollzugsbehörden sowie das Bedürfnis nach Sinnhaftigkeit und Erfolg der eigenen Berufstätigkeit machen leicht die Gesamtproblematik des Strafvollzuges vergessen. Es ist hinreichend erwiesen, daß einer Gefängnissubkultur, die bestenfalls eine extreme Karikatur der Macht- und Profitstruktur unserer Gesellschaft darstellt, nicht durch noch so gut gemeinte Therapieangebote begegnet werden kann. Es besteht die Gefahr, daß als Erfolg die gelungene Anpassung an die Gefängnissubkultur gefeiert wird (vgl. die oben er-

Kunstgriff zur Legitimierung der Konzepte

wähnten positiven Äußerungen der Strafgefangenen). Unter den Bedingungen »künstlicher Brutalisierung« in der totalen Institution Selbstverantwortlichkeit und Einfühlung als Voraussetzung für soziale Handlungsfähigkeit einzuüben, erscheint uns äußerst schwierig (vgl. HANSCHMANN et al. 1982). Allerdings muß wohl auch hier versucht werden, die – wie in jeder Institution – vorhandenen Spielräume im Sinne der Anknüpfung von sinnvollen und vertrauenbildenden sozialen Beziehungen zu den Probanden zu nutzen.

Unter psychologischem Aspekt ist zu beanstanden, daß die strikte Regelhaftigkeit und Hierarchie, das Zwangssystem der Haft, die Symptomatik i. S. der primären Ursachen der Drogenabhängigkeit eher noch verstärkt. Die Verhaltensnormen und Handlungszwänge sind viel rigider als im Lebensalltag draußen. Unter juristischem Aspekt ist zu kritisieren, daß unter dem Etikett »Behandlung« Rechte von Strafgefangenen eingeschränkt werden; z. B. werden die Möglichkeiten, Besuch, Post und Urlaub zu erhalten, wegen angeblicher Behandlungsnotwendigkeiten rigide eingeschränkt oder an die Bedingung der Therapiemitarbeit geknüpft. Dies widerspricht den verfassungs- und menschenrechtlich abgesicherten Grundsätzen des StVollzG und der Menschenwürde. I. d. R. wird dieses juristische Problem dadurch umgangen, daß dem Drogenabhängigen vor Behandlungsbeginn schriftlich seine Einwilligung zu den Einschränkungen abverlangt wird. Damit begibt er sich unter Druck faktisch der Möglichkeit, später die gegen diese Einschränkungen vorgesehenen Rechtsbehelfe bzw. Beschwerdemittel des StVollzG nutzen zu können (vgl. KREUZER 1986a).

Die Erfahrung zeigt auch, daß Institutionen wie die therapeutischen Gefängnisse, wenn sie erst einmal in Betrieb sind, zu »Selbstläufern« werden und sich zunehmend auch andere Institutionen an solchen »Modellen« orientieren. Richtern z. B. ist damit ein willkommener Vorwand gegeben, Drogenabhängige ins Gefängnis zu schicken, wo doch jetzt, wie sie mit ruhigem Gewissen sagen können, dort »das Richtige« geschieht. Therapeutische Gefängnisse, ob unter dem Etikett des Strafvollzugs oder des Maßregelvollzugs, entwickeln eine Sogwirkung auf justitielle Entscheidungen.

Problematisch ist auch, daß es zu einer weiteren Spaltung der drogenabhängigen Strafgefangenen kommt: die »guten« kooperationswilligen wandern in die kleinen therapeutischen Stationen; die »bösen« therapieunwilligen bzw. »therapieresistenten« werden weiter im Regelvollzug verwahrt, wobei man deren schlechte Behandlung jetzt noch zusätzlich mit dem Argument legitimieren kann, sie hätten es ja nicht anders gewollt.

Was also ist angesichts eines solchen Modells zu tun? – Es kann kein Zweifel bestehen: Alle Maßnahmen der Zwangstherapie, ob aufgrund eines »deals« gem. §§ 35 ff. BtMG oder aufgrund des »sanften« Drucks, sich zu einer Behandlung innerhalb des Vollzugs bereit zu erklären, dienen vor allem dem staatlichen Interesse an gesetzeskonformem Verhalten und weniger dem humanen

Bedingungen »künstlicher Brutalisierung«

Spielräume nutzen

Psychologische Kritik

Juristische Kritik

Spaltung der Strafgefangenen

Maßnahmen der Zwangstherapie

dienen vor allem staatlichem Interesse

Anspruch, dem Bürger zur psychischen und physischen Gesundheit zu verhelfen. Aufgrund der Erwägungen zur »Zwangstherapie« (s. o. 3.1.4) sehen wir solche Behandlungsangebote allenfalls als geringeres Übel. I. d. R. wird man zwar bei »erfolgreichem« Durchlaufen des Programms nach 2/3 der Strafzeit entlassen, wie die meisten anderen Strafgefangenen auch. Die Erfahrung zeigt aber, daß man nicht nennenswert häufiger bereits nach der Hälfte der Strafzeit entlassen wird (s. o. 3.1.3.2). Die Gefahr des Drogenrückfalls ist an sich jedenfalls kein Grund, die 2/3-Entlassung zu versagen. Durch die besondere Rigidität der Behandlung steigt andererseits aber die Gefahr, daß Drogenabhängige in einem Haftkoller ausflippen, Bambule machen oder sonstwie die Regeln verletzen und dadurch die mühsam errungenen Pluspunkte allesamt den Bach runtergehen. Immerhin sieht auch die Rechtsprechung zunehmend diese Probleme. So wurde z. B. die mit positiven Ergebnissen von »EMIT«-Drogentests begründete Versagung von Vollzugslockerungen nicht mehr anerkannt (OLG, StV 1986, S. 113; KREUZER ebd. S. 129).

Gefahr: Haftkoller

3.1.3.3.3 Alternativen im Strafvollzug?

Wir beziehen aus grundsätzlichen Erwägungen zwar eindeutig gegen die Behandlung der Drogenabhängigkeit im Gefängnis Stellung. Gleichwohl stellt sich für diejenigen, die nun mal in Haft sind, die Frage, wie sie individuell und kollektiv für sich das Beste daraus machen können, und für die Helfer die Frage, wie sie individuell und kollektiv am besten wirken können. Empfehlenswert erscheint jedenfalls, sich nicht umstandslos in ein offizielles Behandlungsprogramm, welches immer auch Kontrollfunktion hat, eingliedern zu lassen.

Empfehlung

Unbedingt notwendig zur AIDS-Prävention und aus allgemeinen humanitären Erwägungen ist das Angebot von Substitutionsbehandlung auch im Strafvollzug (s. 2.8.5.3). Dies gilt erst recht, seit diese Behandlungsform auch strafrechtlich (s. 3.1.1.1.2 – 3) und sozialrechtlich (s. 5.3.5) anerkannt ist. Zur Anerkennung der Drogenkonsum-Realität im Strafvollzug gehört auch das Angebot von Einmal-Spritzen.

AIDS-Prävention

Gegenüber erzwungenen Therapieprogrammen im Knast sind Ansätze zur Selbsthilfe zu bevorzugen, so die Selbstgründung einer Wohngemeinschaft innerhalb des geschlossenen Vollzugs (INOWLOCKI/MAI 1980). Es macht einen entscheidenden Unterschied, ob eine solche Gruppe auf Eigeninitiative hin zustande kommt oder von den Vollzugsbehörden vorgeschrieben wird. Wenn eine Gruppe sich selbst organisiert hat, kann sie als Ganzes versuchen, an den Bedingungen etwas zu ändern, mit den Zuständigen zu verhandeln und sich einen Berater zu besorgen.

Selbsthilfe

3.1.3.4 Wie setzt man seine Rechte durch? – Rechte der Drogenabhängigen im Strafvollzug

»Auch die Grundrechte von Strafgefangenen können nur durch Gesetz oder aufgrund eines Gesetzes eingeschränkt werden.« Diese Verfassungsinterpretation durch das Bundesverfassungsgericht (E 33, S. 1 ff.) besitzt selber Verfassungsrang. Dementsprechend sind heute die Strafvollstreckung (die formale Seite der Durchführung von Freiheitsentzug) und der Strafvollzug (die inhaltliche Seite, also das »Wie« der Durchführung) durch Gesetze geregelt, die wiederum von bundeseinheitlichen Verwaltungsvorschriften sowie weitgehend übereinstimmenden Länderrichtlinien und -ausführungsbestimmungen (z. B. Hessische Ausführungsbestimmungen zum StVollzG) konkretisiert werden. Bei diesen Verwaltungsvorschriften handelt es sich nicht um Gesetze. Sie müssen richterlicher Nachprüfung nicht unbedingt standhalten. Die Grundrechte von Gefangenen dürfen – wie vom Bundesverfassungsgericht formuliert – nur aufgrund eines ausdrücklichen Gesetzes eingeschränkt werden. Deshalb sollte man immer versuchen, gegen Maßnahmen, die auf die Verwaltungsvorschriften (VV) und auf eine bestimmte parteiliche Interpretation des StVollzG gestützt werden, vorzugehen. Es würde den Rahmen dieses Leitfadens sprengen, hier ausführlich auf alle Rechtsmittel einzugehen, die im Strafvollzug gegeben sind (vgl. im einzelnen: RATGEBER FÜR GEFANGENE 1987, Abschn. 22 – 26).

Strafvollstreckung Strafvollzug

Länderrichtlinien und -ausführungsbestimmungen

Grundrechte von Gefangenen

3.1.3.4.1 Strafhaft

In der Strafhaft wendet man sich zunächst einmal mit Anträgen, dem »Anliegen«, und Beschwerden an seine Anstaltsleitung (vgl. o. zur U-Haft: 3.1.2.1.6). Über seine Rechte kann man sich aus dem StVollzG informieren. Bevor man sich an ein Gericht wendet, um gegen die Ablehnung eines Anliegens oder die Maßnahme der Anstaltsleitung vorzugehen, muß man zunächst in den Bundesländern Bremen, Baden-Württemberg, Niedersachsen, Nordrhein-Westfalen, Schleswig-Holstein sowie in den Neuen Bundesländern Widerspruch bei der Aufsichtsbehörde, also beim Justizministerium, einlegen (§ 10 Abs. 3 StVollzG). In den anderen Bundesländern (Bayern, Berlin, Hessen, Rheinland-Pfalz, Saarland) kann man direkt bei der Strafvollzugskammer Antrag auf gerichtliche Entscheidung stellen. Ein solcher Antrag muß innerhalb von zwei Wochen, nachdem man schriftlich Bescheid von der Anstalt erhalten hat, bei der zuständigen Kammer am Landgericht eingegangen sein (§ 109 ff. StVollzG).

Anträge und Beschwerden

3.1.3.4.2 Rechtsmittelkosten, Prozeßkostenhilfe und Beratungshilfe (früher Armenrecht)

Bei einigen Verfahren (Anträge gem. §§ 23 ff. EGGVG, §§ 109 ff. und 114 ff. StVollzG) entstehen Kosten, die vom »Eigengeld« weggenommen werden können, wenn man welches ange-

Verfahrenskosten vom »Eigengeld«

270 3 Recht: Drogen-Un-Recht – und wie man recht bekommen kann

Erstattung

spart hat. Normalerweise wird der »Streitwert« mit 1.000,- DM angesetzt, was eine Gebühr von ca. 40,- DM ergibt. Wenn man ein Verfahren gewinnt, kann man Erstattung eigener notwendiger Auslagen beantragen (z. B. Portokosten, Kopierkosten, Anwaltskosten).

Prozeßkostenhilfe

Prozeßkostenhilfe wird nur dann gewährt, wenn die Rechtsverfolgung einige Aussicht auf Erfolg hat, was vorab geprüft wird. Das bedeutet auch, daß man einige Chancen hat, wenn die Prozeßkostenhilfe gewährt wird. Will man einen Rechtsbehelf unabhängig von der Gewährung von Prozeßkostenhilfe einlegen, beantragt man letztere gleich im Rahmen des Rechtsmittels. Ein Armenrechtszeugnis ist heute nicht mehr erforderlich. Es genügt, die finanzielle Situation zu beschreiben, d. h. über Lebensumstände, Einkünfte und Vermögen Auskunft zu geben. Entsprechende Belege können verlangt werden.

Armenrechtszeugnis

Wenn man die Einlegung des Rechtsmittels von der Gewährung von Prozeßkostenhilfe abhängig machen will, muß man den Antrag auf Prozeßkostenhilfe zunächst einmal alleine stellen. Da bis zur Gewährung der Prozeßkostenhilfe meistens die Rechtsmittelfrist von zwei Wochen verstrichen sein wird, muß man unter Angabe dieses Hintergrundes gem. § 112 Abs. 2, 3 StVollzG »Wiedereinsetzung in den vorigen Stand« beantragen.

»Wiedereinsetzung in den vorigen Stand«

Bis zu einem Nettoeinkommen von 850,- DM wird man von Prozeßkosten vollkommen freigestellt.

Wird der Antrag abgelehnt, so sollte man innerhalb von zwei Wochen Beschwerde bei der nächsthöheren Instanz einlegen.

Liegen die Voraussetzungen der Prozeßkostenhilfe vor, so kann der gewählte Anwalt beigeordnet werden. Deshalb sollte schon im Antrag ein Anwalt benannt werden. In Sachen ohne Anwaltszwang muß man zur Begründung anführen, daß die Sache »besonders schwierig« ist oder der Gegner einen Anwalt hat.

Beratungshilfe

Unter gewissen Bedingungen kann man auch, wenn es noch nicht um einen gerichtlichen Rechtsstreit geht, einen Rechtsanwalt zur Beratung beigeordnet bekommen. Hier werden die Erfolgsaussichten der Rechtsverfolgung nicht geprüft. Der beratende Anwalt kann 20,- DM Eigenbeteiligung verlangen. Auch die Beratungshilfe muß beim Gericht mit denselben Voraussetzungen wie die Prozeßkostenhilfe beantragt werden. Man kann sie aber auch über den bereits konsultierten Anwalt beantragen.

3.1.3.4.3 Einzelne Rechtsfragen, die Drogenabhängige im Strafvollzug betreffen

Urlaubsprobleme

Besonders relevant für Drogenabhängige ist die VV Nr. 4 zu § 13 StVollzG:
»1. Urlaub darf nur gewährt werden, wenn der Gefangene für diese Maßnahme geeignet, insbesondere ein Mißbrauch nicht zu befürchten ist. Bei der Entscheidung ist zu berücksichtigen, ob der Gefangene durch sein Verhalten im Vollzug die Bereitschaft

gezeigt hat, an der Erreichung des Vollzugszieles mitzuwirken.
2. Ungeeignet sind i. d. R. namentlich Gefangene,
a) die sich im geschlossenen Vollzug befinden und gegen die bis zum voraussichtlichen Entlassungszeitpunkt noch mehr als 18 Monate Freiheitsstrafe zu vollziehen sind ...
d) die erheblich suchtgefährdet sind.«
Dieselbe Regelung findet sich in Ziff. 6 der bundeseinheitlichen VV zum Jugendstrafvollzug. Die zitierten VV sind wegen der Ungleichbehandlung der Drogenabhängigen sehr umstritten, deshalb sollte man unter Hinweis auf die juristische Kommentarliteratur (z. B. AK-StVollzG § 13 Nr. 54) unter allen Umständen Urlaub beantragen und die entsprechenden Rechtsmittel einlegen. Die Praxis von JVA, bei postivem Ergebnis des »EMIT«-Drogentests ohne weitere Vollzugslockerungen zu versagen, ist jetzt gerichtlich gestoppt (OLG, StV 1986, S. 113 und 129). *unter allen Umständen Urlaub beantragen und Rechtsmittel einlegen*

Besuch von Behördenvertretern: Solche Besuche, insbesondere durch Drogenberater und Bewährungshelfer dürfen von der Anstalt weder verhindert noch überwacht werden (AK-StVollzG § 24 Nr. 9). *dürfen weder verhindert noch überwacht werden*

Gesundheitsfürsorge

Die Doppelstigmatisierung als kriminell und suchtkrank führt leicht dazu, daß unter dem alibihaften Motto der Gesundheitsfürsorge bzw. Heilung bei einem Drogenabhängigen Einschränkungen der Rechte vorgenommen werden, die dem normalen Strafgefangenen zustehen. »Im Vollzug der Freiheitsstrafe soll der Gefangene fähig werden, künftig in sozialer Verantwortung ein Leben ohne Straftaten zu führen (Vollzugsziel). Der Vollzug der Freiheitsstrafe dient auch dem Schutz der Allgemeinheit vor weiteren Straftaten« (§ 2 StVollzG). *Einschränkungen der Rechte*

Gegen diesen Mißbrauch des »Vollzugsziels« ist mit § 3 StVollzG zu argumentieren: *Gegen Mißbrauch des »Vollzugsziels« argumentieren:*
»Gestaltung des Vollzuges:
1. Das Leben im Vollzug soll den allgemeinen Lebensverhältnissen außerhalb soweit als möglich angeglichen werden.
2. Den schädlichen Folgen des Freiheitsentzuges ist entgegenzuwirken.
3. Der Vollzug ist darauf auszurichten, daß er den Gefangenen hilft, sich in das Leben in Freiheit einzugliedern.«

Gemäß § 56 StVollzG ist »für die körperliche und geistige Gesundheit des Gefangenen zu sorgen. Der Gefangene hat die notwendigen Maßnahmen zum Gesundheitsschutz und zur Hygiene zu unterstützen.«
Dies sieht in der Praxis zunächst so aus, daß keine freie Arztwahl besteht, sondern man mit nicht speziell qualifizierten und überlasteten Ärzten zu tun hat. Diese sollen Krankenpflege, also insbesondere ärztliche Behandlung gewährleisten (§ 58) und den Gefangenen gegebenenfalls in ein Anstaltskrankenhaus, eine besser *keine freie Arztwahl*

geeignete Vollzugsanstalt oder, wenn diese nicht geeignet sind, in ein Krankenhaus außerhalb des Vollzugs verlegen (§ 65 StVollzG).

Echte Krankenpflege kann im Strafvollzug kaum stattfinden Echte Krankenpflege mit Heilungsperspektive in einem ganzheitlichen Sinne kann im Strafvollzug kaum stattfinden. Für Drogenabhängige in Haft erschwert § 56 StVollzG u. U. das Problem, indem sie zu kaltem Entzug gezwungen werden. Die Drogenabhängigen erhalten, um die Ordnung aufrecht zu erhalten und um resozialisierende Maßnahmen zu stützen, Schlafmittel und Psychopharmaka – mit der Folge, daß das Suchtverhalten nicht verändert wird, bestenfalls eine Verlagerung zu legalen Drogen und vielleicht später ein Ausstieg stattfindet. Mit Substitutionsbehandlung im Strafvollzug bietet sich aber ein akzeptabler Kompromiß an, von dem zunehmend Gebrauch gemacht wird. Der für eine AIDS-Prophylaxe notwendige Spritzentausch wird jedoch im Strafvollzug weiterhin verweigert. (Zu Konzepten des Spritzentausches im Strafvollzug s. STÖVER 1994 u. 1995, S. 210 ff.)

Drogenabhängige Gefangene aufgrund von Krankheit bzw. eines medizinischen Behandlungskonzepts von Resozialisierungsmaßnahmen auszuschließen, wäre *sinn- und gesetzeswidrig*. »Die Unterbringung in einem Vollzugskrankenhaus zum Zweck der Suchtbehandlung erscheint ebenfalls nicht sinnvoll, da der Auftrag dieser Einrichtung allein sein kann, während des Vollzugs auftretende Erkrankungen zu behandeln und die Patienten wieder vollzugstauglich zu machen. Für spezielle ärztliche Leistungsangebote sind diese Krankenhäuser nicht zuständig. Sie kommen nur infrage für den körperlichen Entzug.« (AK-StVollzG § 56 Nr. 19).

Man muß stets im Auge behalten, daß das Drogenproblem mit den Mitteln der Strafverfolgung und des Strafvollzugs nicht zu lösen ist. Drogenabhängigen entgegen dieser Einsicht eine Behandlung im Strafvollzug aufzuzwingen, wäre deshalb als *unverhältnismäßiger Eingriff* mit dem Grundgesetz nicht vereinbar.

Eine neue Dimension bekommt die Gesundheitsfürsorge im Strafvollzug durch die Tatsache, daß nunmehr ambulante und stationäre *Substitutionsbehandlungen als Methode der Wahl* in bestimmten Fällen (s. u. 3.3.1.1) straf- und arztrechtlich legitimiert und kassenrechtlich akzeptiert sind. Diese Methode eignet sich insbesondere, um wenigstens eine Linderung der physischen und psychischen Leiden sowie der strukturellen Dissozialisierung des Gefängnismilieus zu bewirken, die aus dem unvermeidlichen anstaltsinternen Schwarzmarkt und den extrem riskanten und insbesondere die HIV-Infektion fördernden Gebrauchsmodalitäten resultieren (s. o. 2.4; ausführlich: BÖLLINGER 1990).

Zwangsmaßnahmen auf dem Gebiet der Gesundheitsfürsorge gem. § 101 StVollzG: Nach § 101, einer selbst für Juristen schwer verständlichen Vorschrift (mal nachlesen!), sind Ärzte, solange der Abhängige noch einigermaßen klar denken kann und noch nicht in Lebensgefahr schwebt, nicht zur Behandlung gezwungen. Wenn jemand bewußtlos ist, z. B. *nach einem Selbstmordversuch*, ist der Arzt dagegen zur Behandlung verpflichtet. Das gilt auch, wenn die »natürliche Einsichts- und Urteilsfähigkeit nicht vor-

handen ist, um die Bedeutung und Tragweite ärztlicher Maßnahmen abzuschätzen«. Brauchbarere Maßstäbe existieren leider noch nicht.
Weiter besteht nach dem Wortlaut des § 101 Abs. 1 Satz 2 eine Pflicht zur Durchführung von Zwangsmaßnahmen bei akuter Lebensgefahr. Diese Verpflichtung gilt aber nur bei akuter Gefahr für das Leben anderer Personen. Ist dagegen nur das Leben des Gefangenen in Gefahr, so ist grundsätzlich sein frei geäußerter Wille zu beachten. Das trifft nicht nur für die Verweigerung einer lebensnotwendigen Operation, sondern auch für den frei gebildeten Selbstmordwillen zu. Nur wenn Zweifel an der freien Willensentscheidung bestehen, ist eine Verpflichtung zum Eingreifen anzuerkennen (vgl. AK-StVollzG § 101 Nr. 15).

Zweifel an der freien Willensentscheidung

Befugnis und Pflicht zu medizinischen Zwangsmaßnahmen entfallen, wenn diese unzumutbar oder mit erheblichen Gefahren für Leben oder Gesundheit des Gefangenen verbunden sind. Was unzumutbar ist, ist nicht so leicht zu entscheiden. Mit erheblicher Gefahr verbunden sind in jedem Fall die Entnahme von Rückenmark- oder Gehirnflüssigkeit sowie alle Eingriffe, die von einer allgemeinen Betäubung begleitet sind. Bei einem aus freien Stücken begonnenen Hungerstreik ist die Verwaltung jedenfalls zur Zwangsernährung nicht mehr verpflichtet. Auch die zwangsweise Verabreichung von Beruhigungsmitteln und anderen Psychopharmaka durch einen Arzt ist unzulässig (a. a. O. Nr. 21). Zu körperlichen Eingriffen, die nur mit der Einwilligung des Gefangenen erlaubt sind, gehören auch z. B. die Entnahme von natürlichen Körperbestandteilen wie Blut, Gehirnflüssigkeit, Samen oder Urin. Auch die Abnahme der Kopfhaare, Magenaushebung, Röntgenaufnahmen sind körperliche Eingriffe.

Befugnis und Pflicht entfallen wenn:

Hungerstreik

Beruhigungsmittel und Psychopharmaka körperliche Eingriffe

Anspruch auf Behandlung?

Kehrseite der bisher genannten Punkte ist, daß der Gefangene auf Maßnahmen – wie z. B. Psychotherapie – keinen Anspruch hat, auch wenn es sich um eine indizierte Maßnahme handelt. Man könnte beantragen, gem. § 9 StVollzG in eine sozialtherapeutische Anstalt verlegt zu werden. Solche Anstalten sind aber sehr rar, deshalb hat der Antrag kaum Aussicht auf Erfolg. Man könnte weiter versuchen, sich gem. § 65 Abs. 2 StVollzG in ein normales Krankenhaus verlegen zu lassen. Als solches gilt auch die Psychiatrie. Das kann aber bedeuten, daß man vom Regen in die Traufe kommt.

Psychiatrie: vom Regen in die Traufe

Rechtsbehelfe gegen ärztliche Behandlungsmaßnahmen: Ärztliche Behandlungsmaßnahmen können Maßnahmen i. S. des § 23 EGGVG darstellen, deren Anfechtung in Form eines Feststellungsantrages beim OLG zu erfolgen hat.

3.1.3.5 Psychiatrisierung III: Drogenabhängige im Maßregelvollzug

3.1.3.5.1 Maßregeln der Besserung und Sicherung: §§ 61 ff. StGB

Palette von Maßregeln

Als weitere Rechtsfolge kann das Urteil eine »Maßregel der Besserung und Sicherung« gem. §§ 61 ff. StGB vorsehen (vgl. BÖLLINGER 1994c). Infrage kommen insbesondere die Unterbringung in einem PKH oder – ausnahmsweise – in einer Entziehungsanstalt, aber auch letztlich die Sicherungsverwahrung, die Führungsaufsicht (s. o. 3.1.3.2), die Entziehung der Fahrerlaubnis »wenn die Tat im Zusammenhang mit dem Führen eines Kraftfahrzeugs begangen wurde« (§ 69; davon zu unterscheiden ist das Fahrverbot gem. § 44, s. o. 3.1.3 sowie die straßenverkehrsrechtliche Entziehung der Fahrerlaubnis, s. u. 3.2.4) und das Berufsverbot (§ 70).

Keine Begrenzung durch Schuld

Maßregeln gelten nicht als Strafe, können aber in ihrer Wirkung noch schlimmer sein als Strafe. Maßregeln können neben oder statt der Strafe angeordnet werden, wobei die Maßregel i. d. R. vor der Freiheitsstrafe vollstreckt und die Zeit des Vollzugs der Maßregel auf die Strafe angerechnet wird.

zur Bewährung

Die Maßregel kann ebenfalls zur Bewährung ausgesetzt werden, was vom Gericht – bei Unterbringung in einer Entziehungsanstalt alle 6 Monate, bei Unterbringung im PKH einmal im Jahr, im Falle der Sicherungsverwahrung alle 2 Jahre – geprüft werden muß. Wenn eine Maßregel nicht funktioniert, kann man in den Vollzug einer anderen Maßregel oder unmittelbar in den Strafvollzug überwiesen werden.

Unterbringung im PKH

Die Unterbringung im PKH (§ 63 StGB) kommt dann in Frage, wenn man eine Tat im Zustand der Schuldunfähigkeit (§ 20 StGB; vgl. oben 3.1.2.4) oder der verminderten Schuldfähigkeit (§ 21 StGB) begangen hat. Voraussetzung ist weiter, daß von dem Täter »infolge seines Zustandes« erhebliche rechtswidrige Taten zu erwarten sind, und er deshalb für die Allgemeinheit gefährlich ist. Konsequenz: Ist jemand wegen seiner Drogenabhängigkeit als vermindert schuldfähig eingestuft worden, hat er aber inzwischen entzogen, so kann eine Unterbringung im PKH darauf nicht mehr gestützt werden.

Unterbringung in Entziehungsanstalt

Als vorrangig erachtete bisher die Rechtsprechung die Unterbringung in einer Entziehungsanstalt gem. § 64 StGB bzw. – für Jugendliche bis 18 bzw. 21 Jahren – § 93a JGG (vgl. BGH StV 93, 302; m. krit. Anm. WAGNER). Voraussetzung: die zu erwartende Straftat muß auf den »Hang« zum Rauschgiftkonsum zurückgehen. Dabei wird Hang allzu schematisch mit Abhängigkeit gleichgesetzt, was z. B. an der Realität von Toleranzbildung und psychologischem Normalzustand bei Einhaltung einer konstanten Dosis von Opiaten völlig vorbeigeht. Aber nach geltendem Recht kann man schwer dagegen argumentieren.

Die Unterbringung in einer Entziehungsanstalt darf jedenfalls nicht länger als 2 Jahre dauern (§ 67d StGB), wodurch allerdings eine alsbaldige Wiedereinweisung nicht ausgeschlossen ist. Die Maßregel nach § 64 wird zumeist in einer geschlossenen Abteilung eines PKH vollzogen, d. h., hier gilt im besonderen Maße die allgemeine Problematik psychiatrischer Behandlung. Sehr zu begrüßen ist, daß das BVerfG in einer neuen Entscheidung (StV 94, 594) mit der Praxis Schluß macht, auch bei Aussichtslosigkeit der Drogen-Abstinenztherapie nach § 64 Abs. 1 StGB unterzubringen. § 64 Abs. 2 StGB, der das genau regelt, muß nun angewandt werden, die systematische Benachteiligung der Drogenabhängigen hat insofern ein Ende.

Höchstdauer 2 Jahre

Aussichtslosigkeit der Behandlung

Verständlicherweise zieht manch einer, der die Psychiatrie kennt, den Aufenthalt im »Knast« dem in der »Klapsmühle« vor. Es liegt in § 63 aber auch die Chance für diejenigen, die aufgrund eines Strafmaßes von über 2 Jahren für eine Therapie nach dem BtMG nicht infrage kommen. In letzter Zeit sind nämlich einige fortschrittliche psychiatrische Abteilungen an Allgemeinkrankenhäusern oder spezielle Drogenstationen in PKH eingerichtet worden, deren Behandlungsangebot anzunehmen sich durchaus lohnen kann. Verteidigungsstrategisch könnte man versuchen, auf eine Maßregel nach § 63 hinzuwirken, um an der Auswahl einer geeigneten Einrichtung mitwirken zu können. Hier wird es also wesentlich auf die Beschaffung von Informationen über derartige psychiatrische Abteilungen ebenso ankommen wie auf informelle Gespräche mit Richtern und Staatsanwälten.

Chance

3.1.3.5.2 Maßregelvollzugsgesetze

Inzwischen haben fast alle Bundesländer Maßregelvollzugsgesetze erlassen, in denen die Abläufe in der Unterbringung – mit geringen länderspezifischen Unterschieden – einigermaßen rechtsstaatlich geregelt sind (BremMVG v. 28.6.83, GVBl., S. 407; HessMVG v. 3.12.1981, GVBl. I, S. 414; NiedersMVG v. 1.6.1982, GVBl., S. 131; NRW-MVG v. 18.12.1984, GVNW 85, S. 14; RhPfl-MVG v. 23.9.1986, GVBl., S. 223; SaarMVG v. 29.11.1989, ABl. 1990, S. 81; HH-MVG v. 14.6.1989, GVBl. 1989, S. 99; Kommentierung VOLCKART 1986)).

Abläufe in der Unterbringung einigermaßen rechtsstaatlich geregelt

Am Beispiel des HessMaßrVollzG wollen wir die Grundlinien dieser Regelungen skizzieren: Nach einem sog. Vollstreckungsplan (§ 4) sind bestimmte Einrichtungen für die Behandlung zuständig. Wenn »die Behandlung des Untergebrachten oder seine Eingliederung nach der Entlassung« dadurch gefördert werden, ist aber eine Abweichung von diesem Vollstreckungsplan möglich.

Beispiel HessMaßrVollzG

Alsbald nach der Aufnahmedurchsuchung ist ein Behandlungs- und Eingliederungsplan aufzustellen (§ 6). Dadurch wird – theoretisch – etwas durchsichtiger, was eigentlich in der Psychiatrie geschieht.

Wichtig ist § 7 Abs. 1: Der Untergebrachte erhält »die zur Erreichung des Vollzugsziels (...) erforderliche ärztliche Behandlung«. Er kann sich gegen operative oder lebensgefährliche Behandlun-

Achtung: »erforderliche ärztliche Behandlung«

gen wenden, gleiches gilt für psychotherapeutische Maßnahmen. Der Einwilligung bedarf auch eine Behandlung, die die Persönlichkeit des Untergebrachten auf Dauer tiefgreifend verändern würde. Was »lebensgefährlich« und »die Persönlichkeit tiefgreifend verändernd« ist, ist eine Definitionsfrage und soll ausgerechnet von der Landesregierung durch Rechtsverordnung bestimmt werden.

Vollzugslockerungen — Zum ersten Mal gesetzlich garantiert sind immerhin auch Vollzugslockerungen entsprechend dem StVollzG (Urlaub, Besuch, Ausgang etc.). Geregelt sind schließlich Aspekte wie Taschengeld (§ 11), persönlicher Besitz (§ 13), Besuchsempfang (§ 17), Briefverkehr (§ 20 ff.), Sicherheit und Ordnung (§ 33 ff.) usw. Wie sich diese Gesetze konkret auf die Vollzugspraxis in den PKH und den Entziehungsanstalten auswirken, ist noch nicht absehbar. Immerhin ist festzustellen, daß sich nach Erlaß des StVollzG die Bedingungen im Strafvollzug leicht gebessert haben, zumindest was die Kontrolle und die Möglichkeit von Rechtsbehelfen gegen Maßnahmen des Personals anbelangt. Schon allein deshalb war ein solches Gesetz zu begrüßen und sind dessen Möglichkeiten auszuschöpfen. Mittlerweile sind gem. § 109 StVollzG die Rechtsmittel des Straf- und Maßregelvollzugs angeglichen.

Rechtsmittel

3.1.3.5.3 Modelle des Maßregelvollzugs – »Drogenknäste« II

Zum Maßregelvollzug Beispielhaftes aus dem »Hessischen Programm zur Bekämpfung des Drogenmißbrauchs« (Mai 1980): »Angestrebt wird neben der durchgehenden Verbesserung der therapeutischen Möglichkeiten eine bedarfsgerechte Ausweitung der Kapazitäten. In der Vergangenheit waren allerdings die bislang vorgehaltenen 64 Plätze in Hadamar und Merxhausen nicht ständig ausgelastet. Da der Landeswohlfahrtsverband in Hessen auch eine Unterbringung von Kindern und Jugendlichen nach § 93a JGG durchführt, sind einige wenige bisher aufgetretene Fälle in den Einrichtungen der Kinder- und Jugendpsychiatrie mitbehandelt worden. Von der Schaffung eigener Einrichtungen wird nach den bisherigen Erfahrungen abgesehen. Der Landeswohlfahrtsverband (LWV) wird in seinen Einrichtungen Rheinhöhe und Lahnhöhe kleine Einheiten für suchtkranke Minderjährige vorbehalten. Im gesamten Maßregelvollzugsbereich ist ein Teil der Suchtkranken gem. § 63 StGB untergebracht, wenn ein psychiatrischer Anlaß vorliegt.«

kleine Einheiten für suchtkranke Minderjährige

Der LWV Hessen hat auf der Grundlage des zitierten Programms 1980 einen »Rahmenplan zur Betreuung Drogenabhängiger in den PKH und Kliniken für Kinder- und Jugendpsychiatrie« aufgestellt, dessen Realisierung teilweise im Gange ist. Die Behandlungskonzeption des LWV sieht wie folgt aus:

Behandlungskonzeption des LWV Hessen

1. Entzugsbehandlung: (in allen PKH außer Haina, Herborn, Weilmünster, Meißner) sofortige Aufnahme im Not- und Unterbringungsfall nach HFEG (s. u. 3.2.1); bei Freiwilligkeit nach Anmeldung und Beratung durch DROBS, Arzt, PKH umgehende

Aufnahme. Die Unterbringung erfolgt in einer Akut- und Aufnahmestation, wenn vorhanden in einer Spezialabteilung für Drogenabhängige, evtl. auch in gruppenweiser Betreuung. Die Behandlung besteht aus umfassender Diagnostik – unter Hinzuziehung der benötigten Fachärzte, der Entgiftungsbehandlung einschließlich therapeutischer Gespräche und der Beratung zur Vorbereitung einer LzTh.

Unterbringung

Die regionale Zuständigkeit der PKH ist grundsätzlich durch den Rahmenplan festgelegt (s. u. 3.2.1). Nach dem Grundsatz der freien Krankenhauswahl (§ 10 Hessisches Krankenhausgesetz) können Drogenabhängige, die sich freiwillig einer Behandlung unterziehen wollen, unabhängig davon aufgenommen werden. In der Praxis bedeutet dies, daß man sich – am besten nach Kontakt mit der DROBS – an Einrichtungen wenden kann, in denen es besonders kompetente, insbesondere psychotherapeutische Angebote für Drogenabhängige gibt (z. B. Psychiatrische Abteilung im Stadtkrankenhaus Offenbach; Waldkrankenhaus Köppern, Außenstation »Bamberger Hof«, Frankfurt; die Einrichtungen in Offenbach und Frankfurt haben den Vorteil, nicht auf dem flachen Land zu liegen).

Grundsatz der freien Krankenhauswahl

2. **»Motivationsbereiche«**: zur Vorbereitung der LzTh in speziellen Einrichtungen bilden den Schwerpunkt des Konzepts. Zuständig sind speziell dafür eingerichtete Abteilungen in den PKH Merxhausen und Hadamar sowie in dem im Aufbau befindlichen Drogenbehandlungsbereich der PKH Gießen.

Ausgestaltung: Geschlossene und sichere Unterbringung der Drogenabhängigen (in Hadamar gewährleistet durch doppelten Natodraht-Zaun, Fenstersicherungen, Scheinwerfer sowie Video-Überwachung im Außenbereich sowie spezielles Überwach-ungspersonal). Abschirmung der Drogenabhängigen während der Eingangs- und ersten Motivationsphase zur Verhinderung der Einschleusung von Suchtstoffen und von Dealer-Aktivitäten.

Ausgestaltung

Gewährleistung eines strukturierten Tagesablaufs: Drogenabhängige sollen permanent und in vollem Umfang »therapeutisch gefordert« werden, d. h., mit ihnen sollen die Suchtproblematik bearbeitet, Perspektiven eröffnet, Wege zur Neuorientierung gefunden werden.

strukturierter Tagesablauf

Aufbau eines intensiven und konsequenten verhaltenstherapeutisch orientierten Motivationsprogramms (s. o. 2.8.3.1), Dauer: 6 – 9 Monate; es ist nicht als »eigentliche« Therapie beabsichtigt! Für endgültig nicht langzeitmotivierbare Patienten ist an eine reine Verwahr-Lösung gedacht.

3. **Behandlungsstufen**: 2 – 10 Tage ab Neuaufnahme: Entzug; medizinisch-psychologische Diagnostik; Festlegung des weiteren Behandlungsprogramms: Therapieplan, Therapie-Paß für den Drogenabhängigen.

Eingangsstufe

3 Monate: Veränderung des Tages- und Nachtrhythmus mittels durchstrukturierten Tagesplans; Einübung von Selbstverantwortung und Selbstversorgung durch sozialtherapeutische Anleitung: Zimmer selbst aufräumen, Essen selber machen, Gruppenzusam-

Motivationsstufe I

3 Recht: Drogen-Un-Recht – und wie man recht bekommen kann

Motivationsstufe II

menhang; am Ende Antrag auf Übernahme in Motivationsphase II. 3 – 6 Monate: Vorstufe für Langzeittherapie; evtl. therapeutische Angebote auch außerhalb des Unterbringungsbereichs; Beschäftigungs- und Arbeitstherapie; Außenorientierung durch Kontakt zu DROBS, LzTh-Einrichtungen und Justiz.

Motivationsstufe 0

Bei Unmöglichkeit der angestrebten Betreuung aufgrund des Verhaltens des Drogenabhängigen innerhalb M I oder M II zeitlich befristete Einzelunterbringung im geschlossenen und zusätzlich gesicherten Bereich – bei starker Reduzierung des therapeutischen Angebots.

4. Aufstiegskriterien: Grundlage für die Verlegung innerhalb der Motivationsstufen ist das verhaltenstherapeutische Punkteprogramm. Bei negativer Punktebilanz ist also die Rückstufung wahrscheinlich.

3.1.3.5.4 Modelle in der Praxis

Realität und Programm

Die Realität des Maßregelvollzuges unterscheidet sich gerade bei Drogenabhängigen oft stark vom offiziellen Programm. Erst die Skandalisierung durch einen aktiven Rechtsanwalt führte z. B. im Herbst 1986 zur Ablösung des Chefs der »Drogenklinik Frohnau«, einer Abteilung des Bonhoeffer-PKH in Berlin: in »Fixerbetten« wurden Drogenabhängige tagelang ihrer Bewegungsfreiheit beraubt und waren zwecks Urintests zu harntreibenden Injektionen gezwungen worden!

Behandlungskonzept

PKH Hadamar: Bundesweit gibt es nur wenige spezialisierte »Drogenkliniken« im Rahmen des Maßregelvollzugs. Eine davon ist die Abteilung für Drogenabhängige im PKH Hadamar in Nordhessen, wo ca. 90 nach §§ 63 und 64 StGB in Wohngruppen untergebrachte Patienten behandelt werden. Der Personalschlüssel leidet bei einer Gesamtpersonalstärke von ca. 40 wie üblich unter der Finanzknappheit. Nach einer turbulenten Anfangsphase in den 80er Jahren wurde das gefängnisähnliche Klima und das damit verbundene rigide Behandlungskonzept allmählich lockerer und sachgerechter. Auch die Bewegung, welche seinerzeit die Kritik in Form militanter Demonstrationen gegen die Klinik vortrug, existiert nicht mehr. Heute wird dort neben dem üblichen Arsenal von sozialen Trainingskursen, Ausbildung, Arbeitstherapie etc. als spezifische Behandlung Gruppentherapie angeboten, zuweilen auch Einzeltherapie. Methodisch wird eine Mischung aus Verhaltenstherapie und psychoanalytischer Therapie angewendet. Die Tatsache, daß Drogenabhängige nach der neuesten BGH-Entscheidung bei Aussichtslosigkeit der Behandlung nicht mehr strafrechtlich untergebracht werden dürfen, hat sich auf die Unterbringungs- bzw. Patientenzahlen bisher nicht ausgewirkt. Allerdings muß die Klinik zunehmend auf diese prognostische Frage eingehen und dazu sachgerechte Kriterien entwickeln. In diesem Zusammenhang werden Fragen der Akzeptanz von Konsum und Abhängigkeit bislang ignoriert.

Die Situation im PKH Hadamar hatte sich in den letzten Jahren wegen der quasi-militärischen Sicherung und eines äußerst rigiden verhaltenstherapeutischen Konzepts verschärft. Es kam zu Kündigungen und zu Konflikten mit der nahegelegenen DROB Limburg. Es scheint jedoch, daß die Einrichtung mit zunehmender Praxiserfahrung des Teams sich etwas gewandelt hat: die wohl eher auf Anfangsunsicherheiten zurückzuführende Rigidität hat einem auf den einzelnen Patienten bezogenen, etwas flexibleren therapeutischen Vorgehen Platz gemacht; nach Möglichkeit versucht man im Anschluß an eine psychiatrisch-diagnostische Abklärung die Weitervermittlung in Langzeit-Therapien (z. B. Eppstein), und die Möglichkeiten des offenen Vollzuges nach dem neuen Maßregelvollzugsgesetz (s. o.) werden jetzt stärker ausgeschöpft, ebenso wie die Aussetzung der Maßregel zur Bewährung nach § 67e StGB.

Entwicklung

Insbesondere wird das verhaltenstherapeutisch vorgegebene Punktesystem nicht mehr streng gehandhabt, sondern mehr Wert auf die Anknüpfung vertrauensvoller Beziehungen gelegt. Die Erfahrung zeigt wohl, daß für bestimmte Klientengruppen unter den Drogenabhängigen dieses Konzept adäquat ist. Daher arbeiten auch die DROBS im Umkreis wieder mit der Klinik zusammen.

vertrauensvolle Beziehungen

Brauel: Ein ehemaliges Kinderkrankenhaus bei Zeven/Niedersachsen dient seit 1981 dem Maßregelvollzug für jugendliche Drogenabhängige (§§ 64 StGB, 93a JGG). Inzwischen besteht keine Altersbegrenzung mehr und seit einiger Zeit werden auch strafgefangene Drogenabhängige aufgenommen (§ 65 StVollzG). Die dem Land Bremen gehörende und von den Ländern Bremen, Hamburg, Niedersachsen, Rheinland-Pfalz und Schleswig-Holstein belegte bzw. anteilig bezahlte Einrichtung nimmt maximal 76 männliche und weibliche Patienten auf. Sie ist – trotz Nato-Drahtabsperrung nach außen – nach innen hin deutlich freier als Parsberg.

Das Behandlungskonzept versteht sich in Anlehnung an die Praxis der LzTh als »ganzheitlich« (vgl. 2.7.2.2). Der besonderen Klientel angemessen ist eine ca. 6monatige geschlossene Anfangsphase, die dann im Maße der Bewährung von zunehmend offeneren Bedingungen abgelöst wird. Sexualität wird hier nicht tabuisiert, sondern »therapeutisch integriert«. Nach Bedarf findet individuelle Gesprächstherapie statt. Mit einem Behandlungsstab von 53 Mitarbeiterinnen und Mitarbeitern steht die Einrichtung heute wesentlich besser da als noch vor einigen Jahren. (Zur wissenschaftlichen Begleitforschung siehe: KÜHNE 1985).

Behandlungskonzept

Sexualität »therapeutisch integriert«

Uns scheint, daß auch diese Modelle nur unter dem Aspekt des »geringeren Übels« akzeptabel sind: Die spezifische Patientenauslese und Behandlung ist jedenfalls dem normalen Maßregelvollzug bei weitem vorzuziehen.

»geringeres Übel«

3.1.4 Zum Problem der Zwangstherapie

Ob nun Therapie im Gefängnis, in der Sonderabteilung des Regelvollzugs, im Maßregelvollzug oder in einer aufgrund Bewährungsweisung oder §§ 35 ff. BtMG herbeigeführten LzTh: wie ein roter Faden zieht sich der mehr oder weniger starke direkte Druck, ja Zwang, durch die verschiedenen Formen. Grundsätzliche Erwägungen zu dem, was wir deshalb legitimerweise als »Zwangstherapie« bezeichnen zu können glauben, erscheinen uns notwendig (Vgl. MADER/STROTZKA 1982; BOSSONG 1983, S. 142, SCHEERER 1983, S. 14; R & P, H. 1, 1985).

Die gängigen Argumente für Zwangstherapie

Verselbständigung der Sucht

Motiviertsein für eine Therapie setzt Krankheitseinsicht und Eigenverantwortung voraus. Gerade diese Fähigkeiten sind aber dem Drogenabhängigen durch die chemisch-physiologische und psychische Verselbständigung der Sucht abhanden gekommen. Therapiemotivierte gelangen i. d. R. nicht in den Strafvollzug, sondern wenden sich freiwillig an freie Therapieeinrichtungen. Einen großen Teil der Drogensüchtigen erreicht man erst nach und durch ihre Kriminalisierung (Stichwort »Leidensdruck durch Strafe«).

»Leidensdruck durch Strafe«

Motivation entspringt einem primären Leidensdruck, der den organisch oder psychisch Kranken veranlaßt, sich einer Behandlung zu unterziehen. Der Drogenkranke leidet nicht primär an der Sucht, sondern daran, daß sie ihm genommen wird – und an der Strafe. Seine Motivation ist also zunächst therapiekonträr. Ohne Zwang geht es nicht.

Motivation therapiekonträr

Der Neurotiker leidet unter seinen Symptomen, der Drogenabhängige entzieht sich diesem Leidensdruck mittels Droge. Die meisten Drogenabhängigen sind deshalb von der Erwartung, sich freiwillig einer Therapie zu unterziehen, überfordert. Der qualvolle körperliche Entzug ist dabei eigentlich das kleinere Übel, das schaffen viele allein. Der psychische Entzug ist aber viel schwerer: der innere Zwang, zur Droge zu greifen, ist so stark, daß es aussichtslos ist, ihn ohne äußeren Gegenzwang bekämpfen zu wollen. – Der allgemeingültige Nenner für die psychische Grundlage von Drogenabhängigkeit ist »Flucht vor Zwang«. Die Tragik der Drogenabhängigen besteht darin, daß sie bei ihrem Versuch, einer als Zwang empfundenen Realität zu entkommen, einen Weg einschlagen, der im totalen Zwang endet, nämlich dem Strafvollzug. Wir haben kein Recht zuzuschauen, wie sich Mitbürger freiwillig ruinieren. Wir sind zur Hilfe verpflichtet.

Drogenabhängige überfordert

Flucht vor Zwang endet tragisch

zur Hilfe verpflichtet

Die meisten Süchtigen sind in ihrer ohnehin labilen Persönlichkeit so weit geschädigt, daß sie nicht mehr die psychische Kraft haben, ihre Sucht zu bekämpfen.

Süchtige zu weit geschädigt

Zwangstherapie ist besser als der sichere Tod. Deshalb ist der »Initialzwang«, der Zwang zur Eingehung einer therapeutischen Beziehung human.

»Initialzwang«

Allein die Tatsache, daß auch unter Zwang Erfolge zustandekommen, sollte Grund genug sein, diese Diskussion über Freiwilligkeit contra Zwang zu beenden.
Immer wieder sagen Zwangsbehandelte nach einiger Zeit, daß ihnen der Zwang gutgetan habe, daß sie entgegen ihrem anfänglichen Widerstand nunmehr »froh« seien, zu ihrem »Glück gezwungen« worden zu sein.

»froh«, zum »Glück gezwungen« worden zu sein

Die gängigen Argumente gegen Zwangstherapie

Therapie funktioniert nur auf der Grundlage einer Vertrauensbeziehung. Eine solche kann unter Zwang nicht zustandekommen.

keine Vertrauensbeziehung unter Zwang

Die Zwangsbehandlung von Drogenabhängigen zielt gar nicht auf Behandlung bzw. Heilung im medizinischen Sinne, sondern auf Herstellung angepaßten und gesetzeskonformen Verhaltens. Das kann nicht Aufgabe medizinisch-psychotherapeutischer Fachkräfte sein. Umgekehrt gehört Gesundheit nicht zum Verantwortungsbereich des Strafrechts.

Ziel: Anpassung

Drogentherapie im umfassenden Sinne bezweckt einschneidende Lebensveränderungen des Drogenabhängigen infolge der Auseinandersetzung mit seinen eigenen sozialisations- und suchtbedingten Verhaltensweisen. Einstellungs-, Verhaltens- und Empfindungsänderungen können durch niemanden erzwungen werden, sondern müssen vom Drogenabhängigen selbst entwickelt und getragen werden. Der Einsatz des Strafrechts zu diesem Zweck ist ethisch nicht vertretbar.

Einstellungs-, Verhaltens- und Empfindungsänderungen nicht zu erzwingen

Man kann einen Patienten durch die Drohung, bei Abbruch wieder ins Gefängnis zu wandern, nicht dazu verurteilen, ein »Therapieerfolg« zu sein.

unter Drohung kein Therapieerfolg

Zwang wird als Aggression erlebt und verstärkt Aggression. Damit wird in widersprüchlicher Weise die Abwehr verstärkt und das Bedingungsgefüge fortgeschrieben, welches allererst zur Sucht geführt hat. Probanden sind Sündenböcke einer verfehlten Drogenpolitik, weil die mehrheitliche gesellschaftliche Drogengeneigtheit auf diese kriminalisierbare Minderheit projiziert wird.

Zwang verstärkt Aggression

Sündenböcke einer verfehlten Drogenpolitik

Nicht alle Drogenabhängigen werden zwangsläufig dissozial oder sterben. Nur der kleinere Teil bedarf unbedingt der Therapie.

Das »Leiden«, zu dessen Heilung der Drogenabhängige gezwungen werden soll, seine Dissozialität, ist durch die Kriminalisierung wesentlich bedingt. Der Zweck heiligt nicht jedes Mittel. Mit dem Argument von Zweckdienlichkeit, Funktionalität und Effizienz zerstört die technokratische Gesellschaft die humanitäre und demokratische Struktur der Mittel zur Zweckerreichung. Der Zwang erzeugt notwendig eine Pseudo-Motivation. Die positive Einschätzung von Erfolgen ist ein Zirkel, weil sie nur das Maß der sozialen Erwünschtheit reflektiert.

Der Zweck heiligt nicht jedes Mittel

Zirkelschluß »Erfolg«

Es gibt genügend Selbstentzieher und Aussteiger, um den Mythos von der fehlenden Eigenverantwortlichkeit Drogenabhängiger zu entkräften.

Selbstentzieher

alternativer Lebensstil	Drogenabhängigkeit ist abweichendes Verhalten ohne Geschädigte oder Opfer, z. T. ein alternativer Lebensstil. Genauso wenig wie opferlose Verbrechen bestraft werden sollten, sollten abweichende Lebensstile durch Zwangstherapie eliminiert werden.
Schadensbehauptungen des BtM-Strafrechts stimmen nicht	Die Schadensbehauptungen des BtM-Strafrechts stimmen nicht. In der Gesellschaft existieren zudem wesentlich schlimmere Arten der Selbstschädigung und -zerstörung, denen kommentarlos zugeschaut wird bzw. die sogar ökonomisch gefördert werden.
Erfolge geschönt	Die »Erfolge« von Zwangstherapie entpuppen sich bei genauer methodologischer Überprüfung meist als geschönte Statistiken.
Quasi-Knast-Bedingungen	Daß Zwangsbehandelte das Geschehen hinterher bejahen, beweist nur, daß sie sich an die Strukturen der Zwangsbehandlung angepaßt haben, nicht jedoch, daß sie in der gesellschaftlichen Realität angemessen bestehen können. Das Entstehen von Quasi-Knast-Bedingungen in der Drogentherapie konterkariert die eigentlichen therapeutischen Wirkungsvariablen.

Diskussion der verschiedenen Argumente

	Wir haben an verschiedenen Stellen des Leitfadens bereits eindeutig gegen die Zwangstherapie Stellung genommen. Trotzdem noch einige Worte zu der Kontroverse. Wichtig erscheint uns, zunächst einmal (demütig) anzuerkennen, daß es eine objektive Logik, eine universelle Beweisbarkeit, die alles übertrumpft, in diesem Bereich nicht geben kann.
keine universelle Beweisbarkeit	
subjektive Positionen	Positionen hängen immer mit subjektiven Vorverständnissen, mit Erlebnisweisen, Affekten und persönlichen Abwehrstrukturen zusammen. So mag derjenige, der für eine besonders rigide Verfahrensweise eintritt, unterschwellig eigene Suchttendenzen bzw. die Angst vor dem damit verbundenen Kontrollverlust bekämpfen (Reaktionsbildung); derjenige, der für eine besonders weitgehende Liberalisierung des Drogengebrauchs eintritt, verleugnet evtl. – politisch argumentierend – gerade die auch bei ihm vorhandenen sadistischen Strebungen nach Ausübung von Zwang über andere oder kaschiert vielleicht die lustvolle Beobachtung des Kontrollverlusts oder der Selbstzerstörung anderer.
soziale Gegebenheiten	Einstellungen und politische Positionen verweisen aber ebenso sehr auch auf soziale Gegebenheiten und gesellschaftliche Bedingungen und Zielsetzungen. So kann der stärker dem System staatlicher Repression verhaftete Rechtskonservative ebenso für eine rigide legalistische Kontrollpolitik abweichenden Verhaltens plädieren wie der linke Staatsinterventionist, der – sich als allmächtiger und rational-effizienter Sozialtechnologe gebärdend – vom Individuum verlangt, sich nicht durch Aussteigertum und lustorientierten Drogenkonsum dem allgemeinen Fortschritt zu entziehen. Und auf individuellen Freiraum und freies Spiel der Kräfte Orientierte werden eher liberalen Positionen folgen, ökologisch Ausgerichtete eher auf die »gesunde Lebensweise« pochen. Entscheidend finden wir, daß man die ausdrücklichen und unausgesprochenen Voraussetzungen solcher Positionen mitüberlegt.

Voraussetzung des rigiden ärztlichen Standpunkts ist z. B. die vorbehaltlose Anerkennung der gegebenen Gesellschaftsordnung wie auch der getroffenen Feststellung, welche Drogen illegal sind. Man sollte sich klar machen, daß dies Phänomene der Interessen- und Standortlogik wie der Definitionsmacht sind, die sich mit der Veränderung von sozialen Kräfteverhältnissen und Bewußtseinslagen ändern. Die Zwangs-Argumente berücksichtigen nicht, daß es viele andere Versionen der Abweichung und Selbstschädigung gibt, die aus »objektiven« Erwägungen aufgezwungene Hilfe rechtfertigen würden. Die Helfer lassen sich die Definition ihrer Adressaten als abweichend jedenfalls in diesem Bereich von Staatsseite aufdrängen und entscheiden nicht mehr selbst nach ihrer fachlichen Kompetenz, wer nun Hilfe benötigt, und wer mit ihr etwas anfangen kann.

Definitionsmacht

Helfer entscheiden nicht nach ihrer fachlichen Kompetenz

U. E. wird von allen Seiten nicht genügend differenziert. So muß man eher zwischen kontrolliertem und unkontrolliertem Konsum als zwischen dem Konsum harter und weicher Drogen unterscheiden. »Selbstkontrollierte Konsumenten« benötigen Therapie ebensosehr oder ebensowenig wie jeder andere Staatsbürger. Mißbräuchlichen, unkontrollierten Konsum betreiben viele und hören damit wieder auf, ohne daß ihnen jemand von Staats wegen dazwischenfunkt. Es gibt weiterhin solche, die aus einer konkreten lebensgeschichtlichen Problemlage heraus zur harten Droge greifen und hinterher wieder von allein loskommen (Drogenabhängigkeit als Adoleszenskrise; Phänomen des Herauswachsens – s. o. 2.3.3 u. 2.5.8).

Den Automatismus zum Tode gibt es nicht. Viele Drogenabhängige, das ist zunehmend deutlich, hören von selbst wieder auf, weil sich irgendwelche Lebensumstände geändert haben (z. B. Partnerbeziehung, Kind, Tod der Eltern etc.). Hier unterscheidet sich der Verlauf deutlich vom Alkoholismus, der mit zunehmendem Alter an Gefährlichkeit zunimmt. Bei der Drogenabhängigkeit ist deutlich, daß mit zunehmendem Alter weniger konsumiert wird. Viele suchen frühzeitig und freiwillig therapeutische Hilfe. Eine Extremgruppe schließlich kann man als suizidal, selbstmordorientiert bezeichnen. Ob man das nun mit Autofahren, Motorraserei, Schlaftabletten oder Drogen auf Raten tut, macht – auch wenn das zynisch klingt – vielleicht nicht einen so großen Unterschied. Aus therapeutischer Sicht muß klargestellt werden: Manche Menschen kann man mit noch so großem Druck nicht vom Suizid abhalten. Man kann lediglich versuchen, Suizidgefährdete fürs Leben zu motivieren und etwas an den gesellschaftlichen und familiären Bedingungen zu verändern, die zur drohenden oder vollzogenen Selbstaufgabe beigetragen haben.

Automatismus zum Tode gibt es nicht

Alkoholismus

selbstmordorientiert

Sicher ist es so, daß zuweilen ein gewisser Zwang das Zustandekommen einer therapeutischen Beziehung und dadurch die Chance einer Besserung oder Heilung eröffnet. In der Behandlung gefährlicher und gewalttätiger Straftäter gibt es mit erzwungener Beziehungstherapie z. B. in Holland gute Erfahrungen (vgl. BÖLLINGER 1979). Uns scheint aber, daß man solch tiefgreifende Ein-

erzwungene Beziehungstherapie

griffe in die Persönlichkeit aus ethisch-moralischen und verfassungsrechtlichen Gründen nur in Extremfällen vornehmen darf, nämlich dann, wenn die Opfer wirklich in ihrer Existenz gefährdet sind.

Solche Opfer gibt es aber bei einem Verstoß gegen die Drogengesetze nicht; deshalb erscheinen uns die zwangstherapeutischen Eingriffe als i. S. der Verfassung unverhältnismäßig. Auch hier gilt: man darf nicht alles tun, was irgendwie machbar erscheint.

»Verselbständigung«: psychotechnisch und institutionell

Einer psychotechnischen und institutionellen »Verselbständigung« des therapeutischen Systems müssen Grenzen gesetzt werden, weil der soziale Preis, der für den »Erfolg« im einzelnen bezahlt werden muß, zu hoch ist: Freiheitsverlust durch die Kolonialisierung von Lebenswelt und Innensphäre des Individuums (zu diesem Thema vgl. auch: DAMMANN/SCHEERER 1985, 1986; DAMMANN 1985b).

Symptom

Ursachen

Vieles spricht dafür, daß die Beseitigung des Symptoms »Konsum illegaler Drogen« als Anpassung an derzeit herrschende Gesetze vordergründig bleibt, daß die Ursachen in einem prozeßhaften Zusammenwirken von individuellen und gesellschaftlichen Bedingungen liegen, die mit erzwungenem therapeutischen Herumdoktern am symptomatischen Endprodukt nicht in den Griff zu bekommen sind. Es werden auch nicht alle Raucherbein-Kandidaten zwangsweise zigarettenentwöhnt, alle Herz-Kreislauf-Patienten, die sich im Beruf übernommen haben, mit Berufsverbot belegt, alle Alkoholkonsumenten vom Autofahren abgehalten etc. Über die – gemessen an der gesellschaftlichen Reaktion – grotesken Zahlenverhältnisse haben wir uns ja schon Gedanken gemacht (s. o. 2.1). Und weniger eingreifende Programme, z. B. ambulanter Natur, sind noch nicht in einer dem Verhältnismäßigkeitsgrundsatz der Verfassung entsprechenden Weise erprobt worden.

Konflikt zwischen Hilfe und Kontrolle

Von jemandem, der als Sozialarbeiter, Polizist oder Jurist das Leiden an der Drogenabhängigkeit unmittelbar miterlebt, ist es sicherlich viel verlangt, auch über die mittelbaren sozialen Funktionen und Auswirkungen seines Handelns nachzudenken. Die persönliche Katastrophe und die Notwendigkeit etwas zu unternehmen springen förmlich ins Auge. Leider zeigt aber die Erfahrung, daß auch die bestgemeinten Hilfsangebote immer wieder von überschießenden staatlichen Kontrollinteressen überwuchert werden, der einzelne Helfer in diesem Konflikt zwischen Hilfe und Kontrolle zerrieben wird. Ganz entziehen kann man sich dem wohl nicht, aber doch eine gewisse Distanz halten.

3.2 Außerstrafrechtliche Rechtsfolgen: Nicht nur das Strafrecht straft

3.2.1 Psychiatrisierung IV: Unterbringung nach den Freiheitsentziehungsgesetzen

Zum Beispiel: 1981 wurden in Frankfurt von der Polizei und dem Ordnungsamt rd. 1.200 Menschen auf der Grundlage des Hessischen Freiheitsentziehungsgesetzes (HFEG) zwangsweise in psychiatrischen Krankenhäusern untergebracht. Davon waren 268 Alkoholiker und 107 Drogenabhängige. Zwangsweise Unterbringung erfolgt in der BRD aufgrund der Freiheitsentziehungs- bzw. Unterbringungsgesetze oder – »moderner« ausgedrückt – Gesetze über Hilfen und Schutzmaßnahmen bei psychischen Krankheiten (abgekürzt: PsychKG).

Die Landesgesetze im einzelnen

- Baden-Württemberg: Gesetz über die Unterbringung psychisch Kranker (Unterbringungsgesetz – UBG) vom 11.4.1983 (GBl., S. 133), geändert durch Gesetz vom 10.12.1984 (GBl. S. 668).
- Bayern: Gesetz über die Unterbringung psychisch Kranker und deren Betreuung (Unterbringungsgesetz – UnterbrG) vom 20.4.1982 (GVBl., S. 202), Neufassung bekanntgemacht am 5.4.1994 (GVBl. Nr. 6 S. 60, berichtigt in Nr. 28 S. 851).
- Berlin: Gesetz über Psychisch Kranke (PsychKG) vom 8.3.1985 (GVBl., S. 586).
- Bremen: Gesetz über Hilfen und Schutzmaßnahmen bei psychischen Krankheiten (PsychKG) vom 9.4.1979 (GBl., S. 123).
- Hamburg: Hamburgisches Gesetz über Hilfen und Schutzmaßnahmen bei psychischen Krankheiten (HmbPsychKG) vom 22.9.1977 (GVBl., S. 261).
- Hessen: Gesetz über die Entziehung der Freiheit geisteskranker, geistesschwacher, rauschgift- und alkoholsüchtiger Personen vom 19.5.1952 (GVBl. S. 111), geändert durch Gesetz vom 15.7.1970 (GVBl., S. 411).
- Mecklenburg-Vorpommern: Gesetz über Hilfen und Schutzmaßnahmen für psychisch Kranke (PsychKG) vom 1.6.1993 (GVBl., Nr. 13 S. 528, berichtigt in Nr. 17 S. 736).
- Niedersachsen: Niedersächsisches Gesetz über Hilfen für psychisch Kranke und Schutzmaßnahmen (Nds PsychKG) vom 30.5.1978 (GVBl., S. 443).
- Nordrhein-Westfalen: Gesetz über Hilfen und Schutzmaßnahmen bei psychischen Krankheiten (PsychKG) vom 2.12.1969 (GVNW, S. 872), geändert durch Gesetz vom 3.12.1974 (GVNW, S. 1504) und vom 18.12.1984 (GVNW, (1985) S. 14).
- Rheinland-Pfalz: Landesgesetz über die Unterbringung von Geisteskranken und Suchtkranken (Unterbringungsgesetz – UntGes –) vom 19.2.1959 (GVBl., S. 91; berichtigt S. 114).
- Saarland: Gesetz Nr. 1301 über die Unterbringung psychisch

Kranker (Unterbringungsgesetz – UBG) vom 11.11.1992 (ABl. Nr. 55 S. 1271).
- Sachsen: Sächsisches Gesetz über die Hilfen und die Unterbringung bei psychischen Krankheiten (SächsPsychKG) vom 16.6.1994 (GVBl., Nr. 37, S. 1097).
- Schleswig-Holstein: Gesetz für psychisch Kranke (PsychKG) vom 26.3.1979 (GVBI., S. 251), geändert durch Gesetz vom 13.10.1986 (GVBl., S. 214).
- Thüringen: Gesetz zur Hilfe und Unterbringung psychisch Kranker (ThürPsychKG) vom 2.2.1994 (GVBl. Nr. 5, S. 81).

Beispiel Hessen

Die Gesetze sind hinsichtlich ihrer Voraussetzungen und Rechtsfolgen sehr ähnlich, so daß wir sie hier am Beispiel des hessischen HFEG abhandeln können (vgl. KULLMANN 1971; BAUMANN 1980).

Kernvoraussetzung

Kernvoraussetzung jeder zwangsweisen Unterbringung in der Psychiatrie ist, daß eine geisteskranke, geistesschwache, rauschgift- oder alkoholsüchtige Person durch ihren Geisteszustand zur »erheblichen Gefahr für ihre Mitmenschen« oder »für sich selbst« zu werden droht, und diese Gefahr nicht anders abgewendet werden kann (§ 1 HFEG). Als erhebliche Gefahr ist die ernsthafte und massive – aufgrund konkreter Anzeichen – bestehende Bedrohung der Mitmenschen oder des Betroffenen anzusehen. Dabei ist es ausreichend, wenn nach ärztlicher Beurteilung der Zustand des Kranken entsprechende Fehlhandlungen befürchten läßt. Erforderlich ist immer eine potentielle Gefährdung, die nach dem Krankheitsbild erfahrungsgemäß zu erwarten ist. Die allgemeine Unberechenbarkeit, die mehr oder weniger bei allen Geisteskranken vorliegt, reicht für eine Unterbringung allein nicht aus (vgl. Verwaltungsvorschrift, VV zum HFEG vom 12.12.1975, Staatsanzeiger, Nr. 52, 1975, S. 2338).

Auslegungsspielraum

Solche Begrifflichkeiten lassen erheblichen Auslegungsspielraum, ja sind geradezu Gummiklauseln. Es kommt ganz auf den Standpunkt an, ob man z. B. Heroinbenutzung als Fremd- und/oder Selbstgefährdung definiert. Zwar ist in manchen Fällen noch einsehbar, daß eine Überdosierung zum Tode führen kann. Jedoch ist die Fremdgefährdung kaum konstruierbar, es sei denn, man versucht alle Bürger durch Freiheitsentzug von der möglichen Anstiftung oder möglichen Ansteckung anderer zu Straftaten abzuhalten.

Drogenabhängige im PKH nicht am richtigen Ort

Die meisten Drogenabhängigen sind auch im PKH nicht am richtigen Ort (vgl. 3.1.3.5). Sie bräuchten eine LzTh oder besser noch ambulante Hilfsangebote. Viele PKH fühlen sich auch mit den Drogenabhängigen überfordert und mißbraucht. Sie spüren, daß sie zwecks sozialer Kontrolle benutzt werden, anstatt der näherliegenden Aufgabe »Hilfe und Fürsorge für Kranke« zu dienen. Paradox ist auch, daß gerade diejenigen Drogenabhängigen, die als »therapieresistent« definiert und abgeschrieben werden, weil sie immer wieder rückfällig werden, mangels Bereitschaft, sie

ambulant weiterzubehandeln, außer in Haft auch oft in der Psychiatrie verwahrt werden. Übrigens ist »Therapieresistenz« eine nicht begründbare Zuschreibung. Lediglich die herrschenden Definitionen von Legalität und Resozialisierung stützen die Quasi-Abschreibung eines Teils der Drogenabhängigen, deren weitestgehende soziale Ausgrenzung und die Verleugnung durchaus bestehender Möglichkeiten sozialtherapeutischer Arbeit.
Es gibt nach dem HFEG (hier exmplarisch diskutiert) wie nach allen FEG und PsychKG vier Wege, auf denen man gegen den eigenen Willen in die Psychiatrie eingeliefert werden kann.

»Therapieresistenz«

3.2.1.1 Die klassische, langfristige Unterbringung: §§ 2 ff. HFEG

Die Verwaltungsbehörde (Landrat; in Gemeinden mit mehr als 7.500 Einwohnern der Gemeindevorstand; in Frankfurt am Main die speziell mit diesen Aufgaben betraute Abteilung I – Gesundheitsaufsicht – im Ordnungsamt) stellt für Betroffene, die in ihrem Zuständigkeitsbereich wohnen oder sich darin aufhalten, einen schriftlichen Antrag beim entsprechenden Amtsgericht. Dem Antrag ist das Zeugnis eines approbierten Arztes über den Geisteszustand oder die Süchtigkeit des Unterzubringenden beizufügen, das auf einer Untersuchung beruht, die höchstens 14 Tage zurückliegt. I. d. R. wird dies in Großstädten ein Arzt des Gesundheitsamtes sein, den zu beteiligen die VV vorschreiben. Wenn der Unterzubringende zu dieser Untersuchung nicht erscheint, muß ein anderer Weg der Unterbringung gewählt werden (§ 5).
Die Unterbringung darf nur erfolgen, wenn der Unterzubringende persönlich vom Richter vernommen worden ist. Nur ausnahmsweise, »wenn sie mit besonderen Schwierigkeiten verbunden oder nicht ohne Nachteil für den Gesundheitszustand des Unterzubringenden ausführbar ist«, darf darauf verzichtet werden, was übrigens gar nicht so selten geschieht. Weiter muß ein Facharzt der Psychiatrie, der den – auch zwangsweise vorführbaren – Unterzubringenden untersucht hat, als Sachverständiger gehört werden. Falls dieser nicht im öffentlichen Dienst beschäftigt ist, muß auch noch ein im öffentlichen Dienst beschäftigter Arzt gehört werden (i. d. R. ein Arzt des Gesundheitsamtes oder der Psychiatrie). Schließlich muß, falls vorhanden, ein gesetzlicher Vertreter gehört werden (insbesondere bei Minderjährigen oder Entmündigten). Falls »ohne besondere Schwierigkeiten« möglich, sollen auch der Ehegatte, die Eltern und ein Arzt, der das Vertrauen des Unterzubringenden hat, gehört werden (§ 6).
Besonders vage ist § 7 abgefaßt: »Das Gericht ordnet dem Unterzubringenden einen Rechtsanwalt bei, wenn dies zur Wahrung seiner Rechte geboten erscheint.« Als geboten wird die Beiordnung i. d. R. erachtet, wenn der Unterzubringende nicht klar weiß, worum es geht. Wann dies der Fall ist, definiert jedoch wiederum der Richter. Es wäre besser, wenn generell für solche Fälle ein Rechtsanwalt beigeordnet würde, wie es das Niedersächsische PsychKG regelt.

Antrag
Zeugnis

persönlich vom Richter vernommen

Sachverständiger

gesetzlicher Vertreter

Ehegatte, Eltern, Arzt hören

Beiordnung eines Rechtsanwalts

Dauer der Unterbringung	Die Unterbringung darf nur so lange dauern, wie ihr Zweck es erfordert, die Gefahr also andauert. Bei einer Entziehungsbehandlung ist die Dauer auf 2 Jahre beschränkt. Suchtkranke müssen dann von Amts wegen entlassen werden (§ 1 Abs. 3). Es obliegt dem Arzt, den Suchtkranken ggfs. auch früher zu entlassen. Allerdings ist nicht ausgeschlossen, daß bald darauf eine neue Einweisung erfolgt, die wiederum 2 Jahre dauern kann. Darin stecken Willkürmöglichkeiten. Die PKH haben wegen ihrer Überfüllung kaum Interesse, Drogenabhängige über Gebühr »da zu behalten«.
Zwischenkontrollen	Häufigere qualifizierte Zwischenkontrollen müßten aber trotzdem eingeführt werden, um den Verselbständigungsprozessen totaler Institutionen entgegenwirken zu können (vgl. GOFFMAN 1978). Gem. § 22 können der Arzt wie auch der Betroffene selbst und seine Angehörigen jederzeit Antrag auf Entlassung stellen oder zumindest Urlaub gem. § 19 beantragen. Auch bei unbefristet eingewiesenen psychisch Kranken muß das Gericht von sich aus vor Ablauf von 2 Jahren überprüfen, ob die Einweisungsvoraussetzungen noch vorliegen (§ 21).

3.2.1.2 Beobachtungsunterbringung: § 8 HFEG

bis zu 6 Wochen	Zur Vorbereitung eines Gutachtens über den Geisteszustand oder die Süchtigkeit kann bei Vorliegen der o. g. Voraussetzungen (§ 1) die Unterbringung bis zu 6 Wochen angeordnet werden (ähnlich § 81 StPO bzw. § 73 JGG; s. o. 3.1.2.4.3). Formal gelten hier dieselben Voraussetzungen wie für die Regelunterbringung gem. §§ 2 ff.

3.2.1.3 Einstweilige Unterbringung: § 9 HFEG

Auch wenn ein Antrag nach § 2 Abs. 1 noch nicht gestellt ist, kann gem. § 9 die einstweilige Unterbringung angeordnet werden, wenn
»1. die öffentliche Sicherheit oder Ordnung oder die eigene Sicherheit des Unterzubringenden sie erfordern.
2. dringende Gründe für die Annahme vorhanden sind, daß die Voraussetzungen des § 1 Abs. 1 oder 2 für die Unterbringung vorliegen und
3. über die endgültige Unterbringung nicht rechtzeitig entschieden werden kann«.
Hierfür gelten zwar auch die für §§ 1 und 2 genannten formalen Voraussetzungen, jedoch kann die vorherige Vernehmung oder Anhörung unterbleiben, »wenn sie untunlich ist«. Sie ist dann allerdings »unverzüglich« nachzuholen. Damit hat man das Problem gelöst, auch den widerborstigsten Patienten erst einmal in die Psychiatrie schaffen zu können und erst einige Tage später die formalen Voraussetzungen nachholen zu müssen. Obwohl dieses quasi hilfsweise Verfahren (Höchstdauer 2 Monate) der einstweiligen Unterbringung gegenüber dem regulären Antragsverfahren

erst einmal in die Psychiatrie

eigentlich nachgeordnet sein soll, wird es wesentlich häufiger praktiziert. – Es ist einfach so praktisch!
Noch häufiger schließlich ist die Unterbringung wegen Gefahr im Verzug.

3.2.1.4 Unterbringung wegen Gefahr im Verzug: § 10 HFEG

Sie ist »ausnahmsweise« dann möglich, wenn mit hoher Wahrscheinlichkeit anzunehmen ist, daß die Voraussetzungen für eine einstweilige Unterbringung nach § 9 erfüllt sind und Gefahr im Verzuge besteht. Auch das ist wieder Definitionssache, wobei hier Polizeibeamte zu beurteilen haben, die sich in der Materie nicht auskennen. Voraussetzung ist lediglich, daß die Polizei eine schriftliche Anordnung erläßt. Spätestens bis zum Ende des folgenden Tages ist sodann – analog dem Haftrecht – eine richterliche Entscheidung herbeizuführen.
Damit hat man ein probates Mittel, Leute zunächst einmal für zwei Tage aus dem Verkehr zu ziehen, ohne daß irgend jemand das verhindern kann. Zwar muß die polizeiliche Anordnung vom Ordnungsamt schriftlich erlassen werden, und nach Möglichkeit soll auch ein Arzt (z. B. der Amtsarzt) mitwirken, die Erfahrung zeigt jedoch, daß schlitzohrige Polizisten es darauf anlegen, erst nach Dienstschluß des Amtsarztes die gewünschten Maßnahmen einzuleiten, um ungehindert vorgehen zu können. Dies vor allem dann, wenn der Amtsarzt nicht so ohne weiteres den häufigen Wünschen der Polizei nach einstweiliger Unterbringung gem. § 9 entspricht.
Der Vorteil einer Umgehung des nicht so kooperationswilligen Amtsarztes im Wege des § 10 ist, daß Klinikpsychiater, die i. d. R. unterbringungsbereiter sind, dann die Begutachtung bei Gericht übernehmen können.
Möglich ist hier also eine Art Spiel bzw. Auseinandersetzung zwischen divergierenden Interessen und Trägern mittels der verschiedenen gesetzlichen Regelungen.
Notfalls kann auch die schriftliche Anordnung der Unterbringung unterbleiben und der Unterzubringende nach Polizeirecht (z. B. § 46 Abs. 1 Hessisches Gesetz über die Sicherheit und Ordnung, HSOG) in »Polizeigewahrsam« genommen werden, der dann lediglich von einer psychiatrischen Einrichtung ausgeübt wird. Hier wird am deutlichsten, daß die Psychiatrie zum Instrument sozialer Kontrolle gemacht werden kann.

Definitionssache

Polizeibeamte beurteilen

Ordnungsamt
Arzt

Klinikpsychiater

divergierende Interessen

Psychiatrie: Instrument sozialer Kontrolle

3.2.1.5 Wie sieht die Unterbringungspraxis aus?

Die Unterbringungspraxis zeigt laut amtsärztlicher Auskunft, daß echte Fremdgefährdung im Sinne § 1 Abs. 1 nicht nur bei Drogenabhängigen sehr selten ist. Meist ist die Definition der Selbstgefährdung durch Suizid ausschlaggebend. Wenn man wegen Suizidversuch oder einer Überdosis Drogen in eine reguläre Klinik eingeliefert wird, kommt es darauf an, ob die Klinik ein Un-

Suizidversuch oder Überdosis

terbringungsverfahren einleitet. Wenn ja, dann müßte der Amtsarzt in die Klinik gehen, um den Betreffenden zu sehen. Es hat sich jedoch eingebürgert, den Betreffenden mit dem Krankenwagen zum Gesundheitsamt zu schaffen, um ihn dort untersuchen zu lassen.

Einleitung von Unterbringungsverfahren

Eine Rolle bei der Einleitung von Unterbringungsverfahren spielt auch, daß Klinikärzte solche problematischen Patienten gerne los sein möchten (mündliche Information). Die Erfahrung zeigt, daß die meisten Patienten nicht erfassen, was mit ihnen geschieht, und wie solche formellen Verfahren ablaufen. Diese Unwissenheit der Patienten scheint traditionellen Ärzten gelegen zu kommen. Ein Amtsarzt mit kritischer Einstellung gegenüber der Unterbringungspraxis kann insofern zum Buhmann für Klinikpsychiater werden.

Drogenabhängige, die untergebracht werden sollen

Die Gruppe der Drogenabhängigen, die untergebracht werden sollen, resultiert aus: Kliniküberweisungen, Polizeifestnahmen; Überweisungen durch Angehörige, Arbeitgeber etc.; Freiwilligen, die Hilfe suchen oder auch nur die Haft vermeiden wollen. Festgehalten und betont werden muß: Sucht ist kein Einweisungsgrund, nur die damit verbundene Gefährdung (§ 1 HFEG).

Sucht ist kein Einweisungsgrund
Im Fall der Zwangseinweisung

Im Fall der Zwangseinweisung gem. FEG entfällt das Recht der freien Arzt- und Krankenhauswahl. Je nach Wohnort oder – bei Wohnsitzlosen oder hilflos Aufgefundenen – dem Ort der Auffindung sind bestimmte Zuständigkeiten gegeben. In Großstädten ist durch den Wohnsitz im Bereich eines Polizeireviers gleichzeitig auch das »zuständige« psychiatrische Krankenhaus festgelegt. Im Fall einer Einweisung kommt der Patient dorthin, ob er will oder nicht, denn er hat meist keine Möglichkeit, sich zu wehren. Damit wird im Grunde das Prinzip der freien Arztwahl verletzt. Manche Klienten beginnen schon im Hinblick auf eine evtl. Einweisung ihren Wohnsitz zu wählen.

»Ärztliche Eingriffe«

Durchführung der Unterbringung gem. §§ 16 ff. HFEG: Die Unterbringung umfaßt auch die Behandlung mittels eines Heil- oder Entziehungsverfahrens. »Ärztliche Eingriffe«, die mit erheblicher Gefahr für Leib oder Gesundheit verbunden sind, dürfen »nur mit Einwilligung des Untergebrachten oder seines gesetzlichen Vertreters vorgenommen werden.« Als solche sind amtlich lediglich hirnorganische Eingriffe definiert. Das bedeutet, daß Elektroschocks (»Elektro-Heilkrampf«), Insulinschocks und dgl. problemlos ohne Einwilligung des Untergebrachten vollzogen werden dürfen (§ 17). Faktisch geschieht das aber z. Z. selten.

Briefzensur grundgesetzwidrig

Grundgesetzwidrig erscheint uns die Regelung des § 18, nach der Briefe durch Ärzte zurückbehalten werden dürfen, wenn dies im wohlverstandenen Interesse des Untergebrachten, des Empfängers oder eines Dritten liegt. Briefe an gesetzliche Vertreter, Behörden, Rechtsanwälte dürfen allerdings nicht zurückbehalten werden.

Kosten der Unterbringung

Die Kosten der Unterbringung trägt der Untergebrachte (z. B. § 31 HFEG), bei Mittellosigkeit der Sozialhilfeträger.

3.2.1.6 Wie setzt man seine Rechte durch? – Rechtsbehelfe in der Psychiatrie

Gegen den Unterbringungsbeschluß des Amtsgerichts kann binnen zwei Wochen die »sofortige Beschwerde« gem. § 15 HFEG eingelegt werden. Diese hat aufschiebende Wirkung, d. h. verhindert die Einweisung, wenn nicht vom Gericht gem. § 14 – was i. d. R. geschieht – die »sofortige Vollziehbarkeit« angeordnet ist. Diese ist nicht anfechtbar. Gegen eine die Beschwerde zurückweisende Entscheidung des Gerichts steht dem Betroffenen die »weitere Beschwerde« gem. § 27 des Gesetzes über Angelegenheiten der freiwilligen Gerichtsbarkeit (FGG) zu, über die das OLG entscheidet. Damit ist das Ende des Instanzenweges erreicht. Für die Verfahrenskosten gelten die Vorschriften über die Prozeßkostenhilfe (vgl. o. 3.1.3.4.2). Gegen Behandlungsmaßnahmen des ärztlichen Personals kommt eine Dienstaufsichtsbeschwerde bzw. ein Antrag auf gerichtliche Entscheidung nach § 23 EGGVG in Betracht, eventuell auch eine anschließende Verwaltungsklage gem. § 40 VwGO.

Einen kleinen Fortschritt für die Rechte der Psychiatriepatienten hat kürzlich ein Urteil des Berliner Kammergerichts gebracht (Akt.-Z. U 363/80); danach haben Psychiatriepatienten wie andere Patienten auch ein Recht auf Einsicht in ihre Patientenakten, die bei der Klinik geführt werden. Allerdings gilt das nicht für persönliche Aufzeichnungen des Arztes, die als sein geistiges Eigentum betrachtet werden (vgl. AK-StGB-BÖLLINGER § 63 RdNr. 43; BGH, NJW 1983, S. 330; R&P, H. 1, 1983, S. 5 ff.).

Ob solche Einsichtnahmen unter Behandlungsgesichtspunkten sinnvoll sind, kann hier nicht erörtert werden. Bei Drogenabhängigen gehen wir davon aus. Bei überzeugten Drogenkonsumenten, die eine psychiatrische oder sonstige Behandlung verweigern, muß u. U. die Unterbringung aufgehoben werden (OLG, NJW 1981, S. 638).

3.2.2 Psychiatrisierung V: Familienrechtliche Unterbringung durch gesetzliche Vertreter oder Vormünder

Auch »gesetzliche Vertreter«, d. h. Personen, die kraft BGB das Recht haben, über andere zu bestimmen, können dafür sorgen, daß man in die Psychiatrie kommt. Der Gesetzgeber hat aber insofern eine Kontrolle eingebaut, als für freiheitsentziehende Unterbringung in geschlossenen Anstalten immer die Genehmigung des Vormundschaftsgerichtes (VormG) erforderlich ist. So umfaßt zwar die »elterliche Sorge« gem. § 1626 BGB das Recht und die Pflicht der Eltern, ihr Kind zu erziehen, seinen Aufenthalt zu bestimmen, sich um seine finanziellen Interessen zu kümmern. Erst wenn das »körperliche, geistige und seelische Wohl des Kindes durch mißbräuchliche Ausübung der elterlichen Sorge, durch Vernachlässigung des Kindes, durch unverschuldetes Versagen der Eltern oder durch das Verhalten eines Dritten gefährdet«

wird, greift der Staat durch Maßnahmen des VormG oder der Jugendhilfe ein.

Wenn Eltern ihren drogenabhängigen Sprößling in eine geschlossene Psychiatrie bringen wollen, müssen sie die Genehmigung des VormG einholen. Dazu ist auch das zuständige Jugendamt zu hören, welches i. d. R. vorher ein Gespräch mit dem Jugendlichen führt. Nur wenn der Sohn oder die Tochter so renitent sind, daß von ihnen »Gefahr ausgeht«, dürfen sie direkt in die Psychiatrie geschafft werden; die vormundschaftliche Genehmigung muß dann aber unverzüglich nachgeholt werden (§ 1631b BGB).

Jugendamt hören

erwachsene »Mündel«

Dieselbe Voraussetzung gilt für erwachsene »Mündel«, die unter Vormundschaft oder Pflegschaft stehen (§§ 1800, 1915 BGB). Das Verfahren ist in diesen Fällen dem Gesetz über die Angelegenheiten der freiwilligen Gerichtsbarkeit (FGG) zu entnehmen. Wichtig ist vor allem § 64a FGG. Danach muß der zuständige Richter selbst den Unterzubringenden anhören. Er muß auch einen Sachverständigen zu dieser Anhörung hinzuziehen, auf den nur in Ausnahmefällen verzichtet werden darf.

Richter muß anhören und Sachverständigen hinzuziehen

Zu einer solchen Anhörung kann man auch von der Polizei vorgeführt werden. Von dieser Anhörung kann abgesehen werden, wenn durch sie der Gesundheitszustand des Unterzubringenden noch weiter verschlimmert würde. Die Unterbringung darf erst genehmigt werden, nachdem das Gutachten eines Sachverständigen (Psychologe oder Psychiater) eingeholt worden ist, der den Mündel untersucht hat. Hierfür kommt auch eine Beobachtungsunterbringung nach dem Muster des § 8 HFEG (s. o. 3.2.1.2) infrage (§ 64c FGG).

Gutachten

»vorläufige Unterbringung«

Gem. § 64 f. FGG ist auch eine »vorläufige Unterbringung« möglich, wenn dringende Gründe für die Annahme bestehen, daß eine endgültige Unterbringung genehmigt wird, ein ärztliches Zeugnis vorliegt und mit dem Aufschub der Unterbringung Gefahr verbunden sein würde.

Auch hier muß der Mündel persönlich angehört worden sein. Wenn dies wegen Gefahr im Verzuge nicht möglich ist, muß die Anhörung unverzüglich nachgeholt werden. Eine »beobachtende Unterbringung« erfolgt gem. § 656 ZPO nach Anhörung von Ehegatten, Verwandten, gesetzlichen Vertretern. Gegen einen solchen Gerichtsbeschluß ist die »sofortige Beschwerde« innerhalb von zwei Wochen als Rechtsmittel zulässig. Gegen die Genehmigung der Unterbringung kann im übrigen ohne zeitliche Befristung gem. § 19 FGG das Rechtsmittel der »Beschwerde« beim Amts- oder Landgericht eingelegt werden. Es entscheidet das Landgericht. Wird der Beschwerde nicht stattgegeben, kann gem. § 27 FGG »weitere Beschwerde« eingereicht werden, über die das OLG entscheidet.

»beobachtende Unterbringung«

»sofortige Beschwerde«

»Beschwerde«

»weitere Beschwerde«

Entmündigung junger Erwachsener

Eine Entmündigung junger Erwachsener ist gem. § 6 BGB möglich, »wenn der Betroffene infolge von Trunksucht oder Rauschgiftsucht seine Angelegenheiten nicht zu besorgen vermag oder sich oder seine Familie der Gefahr des Notstandes aussetzt oder die Sicherheit anderer gefährdet«. Von dieser Möglichkeit wird aber bei Drogenabhängigen äußerst selten Gebrauch gemacht. Im Zweifelsfall sollte man dann, wenn man merkt, daß Entmündigungsaktivitäten der Angehörigen im Gange sind, umgehend einen Anwalt, einen Drogenberater oder einen Mitarbeiter des Jugendamtes aufsuchen, um sich beraten zu lassen.

Entscheidender Kritikpunkt am vormundschaftsgerichtlichen Verfahren ist, daß der Zu-Entmündigende, dem seine Geschäftsfähigkeit genommen werden soll, nicht anwaltlich vertreten ist (vgl. die fehlende anwaltliche Vertretung im Freiheitsentziehungsverfahren). Auch ein Jugendlicher, den seine Angehörigen unterbringen wollen, müßte im Interesse seines Rechtsschutzes eine neutrale Person (Anwalt, Drogenberater) beigeordnet bekommen. Die Frage nach dem Rechtsschutz ist dringlich, weil bis zu 36% der in den PKH behandelten Patienten entmündigt sind, 30% ihren Vormund persönlich nicht kennen und einzelne Vormünder bis zu 100 Mündel und mehr betreuen (amtsärztliche Information).

Kritik

fehlende anwaltliche Vertretung

3.2.3 Jugendhilferechtliche Zwangsmaßnahmen: Wenn die Eltern alleine nicht mehr zurechtkommen

Bis zur Verabschiedung des neuen Kinder- und Jugendhilfe-Gesetzes am 26.6.1990 konnte, wenn Eltern mit ihren Kindern nicht mehr fertig werden und die sog. »Verwahrlosung«, also eine Gefährdung oder Schädigung des Kindeswohls drohte, nach dem Jugendwohlfahrtsgesetzt (JWG) mit staatlichen Zwangsmaßnahmen in das Elternrecht eingegriffen werden. Dazu gehörte unter Umständen auch die Fürsorgeerziehung im geschlossenen Heim (siehe 2. Auflage dieses Leitfadens).

Da insbesondere die Arbeitsdisziplin berührende Abweichungen, z. B. Aufgeben der Arbeitsstelle und Herumstreunen, als Symptome für Verwahrlosung gewertet wurden, war das Jugendhilferecht neben dem Jugendstrafrecht ein weiteres Instrument der Stigmatisierung, der sozialen Degradierung und letztlich Kriminalisierung.

Abweichungen

Chancen eines weniger stigmatisierenden und wirklich fördernden Umgangs mit randständigen Jugendlichen eröffnet das neue Gesetz durch völligen Verzicht auf Zwangsmaßnahmen und geschlossene Unterbringung (dazu im einzelnen 4.1.7). Zwangsmaßnahmen sind, wenn eine dem Wohl des Kindes oder des Jugendlichen entsprechende Erziehung nicht gewährleistet ist, nur noch als jugendstrafrechtliche »Erziehungsmaßregel« nach § 9 JGG oder als vormundschaftsgerichtlicher Eingriff in das Elternrecht nach §§ 1666 ff. BGB möglich.

Chancen

Verzicht auf Zwangsmaßnahmen

Jugendstrafrecht: Bei krimineller Auffälligkeit und entsprechender Verantwortlichkeit als Jugendlicher (§§ 3, 105 JGG) können als Erziehungsmaßregeln i. S. § 9 JGG entweder »Weisungen« nach § 10 JGG oder »Hilfe zur Erziehung« nach § 12 JGG angeordnet werden. Als Weisungen kommen »Gebote und Verbote, welche die Lebensführung des Jugendlichen regeln und da-

Erziehungsmaßregeln

durch seine Erziehung fördern und sichern sollen« in Betracht, insbesondere Weisungen hinsichtlich Wohn- und Aufenthaltsort, Arbeit, persönlichem Umgang und Therapie.
Als Hilfe zur Erziehung kommen als solche der §§ 30 u. 34 KJHG in Betracht (s. 4.1.7).

Vormundschaftsrecht: Wird das Wohl des Jugendlichen auf sonstige Weise gefährdet, so kann das Vormundschaftsgericht auch gegen den Willen der Sorgeberechtigten eine geeignete Maßnahme, insbesondere Hilfe zur Erziehung nach §§ 27 ff. KJHG anordnen (§ 1666 BGB; dazu unten 4.1.7). Dem einen oder anderen Elternteil kann das Sorgerecht entzogen werden, z. B. bei Scheidung (§ 1671 BGB). In Extremfällen elterlicher Inkompetenz kann das Sorgerecht ihnen ganz entzogen und einem Vormund übertragen werden (§§ 1680, 1773 ff. BGB).

Entziehung des Sorgerechts

3.2.4 Entziehung der Fahrerlaubnis: Lebens- und Berufseinschränkungen

Nach § 4 Abs. 1 Straßenverkehrsgesetz (StVG) muß die Fahrerlaubnis von der Verwaltungsbehörde entzogen werden, wenn sich jemand als »ungeeignet zum Führen von Kraftfahrzeugen« erweist. Der Führerschein ist dann gemäß § 4 Abs. 4 StVG abzuliefern (zu den strafrechtlichen Aspekten dieses Themas s. 3.1.1.5).
Anders als im Strafverfahren, wo das Schuldprinzip gilt und die zukünftige Gefährlichkeit konkret nachgewiesen sein muß, haben die Verwaltungsbehörden und die Verwaltungsgerichtsbarkeit bisher beim illegalen Konsum von BtM pauschal die Ungeeignetheit zum Führen von Kfz angenommen. Dafür lassen sie z. B. schon den einmaligen Haschischkonsum genügen, erst recht die längerfristige Einnahme von Drogen (vgl. BVerwG NZV 90, 165; VGH Mannheim NJW 89, 1625; anders: OLG Frankfurt NJW 1992, 1570).
Grundlage für diese extrem restriktive Ansicht ist ein Gutachten »Krankheit und Kraftverkehr« des gemeinsamen Beirats für Verkehrsmedizin beim BMVerkehr und BMJFG. Dem Gutachten zufolge könne schon die einmalige Einnahme von Haschisch zu einem Wiederaufleben der Rauschsymptome (»flashback«, Echo-Rausch) führen. Darin liegt ein Widerspruch gegen die Regelung des § 15b Abs. 1 S. 2 StVZO, wonach Voraussetzung der Ungeeignetheit u. a. die Teilnahme am Verkehr unter »erheblicher Wirkung von berauschenden Mitteln« ist. Außerdem findet durch die pauschale Vermutung der Ungeeignetheit aufgrund auch nur eines einzigen Konsumvorgangs eine rechtswidrige Beweislastumkehr statt (vgl. BINIEK 1994, S. 21). Der Betroffene ist nämlich gezwungen, zwecks Wiedererlangung der Fahrerlaubnis seine Geeignetheit durch Einholung eines Gutachtens einer amtlich anerkannten medizinisch-psychologischen Untersuchungsstelle zu beweisen. Dabei beauftragt die Behörde zumeist TÜV-Psychologen, welche die Methodenstandards psychologischer Diagnostik

pauschal wird Ungeeignetheit angenommen

Voraussetzung der Ungeeignetheit

rechtswidrige Beweislastumkehr

3.2 Außerstrafrechtliche Rechtsfolgen: Nicht nur das Strafrecht straft 295

Lügen strafen. Schließlich wird schematisch davon ausgegangen, daß der Betroffene jedenfalls mindestens über 1 Jahr lang den lückenlosen Nachweis seiner Abstinenz führen muß, um sich die Möglichkeit des Wiedererwerbs der Fahrerlaubnis bzw. des Führerscheins zu erhalten (vgl. STAAK 1993, S. 8).

Diese Vorgehensweis stellt eine Quasi-Strafmaßnahme ohne entsprechendes Beweis- und Schuldfeststellungsverfahren dar, denn in der heutigen Gesellschaft bedeutet die Entziehung der Fahrerlaubnis empfindliche Einbußen an Lebensqualität und Berufschancen, ja sie kann existenzvernichtend sein. Sie verstößt daher sowohl gegen das oberste Verfassungsprinzip, das Verhältnismäßigkeitsprinzip, als auch gegen das Prinzip der Wahrung der Menschenwürde (Art. 1 Abs. 1 GG) und das Grundrecht der allgemeinen Handlungsfreiheit (Art. 1 Abs. 1 GG). Im übrigen sind die dieser Verfahrensweise zugrundeliegenden empirischen Annahmen unhaltbar. Es liegt ein Verstoß gegen allgemeine Sorgfaltspflichten darin, daß sich Verwaltung und Gerichte lediglich auf ein Gutachten stützen und daß dieses Gutachten unter Verletzung von wissenschaftlichen Standards die weltweit zugängliche Literatur nicht beachtet (vgl. dazu das MAASTRICHTER GUTACHTEN (1993) mit umfassenden Literaturnachweisen).

Zum Glück hat das BVerfG hier nunmehr eine Grenze gesetzt, indem es zumindest den einmaligen Haschischkonsum mit Rücksicht auf das allgemeine Persönlichkeitsrecht des Betroffenen (Art. 2 Abs. 1 i. V. m. Art. 1 Abs. 1 GG) nicht als ausreichend für diese tief in Freiheitsrechte eingreifende Maßnahme ansah (BVerfG StV 93, 539 u. Neue Kriminalpolitik 93, 53 m. Anm. SONNEN).

Besonders problematisch und wohl erst höchstrichterlich zu klären ist die Vorenthaltung der Fahrerlaubnis gegenüber Substitutionspatienten (vgl. OVG Berlin Az. OVG 1 S S 6/91). Obwohl aus psychiatrisch-psychologischer Sicht geklärt ist, daß bei konstanter Dosierung unter Opiaten ein psychologischer Normalzustand herrscht, daß also auch die im Straßenverkehr erforderlichen Leistungen hinsichtlich Wahrnehmung, Reaktion etc. in durchschnittlichem Maße erbracht werden, wird diesen Patienten pauschal die Fahrerlaubnis verweigert und ebenso entgegengehalten, sie müßten 1 Jahr lückenlose Abstinenz nachweisen (vgl. BINIEK 1994, S. 24 ff.). Zukünftig kann hierbei der inzwischen mögliche langfristige BtM-Nachweis mittels Haaranalyse Anwendung finden (s. o. 3.1.2.1.2). Absurd ist diese Praxis angesichts der Tatsache, daß Millionen Teilnehmer am Straßenverkehr alkohol- und medikamentenabhängig sind, sie aber vergleichbaren Repressalien nicht ausgesetzt werden. Die zur Begründung der Ungleichbehandlung angeführte pauschale und vorverurteilende Unterstellung, Methadon-Patienten neigten zum gefährlichen Beigebrauch, verletzt den Grundrechtsschutz der Betroffenen. Denn auch andere Patienten mit Dauergebrauch von Medikamenten, insbesondere von Psychopharmaka und Schlafmitteln, lassen es an der notwendigen »Compliance« fehlen und gefährden sich und andere

Quasi-Strafmaßnahme

verstößt gegen GG-Prinzipien

Verletzung von wissenschaftlichen Standards

Substitutionspatienten

Absurde Praxis

vorverurteilende Unterstellung

durch Mischkonsum erheblich (vgl. hierzu auch KREUZER 1993).
Das alles zwingt zu der Schlußfolgerung, daß die Verwaltungsbehörde dem Betroffenen im Einzelfall aufgrund einer Gesamtwürdigung der Umstände des Einzelfalls und mittels – den wissenschaftlichen Standards genügender – psychologischer Fachbegutachtung nachweisen muß, daß eine Ungeeignetheit vorliegt.

Ungeeignetheit muß nachgewiesen werden

Möglicherweise mit dem Ziel, eine weitere Entscheidung des Verfassungsgerichts in der Zukunft zu erwirken, sollte ein Bündel von Argumentationsstrategien versucht werden:

Argumentationsstrategien

Ein- oder mehrmaliger Konsum von BtM bedeutet nicht notwendig, daß der Konsument auch unter Drogenwirkung am Straßenverkehr teilnimmt.

Nicht der Konsum jedes BtM bzw. jegliche Dosierung bewirkt Fahruntüchtigkeit; die Wirkung ist individuell verschieden und zudem von Kontextbedingungen abhängig.

Eine einmalig oder gar mehrmalig festgestellter BtM-bedingter Fahruntüchtigkeit muß sich nicht unbedingt wiederholen bzw. erfordert nicht unbedingt eine Entziehung der Fahrerlaubnis bzw. den Nachweis einjähriger lückenloser Abstinenz.

Eine Gleichbetrachtung und Gleichbehandlung mit anderen Psychopharmaka und Psychostimulatien, Sedativa etc. sowie Alkohol ist erforderlich.

Methodenstandards

Die juristischen und psychologischen Methodenstandards erfordern zwingend eine sorgfältige Einzelfallbetrachtung statt pauschaler Vorwertungen. Dementsprechend sollten unbedingt Rechtsmittel eingelegt und Obergutachter beantragt werden.

3.2.5 Weitere Rechtsfolgen des Auffälligwerdens als Drogenabhängiger

Zoll- und Abgabenrecht: Für illegal eingeführte oder erworbene BtM müssen theoretisch laut Abgabenordnung eine Eingangsabgabe (Zoll) und Umsatzssteuer bezahlt werden. Früher wurden deshalb Drogenabhängige häufig noch vom Finanzamt mit derartigen Forderungen überzogen. Immerhin hat man gemerkt, daß solche Forderungen sich, wie alle Schuldenüberlastungen, negativ auf Resozialisierung und Therapie auswirken.

steuerrechtliche Billigkeitsmaßnahmen

Seit 1978 gibt es einen Erlaß des Bundesministers der Finanzen, aufgrund dessen im Wege steuerrechtlicher Billigkeitsmaßnahmen Eingangsabgaben auf Antrag ganz oder teilweise unter der aufschiebenden Bedingung erlassen werden können, daß der Steuerpflichtige während eines Zeitraums von zwei Jahren nach Bekanntgabe des Billigkeitserweises keine ahndbaren Zuwiderhandlungen gegen das BtMG oder damit zusammenhängend gegen die Abgabenordnung begeht. Voraussetzung ist, daß die BtM zum eigenen Bedarf oder zur Weiterveräußerung zum Zwecke der Finanzierung dieses Bedarfs eingeführt oder erworben waren und sich der Steuerpflichtige zu einer therapeutischen Behandlung bereit zeigt.

3.2 Außerstrafrechtliche Rechtsfolgen: Nicht nur das Strafrecht straft

Die zuständige Finanzbehörde hat vor ihrer Entscheidung zu hören: den behandelnden Arzt, den Drogenberater, den Bewährungshelfer, den Betroffenen selbst. Diese gleichsam »freiwillige« Verwaltungspraxis ist nunmehr durch ein Urteil des Europäischen Gerichtshofs rechtsverbindlich (vgl. DER SPIEGEL, H. 49, 1986, S. 74). Damit ist endlich eine vom Grundgesetz verbotene Doppelbestrafungsmöglichkeit ausgeräumt.

Arbeitsrecht: Drogenabhängigkeit gilt zwar als psychische Krankheit. Dies ist jedoch angesichts der Erkenntnisse über Methadonsubstitution zu relativieren. Der Arbeitgeber hat ein Fragerecht bzw. Kündigungsrecht nur hinsichtlich ansteckender oder solcher Krankheiten, die den Bewerber bzw. Angestellten arbeitsunfähig machen oder sehr häufig fehlen lassen. Bei einer Einstellungsuntersuchung darf der Arzt dem Arbeitgeber nur das abschließende Urteil (z. B. »arbeitsfähig«) mitteilen. Ein Urintest als Einstellungsvoraussetzung (wie zunehmend in den USA praktiziert) wäre rechtswidrig.
Im Gegensatz zur Alkoholabhängigkeit, bei der Arbeitsfähigkeit häufig zu verneinen ist, kann bei bestimmten Formen der Opiatabhängigkeit, insbesondere im Verlauf einer lege artis durchgeführten Methadon-Substitution, nicht ohne weiteres Arbeitsunfähigkeit angenommen werden. Methadon-Patienten befinden sich, vorausgesetzt sie haben keinen Beigebrauch von Alkohol, Barbituraten u. ä., in einem psychologischen Normalzustand, d. h. ihre Leistungsfähigkeit wird nicht durch den Opiat-Spiegel an sich beeinträchtigt. Gleichwohl kann natürlich aufgrund der gesamten sozialen Umstände bzw. zugrundeliegender oder reaktiver psychischer Störungen etc. Arbeitsunfähigkeit gegeben sein.
Bei »selbst verschuldeter« Abhängigkeit entfällt u. U. der Lohnfortzahlungsanspruch (BAG-Betrieb 1973, S. 579). Bei Verstößen kann man sich an den Betriebsrat wenden, dem man allerdings die Drogenabhängigkeit auch nicht unbedingt offenbaren sollte.

Ehegesetz: Gem. §§ 18, 32 Ehegesetz ist eine Ehe nichtig oder aufhebbar, wenn ein Ehepartner drogensüchtig ist.

Familienrecht: Das Vormundschaftsgericht hat es abgelehnt, einer drogenabhängigen Mutter das Sorgerecht für ihren Säugling zu entziehen (FamRZ 86, 247).

Unfallversicherung: Den Schutz der entsprechenden Versicherungen (Straßenverkehr, Betriebsunfall) kann ein Drogenabhängiger u. U. verlieren, wenn ihm nachgewiesen wird, daß er sich bewußt mit Drogen »vollgehauen« und trotzdem ans Steuer gesetzt hat oder an einen gefährlichen Arbeitsplatz arbeiten gegangen ist. Zumindest kann dann die Versicherung bei ihm »Regreß nehmen«, d. h. soviel Geld herausverlangen, wie er hat, um den Schaden abzudecken.

Marginalien:
- Finanzbehörde muß hören
- nun rechtsverbindlich
- Einstellungsuntersuchung
- Opiatabhängigkeit
- Methadon-Patienten
- »selbst verschuldete« Abhängigkeit
- Ehe nichtig
- Sorgerecht für Säugling
- bewußt mit Drogen »vollgehauen«
- Regreß

3.3 Die Rechte und Pflichten der Helfer

3.3.1 Der Status der Berufsgruppen

3.3.1.1 Der Arzt

3.3.1.1.1 Recht des Arzt-Patient-Verhältnisses

Das therapeutische System in der BRD ist immer noch »medikozentristisch«, d. h. auf den klassischen Mediziner fixiert. Dieser genießt Privilegien und Machtkompetenzen (z. B. müssen LzTh-Einrichtungen einen ärztlichen Leiter haben), ohne daß dem notwendig immer die (erweiterte) Sachkompetenz entspräche (z. B. für Psychotherapie oder psychologische Diagnostik, vgl. o. 3.1.2.4). Die ärztliche Untersuchung ist zur Abklärung der somatischen (körperlichen) Befunde allerdings unabdingbar. Eine psycho- oder sozialtherapeutische Intervention kann kunstfehlerhaft und damit zivil- und strafrechtlich haftungsbegründend sein, wenn sie die somatische Abklärung ausläßt.

Bedingt durch ihre auf das »Naturwissenschaftlich-Somatische« beschränkte Ausbildung haben die Mediziner z. T. besondere Schwierigkeiten, Drogenkonsum und -abhängigkeit als Folge eines komplexen Wechselwirkungsprozesses zwischen Individuum und Gesellschaft zu begreifen (vgl. 2.10). Ein weiterer Grund für die eingeschränkte Sichtweise der Mediziner ist, daß sie es – wie Juristen – immer nur mit den Auffälligen, mit den als krank oder kriminell Definierten zu tun haben (vgl POLAK 1994). Die beachtliche Anzahl derjenigen, die Drogen in relativ kontrollierter Weise konsumieren, bildet für die Ärzte und Juristen keine Erfahrungsgrundlage. Sie haben ein einseitiges Bild. Darin liegt einer der Entstehungsgründe für den Mythos, daß der Konsum harter Drogen zwangsläufig bzw. automatisch zum dramatischen Tod führe.

Jedoch zeichnen sich Veränderungen ab. Die ärztlichen Allmachtvorstellungen vom Sieg über alle Krankheiten sind schon reichlich gebrochen. Trotz vieler teurer Untersuchungen ist es bisher nicht gelungen, für die Drogenabhängigkeit irgendwelche organischen Ursachen zu finden, ebensowenig wie für die Psychosen. Es ist lediglich gelungen zu beweisen, daß der Drogenkonsum sekundär eine Anpassung des Organismus zur Folge hat, die sich als Abhängigkeit darstellen kann (s. o. 2.5.1).

Wichtiges Privileg des Arztes in der Beziehung zum Drogenabhängigen ist das »Zeugnisverweigerungsrecht (ZVR) aus beruflichen Gründen« gem. § 53 StPO (s. auch unten 3.3.2.2). D. h., daß er vor der Polizei, der Staatsanwaltschaft und dem Gericht über ihm bekannt gewordene Informationen und Daten auch belastender Art keine Auskunft zu geben braucht. Täte er dies, würde er sogar seine Berufspflicht verletzen, denn die Verletzung der ärztlichen Schweigepflicht ist in § 203 Abs. 1 Nr. 1 StGB mit Geldstrafe oder Freiheitsstrafe bis zu 1 Jahr bedroht (zum Inhalt der Verschwiegenheitspflicht 3.3.2.1; zur Rolle im Strafverfahren 3.1.2.4.4).

Marginalien:
- Machtkompetenz
- Sachkompetenz
- haftungsbegründend
- beschränkte medizinische Sichtweise
- Juristen
- Drogenabhängigkeit: organische Ursache?
- Wichtiges Privileg: »ZVR aus beruflichen Gründen«
- ärztliche Schweigepflicht

Wenn der Arzt als Sachverständiger oder als sachverständiger Zeuge gehört wird, liegt darin eine »befugte« Preisgabe eines »fremden Geheimnisses« und ist damit nicht strafbar. Die knifflige Frage ist, wieviel Information er als Sachverständiger preisgibt, ohne dem Patienten – z. B. durch zusätzliche strafrechtliche Belastung – zu schaden. Hier sehen wir die Notwendigkeit, aber auch die Chance einer dem Verfahren vorausgehenden Besprechung zwischen Drogenberater und Arzt, die der wechselseitigen Aufklärung dienen kann. Ärzten, die in eine solche Lage kommen, empfehlen wir, von sich aus ein klärendes Gespräch mit dem Drogenberater und/oder dem Verteidiger zu suchen. Dadurch gerät die gutachterliche Unabhängigkeit noch nicht in Gefahr.

»befugte« Preisgabe eines »fremden Geheimnisses«

Besprechung zwischen Drogenberater und Arzt

Auch dem Arbeitgeber gegenüber ist der Arzt gem. § 203 StGB zur Verschwiegenheit verpflichtet. Es leuchtet ein, daß aus einer zu weitgehenden Auskunft der Verlust des Arbeitsplatzes resultieren kann. Gem. § 823 Abs. 2 BGB könnte sich der Arzt in einem solchen Fall schadensersatzpflichtig machen. Wenn die preisgegebenen Informationen geeignet sind, einen anderen in seinem gesellschaftlichen Ansehen herabzusetzen, kann dies auch als Beleidigung gem. §§ 185, 192 StGB strafbar sein (z. B. wenn über einen Klienten vor Dritten als einem »Drogensüchtigen«, »Alkoholiker«, »Arbeitsscheuen« oder dgl. gesprochen wird, um dadurch sein Ansehen herabzusetzen).

Arbeitgeber gegenüber zur Verschwiegenheit verpflichtet

Beleidigung

Es ist noch nicht höchstrichterlich geklärt, ob es rechtens ist, daß ein Arzt – z. B. um die Ordnung eines Krankenhauses wiederherzustellen – den Behörden meldet, daß ein Patient, wie er entdeckt hat, drogenabhängig ist. Bisherige Entscheidungen deuten darauf hin, daß er dies nicht darf (vgl. KAUDER 1981). Eine Pflicht zur Durchbrechung des Berufsgeheimnisses ergibt sich nur aus der Anzeige- und Meldepflicht beim Entdecken der Planung besonders schwerer Verbrechen (Mord, Todschlag, Geiselnahme etc.: §§ 138, 139 StGB; s. u. 3.3.2.3) oder bei Seuchen bzw. besonders gefährlicher Ansteckungsgefahr. Unter die Anzeigepflicht fallen also keine der Delikte gem. BtMG. Derzeit ist AIDS weder namentlich noch anonym meldepflichtig.

Pflicht zur Durchbrechung des Berufsgeheimnisses

BtMG-Delikte und AIDS nicht meldepflichtig

Allerdings entfällt eine Verletzung der Verschwiegenheitspflicht, wenn der Arzt durch den Patienten von ihr entbunden worden ist. Dies kann auch durch schlüssiges Verhalten geschehen; insbesondere dann, wenn es dem Patienten um Leistungen der Sozialversicherung geht, der gegenüber der Arzt Auskunft bzw. Gutachten erstatten soll. Mit Ausnahme der genannten Einschränkungen ist die Schweigepflicht absolut. Insbesondere ergibt sich keine Einschränkung aus den besonderen Rollen von Ärzten in Anstalten, im Betrieb, in der Bundeswehr etc. (vgl. im einzelnen ZIEGER 1981). Unterlaufen werden die Schweigepflicht der Ärzte und der Datenschutz der Patienten zunehmend durch Beschlagnahmeaktionen von Staatsanwaltschaften z. B. in Abtreibungs- oder BtM-Verfahren (s. o. 3.1.2.1.2), vor allem aber durch Anordnungen der Kassenärztlichen Vereinigungen, daß Ärzte auf den Krankenscheinen die Diagnosen zu vermerken hätten (vgl. DER SPIEGEL, H.

Beschlagnahmen

Anordnungen der KV

41, 1990, S. 118). Diese Praxis dürfte bei Verhandlung vor dem BVerfG keinen Bestand haben.

»Wo kein Kläger, da auch kein Richter«

In der praktischen Handhabung des § 203 StGB durch die Justiz allerdings hapert es manchmal: »Wo kein Kläger, da auch kein Richter« heißt es. Viele Patienten haben nicht die »Beschwerdemacht«, sich durch eine Strafanzeige gegen einen das Privatgeheimnis verletzenden Arzt zu wehren. Und die Staatsanwaltschaft hat viele Mittel und Wege, ein Strafverfahren einzustellen.

Pflichten des Arztes

Im übrigen ergeben sich die Pflichten des Arztes aus dem beruflichen Standesrecht, der Berufsordnung für Ärzte. Eine gründliche und anschauliche Darstellung des Standes der Wissenschaft und der praktischen Durchführung der Methadonbehandlung findet sich bei BORNEMANN/BSCHOR/SCHMITZ-DaSILVA 1991; s. a. ENDEMANN 1988).

3.3.1.1.2 Das Recht der Methadon-Behandlung

Besondere Bedeutung hat in diesem Zusammenhang die Substitutionsbehandlung. In den letzten Jahren hat sich hinsichtlich ihrer Akzeptanz in der deutschen Drogenpolitik und kraft ihrer strafrechtlichen, arztrechtlichen und sozialrechtlichen »Legalisierung« ein radikaler Wandel vollzogen, auch wenn immer noch einzelne Bundesländer oder Politfraktionen dagegen wettern. Inzwischen ist die Substitutionsbehandlung zu einer Behandlungsform unter anderen und dank gehöriger Honorierung durch die Krankenkassen für manche Ärzte zum rettenden Anker in der Ärzteschwemme oder gar zum Füllhorn geworden. Generelles Resultat ist zwar nicht, wie von vielen langjährigen Kämpfern gegen das Methadon vorausgesagt, der »Dealer in Weiß«. Die Kehrseite solcher Medikalisierung ist aber leider doch eine sichtbare Tendenz zur Ausdünnung der Arzt-Patient-Beziehung in unreflektierte, beziehungslose Geldschneiderei.

Behandlungsform unter anderen

»Dealer in Weiß«

Im Ganzen ist die Methadonbehandlung eine große Hilfe für die durch sie entkriminalisierten und wieder human behandelten Heroin-Abhängigen (ausführlich dazu 2.7.5). Dies ist u. a. den vielen Ärzten zu danken, die sich, unterstützt von einigen Juristen, mutig und pionierhaft vorwagten, als die sozialrechtliche Regelung noch nicht erreicht war; diese haben viele Opfer nicht nur an Zeit, Nerven und Geld gebracht: Strafverfahren, standesrechtliche Disziplinarverfahren, Regreßverfahren seitens der Krankenkassen, Imageverluste, abgebrochene kollegiale Beziehungen, verlorene Freundschaften und und und. Auch heute bringen die Methadonärzte und -ärztinnen Opfer insofern, als sie es zweifellos mit einer besonders schwierigen Patientengruppe zu tun haben (s. Praxisordnung) und ihnen manche »normale« Patienten einfach wegbleiben, die von den »Junkies« abgeschreckt sind.

kunstgerechte Substitutionsbehandlung

Wie eine kunstgerechte Substitutionsbehandlung durchzuführen ist, wird oben dargestellt (2.7.5.3; vgl. im übrigen: BOSSONG/STÖVER 1992; LEITFADEN FÜR NIEDERSCHWELLIGE DROGENARBEIT 1994; GÖLZ 1994).

Methadon-Substitution

Die Substitutionsbehandlung steht in einem Spannungsfeld mehrerer das Handeln bestimmender Rechtsbereiche: ärztliches Berufsrecht, Zivilrecht, Strafrecht und Sozialrecht. Zu besprechen sind hier die beiden letztgenannten.

1. Zivil- und datenschutzrechtliche Maßgaben: Zwischen substituierendem Arzt und Patient kommt auch dann ein zivilrechtlicher Vertrag zustande, wenn die Krankenkasse oder das Sozialamt die Leistung trägt. Dieses Verhältnis beinhaltet wechselseitige Rechte und Pflichten.

zivilrechtlicher Vertrag

Von seiten des Arztes gehören dazu vor allem die umfassende Aufklärung des Patienten und die Einhaltung der Sorgfaltsregeln (s. u.) bei der Durchführung der Behandlung. Dazu gehört auch die Verpflichtung, den Schutz der Persönlichkeit und der Intimsphäre des Patienten, so gut es geht, zu wahren.

Rechte und Pflichten von seiten des Arztes

Von seiten des Versicherten besteht die Verpflichtung, so konstruktiv wie möglich an der Behandlung mitzuwirken (§§ 60 ff. SGB I, § 1 SGB V).

von seiten des Versicherten

Musterformulare und -texte, die geeignet sind, das Arzt-Patienten-Verhältnis angesichts der besonderen Probleme bei der Substitutionsbehandlung zu klären, zu strukturieren und zu sichern, finden Sie im Teil Materialien unter 5.4.4.

2. Strafrechtliche Maßgaben: Es sind vor allem die straf- und ordnungsrechtlichen Kriterien kunstfehlerfreier Substitutionsbehandlung, welche die ärztliche Kompetenz und Tätigkeit in der Substitutionsbehandlung festlegen. Diese sind ausführlich im Strafrechts-Teil dargelegt (s. 3.1.1.1.2 u. 3.1.1.1.3). Wenn sich ein Arzt an diese Regeln hält, hat er jedenfalls berufs- und strafrechtlich nichts zu befürchten.

Kriterien kunstfehlerfreier Substitutionsbehandlung

Es muß betont werden, daß demgegenüber die Regeln der NUB-Richtlinien (dazu sogleich mehr, s. u. 3.) keinerlei Relevanz haben. Dies würde erst recht gelten, wenn die derzeit in Vorbereitung befindliche 6. ÄndVO zur BtMVV verabschiedet würde: darin sollen sehr weite, auch sozialmedizinische Indikationen ausdrücklich vorgegeben werden, welche die NUB-Richtlinien obsolet machen würden. In strafrechtlicher Hinsicht kann aber auch ein solcher Indikationenkatalog nur indiziell sein für die nach wie vor im Einzelfall konkret vom Arzt zu stellende Diagnose und Indikation. Es kann also auch andere Indikationen geben, die eine Substitutionsbehandlung kunstfehlerfrei begründbar machen. Voraussetzung ist aber, daß die allgemeinen ärztlichen Sorgfaltspflichten eingehalten werden (vgl. BÖLLINGER 1991a).

NUB-Richtlinien keinerlei Relevanz

6. ÄndVO zur BtMVV Indikationen

Die früher üblichen Auflagenbescheide des Bundesgesundheitsamtes haben sich seit der rechtlichen Regelung durch die Neufassung des § 13 Abs. 1 BtMG sowie der genannten Vorschriften der BtMVV zum Glück erübrigt.

Auflagenbescheide

Nach wie vor strafrechtlich verboten ist die ärztlich kontrollierte Verabreichung von Heroin. Dies wäre derzeit nur mit Sondergenehmigung des BGA nach § 3 Abs. 2 BtMG »zu wissenschaftlichen

strafrechtlich verboten: Heroinabgabe

oder anderen im öffentlichen Interesse liegenden Zwecken möglich«. (s. dazu 2.9.1.7).

3. Sozialrechtliche Maßgaben: Zwar ist der Arzt berufsrechtlich und strafrechtlich durch das Recht der gesetzlichen Krankenversicherung (SGB V v. 1988) in seinem Handeln nicht direkt gebunden. Da 90% der Bürger jedoch gesetzlich krankenversichert sind und kraft des »Leistungsprinzips« die Kassen direkt mit den Ärzten abrechnen, steuert das Sozialrecht ärztliches Handeln faktisch sehr stark.

»Leistungsprinzip«

Lange Zeit wurden niedergelassene Ärzte für »eigenmächtige« Methadonbehandlung dadurch »bestraft«, daß sie die Behandlung nicht mit den gesetzlichen Krankenkassen abrechnen konnten oder gar Rückzahlungsforderungen wegen »unwirtschaftlicher Behandlung« ausgesetzt wurden (Regreß).

Ärzte »bestraft«

Die NUB-Richtlinien: Der Bundesausschuß der Ärzte und Krankenkassen hat am 2.7.1991 »Neue Untersuchungs- und Behandlungsrichtlinien« (NUB-Richtlinien) zur Methadon-Substitutionsbehandlung bei i. v. Heroinabhängigen beschlossen, die ab 1.10.1991 galten und seither mehrfach, zuletzt am 16.2.1994 geändert wurden (Text: 5.3.2; Antragsformulare s. 5.4.4; s. a. 2.7.5).

Die NUB-Richtlinien sind einzuschätzen als Versuch der organisierten Ärzteschaft und anderer Interessengruppen mit dem »Vehikel« Sozialrecht die Drogensituation – als im Straf- und BtM-Recht längst integrierte, akzeptierende Variante der Drogenkontrolle – zu verhindern oder zumindest einzudämmen. Schon die Behauptungen der »Präambel«, Drogensubstitution stelle für sich allein keine Krankenbehandlung dar und sei somit nicht Gegenstand der kassen-/vertragsärztlichen Versorgung, und die Drogensucht selbst stelle keine Indikation zur Drogensubstitution im Sinne einer Krankenbehandlung dar, widersprechen eklatant den gewandelten fachlichen, juristischen und politischen Einschätzungen.

Zweck

Der Indikationsbereich: für Substitutionstherapie bei Drogenabhängigkeit wird durch die NUB-Richtlinien auf folgende medizinische Indikationen (NUB 2.2.1 – 2.2.6) beschränkt, die der Arzt selbst verantworten kann (NUB 2.4):

Indikationen, die Arzt verantworten kann

1. Lebensbedrohlicher Zustand im Entzug;
2. Schwere konsumierende Erkrankungen;
3. Opiodpflichtige Schmerzzustände;
4. AIDS-Krankheit;
5. Unbedingt notwendige stationäre Behandlung wegen akuter oder schwerer Erkrankung und Unzumutbarkeit des gleichzeitigen Entzugs (Überbrückungssituation);
6. Schwangerschaft; Zustand unter der Geburt und bis zu sechs Wochen nach der Geburt.

Eine Indikation besteht nach NUB 2.3 auch bei »vergleichbar schweren Erkrankungen Drogenabhängiger, bei denen die Kommission im Einzelfall eine Substitution als Teil der Krankenbehandlung für angezeigt hält«.

Dieser Indikation ist nach NUB 2.5 von der KV aufgrund einer

Kommissions-Empfehlung nach NUB 2.7 zuzustimmen. Vor dieser Kommission muß der jeweilige Fall vom behandelnden Arzt vorgestellt und begründet werden. Die Kommission besteht aus 6 oder 7 Mitgliedern: 3 benannt von der KV, 2 von den Krankenkassen-Landesverbänden, 1 von den Ersatzkassen; dazu ein Arzt des öffentlichen Gesundheitswesens. Alle sollen in der Suchtkrankenbehandlung bzw. Drogenberatung erfahren sein.

Indikation aufgrund einer Kommissions-Empfehlung

Weitere Einschränkungen bestehen darin, daß Ärzte, die eine Substitutionsbehandlung beginnen wollen, einer Genehmigung durch die KV bedürfen (NUB 2.8). Dafür muß der Arzt sowohl über pharmakologisches Wissen als auch über Kenntnisse der Drogensucht selbst verfügen. Ein Arzt darf höchstens 10 Substitutionsbehandlungen gleichzeitig durchführen, »in geeigneten Fällen zur Sicherstellung der Versorgung« mit Zustimmung der Kommission bis zu 20 (NUB 2.9). Wenn qualifizierte Sozialarbeiter, Pädagogen oder Psychologen in der Praxis mitarbeiten, kann eine Zulassung von bis zu 30, notfalls aus Sicherstellungsgründen bis zu 50 Patienten erfolgen (NUB 2.10). (Zur Kritik s. o. 2.7.5.1). Im übrigen wird auf BtMG und BtMVV verwiesen (NUB 2.11).

Zahl der Substitutionsbehandlungen

Die Liste der berechtigten Ärzte wird der Landesbehörde mitgeteilt (NUB 2.12), nicht jedoch patientenbezogene Daten. Durch unangekündigte Drogensuchtests soll Beigebrauch ausgeschlossen werden (NUB 2.13). Bei positivem Befund bedarf die Fortführung der Behandlung neuerlicher Zustimmung gem. NUB 2.7. Schließlich muß der Arzt die Behandlung dokumentieren und auf dem Behandlungsausweis vermerken (NUB 2.14)

Drogensuchtests

Behandlungsausweis

Die Indikationen Nr. 1 – 6 sind zustimmungsfrei, mit einer Ausnahme aber recht eng umschrieben. Lediglich Nr. 2 ist weit auslegbar: Eine methodengerechte und präzise medizinische Begrifflichkeit mit standesrechtlicher Qualität fehlt. Es bleibt ärztlicher Kompetenz und Erfahrung überlassen, im Einzelfall zu entscheiden, ob die psychische Grunderkrankung (z. B. Psychoneurose, Borderline-Zustand) oder eine Begleiterkrankung (z. B. multiple Abszesse etc.) darunter fallen.

Indikationen Nr. 1 – 6 zustimmungsfrei

Rechtsprobleme der NUB-Richtlinien: Mehrere gravierende Rechtsprobleme kennzeichnen das NUB-Richtlinienverfahren:

- Die Methode der Substitutionsbehandlung ist nicht mehr neu und bedarf keiner Sonderregelung i. S. § 92 Abs. 1 Nr. 5 SGB V mehr. Die NUB-Richtlinien überschreiten insofern die entsprechende Ermächtigungsgrundlage des § 135 Abs. 1 SGB V. Sie sind unverbindlich, Ärzte sind an die Indikationsstellung durch sie nicht gebunden.

Methode der Substitutionsbehandlung

Nachdem im Ausland schon jahrzehntelang Erfahrungen mit Methadonbehandlung gewonnen und umfassende wissenschaftliche Auswertungen vorgenommen worden sind, kann nun auch in Deutschland auf mehrere Jahre breiter und weiter wachsender Substitutionspraxis und wissenschaftlicher Auswertung geblickt werden. Es gibt inzwischen vielfältige Fortbildungsveranstaltungen und mit der »Deutschen Gesellschaft für Drogen- und Sucht-

Erfahrungen und wissenschaftliche Auswertungen

Fortbildung

medizin« eine den Prozeß von Wissenschaft und Fortbildung adäquat vorantreibende Fachgesellschaft.

inhaltliche Einschränkung der ärztlichen Therapiefreiheit

■ Problematisch ist weiter, daß durch die NUB-Richtlinien überhaupt eine inhaltliche Einschränkung der ärztlichen Therapiefreiheit vorgenommen wird. Denn nach § 70 SGB V (Text: s. u. 5.3.1) muß die Kasse eine bedarfsgerechte, dem allgemein anerkannten Stand der medizinischen Erkenntnis entsprechende Versorgung der Versicherten gewährleisten. Das setzt die kunstgerechte Untersuchung, Diagnose- und Indikationsstellung im Rahmen der konkreten Arzt-Patienten-Beziehung voraus, in die nicht durch schematische Vorab-Diagnosen und -Indikationen eingegriffen werden darf.

■ Das Hauptproblem ist schließlich, daß eine wesentliche Indikation zustimmungsbedürftig ist, wobei ein im Hinblick auf die erforderliche methodische Diagnose- und Indikationsstellung an sich inkompetentes Gremium entscheidet bzw. sich mit seiner Ablehnungsempfehlung faktisch an die Stelle des Arztes setzt. Darin liegt, wenn somit die Leistungspflicht rechtswidrig abgelehnt

Kunstfehler: u. U. strafrechtliche Folgen

wird, ein Kunstfehler, der u. U. strafrechtliche Folgen für die Kommissionsmitglieder nach sich ziehen kann, falls z. B. ein Patient mangels rechtzeitiger Substitutionsbehandlung verstirbt.

unzureichende psychiatrische Diagnosen

■ Ein weiteres Problem resultiert daraus, daß die Kommission vielfach aufgrund unzureichender und methodisch unzulänglicher psychiatrischer Diagnosen entscheidet. Gerade bei verelendeten Heroinabhängigen besteht eine starke Tendenz zur Dissimulation der häufig zugrundeliegenden psychischen Störungen, so daß lege artis eigentlich in jedem Fall ein spezielles psychiatrisch-psychologisches Gutachten eingeholt werden müßte. Eine entsprechende Untersuchung ist aber – wegen des in der Kriminalisierung begründeten häufig dissozialen, chaotischen Lebensstils, wegen Angstzuständen und akuten Depressionen und wegen der Intoxikations- oder Entzugserscheinungen – meist erst nach der durch die Substitution zu erwartenden Stabilisierung möglich. Die Kommission muß also in jedem Fall, will sie nicht unkalkulierbare Gesundheitsrisiken für den Patienten schaffen, jedenfalls vorläufig die Substitutionsbehandlung genehmigen.

Sozialgerichtsentscheidungen

In mehreren Sozialgerichtsentscheidungen ist denn mit diesen oder ähnlichen Begründungen auch festgestellt worden, daß der behandelnde Arzt einer Genehmigung nach den NUB-Richtlinien nicht bedarf, daß sie unverbindlich sind (z. B. SG Düsseldorf v. 27.10.93, AZ.: S 2 Ka 120/92).

NUB-Richtlinien

obsolet

§ 13 SGB V – Praktische Konsequenzen: Angesichts der sozialrechtlichen Fragwürdigkeit der NUB-Richtlinien erscheint die Perspektive realistisch, daß sie durch die in Vorbereitung befindliche 6. ÄndVO zur BtMVV faktisch obsolet werden und sich das Leistungsrecht normalisieren könnte. Solange ihre Geltung von den KV noch behauptet wird, können Ärzte folgende Wege beschreiten:

»Man spielt nicht mit«

■ **»Man spielt nicht mit«:** d. h., man stellt eine fachgerechte Diagnose, welche nach den NUB-Richtlinien nicht ausreicht, erbringt trotzdem die Leistung ohne KV-Zustimmung und verlangt hinterher Kostenerstattung nach § 13 Abs. 2 SGB V. Damit wird der Rechtsweg zu den Sozialgerichten eröffnet, und es gibt eine Chance, das Problem letztlich höchstrichterlich klären zu lassen.

- »Man spielt mit« und stellt eine Indikation i. S. der NUB-Richtlinien. Dazu im folgenden Beispiele, aufgrund welcher Diagnosen die NUB-Indikationen von einer norddeutschen Kassenärztlichen Vereinigung als »schwere konsumierende Erkrankung« ohne Genehmigungsverfahren akzeptiert, zumindest aber als »vergleichbar schwere Erkrankung« nach Nr. 7 der NUB-Richtlinien für genehmigungsfähig erklärt wurden.

»Man spielt mit«

Die Diagnosen lauten jeweils auf Opiat- bzw. Langzeitopiatabhängigkeit, wozu andere Diagnosen hinzutreten müssen, weil Drogenabhängigkeit nach den NUB-Richtlinien nicht an sich als Krankheit gewertet wird. Im Kontext einer ganzheitlichen, d. h. auch die psychosozialen Bedingungen reflektierenden Beurteilung muß dann jeweils die Indikation gestellt werden. Insofern *muß* die Indikation immer eine medizinische, sie *kann* auch eine psychosoziale Komponente haben:

ganzheitliche Beurteilung

Indikationsstellung

- Abszesse, multiple
- Abszeß mit Lymphadenitis d. lk. Unterschenkels
- Abwehrkräfte schwer gestört, multiple Abszesse
- Allgemeinzustand schlecht oder reduziert
- Anorexie
- Arterielle Durchblutungsstörungen beider Beine
- Barbituratabusus
- Borderline-Psychose
- Cerebrales Krampfleiden
- Depression, reaktive
- Depressive Entwicklung mit multiplen Suizidversuchen
- Diabetes, insulinpflichtige
- Erschöpfungszustand
- Glowerulonephritis, Pyodermie
- Hepatitis, aggressive
- Hepatopathie
- Kachexie, psychische Erkrankung
- Kollapsneigung
- Leberzellschaden infolge Hepatitis
- Milzextirpation
- Narzißtische Persönlichkeitsstörung, schwere
- Neurose, soziale Desintegration
- Porphyrie, akute
- Pyodermie
- Pyodermien, Phlegmonen
- Rippenfraktur mit starken Schmerzen
- Suizidalität
- Um drohender Verschlechterung vorzubeugen
- Um drohendes psychosoziales Abgleiten zu verhindern
- Untergewicht, erhebliches; Spritzenabszesse
- Verwahrlosung, zunehmende

- Wegen Vorbereitung auf stationäre Therapie
- Zustand nach Krankenhausaufenthalt wegen rezidiv. Abszessen, Hepatitis

Psychiatrische Diagnosen

Psychiatrische Diagnosen lassen sich dann am einfachsten als unwiderlegliche Grundlage der Indikation geltend machen, wenn sie von einem Psychiater oder Psychoanalytiker bescheinigt werden.

»Behandlungsvereinbarung«

Wir empfehlen dem niedergelassenen Arzt, angesichts der besonderen Probleme hinsichtlich der Patientenmitarbeit, eine »Behandlungsvereinbarung« abzuschließen und die Behandlung dadurch zu strukturieren (s. o. Muster 1). Mit mehr Erfahrung und Souveränität kann man vielleicht darauf verzichten, obwohl es möglicherweise für diese Klientel in manchen Fällen auch einen zusätzlichen Halt gibt. Für Praxen mit einer großen Anzahl von Methadonpatienten empfiehlt es sich, unabhängig von den unverbindlichen NUB-Richtlinien, sozialpädagogisch geschultes Personal einzustellen (s. u. Muster Praxisordnung, 5.4.4.3).

sozialpädagogisch geschultes Personal

Dihydrocodein-Substitution

Codein ist als Wirkstoff und Grundsubstanz für Medikamente zwar nicht verschreibungsfähig (nur verkehrsfähig, Anl. II), nach Arzneimittelgesetz (ArzMG) frei verschreibungsfähig sind aber codeinhaltige Medikamente, die trotz mehrfacher Initiativen Interessierter (noch) nicht in Anl. III aufgenommen wurden. Es gibt Bestrebungen, mit der 6. ÄndVO zur BtMVV die Codein-Substitution zu verbieten (vgl. DAM 1994).

DHC-Substitution fällt nicht unter BtMG, aber ärztliche Sorgfaltsregeln haben Geltung

Die gängige Form der Substitutionsbehandlung mit Dihydrocodein (DHC) (z. B. mit Remedacen) fällt nicht unter das BtMG. Genau wie für die Methadonbehandlung gelten hier aber die allgemeinen, gemäß § 223 StGB strafbewehrten ärztlichen Sorgfaltsregeln (vgl. »Richtlinien für die Ersatzdrogenbehandlung mit Codeinpräparaten« der Ärztekammer Hamburg, abgedruckt unter 5.3.3). Im Rahmen der Indikations- und Therapiefreiheit kann der Arzt also zu der Überzeugung gelangen, daß eine DHC-Behandlung die Methode der Wahl ist. Bisher gibt es hierzu noch keine höchstrichterliche Entscheidung.

Angesichts der Kontroversen um die DHC-Behandlung ist aber anzuraten, hier hinsichtlich Patientenaufklärung, Rückversicherung über die Verstehenskompetenz des Patienten, Begründung und Dokumentation der Behandlung besonderen Aufwand zu treiben. Es ist vor allem zu begründen, warum nicht die inzwischen als Standard der Schulmedizin geltende Methadon-Behandlung gewählt wurde. Als Begründung genügt sicher nicht, daß die Verschreibung weniger aufwendig ist. Nachdem mehrere Ärztekammern (z. B. Hamburg, Westfalen-Lippe) die Substitution mit Dihydrocodein »in begründeten Einzelfällen« als kunstgerecht anerkannt haben, steht einer Kostenübernahme durch die Kassen rechtlich nichts im Weg. Dementsprechend hat auch das Sozialgericht Kiel geurteilt (Az.: S 8 Ka 14/91). Der Arzt solle sich besonders gründlich an die allgemeinen Sorgfaltsregeln halten und, so-

Substitution »in begründeten Einzelfällen«

weit möglich, zusätzlich die NUB-Richtlinien für Methadon beachten (z. B. hinsichtlich der Patientenzahl). Da wohl vorläufig rechtlich von einer Nachrangigkeit der DHC-Behandlung ausgegangen werden muß, ist besonderer Begründungsaufwand zu empfehlen hinsichtlich der Unmöglichkeit der Methadonbehandlung (z. B. Unverträglichkeit).

Nachrangigkeit der DHC-Behandlung

3.3.1.1.3 Berufs- und kassenrechtliche Sanktionen

Die früher noch stark von der völligen Ablehnung der Substitutionstherapie gekennzeichneten berufs- und kassenrechtlichen Auseinandersetzungen (Regreßforderungen der Kassen gegenüber Ärzten; Approbationsentzug etc.) haben nach mehreren Niederlagen der Krankenkassen und Ärztekammern und erst recht seit der »Legalisierung« der Substitutionstherapie stark nachgelassen. Regreßforderungen der Krankenkassen wegen »unwirtschaftlicher Behandlung« oder arztrechtliche Sanktionen sind nur noch bei nicht indikationsgemäßer Behandlung mit Substitutionsmedikamenten möglich.

Regreß Approbationsentzug

Eine neue und gravierende Sanktionsebene wird aber durch § 2a BtMVV eingezogen: Substituierende Ärzte sollen die Verschreibung nach Ziff. 9 genauestens dokumentieren und nach Ziff. 10 die Daten der Behandlung und die Tatsache der Nichtteilnahme des Patienten an einer Psycho- oder Sozialtherapie »patientenbezogen« an die zuständige Landesbehörde melden. Schon dies verstößt gegen Verschwiegenheitspflicht und Datenschutz (vgl. 3.3.2.4).

neue und gravierende Sanktionsebene

Noch toller – und ebenso rechtswidrig – ist das Ansinnen von Amtsapothekern oder anderen Behörden im Gesundheitsbereich, die ärztliche Dokumentation im Rahmen der Überwachung des BtM-Verkehrs nach §§ 22 – 24 BtMG offenzulegen. Ein Arzt, der das verweigerte, wurde bereits mit einem Bußgeld über DM 10.000,– belegt, wogegen er sich mit guter Aussicht auf Erfolg gerichtlich wehrt (Informationen zum Prozeßstand bei Prof. Dr. B. Haffke, Universität Passau).

rechtswidrig

3.3.1.2 Der Psychologe

Der behandelnde, beratende oder supervidierende Psychologe bzw. psychologische Psychotherpeut hat ebenso wie der Arzt eine Verschwiegenheitspflicht aus § 203 Abs. 1 Nr. 4 StGB, nicht aber ein entsprechendes Zeugnisverweigerungsrecht (s. 3.3.1.1 und 3.3.2.2): Im Gegensatz zu den Medizinern sind Psychologen in § 53 StPO nicht genannt. Allerdings muß ihnen das Zeugnisverweigerungsrecht in allen dem ärztlich-therapeutischen Handeln entsprechenden Situation ebenso gewährt werden. Dies kann zum einen in entsprechender Anwendung des § 53 Abs. 1 Nr. 3 StPO geschehen. Ausdrücklich hat auch ein Psychologe das ZVR, wenn er Mitglied oder Beauftragter einer Schwangerschaftskonfliktberatungsstelle gemäß §§ 218c, 219 StGB (§ 53

Verschwiegenheit nicht aber Zeugnisverweigerungsrecht

Schwangerschaftskonfliktberatung

Abs. 1 Nr. 3a STPO) ist oder als »Berater für Fragen der BtM-Abhängigkeit in einer Beratungsstelle« fungiert (Nr. 3b). Schließlich kommt ihm, wenn er als »Gehilfe« eines Arztes tätig geworden ist, das ZVR des Berufshelfers gem. § 53a StPO zugute. Dies ist geltend zu machen, wenn der Psychologe in einer von einem Arzt geleiteten Beratungsstelle arbeitet oder wenn er als Psychotherapeut im sog. Delegationsverfahren bzw. aufgrund ärztlicher Überweisung eines Patienten arbeitet. Zukünftig wird bei der geplanten Verabschiedung eines Psychotherapeutengesetzes für Psychologen auch ausdrücklich ein ZVR in § 53 StPO verankert werden müssen.

Berater für Fragen der BtM-Abhängigkeit
Gehilfe eines Arztes

Sollte es doch zu einer Situation kommen, in der man gerichtlich das ZVR verweigert bekommt, hilft abmildernd nur »aktives Vergessen«.

»aktives Vergessen«

3.3.1.3 Sozialarbeiter/Drogenberater

Diese haben gem. § 203 Abs. 1 Nr. 4 StGB hinsichtlich der Schweigepflicht die gleiche Rechtsstellung wie Psychologen (s. o.). Sie haben ebenfalls prinzipiell kein Zeugnisverweigerungsrecht, lediglich, wenn sie als Berufshelfer eines Arztes, eines Rechtsanwaltes oder eines Pfarrers handeln, ein abgeleitetes ZVR. Auch ihre typische Konfliktsituation ist aber nun rechtlich endgültig anerkannt: gem. § 53 Abs. 1 Nr. 3a u. b StPO sind sowohl Mitarbeiter einer Schwangerschaftskonfliktberatungsstelle als auch Drogenberater zur Zeugnisverweigerung berechtigt.

Schweigepflicht
kein Zeugnisverweigerungsrecht
abgeleitetes ZVR

3.3.1.4 Erzieher und Laienbetreuer

Betreuer, die keine staatlich geregelte Ausbildung in einem Heilberuf haben, haben weder eine Verschwiegenheitspflicht gem. § 203 StGB noch ein ZVR gem. § 53 StPO. Auch sie können allerdings ein abgeleitetes ZVR in Anspruch nehmen, wenn sie im Auftrag einer der verweigerungsberechtigten Berufsgruppen handeln. Außerdem können auch sie als »Berater für Fragen der BtM-Abhängigkeit« in einer anerkannten Beratungsstelle fungieren und dementsprechend ein ZVR aus § 53 Abs. 1 Nr. 3b geltend machen.

weder Verschwiegenheitspflicht noch ein ZVR, allerdings abgeleitetes ZVR

Ihre rechtliche Stellung bedeutet ansonsten natürlich nicht unbedingt, daß Erzieher und Laienbetreuer nun Daten weitergeben dürfen. Die Verschwiegenheitspflicht gilt nämlich für alle Berater in einer anerkannten Beratungsstelle für Suchtfragen, das sind z. B. alle Beratungsstellen, die Zuschüsse von der öffentlichen Hand erhalten (§ 203 Abs. 1 Nr. 4 StGB). Dies gilt also auch für nicht speziell ausgebildete Gehilfen der Berater – wie z. B. Verwaltungsangestellte und Praktikanten.

Verschwiegenheitspflicht anerkannter Beratungsstellen

Verwaltungsangestellte/Praktikanten

3.3.2 Die relevanten Rechte und Pflichten

3.3.2.1 Die Verschwiegenheitspflicht: § 203 StGB (s. o. 3.3.1.1)

Nicht weitergegeben werden dürfen Tatsachen,
- die nur einem beschränkten Personenkreis bekannt sind,
- bei denen ein Interesse des Klienten an der Geheimhaltung ersichtlich ist,
- die jemandem in seiner Eigenschaft als Mitarbeiter einer Einrichtung anvertraut wurden oder in dieser Eigenschaft bekannt geworden sind. Es können auch solche Informationen sein, aus denen auf das Verhalten, die Suchtproblematik oder die Familienverhältnisse des Klienten Rückschlüsse gezogen werden können. So kann sogar die Frage, ob ein Klient in einer Einrichtung bekannt oder noch anwesend ist, unter die Schweigepflicht fallen. Auch bei brieflicher oder telefonischer Informationsübermittlung muß der Schutz des Privatgeheimnisses beachtet werden. Wenn sich z. B. jemand telefonisch über einen Klienten erkundigt, sollte man sich der großen Verwechslungsgefahr von Stimmen bewußt sein, bevor man Auskunft gibt – oder besser keine geben.

Nicht weitergeben:

Informationen, die der Schweigepflicht unterfallen, dürfen ohne richterliche Anordnung an niemanden – weder schriftlich noch mündlich – weitergegeben werden, das heißt insbesondere:

- Keine Informationsweitergabe an Behörden (Polizei, Gericht oder Bewährungshelfer, Jugendamt etc.), auch wenn von dort angefordert(!). Natürlich kann die Verweigerung von Daten z. B. zwischen der Beratungsstelle und der Bewährungshilfe das gute, mühsam aufgebaute Verhältnis stören. Im Interesse des Klienten und seines Vertrauens zu der Arbeit der Einrichtung muß aber der Geheimnisschutz vorgehen.

an Behörden

- Keine Informationsweitergabe an Eltern, es sei denn, der Klient wünscht dies. Bei minderjährigen Klienten muß allerdings den Eltern kraft Sorgerechts der Aufenthalt bekanntgegeben werden, sonst könnte man sich gem. § 235 StGB der Kindesentziehung strafbar machen.

an Eltern

- Keine Informationsweitergabe an Arbeitgeber, Träger der Einrichtung oder Kollegen, es sei denn, es geht um die sachgerechte Kooperation (z. B. Supervision).

an Arbeitgeber, Träger oder Kollegen

- Gegenüber anderen Einrichtungen, und zwar insbesondere auch gegenüber Vorgesetzten, die nicht in der unmittelbaren Beratungsarbeit stehen, besteht grundsätzlich Verschwiegenheitspflicht. Wenn sich der Patient allerdings bereit erklärt, z. B. eine stationäre oder ambulante therapeutische Behandlung zu beginnen, kann unterstellt werden, daß er einverstanden ist, daß ein beratender Arzt, der nicht in der Einrichtung arbeitet, oder der Kostenträger – soweit erforderlich – informiert werden. Jedenfalls dürfen nur Informationen weitergegeben werden, die zu einer sachdienlichen Bearbeitung erforderlich sind.

andere Einrichtungen

Von der Einholung einer schriftlichen Erlaubnis des Klienten zur Weitergabe von Informationen ist grundsätzlich abzuraten. Zwar

schriftliche Erlaubnis des Klienten

ist der Mitarbeiter durch eine schriftliche und unterschriebene Erklärung des Einverständnisses rechtlich abgesichert, jedoch kann solch ein Vorgehen in der Praxis zu Problemen mit dem Klienten führen: Er könnte die Befürchtung haben, daß der Mitarbeiter sich die Erlaubnis zur Weitergabe in genereller Weise geben läßt – und sich dadurch nicht mehr ausreichend gegenüber Behörden und Justiz geschützt fühlen. Erzwungene Ausnahme: Rückmeldepflicht bei LzTh nach § 35 BtMG (s. o. 3.1.3.1.1). Computermäßig erfaßte persönliche Daten sind seit 1.8.1986 durch § 203a StGB noch zusätzlich strafrechtlich gegen Mißbrauch geschützt.

Erzwungene Ausnahme: Rückmeldung Computermäßig erfaßte persönliche Daten

3.3.2.2 Das Zeugnisverweigerungsrecht (ZVR) gem. §§ 53 ff. StPO

Die engen Grenzen des ZVR (s. o. 3.3.1.1 und 3.3.1.2) sind, nachdem sie für Sozialarbeiter und gleichgestellte Berufsgruppen ein wenig durch Entscheidungen des Bundesverfassungsgerichts (BVerfGE 33, S. 367 ff. u. 44, S. 353 ff.; NJW 1977, S. 1489) bereits gelockert waren, durch die neuere Gesetzgebung endlich angemessen erweitert worden: § 53 Abs. 1 Nr. 3b eröffnet ein ZVR für alle »Berater für Fragen der BtM-Abhängigkeit in einer Beratungsstelle, die eine Behörde oder eine Körperschaft, Anstalt oder Stiftung des öffentlichen Rechts anerkannt oder bei sich eingerichtet hat, über das was ihnen in dieser Eigenschaft anvertraut worden oder bekanntgeworden ist.« – »Berater« i. S. des Tatbestandes müssen nicht speziell ausgebildet sein, es kommt auf ihre inhaltliche Tätigkeit und Funktion in der Drogenarbeit an. Als »Beratungsstelle« zählen alle ernstzunehmenden DROBS, aber auch niedrigschwellige und akzeptierende Angebote (z.B. Kontaktläden, Drogen-Cafés etc.). Zur »Anerkennung« ist kein schriftlicher Bescheid oder dergleichen erforderlich; es genügt, daß die Beratungsstelle faktisch von den genannten öffentlichen Stellen benutzt wird. Es muß lediglich auszuschließen sein, daß unseriöse oder selbst in strafbarer Weise sich betätigende Menschen das ZVR mißbräuchlich geltend machen.

ZVR für alle

»Berater«

»Beratungsstelle«

»Anerkennung«

Achtung!

In der Praxis: Wenn man im Zusammenhang mit einem Strafverfahren gegen drogenabhängige Klienten zum Gerichtstermin geladen ist und das Vertrauensverhältnis erhalten will, sollte man zunächst einmal pauschal das ZVR geltend machen. Wenn das Gericht dies ablehnt, sollte man zunächst versuchen, ggfs. mit Hilfe eines Rechtsanwalts, das Problem mit Richter und Staatsanwalt zu besprechen und auf diese Weise die Zurücknahme der Vorladung zu erreichen.

Zu erwägen ist weiter, eine Beschwerde des Verteidigers nach §§ 304 ff. StPO zu veranlassen. Im Extremfall muß man sich überlegen, ob man gem. § 70 StPO wegen »grundloser Zeugnisverweigerung« die zusätzlich entstehenden Gerichtskosten und ein Ordnungsgeld, u. U. sogar Erzwingungshaft, auf sich nehmen will. Die Verhängung von Erzwingungshaft (die nach dem Gesetz bis zu

»grundlose Zeugnisverweigerung« Erzwingungshaft

6 Monaten dauern kann) ist bisher in der bundesrepublikanischen Justizgeschichte für solche Fälle nicht bekannt geworden. Ein Ordnungsgeld könnte u. U. vom Träger erstattet werden oder durch eine Sammlung unter Kollegen u. a. aufgebracht werden.
Alle Personen, die gem. § 203 StGB schweigepflichtig sind, haben auch in Zivilprozessen ein ZVR gem. § 283 ZPO.

ZVR im Zivilprozeß

Der Berater als Gutachter: Das Gericht kann, wenn seine eigene Sachkunde nicht ausreicht, Sachverständige als Helfer bei der Wahrheitsfindung hinzuziehen. Es könnte auf die Idee kommen, einen Berater um ein Gutachten zu bitten – z. B. bezüglich der Prognose. Da der Gutachter im Interesse und als Helfer des Gerichts auftritt, erscheint uns dies u. U. als problematisch für das Vertrauensverhältnis zum Klienten. Man kann eine Gutachterbestellung zurückweisen, weil man als Gutachter nicht allgemein öffentlich bestellt ist (§§ 75 StPO und 407 ZPO). Wenn einen das Gericht dann als »sachverständigen Zeugen« (§ 85 StPO) hören will, gelten die Vorschriften des ZVR.

Helfer des Gerichts

»sachverständige Zeugen«

Schutz der Unterlagen und Aufzeichnungen über die Beratung: Gegenstände, die als Beweismittel für eine strafrechtliche Ermittlung erheblich sind, können beschlagnahmt werden. Dies geschieht i. d. R. bei Durchsuchungen, die bei »Gefahr im Verzuge« auch von der Staatsanwaltschaft und der Polizei angeordnet werden können (vgl. o. 3.1.2.1.1). Meist kümmern sich die Polizisten deshalb gar nicht erst, was sie eigentlich müßten, um einen richterlichen Beschlagnahme- und Durchsuchungsbefehl. Gem. § 97 StPO unterliegen aber der Beschlagnahme nicht alle schriftlich gefaßten Informationen und Gegenstände, auf die sich das ZVR bezieht. Das BVerfG hat aber 1977 entschieden, daß darunter jedenfalls die Unterlagen und Klientenakten von DROBS fallen. Der Haken ist nur: Der Schutz des Beschlagnahmeverbots geht verloren, wenn der Mitarbeiter seinerseits der Beteiligung an einer Straftat oder einer sonstigen strafbaren Unterstützung eines Straftäters im Zusammenhang mit seiner Beratertätigkeit verdächtigt wird (z. B. der Begünstigung oder Strafvereitelung, s. o. 3.3.2.3).
Es wird der Polizei leicht gemacht, einen solchen Verdacht zu konstruieren – und damit einen Vorwand für die Durchsuchung zu schaffen.

Durchsuchungen bei »Gefahr im Verzuge«

Unterlagen und Klientenakten von DROBS geschützt, solange Mitarbeiter nicht verdächtigt

In der Praxis: Im Zweifelsfalle also, so unser Ratschlag, lieber weniger Unterlagen führen als zu viele. Die therapeutische und beraterische Erfahrung zeigt, daß man das Wesentliche sowieso im Kopf hat und die schriftlichen Unterlagen keine unabdingbare Notwendigkeit für eine gute Arbeit sind.

*Achtung!
lieber weniger als zu viele Unterlagen*

3.3.2.3 Begünstigung und Strafvereitelung

Ein Strafbarkeitsrisiko für in der Drogenarbeit Tätige liegt auch in den §§ 257 und 258 StGB: Strafbare Begünstigung und Strafvereitelung. Man darf einem anderen keine Hilfe leisten, um »ihm die Vorteile der Tat zu sichern«. Vorteile einer Tat sind

einem anderen keine Hilfe leisten, um »ihm die Vorteile der Tat zu sichern«

nicht nur greifbare Vermögensvorteile, sondern auch jede sonstige Besserstellung des Täters. Dafür genügt z. B. Mitwirken beim Verbergen gestohlener Sachen, Irreführung bei Ermittlungen und die klassische Hehlerei (§ 259 StGB). Strafbar ist ebenso mit bis zu 5 Jahren Haft, wer »ganz oder z. T. vereitelt, daß ein anderer dem Strafgesetz gemäß wegen einer rechtswidrigen Tat bestraft wird«. Dazu gehören z. B. falsche Angaben gegenüber der Polizei, Behinderung eines Polizisten bei der Verfolgung des Täters, Verbergen des Täters und Fluchthilfe usw.

Auskunftsverweigerung

Eine Auskunftsverweigerung reicht dagegen nur aus, soweit eine Auskunftspflicht besteht. In einem solchen Fall sollte man sich grundsätzlich auf ein ZVR berufen. Auch wenn sich hinterher herausstellt, daß man ein solches gesetzliches ZVR nicht hatte, wird man wegen eines, angesichts der unsicheren Rechtslage unvermeidbaren Irrtums über das Vorliegen eines Rechtfertigungsgrundes straffrei ausgehen – aller Voraussicht nach. Zwar hM, aber für die Behandlungspraxis schädlich ist die Auslegung, das Unterlassen der Meldung des Therapieabbruchs durch den Therapeuten könne den Tatbestand der Vollstreckungsvereitelung erfüllen (vgl. KÖRNER 1994, § 35 RdNr. 68 m. w. N.). Dagegen läßt sich argumentieren, daß jedenfalls dann Vorsatz und damit Strafbarkeit fehlen, wenn der Mitarbeiter in therapeutischer Verantwortung handelte, z. B. in der Hoffnung, den Klienten zur Rückkehr bewegen zu können.

Vollstreckungsvereitelung

3.3.2.4 Datenschutz

Angesichts der zunehmenden Kontroll- und Speicherwut der Behörden und entsprechender technologischer Möglichkeiten (EDV) erhält der Datenschutz immer höhere Bedeutung, wiewohl seine Gewährleistung immer aussichtsloser erscheint. Immerhin sollen nach dem Bundesdatenschutzgesetz (BDSG) seit 1978 personenbezogene Daten vor Mißbrauch geschützt werden. Das BVerfG hat insofern ein Grundrecht auf »informationelle Selbstbestimmung« formuliert (s. BVerfGE 65, S. 1 ff.).

»informationelle Selbstbestimmung«

Eine alphabetisch oder nach anderen Gesichtspunkten systematisch geordnete Klientenkartei ist eine Datei im Sinne des BDSG. Nicht unter die Bestimmungen des BDSG fallen dagegen Akten oder Aktensammlungen, es sei denn, daß sie durch automatisierte Verfahren umgeordnet und ausgewertet werden können.

Klientenkartei Akten

Schutzpflichten des Trägers

§ 3 BDSG verpflichtet den Träger eines Beratungsdienstes, dafür Sorge zu tragen, daß die Klientenkarteien stets so aufbewahrt werden, daß nicht unbefugte Dritte (z. B. Besucher, Reinigungspersonal usw.) in die Kartei Einblick nehmen und Daten aus ihnen entnehmen oder abschreiben können. Es empfiehlt sich also, solche Unterlagen entsprechend abzusichern.

sichere Aufbewahrung

Wenn man diese Schutzpflichten verletzt, kann man unter Umständen aufgrund von § 823 Abs. 2 BGB schadensersatzpflichtig sein. Nach § 41 DSG ist strafbar, wer sich aus in Behältnissen verschlossenen Dateien unbefugt personenbezogene Daten, die durch das BDSG geschützt sind, verschafft (bis zu einem Jahr Freiheitsstrafe). In diesem Zusammenhang erwähnenswert ist der »Statistikbogen zur Drogenberatung«, der vom Max-Planck-Institut München im Rahmen des »Psychosozialen Anschlußprogramms der Bundesregierung« entwickelt, anhand dessen von DROBS Daten zusammengestellt werden sollen (s. Muster des EBIS-Karteikartensystems ab nächster Seite).

Laut hessischem Datenschutzbeauftragten »vermittelt das Etikett ›Jahresstatistik 1980‹ den Eindruck, als handele es sich lediglich um anonymisierte statistische Mikrodaten«. Dennoch lassen sich durch die Vielzahl verschiedener, tief gegliederter Tabellen bei der geringen Gesamtpopulation ihrer Beratungsstelle ohne erheblichen Rechneraufwand Einzelpersonen bestimmen. Die Anonymität der statistischen Datenbank über Drogenabhängige ist damit nicht gewährleistet.« Dies wird als »Hintertreppen-Identifikation« bezeichnet. Mehrfache Veränderungen haben das Problem nicht wirklich behoben.

In der Praxis ist es ratsam, keinen Aktenvermerk ohne Kenntnis und Zustimmung des Klienten anzufertigen und überhaupt sehr sparsam mit solchen Vermerken umzugehen. Das Erinnerungsvermögen ist viel besser als man denkt!

Schließlich ergibt sich aus dem X. Buch des Sozialgesetzbuches (SGB X) ein erhöhter Datenschutz, der dem des Steuergeheimnisses vergleichbar ist: der Schutz des Sozialgeheimnisses (zur strafrechtlichen Absicherung dieses Schutzes s. o. 3.3.2.1). Den Schutz des Sozialgeheimnisses regelt seit 1980 § 35 SGB I (Allgemeiner Teil) sowie §§ 67 – 77 SGB X. Daraus ergibt sich in Anlehnung an: HODAPP (1981) folgende Systematik (s. Schaubild zum Datenschutz im Anschluß an das EBIS-Karteikarten-Muster).

§ 35 SGB I

»Einzelangaben über die persönlichen und sachlichen Verhältnisse (personenbezogene Daten) müssen von den Leistungsträgern als Sozialgeheimnis gewahrt und dürfen nicht unbefugt offenbart werden.«

Muster
EBIS-Karteikartensystem

3.3 Die Rechte und Pflichten der Helfer

2	3	4	5	1	2	3	1	2	3	4	1	2	3	1	2	3	4		
verheiratet zusammen lebend	verheiratet getrennt lebend	verwitwet	geschieden	alleinstehend	zeitweilige Beziehung(en)	feste Beziehung(en)	Sonderschule	Hauptschule	Gymnasium Realschule etc.	Hochschule / FHS	in Schulausbildung / Studium	abgeschlossen	abgebrochen	in Berufsausbildung	abgeschlossen	abgebrochen	keine Ausbildung		
26. Familienstand				27. Partner-beziehung			28. Zuletzt besucht				29. derzeit. Stand Schule / Studium			30. derzeitiger Stand Beruf					

		2	3	ev. rk. sonst.
13. Berufliche / Schulische Situation (Art der Schule, des Berufs, der Ausübung)	31. Erwerbstätigkeit	Erwerbspersonen	Auszubildender	1
			Angestellter / Beamter	2
			Arbeiter	3
			Facharbeiter	4
			Selbständiger / Freiberufler	5
			mithelfender Familienangehöriger	6
14. Finanzielle Situation / Wohnsituation		Nichterwerbspersonen	Erwerbsloser	7
			Schüler/Student	8
			Hausfrau/-mann	9
			Rentner	10
15. Behandlungsbedürftige Problematik / Suchtmittel (Art, Dauer)			Sonstige	11
	32. überwiegender Lebensunterhalt		Erwerbstätigkeit	1
			Arbeitslosengeld	2
			Arbeitslosenhilfe	3
16. Auslösendes Ereignis für Kontaktaufnahme			Rente/Pension	4
			Sozialhilfe	5
			Angehöriger	6
17. Bisherige Behandlung Entwöhnung			Ausbildungsbeihilfe	7
			Sonstiges	8
Entgiftung	33. Vermittlung durch		ohne Vermittlung	1
			Familie/Freunde	2
18. Prognose / Beendigung			Arbeitgeber/Betrieb	3
			Arzt	4
AZ _____ Klinik			Krankenhaus	5
			Selbsthilfe- / Abstinenzgruppe	6
AZ _____			Rentenversicherung / Krankenversicherung	7
AZ _____			Beratungsstelle / Sozialer Dienst	8

34. Behandlungsbedürftige Probleme											12	11	10	9
sonstige Probleme				Sonstiges		Abhängigkeitssyndrom				Schädlicher Gebrauch	Sonstige	Justizbehörde	Sozial- / Jugend- / Arbeitsamt	Straßenverkehrsbehörde
Feststellung der Probleme abgeschlossen	sonstige psychische Störungen	Psychosomatische Störungen	Depression / Angst Suizidalität	suchtmittelbedingte Folgeerkrankung	Eltern-Kind-Konflikte	Kommunikation / Partnerschaft / Sexualität	Schule / Beruf	Eßstörungen F50.0	Pathologisches Spielen F63.0	sonst. Drogen F12.2/F15.2/F16.2/F19.2	Kokain F14.2	Opiate F11.2	Alkohol F10.2	Sedativa / Hypnotika F13.2	sonst. Drogen F12.1/F15.1/F16.1/F19.1	Kokain F14.1	Opiate F11.1	Sedativa / Hypnotika F13.1	Alkohol F10.1				

© EBIS AG · Caritas · DHS · Diakonie · IFT · 1990

Datum	Code	Aktivitäten/Bemerkungen	Datum	Code	Aktivitäten/Bemerkungen

Code					Kontakte		Jahr	$^{11}/_{12}$	$^{21}/_{22}$	$^{31}/_{32}$	$^{41}/_{42}$	$^{13}/_{14}$	$^{23}/_{24}$	$^{33}/_{34}$	$^{43}/_{44}$	Anzahl
Kontakt mit	1. Einzel innerhalb	2. Einzel außerhalb	3. Gruppe innerhalb	4. Gruppe außerhalb	5.	6.										
1. Klient	11	12	13	14	15	16	19									
2. Partner Familie	21	22	23	24	25	26	19									
3. Klient und Partner/Familie	31	32	33	34	35	36	19									
4. Behörden, Ärzte Arbeitgeber usw.	41	42	43	44	45	46	19									
5	51	52	53	54	55	56	19									

**Schaubild
zum Datenschutz SGB X**

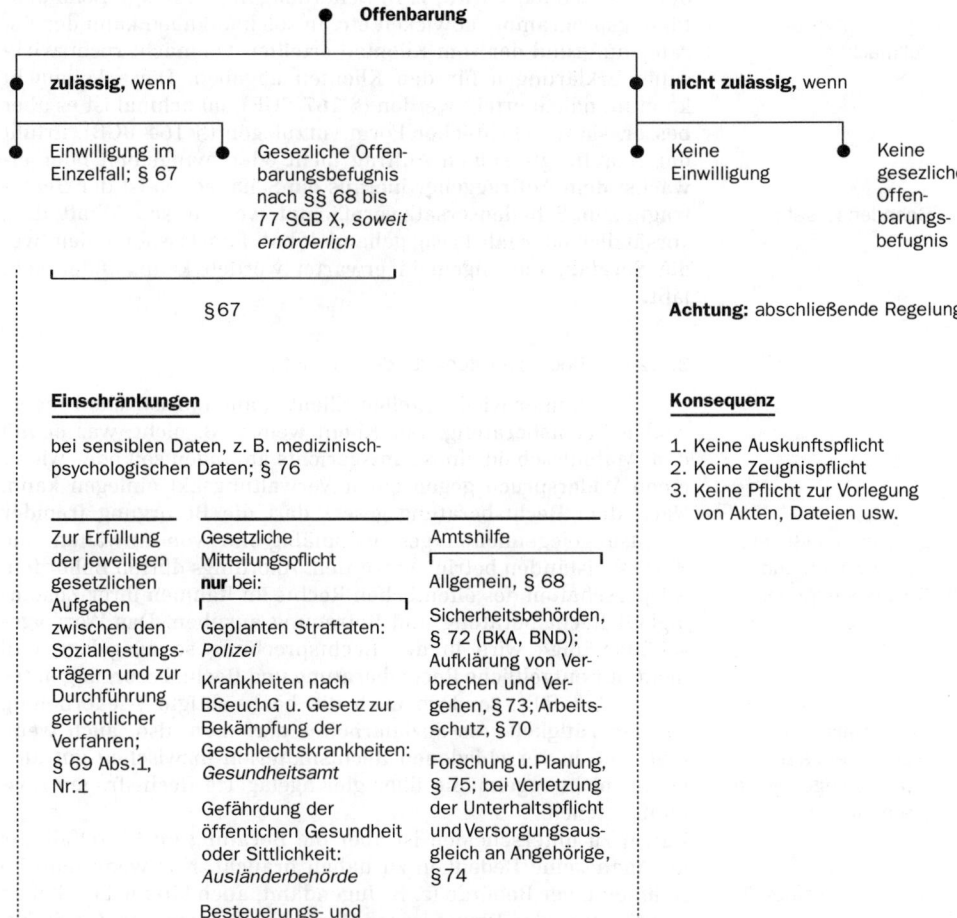

3.3.2.5 Die Führung von Geschäften für den Klienten

Vollmacht

Häufig ergibt sich die Situation, daß der Drogenhelfer über die beraterische oder therapeutische Tätigkeit hinaus für den Klienten aktiv wird, z. B. Behördengänge erledigt, Schuldentilgungsprogramme abwickelt etc. In solchen Fällen kann der Berater aufgrund der vom Klienten erteilten Vollmacht rechtswirksame Erklärungen für den Klienten abgeben. Diese Vollmacht kann mündlich erteilt werden (§ 167 BGB), manchmal ist es aber besser, sie in schriftlicher Form vorzulegen (§ 164 BGB). Erfüllt der Beauftragte seinen Auftrag nicht oder mangelhaft oder erwächst dem Auftraggeber hieraus ein Schaden, so ist der Beauftragte zum Schadensersatz verpflichtet, wenn er schuldhaft, d. h. vorsätzlich oder fahrlässig gehandelt hat. Fahrlässig handelt, wer die Sorgfalt, die allgemein erwartet werden kann, außer acht läßt.

Schadensersatz

3.3.2.6 Rechtsberatung für den Klienten

Immer wieder stellen Klienten auch juristische Fragen, wollen Rechtsberatung. Der Klient weiß z. B. nicht, was er mit dem Mahnbescheid eines Amtsgerichts anfangen soll oder wie er einen Widerspruch gegen einen Verwaltungsakt einlegen kann. Nach dem Rechtsberatungsgesetz darf die Besorgung fremder Rechtsangelegenheiten geschäftsmäßig nur von Anwälten und Rechtsbeiständen betrieben werden. Allerdings dürfen Behörden, Körperschaften des öffentlichen Rechts im Rahmen ihrer Zuständigkeit Rechtsberatung und Betreuung ausüben. Das Wort »geschäftsmäßig« wird in der Rechtsprechung so ausgelegt, daß nicht nur entgeltliche Rechtsberatung und Rechtsbesorgung unter das Verbot fällt, sondern auch die beabsichtigte Wiederholung solcher Tätigkeit. Als Sozialarbeiter darf man also, auch wenn man sich in verschiedenen Rechtsmaterien inzwischen gut auskennt, nicht regelmäßig über gleichgelagerte Rechtsfragen Auskunft erteilen.

geschäftsmäßig nur von Anwälten und Rechtsbeiständen

als Sozialarbeiter nicht regelmäßig über gleichgelagerte Rechtsfragen

Davon zu unterscheiden ist aber die Beratung im Einzelfall, bei der man keine Bedenken zu haben braucht. Nur wenn man im Rahmen einer Behörde (z. B. Jugendamt, auch kirchlicher Stellen wie Caritas oder Diakonisches Werk) im Rahmen der Zuständigkeit rechtsbetreuend tätig wird, kommt das gesetzliche Verbot nicht zur Anwendung. Allerdings darf man auch hier keine allgemeine Rechtsberatung betreiben. Als Drogenberater in einer anerkannten DROBS darf man also über alle Fragen des BtM-Gesetzes, der Kostenübernahme etc. Auskunft erteilen, nicht jedoch z. B. darüber, wie man sich gegen einen Mahnbescheid wehren kann. Hierfür sollte man den Klienten zu einem Rechtsanwalt schicken, der gegebenenfalls das Verfahren der Beratungshilfe bzw. Prozeßkostenhilfe in die Wege leitet.

im Rahmen einer Behörde

in einer anerkannten DROBS

3.3.2.7 Kollisionen mit dem elterlichen Sorgerecht

Besondere Probleme ergeben sich manchmal bei der Arbeit mit Minderjährigen. Nur unter bestimmten Bedingungen darf in das elterliche Sorgerecht (vgl. o. 3.2) eingegriffen werden. Suchtkrankenberatung wird rechtlich als Teil der Gesundheitsfürsorge angesehen. Sich um das leibliche Wohl der Kinder zu sorgen, ist wesentlicher Teil der Elternpflicht. Über die Art der Gesundheitsfürsorge, die sie ihrem Kind zuteil werden lassen, haben grundsätzlich beide Eltern gemeinsam zu entscheiden. Da Suchtkrankenhilfe nicht mit einem Beratungsgespräch beendet ist, sondern die Durchführung eines längeren Behandlungsplanes, die Teilnahme an Gruppenveranstaltungen u. ä. erfordert, ist grundsätzlich die Zustimmung beider Elternteile notwendig, wenn der Jugendliche an einer Therapie teilnehmen soll, auch wenn diese ambulant in Gruppen- und Einzelgesprächen durchgeführt wird. Wenn die Eltern nicht zustimmen, kann allenfalls eine jugendamtliche Intervention bzw. eine Entscheidung des Vormundschaftsgerichts herbeigeführt werden. Spricht der Jugendliche allein bei der Beratung vor, ist alsbald die Einwilligung der Eltern nachzuholen. Ein Jugendlicher über 16 Jahre kann eine notwendige ärztliche Behandlung selbständig einleiten.

Marginalien: Arbeit mit Minderjährigen; Suchtkrankenhilfe; jugendamtliche Intervention bzw. Entscheidung des Vormundschaftsgerichts

3.3.2.8 Rechtsfragen aus dem Verhältnis des Trägers des Beratungsdienstes zu den Mitarbeitern

Auf diese Probleme können wir hier nicht ausführlich eingehen. Hierzu wie zu dem Vorangegangenen finden sich detaillierte und wesentliche Informationen in SCHUSCHKE 1979 und SCHULIN/GEBLER 1992.

ARCHIDO Bremen, FH Frankfurt am Main

Einrichtungen der Drogenhilfe

Verzeichnis der Adressen und Angebote
Datenbank auf Diskette

Fachhochschulverlag

Band 12.1

4 HILFEN – VON WEM UND WIE MAN SIE BEKOMMT

4.1 Hilfen staatlicher oder privater sozialer Einrichtungen und Versicherungen

4.1.1 Krankenversicherung und Krankenhilfe

Seit 1.1.1989 sind durch das Gesundheitsreformgesetz die rechtlichen Grundlagen des Krankenversicherungsrechts im 5. Sozialgesetzbuch (SGB V) zusammengefaßt. Maßgeblich sind weiterhin die Reichsversicherungsordnung (RVO), das Rehabilitations-Angleichungsgesetz (RehaAnglG) und andere, die Krankenversicherung von Berufsgruppen regelnde Gesetze, sowie die jeweiligen Satzungen der Krankenkassen. — *rechtliche Grundlagen*

Steht oder stand der Drogenabhängige in einem Arbeitsverhältnis, kann er sich wegen »Krankheit« zunächst an seine Krankenversicherung (KV) wenden. Infrage kommen »gesetzliche« KV, in denen über 90% der Bevölkerung versichert sind (z. B. Allgemeine Ortskrankenkassen, Betriebs- u. Knappschaftskassen, Angestellten-Ersatzkassen) als Pflichtversicherung bei Brutto-Monatsverdienst bis zu DM 5.700 (Stand 1994) und Privat-KV (die Liste aller Leistungsträger: JAHRBUCH GEGEN DIE SUCHTGEFAHREN 1987, S. 225). — *Drogenabhängiger im Arbeitsverhältnis*

Auch ohne Arbeitsverhältnis ist man kraft Gesetzes »pflichtversichert«, wenn man als Klient der Jugendhilfe, als Behinderter, als Teilnehmer einer Reha-Maßnahme oder als Student oder Praktikant Berufsausbildung oder -förderung macht bzw. erhält (§ 165 RVO). Bis zu einem Verdienst von DM 610,– (Beitragsbemessungsgrenze) zahlt der Arbeitgeber die Beiträge allein, sonst zur Hälfte. Auch Empfänger von Arbeitslosengeld und -hilfe, Rentner, Gefangene, »geringfügige Beschäftigungen«-Ausübende (Hausgewerbetreibende usw.) mit unter DM 470,– Verdienst sind ohne eigenen Beitrag pflichtversichert (§§ 165 c, 166 RVO); der Sozialhilfeträger zahlt die Beiträge. Wenn man keinen Anspruch auf Arbeitslosengeld hat, kann man sich freiwillig weiterversichern, wenn man vor dem Ausscheiden aus der Pflichtversicherung mindestens 6 Monate oder in den letzten 5 Jahren mindestens 12 Monate pflichtversichert war, und dies spätestens 3 Monate nach dem Ausscheiden beantragt. Danach: Sozialhilfe (s. 4.1.6). — *ohne Arbeitsverhältnis* / *freiwillig weiterversichern*

Die Leistungen der KV bestehen in Krankenpflege, Krankenhauspflege und Krankengeld. Krankheit wird als »regelwidriger Körper- oder Geisteszustand« definiert. — *Leistungen der KV Krankheit:*

Krank ist derjenige, dem die Ausübung körperlicher oder geistiger Funktionen nicht mehr möglich ist. Auch psychische Störungen und Probleme werden als Krankheit im Sinne der KV angesehen. Eine Sucht ist Krankheit, unabhängig vom Stadium und Verschulden. Kriterien und Erscheinungsformen der Sucht sind — *Sucht ist Krankheit*

nach Bundessozialgericht (BSGE 28, S. 114; BSGE 46, S. 41):
- Verlust der Selbstkontrolle,
- krankhafte Abhängigkeit,
- »Nicht-mehr-aufhören-können«.

Private Krankversicherungen

Private Krankversicherungen, die Profit machen müssen, leisten zwar in ähnlicher Weise wie die gesetzlichen, versuchen aber ihr Kostenrisiko zu senken: man muß bei Vertragsabschluß Vorerkrankungen angeben. Deren »schuldhaftes Verschweigen«, also nicht das schlichte Vergessen, kann die KK von der Leistungspflicht befreien. Meist gibt es im Vertrag die sog. Suchtklausel, d. h. den Ausschluß der Kostenübernahme bei Suchterkrankungen und deren Folgen (BGH NJW 1976, S. 106). Private KV brauchen die Kosten einer Entziehungskur selbst dann nicht zu tragen, wenn sich die Sucht als Folge einer ärztlichen medikamentösen Behandlung entwickelt hat. Verschweigen ist deshalb wenig aussichtsreich, weil der Versicherer sich bei anderen KK, Ärzten und Krankenhäusern informieren darf (zum Datenschutz, Einsichtsrecht in Krankenakten s. o. 3.3.2.4).

Suchtklausel

Krankenpflege

Sie beinhaltet die ärztliche, auch die psychotherapeutische (s. u. 4.2.3) und die zahnärztliche Behandlung, Versorgung mit allen indizierten Arznei-, Verbands- und Heilmitteln, Brillen, Körperersatzstücken, Zuschüsse zu den Kosten für Zahnersatz, Belastungserprobung, Arbeitstherapie und häusliche Krankenpflege (§ 182 Abs. 1 RVO). Krankenpflege wird ohne zeitliche Begrenzung und noch 26 Wochen nach dem Ausscheiden aus der Krankenkasse (KK) gewährt, wenn das Mitglied zum Zeitpunkt des Ausscheidens die Leistung wegen einer Behandlungsbedürftigkeit schon hätte in Anspruch nehmen können.

ohne zeitliche Begrenzung

Mit dem Gesundheitsreformgesetz wurde eine höhere Selbstbeteiligung der Versicherten eingeführt: Medikamente werden nur noch bis zum sog. Festbetrag erstattet. Vom überschießenden Preis muß man bis zu DM 10,– pro Arznei dazuzahlen, bei Heilmitteln generell 10%. Auch Hilfsmittel werden nur bis zu bestimmten Festbeträgen erstattet, z. B. Brillen (DM 20,–) und Zahnersatz (60%). Fahrt- und Transportkosten bis zu DM 20,– muß man selbst bezahlen, bei Fahrten zu ambulanter Behandlung ganz. (S. u. auch Zuzahlungspflicht, S. 325)

Selbstbeteiligung

Krankenhauspflege

Ist eine Entzugsbehandlung oder eine andere Behandlung der Sucht im Krankenhaus nötig, so wird diese für die erforderliche Dauer gewährt. Transport- und Reisekosten gehören ebenso dazu wie eine Familienheimfahrt oder ein Familienbesuch bei einem über 8 Monate dauernden Aufenthalt. Für Suchtkranke ist i. d. R. das nächstgelegene Krankenhaus zuständig, insofern also die freie Krankenhaus- und Arztwahl eingeschränkt. Die KV *muß* auch für die Behandlung in Fach- und Spezialkrankenhäusern aufkommen, insbesondere für Drogen-Langzeittherapie,

für die erforderliche Dauer

muß die KV aufkommen

4.1 Hilfen staatlicher oder privater sozialer Einrichtungen und Versicherungen

wenn sie ärztlich geleitet ist (BSozG 1991, Az. 3 RK 17/89), sie *kann* es bei Kur- und anderen Spezialeinrichtungen (BSGE 31, S. 279). Pro Tag sind DM 10,– zur Krankenhauspflege zuzuzahlen.

kann die KV

Kuren – Rehabilitation

Aufgrund ärztlichen Attests über die Notwendigkeit einer Kur (z. B. Herbeiführung der Genesung, Vorbeugung gegen Dauerbehinderung) trägt die KK Kosten, auch für ambulante und stationäre Vorsorgekuren. Ebenfalls hier: Eigenbeteiligung DM 10,– pro Tag.

auch Vorsorgekuren

Häusliche Krankenpflege und Haushaltshilfe

Diese sind dann bis zu vier Wochen je Krankheitsfall erstattungsfähig, wenn eigentlich Krankenhauspflege geboten wäre, jedoch durch häusliche Krankenpflege ersetzt werden kann. Diese muß durch den Arzt verordnet sein und kann z. B. durch eine im Haushalt lebende Person erfolgen (BSGE 45, S. 130). Bei Pflege durch Angehörige werden die Kosten aber nicht erstattet. Zur häuslichen Krankenpflege gehören Grundpflege (Waschen, Betten, Körperpflege), Behandlungspflege, hauswirtschaftliche Versorgung.
Haushaltshilfe gibt es, wenn man den eigenen Haushalt wegen Krankheit nicht weiterführen kann und im Haushalt mindestens ein Kind unter 8 Jahren oder ein wegen Behinderung hilfsbedürftiges Kind lebt. Wenn Verwandte solche Haushaltshilfe leisten, werden nur Fahrtkosten und Verdienstausfall erstattet.

Grundpflege, Behandlungspflege, hauswirtsch. Versorgung

Häusliche Pflegehilfe

Bei einer ärztlich festgestellter Schwerpflegebedürftigkeit, d. h., daß man sich wegen Krankheit oder Behinderung dauerhaft nicht mehr selbst versorgen kann, können Angehörige durch eine Ersatzkraft entlastet werden: gewährt werden maximal 4 Wochen jährlich bis zu DM 1.800,– pro Jahr. Stattdessen kann man bei selbstorganisierter Pflege monatlich DM 400,– von der Kasse erhalten. Voraussetzung: mindestens 36 Versicherungsmonate in den vorangegangenen 5 Jahren.
Außerdem wurde seit 1991 häusliche Pflegehilfe zur Ergänzung der häuslichen Pflege und Versorgung von Schwerpflegebedürftigen gewährt: Grundpflege und hauswirtschaftliche Versorgung bis zu eine Stunde je Pflegeeinsatz (25 Einsätze monatlich zu max. DM 750,–). Die häusliche Pflegehilfe deckt nunmehr die Pflegeversicherung. Das Pflegegeld ist nach dem Grad der Pflegebedürftigkeit gestaffelt: Gewährt werden können pauschal 400, 800 oder 1.200 oder 25, 50 oder 75 Pflegeeinsätze je Monat bei einem Höchstbetrag von DM 2.100,– monatlich pro Pflegefachkraft.

Schwerpflegebedürftigkeit

häusliche Pflegehilfe Pflegegeld

Krankengeld

Voraussetzung für den Anspruch auf Krankengeld ist, daß der Versicherte aufgrund von Krankheit arbeitsunfähig ist. Das Krankengeld beträgt 80% des Brutto-Regellohns, der nach ei-

Voraussetzung

nem bestimmten Schema errechnet wird; er darf nicht höher sein als der letzte Nettolohn. Es wird vom Tage der Arbeitsunfähigkeitsfeststellung an grundsätzlich ohne Zeitbeschränkung gewährt, innerhalb von 3 Jahren wegen derselben Krankheit aber nur höchstens 78 Wochen. Kommt eine weitere Krankheit hinzu, wird die Leistungsdauer nicht verlängert. Da Sucht als Krankheit gilt, wird man auch wie bei den verschiedensten anderen Krankheiten nach Ablauf von 78 Wochen kein Krankengeld mehr erhalten, wenn das Andauern der Sucht über 78 Wochen unterstellt wird (ähnliches Problem bei AIDS). Man muß dann versuchen, das Gegenteil zu beweisen. Danach wird noch 26 Wochen Krankenhilfe gewährt. Erst nach 3 Jahren kann man wieder neu Krankenhilfe beantragen, wenn man zwischenzeitlich 6 Monate arbeitsfähig war. Sonst wird eine Überprüfung der Erwerbsfähigkeit durch einen Vertrauensarzt eingeleitet und möglicherweise auf Rehabilitation unter Kostentragung durch den Rentenversicherungsträger umgestellt. Wird eine Reha-Maßnahme als erfolglos eingeschätzt (möglich bei AIDS), kommt Erwerbsunfähigkeitsrente in Betracht – häufig mit extrem geringen Leistungen. Solche »Aussteuerung« sollte man also zu vermeiden suchen.

ohne Zeitbeschränkung, aber:

bei Sucht

AIDS

Überprüfung der Erwerbsfähigkeit durch Vertrauensarzt

»Aussteuerung«

Krankengeld sofort bei KK beantragen

Selbstverschulden

Rechtsprechung des BSG

Krankengeld muß mit der ärztlichen Arbeitsunfähigkeitsbescheinigung sofort bei der KK beantragt werden! Die Gewährung setzt eine nicht vorsätzlich herbeigeführte Krankheit voraus. Auch auf das Selbstverschulden der Sucht kann die Verweigerung von Krankengeld gestützt werden (§ 192 RVO). Nach der Rechtsprechung des BSG setzt die Versagung des Krankengeldes »bei Suchtkranken voraus, daß der Süchtige bei der Einnahme des Suchtmittels in einem bestimmten Zeitpunkt vor dem Verlust der Selbstkontrolle sich deren Gefahr zumindest als möglich vergegenwärtigte und trotzdem weiter das Suchtmittel nahm. Der Versicherte darf in diesem Zeitpunkt noch nicht bereits so von dem Suchtmittel abhängig sein, daß er nicht mehr seiner Erkenntnis gemäß handeln kann.« (zit. nach KRASNEY 1984, S. 94; s. a. BAG JZ 1984, S. 152).

Definitionsspielräume für Gerichte

Man muß sich darüber klar sein, daß erhebliche Definitionsspielräume für Gerichtsentscheidungen bestehen. Die Schwelle wird bei »harten Drogen« mit dem Argument niedriger gesetzt, es handele sich um »Suchtmittel, deren Gefährlichkeit für das Entstehen einer Abhängigkeit man sich bewußt ist und immer stärker warnend darauf hingewiesen wird« (KRASNEY 1984, S. 95).

Prüfung des Einzelfalls

Da bei einer evtl. Prüfung auf den Einzelfall abzustellen ist, muß man sich gut erinnern, was man sich beim Erstkonsum vorgestellt hat. Ungerecht ist diese Handhabung jedenfalls, denn bei Gefäß- oder Krebserkrankungen starker Raucher wird z. B. auch nicht danach gefragt.

Sterbegeld

Für Mitglieder der gesetzlichen Krankenkassen einheitlich DM 2.100,–, für mitversicherte Anghörige DM 1.050,–. Eine einfache Bestattung kostet aber mindestens DM 3.500,–.

4.1 Hilfen staatlicher oder privater sozialer Einrichtungen und Versicherungen

Zuzahlungspflicht

In den letzten Jahren wurden gravierende Maßnahmen zur Eigenbeteiligung eingeführt, weitere sind geplant. Derzeit übernimmt die KK bei Zahnbehandlung und Zahnersatz nur die notwendigsten Kosten. Bei letzterem muß man 50% (bei regelmäßigem Zahnarztbesuch nur 40%), bei einer kieferorthopädischen Leistung 20% zuzahlen. Für viele Medikamente gelten sog. Festbeträge: je nach Packungsgröße 3,–, 5,– oder 7,– DM. Bei Heilmitteln müssen 10% zugezahlt werden, bei Krankenhausbehandlung täglich 12,– DM, allerdings nur für maximal 2 Wochen. Die Höchstgrenze für alle Zuzahlungen beträgt 2% des Jahresbruttoeinkommens.
Wenn man Empfänger von Sozialhilfe, Arbeitslosengeld/-hilfe oder Ausbildungsförderung ist und nicht mehr als 40% der sog. Bezugsgröße (1994: DM 1.568,– brutto) verdient, kann man von der Zuzahlungspflicht befreit werden.

Eigenbeteiligung

Höchstgrenze

Befreiung von Zuzahlungspflicht

Krankenhilfe

Gem. § 37 Bundessozialhilfegesetz (BSHG) ist der nicht krankenversicherte Drogenabhängige berechtigt, Krankenhilfe in Anspruch zu nehmen. Ob und wie lange Krankenhausbehandlung bezahlt wird, hängt von der Indikation ab und ist vom Arzt zu bestimmen. Anspruch auf Krankengeld besteht nicht, jedoch auf Taschengeld. (Zum Verfahren: 4.1.6)

nicht krankenversicherte Drogenabhängige

4.1.2 Lohnfortzahlung

Ist man berufstätig, so hat man mit Beginn der Arbeitsunfähigkeit Anspruch auf Lohnfortzahlung für die Dauer von 6 Wochen. Gem. Bundesarbeitsgericht (BAG) kann aber wegen selbstverschuldeter Sucht der Anspruch auf Lohnfortzahlung versagt werden (vgl. KRASNEY 1984, S. 82). Wegen der Spezifik der Opiatabhängigkeit (psychologischer Normalzustand bei konstanter Dosierung insbesondere von Methadon) ist die Arbeitsfähigkeit nicht ohne weiteres eingeschränkt: der Patient ist vermittelbar. In rechtswidriger Weise weichen Arbeitsämter hiervon ab.

Anspruch kann wegen Sucht versagt werden

Vermittelbarkeit

4.1.3 Unfallversicherung

Die gesetzliche Unfallversicherung (UV) gem. §§ 537 ff. RVO definiert Unfall als ein körperlich schädigendes, zeitlich begrenztes Ereignis. Versichert ist jedoch nur der Arbeitsunfall. Übernommen werden Kosten für die Heilbehandlung, Übergangsgeld für die Zeit der Arbeitsunfähigkeit und Verletztenrente nach Grad der Erwerbsminderung. Kein Anspruch auf Leistungen besteht bei absichtlicher Herbeiführung des Arbeitsunfalls. Grob fahrlässiges Verhalten schließt Ansprüche nicht unbedingt aus. Ist allerdings die Sucht oder der Drogenkonsum allein die wesentliche Ursache des Unfalls, scheiden Leistungen der UV aus, weil

Unfall

Kostenübernahme

Kein Anspruch auf Leistungen

Unfallursache Sucht oder Drogenkonsum

4.1.4 Rentenversicherung

Anspruch

Leistungen der Rentenversicherung (RV) kann man in Anspruch nehmen, wenn man auf Dauer erwerbsunfähig ist oder die Erwerbsfähigkeit wiederhergestellt werden kann. Bei Drogenabhängigen, die schon mehrfache vergebliche oder abgebrochene Rehabilitations-Versuche hinter sich haben, wird die weitere Leistung abgelehnt (BSG 4 RJ 91/82). Zu diesen Leistungen zählen medizinische, berufsfördernde und -ergänzende Leistungen zur Rehabilitation. Für diese (Reha) ist eine Vorversicherungszeit gesetzlich festgelegt.

Versichert für medizinische Reha-Leistungen

Versichert für medizinische Leistungen zur Reha ist (§ 1236 RVO – § 13 Angestelltenversicherungsgesetz) der Antragsteller,

- für den im Zeitpunkt der Antragstellung in den vorangegangenen 24 Kalendermonaten für wenigstens 6 Monate Beiträge aufgrund einer versicherungspflichtigen Beschäftigung entrichtet worden sind; Ersatz- und Ausfallzeiten (Studium, Bundeswehr) werden dabei nicht mitgerechnet;
- der im Zeitpunkt der Antragstellung eine Versicherungszeit von 180 oder direkt vor der Antragstellung 60 Monaten nachweist;
- bei dem Berufs- oder Erwerbsunfähigkeit vorliegt oder in absehbarer Zeit zu befürchten ist.

Kosten für berufsfördernde Reha

Kosten für berufsfördernde Reha-Maßnahmen werden zunächst von der Bundesanstalt für Arbeit (BfA) und erst nach einer Versicherungszeit von 180 Monaten vom Träger der RV übernommen.

Kann-Leistungen

Die Reha-Maßnahmen sind Kann-Leistungen und stehen im Ermessen des RV-Trägers.

Maßnahmen zur Rehabilitation

stationäre Behandlung Suchtkranker: verfassungswidrige Beschränkung der Freiheit der Arztwahl

Dazu zählt außer medizinischen Maßnahmen auch die stationäre Behandlung Suchtkranker, allerdings nicht im freigewählten, sondern im vorgeschriebenen Krankenhaus (KRASNEY 1984, S. 49 ff.; BSG 1 RA 33/83). Diese verfassungswidrige Beschränkung der Freiheit der Arztwahl wird weithin kritisiert (vgl. drogen-report 1985, H. 3, S. 7; H. 4, S. 11; H. 5, S. 16). Infrage kommen aber auch begleitende Maßnahmen wie Gruppen-, Familien- oder Sozialtherapie. Als berufliche Reha-Maßnahmen kommen in Betracht:

berufliche Reha-Maßnahmen

- Hilfen zur Erhaltung oder Erlangung eines Arbeitsplatzes, einschließlich Leistungen zur Förderung der Arbeitsaufnahme und Eingliederungshilfen an Arbeitgeber;
- Berufsfindung und Arbeitserprobung sowie die Berufsvorbereitung;
- berufliche Anpassung: Fortbildung, Ausbildung und Umschulung, einschließlich der Erreichung eines zur Teilnahme an diesen Maßnahmen erforderlichen schulischen Abschlusses.

Unfallversichert bei KH-Aufenthalt (margin, top): kein Arbeitsunfall im eigentlichen Sinne vorliegt. Unfallversichert ist man jedenfalls während des suchtbedingten Krankenhausaufenthaltes.

Unter dieser Rubrik können die Beschäftigung in Reha-Werkstätten und »sonstige Maßnahmen«, z. B. Angehörigen-Seminare etc., finanziert werden.

»sonstige Maßnahmen«

Rentenzahlung

Die letzte Alternative ist die Rente. Es wird unterschieden zwischen der Rente aufgrund Berufsunfähigkeit und wegen Erwerbsunfähigkeit. Man erhält Rente wegen Berufsunfähigkeit, wenn die Wartezeit erfüllt ist (60 Kalendermonate Beitrags- und Ersatzzeiten vor Eintritt der Berufsunfähigkeit – § 1246 RVO). Bei völliger Erwerbsunfähigkeit wird Rente gezahlt, wenn vor Antragstellung direkt 60 Versicherungsmonate liegen oder 240 Monate insgesamt eingezahlt wurden (§ 1247 RVO). Als Ausfallzeit gilt z. B. das Studium (§ 1259 RVO), als Ersatzzeit der Kriegsdienst (§ 1251 RVO).

aufgrund Berufsunfähigkeit und wegen Erwerbsunfähigkeit

4.1.5 Arbeitslosenversicherung und Arbeitsförderung

Zu den Leistungen nach dem Arbeitsförderungsgesetz (Arbeitslosengeld, -hilfe, Fortbildung und Umschulung, berufliche Rehabilitation, Berufsausbildungsbeihilfe) finden sich an anderer Stelle alle notwendigen, jährlich aktualisierten Informationen (AG TUWAS (1994 f.): Leitfaden für Arbeitslose).

Leitfaden für Arbeitslose

4.1.6 Sozialhilfe: Letztlich hilft die »Stütze«!

Aufgabe der Sozialhilfe ist es, durch Hilfe zum Lebensunterhalt und Hilfe in besonderen Lebenslagen dem Empfänger die Führung eines eigenen Lebens zu ermöglichen, das der Würde des Menschen entspricht. Anspruch auf Leistungen der Sozialhilfe hat der Bürger nur bei im Einzelfall zu ermittelndem Bedarf, »soweit er sich unter Einsatz seiner Kräfte, seines Einkommens und seines Vermögens nicht selbst zu helfen vermag« (§ 2 Abs. 1, BSHG). Bei vorübergehender Einkommenslosigkeit kommen »überbrückende« oder »ergänzende« Sozialhilfe in Betracht.
Es gibt drei Situationen, in denen man als Drogenabhängiger mit Sozialhilfe in Berührung kommen kann.

Aufgabe der Sozialhilfe

4.1.6.1 Vor einer Therapie

Ein Drogenabhängiger, der arbeitslos ist und weder Arbeitslosengeld noch Arbeitslosenhilfe bezieht, gilt als Sozialhilfeempfänger. Jedoch bekommen »therapieunwillige« Drogenabhängige u. U. keine Barleistungen mehr (vgl. BOSSONG 1983, S. 50).

»therapieunwillige« Drogenabhängige

4.1.6.2 Während einer Therapie

Möglich sind Kostenübernahme und andere Hilfen während der Therapie, wenn gegenüber Sozial- und Krankenversicherung keine Ansprüche bestehen (zur Vorgehensweise in die-

Kostenübernahme und andere Hilfen

sem Fall s. u. 4.2). Leistungen kommen hier aufgrund von § 27 Abs. 1 BSHG als »Hilfen in besonderen Lebenslagen« in Betracht (zur Sozialhilfe: AG TUWAS (1994 f.): Leitfaden der Sozialhilfe; Projektgruppe SOLDI 1992 u. SoliD 1992). Ambulante oder stationäre Therapien, wie sie als Krankenhilfe gem. § 37 BSHG gewährt werden können, oder Kuraufenthalte als vorbeugende Gesundheitshilfe (§ 36 BSHG) kommen auch für Drogenabhängige zunehmend in dem Maße in Betracht, wie niedrigschwellige, akzeptierende Angebote gemacht werden; insbesondere Substitutionsbehandlung (z. B. Methadon, l-Polamidon, Remedacen) und begleitende Psychotherapie werden hier zu verbuchen sein, solange die Krankenkassen die Leistung hier noch verweigern (dazu 3.3.1.1.2).

Zum Aufbau und zur Sicherung der Lebensgrundlage können nach § 30 BSHG Hilfen gewährt werden. Weitere Leistungsgrundlage ist die Eingliederungshilfe nach § 39 Abs. 1 BSHG für »Personen, die nicht nur vorübergehend körperlich oder seelisch behindert sind«, denen durch sie die Teilnahme am Leben in der Gemeinschaft ermöglicht werden soll.

In § 3 Satz 1 Nr. 3 Eingliederungshilfe-Verordnung ist die Suchtkrankheit als seelische Behinderung i. S. § 39 Abs. 1 BSHG definiert. Die Eingliederungshilfe kann schon früh einsetzen, denn die von einer Behinderung Bedrohten stehen den Behinderten gleich, also auch die »Suchtgefährdeten«, wenn eine ambulante oder teilstationäre Maßnahme, die nach §§ 36, 37 BSHG finanziert werden könnte, nicht ausreichen würde.

Unter Suchtgefährdeten werden sowohl Noch-nicht- als auch Nicht-mehr-Konsumenten verstanden. Auch ohne Nachweis des tatsächlichen Gebrauchs von Suchtmitteln sind u. U. also Eingliederungshilfen zu gewähren. Das gleiche gilt beim Mißbrauch von Suchtmitteln, wenn noch keine Abhängigkeit eingetreten ist, und schließlich auch für die Risikophase nach Beendigung von Entzug und Therapie.

Als suchtgefährdet gilt für die Sozialbehörden, wer eine erhebliche soziale Gefährdung, z. B. durch den Verlust sozialer Bindung, durch drohenden oder eingetretenen Abbruch des schulischen oder beruflichen Werdegangs etc. aufweist und a) entweder in seinem sozialen Umfeld einschlägiger Beeinflussung ausgesetzt ist, z. B. durch Suchtkranke in der Familie oder durch ständigen Kontakt zum Drogenmilieu, oder b) mißbräuchlichen Drogenkonsum betreibt, z. B. um soziale Schwierigkeiten zu »lösen«.

Formale Kriterien für Suchtgefährdung nach Beendigung einer Entwöhnungsbehandlung sind: Unfähigkeit zur Selbstversorgung bis zu 6 Monaten danach, fehlende soziale Bindungen außerhalb des Milieus, Unfähigkeit zur selbständigen schulischen oder beruflichen Eingliederung. Voraussetzung für die letztlich auch der sozialen Kontrolle dienenden Leistung nach § 39 BSHG ist eine gewisse Erfolgsaussicht.

Die Maßnahmen der Eingliederungshilfe sind in § 40 BSHG geregelt. Infrage kommen insbesondere Maßnahmen gem. folgenden Ziffern des Abs. 1:

1. ambulante oder stationäre oder sonstige ärztliche oder ärztlich verordnete Maßnahmen zur Verhütung oder Beseitigung der Sucht: dies geschieht z. B. durch ambulante Psychotherapie oder stationäre Langzeitbehandlung, die heute herrschende Methode (s. o. 2.7). Begleitende Hilfen sind z. B. Taschengeld, Kleidergeld, Fahrgeld (u. U. auch für Angehörige). Der an die Einrichtungen zu entrichtende Pflegesatz wird ansonsten vom überörtlichen Sozialhilfeträger gem. § 100 BSHG getragen (in Hessen vom Landeswohlfahrtsverband). Pflegesatz

3. Hilfen zu einer angemessenen Schulbildung: Beispiel ist die Übernahme der Kosten für besondere Schulformen (z. B. Hermann-Hesse-Schule in Frankfurt am Main, s. o. 2.7.2.2.4 Nachsorgephase). Für Teilnehmer an derartigen Programmen gibt es Hilfe zum Lebensunterhalt gem. §§ 11 ff. sowie einen Mehrbedarfszuschlag von 40% nach § 23 Abs. 3 BSHG.

Hilfe zum Lebensunterhalt sowie Mehrbedarfszuschlag

4. Hilfe zur Ausbildung für einen angemessenen Beruf;
5. Hilfe zur Fortbildung oder Umschulung;
6. Hilfe zur Erlangung eines geeigneten Arbeitsplatzes;
6a. Hilfe bei der Beschaffung einer Wohnung;
7. Hilfe zur Sicherung ärztlicher Maßnahmen;
8. Hilfe zur Teilhabe am Leben in der Gemeinschaft.

Kostenbeiträge der Eltern: Nach § 43 Abs. 2 BSHG können die unterhaltsverpflichteten Angehörigen bei unter 21 Jahre alten Drogenabhängigen, die in einer Einrichtung untergebracht sind oder die Eingliederungshilfe bekommen, höchstens in Höhe der häuslichen Ersparnis zu den Kosten herangezogen werden. Die Ersparnis ist auf maximal 150% des entsprechenden Regelsatzes festgelegt. Es geht nicht darum, daß sich Träger und Eltern die Kosten teilen. Die Berechnung ist analog der für die Kostenbeiträge für Behinderte (vgl. AG TUWAS 1993: Leidfaden Sozialhilfe für Behinderte und Pflegebedürftige). Wichtig: Für über 21jährige Behinderte ist nach § 91 Abs. 2 BSHG die Unterhaltsverpflichtung der Eltern ihnen gegenüber aufgehoben!

Wichtig

4.1.6.3 Nach Entlassung aus stationärer Behandlung oder Haft

Zunächst kommt wiederum Hilfe zum Lebensunterhalt (s. o.) in Betracht, u. U. auch Mehrbedarfszulage nach § 23 BSHG, wenn gem. § 1247 Abs. 2 RVO Erwerbsunfähigkeit festgestellt wird. Nach § 72 BSHG muß einem bestimmten Personenkreis, der aus eigener Kraft nicht mehr »am Leben in der Gemeinschaft« teilnehmen kann, vor allem in Form von Beratung, Betreuung und Wohnungsbeschaffung Hilfe durch die Sozialbehörde geleistet werden. Diese Art »persönlicher Hilfe« können z. B. Drogenabhängige beanspruchen, die gerade aus dem Strafvollzug, der Psychiatrie oder einer Langzeittherapie entlassen worden sind und keine Wohnung haben. Die Praxis ist, daß man sich an das Sozialamt (z. B. die Fachstelle oder Abteilung für Nichtseßhaften- oder Suchtkrankenhilfe) wendet und deren Maßnahmen veran-

»persönliche Hilfe«

laßt. Geldleistungen erhält man auf diese Weise nicht. Erfahrungsgemäß wird man in (Männer-)Wohnheime oder einfachste Hotels eingewiesen, für die dann die Kosten vorläufig übernommen werden.

4.1.6.4 Antragstellung – Mitwirkungspflichten

Aufpassen!

Nach § 66 SGB können Leistungen versagt werden, wenn man seinen Mitwirkungspflichten nach §§ 60 – 62, 65 SGB I nicht nachkommt. Danach muß man alle erheblichen Tatsachen und Beweismittel angeben, persönlich erscheinen, ärztlichen oder psychologischen Untersuchungen zustimmen, wenn sie nicht wegen Unverhältnismäßigkeit unzumutbar sind.

mangelnde Mitwirkung muß »schuldhaft« sein

Die Gefährdung des Erfolgs einer Hilfe durch mangelnde Mitwirkung muß aber »schuldhaft« sein. Dies ist bei Drogenabhängigen regelmäßig zu verneinen, weil sie Folge des suchtbedingten Verlusts der Selbstkontrolle ist. Unter »Mitwirkung« fällt auch nicht die generelle Entbindung aller Ärzte etc. von der Schweigepflicht, die oft verlangt wird: das muß im Einzelfall begründet werden.

Beantragung

Bei schriftlicher oder mündlicher Beantragung beim Sozialamt müssen alle wichtigen Bescheinigungen vorliegen: Personalausweis, Melde- oder Aufenthaltsbescheinigung, Nachweise über Einkünfte, Arbeitslosengeld bzw. -antrag, Renten, Wohn- und Kindergeld, ärztliche Atteste, Erwerbsunfähigkeit, Unterhaltsurteile und -vergleiche. Wenn Unterlagen fehlen muß das Sozialamt aufgrund »Glaubhaftmachung« durch eidesstattliche Erklärung für die nächsten Tage den anteiligen Sozialhilfesatz zahlen. Eheähnliche Gemeinschaften werden wie Ehepaare behandelt, nicht jedoch Wohngemeinschaften, bei denen jeder eine eigene Haushaltsführung betreibt (eigenes Fach im Kühlschrank!).

»Glaubhaftmachung«

Zu Einsatz des Einkommens und Vermögens siehe ausführlich: Leitfaden der Sozialhilfe (AG TUWAS 1994 f.).

Besonderheit für die Eingliederungshilfe

Eine Besonderheit ergibt sich hier lediglich für die Eingliederungshilfe nach § 39: An die Stelle des Grundbetrags nach § 79 BSHG tritt als besondere Einkommensgrenze ein Grundbetrag von z. Zt. DM 992,– (Länder-Unterschiede!) dann, wenn die Hilfe in einer Anstalt, einem Heim oder einer gleichartigen Einrichtung gewährt wird oder in einer teilstationären Einrichtung oder als ambulante Behandlung. Unter diese Regelung fallen insbesondere der Aufenthalt in Einrichtungen der Langzeittherapie, aber auch der Besuch teilstationärer Einrichtungen wie z. B. der Hermann-Hesse-Schule in Frankfurt am Main (s. o. 2.7.2.2.4).

Ermäßigungen auf Antrag

Wohngeld

Sozialhilfeempfänger erhalten verschiedene Ermäßigungen auf Antrag, z. B. bei Telefon und TV, teilweise auch beim öffentlichen Nahverkehr. Im übrigen ist auf die Möglichkeit hinzuweisen, bei der örtlichen Wohngeldstelle Wohngeld zu beantragen. Außerdem kann man formlos versuchen, von den Wohlfahrtsverbänden und anderen Institutionen in Notlagen oder bei besonderen Bedürfnissen Hilfe zu bekommen. Und: Wie kann man seine Rechte durchsetzen, ggfs. gegen das Sozialamt vorgehen? – Siehe 4.2.5.2.

4.1.7 Jugendhilfe

Für Jugendliche kommt auch die Inanspruchnahme von Angeboten der Jugendhilfe in Betracht. Wie bereits erwähnt (s. 3.2.3) verzichtet das neue KJHG auf die stigmatisierende Terminologie von »Verwahrlosung« und »Gefährdung« sowie auf Zwangsmaßnahmen. Als »Hilfe zur Erziehung« gewährt es nach §§ 27 ff. ausschließlich Leistungsansprüche bzw. Leistungsangebote, deren Annahme freiwillig ist. Das schließt allerdings nicht aus, daß wie eh und je das Jugendamt Eltern unter mehr oder weniger sanften Druck setzt, ihr mißratenes Kind in öffentliche Erziehung, sprich: ins Erziehungsheim (früher: »Fürsorgeerziehung«) zu geben. Jedoch sind heute die entsprechenden Angebote tatsächlich viel differenzierter und als »heilpädagogische« Erziehungsformen auch humaner.

KJHG

»Hilfe zur Erziehung«

Als Hilfeformen sind in §§ 28 ff. vorgesehen: Erziehungsberatung, Soziale Gruppenarbeit, Erziehungsbeistand und Betreuungshelfer, Sozialpädagogische Familienhilfe, Erziehung in einer Tagesgruppe, Vollzeitpflege, Heimerziehung und sonstige betreute Wohnformen (§ 34 KJHG) sowie intensive sozialpädagogische Einzelbetreuung (§ 35 KJHG). Die beiden letzteren sind von besonderer Bedeutung, weil hiernach vor allem auch betreute Wohngemeinschaften und Einzeltherapie für drogenabhängige Jugendliche beansprucht werden können.

Hilfeformen

Verbessert ist die Stellung der Jugendlichen – jedenfalls auf dem Papier – auch dadurch, daß sie ein Wunsch- und Wahlrecht (§ 5 KJHG), ein eigenständiges Recht auf Beratung und Entscheidungsbeteiligung (§ 8 KJHG) sowie auf Datenschutz (§§ 61 ff.) haben. Andererseits sind sie auch mitwirkungspflichtig (§ 36 KJHG). Berechtigt sind insofern Jugendliche, die 14, aber noch nicht 18 Jahre alt sind. (Im einzelnen s.: AG TUWAS (1992): Leitfaden der Kinder- und Jugendhilfe).

Stellung der Jugendlichen

Die Einrichtungen der Jugendhilfe (s. o. 3.2.3), die früher kraft Jugendwohlfahrtsgesetzes und seit 1990 aufgrund des KJHG vorrangig von privaten Institutionen getragen werden, haben sich bisher in auffälliger Weise am Problem »drogenabhängige Jugendliche« vorbeigedrückt, obwohl sie doch über sachliche, personelle und fachliche Gegebenheiten verfügen, sich diesem Problem qualifiziert zu stellen. Hinter vorgehaltener Hand hört man denn auch im Klartext, daß sich die Einrichtungen – z. B. in der Heimerziehung – von den besonderen Problemen mit Drogenabhängigen »sauber halten« wollen. Man befürchtet »Ansteckung« der »noch nicht Infizierten«, obwohl bisher schlüssige Belege fehlen, die die Befürchtungen verifizierten. Statt, wie es die Verfassung gebietet, das am wenigsten eingreifende gesellschaftliche Mittel zur Intervention zu nutzen, nämlich die Jugendhilfe, wird gleich zum härteren und viel stärker stigmatisierenden Mittel der jugendstrafrechtlichen Sanktion gegriffen (s. o. 3.1).

Einrichtungen der Jugendhilfe drücken sich am Problem »drogenabhängige Jugendliche« vorbei

Nach §§ 1 ff. KJHG ist das Jugendamt (JA) verpflichtet, unter Achtung des Elternrechts auf Erziehung die für das Wohl des Jugend-

Jugendamtspflichten

lichen erforderlichen Einrichtungen und Veranstaltungen in Zusammenarbeit mit freien Trägern zu fördern und ggfs. zu schaffen sowie in deren Rahmen die notwendigen Hilfen zur Erziehung für einzelne Minderjährige dem jeweiligen erzieherischen Bedarf entsprechend rechtzeitig und ausreichend zu gewähren. Es erscheint auf den ersten Blick sinnvoll, wegen der im Vergleich zur LzTh relativ geringen Stigmatisierung, solche Maßnahmen zu veranlassen.

gemeindenahe Jugendhilfe

Inzwischen gibt es in der Jugendhilfe Tendenzen, die Ausgrenzung der drogenabhängigen Jugendlichen zu beenden und sie in gemeindenahe Jugendhilfeprogramme, insbesondere in Formen betreuten Wohnens, einzubeziehen (vgl. KAPPELER 1983). Also könnte man die Kollegen von der Jugendhilfe anrufen und versuchen, die Praxis von der Basis her zu verändern. Die §§ 27 ff.

§§ 27 ff. KJHG: Präventionsmaßnahmen

KJHG kommen ja insbesondere bei drogengefährdeten, aber (noch) nicht abhängigen Jugendlichen für Präventionsmaßnahmen infrage, evtl. parallel zum BSHG. Problematisch ist aber auch hier, daß eine Diagnose über die Gefährdung des Wohls des Jugendlichen als Voraussetzung von Leistung und Eingriff gestellt werden muß. Fraglich ist ferner, wie frühzeitig die Jugendhilfe eingreifen darf und soll. Schließlich wären bei einem stärkeren Engagement der Jugendhilfe in diesem Bereich sowohl eine bessere Personalausstattung als auch ein erheblicher Kompetenzzuwachs erforderlich.

Als »gefährdet« gilt

Als »gefährdet« gilt, wer noch keine Suchtstruktur aufweist, jedoch aus irgendwelchen Gründen zur Droge greift. Voraussetzung ist, daß der Minderjährige allgemein an seinen Lebensbedingungen gescheitert ist. Das Probieren wird dann als eine manifeste Verhaltensauffälligkeit unter mehreren gewertet. Dadurch entsteht das Problem, daß bereits im Vorfeld nach Drogengefährdeten »geschnüffelt« wird. Das führt u. U. zu intensiverer sozialer Kontrolle und Stigmatisierung. Deshalb sollte man gut überlegen, ob man »schlafende Hunde weckt« und erst die Entwicklung in Gang setzt, die zu bekämpfen man vorgibt.

4.1.8 Unterhaltsansprüche

bis zum 18. Lebensjahr

Als Minderjähriger hat man bis zum 18. Lebensjahr Anspruch auf Finanzierung des Lebensunterhalts und einer angemessenen Ausbildung durch die Eltern. Im übrigen kann man von einem Ehepartner, auch wenn man getrennt lebt, Unterhalt verlangen, der sich nach jährlich angepaßten Tabellen bzw. nach dem bisherigen sozialen Lebensniveau richtet. In Grenzen gilt das

nach einer Scheidung

auch nach einer Scheidung, es sei denn, man hat im Verfahren ausdrücklich auf Unterhalt verzichtet. Allerdings kann man des

Bedürftigkeit »mutwillig« herbeigeführt

Unterhalts verlustig gehen, wenn man die Bedürftigkeit durch Erwerbsunfähigkeit »mutwillig«, z. B. durch Drogenabhängigkeit, herbeigeführt hat. Das muß aber im Einzelfall geklärt und bewiesen werden (BGH NJW 1981, S. 2805).

4.1.9 Schuldentilgungs-Fonds

Eine Untersuchung in Frankfurt am Main ergab eine durchschnittliche Pro-Kopf-Verschuldung von 10.800,– DM bei drogenabhängigen Klienten in Therapieeinrichtungen. Rund 80% der ermittelten Schulden sind Bankschulden; eine große Rolle spielt dabei die leichtfertige Kredit- und Kreditkartenvergabe durch zinsgierige Banken; ansonsten handelt es sich um Gerichtskosten, Schadensersatzansprüche etc. Schuldenberge sind immense Hindernisse bei der sozialen Wiedereingliederung: man bekommt weder Wohnung, noch Konto, noch Arbeit. Falls man Arbeit bekommt, wird der Lohn weggepfändet, dann ist man meist auch den Job wieder los. Deshalb ist Entschuldung eine zentrale Aufgabe der Drogenarbeit. In allen Bundesländern gibt es inzwischen sogenannte Schuldentilgungsfonds für Straffällige, deren stärkeren Einsatz für Drogenabhängige man betreiben sollte. Einige Bundesländer haben spezielle Schuldenregulierungsstellen eingerichtet. Wegen solcher Fonds fragt man am besten bei der örtlichen Bewährungshilfe nach.

Pro-Kopf-Verschuldung

Entschuldung: zentrale Aufgabe der Drogenarbeit

Schuldenregulierungsstellen

Für den Drogenberater ist es im konkreten Fall oft sinnvoll, mit den Hauptgläubigern des Klienten in Verhandlungen zu treten. Erfahrungsgemäß sind Gläubiger manchmal bereit, auf den größten Teil ihrer Forderungen zu verzichten, wenn sie überhaupt etwas in Aussicht gestellt bekommen, das auch wirklich gezahlt wird.

4.2 Wer vermittelt Hilfen und wer trägt die Kosten?

4.2.1 Wohin wendet man sich zuerst? – Information und Beratung

Zuständig und am besten geeignet als Anlaufstellen für Drogenabhängige sind die DROBS, die es in jeder größeren Stadt gibt (s. Adressen- und Angebotsverzeichnis: ARCHIDO BREMEN/FH FRANKFURT AM MAIN 1995). Beratung und Aufklärung nach §§ 13 – 15 f. SGB I wird außerdem in Kreisen und kreisfreien Städten von Sozialämtern und Versicherungsämtern durchgeführt.

DROBS

Für Klienten bietet sich jedoch die DROBS an, deren Mitarbeiter nicht unter dem Druck stehen, mit Hinweisen auf Leistungsansprüche zurückhaltend zu sein. Außerdem bieten die DROBS psychologische, pädagogische und therapeutische Hilfestellung an (s. o. 2.8.2). Eine Verbesserung ergibt sich auch aus der zwischen den Ersatzkassen und dem Deutschen Caritasverband sowie dem Gesamtverband für Suchtkrankenhilfe im Diakonischen Werk 1983 geschlossenen Empfehlungsvereinbarung betreffend Prävention und Rehabilitation (s. drogen-report, Nr. 1, 1984, S. 15 f.). Hat sich ein Drogenabhängiger entschlossen, eine DROBS aufzusuchen, sollten die Mitarbeiter versuchen, mit dem Klienten zunächst ein Vertrauensverhältnis zu schaffen. Erst dann ist es möglich, mit ihm gemeinsam geeignete Formen der Hilfe zu erarbeiten und die entsprechenden Möglichkeiten zu organisieren.

Empfehlungsvereinbarung

4.2.2 Wenn der drogenabhängige Klient eine Langzeittherapie machen will

4.2.2.1 Aufgaben des Drogenabhängigen

Antrag stellen

Der Drogenabhängige muß zunächst an die Therapieeinrichtung seiner Wahl einen Antrag stellen; dieser besteht herkömmlich aus einer begründeten Bewerbung, dem Lebenslauf und einer Darstellung der Drogenkarriere. Ein hausärztliches und ein zahnärztliches Gutachten, in denen bescheinigt wird, daß keine ansteckenden Krankheiten vorliegen und keine zahnärztliche Behandlung notwendig ist, werden von der Therapieeinrichtung spätestens bei der tatsächlichen Aufnahme verlangt. Vielen Einrichtungen genügt neuerdings auch die Kostenzusage und die Bereitschaft zur Aufnahme der Therapie.

Kostenübernahme klären

Wenn gegenüber dem Renten- oder Krankenversicherungsträger ein Anspruch auf Übergangs- oder Krankengeld besteht, muß dieser dort geltend gemacht (beantragt) werden. Besteht dieser Anspruch voraussichtlich nicht, so muß ein Antrag auf Übernahme der Therapienebenkosten (Taschengeld, Kleidergeld und Krankenversicherung) bei der entsprechenden Versicherungsanstalt oder dem Landeswohlfahrtsamt (Sozialamt) gestellt werden. Dieser Antrag oder der evtl. schon vorliegende Bescheid werden ebenfalls an die Therapieeinrichtung gesandt.

körperliche Entgiftung

Vor Beginn der Therapie muß eine körperliche Entgiftung nachgewiesen werden (s. o. 2.7.2.2.2). Der Entzug erfolgt entweder in einem PKH, mit dem die Therapieeinrichtung fest zusammenarbeitet, oder die Entgiftung muß durch Urinkontrollen oder andere Tests (EMIT, CN) nachgewiesen werden. In den meisten Einrichtungen erfolgt eine sofortige Übernahme nach Entlassung aus dem PKH bzw. bei Nachweis der Entgiftung.

4.2.2.2 Aufgaben der Drogenberatungsstelle

Antrag auf Kostenübernahme

Die DROBS oder eine sonstige Beratungsstelle stellen einen Antrag auf Kostenübernahme an die »Arbeitsgemeinschaft zur Rehabilitation Suchtkranker (AGSU)«, falls in dem betreffenden Bundesland eine solche vorhanden ist (Adressen s. ARCHIDO/ FH FRANKFURT AM MAIN 1995), oder an die entsprechenden Krankenkassen oder Sozialversicherungen (Landesversicherungsanstalten für Arbeiter, Bundesversicherungsanstalt für Angestellte).

beizufügen sind:

Dem Antrag beigefügt werden müssen (s. hierzu 5.4: Formulare, Berichtsbögen, Erklärungen u. a. Vordrucke):

- der Therapieplatzvorschlag: Name der Einrichtung;
- ein ärztliches Gutachten: es muß beinhalten, daß die Therapie Aussicht auf Erfolg hat und notwendig ist;
- eine Erklärung zur Einhaltung des Konzeptes der Therapieeinrichtung;
- eine »Erklärung des Betreuten« – Anerkenntnis der Mitwirkungspflicht;

- der Sozialbericht; dazu gibt es einen ausführlichen vorgedruckten Fragebogen, in dem persönliche Daten, Lebensumstände, Beziehungen, die Lebensgeschichte und die Drogenkarriere erfragt werden.

Es empfiehlt sich, die offenbarte Datenmenge so gering wie möglich zu halten, z. B. durch standardisierte Antwortfloskeln.

Schwierigkeiten für AIDS-Kranke? – Die Leistungsträger verlangen seit 1986 auf unterschiedlichem Wege Nachweise über den HIV-Test. In der AGSU Hessen z. B. wird der Test zwar nicht schon als Antragsbestandteil verlangt, in den vorläufigen Bewilligungsbescheiden wird aber die Entwöhnungsbehandlung von der ausdrücklichen Bereitschaft zu Bluttests in der Einrichtung abhängig gemacht. Die Verweigerung der Blutentnahme zu diesem Zwecke zieht die sofortige Entlassung nach sich. Die BfA verlangt den persönlichen Testnachweis sogar schon mit dem Therapieantrag und nimmt diesen zu den Akten. Begründet wird das damit, daß bestimmte Einrichtungen ausschließlich HIV-Test-negative Klienten aufnehmen. Die Ersatzkrankenkassen verlangen bisher noch keinen HIV-Test. Obligatorische Tests sind aus datenschutzrechtlichen Gründen, vor allem aber weil potentielle Klienten dadurch ins Dunkelfeld gedrängt werden, abzulehnen. Akzeptabel erscheint allenfalls, daß solche Tests nach Besprechung mit dem Klienten im Rahmen der einzelnen therapeutischen Einrichtung vorgenommen werden (s. im übrigen spezielle AIDS-Ratgeber: 5.6.1).

HIV-Testnachweise: z. B. AGSU Hessen

BfA

Ersatzkrankenkassen

Tests nach Besprechung mit Klienten

4.2.2.3 Arbeitsgemeinschaften zur Rehabilitation Suchtkranker (AGSU)

Da immer wieder Zuständigkeitskonflikte der Therapiekostenträger auftraten, wurden zur Verwaltungsvereinfachung in einigen Bundesländern Arbeitsgemeinschaften der Kostenträger zum Zwecke umgehender vorläufiger Kostenzusage und nachgängiger Zuständigkeitserklärung gegründet oder zumindest örtliche oder bezirkliche Vereinbarungen abgeschlossen (Antragsformulare u. a. Unterlagen s. u. 5.4; Adressen s. ARCHIDO/FH FRANKFURT AM MAIN 1995).

In Hessen wurde z. B. 1980 die AGSU gegründet. Mitglied in dieser AG sind (Arbeiter-) Krankenkassen (Orts-, Innungs-, Betriebs-, Knappschafts-KK), der Landeswohlfahrtsverband (LWV) und die Landesversicherungsanstalt Hessen als Rentenversicherungsträger (LVA). Leider sind jedoch die Angestellten-Ersatzkassen und die Bundesversicherungsanstalt für Angestellte nicht Mitglied.

Nach dem vollständigen Vorliegen der unter 5.4.1 genannten Unterlagen erteilt die AGSU eine vorläufige Kostenzusage. Für den Drogenabhängigen bedeutet das, daß sein Therapieantritt nicht unnötig verzögert wird. Die AGSU ermittelt dann intern den endgültigen Therapiekostenträger. Dies regelt sich nach den allgemeinen gesetzlichen Grundlagen, hauptsächlich aber nach der 1978 abgeschlossenen »Empfehlungsvereinbarung« zwischen

vorläufige Kostenzusage und nachgängige Zuständigkeitserklärung

»Empfehlungsvereinbarung«

Krankenkassen und Rentenversicherungsträgern (abgedruckt in EBERTH/MÜLLER 1982, Anhang 1; KRASNEY 1984, S. 223). Für die Entwöhnungsbehandlung ist der RV-Träger zuständig, wenn die versicherungsrechtlichen Voraussetzungen gegeben sind. Die KK sind zuständig, wenn diese Voraussetzungen nicht erfüllt sind oder wenn wegen einer anderen Krankheit Erwerbsunfähigkeit vorliegt oder droht und eine wesentliche Besserung oder Wiederherstellung der Erwerbsfähigkeit durch Reha-Maßnahmen nicht zu erwarten ist.

Entzugsbehandlung Für die Entzugsbehandlung ist grundsätzlich der KV-Träger zuständig. Die RV kommt nur infrage, wenn nach Beginn der Therapie eine erneute Entzugsbehandlung durchgeführt werden muß, und dies in derselben Einrichtung möglich ist. Problematisch ist diese scheinbar pragmatische, in Wirklichkeit drogenpolitische Regelung: das menschlich-ganzheitliche Geschehen von Krankheit und Einschränkung der Erwerbsfähigkeit erfährt getrennte Behandlungen. Außerdem benachteiligt die von der Empfehlungsvereinbarung vorgenommene Abgrenzung die drogenabhängigen und alkoholkranken Patienten in der Weise, daß sie einen Anspruch auf Behandlung – einschließlich der damit verbundenen freien Krankenhauswahl – nur für die Phase der körperlichen

Entwöhnungsbehandlung eine Kann-Leistung Entgiftung ermöglicht. Die Entwöhnung, d. h. die auch medizinisch unabdingbar notwendige Phase der Überwindung der seelischen Abhängigkeit, ist eine Kann-Leistung. Das begünstigt wiederum die Aufspaltung der Behandlungsphasen von Entgiftung und Entwöhnung in unterschiedlichen Behandlungseinrichtungen, obwohl diese Trennung sich erwiesenermaßen ungünstig auswirkt. Darüber hinaus entsteht für die Beratungsstelle oder die Behandlungseinrichtung die Notwendigkeit, schon vor Auf-

Dauer der Behandlung und Prognose nahme eines Patienten in die stationäre Behandlung mit ihm zusammen die entsprechenden Kostenübernahmeanträge zu stellen sowie Angaben über die mögliche Dauer der Behandlung und die voraussichtliche Prognose zu machen, um wenigstens den nahtlosen Anschluß der beiden Behandlungsphasen vorzubereiten. Bei der unterschiedlichen Einflüssen unterliegenden Motivationslage und Krankheitseinsicht eines Suchtkranken wird bei mangelhafter Vorbereitung oft der Therapiebeginn verhindert oder der Therapieabbruch begünstigt.

Gewährung Die Entwöhnungsbehandlung wird gewährt, wenn der Abhängige voraussichtlich wieder in Gesellschaft und Beruf eingegliedert werden kann, die Abhängigkeit ambulant nicht behandelt werden kann (ambulante Therapien werden seltener durchgeführt, da soziale Bezüge und ein Arbeitsplatz vorhanden sein müssen; ansonsten gelten aber die gleichen Kriterien), der Süchtige motiviert und bereit ist, eine erforderliche Nachsorge in Anspruch zu neh-

Mitwirkungspflicht des Drogenabhängigen men. Auch in dieser Beziehung ist der Drogenabhängige mitwirkungspflichtig. Er wird darüber in einem Merkblatt informiert. Art, Ort und Dauer der Entwöhnungsbehandlung werden von der AGSU bestimmt, wobei in der Praxis die Wünsche der Klienten nach Möglichkeit berücksichtigt werden, allerdings nur, soweit sie sich auf das betreffende Bundesland beziehen. Die AGSU soll für die Zeit der stationären Behandlung einen therapeutischen Gesamtplan aufstellen, in dessen Rahmen sie schon während der Behandlung evtl. ein entsprechendes Berufsförderungsverfahren in die Wege leitet. Nur Therapieeinrichtungen, die bestimmte Kriterien erfüllen, werden von der AGSU anerkannt. Diese Kriterien sind zwar sinnvoll, begünstigen aber die ökonomisch starken Träger und erschweren ein pluralistisches Angebot verschiedener Konzepte.

<small>therapeutischer Gesamtplan</small>

Alle DROBS haben Listen der anerkannten Einrichtungen. Eine ständig auf dem letzten Stand befindliche Liste anerkannter Einrichtungen kann man bei folgender Adresse anfordern:
Bundesverband der Betriebskrankenkassen, Kronprinzenstr. 6, 4300 Essen.

<small>Liste anerkannter Einrichtungen</small>

4.2.2.4 Wenn Versicherungen nicht Mitglied der AGSU sind

Wenn der Drogenabhängige durch die BfA rentenversichert ist oder wenn er keine RV-Beiträge zahlt und bei einer Angestelltenersatzkasse (z. B. DAK oder Barmer) krankenversichert ist, ist der Weg zu der Kostenzusage für eine Drogentherapie u. U. schwieriger bzw. zeitaufwendiger, denn diese Kassen sind einer Arbeitsgemeinschaft der Kostenträger nicht angegliedert und brauchen für die Antragsbearbeitung entsprechend länger (Antragsformulare s. u. 5.4.2). Die anderen Kostenträger lehnen auch ab und zu ab, in letzter Zeit verstärkt: die Kostenübernahme für eine Drogentherapie ist eben eine Kann-Leistung! Erst nach Ablehnung, die u. U. manchmal lange auf sich warten läßt, kann nach einem anderen Kostenträger gesucht werden. BfA und die Angestellten-Ersatzkassen haben jeweils eigene Listen der von ihnen anerkannten Therapieeinrichtungen.

<small>BfA Angestelltenersatzkassen</small>

Verschiedene Privatkassen sind ebenfalls nicht Mitglied der AGSU und verweigern z. T. die Leistung aufgrund der üblichen Suchtklausel (s. o. 4.1.1). Man muß den Antrag auf LzTh bei ihnen direkt stellen, wobei Verhandlungsgeschick angezeigt ist. Trägt die private Versicherung nur einen Teil der Kosten, so kann das Sozialamt die Restfinanzierung nach BSHG übernehmen, wenn entsprechende Voraussetzungen gegeben sind. In solchen Fällen also immer einen Antrag stellen.

<small>Privatkassen</small>

4.2.2.5 Vorläufige Leistungen

Für den Fall, daß eine Kostenzusage aus irgendwelchen Gründen nicht alsbald erfolgt, sind gesetzlich bestimmte Vorleistungspflichten festgelegt. Grundsätzlich muß bei Anträgen auf Leistungen medizinischer oder beruflicher Rehabilitation nach 6 Wochen die Rentenversicherung aller Antragsteller in Vorleistung treten (§ 6 Rehabilitations-Angleichungsgesetz). Wenn man »nur« Sozialhilfeempfänger ist, hat man gem. § 44 BSHG 4 Wochen nach Antragstellung Anrecht auf vorläufige Leistungen, wenn noch

<small>Vorleistungspflichten</small>

<small>Sozialhilfeempfänger</small>

nicht feststeht, wer Leistungsträger sein wird. 1981 ist in einer bundeseinheitlichen Vereinbarung aller Versicherungsträger für Drogenabhängige die grundsätzliche Vorleistungspflicht des Sozialhilfeträgers 4 Wochen nach Antragstellung festgelegt worden (Empfehlungsvereinbarung Vorleistung, 1981; abgedruckt bei KRASNEY 1984, S. 229)

Vorschuß

Eine andere Möglichkeit ergibt sich aus § 42 SGB I: Danach hat der zuständige Leistungsträger auf Antrag einen Vorschuß zu zahlen, wenn der Anspruch auf Geldleistungen im Prinzip feststeht.

Noch ein wichtiger Hinweis, weil Drogenabhängige oft viele Schulden haben (vgl. o. 4.1.9): Ansprüche auf laufende Geldleistungen können – ausgenommen gesetzliche Unterhaltsansprüche z. B. von Ehepartnern oder Kindern – nur nach Ablauf von 7 Tagen seit der Gutschrift auf dem Bankkonto gepfändet werden. D. h., auch die Bank darf das überzogene Konto vor Ablauf von 7 Tagen nicht aus der Sozialleistung auszugleichen versuchen (§ 55 SGB I). Also: Wenn das Sozial-Geld kommt, sofort abheben!

Sozial-Geld sofort abheben!

4.2.3 Wenn man eine ambulante Psychotherapie machen will

Auch für ambulante Maßnahmen ist das Verfahren über die AGSU (s. o. 4.2.2.3) möglich, aber selten erfolgreich. Zum 1.1.1987 war eine Empfehlungsvereinbarung Ambulante Nachsorge der Reha-Träger geschlossen worden, derzufolge solche Therapieformen intensiviert werden sollten. Auch sie ist aber in der Praxis gescheitert und wird nicht weiter angewandt. Es gibt aber eine Rahmenempfehlungsvereinbarung des Verbandes der Angestellten-KK und Arbeiter-Ersatzkassen Siegburg vom 6.12.1989, entsprechend einem Argumentationspapier des AK »Ambulante Arbeit« des FDR v. 2.10.1990 (Ansprechpartner: Jost Leune, FDR (Tel. 05 11/32 50 23). Sie regelt, »in welchen Fällen und welcher Weise ambulante Rehabilitation Abhängiger durchgeführt und gefördert wird.« Es sollen ein Therapieplan aufgestellt und 80 bzw. weitere 40 Therapiestunden bewilligt werden. Auch Therapieleistungen für Bezugspersonen sind vorgesehen.

Rahmenempfehlungsvereinbarung

Die Rahmenempfehlungsvereinbarung wird praktiziert, wenn auch noch nicht für die von illegalen Drogen Abhängigen. Hier sind entsprechende Bestrebungen im Gange. Kehrseite einer solchen Verbesserung wäre allerdings faktisch eine Ausweitung von Kontrolle und Stigmatisierung, wenn nicht in gleichem Maße auf stationäre Maßnahmen verzichtet würde. Zudem würden kommunale und gemeindenahe Hilfsformen durch die überörtliche Zuständigkeit behindert (vgl. auch SCHULTE/MROZYNSKI (1985): In: R&P, H. 1, S. 31).

Es kann auch der allgemein übliche Weg beschritten werden: Wenn man eine Psychotherapie oder eine Psychoanalyse bei einem Facharzt für Psychiatrie, Psychotherapie oder Psychoanalyse oder einem Arzt mit Zusatztitel »Psychotherapie« machen will, bestehen für eine Kostenübernahme keine entscheidenden Schwierigkeiten. Voraussetzung ist zunächst, daß man in einer

Psychotherapie oder eine Psychoanalyse

der RVO-Krankenkassen (Orts-, Innungs-, Betriebskrankenkassen und dgl.) oder in einer Angestellten-Ersatzkasse versichert ist. Voraussetzung ist weiter, daß der behandelnde Arzt einen ausführlichen und mithin arbeitsaufwendigen Bericht anfertigt, in dem die Notwendigkeit psychotherapeutischer Behandlung im einzelnen begründet sowie eine günstige Prognose und ein Behandlungsplan formuliert werden müssen. Dieses Gutachten muß dann in anonymisierter Form an einen von der Kasse beauftragten Vertrauensarzt als Gutachter weitergeleitet werden, der über die Kostenübernahme durch die Kasse entscheidet. *Begutachtung*

Für eine Psychotherapie (wöchentlich etwa 1 Stunde) werden i. d. R. maximal 80 Sitzungen bewilligt, für eine Psychoanalyse (wöchentlich 2 – 4 Stunden) werden höchstens 240 Sitzungen bewilligt (Ausnahmen in seltenen Fällen möglich). Nur wenige Privatkassen (z. B. Technikerkasse, Kaufmännische Krankenkasse) bewilligen längerfristige Psychotherapien. Die meisten Privatkassen finanzieren höchstens 20 Stunden im Jahr. *Dauer*

Kompliziert wird die Sache dadurch, daß viele Psychiater keine Psychotherapien durchführen (können), ärztliche Therapeuten (Psychoanalytiker) wenig Therapieplätze haben und Therapien bei sogenannten nicht-ärztlichen Therapeuten, das sind psychotherapeutisch, psychoanalytisch oder verhaltenstherapeutisch ausgebildete Psychologen, von den Kassen nicht ohne weiteres finanziert werden. Letzteres geht nur im Wege des sog. Delegations- und Beauftragungsverfahrens: Dipl.-Psychologen, die eine Zusatzausbildung (z. B. Psychoanalyse oder Verhaltenstherapie) absolviert haben, vereinzelt auch Psychologen, die über längere Therapiepraxis verfügen (»Klinischer Psychologe«) können z. T. nur, wenn sie von der Kasse anerkannt und in einer speziellen Liste geführt werden, über einen »delegierenden«, d. h. die Psychotherapie formal »beaufsichtigenden« Arzt mit der Krankenkasse abrechnen. Dasselbe gilt für Ärzte, die noch nicht den Facharzttitel haben, und Psychologen, wenn sie kurz vor dem Abschluß einer klinischen Zusatzausbildung stehen. Sie können von bestimmten Ärzten zur Durchführung der Psychotherapie »beauftragt« werden, müssen dann aber über den beauftragenden Arzt mit der Kasse abrechnen. Letztgenanntes Verfahren wird nur von den Angestellten-Ersatzkassen und den AOK praktiziert. Direkt mit den Kassen abrechnen können also nur die anerkannten, »ermächtigten« Diplompsychologen. *Delegation*

Wer bei der AOK oder einer Ersatzkasse versichert ist, kann sich in der jeweiligen Geschäftsstelle (Bezirksbüro) eine Liste der zur Psychotherapie ermächtigten Ärzte und Psychologen holen und sich danach einen aussuchen, wobei man sich auf die Empfehlung von Bekannten oder eines vertrauenswürdigen Arztes stützen sollte. Man kann sich auch an die Ausbildungsinstitute für Psychoanalyse wenden, die in sog. Ambulanzen therapeutische Erst- und Beratungsgespräche auf Krankenschein anbieten und jeweils über Listen der im Umkreis niedergelassenen Psychotherapeuten verfügen, an die man i. d. R. dann verwiesen wird. *Liste der ermächtigten Ärzte und Psychologen*

4 Hilfen – von wem und wie man sie bekommt

neuere Therapieformen

Die neueren Therapieformen, insbes. Gestalttherapie, Familientherapie, Psychodrama, Bioenergetik und dgl. sind von den Kassen bisher nicht anerkannt. Sie können in engen Grenzen nur von Therapeuten mit der Kasse abgerechnet werden, wenn nach o. g. Verfahren »delegiert« wird oder sie als Heilpraktiker zugelassen sind. Problematisch ist, daß die Behandlung dann quasi unter falschem Etikett laufen muß.

lange Wartezeiten: nicht zu schnell entmutigen lassen

Für den Fall, daß man einen Psychotherapeuten sucht, gilt angesichts der immer noch knappen kassenfinanzierten Therapieplätze, daß man sich von nicht abgehobenen Telefonhörern und schnellen Absagen (»Unter einem bis eineinhalb Jahren Wartezeit leider nix zu machen!«) nicht zu schnell entmutigen lassen sollte. Psychotherapie erfordert auch vom Therapeuten eine Menge Engagement und Einfühlung. Es ist frustrierend und verschwendete Zeit, wenn ein Klient die Therapie bald abbricht. Deswegen schauen sich Psychotherapeuten Klienten speziell daraufhin an, ob sie zu längerfristiger Mitarbeit bereit sind und voraussichtlich durchhalten werden. Das Maß der Bereitschaft zur Therapie ergibt sich nicht zuletzt aus der Ernsthaftigkeit und dem Durchsetzungsvermögen bei der Suche nach einem Therapeuten. Also sollte man im Fall der Absage ruhig noch einmal anrufen oder um Empfehlung eines Kollegen oder einer Kollegin bitten. Man sollte sich auch klar darüber sein, daß so eine Therapie mühsam ist und 2 Jahre und länger dauern kann.

4.2.4 Wenn man eine Ausbildungs- und Berufsförderung will

Zu allgemeinen Fragen der Ausbildungsförderung siehe den »Leitfaden für Arbeitslose« (AG TUWAS 1994 f.).

Maßnahmen der Umschulung und beruflichen Rehabilitation

Speziell für Drogenabhängige kommen Maßnahmen der Umschulung und beruflichen Rehabilitation sowie der Eingliederungshilfe infrage (s. o. 4.1.6.2). Unter dieser Rubrik läuft z. B. die Kostenübernahme für den Besuch der Hermann-Hesse-Schule in Frankfurt am Main, einer staatlich anerkannten Krankenschule mit besonderer pädagogischer Prägung. Sie gibt jungen Menschen, die aufgrund ihrer Suchtkrankheit ihr Schulziel nicht erreichen konnten, die Möglichkeit, im Rahmen der Eingliederungshilfe (gem. §§ 39 – 47 BSHG) die unterbrochene schulische Ausbildung wieder aufzunehmen und zum Abschluß zu bringen.

Voraussetzung für die Kostenübernahme

Voraussetzung für die Kostenübernahme ist, daß eine solche Einrichtung als »teilstationär« gem. § 103 Abs. 5 BSHG staatlich anerkannt ist, weil die zur Betreuung aufgenommenen Sozialhilfeempfänger einen ganztägigen Aufenthalt haben. Gem. § 93 BSHG werden zwischen freien Trägern und Einrichtungen einerseits und dem überörtlichen Sozialhilfeträger andererseits Vereinbarungen über die Kostensätze geschlossen. Abgedeckt werden die Kosten über den Pflegesatz (z. Z. DM 498,– monatl.). Schüler beziehen den regulären Sozialhilfesatz plus sog. Mehrbedarfszulage gem. § 23 BSHG, 40% des Regelsatzes.

Anträge

Anträge auf Kostenübernahme sind über den zuständigen örtlichen Sozialhilfeträger an das Landessozialamt einzureichen. Beweise über die Behandlungsbedürftigkeit (ärztliche Stellungnahme etc.) sind beizufügen. Hilfeempfänger des teilstationären Bereichs erhalten vom Sozialhilfeträger kein Taschengeld. Im Fall der Hermann-Hesse-Schule gewähren die Wohngemeinschaften für Drogengefährdete, in denen die Schüler untergebracht sind, ein Taschengeld von ca. DM 80,– monatlich. In der BRD gibt es mittlerweile einige Arbeitsprojekte, die auf diesem Wege finanziert werden.

4.2.5 Wie setzt man seine Rechte durch?

4.2.5.1 Gegen Träger der Sozialversicherung

Die Träger der Sozialversicherung (KV, RV, UV) entscheiden über die Leistungsansprüche des Versicherten durch Bescheide. Diese Verwaltungsakte (VA) werden für die Beteiligten bindend, wenn der dagegen gegebene Rechtsbehelf nicht eingelegt wird. Die Bescheide der Versicherungsträger müssen eine Rechtsbehelfsbelehrung enthalten, aus der zu entnehmen ist, wo, wie und innerhalb welcher Frist der Rechtsbehelf einzulegen ist. Fehlt diese Belehrung oder ist sie falsch oder unvollständig, läuft die Frist nicht an, der Rechtsbehelf kann innerhalb eines Jahres eingelegt werden. *Bescheide*

Rechtsbehelfsbelehrung

Bevor gerichtlich gegen den Träger vorgegangen werden kann, muß die Sache in einem sogenannten Vorverfahren geprüft werden: Schriftlicher Widerspruch muß binnen eines Monats nach Bescheid eingelegt werden (§§ 78, 84 Sozialgerichtsgesetz). Bei der UV und RV kann sofort – d. h. ohne Vorverfahren – vor dem Sozialgericht geklagt werden, wenn es sich bei der Leistung um eine handelt, auf die der Versicherte einen Rechtsanspruch hat. *Vorverfahren*

Zur Fristenwahrung im Vorverfahren genügt z. B. folgende Formulierung: »Gegen den Bescheid der ... (z. B. LVA in X) vom ... (Aktenzeichen: ...) lege ich Widerspruch ein. Eine Begründung wird nachgereicht. Ort/Datum/Unterschrift«. *Fristenwahrung*

Über den Widerspruch entscheidet die Widerspruchsstelle durch Widerspruchsbescheid, ebenfalls ein Verwaltungsakt, der nunmehr durch Klage binnen eines Monats nach Zustellung beim zuständigen Sozialgericht angefochten werden kann. *Widerspruch*

Klage

Die Klage soll die Beteiligten und den Streitgegenstand bezeichnen und einen bestimmten Antrag enthalten. Sie soll den angefochtenen Bescheid oder Widerspruchsbescheid bezeichnen, die zur Begründung dienenden Tatsachen und Beweismittel angeben und vom Kläger oder einem Rechtsvertreter mit Orts- und Tagesangaben unterzeichnet sein (§ 92 Sozialgerichtsgesetz).

Zur Fristenwahrung genügt etwa folgende Formulierung: »Gegen den Widerspruchsbescheid der ... (z. B. Bundesversicherungsanstalt) vom ... (Aktenzeichen: ...), mir zugegangen am ..., über die Ablehnung ... (z. B. der Rente wegen Berufsunfähigkeit) erhebe ich Klage. *Fristenwahrung*

sozialgerichtliche Verfahren kostenfrei

Prozeßkosten- bzw. Beratungshilfe

Untersuchung

Rechtsmittel

Revision

Wichtig

bitte Rückmeldung!

Eine Begründung und den Klageantrag werde ich nachreichen. Ort/Datum/Unterschrift.«
Das sozialgerichtliche Verfahren ist kostenfrei. Auch im Falle des Unterliegens muß man die Auslagen des Gegners nicht bezahlen. Wenn man den Prozeß gewinnt, bekommt man evtl. Kosten für einen Rechtsanwalt erstattet, sonst nicht. Auch hier gelten aber die Möglichkeiten der Prozeßkosten- bzw. Beratungshilfe (§ 73a Sozialgerichtsgesetz) (s. o. 3.1.3.4.2).
Heikel ist u. U., daß das Gericht bestimmt, daß und durch wen eine ärztliche oder psychologische Untersuchung stattzufinden hat. Der Versicherte kann zwar einen Arzt seiner Wahl vorschlagen, das Gericht ist daran aber nicht gebunden, muß ihn aber auf Antrag ebenfalls gutachtlich hören (§ 109 Sozialgerichtsgesetz). Das Gericht kann auch frühere Behandlungs- und Befundberichte einholen, insofern ist die Schweigepflicht der Ärzte aufgehoben.
Gegen das ablehnende Urteil eines Sozialgerichts ist innerhalb eines Monats die Berufung beim Landessozialgericht möglich. Formulierungsvorschlag: »In dem Rechtsstreit des ... (Name des Klägers) gegen ... (Name des Versicherungsträgers) lege ich gegen das Urteil des Sozialgerichts vom ... (Aktenzeichen: ...) Berufung ein. Eine Begründung werde ich nachreichen. Ort/Datum/Unterschrift«.
Auch hier braucht man keinen Anwalt. Anders dagegen bei der Revision beim Bundessozialgericht, die man gegen ablehnende Urteile des Landessozialgerichts einlegen kann.
In Fällen, in denen eine nicht den eigenen Wünschen entsprechende LzTh-Einrichtung von dem Kostenträger festgelegt worden ist, sollte vor dem Sozialgericht geklagt werden. Wichtig ist eine Berichterstattung über solche Klagen und ihren Ausgang, damit andere daraus lernen können (daher bitte Rückmeldung an die Autoren, Adressen s. S. 11, am Ende des Vorworts). Eine solche Klage ist z. Z. zwar nicht sehr aussichtsreich, aber man sollte es mit einer auf Art. 1 (Menschenwürde) und Art. 2 GG (freie Entfaltung der Persönlichkeit) gegründeten Argumentation (Grundrecht auf freie Arztwahl!) immer wieder versuchen. Das Verfahren ist kostenfrei.

4.2.5.2 Gegen Sozialhilfeträger

Rechtsschutz fristgerechter Widerspruch

Wiedereinsetzung in den vorigen Stand

Klage
Berufung

Das bisher Gesagte gilt mit folgenden Besonderheiten auch für den Rechtsschutz in Sozialhilfesachen. Man muß hier in jedem Fall fristgerecht Widerspruch einlegen, da der Bescheid sonst bindend wird. Es empfiehlt sich, diesen Widerspruch auch gleich oder alsbald zu begründen. Bei Versäumung der Ein-Monats-Frist kann innerhalb von zwei Wochen nach Wegfall des Hindernisses Antrag auf Wiedereinsetzung in den vorigen Stand gestellt werden.
Gegen einen ablehnenden Widerspruchsbescheid kann sodann vor dem Verwaltungsgericht (also nicht dem Sozialgericht) geklagt werden. Gegen Verwaltungsgerichtsurteile findet die Beru-

fung beim Oberverwaltungsgericht, gegen Urteile des Oberverwaltungsgerichts die Revision beim Bundesverwaltungsgericht statt (vgl. Mustertexte in: AG TUWAS (1994 f.): Leitfaden der Sozialhilfe). In Sozialhilfesachen ist das Verfahren ebenfalls kostenfrei Vor und neben diesem Rechtsweg gibt es folgende Möglichkeiten: Zunächst hat man einen Anspruch auf Akteneinsicht (Kopiermöglichkeit!). Auf dieser Informationsgrundlage kann man beim Vorgesetzten seine »Besorgnis der Befangenheit« gegen den Sachbearbeiter vortragen (§ 17 SGB). Man kann auch jederzeit einen neuen Antrag stellen, bei Nichtantwort eine einstweilige Anordnung beantragen oder Untätigkeitsklage beim Verwaltungsgericht einreichen. Man kann schließlich Dienstaufsichtsbeschwerde einlegen. Die Gerichtskosten beim Verwaltungsgericht sind niedrig. (Zu den Prozeß- und Anwaltskosten s. 3.1.3.4.2.)

Revision
Mustertexte

Akteneinsicht

»Besorgnis der Befangenheit«

Untätigkeitsklage
Dienstaufsichtsbeschwerde

J.-H. Heudtlass, H. Stöver, P. Winkler (Hg.)
Risiko mindern beim Drogengebrauch
Drogenwirkungen · Safer Use · Notfallhilfe ·
Safe Sex · Prävention · Peer Support

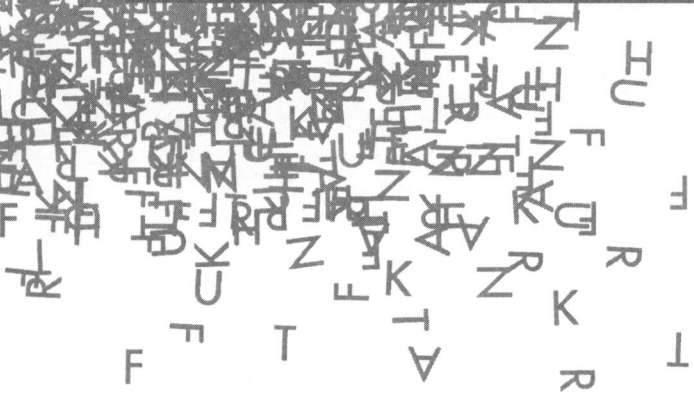

Fachhochschulverlag   Band 37

5 MATERIALIEN

5.1 Betäubungsmittelrecht

5.1.1
Gesetz über den Verkehr mit Betäubungsmitteln (Betäubungsmittel-Gesetz – BtMG)
– Auszug –

Erster Abschnitt
Begriffsbestimmungen

§ 1 Betäubungsmittel
(1) Betäubungsmittel im Sinne dieses Gesetzes sind die in den Anlagen I bis III aufgeführten Stoffe und Zubereitungen.
(2) Die Bundesregierung wird ermächtigt, nach Anhörung von Sachverständigen durch Rechtsverordnung mit Zustimmung des Bundesrates die Anlagen I bis III zu ändern oder zu ergänzen, wenn dies

1. nach wissenschaftlicher Erkenntnis wegen der Wirkungsweise eines Stoffes, vor allem im Hinblick auf das Hervorrufen einer Abhängigkeit,
2. wegen der Möglichkeit, aus einem Stoff oder unter Verwendung eines Stoffes Betäubungsmittel herstellen zu können, oder
3. zur Sicherheit oder zur Kontrolle des Verkehrs mit Betäubungsmitteln oder anderen Stoffen oder Zubereitungen wegen des Ausmaßes der mißbräuchlichen Verwendung und wegen der unmittelbaren oder mittelbaren Gefährdung der Gesundheit erforderlich ist.

In der Rechtsverordnung nach Satz 1 können einzelne Stoffe oder Zubereitungen ganz oder teilweise von der Anwendung dieses Gesetzes oder einer auf Grund dieses Gesetzes erlassenen Rechtsverordnung ausgenommen werden, soweit die Sicherheit und die Kontrolle des Betäubungsmittelverkehrs gewährleistet bleiben.
(3) Der Bundesminister für Gesundheit wird ermächtigt, in dringenden Fällen zur Sicherheit oder zur Kontrolle des Betäubungsmittelverkehrs durch Rechtsverordnung ohne Zustimmung des Bundesrates Stoffe und Zubereitungen, die nicht Arzneimittel sind, in die Anlagen I bis III aufzunehmen, wenn dies wegen des Ausmaßes der mißbräuchlichen Verwendung und wegen der unmittelbaren oder mittelbaren Gefährdung der Gesundheit erforderlich ist. Eine auf der Grundlage dieser Vorschrift erlassene Verordnung tritt nach Ablauf eines Jahres außer Kraft.
(4) Der Bundesminister für Gesundheit (Bundesminister) wird ermächtigt, durch Rechtsverordnung ohne Zustimmung des Bundesrates die Anlagen I bis III oder die auf Grund dieses Gesetzes erlassenen Rechtsverordnungen zu ändern, soweit das auf Grund von Änderungen der Anhänge zu dem Einheits-Übereinkommen von 1961 über Suchtstoffe in der Fassung der Bekanntmachung vom 4. Februar 1977 (BGBl. II S. 111) und dem Übereinkommen von 1971 über psychotrope Stoffe (BGBl. 1976 II S. 1477) (Internationale Suchtstoffübereinkommen) in ihrer jeweils für die Bundesrepublik Deutschland verbindlichen Fassung erforderlich ist.

§ 2 Sonstige Begriffe
(1) Im Sinne dieses Gesetzes ist
1. Stoff: eine Pflanze, ein Pflanzenteil oder ein Pflanzenbestandteil in bear-

beitetem oder unbearbeitetem Zustand sowie eine chemische Verbindung und deren Ester, Ether, Isomere, Molekülverbindungen und Salze – roh oder gereinigt – sowie deren natürlich vorkommende Gemische und Lösungen;
2. Zubereitung: ohne Rücksicht auf ihren Aggregatzustand ein Stoffgemisch oder die Lösung eines oder mehrerer Stoffe außer den natürlich vorkommenden Gemischen und Lösungen;
3. ausgenommene Zubereitung: eine in den Anlagen I bis III bezeichnete Zubereitung, die von den betäubungsmittelrechtlichen Vorschriften ganz oder teilweise ausgenommen ist;
4. Herstellen: das Gewinnen, Anfertigen, Zubereiten, Be- oder Verarbeiten, Reinigen und Umwandeln.
(2) Der Einfuhr oder Ausfuhr eines Betäubungsmittels steht jedes sonstige Verbringen in den oder aus dem Geltungsbereich dieses Gesetzes gleich.

Zweiter Abschnitt

Erlaubnis und Erlaubnisverfahren

§ 3 Erlaubnis zum Verkehr mit Betäubungsmitteln
(1) Einer Erlaubnis des Bundesgesundheitsamtes bedarf, wer
    1. Betäubungsmittel anbauen, herstellen, mit ihnen Handel treiben, sie, ohne mit ihnen Handel zu treiben, einführen, ausführen, abgeben, veräußern, sonst in den Verkehr bringen, erwerben oder
    2. ausgenommene Zubereitungen (§ 2 Abs. 1 Nr. 3) herstellen will.
(2) Eine Erlaubnis für die in Anlage I bezeichneten Betäubungsmittel kann das Bundesgesundheitsamt nur ausnahmsweise zu wissenschaftlichen oder anderen im öffentlichen Interesse liegenden Zwecken erteilen.

§ 4 Ausnahmen von der Erlaubnispflicht
(1) Einer Erlaubnis nach § 3 Abs. 1 bedarf nicht, wer
    1. im Rahmen des Betriebs einer öffentlichen Apotheke oder einer Krankenhausapotheke (Apotheke)
        a) in Anlage II oder III bezeichnete Betäubungsmittel oder dort ausgenommene Zubereitungen herstellt, ...
        e) in Anlage I, II oder III bezeichnete Betäubungsmittel zur Untersuchung, zur Weiterleitung an eine zur Untersuchung von Betäubungsmitteln berechtigte Stelle oder zur Vernichtung entgegennimmt, ...

Dritter Abschnitt

Pflichten im Betäubungsmittelverkehr

§ 13 Verschreibung und Abgabe auf Verschreibung
(1) Die in Anlage III bezeichneten Betäubungsmittel dürfen nur von Ärzten, Zahnärzten und Tierärzten und nur dann verschrieben oder im Rahmen einer ärztlichen, zahnärztlichen oder tierärztlichen Behandlung einschließlich der ärztlichen Behandlung einer Betäubungsmittelabhängigkeit verabreicht oder einem anderen zum unmittelbaren Verbrauch überlassen werden, wenn ihre Anwendung am oder im menschlichen oder tierischen Körper begründet ist. Die Anwendung ist insbesondere dann nicht begründet, wenn der beabsichtigte Zweck auf andere Weise erreicht werden kann. Die in Anlagen I und II bezeichneten Betäubungsmittel dürfen nicht verschrieben, verabreicht oder einem anderen zum unmittelbaren Verbrauch überlassen werden.
(2) Die nach Absatz 1 verschriebenen Betäubungsmittel dürfen nur im Rahmen des Betriebs einer Apotheke und gegen Vorlage der Verschreibung abgegeben werden. Im Rahmen des Betriebs einer tierärztlichen Hausapotheke dürfen nur

die in Anlage III bezeichneten Betäubungsmittel und nur zur Anwendung bei einem vom Betreiber der Hausapotheke behandelten Tier abgegeben werden.
(3) Die Bundesregierung wird ermächtigt, durch Rechtsverordnung mit Zustimmung des Bundesrates das Verschreiben von den in Anlage III bezeichneten Betäubungsmitteln, ihre Abgabe auf Grund einer Verschreibung und das Aufzeichnen ihres Verbleibs und des Bestandes bei Ärzten, Zahnärzten, Tierärzten, in Apotheken, tierärztlichen Hausapotheken, Krankenhäusern und Tierkliniken zu regeln, soweit es zur Sicherheit oder Kontrolle des Betäubungsmittelverkehrs erforderlich ist. Insbesondere können

1. das Verschreiben auf bestimmte Zubereitungen, Bestimmungszwecke oder Mengen beschränkt,
2. Form, Inhalt, Anfertigung, Ausgabe, Aufbewahrung und Rückgabe des zu verwendenden amtlichen Formblattes für die Verschreibung sowie der Aufzeichnungen über den Verbleib und den Bestand festgelegt und
3. Ausnahmen von den Vorschriften des § 4 Abs. 1 Nr. 1 Buchstabe c für die Ausrüstung von Kauffahrteischiffen erlassen werden.

§ 18a Verbote
Es ist verboten, die in der Verordnung (EWG) Nr. 3677/90 des Rates vom 13. Dezember 1990 über Maßnahmen gegen die Abzweigung bestimmter Stoffe zur unerlaubten Herstellung von Suchtstoffen und psychotropen Stoffen (ABl. EG Nr. L 357 S. 1) in der jeweils geltenden Fassung im Anhang aufgeführten Stoffe und in Artikel 1 Abs. 2 Buchstabe a Satz 1 genannten Zubereitungen, wenn sie zur unerlaubten Herstellung von Betäubungsmitteln verwendet werden sollen, herzustellen, mit ihnen Handel zu treiben, sie, ohne Handel zu treiben, einzuführen, auszuführen, durchzuführen, zu veräußern, abzugeben, sonst in den Verkehr zu bringen, zu erwerben oder sich in sonstiger Weise zu verschaffen.
...

Sechster Abschnitt
Straftaten und Ordnungswidrigkeiten

§ 29 Straftaten
(1) Mit Freiheitsstrafe bis zu fünf Jahren oder mit Geldstrafe wird bestraft, wer
1. Betäubungsmittel unerlaubt anbaut, herstellt, mit ihnen Handel treibt, sie, ohne Handel zu treiben, einführt, ausführt, veräußert, abgibt, sonst in den Verkehr bringt, erwirbt oder sich in sonstiger Weise verschafft,
2. eine ausgenommene Zubereitung (§ 2 Abs. 1 Nr. 3) unerlaubt nach § 3 Abs. 1 Nr. 2 herstellt,
3. Betäubungsmittel besitzt, ohne zugleich im Besitz einer schriftlichen Erlaubnis für den Erwerb zu sein,
4. (weggefallen)
5. entgegen § 11 Abs. 1 Satz 2 Betäubungsmittel durchführt,
6. entgegen § 13 Abs. 1 Betäubungsmittel
   a) verschreibt,
   b) verabreicht oder
   zum unmittelbaren Verbrauch überläßt,
7. entgegen § 13 Abs. 2 Betäubungsmittel in einer Apotheke oder tierärztlichen Hausapotheke abgibt,
8. entgegen § 14 Abs. 5 für Betäubungsmittel wirbt,
9. unrichtige oder unvollständige Angaben macht, um für sich oder einen anderen oder für ein Tier die Verschreibung eines Betäubungsmittels zu erlangen,
10. eine Gelegenheit zum unbefugten Verbrauch, Erwerb oder zur unbefugten Abgabe von Betäubungsmitteln öffentlich oder eigennützig mitteilt, eine solche Gelegenheit einem anderen verschafft oder gewährt oder ihn zum unbefugten Verbrauch von Betäubungsmitteln verleitet,

11. entgegen § 18a dort genannte Stoffe oder Zubereitungen herstellt, mit ihnen Handel treibt, sie, ohne Handel zu treiben, einführt, ausführt, durchführt, veräußert, abgibt, sonst in den Verkehr bringt, erwirbt oder sich in sonstiger Weise verschafft,
12. öffentlich, in einer Versammlung oder durch Verbreiten von Schriften (§ 11 Abs. 3 des Strafgesetzbuches) dazu auffordert, Betäubungsmittel zu verbrauchen, die nicht zulässigerweise verschrieben worden sind,
13. Geldmittel oder andere Vermögensgegenstände einem anderen für eine rechtswidrige Tat nach Nummer 1, 5, 6, 7, 10, 11, oder 12 bereitstellt oder
14. einer Rechtsverordnung nach § 11 Abs. 2 Satz 2 Nr. 1 oder § 13 Abs. 3 Satz 2 Nr. 1 oder 3 zuwiderhandelt, soweit sie für einen bestimmten Tatbestand auf diese Strafvorschrift verweist.

Die Abgabe von sterilen Einmalspritzen an Betäubungsmittelabhängige stellt kein Verschaffen von Gelegenheit zum Verbrauch im Sinne des Satzes 1 Nr. 10 dar.
(2) In den Fällen des Absatzes 1 Nr. 1, 2, 5, 6 Buchstabe b und Nr. 11 ist der Versuch strafbar.
(3) In besonders schweren Fällen ist die Strafe Freiheitsstrafe nicht unter einem Jahr. Ein besonders schwerer Fall liegt in der Regel vor, wenn der Täter
 1. in den Fällen des Absatzes 1 Nr. 1, 5, 6, 10, 11 oder 13 gewerbsmäßig handelt,
 2. in den Fällen des Absatzes 1 Nr. 11 als Mitglied einer Bande handelt, die sich zur fortgesetzten Begehung solcher Taten verbunden hat,
 3. durch eine der in Absatz 1 Nr. 1, 6 oder 7 bezeichneten Handlungen die Gesundheit mehrerer Menschen gefährdet.
 4. (weggefallen)
(4) Handelt der Täter in den Fällen des Absatzes 1 Nr. 1, 2, 5, 6 Buchstabe b oder Nr. 10 fahrlässig oder erkennt er im Falle des Absatzes 1 Nr. 11 fahrlässig nicht, daß die in § 18a genannten Stoffe oder Zubereitungen zur unerlaubten Herstellung von Betäubungsmitteln verwendet werden sollen, so ist die Strafe Freiheitsstrafe bis zu einem Jahr oder Geldstrafe.
(5) Das Gericht kann von einer Bestrafung nach den Absätzen 1, 2 und 4 absehen, wenn der Täter die Betäubungsmittel lediglich zum Eigenverbrauch in geringer Menge anbaut, herstellt, einführt, ausführt, durchführt, erwirbt, sich in sonstiger Weise verschafft oder besitzt.
(6) Die Vorschriften des Absatzes 1 Nr. 1 sind, soweit sie das Handeltreiben, Abgeben oder Veräußern betreffen, auch anzuwenden, wenn sich die Handlung auf Stoffe oder Zubereitungen bezieht, die nicht Betäubungsmittel sind, aber als solche ausgegeben werden.

§ 29a Straftaten
(1) Mit Freiheitsstrafe nicht unter einem Jahr wird bestraft, wer
 1. als Person über 21 Jahre
  a) Betäubungsmittel ohne Erlaubnis nach § 3 Abs. 1 Nr. 1 an eine Person unter 18 Jahren abgibt oder sie ihr entgegen § 13 Abs. 1 verabreicht oder zum unmittelbaren Verbrauch überläßt oder
  b) eine Person unter 18 Jahren bestimmt, mit Betäubungsmitteln ohne Erlaubnis nach § 3 Abs. 1 Nr. 1 Handel zu treiben, sie, ohne Handel zu treiben, einzuführen, auszuführen, zu veräußern, abzugeben oder sonst in den Verkehr zu bringen oder eine dieser Handlungen zu fördern, oder
 2. mit Betäubungsmitteln in nicht geringer Menge ohne Erlaubnis nach § 3 Abs. 1 Nr. 1 Handel treibt, sie in nicht geringer Menge herstellt oder abgibt oder sie besitzt, ohne sie auf Grund einer Erlaubnis nach § 3 Abs. 1 erlangt zu haben.
(2) In minder schweren Fällen ist die Strafe Freiheitsstrafe von drei Monaten bis zu fünf Jahren.

§ 30 Straftaten

(1) Mit Freiheitsstrafe nicht unter zwei Jahren wird bestraft, wer
1. Betäubungsmittel ohne Erlaubnis nach § 3 Abs. 1 Nr. 1 anbaut, herstellt oder mit ihnen Handel treibt (§ 29 Abs. 1 Nr. 1) und dabei als Mitglied einer Bande handelt, die sich zur fortgesetzten Begehung solcher Taten verbunden hat,
2. im Falle des § 29a Abs. 1 Nr. 1 gewerbsmäßig handelt,
3. Betäubungsmittel abgibt, einem anderen verabreicht oder zum unmittelbaren Verbrauch überläßt und dadurch leichtfertig dessen Tod verursacht oder
4. Betäubungsmittel in nicht geringer Menge ohne Erlaubnis nach § 3 Abs. 1 Nr. 1 einführt.

(2) In minder schweren Fällen ist die Strafe Freiheitsstrafe von drei Monaten bis zu fünf Jahren.

§ 30a Straftaten

(1) Mit Freiheitsstrafe nicht unter fünf Jahren wird bestraft, wer Betäubungsmittel in nicht geringer Menge ohne Erlaubnis nach § 3 Abs. 1 Nr. 1 anbaut, herstellt, mit ihnen Handel treibt, sie ein- oder ausführt (§ 29 Abs. 1 Nr. 1) und dabei als Mitglied einer Bande handelt, die sich zur fortgesetzten Begehung solcher Taten verbunden hat.

(2) In minder schweren Fällen ist die Strafe Freiheitsstrafe von sechs Monaten bis zu fünf Jahren.

§ 30b Straftaten

§ 129 des Strafgesetzbuches gilt auch dann, wenn eine Vereinigung, deren Zwecke oder deren Tätigkeit auf den unbefugten Vertrieb von Betäubungsmitteln im Sinne des § 6 Nr. 5 des Strafgesetzbuches gerichtet sind, nicht oder nicht nur im Inland besteht.

§ 30c Vermögensstrafe

(1) In den Fällen des § 29 Abs. 1 Nr. 1, 4, 5, 6 und 10 ist § 43a des Strafgesetzbuches anzuwenden. Dies gilt nicht, soweit der Täter Betäubungsmittel, ohne mit ihnen Handel zu treiben, veräußert, abgibt, erwirbt oder sich in sonstiger Weise verschafft.

(2) In den Fällen der §§ 29a, 30, 30a und 30b ist § 43a des Strafgesetzbuches anzuwenden.

§ 31 Strafmilderung oder Absehen von Strafe

Das Gericht kann die Strafe nach seinem Ermessen mildern (§ 49 Abs. 2 des Strafgesetzbuches) oder von einer Bestrafung nach § 29 Abs. 1, 2, 4 oder 6 absehen, wenn der Täter
1. durch freiwillige Offenbarung seines Wissens wesentlich dazu beigetragen hat, daß die Tat über seinen eigenen Tatbeitrag hinaus aufgedeckt werden konnte, oder
2. freiwillig sein Wissen so rechtzeitig einer Dienststelle offenbart, daß Straftaten nach § 29 Abs. 3, § 29a Abs. 1, § 30 Abs. 1, § 30a Abs. 1, von deren Planung er weiß, noch verhindert werden können.

§ 31a Absehen von der Verfolgung

(1) Hat das Verfahren ein Vergehen nach § 29 Abs. 1, 2 oder 4 zum Gegenstand, so kann die Staatsanwaltschaft von der Verfolgung absehen, wenn die Schuld des Täters als gering anzusehen wäre, kein öffentliches Interesse an der Strafverfolgung besteht und der Täter die Betäubungsmittel lediglich zum Eigenverbrauch in geringer Menge anbaut, herstellt, einführt, ausführt, durchführt, erwirbt, sich in sonstiger Weise verschafft oder besitzt.

(2) Ist die Klage bereits erhoben, so kann das Gericht in jeder Lage des Verfahrens unter den Voraussetzungen des Absatzes 1 mit Zustimmung der Staatsanwaltschaft und des Angeschuldigten das Verfahren einstellen. Der Zustimmung des Angeschuldigten bedarf es nicht, wenn die Hauptverhandlung aus den in § 205

der Strafprozeßordnung angeführten Gründen nicht durchgeführt werden kann oder in den Fällen des § 231 Abs. 2 der Strafprozeßordnung und der §§ 232 und 233 der Strafprozeßordnung in seiner Abwesenheit durchgeführt wird. Die Entscheidung ergeht durch Beschluß. Der Beschluß ist nicht anfechtbar.

§ 32 Ordnungswidrigkeiten
(hier nicht wiedergegeben)

§ 33 Erweiterter Verfall und Einziehung
(1) § 73d des Strafgesetzbuches ist anzuwenden
    1. in den Fällen des § 29 Abs. 1 Nr. 1, 4, 5, 6 und 10, sofern der Täter gewerbsmäßig handelt, und
    2. in den Fällen der §§ 29a, 30 und 30a.
(2) Gegenstände, auf die sich eine Straftat nach den §§ 29 bis 30a oder eine Ordnungswidrigkeit nach § 32 bezieht, können eingezogen werden. § 74a des Strafgesetzbuches und § 23 des Gesetzes über Ordnungswidrigkeiten sind anzuwenden.

§ 34 Führungsaufsicht
In den Fällen des § 29 Abs. 3, der §§ 29a, 30 und 30a kann das Gericht Führungsaufsicht anordnen (§ 68 Abs. 1 des Strafgesetzbuches).

Siebenter Abschnitt
Betäubungsmittelabhängige Straftäter

§ 35 Zurückstellung der Strafvollstreckung
(1) Ist jemand wegen einer Staftat zu einer Freiheitsstrafe von nicht mehr als zwei Jahren verurteilt worden und ergibt sich aus den Urteilsgründen oder steht sonst fest, daß er die Tat auf Grund einer Betäubungsmittelabhängigkeit begangen hat, so kann die Vollstreckungsbehörde mit Zustimmung des Gerichts des ersten Rechtszuges die Vollstreckung der Strafe, eines Strafrestes oder der Maßregel der Unterbringung in einer Entziehungsanstalt für längstens zwei Jahre zurückstellen, wenn der Verurteilte sich wegen seiner Abhängigkeit in einer seiner Rehabilitation dienenden Behandlung befindet oder zusagt, sich einer solchen zu unterziehen, und deren Beginn gewährleistet ist. Als Behandlung gilt auch der Aufenthalt in einer staatlich anerkannten Einrichtung, die dazu dient, die Abhängigkeit zu beheben oder einer erneuten Abhängigkeit entgegenzuwirken.
(2) Gegen die Verweigerung der Zustimmung durch das Gericht des ersten Rechtszuges steht der Vollstreckungsbehörde die Beschwerde nach dem Zweiten Abschnitt des Dritten Buches der Strafprozeßordnung zu. Der Verurteilte kann die Verweigerung dieser Zustimmung nur zusammen mit der Ablehnung der Zurückstellung durch die Vollstreckungsbehörde nach den §§ 23 bis 30 des Einführungsgesetzes zum Gerichtsverfassungsgesetz anfechten. Das Oberlandesgericht entscheidet in diesem Falle auch über die Verweigerung der Zurückstellung; es kann die Zustimmung selbst erteilen.
(3) Absatz 1 gilt entsprechend, wenn
    1. auf eine Gesamtfreiheitsstrafe von nicht mehr als zwei Jahren erkannt worden ist oder
    2. auf eine Freiheitsstrafe oder Gesamtfreiheitsstrafe von mehr als zwei Jahren erkannt worden ist und ein zu vollstreckender Rest der Freiheitsstrafe oder der Gesamtfreiheitsstrafe zwei Jahre nicht übersteigt
und im übrigen die Voraussetzungen des Absatzes 1 für den ihrer Bedeutung nach überwiegenden Teil der abgeurteilten Straftaten erfüllt sind.
(4) Der Verurteilte ist verpfichtet, zu Zeitpunkten, die die Vollstreckungsbehörde festsetzt, den Nachweis über die Aufnahme und über die Fortführung der Behandlung zu erbringen; die behandelnden Personen oder Einrichtungen

teilen der Vollstreckungsbehörde einen Abbruch der Behandlung mit.
(5) Die Vollstreckungsbehörde widerruft die Zurückstellung der Vollstreckung, wenn die Behandlung nicht begonnen oder nicht fortgeführt wird und nicht zu erwarten ist, daß der Verurteilte eine Behandlung derselben Art alsbald beginnt oder wieder aufnimmt, oder wenn der Verurteilte den nach Absatz 4 geforderten Nachweis nicht erbringt. Von dem Widerruf kann abgesehen werden, wenn der Verurteilte nachträglich nachweist, daß er sich in Behandlung befindet. Ein Widerruf nach Satz 1 steht einer erneuten Zurückstellung der Vollstreckung nicht entgegen.
(6) Die Zurückstellung der Vollstreckung wird auch widerrufen, wenn
> 1. bei nachträglicher Bildung einer Gesamtstrafe nicht auch deren Vollstreckung nach Absatz 1 in Verbindung mit Absatz 2 zurückgestellt wird oder
> 2. eine weitere gegen den Verurteilten erkannte Freiheitsstrafe oder freiheitsentziehende Maßregel der Besserung und Sicherung zu vollstrecken ist.

(7) Hat die Vollstreckungsbehörde die Zurückstellung widerrufen, so ist sie befugt, zur Vollstreckung der Freiheitsstrafe oder der Unterbringung in einer Entziehungsanstalt einen Haftbefehl zu erlassen. Gegen den Widerruf kann die Entscheidung des Gerichts des ersten Rechtszuges herbeigeführt werden. Der Fortgang der Vollstreckung wird durch die Anrufung des Gerichts nicht gehemmt. § 462 der Strafprozeßordnung gilt entsprechend.

§ 36 Anrechnung und Strafaussetzung zur Bewährung

(1) Ist die Vollstreckung zurückgestellt worden und hat sich der Verurteilte in einer staatlich anerkannten Einrichtung behandeln lassen, so wird die vom Verurteilten nachgewiesene Zeit seines Aufenthalts in dieser Einrichtung auf die Strafe angerechnet, bis infolge der Anrechnung zwei Drittel der Strafe erledigt sind. Die Entscheidung über die Anrechnungsfähigkeit trifft das Gericht zugleich mit der Zustimmung nach § 35 Abs. 1. Sind durch die Anrechnung zwei Drittel der Strafe erledigt oder ist eine Behandlung in der Einrichtung zu einem früheren Zeitpunkt nicht mehr erforderlich, so setzt das Gericht die Vollstreckung des Restes der Strafe zur Bewährung aus, sobald verantwortet werden kann zu erproben, ob der Verurteilte keine Straftaten mehr begehen wird.
(2) Ist die Vollstreckung zurückgestellt worden und hat sich der Verurteilte einer anderen als der in Absatz 1 bezeichneten Behandlung seiner Abhängigkeit unterzogen, so setzt das Gericht die Vollstreckung der Freiheitsstrafe oder des Strafrestes zur Bewährung aus, sobald verantwortet werden kann zu erproben, ob er keine Straftaten mehr begehen wird.
(3) Hat sich der Verurteilte nach der Tat einer Behandlung seiner Abhängigkeit unterzogen, so kann das Gericht, wenn die Voraussetzungen des Absatzes 1 Satz 1 nicht vorliegen, anordnen, daß die Zeit der Behandlung ganz oder zum Teil auf die Strafe angerechnet wird, wenn dies unter Berücksichtigung der Anforderungen, welche die Behandlung an den Verurteilten gestellt hat, angezeigt ist.
(4) Die §§ 56a bis 56g des Strafgesetzbuches gelten entsprechend.
(5) Die Entscheidungen nach den Absätzen 1 bis 3 trifft das Gericht des ersten Rechtszuges ohne mündliche Verhandlung durch Beschluß. Die Vollstreckungsbehörde, der Verurteilte und die behandelnden Personen oder Einrichtungen sind zu hören. Gegen die Entscheidungen ist sofortige Beschwerde möglich. Für die Entscheidungen nach Absatz 1 Satz 3 und nach Absatz 2 gilt § 454 Abs. 3 der Strafprozeßordnung entsprechend; die Belehrung über die Aussetzung des Strafrestes erteilt das Gericht.

§ 37 Absehen von der Verfolgung
(1) Steht ein Beschuldigter im Verdacht, eine Straftat auf Grund einer Betäubungsmittelabhängigkeit begangen zu haben, und ist keine höhere Strafe als eine Freiheitsstrafe bis zu zwei Jahren zu erwarten, so kann die Staatsanwaltschaft mit Zustimmung des für die Eröffnung des Hauptverfahrens zuständigen Gerichts vorläufig von der Erhebung der öffentlichen Klage absehen, wenn der Beschuldigte nachweist, daß er sich wegen seiner Abhängigkeit der in § 35 Abs. 1 bezeichneten Behandlung unterzieht, und seine Resozialisierung zu erwarten ist. Die Staatsanwaltschaft setzt Zeitpunkte fest, zu denen der Beschuldigte die Fortdauer der Behandlung nachzuweisen hat. Das Verfahren wird fortgesetzt, wenn
  1. die Behandlung nicht bis zu ihrem vorgesehenen Abschluß fortgeführt wird,
  2. der Beschuldigte den nach Satz 2 geforderten Nachweis nicht führt,
  3. der Beschuldigte eine Straftat begeht und dadurch zeigt, daß die Erwartung, die dem Absehen von der Erhebung der öffentlichen Klage zugrunde lag, sich nicht erfüllt hat, oder
  4. auf Grund neuer Tatsachen oder Beweismittel eine Freiheitsstrafe von mehr als zwei Jahren zu erwarten ist.
In den Fällen des Satzes 3 Nr. 1, 2 kann von der Fortsetzung des Verfahrens abgesehen werden, wenn der Beschuldigte nachträglich nachweist, daß er sich weiter in Behandlung befindet. Die Tat kann nicht mehr verfolgt werden, wenn das Verfahren nicht innerhalb von zwei Jahren fortgesetzt wird.
(2) Ist die Klage bereits erhoben, so kann das Gericht mit Zustimmung der Staatsanwaltschaft das Verfahren bis zum Ende der Hauptverhandlung, in der die tatsächlichen Feststellungen letztmals geprüft werden können, vorläufig einstellen. Die Entscheidung ergeht durch unanfechtbaren Beschluß. Absatz 1 Satz 2 bis 5 gilt entsprechend. Unanfechtbar ist auch eine Feststellung, daß das Verfahren nicht fortgesetzt wird (Abs. 1 Satz 5).
(3) Die in § 172 Abs. 2 Satz 3, § 396 Abs. 3 und § 467 Abs. 5 der Strafprozeßordnung zu § 153a der Strafprozeßordnung getroffenen Regelungen gelten entsprechend.

§ 38 Jugendliche und Heranwachsende
(1) Bei Verurteilung zu Jugendstrafe gelten die §§ 35 und 36 sinngemäß. Bei Verurteilung zu Jugendstrafe von unbestimmter Dauer richtet sich die Anwendung der §§ 35 und 36 nach dem erkannten Höchstmaß der Strafe. Neben der Zusage des Jugendlichen nach § 35 Abs. 1 Satz 1 bedarf es auch der Einwilligung des Erziehungsberechtigten und des gesetzlichen Vertreters. Im Falle des § 35 Abs. 6 Satz 2 findet § 83 Abs. 2 Nr. 1, Abs. 3 Satz 2 des Jugendgerichtsgesetzes sinngemäß Anwendung. Abweichend von § 36 Abs. 4 gelten die §§ 22 bis 26a des Jugendgerichtsgesetzes entsprechend. Für die Entscheidungen nach § 36 Abs. 1 Satz 3 und Abs. 2 sind neben § 454 Abs. 3 der Strafprozeßordnung die §§ 58, 59 Abs. 2 bis 4 und § 60 des Jugendgerichtsgesetzes ergänzend anzuwenden.
(2) § 37 gilt sinngemäß auch für Jugendliche und Heranwachsende.

5.1.2
Anlagen zu § 1 Abs. 1 BtMG:
Drogen-Liste

Wiedergegeben werden hier die Stoffe aus den Anlagen zu § 1 Abs. 1 BtMG, auf dem Stand nach der 5. BtMÄndV vom 18. Januar 1994. Auf die dort wiedergegebenen chemischen Zusammensetzungen verzichten wir hier.

ANLAGE I:
Nicht verkehrsfähige BtM

Acetorphin
Acetylalphamentylfentanyl
Acetyldihydrocodein
Acetylmethadol
Allylprodin
Alphacetylmethadol
Alphameprodin
Alphamethadol
Alphamethylfentanyl
Alphamethylthiofentanyl
Alphaprodin
Anileridin
Benzethidin
Benzphetamin
Benzylfentanyl
Benzylmorphin
Betacetylmethadol
Betahydroxyfentanyl
Betahydroxymethylfentanyl
Betameprodin
Betamethadol
Betaprodin
Bezitramid
Bromdimethoxyphenethylamin (BDMPEA)
Cannabis (Marihuana)
Cannabisharz (Haschisch)
Carfentanil
Cathinon
Clonitazen
Codein-N-oxid
Codoxim
Desomorphin
Diamorphin (Heroin)
Diampromid
Diethoxybromamphetamin
Diethylthiambuten
Diethyltryptamin (DET)
Dimenoxadol
Dimepheptanol
Dimethoxyamphetamin (DMA)
Dimethoxybromamphetamin (DOB)
Dimethoxyethylamphetamin (DOET)
Dimethoxymethylamphetamin (DOM)
Dimethylheptyltetrahydrocannabinol (DMHP)
Dimethylthiambuten
Dimethyltryptamin (DMT)
Dioxaphetylbutyrat
Dipipanon
Drotebanol
Ethylmethylthiambuten
Ethylpiperidylbenzilat (JB 318)
Eticyclidin
Etonitazen
Etoxeridin
Etryptamin
Furethidin
Hydromorphinol
Hydroxymethylendioxyamphetamin
Hydroxypethidin
Lefetamin (SPA)
Levomethorphan
Levophenacylmorphan
Lofentanil
Lysergid (LSD)
Mecloqualon
Mefentanyl
Mescalin
Metazocin
Methoxyamphetamin (PMA)
Methoxymethylendioxyamphetamin (MMDA)
Methylaminorex
Methyldesorphin
Methyldihydromorphin
Methylendioxyamphetamin (MDA)
Methylendioxyethylamphetamin (MDE)
Methylendioxymethamphetamin (MDMA)
Methylphenylpropionoxypiperidin (MPPP)
Methylpiperidylbenzilat (JB 336)
Methylthiofentanyl
Methylphenyltetrahydropyridin (MPTP)
α-Methyltryptamin
Metopon
Morpheridin
Morphin-N-oxid
Myrophin
Nicomorphin
Noracymethadol
Norcodein
Norlevorphanol
Normorphin
Norpipanon
Oxymorphon
Parafluorfentanyl
Parahexyl
Phenadoxon
Phenampromid
Phenazocin
Phencyclidin
Phenethylphenylacetoxypiperidin (PEPAP)
Phenethylphenyltetrahydropyridin (PEPTP)
Phenomorphan
Phenoperidin
Piminodin
Proheptazin
Properidin
Psilocin
Psilocin-(eth)
Psilocybin
Psilocybin-(eth)
Racemethorphan
Rolicyclidin
Tenocyclidin
Tetrahydrocannabinol
Thenylfentanyl
Thiofentanyl
Trimeperidin
Trimethoxyamphetamin (TMA)

- die Isomere, ausgenommen Dextromethorphan, der in dieser Anlage aufgeführten Stoffe, wenn sie nicht in einer anderen Anlage verzeichnet sind und das Bestehen solcher Isomere in der bestimmten chemischen Bezeichnung möglich ist;
- die Ester, Ether und Molekülverbindungen der in dieser Anlage aufgeführten Stoffe, wenn sie nicht in einer anderen Anlage verzeichnet sind und das Bestehen solcher Ester, Ether und Molekülverbindungen möglich ist;
- die Salze der in dieser Anlage aufgeführten Stoffe, wenn das Bestehen solcher Salze möglich ist;
- die Zubereitungen der in dieser Anlage aufgeführten Stoffe, wenn sie nicht
a) ohne am menschlichen oder tierischen Körper angewendet zu werden, ausschließlich diagnostischen oder analytischen Zwecken dienen, und ihr Gehalt an einem oder mehreren Betäubungsmitteln jeweils 0,001 vom Hundert nicht übersteigt, oder
b) besonders ausgenommen sind.

ANLAGE II:
Verkehrsfähige, aber nicht verschreibungsfähige BtM

Butalbital
Cetobemidon
Codein
d-Cocain
Delta-9-tetrahydrocannabinol
Dexamphetamin
Dextromoramid
Dextropropoxyphen
Difenoxin
Dihydrocodein
Dihydromorphin
Dihydrothebain
Diphenoxylat
Ecgonin
Erythroxylum coca (Cocablätter)
Ethchlorvynol
Ethinamat
Ethylmorphin
Etilamfetamin
Glutethimid
Isomethadon
Levamfetamin
Levomoramid
Levorphanol
Methadon-Zwischenprodukt (Premethadon)
Mohnstrohkonzentrat
Moramid-Zwischenprodukt (Premoramid)
Nicocodin
Oxycodon
Papaver bracteatum
Pethidin-Zwischenprodukt A (Prepethidin)
Pethidin-Zwischenprodukt B (Norpethidin)
Pethidin-Zwischenprodukt C (Pethidinsäure)
Phendimetrazin
Pholcodin
Propiram
Pyrovaleron
Racemorphan
Racemoramid
Tetrahydrothebain
Thebacon
Thebain

■ die Isomere der in dieser Anlage und Anlage III aufgeführten Stoffe, wenn sie nicht in einer anderen Anlage verzeichnet sind und das Bestehen solcher Isomere in der bestimmten chemischen Bezeichnung möglich ist;
■ die Ester, Ether und Molekülverbindungen der in dieser Anlage sowie die Ester und Ether der in Anlage III aufgeführten Stoffe, wenn sie nicht in einer anderen Anlage verzeichnet sind und das Bestehen solcher Ester, Ether und Molekülverbindungen möglich ist;
■ die Salze der in dieser Anlage aufgeführten Stoffe, wenn das Bestehen solcher Salze möglich ist sowie die Salze und Molekülverbindungen der in Anlage III aufgeführten Stoffe, wenn das Bestehen solcher Salze und Molekülverbindungen möglich ist und sie nicht ärztlich, zahnärztlich oder tierärztlich angewendet werden;
■ die Zubereitungen der in dieser Anlage aufgeführten Stoffe, wenn sie nicht
a) ohne am oder im menschlichen oder tierischen Körper angewendet zu werden, ausschließlich diagnostischen oder analytischen Zwecken dienen, und ihr Gehalt an einem oder mehreren Betäubungsmitteln, bei Lyophilisaten und entsprechend zu verwendenden Stoffgemischen in der gebrauchsfertigen Lösung, jeweils 0,001 vom Hundert nicht übersteigt, oder
b) besonders ausgenommen sind.

ANLAGE III:
Verkehrsfähige und verschreibungsfähige BtM

Teil A

Alfentanil
Amfetaminil
Amphetamin
Buprenorphin
Cocain
Etorphin
Fenetyllin
Fentanyl
Hydrocodon
Hydromorphon
Levomethadon
Methadon
Methamphetamin
Methaqualon
Methylphenidat
Morphin
Nabilon
Normethadon
Opium
Papaver somniferum
Pethidin
Phenmetrazin
Piritramid
Secobarbital
Sufentanil
Tilidin

Teil B

Amobarbital
Cathin (D-Norpseudoephedrin)
Cyclobarbital
Pentazocin
Pentobarbital

Teil C

Allobarbital
Alprazolam
Amfepramon
Barbital
Bromazepam
Butobarbital
Camazepam
Chlordiazepoxid
Chlobazam
Clonazepam
Clorazepat
Clotiazepam
Cloxazolam
Delorazepam
Diazepam
Estazolam
Ethylloflazepat
Fencamfamin
Fenproporex
Fludiazepam
Flunitrazepam
Flurazepam
Halazepam
Haloxazolam
Ketazolam
Loprazolam
Lorazepam
Lormetazepam
Mazindol
Medazepam
Mefenorex
Meprobamat
Methylphenobarbital
Methyprylon
Midazolam
Nimetazepam
Nitrazepam
Nordazepam
Oxazepam
Oxazolam
Pemolin
Phenobarbital
Phentermin
Pinazepam
Pipradol
Prazepam
Secbutabarbital
Temazepam
Tetrazepam
Triazolam
Vinylbital

■ die Salze und Molekülverbindungen der in dieser Anlage aufgeführten Stoffe, wenn sie nach den Erkenntnissen der medizinischen Wissenschaft ärztlich, zahnärztlich oder tierärztlich angewendet werden;
■ die Zubereitungen der in dieser Anlage aufgeführten Stoffe, wenn sie nicht
a) ohne am oder im menschlichen oder tierischen Körper angewendet zu werden, ausschließlich diagnostischen oder analytischen Zwecken dienen, und ihr Gehalt an einem oder mehreren Betäubungsmitteln, bei Lyophilisaten und entsprechend zu verwendenden Stoffgemischen in der gebrauchsfertigen Lösung, jeweils 0,001 vom Hundert nicht übersteigt oder
b) besonders ausgenommen sind. Für ausgenommene Zubereitungen gelten jedoch die betäubungsmittelrechtlichen Vorschriften über die Einfuhr, Ausfuhr und Durchfuhr.

*

5.1.3 BtM-Verschreibungsverordnung – Auszug –

§ 1 Verschreibungsgrundsatz

Die in Anlage III des Betäubungsmittelgesetzes bezeichneten Betäubungsmittel dürfen nur als Zubereitungen verschrieben werden. Die Vorschriften dieser Verordnung gelten auch für Salze und Molekülverbindungen der Betäubungsmittel, die nach den Erkenntnissen der medizinischen Wissenschaft ärztlich, zahnärztlich oder tierärztlich angewendet werden. Sofern im Einzelfall nichts anderes bestimmt ist, gilt die für ein Betäubungsmittel festgesetzte Höchstmenge auch für dessen Salze und Molekülverbindungen.

§ 2 Verschreiben durch einen Arzt

(1) Für einen Patienten darf der Arzt an einem Tage verschreiben:
  a) eines oder, im Rahmen eines besonderen Therapiekonzepts, zwei der

folgenden Betäubungsmittel unter Einhaltung der nachstehend festgesetzten Höchstmengen für den Bedarf von bis zu 30 Tagen, jedoch je Anwendungstag nicht mehr als ein Zehntel dieser Mengen:

1. Buprenorphin	150 mg
2. Fentanyl	120 mg
3. Hydrocodon	1 200 mg
4. Hydromorphon	600 mg
5. Levomethadon	1 500 mg
6. Methadon	3 000 mg
7. Morphin	20 000 mg
8. Pentazocin	15 000 mg
9. Pethidin	10 000 mg
10. Piritramid	6 000 mg

oder
b) eines der folgenden Betäubungsmittel unter Einhaltung der nachstehend festgesetzten Höchstmengen

1. Amphetamin	200 mg
2. Amfetaminil	200 mg
3. Fenetyllin	2 500 mg
4. Methamphetamin	100 mg
5. Methaqualon	6 000 mg
6. Methylphenidat	400 mg
7. Nabilon	36 mg
8. Normethadon	200 mg
9. Opium, eingestelltes	4 000 mg
10. Opiumextrakt	2 000 mg
11. Opiumtinktur	40 000 mg
12. Papaver somniferum, berechnet als Morphin	200 mg
13. Phenmetrazin	600 mg
14. Secobarbital	1 200 mg
15. Tilidin	1 050 mg

oder
c) eines der in Anlage III Teil B außer Pentazocin und Pentobarbital und Teil C des Betäubungsmittelgesetzes bezeichneten Betäubungsmittel.

(2) In begründeten Einzelfällen und unter der Wahrung der erforderlichen Sicherheit des Betäubungsmittelverkehrs darf der Arzt für einen Patienten, der in seiner Dauerbehandlung steht, abweichend von den Vorschriften des Absatzes 1 an einem Tage
   1. mehr als ein Betäubungsmittel verschreiben,
   2. die für Betäubungsmittel in Absatz 1 Buchstabe a und b festgesetzten Mengen überschreiten,
   3. Betäubungsmittel für einen längeren als den in Absatz 1 Buchstabe a festgesetzten Zeitraum verschreiben.
Eine Verschreibung nach Satz 1 ist innerhalb von 3 Tagen der zuständigen Landesbehörde schriftlich anzuzeigen.

(3) Für seinen Praxisbedarf darf der Arzt die in Absatz 1 aufgeführten Betäubungsmittel sowie Alfentanil, Cocain nur zu Eingriffen am Auge, am Kehlkopf, an der Nase, am Ohr, am Rachen oder am Kiefer als Lösung bis zu einem Gehalt von 20 vom Hundert oder als Salbe bis zu einem Gehalt von 2 vom Hundert, Pentobarbital und Sufentanil bis zur Menge seines durchschnittlichen Zweiwochenbedarfs, mindestens jedoch die kleinste Packungseinheit, verschreiben. Die Vorratshaltung soll für jedes Betäubungsmittel den Monatsbedarf des Arztes nicht überschreiten.

(4) Für den Stationsbedarf darf nur der Arzt verschreiben, der ein Krankenhaus oder eine Teileinheit eines Krankenhauses leitet oder in Abwesenheit des Leiters beaufsichtigt. Er darf die in Absatz 3 bezeichneten Betäubungsmittel unter Beachtung der dort festgelegten Beschränkungen über Bestimmungszweck, Gehalt und Darreichungsform verschreiben.
Dies gilt auch für einen Belegarzt, wenn die ihm zugeteilten Betten räumlich und organisatorisch von anderen Teileinheiten abgegrenzt sind.

§ 2a Verschreiben zur Substitution

(1) Zur Substitution im Rahmen der Behandlung einer Betäubungsmittelabhängigkeit darf der Arzt nur Levomethadon, Methadon oder ein zur Substitution zugelassenes Betäubungsmittel verschreiben. Die Verschreibung ist nur zulässig, wenn und solange die Anwendung des Betäubungsmittels unter den Voraussetzungen des § 13 Abs. 1 des Betäubungsmittelgesetzes, insbesondere unter Beachtung

der Regeln der ärztlichen Kunst, erfolgt.
(2) Im Interesse des Behandlungszieles der Betäubungsmittelabstinenz hat der behandelnde Arzt darauf hinzuwirken, daß Betäubungsmittelabhängige, die sich einer Substitutionsbehandlung unterziehen, auch kontinuierlich an einer Psycho- und/oder Sozialtherapie teilnehmen.
(3) Ärzte, die Betäubungsmittel nach Absatz 1 für Betäubungsmittelabhängige zur Substitution verschreiben, dürfen das Rezept außer in den in Absatz 7 genannten Fällen nur selbst in der Apotheke einlösen oder durch von ihnen beauftragtes zuverlässiges Hilfspersonal einlösen lassen.
(4) Betäubungsmittelabhängigen ist außer in den in Absatz 7 genannten Fällen die jeweilige Einzelgabe in einer zur parenteralen Anwendung nicht verwendbaren Form unter Aufsicht des verschreibenden Arztes oder seines ärztlichen Vertreters zum unmittelbaren Verbrauch zu überlassen.
(5) An Wochenenden oder Feiertagen sowie in Fällen häuslicher Pflegebedürftigkeit kann das Betäubungsmittel nach Absatz 1 in der in Absatz 4 genannten Form auch durch vom behandelnden Arzt eingewiesene examinierte Krankenschwestern oder -pfleger einer Sozialstation oder einer anderen von der zuständigen Landesbehörde anerkannten Einrichtung dem Betäubungsmittelabhängigen zum unmittelbaren Verbrauch überlassen werden. Zur Erfüllung ihrer Aufgaben wird den Sozialstationen oder anderen von der zuständigen Landesbehörde anerkannten Einrichtungen erlaubt, die nach Satz 1 benötigten Betäubungsmittel in ihren Räumlichkeiten zu lagern. Die einschlägigen Sicherungsmaßnahmen sind zu gewährleisten.
(6) Vom behandelnden Arzt ist sicherzustellen, daß durch die Anwendung geeigneter labordiagnostischer Verfahren in unregelmäßigen Abständen ein Gebrauch das Ziel der Substitution gefährdender Stoffe erkannt werden kann.
(7) Der Arzt darf einem Patienten mit schriftlicher Zustimmung der zuständigen Landesbehörde einmal pro Woche ein Rezept für die bis zu drei Tagen benötigte Menge des Betäubungsmittels nach Absatz 1 aushändigen, wenn der Patient seit mindestens zwölf Monaten an einer erfolgreichen Substitution teilnimmt und bei ihm über einen ausreichend langen Zeitraum weder ein Gebrauch von das Ziel der Substitution gefährdenden Stoffen noch sonst Anhaltspunkte für einen erneuten Mißbrauch von Betäubungsmitteln festgestellt wurden. Dabei hat der Arzt das Betäubungsmittel in einer zur parenteralen Anwendung nicht verwendbaren Zubereitung und in für die jeweiligen Anwendungstage abgeteilten Einzeldosen zu verschreiben. Die Behandlungstage sind auf dem Rezept anzugeben und durch die Apotheke auf den Einzeldosen zu vermerken. Der Arzt hat auf dem Rezept den Vermerk »Mit Zustimmung der Landesbehörde« anzubringen. Die Abgabe des Betäubungsmittels nach Absatz 1 darf nur gegen Vorlage des Personalausweises oder Reisepasses an den Substituierten persönlich erfolgen.
(8) Patienten, die den behandelnden Arzt für einen bestimmten Zeitraum nicht aufsuchen können und hierfür wichtige Gründe glaubhaft darlegen, kann der Arzt auf einem Betäubungsmittelrezept bestätigen, daß der Patient regelmäßig substituiert wird (Substitutionsbescheinigung). Auf der Substitutionsbescheinigung sind anzugeben:

 1. Name, Vorname und Anschrift des Patienten, für den die Substitutionsbescheinigung bestimmt ist;
 2. Ausstellungsdatum;
 3. Menge des zu verschreibenden und zum unmittelbaren Verbrauch zu überlassenden Betäubungsmittels nach Absatz 1;
 4. Gültigkeit: von/bis (längstens 30 Tage);
 5. Name des ausstellenden Arztes, seine Berufsbezeichnung und Anschrift einschießlich Telefonnummer;

6. Unterschrift des ausstellenden Arztes.

Die Substitutionsbescheinigung ist mit dem Vermerk »Nur zur Vorlage beim Arzt« zu kennzeichnen. Teil I der Substitutionsbescheinigung erhält der Patient, Teil II übersendet der Arzt unverzüglich der für die Überwachung seines Betäubungsmittelverkehrs zuständigen Landesbehörde. Teil III verbleibt bei dem ausstellenden Arzt. Nach Vorlage des Teils I der Substitutionsbescheinigung und Überprüfung der Angaben zur Person durch Vergleich mit dem Personalausweis oder Reisepaß des Patienten kann ein Arzt die Substitution des Patienten nach den in den Absätzen 1 bis 4 festgelegten Regeln übernehmen. Der die zeitweilige Substitution übernehmende Arzt unterrichtet den behandelnden Arzt unverzüglich nach Abschluß der Substitution schriftlich über die durchgeführten Maßnahmen.

(9) Die Durchführung der in den vorstehenden Absätzen erforderlichen Maßnahmen einschließlich der Einbindung in eine Begleittherapie nach Absatz 2 ist vom behandelnden Arzt für jeden Patienten zu dokumentieren und der zuständigen Behörde anzuzeigen. Die Dokumentation ist auf Verlangen der zuständigen Landesbehörde zur Einsicht und Auswertung vorzulegen.

§ 5 Betäubungsmittelrezept

(1) Betäubungsmittel für Patienten, den Praxisbedarf und Tiere dürfen nur auf einem dreiteiligen amtlichen Formblatt (Betäubungsmittel-Rezept) verschrieben werden. Zur Verschreibung anderer Arzneimittel darf dieses nur verwendet werden, wenn die Verschreibung neben der eines Betäubungsmittels erfolgt. Teil I und II des ausgefertigten Betäubungsmittelrezepts sind zur Vorlage in einer Apotheke bestimmt. Teil III verbleibt bei dem Arzt, Zahnarzt oder Tierarzt, an den das Betäubungsmittelrezept ausgegeben wurde.

(2) Betäubungsmittelrezepte werden vom Bundesgesundheitsamt auf Anforderung an den einzelnen Arzt, Zahnarzt oder Tierarzt ausgegeben. Das BGA kann die Ausgabe versagen, wenn der begründete Verdacht besteht, daß die BtM-Rezepte nicht den betäubungsmittelrechtlichen Vorschriften gemäß verwendet werden.

(3) Die numerierten, mit dem Ausgabedatum des BGA und der BGA-Nummer des einzelnen Arztes versehenen BtM-Rezepte sind nur zu dessen Verwendung bestimmt und dürfen nur im Vertretungsfall übertragen werden. Die nicht verwendeten BtM-Rezepte sind bei Aufgabe der ärztlichen Tätigkeit dem BGA zurückzugeben.

(4) Der Arzt hat die BtM-Rezepte gegen Entwendung zu sichern. Ein Verlust ist unter Angabe der Rezeptnummern dem BGA unverzüglich anzuzeigen, das die zuständige oberste Landesbehörde unterrichtet.

(5) Der Arzt hat Teil III der ausgefertigten und Teil I bis III der fehlerhaft ausgefertigten BtM-Rezepte nach Ausstellungsdaten (§ 6 Abs. 1 Nr. 2) geordnet drei Jahre aufzubewahren und auf Verlangen der nach § 19 Abs. 1 Satz 3 des BtMG zuständigen Landesbehörde einzusenden oder Beauftragten dieser Behörde vorzulegen.

§ 10 Straftaten

Nach § 29 Abs. 1 Nr. 14 des BtMG wird bestraft, wer

1. entgegen § 1 ein BtM nicht als Zubereitung verschreibt,
2. a) entgegen § 2 Abs. 1 oder 2, § 2a Abs. 1 oder § 3 Abs. 1 für einen Patienten,
   b) entgegen § 2 Abs. 3 Satz 1, § 3 Abs. 2 Satz 1 oder § 4 Abs. 3 Satz 1 für seinen Praxisbedarf
   c) andere als die dort bezeichneten BtM oder an einem Tage mehr als ein BtM oder ein BtM über die festgesetzte Höchstmenge hinaus oder unter Nichteinhaltung sonstiger Beschränkungen verschreibt.

5.2
Strafgesetzbuch
– Auszug –

§ 43a Verhängung der Vermögensstrafe
(1) Verweist das Gesetz auf diese Vorschrift, so kann das Gericht neben einer lebenslangen oder einer zeitigen Freiheitsstrafe von mehr als zwei Jahren auf Zahlung eines Geldbetrages erkennen, dessen Höhe durch den Wert des Vermögens des Täters begrenzt ist (Vermögensstrafe). Vermögensvorteile, deren Verfall angeordnet wird, bleiben bei der Bewertung des Vermögens außer Ansatz. Der Wert des Vermögens kann geschätzt werden.
(2) § 42 gilt entsprechend.
(3) Das Gericht bestimmt eine Freiheitsstrafe, die im Fall der Uneinbringlichkeit an die Stelle der Vermögensstrafe tritt (Ersatzfreiheitsstrafe). Das Höchstmaß der Ersatzfreiheitsstrafe ist zwei Jahre, ihr Mindestmaß ein Monat.
...

§ 73d Erweiterter Verfall
(1) Ist eine rechtswidrige Tat nach einem Gesetz begangen worden, das auf diese Vorschrift verweist, so ordnet das Gericht den Verfall von Gegenständen des Täters oder Teilnehmers auch dann an, wenn die Umstände die Annahme rechtfertigen, daß diese Gegenstände für rechtswidrige Taten oder aus ihnen erlangt worden sind. Satz 1 ist auch anzuwenden, wenn ein Gegenstand dem Täter oder Teilnehmer nur deshalb nicht gehört oder zusteht, weil er den Gegenstand für eine rechtswidrige Tat oder aus ihr erlangt hat. § 73 Abs. 2 gilt entsprechend.
(2) Ist der Verfall eines bestimmten Gegenstandes nach der Tat ganz oder teilweise unmöglich geworden, so finden insoweit die §§ 73a und 73b sinngemäß Anwendung.
(3) Ist nach Anordnung des Verfalls nach Absatz 1 wegen einer anderen rechtswidrigen Tat, die der Täter oder Teilnehmer vor der Anordnung begangen hat, erneut über den Verfall von Gegenständen des Täters oder Teilnehmers zu entscheiden, so berücksichtigt das Gericht hierbei die bereits ergangene Anordnung.
(4) § 73c gilt entsprechend.

5.3
Sozialrecht

5.3.1
Sozialgesetzbuch (SGB V) –
Gesetzliche Krankenversicherung
– Auszug –

§ 1 Solidarität und Eigenverantwortung
Die Krankenversicherung als Solidargemeinschaft hat die Aufgabe, die Gesundheit der Versicherten zu erhalten, wiederherzustellen oder ihren Gesundheitszustand zu bessern. Die Versicherten sind für ihre Gesundheit mitverantwortlich; ...

§ 13 Kostenerstattung
(3) Konnte die Krankenkasse eine unaufschiebbare Leistung nicht rechtzeitig erbringen oder hat sie eine Leistung zu Unrecht abgelehnt und sind dadurch Versicherten für die selbstbeschaffte Leistung Kosten entstanden, sind diese von der Krankenkasse in der entstandenen Höhe zu erstatten, soweit die Leistung notwendig war.

§ 70 Qualität, Humanität, Wirtschaftlichkeit
(1) Die Krankenkassen und die Leistungserbringer haben eine bedarfsgerechte und gleichmäßige, dem allgemein anerkannten Stand der medizinischen Erkenntnisse entsprechende Versorgung der Versicherten zu gewährleisten. ...
(2) Die Krankenkassen und die Leistungs-

erbringer haben durch geeignete Maßnahmen auf eine humane Krankenbehandlung ihrer Versicherten hinzuwirken.

§ 92 Richtlinien der Bundesausschüsse
(1) Die Bundesausschüsse beschließen die zur Sicherung der ärztlichen Versorgug erforderlichen Richtlinien über die Gewähr für eine ausreichende, zweckmäßige und wirtschafliche Versorgung der Versicherten; ... Sie sollen insbesondere Richtlinien beschließen über die ...5. Einführung neuer Untersuchungs- und Behandlungsmethoden ...

§ 135 Qualitätssicherung
(1) Neue Untersuchungs- und Behandlungsmethoden dürfen in der kassen- und vertragsärztlichen ... Versorgung zu Lasten der Krankenkassen nur abgerechnet werden, wenn die Bundesausschüsse der Ärzte und Krankenkassen ... in Richtlinien nach § 92 Abs. 1 Satz 2 Nr. 5 Empfehlungen abgegeben haben über
   1. die Anerkennung des diagnostischen und therapeutischen Nutzens der neuen Methode,
   2. die notwendige Qualifikation der Ärzte sowie die apparativen Anforderungen um eine sachgerechte Anwendung der neuen Methode zu sichern, und
   3. die erforderlichen Aufzeichnungen über die ärztliche Behandlung.
(2) Für ärztliche Untersuchungs- und Behandlungsmethoden, die ihrer Eigenart nach besondere Kenntnisse und Erfahrungen des Arztes voraussetzen, vereinbaren die Vertragspartner ... Qualifikationserfordernisse ...
Nur Ärzte, die die Qualifikation erfüllen, dürfen die Leistungen abrechnen.
...

5.3.2
NUB-Richtlinien

Der Bundesausschuß der Ärzte und Krankenkassen hat in seiner Sitzung am 16. Februar 1994 beschlossen, die Richtlinien des Bundesausschusses der Ärzte und Krankenkassen über die Einführung neuer Untersuchungs- und Behandlungsmethoden (NUB-Richtlinien) in der Fassung vom 4. Dezember 1990 in der Anlage 1 wie folgt zu ändern.

2. Richtlinien zur Methadon-Substitutionsbehandlung bei i. v.-Heroinabhängigen

Präambel

2.1 Drogensubstitution stellt für sich allein keine Krankenbehandlung dar und ist somit nicht Gegenstand der vertragsärztlichen Versorgung. Die Drogensucht selbst stellt keine Indikation zur Drogensubstitution im Sinne einer Krankenbehandlung dar, denn therapeutisches Ziel bei der Behandlung einer Sucht bleibt die Drogenabstinenz. Die Drogensubstitution mit Methadon kann bei bestimmten Indikationen lediglich dann als notwendiger Teil der Krankenbehandlung angesehen werden, wenn diese mittels der Drogensubstitution erst ermöglicht wird. Dies gilt unter den nachstehenden Voraussetzung.

Indikationen zur Substitutionsbehandlung

2.2 Im Einzelfall kann die Indikation zur Substitutionsbehandlung mit Methadon bei Kranken vorliegen. Indikationen für eine solche Substitutionsbehandlung in Einzelfällen sind bei i.v.-Heroinabhängigen:
   2.2.1 Drogenabhängigkeit mit lebensbedrohlichem Zustand im Entzug,
   2.2.2 Drogenabhängigkeit bei schweren konsumierenden Erkrankungen,
   2.2.3 Drogenabhängigkeit bei

opioidpflichtigen Schmerzzuständen,
2.2.4 Drogenabhängigkeit bei Aids-Kranken,
2.2.5 Drogenabhängigkeit bei Patienten, die sich einer unbedingt notwendigen stationären Behandlung wegen einer akuten oder schweren Erkrankung unterziehen müssen und denen gegen ihren Willen nicht gleichzeitig ein Drogenentzug zuzumuten ist (Überbrückungssituation),
2.2.6 Drogenabhängigkeit in der Schwangerschaft, unter der Geburt und bis zu 6 Wochen nach der Geburt,
2.3 Drogenabhängigkeit bei vergleichbar schweren Erkrankungen, bei denen die Kommission nach 2.7 im Einzelfall eine Substitution als Teil der Krankenbehandlung für angezeigt hält.

Indikationsstellung

2.4 Bei Vorliegen einer oder mehrerer der Indikationen nach 2.2.1 bis 2.2.6 kann die Entscheidung zur Substitutionsbehandlung durch den dazu berechtigten Arzt unter Wahrung berufsrechtlicher Regelungen getroffen werden (siehe Nr. 2.8). Dabei kann er sich von der Kommission nach Nr. 2.7 beraten lassen.
2.5 Beabsichtigt der dazu berechtigte Arzt eine Substitutionsbehandlung bei einer Indikation nach 2.3, kann die Methadon-Substitution erst nach Zustimmung durch die KV erfolgen. Die KV erteilt die Zustimmung aufgrund einer Empfehlung der Kommission nach Nr. 2.7.
2.6 Beginn und Beendigung der Substitutionsbehandlung hat der Arzt unverzüglich der zuständigen KV und der zuständigen Krankenkasse anzuzeigen. Der Anzeige sind Angaben über die beabsichtigten oder eingeleiteten psychosozialen Begleitmaßnahmen (z. B. Zusammenarbeit mit dem öffentlichen Gesundheitsdienst und/oder mit Hilfsorganisationen für Drogensüchtige) beizufügen. Vor Übermittlung der personenbezogenen Daten an die KV und Krankenkasse zur Verhinderung einer Mehrfachsubstitution ist eine schriftliche Einverständniserklärung des Patienten gem. beigefügter Anlage 1 durch den substituierenden Arzt einzuholen. Personenbezogene Daten sind von der KV vor der Verhandlung in der Beratungskommission zu anonymisieren.

Beratungskommission

2.7 Zur Beratung bei der Erteilung von Genehmigungen für Substitutionsbehandlungen mit Methadon sowie für die Zustimmung zu Substitutionsbehandlungen nach 2.3 errichtet die KV eine Kommission. Diese Kommission soll der KV und den berechtigten Ärzten ferner zur Beratung in Einzelfällen, auch zur Dauer einer Substitutionsbehandlung, zur Verfügung stehen. Die Kommission besteht aus sechs, höchstens sieben, Mitgliedern. Drei Mitglieder werden von der KV benannt; darunter sollen zwei Ärzte mit besonderer Erfahrung in der Behandlung von Suchtkranken sein. Einer dieser Ärzte soll von der KV als Ansprechpartner für ratsuchende Ärzte bei Drogenproblemen mit Patienten benannt werden. Zwei in Drogenproblemen fachkundige Mitglieder werden von den Landesverbänden der Krankenkassen und ein in Drogenproblemen fachkundiges Mitglied von den Verbänden der Ersatzkassen benannt. Bei einem weiteren Mitglied soll es sich um einen in der Drogenberatung erfahrenen Arzt des öffentlichen Gesundheitswesens handeln.

Berechtigte Ärzte und Qualifikation der Ärzte

2.8 Ärzte, die Substitutionsbehandlungen durchführen wollen, bedürfen einer Genehmigung durch die Kassenärztliche Vereinigung (KV). Die KV kann sich vor Erteilung der Genehmigung durch die Kommission nach 2.7 beraten lassen. Die Genehmigung zur Durchführung von Substitutionsbehandlungen kann nur erteilt werden, wenn gewährleistet ist, daß der Arzt sowohl über das für den Umgang mit Methadon erforderliche pharmakologische Wissen als auch über Kenntnisse der Drogensucht selbst verfügt.

2.9 Ein Arzt soll in der Regel nicht mehr als 10 Kranke gleichzeitig substituieren. Die Kassenärztlichen Vereinigungen können nach Beratung durch die Substitutionskommission in geeigneten Fällen zur Sicherstellung der Versorgung die Substitutionsbehandlung von bis zu zwanzig i.v.-heroinabhängigen Kranken gleichzeitig durch einen Arzt zulassen.

2.10 Sofern der Arzt die Mitarbeit qualifizierter nichtärztlicher Fachkräfte in dem dafür notwendigen Umfang gewährleistet (z. B. Sozialarbeiter, Pädagogen oder Psychologen mit Erfahrungen in der Drogenarbeit), kann die Kassenärztliche Vereinigung nach Beratung durch die Substitutionskommission die Substitutionsbehandlung von bis zu dreißig i.v.-heroinabhängigen Kranken gleichzeitig durch einen Arzt zulassen. Soweit die Substitutionsbehandlung durch andere Ärzte nicht sichergestellt werden kann, kann die Kassenärztliche Vereinigung nach Beratung durch die Substitutionskommission für eine zu befristende Zeit diese Zahl auf 50 erhöhen.

Durchführung der Substitutionsbehandlung

2.11 Bei der Verordnung von Methadon sind die Bestimmungen des Betäubungsmittelgesetzes (BtMG) und der Betäubungsmittel-Verschreibungsverordnung (BtMVV) zu beachten. Der für die Substitutionsbehandlung einschlägige § 2a der BtMVV ist dieser Richtlinie als Anlage 2 beigefügt.

2.12 Die Kassenärztlichen Vereinigungen teilen den zuständigen Landesbehörden die Ärzte mit, die zu Substitutionsbehandlungen mit Methadon berechtigt sind.
(Keine patientenbezogenen Daten!)

Maßnahmen während der Substitutionsbehandlung

2.13 Der behandelnde Arzt soll den gleichzeitigen Gebrauch anderer Drogen während der Substitutionsbehandlung ausschließen. Dazu sind in angemessener Häufigkeit und unregelmäßi-gen Zeitabständen Drogensuchtests durchzuführen, wobei dem Patienten die Termine der Kontrollen vorher nicht bekannt sein dürfen. Wird der Gebrauch anderer Drogen neben der Substitutionsbehandlung nachgewiesen, kann die Substitutionsbehandlung zu Lasten der gesetzlichen Krankenkassen nur weitergeführt werden, wenn die KV nach Beratung durch die Kommission nach 2.7 zustimmt.

2.14 Der behandelnde Arzt hat den Behandlungsverlauf zu dokumentieren und auf dem Behandlungsausweis des Patienten unter »Diagnosen« die Angabe »Substitutionsbehandlung« zu vermerken.

Diese Änderungen der Richtlinien treten am Tage nach der Bekanntmachung im Bundesanzeiger in Kraft.

5.3.3
Ärztekammer-Richtlinien für die Codein-Substitution

Hier: Ärztekammer Hamburg
(Körperschaft des öffentlichen Rechts)
Richtlinien für die Ersatzdrogenbehandlung mit Codeinpräparaten

Für den Vorstand der Ärztekammer Hamburg ist das Methadon das Mittel der Wahl bei der Drogensubstitutionsbehandlung. Gegenwärtig verbietet die Rechtslage einen breiten Methadoneinsatz. Auch der Mangel an stationären und ambulanten Therapieplätzen zwingt die behandelnden Ärzte, nach anderen Behandlungsmöglichkeiten zu greifen. Bis zu einer Änderung des Betäubungsmittelgesetzes und der Betäubungsmittelverschreibungsverordnung ist eine Substitution mit einem Codeinpräparat im Einzelfall ein ärztlich vertretbarer Ausweg.

Für die Substitution Heroinabhängiger mit einem Codeinderivat sollten die folgenden Richtlinien von den behandelnden Ärzten dringend beachtet werden:

1. Eingehende Erhebung der Vorgeschichte (somatisch, psychisch, sozial).
2. Ganzkörperuntersuchung mit Blut- und Urinuntersuchung, ggfls. mit weiteren Zusatzuntersuchungen (Erfassung von Zweiterkrankungen).
3. Einschaltung einer Drogenberatungs- oder Selbsthilfeeinrichtung zur Sicherung einer psychosozialen Betreuung.
4. Festlegung der Indikation für eine Ersatzdrogentherapie (z. B. beginnende Behandlungsbereitschaft des Patienten, Überbrückungsbehandlung bis zum Erhalt eines Therapieplatzes, Vermeidung von Beschaffungskriminalität, Erhaltung und Ausbau sozialer Kontakte, Erhaltung der Arbeitsfähigkeit).
5. Meldung jedes substituierten Patienten mit selbstgewählter Verschlüsselung an die Ärztekammer.
6. Unregelmäßige, mindestens wöchentliche Urinuntersuchung auf Beikonsum.
7. Bei Behandlungsbeginn tägliche oder zweitägige Arzt-Patientengespräche.
8. Beginn der Substitution einschleichend mit niedrigen Dosen, z. B. täglich 4 x 1 bis 2 Kapseln Remedacen. Bei einer Erhöhung der Tagesdosis über 4 x 10 Kapseln täglich sollte ein erfahrener Drogentherapeut konsultiert werden. Das Medikament muß vom behandelnden Arzt oder seinen Helfern kontrolliert abgegeben werden.
9. Schriftliche Vereinbarung mit dem Patienten, daß die verordneten Codeinderivate nur zum eigenen Gebrauch und nicht zur Weitergabe verwendet werden dürfen.
10. Schriftliche Dokumentation aller Untersuchungen, Behandlungen und Verordnungen.
11. Ein niedergelassener Arzt sollte höchstens zehn Abhängige substituieren.
12. Ärzte, die Ersatzdrogentherapie betreiben, verpflichten sich zur regelmäßigen Teilnahme an den Fortbildungsmaßnahmen der Ärztekammer.

Hamburg, den 14. Oktober 1991

ARCHIDO Bremen, FH Frankfurt am Main

Einrichtungen der Drogenhilfe

Verzeichnis der Adressen und Angebote
Datenbank auf Diskette

Fachhochschulverlag

Band **12.1**

5.4 Formulare, Formulare – Übersicht

Die wichtigsten Formulare, denen Klienten und Berater begegnen, sind im folgenden dokumentiert

- 5.4.1 **Beantragung einer Drogenlangzeittherapie – z. B. bei der Landesversicherungsanstalt – LVA Oldenburg-Bremen 366**
- 5.4.1.1 Merkblatt für Antragsteller auf Entwöhnungskuren 366
- 5.4.1.2 Antrag auf Leistungen zur Rehabilitation für Versicherte und Empfänger einer Rente aus eigener Versicherung (LVA) 367
- 5.4.1.3 Erklärung zur stationären Behandlung 371
- 5.4.1.4 Erklärung – Aufklärung über AIDS-Infektionsgefahr durch Beratungsstelle 372
- 5.4.1.5 Rehabilitation Abhängigkeitskranker – Erklärung 373
- 5.4.1.6.1 Sozialbericht – Psychosoziale Grunddaten 374
- 5.4.1.6.2 Ergänzende Information zur Erstellung eines Sozialberichtes 378
- 5.4.1.6.3 Erklärung des Betreuten 380
- 5.4.1.6.4 Bestimmungen des SGB I zur »Mitwirkung des Leistungsberechtigten« 381
- 5.4.1.7 Ärztlicher Befundbericht zum Antrag auf Leistungen zur Rehabilitation 382
- 5.4.1.8 Anlage für den sozialmedizinischen Dienst 384
- 5.4.1.9 Antrag auf Befreiung von Zuzahlungen und Verdienstbescheinigung des Arbeitgebers 385
- 5.4.1.10 Zusatzfragebogen: Arbeitsplatzbeschreibung 387

- 5.4.2 **Beantragung einer Drogenlangzeittherapie bei der Bundesversicherungsanstalt für Angestellte (BfA) in Berlin 388**
- 5.4.2.1 Antrag auf Leistungen zur Rehabilitation für Versicherte und Empfänger einer Rente aus eigener Versicherung 388
- 5.4.2.2 Zusatzfragebogen HBM 394
- 5.4.2.3 Entwöhnungsbehandlung – Erklärung 396
- 5.4.2.4 Ärztliches Gutachten 397
- 5.4.2.5 AUD-Beleg (Bestandteil des Reha-Antrages): Arbeitsunfähigkeitszeiten und -diagnosen/Angaben zu Krankenhaus- und Rehabilitationsaufenthalten 400
- 5.4.2.6 Sozialbericht (siehe LVA-Antrag, nur andere Adressierung) 374
- 5.4.2.7 Erklärung des Betreuten (siehe LVA-Antrag) 380

- 5.4.3 **Beginn der stationären Behandlung – Benötigte Unterlagen 402**
- 5.4.3.1 Aufstellung »Folgende Unterlagen werden zur Aufnahme in ein Fachkrankenhaus benötigt« und »Erklärung« zur Aufnahme in ein Fachkrankenhaus 402
- 5.4.3.2 Erhebungsbogen: Suchtkrankenhilfe – psychosoziale Grunddaten 403

- 5.4.4 **Methadon-Substitution 407**
- 5.4.4.1 Anmeldung von Substitutionsfällen im Rahmen des Ergänzenden Methadonprogramms bei der Methadonkommission (z. B. Bremen) 407
- 5.4.4.2 Einverständniserklärung zur Methadon-Substitutionsbehandlung gemäß Anlage 1 der NUB-Richtlinien 409
- 5.4.4.3 Hausordnung einer Arztpraxis mit Substitutionsbehandlung 410
- 5.4.4.4 Meldung Methadon-Substitutionsfall durch den Arzt (Ausfertigung für die Kassenärztliche Vereinigung bei Abmeldung) 413

MERKBLATT

für Antragsteller auf Entwöhnungskuren

Sehr geehrter Antragsteller!

Wegen Ihrer Suchtmittelabhängigkeit soll eine stationäre Entwöhnungsbehandlung durchgeführt werden. Die Art der Erkrankung macht es erforderlich, daß sich diese medizinische Rehabilitationsmaßnahme sowohl von der Dauer als auch von der Behandlungsform her von den sonstigen medizinischen Rehabilitationsmaßnahmen unterscheidet.

Der erfolgreiche Verlauf der Behandlung hängt vorrangig von Ihrer grundsätzlichen Bereitschaft zur aktiven Mitarbeit während und nach der Behandlung ab.

Die Therapiekonzepte der einzelnen Behandlungshäuser bringen gewisse Einschränkungen im persönlichen Bereich mit sich, die von Ihnen im Interesse des Behandlungserfolges akzeptiert werden müssen. Andernfalls wäre die Einleitung einer Kur nicht sinnvoll oder eine bereits begonnene Maßnahme müßte wegen fehlender Erfolgsaussichten abgebrochen werden.

In diesem Zusammenhang müssen wir Sie auch auf die in §§ 60-67 SGB I festgelegten Mitwirkungspflichten ausdrücklich hinweisen. Kommen Sie danach einer dem Grunde nach erforderlichen Heilbehandlung nicht oder nicht ordnungsgemäß nach, können Ihnen Sozialleistungen (z.B. Krankengeld, Übergangsgeld, Renten) versagt oder entzogen werden.

Wir bitten Sie deshalb, durch Ihre Unterschrift unter die nachstehende Erklärung Ihr grundsätzliches Einverständnis zur entsprechenden Kurdurchführung und Ihre Bereitschaft zur Mitarbeit zu erklären.

Hochachtungsvoll

Arbeitsgemeinschaft zur Rehabilitation Suchtkranker

Beantragung einer Drogenlangzeittherapie – bei einer LVA: hier Oldenburg-Bremen **367**

Landesversicherungsanstalt Oldenburg-Bremen

Antrag auf Leistungen zur Rehabilitation für Versicherte und Empfänger einer Rente aus eigener Versicherung

Bitte Versicherungsnummer angeben

Eingangsstempel
Antragaufnehmende Stelle — Rentenversicherungsträger

Beantragte Leistung

44	☐	Medizinische Leistungen zur Rehabilitation **bei allgemeinen Erkrankungen**
40 – 43	☐	Medizinische Leistungen zur Rehabilitation **für Abhängigkeitskranke**
46	☐	Berufsfördernde Leistungen zur Rehabilitation ♦ Zusatzfragebogen „Bf" ausfüllen
47	☐	Kraftfahrzeughilfe ♦ Zusatzfragebogen „Kfz" ausfüllen
49	☐	Nach- oder Festigungskur als zusätzliche Leistung (§ 1305 RVO)

nur von der Krankenkasse anzukreuzen
☐ **§ 51 Abs. 1 SGB V**

Bitte die Anlage für den Sozialmedizinischen Dienst ausfüllen!

1. Personalien

Familienname	Geburtsname
Vornamen (Rufname bitte unterstreichen)	früher geführte Namen
Straße und Hausnummer	Geburtsdatum / Geburtsort
Postleitzahl / Wohnort	Geschlecht ☐ männlich ☐ weiblich / Staatsangehörigkeit
telefonisch zu erreichen unter	Bahnstation

Antrag bitte in Druckschrift ausfüllen

2. Angaben zum Familienstand und zum Beruf

Familienstand: ☐ 0 ledig ☐ 1 verheiratet ☐ 2 geschieden ☐ 3 verwitwet

Erlernter Beruf	Zuletzt ausgeübter Beruf (möglichst genaue Berufsbezeichnung)

Derzeitige Stellung im Berufs-/Erwerbsleben

☐ 0 nicht erwerbstätig	☐ 3 angelernter Arbeiter im anerkannten Anlernberuf	☐ 6 Angestellter
☐ 1 Auszubildender (Lehrling, Anlernling, Praktikant, Volontär, Student usw.)	☐ 4 Facharbeiter	☐ 7 Beamter/DO-Angestellter
☐ 2 ungelernter Arbeiter	☐ 5 Meister, Polier	☐ 8 Selbständiger

Arbeit vor Antragstellung oder vor Arbeitsunfähigkeit

		☐ 6 ausschließlich Hausfrauentätigkeit
☐ 0 nicht erwerbstätig (nicht ausfüllen, wenn 6 oder 7 zutrifft)	☐ 3 Ganztagsarbeit mit Nachtschicht	☐ 7 arbeitslos im Sinne des Arbeitsförderungsgesetzes
☐ 1 Ganztagsarbeit ohne Wechselschicht/Akkord/Nachtschicht	☐ 4 Teilzeitarbeit unter 20 Wochenstunden	☐ 8 Heimarbeit
☐ 2 Ganztagsarbeit mit Wechselschicht/Akkord	☐ 5 Teilzeitarbeit 20 Wochenstunden und mehr	☐ 9 Beschäftigung in einer Werkstatt für Behinderte

Anzahl früherer stationärer Heilbehandlungen durch einen **Rentenversicherungsträger:**

Haben Sie einen Schwerbehindertenausweis? ☐ 0 nein ☐ 1 ja / Grad der Behinderung: %	Versorgungsamt	Aktenzeichen

3. Behandelnder Arzt

Name (Anschrift)	telefonisch zu erreichen unter

4. Krankenkasse

Krankenkasse (Anschrift)	Wenn Sie familienversichert sind: Bitte Namen und Geburtsdatum des Mitgliedes angeben: (Name) / Geb.-Datum

5. Zahlungsempfänger bei Überweisung

Bank/Sparkasse/Postgiroamt	Kontonummer	Bankleitzahl
	Kontoinhaber	

6. Angaben über die Beitragsleistung zur Rentenversicherung

6.1 Haben Sie Beiträge entrichtet zur: Nein   Ja   von – bis

- Arbeiterrentenversicherung (LVA)
- Angestelltenversicherung (BfA)
- knappschaftlichen Rentenversicherung
- Bundesbahn-Versicherungsanstalt
- Seekasse
- Landwirtschaftlichen Alterskasse
- Sozialversicherung **außerhalb des Bundesgebietes** und außerhalb Berlins (West)   in welchem Land?

6.2 Sind Ihnen Rentenversicherungsbeiträge erstattet worden?

☐ nein   ☐ ja   im Jahre   Rentenversicherungsträger

6.3 Ist in der gesetzlichen Rentenversicherung ein Versorgungsausgleich wegen Auflösung der Ehe durchgeführt worden?

☐ nein   ☐ ja

– Nur auszufüllen von Versicherten, die bereits vor dem 9.5.1945 berufstätig waren –

6.4 Ist für Sie eine Nachversicherung nach § 72 des Gesetzes zu Art. 131 (Grundgesetz), Art. 6 §§ 18 ff des Fremdrenten- und Auslandsrenten-Neuregelungsgesetzes, § 99 des Allgemeinen Kriegsfolgengesetzes oder §§ 20 ff des NS-Abwicklungsgesetzes durchgeführt worden?

☐ nein   ☐ ja – bitte Bescheinigung über Nachversicherung beifügen

Haben Sie einen entsprechenden Antrag gestellt?

☐ nein   ☐ ja   bei welcher Stelle?

7. Bezug einer Rente

7.1 Beziehen oder bezogen Sie aus der deutschen gesetzlichen Rentenversicherung (einschl. Landwirtschaftlichen Alterskasse) eine Versicherten- oder eine Hinterbliebenenrente?

☐ nein   ☐ ja
- ☐ Berufs-/Erwerbsunfähigkeitsrente
- ☐ Altersruhegeld
- ☐ Bergmannsrente/Knappschaftsausgleichsleistung

Versicherungsanstalt

Renten- (Akten-) Zeichen

seit bzw. von/bis

7.2 Haben Sie einen entsprechenden Antrag gestellt?   bei welcher Stelle?

☐ nein   ☐ ja
- ☐ Berufs-/Erwerbsunfähigkeitsrente
- ☐ Altersruhegeld
- ☐ Bergmannsrente/Knappschaftsausgleichsleistung

Renten- (Akten-) Zeichen

7.3 Ist ein Rentenantrag abgelehnt worden?   von welcher Stelle?   Renten- (Akten-) Zeichen

☐ nein   ☐ ja

7.4 Beabsichtigen Sie in den nächsten 6 Monaten **Altersruhegeld** (auch vorgezogenes Altersruhegeld) zu beantragen?

☐ nein   ☐ ja

7.5 Beziehen Sie eine Verletztenrente aus der gesetzlichen Unfallversicherung?   **(Bitte Bescheid beifügen)**

Rentenbeginn   Unfallversicherungsträger   Renten- (Akten-) Zeichen

☐ nein   ☐ ja

Wenn nein: Sind entsprechende Anträge gestellt oder Verfahren eingeleitet?

bei welcher Stelle?   Renten- (Akten-) Zeichen

☐ nein   ☐ ja

8. Sonstige Angaben

8.1 Stehen Sie in einem öffentlich-rechtlichen Dienstverhältnis oder einem Arbeitsverhältnis mit Anspruch auf Versorgung nach beamtenrechtlichen Vorschriften oder Grundsätzen **oder** erhalten Sie Versorgungsbezüge aus einem öffentlich-rechtlichen Dienstverhältnis oder einem Arbeitsverhältnis mit Anspruch auf Versorgung nach beamtenrechtlichen Vorschriften oder Grundsätzen?

Name und Anschrift des Dienstherrn bzw. des Trägers der Versorgungslast

☐ nein ☐ ja

8.2 Sind Leiden als Folge von Kriegseinwirkung, Wehr- oder Zivildienstbeschädigung, als Folge eines Arbeitsunfalls, als Berufskrankheit, als Verfolgtenleiden nach dem Bundesentschädigungsgesetz, als Impfschäden oder als Folge einer Gewalttat im Sinne des Gesetzes über die Entschädigung für Opfer von Gewalttaten anerkannt worden? **(Bitte Bescheid beifügen)**

von welcher Stelle? Aktenzeichen

☐ nein ☐ ja

Wenn nein:
Haben Sie einen entsprechenden Antrag gestellt?

bei welcher Stelle? Aktenzeichen

☐ nein ☐ ja

8.3 Sind Leiden Folge einer durch andere Personen verursachten Körperverletzung bzw. Krankheit (z. B. eines Verkehrsunfalles, eines sonstigen Unfalls, einer Ansteckung)?

Hinweis für Leistungsträger: Bitte evtl. bereits vorhandene Vorgänge gem. § 116 SGB X beifügen bzw. nachreichen.

☐ nein ☐ ja

Haben Sie Schadenersatzansprüche geltend gemacht?

bei welcher Stelle? Aktenzeichen

☐ nein ☐ ja

8.4 Name und Anschrift des **jetzigen** bzw. des **letzten Arbeitgebers**

Ist das Beschäftigungsverhältnis beendet?

☐ nein ☐ ja

bis zu welchem Tag bestand das Beschäftigungsverhältnis?
bis

8.5 Beantragen Sie die Anerkennung von **Kindererziehungszeiten**, die bisher nicht geltend gemacht wurden?

☐ nein ☐ ja – bitte Antrag auf Feststellung von Zeiten der Kindererziehung ausfüllen und zusammen mit diesem Antrag der Landesversicherungsanstalt Oldenburg-Bremen zusenden.

9. Beiträge zur gesetzlichen Rentenversicherung – wird von der antragaufnehmenden Stelle ausgefüllt –

(nur ausfüllen, wenn eine **medizinische** Maßnahme zur Rehabilitation beantragt wird)

Sind für den Versicherten in den der Antragstellung vorausgegangenen 24 Kalendermonaten Beiträge für wenigstens 6 Kalendermonate für eine rentenversicherungspflichtige Beschäftigung oder Tätigkeit entrichtet?
von/bis

Ort/Datum

☐ nein ☐ ja

Wurde der letzte Beitrag zur Rentenversicherung der Arbeiter entrichtet?

☐ nein ☐ ja

wenn nein, Versicherungsträger:

Stempel der Dienststelle

Unterschrift / Tel.-Nr.

10. Hinweis

1. Die Beantwortung der Fragen ist erforderlich, damit über Ihren Antrag entschieden werden kann.

   Ihre Mitwirkungspflicht und deren Umfang ergeben sich aus den §§ 60 ff des Sozialgesetzbuches – Allgemeiner Teil – (SGB I). Bei fehlender Mitwirkung kann die Leistung ganz oder teilweise versagt oder entzogen werden (§ 66 SGB I).

2. Die Gewährung einer Rehabilitationsmaßnahme zu Lasten der Rentenversicherung schließt einen etwaigen Erstattungsanspruch auf die bis dahin entrichteten Rentenversicherungsbeiträge aus. Dagegen wird die Höhe bestehender oder künftiger Rentenansprüche durch diese Gesundheitsmaßnahme **nicht** gemindert.

3. Nach § 1241 d Abs. 3 RVO gilt der Antrag auf Gesundheitsmaßnahmen (Rehabilitation) **als Antrag auf Rente**, wenn der Versicherte berufsunfähig oder erwerbsunfähig ist und nicht zu erwarten ist, daß die Erwerbsfähigkeit erhalten, wesentlich gebessert oder wiederhergestellt werden kann, so daß **Rehabilitationsmaßnahmen nicht möglich** sind.

4. Nach § 1241 d Abs. 4 RVO gilt der Antrag auf Gesundheitsmaßnahmen (Rehabilitation) **als Antrag auf Rente**, wenn der Versicherte **bei Abschluß einer Rehabilitationsmaßnahme berufsunfähig oder erwerbsunfähig** ist.

11. Erklärung des Versicherten

Ich verpflichte mich, jede Wohnungsänderung und alle Veränderungen in meinen wirtschaftlichen Verhältnissen (z. B. Leistungen aus der gesetzlichen Renten-, Unfall- und Krankenversicherung, nach dem Bundesversorgungsgesetz usw.) **der LVA Oldenburg-Bremen sofort mitzuteilen.**

Die Hinweise unter Ziffer 10 habe ich zur Kenntnis genommen.

Ich erkläre
mich damit einverstanden, daß ärztliche und psychologische Untersuchungsunterlagen, die für die Entscheidung erforderlich sind, von den Stellen und Ärzten angefordert werden können, die ich im Antrag angegeben habe oder die aus den im Zusammenhang mit dem Antrag eingereichten Unterlagen ersichtlich sind.

Ich verpflichte
mich, ärztliche Untersuchungen, die während des Verfahrens von einer anderen Stelle veranlaßt werden, bekanntzugeben. Dazu gehören auch Aufenthalte in einem Krankenhaus oder einer anderen Behandlungsstätte. Sofern ich bei meiner Mitteilung über solche Untersuchungen nichts anderes erkläre, bin ich damit einverstanden, daß auch von diesen Stellen Unterlagen angefordert werden.

Ich nehme zur Kenntnis, daß

– die Daten, die im Zusammenhang mit einer Begutachtung wegen der Erbringung von Sozialleistungen bekannt geworden sind, für eigene gesetzliche soziale Aufgaben (z. B. einem anderen Gutachter) oder an andere Sozialleistungsträger (z. B. Krankenkasse, Arbeitsamt, Versorgungsamt, Berufsgenossenschaft) auch für deren gesetzliche Aufgaben offenbart werden dürfen (§ 69 Abs. 1 Nr. 1 SGB X in Verbindung mit § 76 Abs. 2 Nr. 1 SGB X);

– ich dem jedoch widersprechen kann;

– bei einem Widerspruch aber die Leistung ganz oder teilweise versagt oder entzogen werden kann, nachdem ich auf diese Folge schriftlich hingewiesen worden bin und eine mir gesetzte angemessene Frist verstrichen ist (§ 66 SGB I).

Ort, Datum　　　　　　　　　　　　　　　　　　　Unterschrift des Versicherten

12. Übersendung des Antrages | Bei Übersendung durch den Antragsteller auch von ihm ausfüllen

Es wird gebeten, den Antrag sowie die erforderlichen Anlagen – soweit vorhanden – mit ärztlichen Befundberichten, Krankenhaus-Entlassungsberichten, VäD-Gutachten, Gutachten des ärztlichen Fachdienstes usw. zu senden an:

**Landesversicherungsanstalt
Oldenburg-Bremen
– Sachbereich Rehabilitation –
Postfach 27 67

29 00 Oldenburg (Oldb)**

Ort/Datum

Stempel der Dienststelle/Unterschrift

Anlagen:

☐ Befundbericht / ärztliches Attest

☐ VäD-Gutachten/Krankenhaus-Entlassungsbericht Gutachten

☐ Anlagebogen für den sozialmedizinischen Dienst

☐ Antrag auf Befreiung von der Zuzahlung

☐ Zusatzfragebogen für Berufsförderungsmaßnahmen

☐ Zusatzfragebogen für Kraftfahrzeughilfe

☐ Versicherungskartenbeleg aus dem Versicherungs-Nachweisheft

☐ Antrag auf Feststellung von Zeiten der Kindererziehung

☐ Erklärung (überwiegende Erziehung von Kindern durch den Vater)

Beantragung einer Drogenlangzeittherapie – bei einer LVA: hier Oldenburg-Bremen

Landesversicherungsanstalt Oldenburg-Bremen

Versicherungsnummer
| 2 | 8 | | | | | | | |

Versicherter (Name, Vorname)

Anschrift

Rehabilitation Abhängigkeitskranker

Erklärung zur stationären Behandlung

Ich habe festgestellt, daß ich mich aus einer Suchtmittelabhängigkeit nicht aus eigenen Kräften lösen kann und mich daher freiwillig entschlossen, meine Abhängigkeitskrankheit in einer Fachklinik stationär behandeln zu lassen.

Mir ist bekannt, daß ich mit einer Behandlungsdauer von mindestens 6 Wochen bis zu 6 Monaten rechnen muß. Die endgültige Dauer ist vom Verlauf der Behandlung abhängig.

Die ärztlichen und therapeuthischen Maßnahmen während der stationären Behandlung werde ich durch eigene Mitarbeit nach besten Kräften unterstützen sowie die Hausordnung der Behandlungsstätte beachten.

Bei vorzeitiger Entlassung aus der Behandlungsstätte – wegen Verstoßes gegen die Hausordnung oder bei vorzeitigem Abbruch der klinischen Behandlung gegen ärztlichen Rat – endet mein Anspruch auf Übergangsgeld an dem Tage, an dem ich die Fachklinik verlasse. In diesem Falle besteht kein Anspruch auf Erstattung der Reisekosten von der Behandlungsstätte zum Wohnort.

Über die Bedeutung des Anschlusses an eine Abstinenzlergruppe für die Sicherung des Behandlungserfolges bin ich unterrichtet worden. Ich verpflichte mich, unmittelbar nach Abschluß der Entwöhnungsbehandlung im Rahmen der Nachbetreuung wieder einer Selbsthilfegruppe beizutreten.

Eine Ausfertigung dieser Erklärung habe ich erhalten.

Ort, Datum

Unterschrift (Vor- und Zuname)

Urschriftlich zurück an

Landesversicherungsanstalt
Oldenburg-Bremen
– Sachbereich Rehabilitation –
Postfach 27 67

2900 Oldenburg

LANDESVERSICHERUNGSANSTALT OLDENBURG-BREMEN

Hauptverwaltung Oldenburg
Huntestraße 11
26135 Oldenburg

☎ Vermittlung (04 41) 9 27 - 0
Datum

Versicherungsnummer
Geburtsdatum

Diese Erklärung bitte ausfüllen und urschriftlich zurücksenden.

Erklärung

Ich wurde über die Erkrankung AIDS von der Beratungsstelle informiert.
Das Merkblatt des Bundesgesundheitsamtes "Information Nr. 4" habe ich gelesen.

Ich bin mit der Durchführung einer Entwöhnungskur in

_____

☐ einverstanden.
☐ nicht einverstanden.

Mir ist bekannt, daß in dieser Behandlungsstätte sowohl infizierte (HIV-positive) wie nichtinfizierte (HIV-negative) Patienten betreut werden.

Ort, Datum

_____   _____
                                              Unterschrift

Bitte zurücksenden an

**Landesversicherungsanstalt
Oldenburg-Bremen
Sachbereich Rehabilitation
Huntestr. 11**

26135 Oldenburg

Landesversicherungsanstalt Oldenburg-Bremen

Versicherungsnummer
| 2 | 8 | | | | | | | | |

Versicherter
Name, Vorname

Anschrift

Rehabilitation Abhängigkeitskranker

Erklärung

Ich habe festgestellt, daß ich mich aus einer Suchtmittelabhängigkeit nicht aus eigenen Kräften lösen kann. Daher habe ich mich freiwillig entschlossen, meine Abhängigkeitskrankheit in einer Fachklinik stationär behandeln zu lassen, sofern eine ambulante Behandlung in einer Suchtberatungsstelle nicht ausreichend ist.

Mir ist bekannt, daß ich mit einer Behandlungsdauer von mindestens 6 Wochen rechnen muß. Die endgültige Dauer ist vom Verlauf der Therapie abhängig.

Die ärztlichen und therapeutischen Maßnahmen während der Behandlung werde ich durch eigene Mitarbeit nach besten Kräften unterstützen. Bei stationärer Behandlung werde ich zudem die Hausordnung der Behandlungsstätte beachten.

Bei vorzeitiger Entlassung aus der Fachklinik – wegen Verstoßes gegen die Hausordnung oder bei vorzeitigem Abbruch der klinischen Behandlung gegen ärztlichen Rat – endet mein Anspruch auf Übergangsgeld an dem Tage, an dem ich die Klinik verlasse. In diesem Fall besteht kein Anspruch auf Erstattung der Fahrkosten von der Behandlungsstätte zum Wohnort.

Über die Bedeutung des Anschlusses an eine Selbsthilfegruppe für die Sicherung des Behandlungserfolges bin ich unterrichtet worden. Ich verpflichte mich, einer Selbsthilfegruppe beizutreten und regelmäßig an den Einzel- bzw. Gruppengesprächen teilzunehmen.

Ein Doppel dieser Erklärung habe ich erhalten.

Ort, Datum

Unterschrift (Vor- und Zuname)

Sozialbericht
- PSYCHOSOZIALE GRUNDDATEN -

Stempel, Az. der Beratungsstelle

erstellt am: _____

Versicherungsnummer

| | | | | | | | | | | |

ggf. Primär- und Sekundärabusus

1 — Alkohol — **2** — Medikamente — **3** — Drogen

1. Betreuter

Name: _____ derzeitiger Aufenthaltsort: _____
Vorname: _____
Geburtsname: _____ Staatsangehörigkeit: _____
geb. am: _____ in: _____ Familienstand: led., verh., verw., gesch. *) seit: _____
Plz./Wohnort: _____ (erlernter) Beruf: _____
Straße: _____ jetzige Tätigkeit: _____
Telefon (mit Vorwahl): _____
Erziehungsberechtigter/Pfleger/Vormund: _____
Pflegschaft/Vormundschaft *)
eingeleitet am: _____ durch: _____
Az: _____
Hausarzt: _____
Krankenkasse: _____

2. Kinder

Anzahl: _____, Alter _____ Davon im Haushalt lebend: _____
Bemerkungen: _____

3. Wohnverhältnisse und finanzielle Verhältnisse

_____
_____
_____
_____
_____
_____
_____
_____

*) Nichtzutreffendes streichen

Sozialbericht Seite 2 | Familienname:_____ geb.:_____

4. Vorbehandlung des Suchtleidens

4.1 Entgiftungen. Gesamtzahl: _____

letzte in (Einrichtung):

_____ von:_____ bis:_____

Bemerkungen:_____

_____

_____

                                                                                                        Abbruch
                                                                                                        ja nein

4.2 Entwöhnungen (Gesamtzahl): _____

letzte in:

ambulant _____ von: _____ bis: _____ ☐ ☐

Fachkrankenhaus/Fachklinik

in: _____ von: _____ bis: _____ ☐ ☐

4.3 LKH/PKH in: _____ von: _____ bis: _____ ☐ ☐

sonstige Einrichtung

in: _____ von: _____ bis: _____ ☐ ☐

4.4 Zwangseinweisung. nein ☐ , ja ☐ , am _____ , am _____ , am _____

Bemerkungen: _____

_____

_____

5. Vorgeschichte und derzeitiger Gesamtzustand

Frühere Krankheiten: _____

Unfälle: _____

Suizidversuche: _____

Suchtmittel z. Zt. (Hauptsubstanz unterstreichen) *) _____

_____

Suchtmitteldosis und Häufigkeit: (Beginn, Verlauf u. Gewohnheiten des Suchtmittelmißbrauches) *)

_____

_____

_____

Verhalten unter Einfluß von Suchtmitteln: _____

_____

_____

Grad der Abhängigkeit: _____

Seelisch-geistige Veränderungen: _____

_____

Delirium oder ähnliche Komplikationen: _____

Körperlicher Zustand: _____

_____

_____

*) Strafrechtlich relevante Hinweise sind nicht zu geben.

Sozialbericht Seite 3 | Familienname: _____ geb: _____

6. Betreuung durch Beratungsstellen und Selbsthilfeorganisationen – Behandlungsplan –

Sitz der betreuenden Beratungsstelle: _____
_____, Beginn der Beratung: _____
Einzelkontakte mit Beratungsstelle (Häufigkeit und Zeitraum). Gruppenkontakte mit Beratungsstelle (Häufigkeit und Zeitraum). Anschluß an Abstinenz- und Selbsthilfeorganisationen (welche?). Ist die Familie in die Betreuung einbezogen? (in welcher Form?)

_____
_____
_____
_____
_____
_____
_____
_____
_____
_____
_____
_____
_____

7. Sozialanamnese des Betreuten

7.1 Elternhaus – persönliche Entwicklung – schulischer und beruflicher Werdegang – Sozialkontakte – Stellung des Betreuten in der Familie und im weiteren sozialen Umfeld – ggf. Erläuterungen zu Suizidversuchen – Angaben über lfd. Strafverfahren und unverbüßte Haftstrafen.

_____
_____
_____
_____
_____
_____
_____
_____
_____
_____
_____
_____

7.2 Wie steht der Betreute zu seiner Bezugsperson; wie steht die Bezugsperson zu dem Betreuten? (Namensangabe ist nicht erforderlich)

_____
_____
_____
_____
_____
_____

Beantragung einer Drogenlangzeittherapie – bei einer LVA: hier Oldenburg-Bremen

| Sozialbericht Seite 4 | Familienname: _____ geb.: _____ |

8. Hinweise zur Behandlungsbereitschaft

(z.B. Leidensdruck, Gründe und Erwartungen des Betreuten)

_____
_____
_____
_____
_____
_____
_____
_____
_____
_____

9. Hinweise zur Behandlungsstätte und zur Nachsorge

9.1 Wird eine Behandlungsstätte vorgeschlagen? (gegebenenfalls Begründung) _____
_____

9.2 Werden nach Abschluß der stationären Behandlung voraussichtlich berufsfördernde Leistungen zur Rehabilitation erforderlich? _____

9.3 Wer übernimmt die Betreuung nach Abschluß der stationären Behandlung? _____
_____

10. Zusammenfassende Stellungnahme im Hinblick auf die beantragte Maßnahme

_____
_____
_____
_____
_____
_____
_____
_____
_____
_____
_____

Die Einverständniserklärung SB 2 des Betreuten zur Weiterleitung an den Leistungsträger und an das Fach-Krankenhaus/die Fachklinik liegt vor.

11. Name und Beruf des Aufnehmenden

Ort/Datum/Unterschrift

ERGÄNZENDE INFORMATION

zur Erstellung eines Sozialberichtes SB 1

Allgemeines:

Zu einem Antrag auf Gewährung einer medizinischen Maßnahme zur Rehabilitation (Entwöhnungsbehandlung) für Abhängigkeitskranke gehören neben dem dafür vorgesehenen Antragsvordruck das medizinische Gutachten und der Sozialbericht. Vordrucke für den Antrag und das medizinische Gutachten stellte der Leistungsträger schon immer zur Verfügung. Der jetzt bereitgestellte Vordruck für die Erstattung eines Sozialberichtes ist eine notwendige Ergänzung und unterstreicht die Bedeutung dieses Berichtes für die Gesamtbeurteilung und Entscheidung über den Antrag. Er ist, nach Beratung mit Vertretern der Gesundheitsämter, zwischen den Trägern der gesetzlichen Rentenversicherung und den Vertretern der freien Wohlfahrtspflege in der Sitzung vom 15. 10. 1979 in Frankfurt abgesprochen worden. Der Sozialberichtsvordruck wurde auch mit den Spitzenverbänden der Krankenkassen abgestimmt.

Der Vordruck für die Erstattung eines Sozialberichtes enthält neben einer Reihe von vorformulierten Fragen auch hinreichend Raum für die zur Beurteilung des Einzelfalles unbedingt erforderlichen frei formulierten Berichtsteile.

Dieser neu entwickelte Sozialberichtsvordruck ist – darauf weisen wir besonders hin – für eine computermäßige Datenerfassung nicht geeignet. Wir haben bewußt diese Form gewählt, um auszuschließen, daß Angaben aus dem Sozialbericht heraus unmittelbar auf Datenverarbeitungsanlagen gespeichert werden können.

STRAFRECHTLICH RELEVANTE HINWEISE BRAUCHEN NICHT GEGEBEN ZU WERDEN.

Zu Suchtmittel

In die am Ende des Pfeils stehenden freien Kästchen sollen die Nummern für die Suchtmittel, wie sie im Vordruck bezeichnet sind, eingetragen werden. In das linke Kästchen soll die Nummer für das Hauptsuchtmittel eingetragen werden, in das rechte gegebenenfalls die für ein daneben konsumiertes Suchtmittel.

Zu 1. Betreuer

Besitzt der Klient nicht die deutsche Staatsangehörigkeit, machen Sie bitte im frei formulierten Teil des Sozialberichtes Angaben, inwieweit der Klient die deutsche Sprache beherrscht.

Bei minderjährigen Klienten bedarf es einer Einverständniserklärung des benannten Erziehungsberechtigten für eine stationäre Entwöhnungsbehandlung. In derartigen Fällen muß der Antrag sowohl vom Klienten als auch von dem Erziehungsberechtigten unterschrieben werden.

Sollte eine Pflegschaft eingerichtet sein, bitten wir, die Art der Pflegschaft anzugeben (Aufenthaltspflegschaft, Vermögenspflegschaft usw.).

Zu 2. Kinder

Die Spalte „Bemerkungen" ist nur eingefügt für individuelle Hinweise. Weitergehende Ausführungen sollten unter Nr. 7.1 im Zusammenhang mit der Familiensituation gemacht werden.

Zu 3. Wohnverhältnisse und finanzielle Verhältnisse

Diese Angaben werden nur erbeten, sofern sie für die Therapie erforderlich sind oder ergänzende Maßnahmen erforderlich machen.

Die Frage nach den finanziellen Verhältnissen richtet sich nicht in erster Linie auf eine exakte Darstellung aller Einkommensquellen, sondern vielmehr auf die gesamtwirtschaftliche Situation (zum Beispiel das Verhältnis der bestehenden Verbindlichkeiten zum Gesamteinkommen, Schwierigkeiten bei der Einhaltung von Teilzahlungsverträgen, alle Unterhaltsverpflichtungen).

Zu 4. Vorbehandlung des Suchtleidens

Die unter dieser Nummer angegebenen Daten sollten nach Möglichkeit gesichert sein, um es dem Leistungsträger in Grenzfällen zu ermöglichen, Berichte über frühere Behandlungen beizuziehen. Sollten Sie nicht in der Lage sein, gesicherte Daten anzugeben, vermerken Sie dies bitte (zum Beispiel, indem Sie unter Bemerkungen „Daten ungesichert" eintragen).

Zu 5. Vorgeschichte und derzeitiger Gesamtzustand

Diese Angaben liegen im Grenzbereich zum medizinischen Gutachten. Dennoch wurden sie in den Sozialbericht aufgenommen, weil vielfach die Beratungsstelle aus ihrer sozialen Sicht nach einer länger dauernden Betreuung für die Behandlung wichtige Hinweise geben kann.

Die Frage nach dem Grad der Abhängigkeit kann nach dem JELLINEK'schen Modell beantwortet werden.
Angaben zur Suchtmitteldosis und Häufigkeit sind bei illegalen Drogen nicht erforderlich.

Zu 6. und 7., Betreuung durch Beratungsstellen und Selbsthilfeorganisationen und Sozialanamnese des Betreuten

Bitte richten Sie sich auf jeden Fall in Ihrer frei formulierten Darstellung unter den obengenannten Punkten nach der vorgegebenen Reihenfolge der Unterpunkte. Die vollständige Beantwortung der als Unterpunkte dargestellten Fragen trägt wesentlich zu einer schnellen Bearbeitung bei.

Sollte Ihre frei formulierte Darstellung mehr Raum beanspruchen, als unter den Nummern 6 oder 7 vorgesehen ist, fügen Sie dem Sozialbericht bitte ein Blatt bei.

Zu 7.1 Angaben über lfd. Strafverfahren und unverbüßte Haftstrafen

Diese Angaben sind von Bedeutung, weil mit der Möglichkeit der Durchführung eines Strafverfahrens oder des Antritts der Haftstrafe während der Entwöhnungsbehandlung zu rechnen ist.

Zu 8. Hinweise zur Behandlungsbereitschaft

Neben dem tatsächlichen Anlaß zur Durchführung einer Behandlung (oft drohende Scheidung, Verlust des Arbeitsplatzes oder eine richterliche Auflage) interessiert hier besonders die Frage, inwieweit der Betreute über den reinen Anlaß hinaus auch selbst die Einsicht in die Notwendigkeit einer stationären Behandlung entwickelt hat. Sollten Sie eine Behandlungsstätte vorschlagen, wählen Sie bitte ausschließlich eine von dem zuständigen Leistungsträger belegte Einrichtung. (Siehe Belegliste)

Zu 11. Name und Beruf des Aufnehmenden

Bitte geben Sie – unabhängig von der Unterschrift – Ihren Namen und erlernten Beruf in lesbarer Form an.

Verfahren:

Der Sozialbericht umfaßt vier voneinander getrennte, einseitig zu beschreibende Blätter. Jedes Blatt wird Ihnen in dreifacher Ausführung auf selbstdurchschreibendem Papier zur Verfügung gestellt. Wenn Sie den Bericht fertiggestellt haben, trennen Sie bitte die drei Ausfertigungen voneinander und fügen Sie die einzelnen Blätter zu insgesamt drei Berichten zusammen. Selbstverständlich können Sie jedem Bericht ein weiteres Blatt mit ergänzenden Informationen beifügen.

Zwei Exemplare des Berichtes (1) + (2) werden dem Antrag beigefügt und an den Leistungsträger geschickt. Dieser schickt mit der Bewilligung eines der beiden Exemplare an die Klinik. Das dritte Exemplar (3) mit den rückseitigen Informationen bleibt im Besitz der Beratungsstelle.

Mit Rücksicht auf die auch Ihnen obliegende Geheimhaltungspflicht halten wir es für erforderlich, die beigefügte Erklärung SB 2 unterschreiben zu lassen und in einem Exemplar dem Sozialbericht beizufügen.

Anlage zum Sozialbericht

Erklärung des Betreuten

Ich bestätige, daß ich von den umseitig abgedruckten gesetzlichen Bestimmungen des Sozialgesetzbuches I (SGB I) Kenntnis genommen habe und auf den Umfang meiner Mitwirkungspflichten im Rahmen der Entscheidung über die beantragte Sozialleistung und deren Durchführung hingewiesen worden bin.

Ich bin damit einverstanden, daß der Sozialbericht, von dessen Inhalt ich unterrichtet worden bin, dem Sozialleistungsträger und der Behandlungsstätte zum Zwecke der Antragserledigung und der Durchführung der Behandlung zur Verfügung gestellt wird.

_____   _____   _____
Ort   Datum   Unterschrift

*Bitte im Doppel ausfüllen und dem Betreuten ein Exemplar aushändigen.

MITWIRKUNG DES LEISTUNGSBERECHTIGTEN

§ 60 Angabe von Tatsachen
(1) Wer Sozialleistungen beantragt oder erhält, hat
1. alle Tatsachen anzugeben, die für die Leistung erheblich sind, und auf Verlangen des zuständigen Leistungsträgers der Erteilung der erforderlichen Auskünfte durch Dritte zuzustimmen,
2. Änderungen in den Verhältnissen, die für die Leistung erheblich sind oder über die im Zusammenhang mit der Leistung Erklärungen abgegeben worden sind, unverzüglich mitzuteilen,
3. Beweismittel zu bezeichnen und auf Verlangen des zuständigen Leistungsträgers Beweisurkunden vorzulegen oder ihrer Vorlage zuzustimmen.
Satz 1 gilt entsprechend für denjenigen, der Leistungen zu erstatten hat.
(2) Soweit für die in Absatz 1 Nr. 1 und 2 genannten Angaben Vordrucke vorgesehen sind, sollen diese benutzt werden.

§ 61 Persönliches Erscheinen
Wer Sozialleistungen beantragt oder erhält, soll auf Verlangen des zuständigen Leistungsträgers zur mündlichen Erörterung des Antrags oder zur Vornahme anderer für die Entscheidung über die Leistung notwendiger Maßnahmen persönlich erscheinen.

§ 62 Untersuchungen
Wer Sozialleistungen beantragt oder erhält, soll sich auf Verlangen des zuständigen Leistungsträgers ärztlichen und psychologischen Untersuchungsmaßnahmen unterziehen, soweit diese für die Entscheidung über die Leistung erforderlich sind.

§ 63 Heilbehandlung
Wer wegen Krankheit oder Behinderung Sozialleistungen beantragt oder erhält, soll sich auf Verlangen des zuständigen Leistungsträgers einer Heilbehandlung unterziehen, wenn zu erwarten ist, daß sie eine Besserung seines Gesundheitszustandes herbeiführen oder eine Verschlechterung verhindern wird.

§ 64 Berufsfördernde Maßnahmen
Wer wegen Minderung der Erwerbsfähigkeit oder wegen Arbeitslosigkeit Sozialleistungen beantragt oder erhält, soll auf Verlangen des zuständigen Leistungsträgers an berufsfördernden Maßnahmen teilnehmen, wenn bei angemessener Berücksichtigung seiner beruflichen Neigung und seiner Leistungsfähigkeit zu erwarten ist, daß sie seiner Erwerbs- oder Vermittlungsfähigkeit auf Dauer fördern oder erhalten werden.

§ 65 Grenzen der Mitwirkung
(1) Die Mitwirkungspflichten nach den §§ 60 bis 64 bestehen nicht, soweit
1. ihre Erfüllung nicht in einem angemessenen Verhältnis zu der in Anspruch genommenen Sozialleistung steht oder
2. ihre Erfüllung dem Betroffenen aus einem wichtigen Grund nicht zugemutet werden kann oder
3. der Leistungsträger sich durch einen geringeren Aufwand als der Antragsteller oder Leistungsberechtigte die erforderlichen Kenntnisse selbst beschaffen kann.
(2) Behandlungen und Untersuchungen,
1. bei denen im Einzelfall ein Schaden für Leben oder Gesundheit nicht mit hoher Wahrscheinlichkeit ausgeschlossen werden kann,
2. die mit erheblichen Schmerzen verbunden sind oder
3. die einen erheblichen Eingriff in die körperliche Unversehrtheit bedeuten, können abgelehnt werden.
(3) Angaben, die dem Antragsteller, dem Leistungsberechtigten oder ihnen nahestehenden Personen (§ 383 Abs. 1 Nr. 1 bis 3 ZPO) die Gefahr zuziehen würde, wegen einer Straftat oder einer Ordnungswidrigkeit verfolgt zu werden, können verweigert werden.

§ 65 a Aufwendungsersatz
(1) Wer einem Verlangen des zuständigen Leistungsträgers nach den §§ 61 und 62 nachkommt, kann auf Antrag Ersatz seiner notwendigen Auslagen und seines Verdienstausfalles in angemessenem Umfang erhalten. Bei einem Verlangen des zuständigen Leistungsträgers nach § 61 sollen Aufwendungen nur in Härtefällen ersetzt werden.
(2) Absatz 1 gilt auch, wenn der zuständige Leistungsträger ein persönliches Erscheinen oder eine Untersuchung nachträglich als notwendig anerkennt.

§ 66 Folgen fehlender Mitwirkung
(1) Kommt derjenige, der eine Sozialleistung beantragt oder erhält, seinen Mitwirkungspflichten nach den §§ 60 bis 62, 65 nicht nach und wird hierdurch die Aufklärung des Sachverhalts erheblich erschwert, kann der Leistungsträger ohne weitere Ermittlungen die Leistung bis zur Nachholung der Mitwirkung ganz oder teilweise versagen oder entziehen, soweit die Voraussetzungen der Leistung nicht nachgewiesen sind. Dies gilt entsprechend, wenn der Antragsteller oder Leistungsberechtigte in anderer Weise absichtlich die Aufklärung des Sachverhalts erheblich erschwert.
(2) Kommt derjenige, der eine Sozialleistung wegen Arbeitsunfähigkeit, wegen Gefährdung oder Minderung der Erwerbsfähigkeit oder wegen Arbeitslosigkeit beantragt oder erhält, seinen Mitwirkungspflichten nach den §§ 62 bis 65 nicht nach und ist unter Würdigung aller Umstände mit Wahrscheinlichkeit anzunehmen, daß deshalb die Arbeits-, Erwerbs- oder Vermittlungsfähigkeit beeinträchtigt oder nicht verbessert wird, kann der Leistungsträger die Leistung bis zur Nachholung der Mitwirkung ganz oder teilweise versagen oder entziehen.
(3) Sozialleistungen dürfen wegen fehlender Mitwirkung nur versagt oder entzogen werden, nachdem der Leistungsberechtigte auf diese Folge schriftlich hingewiesen worden ist und seiner Mitwirkungspflicht nicht innerhalb einer ihm gesetzten angemessenen Frist nachgekommen ist.

§ 67 Nachholung der Mitwirkung
Wird die Mitwirkung nachgeholt und liegen die Leistungsvoraussetzungen vor, kann der Leistungsträger Sozialleistungen, die er nach § 66 versagt oder entzogen hat, nachträglich ganz oder teilweise erbringen.

Landesversicherungsanstalt Oldenburg-Bremen
Huntestraße 11 · Postfach 27 67 · 2900 Oldenburg · Tel. (04 41) 2 33-1

Ärztlicher Befundbericht
zum Antrag auf Leistungen zur Rehabilitation

Versicherungsnummer des Versicherten

Angaben zur Person des Antragstellers

Name, Vorname, Geburtsname	Geburtsdatum
Anschrift	

Der Patient befindet sich in meiner Behandlung seit	ständig	gelegentlich	Der Antrag erfolgt auf meine Anregung	nein	ja

Ist der Patient zur Zeit arbeitsunfähig? nein ja seit wegen

Diagnosen
Hauptdiagnosen

Nebendiagnosen

Vorgeschichte

Jetzige Beschwerden

Maßgebliche klinische und technische Befunde

> Die Entscheidung ist abhängig von konkreten Angaben, die eine aktuelle Schweregradbeurteilung ermöglichen.

Größe (ohne Schuhe) cm	Gewicht (1/2 bekleidet) kg	Blutdruck RR /	Puls je Min.	BKS

Behandlung innerhalb der letzten sechs Monate
(Medikamente mit Dosisangabe, physikalische Therapie, Psychotherapie nach Art und Häufigkeit)

 WICHTIG!
Alle Berichte der letzten drei Jahre bitte beifügen.
Rücksendung erfolgt unmittelbar nach Einsicht.

Auf Kosten der LVA Oldenburg-Bremen sind keine besonderen Untersuchungen durchzuführen.

Minderung / Gefährdung der Erwerbsfähigkeit
Bitte beurteilen Sie den Schweregrad der funktionellen Einschränkungen des Versicherten anhand der Schätzskalen und geben Sie an, wie bedeutsam die Einschränkungen für die Erwerbsfähigkeit sind.

Funktionsbereiche	Schweregrad der Einschränkung						Beeinträchtigung der Erwerbsfähigkeit		
	keine	leichtgradig	mittelgradig	schwergradig	aufgehoben		gering	mittel	hoch
Beweglichkeit, Wirbelsäule	☐	☐	☐	☐	☐		☐	☐	☐
Beweglichkeit, Extremitäten	☐	☐	☐	☐	☐		☐	☐	☐
Kardiale Funktion	☐	☐	☐	☐	☐		☐	☐	☐
Pulmonale Funktion	☐	☐	☐	☐	☐		☐	☐	☐
Stoffwechsel	☐	☐	☐	☐	☐		☐	☐	☐
Urogenitale Funktion	☐	☐	☐	☐	☐		☐	☐	☐
Emotionale Stabilität	☐	☐	☐	☐	☐		☐	☐	☐
Hirnleistung ☐ geistige Behinderung	☐	☐	☐	☐	☐		☐	☐	☐
Gesamtschweregrad der Einschränkung der Erwerbsfähigkeit	☐	☐	☐	☐	☐				

Zusammenfassende Empfehlung:
☐ ambulante Behandlung ausreichend   ☐ stationäre medizinische Leistung indiziert

Bitte beachten Sie, daß eine Leistung zur Rehabilitation durch den Rentenversicherungsträger bis zu einem **Dreijahreszeitraum** nach einer ähnlichen Leistung **nur aus dringenden medizinischen Gründen** gewährt werden kann.

Welche Fachklinik erscheint nach Ihrer Meinung für die Therapie geeignet?
(z.B. Kardiologie, Pulmologie, Gastroenterologie, Orthopädie, Rheumatologie, Psychosomatik)

Falls eine Leistung zur Rehabilitation in einer psychosomatischen Klinik angezeigt ist:
Liegt bei dem Patienten eine ausreichende Motivation vor?
☐ nein   ☐ ja

Ist eine Alkoholentwöhnung erforderlich?
☐ nein   ☐ ja

Ist die Belastbarkeit für eine Leistung zur Rehabilitation gegeben?
☐ nein   ☐ ja

Ist die Patientin schwanger?
☐ nein   ☐ ja

Ist eine Verständigung nur in fremder Sprache möglich?
☐ nein   ☐ ja   Sprache:

Ist der Patient mit öffentlichen Verkehrsmitteln reisefähig?
☐ nein   ☐ ja

Ist eine Begleitperson erforderlich?
☐ nein   ☐ ja

Bemerkungen

Es wird gebeten, diesen Bericht dem Patienten im verschlossenen Umschlag auszuhändigen, damit der Befundbericht dem Antrag auf Leistungen zur Rehabilitation beigefügt werden kann.
Die Abrechnung der Berichtsgebühr ist nur mit dem dazugehörenden Überweisungsträger möglich. Mit der Gebühr sind Schreib- und Portokosten abgegolten.

Arztstempel mit Tel.-Nr.

Ort, Datum

Unterschrift des Arztes

Landesversicherungsanstalt Oldenburg-Bremen
Huntestraße 11 · Postfach 27 67 · 2900 Oldenburg · Tel. (04 41) 2 33-1

Anlage für den Sozialmedizinischen Dienst

zum Antrag vom   **auf**
- ☐ medizinische Leistungen zur Rehabilitation
- ☐ berufsfördernde Leistungen zur Rehabilitation und Kraftfahrzeughilfe

S

Versicherungsnummer des Versicherten

1 Angaben zur Person des Antragstellers
Name, Vorname, Geburtsname | Geburtsdatum

Angaben zum Gesundheitszustand des Erkrankten

2 Wegen welcher Krankheit oder Behinderung beantragen Sie eine Leistung zur Rehabilitation?

3 Bei welchem Arzt waren Sie in letzter Zeit in Behandlung? Name und Wohnort des Arztes | wegen welcher Krankheit?

In welchen Krankenhäusern erfolgten in den letzten Jahren stationäre Behandlungen? | wegen welcher Krankheit?
Krankenhaus | Abteilung (z.B. Innere, Chirurgie) | von - bis

4 Wurden Sie in den letzten Jahren vom Medizinischen Dienst der Krankenversicherung (Vertrauensarzt) oder Amtsarzt untersucht?
☐ nein ☐ ja | von welcher Stelle? | am

5 Wurden Sie in den letzten Jahren von einer anderen Stelle ärztlich untersucht (z.B. Begutachtung wegen Arbeitsunfall, sonstigen Unfalls, Berufskrankheit oder Wehrdienstbeschädigung)?
☐ nein ☐ ja | von welcher Stelle? | am | Grad der Behinderung %

6 Haben Sie in den letzten fünf Jahren stationäre Heilbehandlungen, Kuren oder ähnliche medizinische Leistungen oder berufsfördernde Leistungen erhalten?
☐ nein ☐ ja | von - bis | Behandlungs-/Ausbildungsort | Kostenträger (oder wer hat Zuschüsse gewährt?) | Aktenzeichen

Ort, Datum

_____ | Unterschrift des Antragstellers

Bei Antrag auf medizinische Leistungen zur Rehabilitation bitte von Ihrer Krankenkasse ausfüllen lassen

7 Ist der Antragsteller arbeitsunfähig im Sinne der Krankenversicherung?
☐ nein ☐ ja | seit | wegen welcher Erkrankung?

War der Antragsteller in den letzten zwölf Kalendermonaten arbeitsunfähig?
☐ nein ☐ ja | vom - bis | Diagnose

Wenn Arbeitsunfähigkeit vorliegt Lohnfortzahlung bis | Krankengeldbezug seit | Leistungsablauf am

Ort, Datum

_____ | Stempel / Unterschrift der Krankenkasse

Beantragung einer Drogenlangzeittherapie – bei einer LVA: hier Oldenburg-Bremen   **385**

Landesversicherungsanstalt Oldenburg-Bremen
Huntestraße 11 · Postfach 27 67 · 2900 Oldenburg · Tel. (04 41) 2 33-1

Antrag auf Befreiung von der Zuzahlung   Z

Bitte immer angeben → Versicherungsnummer des Versicherten
Geb.-Datum

1 Angaben zur Person des Antragstellers

Name, Vorname, Geburtsname	Geburtsdatum
Straße, Hausnummer	
PLZ, Wohnort	

2 Einkünfte des Antragstellers   Netto-Einnahmen im Monat **vor** Antragstellung auf Leistungen zur Rehabilitation ▼

☐ Ich bin Arbeitnehmer	Nettoentgelt bitte vom Arbeitgeber bescheinigen lassen (siehe Rückseite)	
☐ Ich bin Selbständiger	Netto-Einkommen (Nachweise bitte beifügen)	DM
☐ Ich gehöre zum sonstigen Personenkreis (z.B. Hausfrau, Rentner)	Art der Einnahmen zum Lebensunterhalt (Nachweise bitte beifügen)	DM

3 Einkünfte des Ehegatten (nur ausfüllen, wenn der Antragsteller keine eigenen Einkünfte hat)

Name, Vorname	Geb.-Datum	Art der Einkünfte (Nachweise bitte beifügen bzw. Bescheinigung siehe Rückseite)	DM

4 Kinder (bitte Merkblatt beachten)

Name, Vorname	Geb.-Datum	Kindschaftsverhältnis	Art der Einkünfte	
				DM
				DM
				DM
				DM

5 Angehörige, die vom Antragsteller überwiegend unterhalten werden (bitte Merkblatt beachten)

Name, Vorname	Geb.-Datum	Verwandtschaftsverhältnis	Art der Einkünfte (Nachweise bitte beifügen)	
				DM
				DM

6 Angaben zu einer bereits geleisteten Zuzahlung   Zuzahlungsnachweise bitte beifügen!

	Name der Krankenkasse	von	bis
☐ Es wurden innerhalb des laufenden Kalenderjahres bereits Zuzahlungen für eine **Krankenhausbehandlung** geleistet.			

Ich versichere, daß ich sämtliche Angaben nach bestem Wissen gemacht habe. Ich verpflichte mich, jede wesentliche Änderung in den hier angegebenen Verhältnissen der Landesversicherungsanstalt Oldenburg-Bremen mitzuteilen.

Ort, Datum

Unterschrift des Antragstellers
bitte wenden!

Verdienstbescheinigung des Arbeitgebers

für
Name

Das letzte Nettoarbeitsentgelt betrug in der Zeit

vom		bis			DM
Tag	Monat	Tag	Monat	Jahr	

Neben dem Entgelt hat der Arbeitnehmer im angegebenen Zeitraum erhalten

	in Höhe von DM
☐ Kurzarbeitergeld	
☐ Schlechtwettergeld	

Ort, Datum

Stempel / Unterschrift des Arbeitgebers

Erläuterungen zur Verdienstbescheinigung

Zu bescheinigen ist das ausgezahlte **Nettoentgelt des letzten abgerechneten Lohnzahlungszeitraumes** (mindestens vier Wochen) **vor Antragstellung** auf Leistungen zur Rehabilitation für den obengenannten Arbeitnehmer (jedoch ohne einmalig gezahltes Arbeitsentgelt, wie z.B. Weihnachtsgeld, Urlaubsgeld, Gratifikation usw., und ohne Arbeitgeberzuschuß zur freiwilligen Krankenversicherung). Bei Arbeitsausfall wegen Kurzarbeit oder Schlechtwetter ist das verminderte Nettoentgelt **zuzüglich** des Kurzarbeiter- bzw. Schlechtwettergeldes des Arbeitsamtes anzugeben.

Beantragung einer Drogenlangzeittherapie – bei einer LVA: hier Oldenburg-Bremen

Landesversicherungsanstalt Oldenburg-Bremen
Huntestraße 11 · Postfach 27 67 · 2900 Oldenburg · Tel. (04 41) 2 33-1

Zusatzfragebogen: Arbeitsplatzbeschreibung

G

Versicherungsnummer

1 Angaben zur Person des Versicherten

Name, Vorname, Geburtsname | Geburtsdatum

2 Angaben zur derzeitigen bzw. letzten Beschäftigung / Tätigkeit

Welche Beschäftigung / Tätigkeit üben Sie aus?
(Bitte genaue Berufsbezeichnung) | seit

Art Ihrer Tätigkeit am Arbeitsplatz
- [ ] ständig stehend
- [ ] gehend und stehend
- [ ] ständig sitzend
- [ ] im Wechsel von Stehen, Gehen, Sitzen
- [ ] an laufender Maschine
- [ ] oft in gebückter Stellung
- [ ] oft mit erhobenen Armen
- [ ] oft knieend, hockend usw.
- [ ] Heben u. Tragen von Lasten bis zu 7 kg
- [ ] Heben u. Tragen von Lasten über 7 – 20 kg
- [ ] Heben u. Tragen von Lasten über 20 kg
- [ ] auf Gerüsten und Leitern
- [ ] hautempfindliche Arbeiten
- [ ] Erfordernis von Schwindelfreiheit und Gleichgewichtssinn

Arbeitszeit
- [ ] regelmäßig
- [ ] unregelmäßig
- [ ] halbtags
- [ ] Teilzeitarbeit, tägl. _____ Stunden
- an _____ Tage(n) je Woche

Arbeitsweise
- [ ] Wechselschicht
- [ ] Zweischicht (Tag / Nacht)
- [ ] Nachtschicht
- [ ] Fließbandakkord
- [ ] Einzelakkord bzw. Stückakkord
- [ ] Gruppenakkord

Äußere Einflüsse
- [ ] Arbeit bei künstlichem Licht
- [ ] angestrengtes Sehen (Feinarbeit)
- [ ] Arbeit im Freien
- [ ] überwiegend witterungsgeschützt
- [ ] Arbeit in offenen Rohbauten o.ä.
- [ ] Nässe
- [ ] Kälte
- [ ] Hitze
- [ ] Temperaturschwankungen
- [ ] Zugluft
- [ ] Druckluft
- [ ] Vibration
- [ ] Erschütterung
- [ ] Druck
- [ ] dauernd starker Lärm
- [ ] zeitweilig starker Lärm

Fortsetzung Äußere Einflüsse
- [ ] starke Staubentwicklung
- [ ] belästigende Rauchentwicklung
- [ ] belästigende Gase oder Dämpfe
- [ ] chemische Einflüsse

Fahren von Kraftfahrzeugen
- [ ] PKW
- [ ] LKW ohne Ladearbeiten
- [ ] LKW mit schweren Ladearbeiten
- [ ] Baumaschinenfahrer (Kran, Bagger etc.)
- [ ] sonstige Fahrzeuge

Sonstiges
- [ ] Verantwortung
- [ ] ständige Konzentration nötig
- [ ] hohes Reaktionsvermögen
- [ ] Führungsaufgaben
- [ ] Anlagensteuerung (Überwachung)
- [ ] Auswärts-Montage
- [ ] Reisetätigkeit
- [ ] unregelmäßiges Essen
- [ ] Kantinenessen
- [ ] Diät erforderlich

Muß bei der Ausführung dieser Arbeiten auf Ihren Gesundheitszustand besondere Rücksicht genommen werden?
aus welchen Gründen?
[ ] nein [ ] ja

Bestehen besonders erschwerte Arbeitsbedingungen oder besondere Belastungen?
welche?
[ ] nein [ ] ja

Können einzelne Verrichtungen nicht ausgeführt werden?
welche?
[ ] nein [ ] ja

Wird die betriebsübliche Arbeitszeit eingehalten?
Falls nein: Warum nicht?
[ ] nein [ ] ja

Bemerkungen

Ort, Datum

Unterschrift des Versicherten

BUNDESVERSICHERUNGSANSTALT FÜR ANGESTELLTE

Postanschrift:
Bundesversicherungsanstalt für Angestellte · Postfach · 1000 Berlin 88

Hauptverwaltung:
Berlin-Wilmersdorf, Ruhrstraße 2, Telefon (030) 865-1
Telex 183366 · Telefax (030) 86527240 · Btx *45065#

Eingangsstempel (BfA)

Antrag auf Leistungen zur Rehabilitation aus der Angestelltenversicherung

Hinweis
Die Beantwortung der Fragen ist erforderlich, damit über Ihren Antrag entschieden werden kann. Ihre Mitwirkungspflicht und deren Umfang ergeben sich aus den §§ 60 ff. des Ersten Buchs Sozialgesetzbuch – Allgemeiner Teil (SGB I). Bei fehlender Mitwirkung kann die Leistung ganz oder teilweise versagt oder entzogen werden (§ 66 SGB I).

Die rot umrandeten Felder sind nicht vom Antragsteller auszufüllen

Versicherungsnummer | BKZ | Fallgruppe | Kennzeichen

Beantragte Leistung — Zutreffendes ankreuzen, Antrag bitte in Druckschrift ausfüllen

SZAT			
1	0	Medizinische Leistungen zur Rehabilitation – Heilbehandlungsmaßnahmen (§ 15 SGB VI) ➝ Zusatzfragebogen „HBM" ausfüllen (Vordruck 8.71012)	01/
		Entwöhnungsbehandlung: ☐ ambulant ☐ stationär ☐ med.-berufl. Rehabilitation	
		nur von der Krankenkasse anzukreuzen ☐ § 51 Abs. 1 SGB V (ärztliche Unterlagen beifügen)	07
1	2	Berufsfördernde Leistungen zur Rehabilitation – z. B. Umschulung – (§ 16 SGB VI) ➝ Zusatzfragebogen „Bf" ausfüllen (Vordruck 8.41011)	20
1	3	Kraftfahrzeughilfe ➝ Zusatzfragebogen „Kfz" (Vordruck 8.42011) und Verdienstbescheinigung des Arbeitgebers (Vordruck 8.42012) ausfüllen	30/
1	4	Nach- und Festigungskur für Versicherte und nichtversicherte Angehörige (bei nichtversicherten Angehörigen bitte auch Ziff. 7–9 ausfüllen) – (§ 31 SGB VI)	40/
1	6	Kinderheilbehandlung (bitte auch Ziff. 7–9 ausfüllen) – (§ 31 SGB VI)	60/
1	6	Stationäre medizinische Leistungen zur Sicherung der Erwerbsfähigkeit bei besonders gesundheitsgefährdender Beschäftigung – (§ 31 SGB VI) ➝ Zusatzfragebogen „HBM" ausfüllen (Vordruck 8.71012) und Zusatzfragebogen „Gf" ausfüllen (Vordruck 8.71016)	67/

1 Der Antrag wird gestellt für (Bitte Angaben zur Person, der die Leistung gewährt werden soll)

Name (ggf. auch Geburtsname), Vornamen (Rufname unterstreichen) | Geburtsdatum

Postleitzahl | Wohnort (ggf. mit Postort), Straße und Hausnummer

Kreis | Bahnstation | Telefonisch zu erreichen unter (Vorwahl/Ruf-Nr.)

Nur ausfüllen, wenn für den Betreuten bisher keine Versicherungsnummer vergeben wurde

Früher geführte Namen | Geburtsort | Staatsangehörigkeit | Geschlecht ☐ männlich ☐ weiblich

2 Angaben zum Familienstand und zum Beruf

2.1 Familienstand
☐ 0 ledig   ☐ 1 verheiratet   ☐ 3 geschieden   ☐ 4 verwitwet

2.2 Zuletzt ausgeübter Beruf (genaue Bezeichnung, z. B. nicht kaufm. Angestellter, sondern Bilanzbuchhalter)

2.3 Derzeitige Stellung im Berufs-/Erwerbsleben
☐ 0 nicht erwerbstätig   ☐ 1 Auszubildender (Lehrling, Anlernling, Praktikant, Volontär, Student usw.)   ☐ 5 Meister, Polier
☐ 6 Angestellter   ☐ 7 Beamter o. ä.   ☐ 8 Selbständiger

2.4 Arbeit vor Antragstellung
☐ 0 nicht erwerbstätig (nicht ankreuzen, wenn 6 oder 7 zutrifft)   ☐ 1 Ganztagsarbeit **ohne** Wechselschicht/Akkord   ☐ 2 Ganztagsarbeit **mit** Wechselschicht/Akkord
☐ 3 Ganztagsarbeit mit Nachtschicht   ☐ 4 Teilzeitarbeit weniger als die Hälfte der üblichen Arbeitszeit   ☐ 5 Teilzeitarbeit mindestens die Hälfte der üblichen Arbeitszeit
☐ 6 ausschließlich Hausfrauentätigkeit   ☐ 7 arbeitslos im Sinne des Arbeitsförderungsgesetzes   ☐ 8 Heimarbeit
☐ 9 Beschäftigung in einer Werkstatt für Behinderte

2.5 Anzahl früherer stationärer medizinischer oder sonstiger Leistungen durch einen Rentenversicherungsträger

2.6 Haben Sie einen Schwerbehindertenausweis? | Versorgungsamt | Aktenzeichen
☐ 0 nein   ☐ 1 ja

bitte wenden

Beantragung einer Drogenlangzeittherapie bei der BfA in Berlin

2.7 Name des Arbeitgebers

Anschrift des Arbeitgebers

2.8 Besteht ein öffentlich-rechtliches Dienstverhältnis oder ein Arbeitsverhältnis **mit Anspruch auf Versorgung nach beamtenrechtlichen Vorschriften oder Grundsätzen** oder werden Versorgungsbezüge aus einem öffentlich-rechtlichen Dienstverhältnis oder aus einem Arbeitsverhältnis **mit Anspruch auf Versorgung nach beamtenrechtlichen Vorschriften oder Grundsätzen** gewährt?
(Bei Leistungen für nichtversicherte Kinder ist die Frage von **beiden** Elternteilen zu beantworten)

| für den Erkrankten | für den Ehegatten* | für den Vater* | für die Mutter* | * nur für Nach- und Festigungskur und Kinderheilbehandlung |
| nein ja | nein ja | nein ja | nein ja | |

Name und Anschrift des Dienstherrn bzw. des Trägers der Versorgungslast

2.9 Sind Sie Abgeordneter, Minister oder Parlamentarischer Staatssekretär oder erhalten Sie aus einem solchen Mandats- bzw. Amtsverhältnis Versorgung?
Parlament, Ministerium

nein ja

3 Zahlungsempfänger bei Überweisung

| Bank/Sparkasse/Postgiroamt | Kontonummer | Bankleitzahl |

| Anschrift der Bank/Sparkasse | Kontoinhaber | |

4 Beitragszeiten

4.1 Haben Sie Beiträge entrichtet zur

	nein ja vom – bis		nein ja vom – bis
Angestelltenversicherung (BfA)		Landwirtschaftlichen Alterskasse	
Arbeiterrentenversicherung (LVA)		Sozialversicherung im Gebiet der früheren DDR	
Knappschaftlichen Rentenversicherung		Sozialversicherung im Ausland	
Bundesbahn-Versicherungsanstalt		In welchem Land?	
Seekasse			

4.2 Bestehen Ansprüche und Anwartschaften aufgrund der Zugehörigkeit zu Zusatz- oder Sonderversorgungssystemen in der früheren DDR?
vom – bis   bei welcher Versorgungsstelle?

nein ja

4.3 Sind **Beiträge erstattet** oder zurückgezahlt oder ist dies beantragt worden? (z. B. bei Frauen wegen Heirat)
vom – bis   Versicherungsträger   Aktenzeichen

nein ja

4.4 Wurde eine Ehe nach dem 30.06.77 aufgelöst und ist hierbei über den **Versorgungsausgleich** (Übertragung oder Begründung von Anwartschaften in der gesetzlichen Rentenversicherung) entschieden worden?
Name des Versicherungsträgers, der in der Entscheidung des Familiengerichtes genannt ist

nein ja

4.5 Besteht ein Anspruch auf **Nachversicherung** für Beschäftigungszeiten im öffentlichen Dienst oder bei sonstigen öffentlich-rechtlichen Körperschaften?
bei welcher Stelle?   Aktenzeichen

nein ja

4.6 Wurden Zeiten der Kindererziehung zurückgelegt?
Geburtsdaten der Kinder

nein ja

5 Rentenbezug

5.1 Beziehen Sie eine Rente aus der gesetzlichen Rentenversicherung (einschl. Landwirtschaftliche Alterskasse)?

☐ nein ☐ ja

Versicherungsanstalt _____ Rentenbeginn _____ Renten-(Akten-)Zeichen _____

☐ Berufs-/Erwerbsunfähigkeitsrente oder Invalidenrente ☐ Bergmannsrente/Knappschaftsausgleichsleistung

☐ Altersrente, gezahlt als ☐ Vollrente ☐ 1/3 Teilrente ☐ 1/2 Teilrente ☐ 2/3 Teilrente

☐ Große Witwen- oder Witwerrente wegen Berufs-/Erwerbsunfähigkeit

Haben Sie einen entsprechenden Antrag gestellt?

bei welcher Stelle? _____ Aktenzeichen _____

☐ nein ☐ ja

Beabsichtigen Sie in den nächsten 6 Monaten Altersrente (auch vorgezogene Altersrente) zu beantragen?

☐ nein ☐ ja, in Höhe von wenigstens zwei Dritteln der Vollrente

5.2 Beziehen Sie Leistungen aus der **gesetzlichen Unfallversicherung** oder von einem ausländischen Unfallversicherungsträger?

Rentenbeginn _____ Versicherungsträger _____ Renten-(Akten-)Zeichen _____

☐ nein ☐ ja

Haben Sie einen entsprechenden Antrag gestellt?

bei welcher Stelle? _____ Aktenzeichen _____

☐ nein ☐ ja

5.3 Erhalten Sie ein Ausgleichsgeld von der Landwirtschaftlichen Alterskasse (gilt nur für landwirtschaftliche Arbeitnehmer und mitarbeitende Familienangehörige)?

bei welcher Stelle? _____ Aktenzeichen _____

☐ nein ☐ ja

6 Sonstige Angaben

6.1 Sind Gesundheitsstörungen als Folge von Kriegseinwirkung, Wehr- oder Zivildienstbeschädigung, als Folge eines Arbeitsunfalls, als Berufskrankheit, als Verfolgtenleiden nach dem Bundesentschädigungsgesetz, als Impfschäden oder als Folge einer Gewalttat im Sinne des Gesetzes über die Entschädigung für Opfer von Gewalttaten anerkannt worden?

von welcher Stelle? _____ Aktenzeichen _____

☐ nein ☐ ja

Haben Sie einen entsprechenden Antrag gestellt?

bei welcher Stelle? _____ Aktenzeichen _____

☐ nein ☐ ja

6.2 Sind die Gesundheitsstörungen Folge einer durch Dritte verursachten Körperverletzung bzw. Krankheit (z. B. eines Verkehrsunfalls, eines sonstigen Unfalls, einer Ansteckung) oder im Zusammenhang mit Industrieanlagen, Industrie- oder sonstigen Produkten herbeigeführt worden?

☐ nein ☐ ja

Haben Sie Schadenersatzansprüche geltend gemacht?

bei welcher Stelle? _____ Aktenzeichen _____

☐ nein ☐ ja

6.3 Haben Sie in den letzten 5 Jahren stationäre Heilbehandlungen, Kuren (auch mit Zuschuß der Krankenkassen), Heilbehandlungen ausländischer Träger o. ä. bzw. berufsfördernde Leistungen erhalten?

☐ nein ☐ ja

vom – bis	Behandlungsort/Ausbildungsort	Wer war Kostenträger oder wer hat Zuschüsse gewährt?	Aktenzeichen

6.4 Wann traten die Gesundheitsstörungen, aufgrund derer jetzt Leistungen zur Rehabilitation beantragt werden, erstmals auf?

Befinden oder befanden Sie sich wegen dieser Gesundheitsstörungen in ambulanter oder stationärer Behandlung?

beim behandelnden Arzt   seit _____   Name, Fachrichtung und Anschrift des behandelnden Arztes _____

☐ nein ☐ ja

im Krankenhaus   vom – bis _____   Name und Anschrift der Krankenanstalt _____

☐ nein ☐ ja

im Sanatorium   vom – bis _____   Name und Anschrift des Sanatoriums _____

☐ nein ☐ ja

Bei welchen Ärzten waren Sie noch in den letzten 2 Jahren wegen der angegebenen Gesundheitsstörungen in Behandlung?

6.5 Sind Sie bei einem privaten Krankenversicherungsunternehmen versichert?

☐ nein ☐ ja, Angaben zu Ziff. 11 nicht erforderlich

Beantragung einer Drogenlangzeittherapie bei der BfA in Berlin

Angaben zu Ziff. 7–9 nur erforderlich bei
Antrag auf Nach- und Festigungskur (für nichtversicherte Angehörige) bzw.
Antrag auf Kinderheilbehandlung

7 Angaben zur Person des Versicherten bzw. Rentenempfängers

7.1 Die Nach- und Festigungskur bzw. Kinderheilbehandlung soll gewährt werden aus der Versicherung
    Versicherungsnummer des Versicherten bzw. Rentenempfängers
    ☐ des Ehegatten   ☐ des Vaters   ☐ der Mutter

7.2 Name (ggf. auch Geburtsname), Vornamen (Rufname unterstreichen)   Geburtsdatum

    Postleitzahl   Wohnort (ggf. mit Postort), Straße und Hausnummer   Telefonisch zu erreichen unter (Vorwahl/Ruf-Nr.)

8 Beitragszeiten des Versicherten bzw. Rentenempfängers

8.1 Haben Sie Beiträge entrichtet zur

                                   nein ja vom – bis   nein ja vom – bis
    Angestelltenversicherung (BfA) ☐   ☐   Landwirtschaftlichen Alterskasse   ☐   ☐
    Arbeiterrentenversicherung (LVA) ☐ ☐   Sozialversicherung im Gebiet
                                                       der früheren DDR   ☐   ☐
    Knappschaftlichen
    Rentenversicherung   ☐   ☐   Sozialversicherung im Ausland   ☐   ☐
    Bundesbahn-Versicherungsanstalt ☐   ☐   In welchem Land? _____
    Seekasse   ☐   ☐

8.2 Bestehen Ansprüche und Anwartschaften aufgrund der Zugehörigkeit zu Zusatz- oder Sonderversorgungssystemen in der früheren DDR?
    vom – bis   bei welcher Versorgungsstelle?
    ☐ nein ☐ ja

9 Rentenbezug

9.1 Beziehen Sie eine Rente aus der gesetzlichen Rentenversicherung (einschl. Landwirtschaftliche Alterskasse)?
    Versicherungsanstalt   Rentenbeginn   Renten-(Akten-)Zeichen
    ☐ nein ☐ ja

        ☐ Berufs-/Erwerbsunfähigkeitsrente oder Invalidenrente   ☐ Bergmannsrente/
                                                                      Knappschaftsausgleichsleistung

        ☐ Altersrente, gezahlt als   ☐ Vollrente   ☐ 1/3 Teilrente   ☐ 1/2 Teilrente   ☐ 2/3 Teilrente

        ☐ Große Witwen- oder Witwerrente wegen Berufs-/Erwerbsunfähigkeit
    Haben Sie einen entsprechenden Antrag gestellt?
             bei welcher Stelle?   Aktenzeichen
    ☐ nein ☐ ja

Für zusätzliche Mitteilungen des Antragstellers an die BfA:

10 Erklärungen

Ich versichere, daß ich sämtliche Angaben in diesem Antrag und dem dazu gehörenden Zusatzfragebogen nach bestem Wissen gemacht habe. Mir ist bekannt, daß wissentlich falsche Angaben zu einer strafrechtlichen Verfolgung führen können.

Ich erkläre mich damit einverstanden, daß ärztliche und psychologische Untersuchungsunterlagen, die für die Entscheidung erforderlich sind, von den Stellen und Ärzten angefordert werden können, die ich im Antrag angegeben habe oder die aus den im Zusammenhang mit dem Antrag eingereichten Unterlagen ersichtlich sind.

Ich bin ferner damit einverstanden, daß bisher unbekannte medizinische Befunde aus den zu erwartenden Gutachten meinem behandelnden Arzt/dem behandelnden Arzt meines Kindes mitgeteilt werden, damit diese Befunde bei der Behandlung für mich/für mein Kind verwendet werden können.
Bei Gewährung von Übergangsgeld bin ich damit einverstanden, daß die Zahlungen an meine Familienangehörigen geleistet werden können.

Ich verpflichte mich, ärztliche Untersuchungen, die während des Verfahrens von einer anderen Stelle veranlaßt werden, bekanntzugeben. Dazu gehören auch Aufenthalte in einem Krankenhaus oder einer anderen Behandlungsstätte. Sofern ich bei meiner Mitteilung über solche Untersuchungen nicht anderes erkläre, bin ich damit einverstanden, daß auch von diesen Stellen Unterlagen angefordert werden.

Ferner verpflichte ich mich, Veränderungen in meinen persönlichen und wirtschaftlichen Verhältnissen (z. B. Bezug von Leistungen aus der gesetzlichen Renten-, Kranken-, Arbeitslosen- oder Unfallversicherung, nach dem Bundessozialhilfegesetz, dem Bundesversorgungsgesetz usw.) der BfA sofort mitzuteilen.

Ich nehme zur Kenntnis, daß

- die Daten, die im Zusammenhang mit einer Begutachtung wegen der Erbringung von Sozialleistungen bekannt geworden sind, für eigene gesetzliche soziale Aufgaben (z. B. einem anderen Gutachter) oder an andere Sozialleistungsträger (z. B. Krankenkasse, Arbeitsamt, Versorgungsamt, Berufsgenossenschaft) auch für deren gesetzliche Aufgaben offenbart werden dürfen (§ 69 Abs. 1 Nr. 1 SGB X in Verbindung mit § 76 Abs. 2 Nr. 1 SGB X),
- ich dem jedoch widersprechen kann,
- bei einem Widerspruch aber die Leistung ganz oder teilweise versagt oder entzogen werden kann, nachdem ich auf diese Folge schriftlich hingewiesen worden bin und eine mir gesetzte Frist verstrichen ist (§ 66 SGB I).

Mir ist bekannt, daß bei Bezug von Rente wegen Alters von wenigstens zwei Dritteln der Vollrente kein Anspruch auf Leistungen zur Rehabilitation besteht (Ausnahme: Nach- und Festigungskur und Kinderheilbehandlung). Sollte ich zwischenzeitlich bei der BfA Altersrente oder deren Erhöhung beantragen, werde ich dies **zu diesem Antrag sofort** nachmelden.

Die Kinderheilbehandlung kann auch bei einer bereits vorliegenden Einladung der Behandlungsstätte nicht begonnen werden, wenn das Kind Zeichen einer ansteckenden Krankheit aufweist oder aus einer Umgebung mit ansteckenden Krankheiten kommt.

Sofern die Heilbehandlung für einen Jugendlichen über 15 Jahre beantragt wird, der sich noch in Schul- oder nichtversicherungspflichtiger Berufsausbildung befindet, ist eine entsprechende Bescheinigung der Schule, der Ausbildungsstätte usw. mit einzureichen.

Anlagen:

- ☐ Zusatzfragebogen „HBM" (Vordruck 8.7101 2)
- ☐ Zusatzfragebogen „Bf" (Vordruck 8.4101 1, Bl. 1–3)
- ☐ Zusatzfragebogen „Kfz" (Vordruck 8.4201 1) **und** Verdienstbescheinigung (Vordruck 8.4201 2)
- ☐ Freiwilligkeitserklärung und Sozialbericht bei Entwöhnungsbehandlung
- ☐ Zusatzfragebogen „Gf" (Vordruck 8.7101 6) und Zusatzfragebogen „HBM" (Vordruck 8.7101 2)

_____ Beitragsbelege (Durchschriften der Versicherungskarten aus dem Versicherungsnachweisheft, vom Arbeitgeber maschinell erstellte Bescheinigungen, Versicherungskarten, Aufrechnungsbescheinigungen)

_____ Nachweise über Anrechnungszeiten

_____ Ärztliche Bescheinigungen

_____ Sonstige Anlagen

_____ _____
Ort, Datum und Unterschrift des Versicherten bzw. Rentenempfängers Ort, Datum und Unterschrift des Antragstellers

Nur bei nichtversicherten Ehegatten bzw. volljährigen Kindern
Mit den Erklärungen zu Ziff. 10 bin ich einverstanden

_____
Ort, Datum, Unterschrift des Ehegatten bzw. Kindes

Beantragung einer Drogenlangzeittherapie bei der BfA in Berlin

11 Bescheinigung der Krankenkasse

11.1 Der Antragsteller ist bei folgender Krankenkasse versichert: (Bei privater Krankenversicherung, entfallen die Angaben zu Ziff. 11.1 und 11.2)

Name und genaue Anschrift der Krankenkasse

Institutionskennzeichen

Der Antragsteller ist

☐ Pflichtvers. ☐ freiw. vers. ☐ Rentenantragsteller ☐ Rentner ☐ Fam.-Vers.

Personalien des Mitgliedes (Name, Vorname, Geburtsdatum)

Wurden für den Antragsteller in den letzten 3 Jahren medizinische Leistungen zur Rehabilitation (vgl. § 13 Abs. 1 Satz 3 AVG bzw. ab 01.01.92 nach § 12 Abs. 2 SGB VI) nach **§ 40 Abs. 1 SGB V** (ambulante Rehabilitationskur), **§ 40 Abs. 2 SGB V** (stationäre Behandlung mit Unterkunft und Verpflegung in einer Rehabilitationseinrichtung) oder **§ 41 Abs. 1 SGB V** (Rehabilitationskur in einer Einrichtung des Müttergenesungswerks), durchgeführt oder bezuschußt?

ggf. Art und Zeitraum der Leistung

☐ nein ☐ ja

Anmerkung
Nicht anzugeben sind ambulante Leistungen zur Rehabilitation (§ 27 Abs. 1 Nr. 6 SGB V), ambulante und stationäre Vorsorgekuren (§ 23 Abs. 2 und 4 SGB V) und Vorsorgekuren für Mütter (§ 24 Abs. 1 SGB V).

11.2 War der Antragsteller in den letzten 6 Monaten arbeitsunfähig?

vom - bis

☐ nein ☐ ja

Ist der Antragsteller z. Z. arbeitsunfähig? seit

☐ nein ☐ ja

Bezieht der Antragsteller Krankengeld? seit   kal.-tgl. DM

☐ nein ☐ ja

Werden z. Z. Beiträge zur gesetzlichen Rentenversicherung entrichtet?
letzter Beitrag (Monat, Jahr)

☐ nein ☐ ja   zur   ☐ Angestelltenversicherung ☐ Arbeiterrentenversicherung ☐ Knappschaftlichen Rentenversicherung
☐ Bundesbahnversicherungsanstalt ☐ Seekasse

Stempel der Krankenkasse, Unterschrift

Datum

12 Nachweis der Beitragsentrichtung

12.1 Zur Feststellung der versicherungsrechtlichen Voraussetzungen sind dem Antrag beizufügen und der BfA einzureichen:

1. Versicherungsnachweise oder Versicherungskarten aus dem Versicherungsnachweisheft
2. Entgeltbescheinigungen nach § 11 der 2. DÜVO
3. Versicherungskarten alter Art
4. Sämtliche Aufrechnungsbescheinigungen
5. Nachweise über Anrechnungszeiten

Die Beifügung der Versicherungsunterlagen kann unterbleiben, wenn eine Stadt- bzw. Gemeindeverwaltung, das Versicherungsamt oder die Ersatzkasse, Orts-, Betriebs-, Innungs-Krankenkasse, Landwirtschaftliche Krankenkasse die erforderliche Anzahl von Beitragsmonaten in nachstehender Aufstellung festhält und bescheinigt. Die endgültige Prüfung bleibt der BfA vorbehalten.

Nach den vorgelegten Versicherungsunterlagen wurden Beiträge entrichtet:

☐ **durch Lohnabzug über die Träger der Krankenversicherung**

☐ **durch direkte Entrichtung an die BfA**

Stempel mit Anschrift der prüfenden Stelle, Datum und Unterschrift

	Für die Zeit		Beitragsmonate
	vom	bis	
19			
19			
19			
19			
19			
19			

BUNDESVERSICHERUNGSANSTALT FÜR ANGESTELLTE

Postanschrift:
Bundesversicherungsanstalt für Angestellte • Postfach • 1000 Berlin 88

Hauptverwaltung:
Berlin-Wilmersdorf, Ruhrstraße 2, Telefon (0 30) 8 65 -1
Telex 183366 • Telefax (0 30) 8 65 272 40 • Btx • 45065 #

Zusatzfragebogen HBM
zum Antrag auf medizinische Leistungen zur Rehabilitation

**Wichtiger Hinweis
Bitte Rückseite beachten**

Versicherungsnummer | BKZ | (wird von der BfA ausgefüllt) MSNR

Sehr geehrte Versicherte!
Sehr geehrter Versicherter!

Zu Ihrem Antrag auf medizinische Leistungen zur Rehabilitation erhalten Sie noch diesen Fragebogen in doppelter Ausfertigung. Er soll Ihnen ermöglichen, in Ruhe zu Hause auf eine Reihe von Fragen zu antworten, die für die Bearbeitung Ihres Antrages wichtig sind.

Bringen Sie bitte beide Ausfertigungen des vollständig ausgefüllten und unterschriebenen Fragebogens sowie den Reha-Antragsvordruck zum Arzttermin mit. Versäumen Sie bitte nicht, soweit vorhanden, ärztliche Berichte, Röntgenaufnahmen, Elektrokardiogramme, vor allem auch **amtliche Bescheide** über Wehrdienstbeschädigungen, Berufserkrankungen, Entschädigungsleiden usw. dem Arzt vorzulegen. Sie erhalten diese nach Auswertung zurück.

Dieser Fragebogen, der in keiner Weise das vertrauensvolle Gespräch mit dem Arzt ersetzen soll, wird zusammen mit dem Antragvordruck vom Arzt an die BfA gesandt.

Der Antrag kann ohne Beantwortung der umseitigen Fragen nicht bearbeitet werden.

Mit verbindlichem Dank für Ihre Mühe und freundlichen Grüßen

Ihre

BfA

Abteilung Rehabilitation

Beantragung einer Drogenlangzeittherapie bei der BfA in Berlin

Bitte nur mit Schreibmaschine oder in Druckschrift ausfüllen. Zutreffendes ankreuzen (bitte Kohlepapier vorher einlegen)

1. Name, Vorname, ggf. Geburtsname, Geburtsdatum

2. **Frühere Erkrankungen (mit Zeitangabe):** u. a.
   - ☐ Tuberkulose _____
   - ☐ häufig Bronchitis _____
   - ☐ häufig Halsentzündung _____
   - ☐ Zuckerkrankheit _____
   - ☐ Gallensteine _____
   - ☐ Gelbsucht _____
   - ☐ Nierensteine _____
   - ☐ Bluthochdruck _____
   - ☐ Herzinfarkt _____

3. **Wann befanden Sie sich im Krankenhaus und weswegen?** (u. a. Operationen, Unfälle, Infektionen)

4. Beschreiben Sie bitte Ihre jetzigen Beschwerden **vollständig** (Angabe von Diagnosen ist nicht ausreichend).

5. Wer ist z. Z. Ihr behandelnder Arzt (Name, Anschrift)?

   Nennen Sie bitte auch weitere behandelnde Ärzte in den letzten 12 Monaten (Name, Anschrift und unbedingt die Fachrichtung angeben).

   Besteht Arbeitsunfähigkeit?   seit   wegen
   ☐ nein   ☐ ja _____

   Welche Medikamente nehmen Sie regelmäßig ein (Name des Präparates mit Mengenangabe)?

   Welche anderen Behandlungen (z. B. Krankengymnastik, Elektrotherapie, Massagen) erfolgten in den letzten 12 Monaten?

6. Alkohol
   - ☐ keinen
   - ☐ gelegentlich
   - ☐ regelmäßig

   ☐ Bier
   ☐ Wein
   ☐ Schnaps

   Zigaretten
   - ☐ keine
   - ☐ tgl. bis 10 Stück
   - ☐ tgl. bis 20 Stück
   - ☐ tgl. über 20 Stück
   - ☐ Pfeife oder Zigarre

7. Vorsorgeuntersuchung ☐ nein ☐ ja wann?

8. bei Frauen: Letzte Regelblutung: _____   Besteht Schwangerschaft? ☐ nein ☐ ja

Ort und Datum

_____   Unterschrift des Versicherten

– Wenn der Raum für die Beantwortung der Fragen nicht ausreicht, bitte Rückseite benutzen –

BUNDESVERSICHERUNGSANSTALT FÜR ANGESTELLTE

Versicherungsnummer | BKZ | MSNR

Postanschrift:
Bundesversicherungsanstalt für Angestellte · Postfach · 1000 Berlin 88

Hauptverwaltung:
Berlin-Wilmersdorf, Ruhrstraße 2, Telefon (0 30) 8 65 - 1
Telex 183366 · Telefax (0 30) 8 65 272 40 · Btx ∗ 45065 #

| Datum und Zeichen Ihres Schreibens | ☎ Durchwahl-Nr. (0 30) 8 65- | Datum |

Entwöhnungsbehandlung

Sehr geehrte(r)

Kosten für Entwöhnungsbehandlungen können von der Bundesversicherungsanstalt für Angestellte u.a. nur dann übernommen werden, wenn kein Gerichtsbeschluß für die Einweisung in eine Behandlungsstätte vorliegt und diese Leistung freiwillig durchgeführt wird.

Wir bitten Sie daher, die "Erklärung" zu unterschreiben und uns urschriftlich zurückzusenden.

Mit freundlichen Grüßen
Im Auftrag

Erklärung

Hiermit erkläre ich mich mit der Durchführung einer mindestens drei- bis sechsmonatigen Entwöhnungsbehandlung einverstanden.

Die Einweisung erfolgt nicht durch Gerichtsbeschluß.

Gleichzeitig erkläre ich mich bereit, mich zur Sicherung des Erfolges nach Abschluß der Behandlung zwecks Nachbetreuung einer Abstinenz- oder ähnlichen Organisation anzuschließen.

Datum und Unterschrift

Urschriftlich zurück

Bundesversicherungsanstalt
für Angestellte
Postfach

1000 Berlin 88

Beantragung einer Drogenlangzeittherapie bei der BfA in Berlin 397

BUNDESVERSICHERUNGSANSTALT FÜR ANGESTELLTE

ÄRZTLICHES GUTACHTEN
zum Antrag auf medizinische Leistungen
zur Rehabilitation (Heilbehandlung)

Es wird gebeten, dem Versicherten keine Angaben über die Erfolgsaussichten seines Antrages zu machen.
Das Gutachten bitte mit Schreibmaschine ausfüllen und mit 2 Durchschriften sowie den Befunderhebnissen senden an Bundesversicherungsanstalt für Angestellte
Dez. 8010 — Bereich 1 —
Postfach · 1000 Berlin 88

1 Versicherungsnummer | BKZ 8 | PNR 5 | Untersuchungstag
   Name, Vorname, ggf. Geburtsname | ZE-Nr.
   Postleitzahl Anschrift | Größe in vollen cm Gewicht in vollen kg
   Jetzt ausgeübte Tätigkeit | Erlernter Beruf
   arbeitsunfähig ja nein ggf. seit | wegen

2 Wichtige anamnestische Daten und jetzige Beschwerden (Hinweis auf Vorgutachten genügt nicht)

   Letzte Medikation (mit Dosierung):

   Andere therapeutische Maßnahmen i. d. letzten 6 Monaten:

   erhöhter Nikotinkonsum ja nein   erhöhter Alkoholkonsum ja nein

3 1. Diagnose: | Ind.-Kat.-Nr. | Schwere
   2. Diagnose:
   3. Diagnose:
   Weitere Diagnosen: | Schwere 1 2 3 4 5

   Liegen mehr als drei für die Einweisung relevante Diagnosen vor? ja nein | Wurden bisher unbekannte Erkrankungen festgestellt? ja nein
   Zusätzliches Gutachten in freier Form erforderlich? | Fachrichtung:

4 Entwöhnungsbehandlung anzuraten? ja nein | Klärung/Vorbehandlung erforderlich? ggf. welche? ja nein
   Ist eine Krankenhausbehandlung zweckmäßig? | Individuelle Besonderheiten? (bitte unter Ziffer 14 erläutern)
                                              | Besteht   ja nein
5 Ist der Versicherte **nur** in Begleitung reisefähig? ja nein | Erblindung?
   Ist Anziehen **nur** mit fremder Hilfe möglich? | cerebrales Anfallsleiden?
   Besteht stärkere Gehbehinderung? | Schwangerschaft?
6 Antragsleiden ist Folge von anerkannter Wehrdienst- oder Dienstbeschädigung? ja nein | Antragsleiden ist Folge von anerkannter Berufskrankheit/Arbeitsunfall? ja nein
   Antragsleiden ist Folge von Fremdverschulden/Verkehrsunfall?

8.7150
57. Aufl. - 2/91 - 300000 - A

2. Blatt zum ärztlichen Gutachten

Versicherter (Familienname, Vorname, Geburtsdatum)

Untersuchungsbefunde

7 Zum Gesamteindruck
- [ ] altersentsprechend
- [ ] jünger aussehend
- [ ] vorgealtert
- [ ] muskulös
- [ ] adipös
- [ ] mager
- [ ] reduz. AZ

Von der Norm abweichende Befunde:
- [ ] Gangbild
- [ ] Hautveränderung
- [ ] Blässe
- [ ] Zyanose
- [ ] Dyspnoe
- [ ] Ödeme
- [ ] Lymphknoten

8 Kopf und Hals
Von der Norm abweichende Befunde:
- [ ] Schädel
- [ ] Augen
- [ ] Pupillen
- [ ] Pupillenreaktion
- [ ] Ohren
- [ ] Nase
- [ ] NAP
- [ ] Zunge
- [ ] Schleimhäute
- [ ] Tonsillen
- [ ] Gebiß
- [ ] Schilddrüse

9 Brustkorb
Von der Norm abweichende Befunde:
- [ ] Form
- [ ] Lungengrenzen
- [ ] Klopfschall
- [ ] Atemgeräusch
- [ ] Nebengeräusche
- [ ] Mammae

10 Herz-Kreislauf
1. Messung: liegend Pulsfrequenz ____ Min. RR ___/___ mm Hg
2. Messung: sitzend/stehend Pulsfrequenz ____ Min. RR ___/___ mm Hg

Von der Norm abweichende Befunde:
- [ ] Herzgrenzen
- [ ] Herzrhythmus
- [ ] Herztöne
- [ ] Herzgeräusche
- [ ] Arterienpulsation
- [ ] Venensystem

11 Bauchorgane
Von der Norm abweichende Befunde:
- [ ] Narben
- [ ] Druckschmerz
- [ ] pathol. Resistenzen
- [ ] Leber
- [ ] Milz
- [ ] Bruch
- [ ] Nierenlager

12 Bewegungsapparat
Von der Norm abweichende Befunde:
- [ ] Schmerz
- [ ] Bewegungseinschränkung
- [ ] Deformierung
- [ ] Schwellung
- [ ] Überwärmung/Rötung
- [ ] Muskulatur
- [ ] Schober: ___/___ cm

Lokalisation:

13 Nervensystem u. Psyche
Von der Norm abweichende Befunde:
- [ ] Reflex-Status
- [ ] Sensibilität
- [ ] Paresen
- [ ] Koordination
- [ ] Tremor
- [ ] ausgeprägte vegetative Zeichen
- [ ] Psyche

14 Individuelle Besonderheiten:
Allergische Reaktionen nachgewiesen? [ ] ja [ ] nein

15
Wurde bei bisher unbekannten Erkrankungen der behandelnde Arzt verständigt? [ ] ja [ ] nein
Krebsvorsorge? [ ] ja Zuletzt am: _____ [ ] nein

Ort/Datum

Unterschrift des Gutachters mit Stempelabdruck

Beantragung einer Drogenlangzeittherapie bei der BfA in Berlin

| Versicherter (Familienname, Vorname, Geburtsdatum) | Zusatzblatt zum ärztlichen Gutachten |

Medizinisch-technische Zusatzbefunde (Labor / Kreislauf- und Lungenphysiologie / Röntgen):

Zusammenfassende Beurteilung der Diagnosen und deren Rangfolge unter besonderer Berücksichtigung von Art und Ausmaß festgestellter Funktionsstörungen:

BUNDESVERSICHERUNGSANSTALT FÜR ANGESTELLTE

Postanschrift:
Bundesversicherungsanstalt für Angestellte · 10704 Berlin

Hauptverwaltung: Berlin-Wilmersdorf, Ruhrstraße 2, Telefon (0 30) 8 65-1
Telex 183 366 · Telefax (0 30) 8 65 272 40 · Btx *4 5065 #

Versicherungsnummer	BKZ	MSNR

Versicherter (Name, Vorname, ggf. Geburtsname)

AUD-Beleg – Bestandteil des Reha-Antrages, bitte diesem beilegen –

Arbeitsunfähigkeitszeiten und -diagnosen/Angaben zu Krankenhaus- und Rehabilitationsaufenthalten

---

Von der Krankenkasse auszufüllen – Bitte vollständige Angaben – Zutreffendes eintragen/ankreuzen –

Als Behandlung in Krankenhaus/Reha-Einrichtungen sind zu kennzeichnen:
- stationäre Krankenhausaufenthalte
- medizinische Leistungen zur Rehabilitation
  - nach § 40 Abs. 2 SGB V (stat. Behandlung mit Unterbringung und Pflege in einer Reha-Einrichtung)
  - nach § 41 Abs. 1 SGB V (Rehabilitationskuren in einer Einrichtung des Müttergenesungswerkes)

In den letzten drei Jahren vor Reha-Antragstellung lagen Arbeitsunfähigkeit/Krankenhaus-/Reha-Aufenthalte vor

☐ nein

☐ ja, Arbeitsunfähigkeiten sind – beginnend mit der letzten (einschl. der laufenden) – nachstehend lückenlos aufgeführt:

　　☐ anstelle der manuellen Aufstellung ist ein EDV-Ausdruck beigefügt

---

Arbeitsunfähigkeit	Diagnosen
vom - bis	
in dieser Zeit in Behandlung in ☐ Krankenhaus ☐ Reha-Einrichtung	
vom - bis	
in dieser Zeit in Behandlung in ☐ Krankenhaus ☐ Reha-Einrichtung	
vom - bis	
in dieser Zeit in Behandlung in ☐ Krankenhaus ☐ Reha-Einrichtung	
vom - bis	
in dieser Zeit in Behandlung in ☐ Krankenhaus ☐ Reha-Einrichtung	
vom - bis	
in dieser Zeit in Behandlung in ☐ Krankenhaus ☐ Reha-Einrichtung	
vom - bis	
in dieser Zeit in Behandlung in ☐ Krankenhaus ☐ Reha-Einrichtung	

Arbeitsunfähigkeit	Diagnosen
vom - bis	
in dieser Zeit in Behandlung in ☐ Krankenhaus ☐ Reha-Einrichtung	
vom - bis	
in dieser Zeit in Behandlung in ☐ Krankenhaus ☐ Reha-Einrichtung	
vom - bis	
in dieser Zeit in Behandlung in ☐ Krankenhaus ☐ Reha-Einrichtung	
vom - bis	
in dieser Zeit in Behandlung in ☐ Krankenhaus ☐ Reha-Einrichtung	
vom - bis	
in dieser Zeit in Behandlung in ☐ Krankenhaus ☐ Reha-Einrichtung	
vom - bis	
in dieser Zeit in Behandlung in ☐ Krankenhaus ☐ Reha-Einrichtung	

Datum, Unterschrift und Stempel der Krankenkasse

5.4.2.6 Sozialbericht (siehe LVA-Antrag, nur andere Adressierung) S. 374 ff.
5.4.2.7 Erklärung des Betreuten (siehe LVA-Antrag) S. 380

FOLGENDE UNTERLAGEN WERDEN ZUR AUFNAHME IN EIN FACHKRANKENHAUS BENÖTIGT

- Ärztliche Stellungnahme
mit Bescheinigung über die Notwendigkeit der Behandlung (Formblatt beiliegend, vom Hausarzt auszufüllen)

- Leberbefund (Leberwerte vom Hausarzt bzw. Facharzt auszufüllen)

- Gesundheitszeugnis § 17, 18 Bundesseuchengesetz (Gesundheitsamt)
Das Gesundheitszeugnis § 17, 18 BSG beinhaltet den Lungenbefund, ferner Stuhl- und Urinuntersuchung bezüglich ansteckender Krankheiten wie Typhus, Paratyphus, Diphtherie oder Salmonellen, da im Rahmen einer Therapie Sie auch in der Küche eingesetzt werden können. Dieses Gesundheitszeugnis benötigt z.B. jeder, der in der Gastronomie tätig ist.

- Zahnsanierungsschein (d. h. eine Bescheinigung des Zahnarztes, daß Ihr Gebiß in soweit saniert ist, daß für die Zeit während der Therapie voraussichtlich keine größeren Komplikationen auftreten werden).

- Gesundheitszeugnis WaR (Wassermann, zur Bestimmung, daß keine Geschlechtskrankheiten vorliegen. Dies wird ebenfalls vom Hausarzt oder Facharzt aufgrund einer Blutuntersuchung erstellt.)

- Freiwilligkeitserklärung (beiliegend)

- 3 Paßbilder

- Reha-Antrag bitte ausfüllen und von der Krankenkasse bestätigen lassen (Reha-Antrag liegt bei).

- Sozialbericht (wird von der Beratungsstelle in Zusammenarbeit mit dem Klienten erstellt).

Für die Beantragung beim Kostenträger werden Reha-Antrag, Freiwilligkeitserklärung, ärztl. Stellungnahme (Punkt 1) und Sozialbericht benötigt.

Die restlichen in der Zusammenstellung aufgeführten Unterlagen gehen direkt an das Therapiezentrum.

ERKLÄRUNG

Ich werde mich in der Behandlungsstätte an der erforderlichen Arbeits- und Gruppentherapie beteiligen. Soweit nicht ärztliche Bedenken entgegenstehen, werde ich auch an den sportlichen Maßnahmen teilnehmen.

Mir ist bekannt, daß ich im Rahmen meiner Behandlung nach der jeweiligen Hausordnung und dem Therapiekonzept der Behandlungsstätte Einschränkungen im persönlichen Bereich (z.B. Ausgang, Heimfahrten, Angehörigenbesuche) hinnehmen muß.

Ich bin außerdem bereit, mich nach Abschluß der Entwöhnungsbehandlung zur erforderlichen Nachbetreuung einer mir empfohlenen Beratungsstelle oder einer anderen Organisation anzuschließen.

Der Antrag auf Gewährung einer Entwöhnungsbehandlung wird von mir freiwillig gestellt.

Von dem Inhalt des Merkblattes für Antragsteller auf Entwöhnungskuren habe ich Kenntnis genommen.

_____   _____
(Datum)   (Unterschrift)

Beginn der stationären Behandlung – Benötigte Unterlagen **403**

Az.: ....

Suchtkrankenhilfe – psychosoziale Grunddaten

(Stempel der Einrichtung)

Erstkontakt am: ....

mit: ....

vermittelt durch: ....

KlientIn

Name: ....

Vorname: ....

geb. am: ....

in: ....

Wohnort: ....

Straße: ....

Tel.: ....

Konf./Pfarrei: ....

Familienstand: ....

verh. seit: .... verw./gesch. seit: ....

Beruf: ....

jetzige Tätigkeit: ....

....

Arbeitgeber: ....

....

Bemerkungen: ....

Ehepartner – Bezugsperson

Name: ....

Vorname: ....

geb. am: ....

in: ....

Wohnort: ....

Straße: ....

Tel.: ....

Konf./Pfarrei: ....

Familienstand: ....

verh. seit: .... verw./gesch. seit: ....

Beruf: ....

jetzige Tätigkeit: ....

....

....

Bemerkungen: ....

Kinder	geb. am	eh/voe/ne	Bemerkungen
....	....	....	....
....	....	....	....
....	....	....	....

Finanzielle Situation: ....

Wohnsituation: ....

Berufl./schul. Situation: ....

Hausarzt: .... Tel. ....

Krankenkasse: .... Tel. ....

Rentenversicherung/Nr.: ....

Bemerkungen: ....

....

Körperlicher Zustand/Unfälle/frühere Krankheiten: ....
....
....
....
....
....

Suizidversuche: ....

Suchtmittel

Substanz	Mißbrauch seit	Abhängigkeit seit	derzeitige Situation	Dosis	Häufigkeit

Körperliche Schäden durch Suchtmittel: ....

Seelisch-geistige Veränderungen: ....
....

Delir oder sonstige psychische Störung: ....

Suchtmittelbedingte Delikte/Verfahren/Vorstrafen/Auflagen in (Jahr): ....
....
....

Vorbehandlungen der Sucht:

von	bis	Art/Form/Ort oder Einrichtung	Ergebnis

Auslösendes Ereignis für Kontaktaufnahme: ....

Behandlungsmotivation: ....
....

Gründe des Klienten/der Klientin für die Behandlung: ....
....

Besteht Kontakt zur Selbsthilfegruppe? ....

Mitwirkung PartnerIn/Bezugsperson? ....

Sozialanamnese des Klienten/der Klientin und Bezugsperson

Konstellation der Herkunftsfamilie – Entwicklungsgeschichte – schulischer und beruflicher Werdegang – Sozialkontakte – Kind-, Gatten-, Elternfunktion des Klienten/der Klientin – Stellung der Familie im sozialen Umfeld – Krankheiten – soziale Auffälligkeiten

Behandlungsbedürftige Probleme/Rangfolge:

Stärken des Klienten/der Klientin/besondere Fähigkeiten:

Hilfeplan:
Weitere diagnostische Klärungen – Hilfearten – Dauer – Perspektiven – angestrebte Ergebnisse – Einbeziehung Bezugspersonen

Hilfeplan mit KlientIn/Bezugsperson besprochen und abgestimmt am:
Wesentliche Kontraktinhalte:

TherapeutIn/BeraterIn:

Name	Beruf	Ort/Datum	Unterschrift

	wenn vorhanden, bisherige Registriernummer	
	Registriernummer (wird von SfGJS eingetragen)	

Anmeldung von Methadon-Substitutionsfällen

im Rahmen des Ergänzenden Methadonprogramms

bei der Methadonkommission

☐ Drogenabhängige/r mit schweren gesundheitlichen und sozialen Risiken

☐ Drogenabhängige/r mit NUB-Indikation, die/der keinen Arzt findet

☐ Drogenabhängige Frau, die aus der Drogenprostitution aussteigen möchte

☐ Substituierte/r, die/der nicht (mehr) NUB-berechtigt ist, aber einen behandelnden Arzt hat

Namen   geb. am

Adresse

In Bremen schon vor dem 1.1.92 wohnhaft   ja ☐   nein ☐

Statistische Angaben

Alter [   ]   männlich ☐   weiblich ☐

Abhängigkeit bekannt ab (Jahr)   [   ]

Krankenkasse   ja ☐   nein ☐   wenn ja, welche   _____

schon substituiert seit (Monat/Jahr)   [   ]   von wem: _____

Vorgesehener Substitutionsbeginn   [   ]

Wohnraum vorhanden   ja ☐   nein ☐

Arbeit/Beschäftigung   ja ☐   nein ☐

bisher betreut   ja ☐   nein ☐   von wem: _____

Beschreibung der Problematik / Indikation:

Therapieplan

☐ langfristige Substitution   ☐ Überbrückung   ☐ Abdosierung

Psychosoziale Begleitung
Zielsetzungen:

durch wen:

Umfang:

Welche Alternativen zur Substitution wurden geprüft, Therapievorerfahrungen, etc.

Welche Perspektive wird verfolgt:

Der/die Patient/in ist mit der Weitergabe der o.g. Daten einverstanden

Bremen, den   _____
                                                              (Unterschrift)

EINVERSTÄNDNISERKLÄRUNG
zur Methadon-Substitutionsbehandlung
gemäß Anlage 1 der NUB-Richtlinien

Hiermit erkläre ich mich damit einverstanden

- daß Herr/Frau Dr. .... meinen Namen, Anschrift sowie Beginn und Beendigung der Substitutionsbehandlung meiner Krankenkasse mitteilt,

- daß meine Krankenkasse diese Daten zum Zweck der Vermeidung von Mehrfachsubstitutionen speichert und nutzt.

Des weiteren bin ich damit einverstanden,

- daß Herr/Frau Dr. .... meinen Namen, Anschrift, Beginn und Beendigung der Substitutionsbehandlung sowie Angaben über beabsichtigte oder eingeleitete psychosoziale Begleitmaßnahmen (nähere Erläuterung der im Einzelfall erforderlichen psychosozialen Begleitmaßnahmen) der zuständigen Kassenärztlichen Vereinigung mitteilt,

- daß die zuständige Kassenärztliche Vereinigung diese Daten für die Prüfung der Voraussetzungen und die Durchführung der Substitutionsbehandlung speichert und nutzt.

Ich wurde darüber aufgeklärt, daß die Kassenärztliche Vereinigung bei Beratungsbedarf meine Daten in anonymisierter Form (ohne meinen Namen und meine Anschrift) an die Beratungskommission übermittelt.

Ich nehme zur Kenntnis, daß sich meine Mitwirkungspflicht, deren Umfang und Grenzen aus den §§ 60 bis 66 des Sozialgesetzbuchs Allgemeiner Teil (SGB I) ergeben.

_____   _____   _____
Ort   Datum   Unterschrift des Patienten

HAUSORDNUNG

der Praxis Dr.   , Dr.   , E.

Im folgenden werden wir Ihnen die Regeln aufzeigen, die wir für eine Substitutionsbehandlung in unserer Praxis für erforderlich halten.

1. Grundsätzliches

Körperliche Gewalt,
lautstarke aggressive Ausbrüche,
Diebstahl,
Dealen
der Konsum von Drogen
die Beschädigung der **Praxisräume** (dazu gehört auch das Beschmieren von Wänden)

sind sowohl in den Praxisräumen als auch im gesamten Eingangsbereich (Eingangstüre, Treppe, Gehsteig vor der Praxis) **verboten**. Ein diesbezüglicher Regelverstoß hat den Abbruch der Behandlung durch uns zur Folge.

2. Pola- Vergabe

- Die Vergabe des Polamidon erfolgt in dafür vorgesehenen Zeiten, die Sie dem Aushang entnehmen können. Sofern Sie nicht mit Ihrem behandelnden Arzt oder unseren Mitarbeiterinnen andere Zeiten vereinbart haben, gelten diese Zeiten verbindlich. Außerhalb dieser Zeiten erfolgt keine Polamidonvergabe.

- nach der Polamidoneinnahme ist die Praxis sofort zu verlassen.

- Alle Fragen, die sich aus Ihrer Substitution ergeben (z.B. Dosierung, Mitnahme am Wochenende, Rezeptierung von Medikamenten, Fragen nach weiteren psychosozialen Hilfen) sind Bestandteil Ihres wöchentlichen Gespräches mit Ihrem Arzt. Sie werden nicht von Ihnen "zwischen Tür und Angel" während der Polavergabe und auch nicht mit unseren Mitarbeiterinnen (z.B. um so die Auseinandersetzung mit Ihrem Arzt zu vermeiden) zu klären versucht.

3. Zum Verhalten in der Praxis

1. Allgemeine Verhaltensregeln :

- mit der Aufnahme der Substitutionsbehandlung erklären Sie gleichzeitig den Verzicht auf Beigebrauch und Konsum Ihres alten Suchtmittels! Es kann Situationen geben, in denen Sie rückfällig werden. Rückfälle und Beigebrauch führen nicht zwangsläufig zur Beendigung der Behandlung. Wir sind bemüht, gemeinsam mit Ihnen in solchen Fällen zu überlegen, was Ihnen helfen kann. Daher erwarten wir diesbezüglich Ihre Offenheit - auch, um unnötige und teuere Laborkosten im Falle einer überflüssigen Urinkontrolle zu vermeiden. Lügen und "Türkversuche" erschweren nicht nur Ihre Gesundung, sie belasten auch unnötig ihr Verhältnis zu uns.

- Sie nehmen ihre Behandlung zum Teil aus den schwierigsten sozialen Bedingungen heraus auf. Wir bemühen uns, für die Folgen, die sich zum Teil sowohl in Ihrem sozialen Verhalten als auch in Ihrem äußeren Erscheinungsbild widerspiegeln, Verständnis aufzubringen. Dennoch erwarten wir von Ihnen, daß Sie im Rahmen Ihrer Möglichkeiten dafür Sorge tragen, diese Folgen hier in der Praxis zu begrenzen. Das bedeutet konkret:
- Sie unterlassen in der Zeit, in der Sie sich in der Praxis oder davor aufhalten, jedwedes "rüpelhafte" Benehmen, Beschimpfungen, Bedrohungen usw. Mitarbeitern und Mitpatienten gegenüber.
- Das Mitbringen und der Verzehr von Essen und Getränken und das Abladen von Abfällen sind **nicht erlaubt.**
- Sie bemühen sich um ein angemessenes äußeres Erscheinungsbild, vor allem hinsichtlich der Hygiene und Sauberkeit

- wir führen eine Bestellpraxis, d.h. die notwendigen Gespräche mit Ihrem behandelnden Arzt finden <u>nach Terminvereinbarung</u> statt. Termine sind Richtzeiten, die unnötige Wartezeiten verhindern sollen. Wir sind bemüht, diese Zeiten einzuhalten. Die manchmal entstehenden Verzögerungen ergeben sich aus der Notwendigkeit unterschiedlicher Behandlungszeiten, Untersuchungen usw. oder unvorhergesehenen Notfällen.
Vereinbaren Sie Ihren Termin rechtzeitig und vermeiden Sie es, unsere Mitarbeiterinnen mit Wünschen nach "zwischendurch mal eben" zu bedrängen. Erscheinen Sie pünktlich zu vereinbarten Untersuchungen.

<u>2. spezielle Verhaltensweisen in den Räumen der Praxis und davor:</u>

- <u>der Eingangsbereich</u>, d.h. Eingangstüre, Treppe, Bürgersteig vor der Praxis:
Der Bereich vor der Praxis ist **kein** Versammlungsort!
Dort in Gruppen oder alleine sich aufzuhalten und anderen Patienten den Zutritt zur Praxis dadurch zu erschweren, laute Gespräche, Rauchen, das Anbringen von Hunden und das Wegwerfen von Müll sind untersagt.

- <u>Wartezone:</u>
Der sogenannte "Pola-Warteraum" ist eigens für Sie vorgesehen. Dieser dient zur Überbrückung von Wartezeiten, die wir nicht immer verhindern können. Er ist **kein** Ort des lautstarken Austausches von "Scenenachrichten" und auch kein geeigneter Ort, um Verabredungen zu treffen, Geschäfte zu machen oder Konflikte zu lösen. Wir erwarten hier ein angemessen ruhiges Verhalten und vor allem gedämpfte Lautstärke.
Das Mitbringen von Begleitpersonen sollte nur dann stattfinden, wenn hierfür eine medizinische Notwendigkeit besteht, z.B. wenn Sie aufgrund Ihres körperlichen Zustandes den Weg in die Praxis nicht allein schaffen.
Das Mitbringen von Bekannten oder Freunden, die Drogen konsumieren und nicht in unserer Behandlung sind, ist grundsätzlich **untersagt.**

<u>c) Anmeldung:</u>
auch hier erwarten wir Ihr ruhiges und in einer Arztpraxis angemessenes Auftreten. Unsere Mitarbeiterinnen möchten sich Ihren Belangen ebenso zu widmen, wie den Belangen unserer anderen Patienten. Wir erwarten von Ihnen, daß Sie Ihr Anliegen vortragen, wenn Sie an der Reihe sind. Das Unterbrechen von

Telefonaten, das "Vordrängeln", das Dazwischenreden in laufende Gespräche oder gar einen von der Türe "herübergeworfenen" Terminvorschlag, Rezeptwunsch usw, erachten wir als grobe Unhöflichkeit, die die Zusammenarbeit unnötig erschwert.

d) die oberen Räume:
das Betreten der oberen Räume ist nur im Rahmen Ihres Termines bei Ihrem behandelndes Arztes, bzw. bei Verordnungen /Labor usw. gestattet. Dorthin gehen Sie erst _nach_ Aufruf durch unsere Mitarbeiterinnen.

e) das WC : das für Sie vorgesehene WC befindet sich gegenüber der Anmeldung! Wir erwarten von Ihnen, daß Sie hier aus der Verantwortung sich selbst und anderen gegenüber vor allem auf Sauberkeit achten. Falls Sie um Krankheiten wissen, die auf dem Wege der Toilettenbenutzung übertragbar sind, bitten Sie unsere Mitarbeiterinnen um ein geeignetes Desinfektionsmittel _und_ geben Sie dies anschließend zurück! Es versteht sich von selbst, daß das WC der Praxis kein Ort für das "Türken" von Urinproben ist. Insbesondere sollte das WC-Becken nicht mit Papier, Binden, Tampons oder ähnlichem vollgestopft werden.

Es sei noch einmal ausdrücklich darauf hingewiesen, daß wir solche Regeln nicht aufstellen, um Sie zu ärgern, zu bestrafen oder Ihnen Ihren Gesundungs- und Reifungsprozeß zu erschweren. Sie sind vielmehr die Bedingungen, auf deren Einhaltung wir bestehen müssen, um Ihnen grundsätzlich eine Substitution in _unserem_ Hause zu gewährleisten; sie sind die Grundlage für unsere Bereitschaft, mit Ihnen zusammenzuarbeiten. Die aufgestellten Regeln gelten für alle und sie gelten _verbindlich_. Sie ersparen sich selbst und uns eine Menge Ärger und Komplikationen, wenn sie sich vor Aufnahme/bzw. Weiterführung der Behandlung gründlich überlegen, ob Sie sich darauf einlassen wollen oder können. Ihre Substitution hier wird von Ihrer Bereitschaft abhängen, diese Regeln zu akzeptieren und sich danach zu verhalten, auch wenn sie unbequem sind.

Ich habe die Hausordnung erhalten, gelesen und verstanden und bin bereit, mich demgemäß zu verhalten.

Datum   Unterschrift

Methadon-Substitution **413**

| AOK | LKK | BKK | IKK | VdAK | AEV | Knappschaft |

| M | F | R | Krankenkassen-Nr. |

Name des Versicherten — Vorname — geb. am

Ehegatte/Kind — Vorname — geb. am

Mitgl.-Nr.

Wohnung des Patienten

Kassenarztstempel
(Bitte den Stempel auch auf die Kopien)

I. ☐ **Meldung Methadon-Substitutionsfall** ☐ **Abmeldung Methadon-Substitutionsfall**

Substitutionsbeginn
(1. Tag der Rezeptierung) ☐☐☐☐

Substitutionsende
(letzter Tag der Rezeptierung) ☐☐☐☐
(Ergebnis/Begründung s.u. ausfüllen)

☐ Laufender Fall   RN ....   ☐ Neuer Fall   ☒ Zutreffendes bitte ankreuzen

NUB-Richtlinien: ☐ 2.2.1   ☐ 2.2.2   ☐ 2.2.3   ☐ 2.2.4   ☐ 2.2.5   ☐ 2.2.6

☐ 2.3 (siehe Abschnitt II) Zustimmung der KV nach NUB 2.5 liegt vor
bis ☐☐☐☐ (Datum)

Drogenabhängigkeit seit: ☐☐☐☐   Vorher substituiert: ☐ nein   ☐ ja seit: ☐☐☐☐
von wem: _____

Psychosoziale Begleitung
Organisiert: ☐ ja   ☐ nein
☐ Therapieantritt   ☐ ambulanter/stationärer Entzug   ☐ Krankheitsbegleitung
☐ Sonstiges _____
Art und Umfang: _____
_____

Durch wen: _____

Ergebnis/Begründung bei Abmeldung: _____

_____   _____
Datum   Unterschrift

(Ausfertigung für die Kassenärztliche Vereinigung bei Abmeldung)

II. Nur bei Einschätzung nach NUB 2.3 bzw. 2.4 (2. Satz) auszufüllen
Diagnose(n): _____
_____

Indikation: _____
Welche Alternativen zur Substitution wurden geprüft: _____

Derzeitige Medikation bzw. derzeitiger Heroingebrauch tgl./mg: _____
Therapieplan: _____
_____
_____

Anzeige

COMPET GMBH

Wir beraten!
Wir betreuen Drogenhilfeprojekte in Ländern der EU!
Wir liefern alle marktgängigen Spritzen, Kanülen,
Einmal-Material und Automaten!

- Spritzen mit fest eingeschweißter Nadel, im 10-er Beutel oder einzeln verpackt
- Spritzen mit Luer-Lok, alle Kaliber einzeln verpackt, alle marktüblichen Ersatznadeln mit Normcodierung
- Marken-Kondome
- Ascorbinsäure im 1 gr Portions-Alu-PE-Beutel
- Kochsalzlösung (NaCl 0,9%) im Portionsbeutel 2 ml
- Gleitmittel im Portionsbeutel 5 gr, wasserlöslich
- Gummihandschuhe
- Spezial-Entsorgungsbehälter für infektiöse Abfälle (Spritzen, Nadeln usw.) nach den Richtlinien der Berufsgenossenschaft
- Alkoholtupfer, einzeln verpackt
- Jodtupfer, einzeln verpackt
- Watte und Verbandsmaterialien
- Wundsalbe in Portionstube
- Konfektion von automatengängigen Verkaufsverpackungen jeglicher Konfiguration, nach Ihren Wünschen
- Verkaufsautomaten
- Umtausch- und Entsorgungsautomaten und -geräte

Hinweis: Bei der Konfiguration von Gebrauchspackungen trägt der Auftraggeber die Verantwortung für die Einhaltung der geltenden Gesetze und Vorschriften. Ascorbinsäure und Kochsalzlösungen werden nach lebensmittelrechtlichen Vorschriften abgegeben und gelten nicht als Arzneimittel.

Preise und Verpackungseinheiten sind zu erfragen bei:

Schweiz
COMPET MEDICAL AG
Kalchthorestr. 4
CH - 8598 BOTTIGHOFEN
Tel: 0042-72-75 39 35
Fax: 0042-72-75 39 36

Deutschland
COMPET GMBH
Am Sachsenwäldle 32
D - 78050 VS-VILLINGEN
Tel: 07721-2 88 12
Fax: 07721-3 06 61

COMPET ENGINEERING GMBH
Unternehmen der COMPET ENGINEERING GROUP AG

5.5
Praxis des Drogengebrauchs

5.5.1
Drogenübersicht – Wirkungen und Eigenschaften

»Denn der Drogengebrauch ist Grenzgang zwischen Zivilisation und Wildnis, nicht Auswanderung. Nicht indem wir ein anderer werden und bleiben, erfahren wir, wer wir sind, sondern indem wir die Grenzen unserer gewohnten Lebenswelt überschreiten, um als Veränderte zurückzukehren« (MARZAHN 1983, S. 130).

Drogen besitzen keine »objektiven«, bei allen Menschen gleichen physischen oder psychischen Wirkungen. Die Wirkung einer Droge hängt von vielen Faktoren ab, wird subjektiv unterschiedlich wahrgenommen und ist nur im sozio-kulturellen Kontext zu verstehen. Dieselbe Droge kann in verschiedenen kulturellen Zusammenhängen oder in verschiedenen historischen Phasen sehr unterschiedlich wirkend empfunden werden. (Zu Drogeneigenschaften und -wirkungen s. folgende Übersicht, S. 416 f.)

Das subjektive Erleben einer Drogenwirkung wird maßgeblich von einer Reihe äußerer Bedingungen geprägt:
- die Bewertung des Drogenkonsums durch die Gesellschaft (verboten, gefördert),
- die Bedingungen des konkreten Drogenkonsums (Verfolgung, entspannte Atmosphäre),
- das gesellschaftlich verfügbare Wissen über Drogenwirkungen (nur in der drogenkonsumierenden Szene oder allgemein verfügbares Wissen aufgrund von Drogenerziehung).

Insbesondere der letzte Aspekt ist für das Erleben der Drogenwirkung von großer Bedeutung: das Wissen, die Erwartung und das Erleben der Drogenwirkung kann ein Placebo wirken lassen als Droge und eine Droge wirkungslos machen. Die Wirkung einer Droge ist nicht unmittelbar erlebbar, sondern sie ist ein Akt der Kommunikation mit anderen über die Bedeutung bestimmter (positiver) Effekte. Sie muß auch erlernt werden: beim Cannabisgebrauch wird dies sehr deutlich (BECKER 1983, S. 193 f.; ausführlich zu Drogen und ihren Wirkungen s. PÜSCHEL 1995 S. 14 – 67).

Das Wissen um die Wirkung illegaler Drogen ist nur in dem Maße Gegenstand einer Drogenerziehung, wie es um die negativen, oftmals auch verklärten Effekte geht; positive Effekte bleiben tabuisiert, um nicht Gefahr zu laufen ggf. zum Gebrauch anzuregen (siehe 2.7.2.1 u. 2.8.2.1). Dementsprechend wird auch darauf verzichtet, über – unter Kriminalisierungsbedingungen besonders notwendige – risikoarme Konsumtechniken und -muster zu informieren. Das Wissen um die Wirkung dieser Drogen (die erst erlernt und »richtig« gedeutet werden muß) ist also nur in der drogenkonsumierenden Szene selbst verfügbar und schon immer einseitig vorgeprägt: »Gelegentlicher Heroinkonsum« etwa wird in der Szene abhängiger Konsumenten nicht sichtbar.

In der folgenden Übersicht informieren wir über Eigenschaften und mögliche, aber keinesfalls zwangsläufig auftretende Wirkungen, um dann einige Regeln für einen sicheren bzw. »risikoarmen« Gebrauch von Drogen zu geben.

5.5.2
Safe Use – Risikominderung – Elemente einer nichtdestruktiven Drogenkultur

Anleitungen zum sicheren Gebrauch von Drogen, Informationen über die Möglichkeiten und Gefahren ihres Gebrauchs sind in unserer Gesellschaft nicht ohne weiteres erhältlich. Zum einen stehen entsprechende Arbeiten auf der Verbotsliste (Haschischkochbuch).

Drogen – Anwendung, Eigenschaften, Wirkungen
(nach SICKINGER 1982)

	Drogen	Abhängigkeitspotential		Toleranz	Medizinische Anwendung
		physisch	psychisch		
Narkotika	Opium	groß	groß	ja	zur Schmerzbekämpfung, gegen Durchfall
	Morphin	groß	groß	ja	zur Schmerzbekämpfung
	Codein			ja	zur Schmerzbekämpfung, gegen Husten
	Heroin	groß	groß	ja	
	Methadon	groß	groß	ja	zur Schmerzbekämpfung, Heroin-Ersatz
Psychopharmaka Sedativa	Schmerzmittel (starke)	groß	groß	ja	bei starken Schmerzen
	Schlafmittel	groß	groß	ja	akute Schlafstörungen
	Beruhigungsmittel (Tranquilizer)	möglich bis groß	möglich bis groß	ja	Angst- und Spannungszustände, Sedation
Stimulantien	Amphetamine (Appetitzügler)	möglich	groß	ja	eventuell bei Narkolepsie (krankhafte Schlafzustände), bei Übergewicht (umstritten)
	Kokain	möglich	groß	ja	Lokalanästhesie
Halluzinogene	LSD	null	Grad unbekannt	ja	keine
Canabis	Marihuana Haschisch	Grad unbekannt	moderat	nein	wird erforscht
Schnüffelstoffe	Kleber, Verdünner	null	möglich	nein	keine
Alkohol	Bier, Wein, Schnaps	moderat bis groß	moderat bis groß	ja	Desinfektions- und Lösungsmittel

5.5 Praxis des Drogengebrauchs

Einnahmeart	Mögliche Wirkungen	Wirkung bei Überdosen	Entzugserscheinungen
oral rauchen, essen injizieren oral injizieren injizieren schnupfen oral injizieren	Euphorie, Schläfrigkeit, Atemdämpfung, verengte Pupillen, Übelkeit, Schmerzstillung	schwacher und flacher Atem, feuchte Haut, Krämpfe, Bewußtlosigkeit, Tod möglich: Atem- und Kreislaufdepression – Atemstillstand – Herzstillstand	wässrige Augen, triefende Nase, Gähnen, Appetitlosigkeit, reizbar, Zittern, Panik, Schüttelfrost und Schweißausbrüche, Krämpfe, Übelkeit
oral injizieren oral oral	Schmerzstillung (bei Schmerzmitteln), angenehmes Körpergefühl, Dämpfung, spannungs- und angstlösend, trunkenheitsähnliches Verhalten, »schludrige« Aussprache	Flache Atmung, kalte und feuchte Haut, erweiterte Pupillen, schwacher und schneller Puls, Koma, Tod möglich (Atemlähmung)	Angst, Schlaflosigkeit, Zittern, Delirium, Krämpfe, Tod möglich (Schwitzen, Übelkeit, Kopfschmerzen)
oral injizieren schnupfen injizieren	gesteigerte Munterkeit, Erregung, Euphorie, erweiterte Pupillen, erhöhter Puls und Blutdruck, Schlaflosigkeit, Appetitlosigkeit	Erregung, erhöhte Temperatur, Sinnestäuschung, Krämpfe, Tod möglich	Apathie, lange Schlafperioden, Niedergeschlagenheit, Desorientierung
oral	Selbsttäuschung, Halluzinationen, schlechte Einschätzung von Zeit und Entfernung	längeres, intensives »Triperlebnis«, Psychose und Tod möglich	keine Entzugssymptome bekannt
oral rauchen, essen	Euphorie, Enthemmung, gesteigerter Appetit, desorientiertes Verhalten	Ermüdung, Paranoia, Psychose möglich	Bei einer begrenzten Anzahl von Fällen: Schlaflosigkeit, Überaktivität, verminderter Appetit
einatmen	Wohlbefinden, Wahrnehmungsänderungen	Schwindel, Erbrechen, Bewußtlosigkeit	nicht bekannt
oral	Wohlbefinden, Munterkeit, Redseligkeit, Enthemmung, Reizbarkeit, Verminderung der Sinnesleistungen	Antriebssteigerung bis zur offenen Aggressivität, Selbstüberschätzung, Erbrechen, Kreislaufstörung, Tod bei mehr als 3 Promille möglich	Zittern, Schweißausbrüche, Schlaflosigkeit, Alkoholdelirium, Tod möglich

Zum anderen wird die Information – insbesondere an Schulen – von Zeigefingerpädagogik und impliziter Abweisungsmoral gekennzeichnet sowie durch eine die Drogen und ihren Gebrauch aus dem kulturellen Kontext isolierende Drogen-»Stoff«kunde verzerrt. Diese Informationsform trägt keineswegs dazu bei, Drogenkonsum – wie beabsichtigt – überhaupt zu unterlassen.

Es geht darum, Risiken des Drogengebrauchs vorzubeugen, ohne die Chancen eines risikobewußten Gebrauchs zu verschweigen. Aus psychologischer Sicht verstärkt die Vorenthaltung solch umfassender Aufklärung Mißtrauen und Gleichgültigkeit. Bereits vor dem ersten Konsum sollte daher eine individuelle Risikoabwägung durch ausgewogene Information unterstützt, Neugierverhalten begleitet werden.

Im folgenden sollen für bestimmte Drogen (Heroin, Kokain, XTC und LSD) Anleitungen für einen risikoarmen Gebrauch gegeben werden – gedacht für diejenigen, die ohnehin zum Konsum entschlossen sind. Wir beziehen uns dabei auf die Erfahrungen und Regeln der Drogensubkultur ebenso wie auf wissenschaftliche Erkenntnisse und therapeutische Erfahrungen, die vor der Indizierung mit manchen Drogen gemacht wurden. Insbesondere lehnen wir uns an holländische Vorbilder an. In jedem Fall denken wir, daß hier ein Forschungsdefizit besteht und wir nur vorläufige Umrisse zeichnen können.

LSD, Halluzinogene

Bereits Anfang der siebziger Jahre entwarf OLVEDI (1972, S. 197 ff.) eine »Kleine Anleitung zum Gebrauch von halluzinogenen Drogen«. Dieser kleine Ratgeber spiegelt zwar noch stark die Aufbruchstimmung der »psychedelischen Bewegung« wider, doch sind einige grundsätzliche Regeln herausgearbeitet worden, die beim Konsum mehrerer Drogen wohl stets zu beachten sind.

Das erste ist Zeit! Möglichst drei Tage für die Vorbereitung (Lesen, Gedanken an die bevorstehende Reise, Übungen der Meditation, Auswahl der geeigneten Örtlichkeit, keine Störung, Verpflichtung etc.), die Reise selbst sowie deren Verarbeitung »... um das überwältigende Maß an Erfahrungen zu sortieren und dich wieder auf den Zustand deines normalen Wachbewußtseins einzustellen. Es ist gut, an diesem Tag die erlebten Zustände aufzuschreiben; Gespräche mit Trippartnern sind ebenfalls eine gute Hilfe«. (a. a. O., S. 199).

Die Auswahl der »Mitreisenden«: mehr als ein bis zwei Personen erschweren die psychedelische Erfahrung. Meditationsmusik ist wichtig. Auf verbale Kommunikation sollte weitgehend verzichtet werden zugunsten der Konzentration auf sich selbst: Der Innenschau und der Bewußtseinserweiterung sollten Chancen zur Entfaltung gegeben werden.

OLVEDI rät, daß die Abstände zwischen den Trips nicht allzu kurz sein sollten: »Ich empfehle, drei bis vier Wochen mindestens zu warten. Allerdings ergeben sich bei einigermaßen tiefgreifenden Erlebnissen diese Abstände von selbst. Erst nach geraumer Zeit wird sich dann die intuitive Bereitschaft zur nächsten Reise einstellen.« (a. a. O.)

Schließlich ist für den Gebrauch vieler Drogen (nicht nur für Halluzinogene) wichtig, sie nicht außerhalb eines rituellen Rahmens zu gebrauchen: »Der profane Gebrauch nivelliert die Erfahrung und stumpft die Erlebnisfähigkeit radikal ab«. (a. a. O.)

Quer zu vielen dieser beachtenswerten Ratschläge liegt allerdings die unkalkulierbare Qualität des Schwarzmarktstoffs. Nur schwer und nur mit erfahrenen und kundigen Menschen können Negativerlebnisse aufgrund gepanschter Substanzen vermieden werden. D.h., die Gebrauchskultur illegaler Drogen muß sich gegen Risikoquellen entwickeln, die aus dem Produkt selbst bzw. seiner strafrechtlichen Fassung folgen.

Heroin

Zunächst gibt es verschiedene Applikationsformen, die zwar mit der Entstehung einer möglichen Abhängigkeit nichts zu tun haben, jedoch unterschiedliche Gefahrenmomente bergen. Die Droge zu spritzen ist immer gefährlicher als sie zu sniffen, zu rauchen oder von einer Folie zu inhalieren. J. E. S (o. J.), der bundesweit agierende Zusammenschluß von Junkies, Ex-Junkies und Substituierten, stellt in einem Info-Blatt »10 Gebote« für den »safer use« von Heroin auf:
- »Oberflächenvenen finden sich über den ganzen Körper verteilt, und zur Not können sie auch alle zum Spritzen gebraucht werden. Nur die Leistengegend ist nicht ohne Gefahr zu benutzen. Wenig belastbar sind die Venen an den Füßen, am Penis, allgemein an den Beinen. Am schmerzhaftesten sind Einsti-che an den Handinnenflächen und Fingern. Wird die Vene oder umliegendes Gewebe verletzt, so verursacen nichtsterile Injektionslösung oder Spritzbestecke dort oft Abszesse oder auch noch üblere Infektionen. Diese verschwinden unter ärztlicher Behandlung schneller als bei eigener Versorgung.
- Behandle deine Venen pfleglich, du weißt nicht, wie lange du sie noch brauchst. Wechsle oft Arm und Einstichstellen, vermeide Verödung durch Dauergebrauch. Nimm nur scharfe, neue Kanülen und gewöhn' dir keine Fehler beim Spritzen an. Laß es dir notfalls von sachkundigen Leuten zeigen. Geht was daneben, Rest nicht mehr abdrücken, sofort raus, Stelle mit Salbe behandeln. Injektion in anderer Vene beenden.
- Triffst du eine Arterie, reiß dir sofort die Nadel raus, das ist die richtige Vorgehensweise. Schon geringe Mengen der Injektionslösung werden arteriell als überwältigend unerträglich empfunden. Sollte alles oder doch genügend hineingelangt sein, wird es gewöhnlich zu schmerzhafter Gliederschwellung kommen, die erst nach Stunden, manchmal Tagen abklingt.«

Darüberhinaus wird u. a. empfohlen wegen mehrerer Infektionsrisiken (AIDS und Hepatitis)
- keine Gemeinsambenutzung von Spritzutensilien vorzunehmen,
- einen Spritzenvorrat anzulegen, um Risiken in Notsituationen zu vermeiden,
- auf einen lebensgefährlichen Mischkonsum von Heroin mit Schlaf-, Beruhigungsmitteln oder Alkohol zu verzichten,
- »safe sex« auch in der Beschaffungsprostitution durch beide Geschlechter einzuhalten.
- Wichtig ist auch die Anleitung zur Ersten-Hilfe bei einer Überdosis: »... Wachhalten, notfalls mit Wasser oder Ohrfeigen. Bewegen, hin- und herführen. Bei Atemstillstand Kinnlade dichthalten und durch die Nase beatmen. Keine Panik. Verschwinden erst nach Hilferuf! Ein anonymer Anruf ist besser als gar keiner. Für zuhause: verschreibungsfähige Gegenmittel bei Heroinüberdosierung sind in der BRD z. B. Narcanti oder Lorfan (Waschzettel beachten). Sprich mit deinem Arzt.« (a. a. O.)

Achtung: Von Lorfan wird mittlerweile abgeraten, da es selbst einen Atemstillstand auslösen kann.
- Wichtig vor allem für Drogenkonsumenten in Haft und für Notfälle, in denen keine sterile Spritze verfügbar ist, ist die Reinigung von vorhandenen Spritzen und Kanülen. Da das Auskochen (mindestens 5 Min.) und die Reinigung der Spritze mit Haushaltsbleiche (»bleach«) wegen der nicht 100%igen Sicherheit (besser jedoch als nur mit Klarwasser durchzuspülen) nicht Bestandteil offizieller Präventionsstrategien sind, seien im folgenden kurze Instruktionen für die Anwendung von Bleach gegeben (s. nächste Seite). – Ausführlich und aktuell informieren zu »safer use«, »safe sex«, »Erste Hilfe im Drogennotfall« und »Prävention« HEUDTLASS/STÖVER/WINKLER 1995.

Gebrauchsanweisung für Bleach

■ Fülle ein Glas mit Wasser, ziehe die Spritze vollständig damit auf und entleere das Wasser ins Waschbecken. Paß auf, daß die Kanüle nicht abspringt.

■ Wiederhole das Füllen und Entleeren noch einmal. Die Spritze muß sauber ausgespült sein.

■ Fülle ein Glas mit reinem Bleach, z. B. »Klorix« oder irgendeinem anderen Haushaltsreiniger.
Wichtig für die Desinfektion ist das Chlor! Aus Umweltschutzgründen ist das Chlor allerdings aus den meisten Haushaltsreinigern herausgenommen worden.

»Klorix« gibt es nur in Drogerien. Die 1,5 l-Flasche kostet ca. DM 5,50.
■ Ziehe die Spritze voll mit Bleach.
■ Entleere die Spritze in das Waschbecken (nicht in das Glas!)
■ Wiederhole das Füllen und Entleeren noch einmal.

 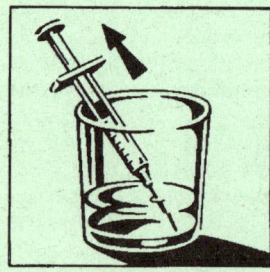 

■ Fülle ein (sauberes) Glas mit Wasser
■ Reinige Deine Spritze zwei Mal mit Wasser so wie oben beschrieben.
■ Tip: Wenn Du Geduld und Zeit hast, lasse Deine Spritze für ein paar Minuten

mit Bleach gefüllt. Auskochen und Säuberung mit Bleach sind Notlösungen. Mach keine Gewohnheit daraus. Nur eine neue, sterile Spritze und Kanüle sind sicher. Und am angenehmsten.

MDMA – XTC – »Ecstasy«

Die Droge (3.4-Methylendioxymethamphetamin) wurde 1912 von der Fa. Merck synthetisiert. In den 50er Jahren versuchte die US-Army ohne Erfolg, sie als Lügendetektor-Droge einzusetzen. Dann wurde es zunehmend im Rahmen psychiatrischer Behandlungen verschrieben. Es ist seit 1.8.1986 in Anl. I zu § 1 Abs. 1 BtMG verboten (s. o. 5.1.1). Die deutsche Chemie-Firma Imhausen verdiente sich mit verschleierter Massenproduktion von MDMA bis 1990 eine goldene Nase.

In den USA war wahrscheinlich der ausschließliche Grund, daß MDMA 1985 indiziert wurde, daß sich der Konsum zuvor aus der psychotherapeutischen Praxis in den privaten Genußbereich ausgedehnt hatte (vgl. FITZGERALD 1991; SEYMOUR 1986; ROSENBAUM 1990). Bei normal dosiertem Konsum lassen sich entgegen anderslautenden Behauptungen (z. B. KÖRNER 1994, Anh. C 1, S. 61), abgesehen von der psychoaktiven Wirkung, keine unmittelbaren oder mittelbaren, kurz- oder langfristigen Nebenwirkungen und Gesundheitsschäden nachweisen (FITZGERALD 1991).

Die Wirkung von MDMA beginnt nach 20 – 60 Minuten. Dann folgt etwa eine Stunde maximaler Wirkung. Man erlebt ein leichtes Prickeln im ganzen Körper, manchmal folgt eine leichte Verkrampfung der Beine, Arme und Kiefermuskeln sowie ein trockener Mund. Die Pupillen weiten sich und der Herzschlag ist beschleunigt. Es kann vorkommen, daß einem geringfügig schlecht wird. Anfangs kann auch ein Gefühl leichter Atemnot entstehen: es genügt dann, das Fenster zu öffnen. Die maßgebliche Wirkung ist, daß man alles intensiver und unbefangener erlebt. Man fühlt sich klar, entspannt und absolut heiter und freundlich, hat das Bedürfnis nach Gesellschaft, Kommunikation, Reflexion und Vertrautheit. Je nach subjektiver Einstellung (z. B. Meditation) erlebt man leichte Farb- und Form-Halluzinationen. All das läßt nach 4 – 6 Stunden nach. Danach fühlt man sich müde und manchmal ein wenig bedrückt.

Diese Beschreibung ist natürlich sehr allgemein: es kommt auch wesentlich auf die persönliche Grundstimmung, auf die Mitbeteiligten, auf die Umgebung an, wie MDMA wirkt. Wenn aber das Erleben von der beschriebenen Wirkung erheblich abweicht, war der Stoff bestimmt kein MDMA.

MDMA gibt es in vielen Formen und Farben, als Kapseln, Tabletten, Pulver oder Lösung. Aus in Holland durchgeführten Laboruntersuchungen wissen wir, daß immer häufiger andere Substanzen unter dem Namen MDMA verkauft werden, z. B. Amphetamin, LSD oder MDA oder einfach nur Placebos; nach dem Aussehen lassen sie sich nicht unterscheiden. Auf dem holländischen Markt wurden die verschiedensten Dosierungen festgestellt: von 59 – 117 mg. Dies liegt vor allem daran, daß die Produktion seit der Illegalisierung zunehmend in die Hände skrupelloser Leute gefallen ist. Der Marktpreis schwankt derzeit zwischen 50,– und 160,– DM pro Dosis (in Holland ca. 30,– DM).

Deshalb bei Kauf und Gebrauch besondere Vorsicht. Farbe, Form und Größe einer Tablette oder Kapsel sagen nichts über den Inhalt aus: man weiß nie, was man kauft!

Die Wirkungen von nur vermeintlichem MDMA können erheblich anders und eben auch gefährlich sein!

Wenn MDMA nicht den gewohnten Effekt hat: keinesfalls zusätzliche Drogen bzw. Medikamente einnehmen!

Am besten man nimmt gleichzeitig eine Vitamintablette.

Falls die Wirkung nicht stark genug ist: keine zweite Dosis einnehmen, denn eine zu hohe Dosis kann gefährliche Folgen haben. Bei zu großer Dosis treten Vergiftungserscheinungen auf; sie äußern sich z. B. in starkem Zittern, Muskelkrämpfen, Übelkeit und Erbrechen, Angstzuständen und Halluzinationen.

Man braucht die Dosis nicht wie bei Alkohol oder Speed jedesmal zu steigern, um denselben Effekt zu erzielen: MDMA macht nicht abhängig. Das heißt aber nicht, daß es nicht trotzdem gefährlich sein kann. Man weiß noch wenig über die Folgen eines Dauergebrauchs.

Die z. T. aufgestellte Behauptung, daß Hirnzellen durch Dauergebrauch geschädigt werden, läßt sich wissenschaftlich nicht bestätigen (FITZGERALD 1991 m. w. N.). Allerdings kann auf den Gebrauch eine Depression folgen, was aber als Reaktion auf das Hochgefühl psychologisch verständlich ist. MDMA schwächt wohl die Abwehrkräfte, so daß man leichter Erkältungskrankheiten und dergleichen bekommt.

Frauen brauchen eine geringere Dosis als Männer, um die gleiche Wirkung zu erzielen: wegen der unbekannten Dosierung von Pillen haben Frauen also ein etwas höheres Risiko.

Besonders wichtig ist das Setting, die äußeren Bedingungen des Konsums: Voraussetzung für den Genuß ist, daß man es sich schön macht, z. B. mit Freunden, Blumen, meditativer Musik, schönen Bildern. Man sollte möglichst vorher nichts essen, weil es sonst nicht wirkt. Während der Wirkzeit sollte man viel trinken. Hunger verspürt man keinen. Hinterher sollte man gut ausschlafen und sich am folgenden Tag ausruhen.

Wenn man MDMA häufig und in kurzen Abständen nimmt, verändern sich die Wirkungen: das Wohlgefühl schwindet, statt dessen fühlt man sich eher aufgeregt und zerschlagen und kann schlecht schlafen. Deshalb folgende *Regeln* für den Gebrauch von MDMA – wenn man es schon gebrauchen will:

■ Nehme MDMA nur in großen Abständen (2 – 3 Monate), spare es für besondere Anlässe auf oder mache ein besonderes Fest daraus!

■ Nimm MDMA nur, wenn die äußere Atmosphäre und Umgebung absolut gut sind.

■ Bereite Dich gut auf das Erlebnis vor und plane nichts Wichtiges für den darauffolgenden Tag.

Da MDMA eine ziemlich milde Wirkung hat, ist man versucht, es mit anderen Drogen zu kombinieren. Man muß sich klar darüber sein, daß sie die Wirkung von MDMA unterdrücken: Drogen wie Speed, Kokain, viel Kaffee machen Stress und Spannungsgefühle. MDMA kann ein Gefühl der Unverletzlichkeit und der unbegrenzten Möglichkeiten erzeugen, allerdings sicher ohne einen Verlust der Selbstkontrolle. Wenn man Alkohol dazu nimmt, kommt es möglicherweise zu aggressiver Enthemmung. MDMA mit anderen Drogen zu kombinieren ist also Geldverschwendung und gesundheitsschädlich!

■ Wenn man mitbekommt, daß jemand unter MDMA-Wirkung in Schwierigkeiten gerät, bringe man ihn an einen ruhigen und gemütlichen Ort, leiste ihm Gesellschaft und heitere ihn auf.

■ Kontraindiziert ist MDMA, wenn man unter Herz-Kreislauf-Krankheiten, Diabetes, Epilepsie oder hohem Blutdruck leidet. Natürlich auch dann, wenn man unter medikamentöser Behandlung steht. Auch Schwangere sollten kein MDMA nehmen. Ebensowenig sollte man es benutzen, wenn man sich nervös, gestreßt, ängstlich und überfordert fühlt. Und Auto- oder Radfahren sollte man natürlich auch nicht. (s. zu Ecstasy auch AHRENS 1995, S. 129 – 138)

»Koks« – Kokain

Kokain ist ein weißes, kristallines Pulver. Es wird mittels eines chemischen Verfahrens aus Blättern der Koka-Pflanze hergestellt, die vor allem in Südamerika angebaut wird. Markt-Kokain ist häufig mit anderen Stoffen gemixt – ebenso wie Heroin. Kokain gilt als »harte Droge«, obwohl es kraft medizinischer Indikation (Schleimhautanästhesie z. B. bei Augenerkrankungen) in Anlage III zu § 1 Abs. 1 (s. o. 5.1.1) des BtMG für verschreibungsfähig erklärt ist. Der illegale Marktpreis schwankt zwischen 150 – 200 DM pro Gramm.

Wirkungen unmittelbar nach Gebrauch: Kokain ist eine Stimulantie, eine aufput-

schende Droge – mit einer Wirkungsdauer von etwa 30 Min. pro Dosis. Hunger und Müdigkeit verschwinden. Es bringt einen in einen angenehm erregten, geselligen und gesprächigen Zustand. Man fühlt sich, als ob man messerscharf denken könne, wird sehr selbstsicher und unternehmungslustig: die Hemmungen schwinden. Vor allem die Liebeslust wird kurzfristig gesteigert. All dies hat seine besonderen Kehrseiten, nämlich Gefahren: Kokain macht vor allem gierig nach mehr, sobald die Wirkung nachläßt. Gerade infolge des spontanen Hochgefühls fühlt man sich hinterher umso leichter depressiv, lust- und antriebslos. Daraus resultiert – auch ohne physische Abhängigkeit – die Tendenz zur Dosissteigerung und zum exzessiven Dauergebrauch, mit wiederum gesteigerten Folgewirkungen: es kann zu besonders agitierten Zuständen kommen (»Nervengewitter«). Weil man meint, zu allem fähig zu sein, wird man tollkühn und rücksichtslos, gefährdet u. U. sich und andere. Es entsteht zudem die Gefahr, daß Kokain für die Lebensführung immer größere Bedeutung erlangt und durch den regelmäßigen Gebrauch die Gesundheit geschädigt wird: man nimmt schnell ab, die Immunabwehr läßt nach, der allgemeine Gesundheitszustand wird schlechter. Man wird ruhelos, leicht erregbar und unleidlich, arrogant und egoistisch gegenüber seinem Umfeld. Das bewirkt leicht Streit und soziale Ausgrenzung. Bei häufigem Gebrauch entstehen auch Schlaflosigkeit, Angstzustände, Sinnestäuschungen (»Weiße Mäuse«) und Wahnideen. Man wird mißtrauisch und fühlt sich bedroht, was wiederum aggressives Verhalten heraufbeschwören kann.
Gebrauchsweisen:
■ Schnupfen (sniffing, snorting) ist die gebräuchlichste Methode: Eine kleine Menge Kokain (20 – 50 mg) wird durch ein Nasenloch eingesogen und über die Nasenschleimhaut sofort in den Blutkreislauf transportiert.
■ Rauchen: Kokain (ca. 20 – 50 mg) wird mit Tabak gemixt und geraucht und kommt dann über die Lungen in den Blutkreislauf.
■ Essen: Die relativ hohe Dosis Kokain (200 mg) gelangt über die Magenschleimhaut in den Kreislauf.
■ Injizieren direkt in die Venen (ca. 2,5 – 25 mg): Dadurch entstehen dieselben Risiken wie bei i. v. Heroinkonsum (s. o. Heroin sowie im 2. Kapitel 2.4 und 2.5).
■ Freebasing: Kokain wird zunächst mit Äther aufbereitet, in eine sog. »freebase« umgewandelt, d. h. eine rauchbare Substanz, die durch eine mit starkem Alkohol gefüllte Wasserpfeife geraucht wird.
■ »Drachenjagen«: Freebase-Kristalle werden auf einer Aluminiumfolie erhitzt und die Dämpfe inhaliert.
Injizieren, Freebasing und Drachenjagen sind gefährlichere Methoden des Gebrauchs: bei ihnen sind die genannten Risiken deutlich erhöht.
■ Kombination mit anderen Drogen: Im dissozialen, außerhalb der »Kennerkultur« praktizierten Umgang werden Kokain und Alkohol oft zusammen gebraucht. Es heißt, man könne dadurch länger durchhalten oder es sei besonders genußvoll oder der Alkoholrausch sei besser erträglich. Das ist jedoch gefährlicher physischer und psychischer Streß, der zumindest einen besonders schrecklichen Kater am nächsten Tag nach sich zieht.
Ebenso selbstdestruktiv und den universellen Konsum- und Reizzwängen aufsitzend erscheint der Mischgebrauch von Kokain und Heroin (»speedball«). Psychisch sind die widersprüchlichen Wirkungen besonders schwer zu verarbeiten, es besteht Psychosegefahr.
Strittig ist die Frage, ob Kokain körperlich abhängig macht. Wissenschaftliche Untersuchungen deuten darauf hin, daß lediglich von psychischer Abhängigkeit gesprochen werden kann, und daß die schädlichen Auswirkungen, der körperliche Verfall und tödliche Risiken stark von der Gebrauchsweise abhängen (COHEN 1989). Bei vernünftigem Konsum muß es jedenfalls nicht zur Abhängigkeit kommen, allenfalls bei unkontrolliertem, dis-

sozialem Konsum. Letzterer hat aber – wie beim Heroin – nicht direkt mit der Droge zu tun, sondern mit den sozialen Verhältnissen, in deren Rahmen konsumiert wird, und mit der Persönlichkeitstruktur des Konsumenten. Kokain ist allerdings wegen des schnellen und ohne großen Aufwand erreichbaren Hochgefühls eine sehr verführerische Droge. Sie erscheint gefährlich, weil man nach ihrem Gebrauch nach mehr verlangt, man immer mehr will, bevor man die schädigende Seite bemerkt. Psychische Abhängigkeit droht, wenn man nicht eine gereifte und starke Psyche besitzt und in geordneten sozialen Verhältnissen lebt. Viele Kokainkonsumenten sind sich der Gefahren bewußt, denken aber, sie könnten den Konsum kontrollieren, steuern und jederzeit wieder aufhören: Süchtig werden ja nur die anderen! Das größte Abhängigkeitsrisiko gehen jedenfalls Leute ein, die Freebase-Kokain rauchen.

Folgende *Regeln*, die sich in der Kokain-Subkultur herausgebildet haben, scheinen eine gewisse Gewähr gegen die negativen Wirkungen zu bieten (vgl. COHEN, S. 8 ff.):

Dosis nicht höher als 100 – 200 mg; versuchen, das kaum widerstehliche Steigerungsmuster zu überwinden und sich auf einen strukturierten Gebrauch einzupendeln. Damit ist gemeint, daß man Kokain nur noch in besonderen Ausnahmesituationen und eingebunden in soziale Rituale und ein sicheres Setting konsumiert. Sicherer ist es, wenn man mit Bekannten und in bekannter Umgebung konsumiert und die Konsumsituation sachlich und psychisch vorbereitet hat. Fühlt man sich im Stress oder depressiv, sollte man es lassen. Für Partner- und Familienbeziehung ist der gemeinsame Gebrauch ungünstig. Es nützt, sich eine finanzielle Ausgabengrenze für den Kokainerwerb zu setzen.

5.6
Literaturverzeichnis

5.6.1
Ratgeber, Handbücher, Kommentare

AG TuWas (1994 ff.): Leitfaden für Arbeitslose. Band 3. 432 S., DM 16,– (inklusive Versandkostenpauschale). Erscheint jährlich aktualisiert. Bezug: Fachhochschulverlag, Limescorso 5, 60439 Frankfurt am Main. Bestellungen werden erledigt, sobald der Betrag auf dem Sonderkonto »Fachhochschulverlag«, Konto Nr. 1255 – 607, Postbank Frankfurt am Main, Bankleitzahl 550 100 60, eingegangen ist. Bitte auf Überweisungsschein unter »Verwendungszweck« unbedingt eintragen: »Band Nr., Anzahl, Zustelladresse«

AG TuWas (1992): Leitfaden der Kinder- und Jugendhilfe. Stand: März 1992. DM 6,–. Bezug: Gegen Vorauszahlung auf PGKto. 3215 70 – 609, Postbank Frankfurt am Main, BLZ 550 100 60 zugunsten Rainer Roth, oder mit Verrechnungsscheck bei AG TuWas, c/o Fachbereich Sozialarbeit, Limescorso 5, 60439 Frankfurt am Main

AG TuWas (1993): Leidfaden Sozialhilfe für Behinderte und Pflegebedürftige. 6. völlig überarb. Aufl., Stand Januar 1993. DM 6,–. Bezug: wie Leitfaden der Kinder- und Jugendhilfe (s. o.)

AG TuWas (1994): Leitfaden der Sozialhilfe. 15. Aufl., Stand September 1994. DM 7,–. Bezug: wie Leitfaden der Kinder- und Jugendhilfe (s.o)

ARCHIDO Bremen / Fachhochschule Frankfurt am Main, Hrsg. (1995): Einrichtungen der Drogenhilfe – Verzeichnis der Adressen- und Angebote der 2.282 Einrichtungen, auch als Datenbank auf Diskette (MS-DOS). Band 12.1. Buch und Diskette: DM 19,–; nur Buch: DM 10,–; nur Diskette: DM 13,–. Bezug wie oben: AG TuWas, Leitfaden für Arbeitslose

Brühl, Albrecht (1992): Drogenrecht. München: C. H. Beck-Verlag. dtv-Rechtsberater, DM 14,80

Bundesvereinigung für Gesundheitserziehung, Hrsg. (1990): AIDS-Beratungsführer: Beratungs- und Betreuungsangebot der mit AIDS befaßten Einrichtungen in der BRD. Bonn: Selbstverlag. Bezug: kostenlos

Bundeszentrale für gesundheitliche Aufklärung, Hrsg. (1990): Drogenberatung wo? Einrichtungen zur Beratung von Drogen-, Alkohol- und Medikamenten-Gefährdeter und Abhängiger. 1. Aufl., Köln: Selbstverlag. Bezug: kostenlos

Daunderer, M. (1990): Drogen-Handbuch für Klinik und Praxis: Diagnose, Therapie, Nachweis, Prophylaxe, Recht, Drogenprofile. Landsberg/München: ecomed (Bemerkung: Eine sehr traditionelle Betrachtung des »Drogenproblems«)

Deutsche AIDS-Hilfe e.V. (DAH), Hrsg. (1990): Positiv, was nun? – Ein Ratgeber für Menschen mit HIV/AIDS in Haft. 112 S. Berlin: Selbstverlag. Bezug: kostenlos/Spende, bei: DAH, Dieffenbachstr. 33, 10967 Berlin, Tel. (0 30) 6 90 08 70, Fax (0 30) 69 00 87 42

Deutsche AIDS-Hilfe e.V., Hrsg. (1991): AIDS und HIV im Recht. Ein Leitfaden. Bamberg: Palette. DM 29,–

Deutsche AIDS-Hilfe e.V., Hrsg. (1991): Wo ist Hilfe? Beratungsführer Drogen und AIDS. 1. Aufl., Stand: März, 243 S. Berlin: Selbstverlag. Bezug: kostenlos/Spende, bei: s. o.

Deutsche Hauptstelle gegen die Suchtgefahren e.V., Hrsg. (1994): Jahrbuch Sucht. Hamburg: Neuland-Verlagsgesellschaft, Adenauerallee 45, 20097 Hamburg, Tel. (0 40) 24 39 53

Dunde, S., Hrsg. (1990): Beratungsführer AIDS. Stuttgart

Eberth, A. / Müller E. (1993): Verteidigung in BtM-Sachen. 2. neubearb. Aufl., Heidelberg: C. F. Müller

Erbs, G. / Kohlhaas, M. (1994): Strafrechtliche Nebengesetze, B 64: bearb. von Pelchen, Stand: 1994

Gefangenen-Ratgeber (1987). 3. Aufl., Berlin: Verlag Schwarze Seele. DM 5,–, für Gefangene oder Spende. Bezug: Verein zur Förderung von Kultur und Information e.V., Gneisenaustr. 2a, 10961 Berlin

Grigoleit, H. / Wenig, M. / Ziegler, H. (1990): Handbuch Sucht. Prävention und Behandlung. Rechtsgrundlagen und Rechtsprechung. St. Augustin: Asgard-Verlag

Hügel, W. / Junge, W. K. (1993): Deutsches Betäubungsmittelrecht. 7. Aufl., Stuttgart: Deutscher Apotheker Verlag

Körner, H. H. (1995): Betäubungsmittelgesetz. 4. neubearb. Aufl., München: Beck'sche Kurzkommentare, Band 37, DM 145,–

Kommentar zum Strafvollzugsgesetz. Bearb. von Bertram, C. et al. (1990). Reihe Alternativkommentare. 3. neubearb. Aufl., Neuwied: Luchterhand

Kreuzer A. / Wille, R. (1988): Drogen – Kriminologie und Therapie. Heidelberg: C. F. Müller

Pfeil / Hempel / Schiedermaier / Slotty (1988): BtMG. Kommentar. Stand: Januar 1988. München

Scheerer, S. / Vogt, I., Hrsg. (1989): Drogen und Drogenpolitik – Ein Handbuch. Frankfurt am Main/New York: Campus (Das Standardwerk!

Eine umfassende, wissenschaftlich-fundierte und begrifflich-präzise Übersicht über Alltagsdrogen und medizinische Drogen, den Zusammenhang von Drogen und Drogenpolitik, Selbsthilfe, illegalen Drogenhandel etc.)

Thamm, B. G. (1990): Drogen: Die tödliche Gefahr. Ein Ratgeber für Eltern und Jugendliche. Bergisch-Gladbach: Bastei-Lübbe

Tresz, P. (1988): Leitfaden für Instrukteure und Ermittlungsbeamte auf dem Gebiet der Rauschgiftbekämpfung. Wiesbaden: Schriftenreihe des Bundeskriminalamtes, Band 56

5.6.2
Periodika im Drogen- und AIDS-Bereich

Zeitschriften

Aktuell. Hrsg.: Deutsche AIDS-Hilfe e.V. (DAH). Erscheinungsweise: zweimonatlich, Einzelexemplar: DM 4,–, Jahresabo: DM 37,50. Bezug: DAH, Dieffenbachstr. 33, 10967 Berlin, Tel. (0 30) 6 90 08 70, Fax (0 30) 69 00 87 42

Dokumentation »Gefährdung durch Alkohol, Rauchen, Drogen, Arzneimittel«. Erscheinungsweise: 4 Hefte pro Jahr, DM 20,– (für Dienststellen in NRW kostenlos). Bezug: Institut für Dokumentation und Information, Sozialmedizin und öffentliches Gesundheitswesen (idis), Westerfeldstr. 35-37, 33611 Bielefeld, Tel. (05 21) 80 07 – 0, Fax (05 21) 8 00 72 00 (Bemerkung: Literaturdokumentation mit Kurzreferaten)

Drogalkohol – Alkohol und Drogen – Forschung und Praxis der Prävention und Rehabilitation. Hrsg.: R. Müller / Schweizerische Fachstelle für Alkoholprobleme. Erscheinungsweise: dreimal jährlich, Einzelpersonen DM 44,–, Institutionen DM 68,–. Bezug: ISPA-Press, Postfach 8 70, CH–1001 Lausanne

Drogenbulletin. Hrsg.: Direktion des Gesundheitswesens des Kantons Zürich. Erscheinungsweise: viermal jährlich, kostenlos. Bezug: Direktion des Gesundheitswesens des Kantons Zürich, Obstgartenstraße 21, CH–8090 Zürich (Bemerkung: Mit interessanten Beiträgen über schweizerische Drogenpolitik und Drogenarbeit)

Drogen-Report – AIDS-Informationen. Hrsg.: Verband Freier Einrichtungen in der Suchtarbeit e.V. (FES). Erscheinungsweise: zweimonatlich, pro Heft DM 5,–, Abonnement DM 25,–. Bezug: FES, Königstr. 12, 90402 Nürnberg, Tel. (09 11) 22 27 77, Fax (09 11) 22 77 22 (Bemerkung: faktisch DAYTOP)

Die Kette – Drogenmagazin. Hrsg.: Die Kette. Dachverband der privaten therapeutischen Einrichtungen in der Drogenhilfe der Region Basel. Erscheinungsweise: viermal jährlich, Jahresabo: Fr. 35,–. Bezug: Die Kette, Ramsteinerstr. 20, CH–4052 Basel (Bemerkung: Sehr gut zu lesendes Magazin mit offensiven Positionen bezüglich Drogenarbeit und Drogenpolitik)

Junkfurter Ballergazette. Hrsg.: Projekt »Arbeit, Technik und Kultur« der Integrativen Drogenhilfe an der Fachhochschule Frankfurt am Main e.V., Sonnemannstr. 5, 60314 Frankfurt am Main, Tel. (0 69) 49 04 42, Fax (0 69) 49 04 46

Pressespiegel »Drogen und Sucht«. Hrsg.: Archiv für Sozialpolitik. Erscheinungsweise: wöchentlich. Preis an die Mitgliedschaft gebunden: Einzelpersonen jährlich DM 60,– für die kleine Version, DM 90,– für die große Version. Bezug: Archiv für Sozialpolitik, Brönnerstr. 9, 60313 Frankfurt am Main, Tel. (0 69) 29 67 97

Recht & Psychiatrie. Hrsg.: Redaktion Recht und Psychiatrie. Erscheinungsweise: vierteljährlich, Jahresabo.: DM 60,–. Bezug: Psychiatrie-Verlag GmbH, Postfach 21 45, 53011 Bonn

Sozial Extra. Hrsg.: Extra Verlag. Erscheinungsweise: zehnmal monatlich plus 1 Doppelheft; Einzelheft DM 7,20 zzgl. DM 1,20 Versandkosten, Jahresabo.: DM 75,–, für StudentInnen, PraktikantInnen und Arbeitslose (gegen Vorlage entsprechender Bescheinigungen) DM 63,–. Bezug: Extra Verlag, Langgasse 24, 65183 Wiesbaden, Tel. (06 11) 30 70 11

Sozialmagazin – Die Zeitschrift für soziale Arbeit. Hrsg.: Juventa Verlag. Erscheinungsweise: elfmal jährlich; Einzelheft DM 7,50; Jahresabo.: DM 64,– (DM 54,– für Studenten). Bezug: Juventa Verlag, Ehretstr. 3, 69469 Weinheim

Streetcorner – Zeitschrift für aufsuchende soziale Arbeit. Hrsg.: Institut für soziale und kulturelle Arbeit (ISKA). Erscheinungsweise: halbjährlich, Einzelheft: DM 10,–, Jahresabo DM 15,–. Bezug: ISKA, Untere Krämersgasse 3, 90403 Nürnberg, Tel. (09 11) 22 78 99

Sucht (früher: Suchtgefahren). Zeitschrift für Wissenschaft und Praxis. Hrsg.: Deutsche Hauptstelle gegen die Suchtgefahren e.V. (DHS) und Deutsche Gesellschaft für Suchtforschung und Suchttherapie. Erscheinungsweise: zweimonatlich, Einzelheft: 25,–, Jahresabo.: DM 100,–. Bezug: Neuland-Verlagsgesellschaft, Adenauerallee 45, 20097 Hamburg, Tel. (0 40) 24 39 53

Suchtprävention (früher: Drogenfreie Erziehung). Hrsg.: Bund für drogenfreie Erziehung. Erscheinungsweise: vierteljährlich, Einzelheft: DM 7,50, Jahresabo. DM 20,–. Bezug: Bund für drogenfreie Erziehung, Adenauerallee 45, 20097 Hamburg

Suchtreport. Europäische Fachzeitschrift für Suchtprobleme. Hrsg.: Synanon International. Erscheinungsweise: zweimonatlich, Einzelheft: DM 9,80, Jahresabo.: DM 48,–. Bezug: Synanon International, Bernburgerstr. 10, 10923 Berlin, Tel. (0 30) 8 31 70 88

Wiener Zeitschrift für Suchtforschung. Hrsg.: A. Springer, Ludwig-Boltzmann-Institut f. Suchtforschung / R. Mader, Anton Proksch-Institut. Erscheinungsweise: 1/4 jährl., Einzeln.: öS 98,–, Jahresabo.: öS 350,–. Bezug: Ludwig-Boltzmann-Institut, Mackgasse 7 – 9, A–1237 Wien

Rundbriefe und Info-Blätter

AIDS-Infothek. Hrsg.: Aids Info Docu Schweiz. Erscheinungsweise: zweimonatlich, Abonnement: SFr. 35,–. Bezug: Aids Info Docu Schweiz, Postfach, CH–3001 Bern, Tel. (0 31) 21 12 66

AIDS-Nachrichten. Hrsg.: AIDS-Zentrum des Bundesgesundheitsamtes. Erscheinungsweise: unregelmäßig, kostenlos. Bezug: AIDS-Zentrum des Bundesgesundheitsamtes, Reichpietschufer 74-76, 10785 Berlin, Tel. (0 30) 25 00 94 53

FDR-Berichte. Hrsg.: Fachverband Drogen und Rauschmittel e.V. (FDR). Erscheinungsweise: vierteljährlich, kostenlos. Bezug: FDR, Brüderstr. 4B, 30159 Hannover, Tel. (05 11) 1 31 64 74

Info-Blatt der Elternvereinigung Drogenabhängiger Jugendlicher DAJ Zürich. Hrsg.: Vorstand der Elternvereinigung DAJ Zürich. Erscheinungsweise: viermal jährlich. Bezug: Info-Blatt »Gemeinsam Wege finden« Postfach 30 58, CH–8031 Zürich. Jahresabo: SFr. 25,–

JES Rundbrief. Hrsg.: Junkies, Ex-User, Substituierte (JES). Bezug: JES / Werner Hermann, DAH, Dieffenbachstr. 33, 10967 Berlin, Tel. (0 30) 6 90 08 70, Fax (0 30) 69 00 87 42

Junk Express. Hrsg.: The Final Countdown – Junkiebund e.V. Bezug: Isa u. Joe Bartsch, Lessingstr. 23, 40227 Düsseldorf, Tel. (02 11) 72 03 01

Junkfurter Ballergazette. Hrsg.: Integrative Drogenhilfe an der Fachhochschule Frankfurt am Main e.V. Erscheinungsweise: sechswöchig, Einzelheft: DM 1,–. Bezug: Integrative Drogenhilfe, Sonnemannstr. 5, 60314 Frankfurt am Main 1, Tel. (0 69) 49 04 42/43. (Bemerkung: Eine Zeitung von Drogengebrauchern für Drogengebraucher und Interessierte)

Literaturnachweis zur Gesundheitserziehung. Hrsg.: Bundesvereinigung für Gesundheitserziehung e.V. Erscheinungsweise: halbjährlich, Jahresabo: DM 10,–. Bezug: Bundesvereinigung für Gesundheitserziehung, Viktoriastr. 28, 53173 Bonn

5.6.3
Fremdsprachige Publikationen

Druglink. The Journal on Drug Misuse in Britain. Hrsg.: Institute for the Study of Drug Dependence (ISDD). Erscheinungsweise: zweimonatlich, Jahresabo.: £ 12. Bezug: ISDD, 1 Hatton Place, GB–London EC1N 8ND

ICAA News. Quarterly of the International Council on Alcohol and Addictions. Hrsg.: ICAA. Bezug: ICAA, Case postale 189, CH–1001 Lausanne

The Drug Policy Letter. Hrsg.: Drug Policy Foundation. Bezug: Drug Policy Foundation, 4455 ConnecticutAve. NW, Suite B-500, Washington, D. C. 20008–2302, USA

The Anti-Prohibionist Review. President: Marie-Andre Bertrand. Bezug: International Anti-Prohibition League, BCM Entwine, GB–London WC 1N 3XX

The International Journal on Drug Policy (IJDP). Editor: Alan Matthews. Erscheinungsweise: zweimonatlich, Jahresabo.: Einzelpersonen: £ 33, Institutionen: £ 63. Bezug: IJDP, 27 Hope Street, GB–Liverpool L1 9BQ, Tel. (44) 051 709 3511 (Bemerkung: Guter internationaler Überblick über Drogenpolitik und deren Folgen; wendet sich gegen Repression und Prohibition im Umgang mit Drogengebrauchern)

Mainliners Newsletter. A charity to give information and support to drug users and ex-drug users affected by HIV & AIDS. Erscheinungsweise: monatlich, Jahresabo £ 25. Bezug: Mainliners Newsletters, P. O. Box 125, GB–London, SW9 8EF

Spuit elf. Vakblad voor druggebruikers. Hrsg.: MDHG. Bezug: MDHG, Binnenkant 46, NL–1011 BP Amsterdam, Tel. (0 20) 24 47 75

5.6.4
Verwendete Literatur

Literatur ist beim ARCHIDO in Bremen erhältlich; PF 33 04 40, 28334 Bremen, Tel. (04 21) 2 18 31 73

Adams, M. / Gerhardt, B.-P. (1981): Die Berücksichtigung der Behandlungsbedürftigkeit von Drogenabhängigen im Rahmen des Ermittlungs-, Erkenntnis- und Vollstreckungsverfahrens. In: NStZ, S. 241 ff.

Adams, M. et al. (1989): Drogenpolitik. Meinungen und Vorschläge von Experten. Freiburg: Lambertus-Verlag

Ahrens, H. (1995): Safer use von Partydrogen. In: Heudtlass, J.-H. /Stöver, H. / Winkler, P., Hrsg. (1995): a.a.O., S. 129 – 138

AIDS-Enquete-Kommission des 11. Deutschen Bundestages (1988): Gefahren von AIDS und wirksame Wege zu ihrer Eindämmung. Deutscher Bundestag (Hrsg.): AIDS: Fakten und Konsequenzen, Bonn

AIDS-Zentrum am Robert-Koch-Institut (1994): AIDS-Nachrichten, H. 3, 1994

Akzept e.V., Hrsg. (1993): Menschenwürde in der Drogenpolitik. Ohne Legalisierung geht es nicht! Hamburg: Konkret-Verlag

Albrecht, H.-J. (1991): Voraussetzungen und Konsequenzen einer Entkriminalisierung im Drogenbereich. In: Boor, W. de; Frisch, W.; Rode, I. (Hrsg.): Entkriminalisierung im Drogenbereich? Schriftenreihe des Instituts für Konfliktforschung, H. 13. Wienand: Köln, S. 1 – 38

Amendt, G. (1990): Sucht – Profit – Sucht. Reinbek: Rowohlt

Amnesty International, Bezirk Köln (1991): Nein zur Todesstrafe für Drogendelikte. Manuskript

Ärztekammer Hamburg (1994): Die Sachverständigenkommission »Substitutionsmaßnahmen« teil mt: Betrifft: Rohypnol. (Ms.)

Ärztekammer Westfalen-Lippe (1993): Leitfaden zur Behandlung Opiatabhängiger mit Dihydrocodein-Präparaten. In: Westfälisches Ärzteblatt 2, 1993, S. 70

Arenz-Greiving, I. (1990): Sucht – Gewalt – Sexualität. Opfer und Täter in der Therapie. Freiburg

Arnold, T. / Frietsch, R. (1988): AIDS-Problematik und Drogengebrauch. Zur Sichtweise der betroffenen Konsumenten. In: Suchtgefahren, 34. Jg., S. 303 – 315

Arnold, T. / Frietsch, R. / Korndörfer, G. (1989): Erfahrungen mit bisherigen niedrigschwelligen Angeboten für langjährig Drogenabhängige. In: Suchtgefahren, 35. Jg., S. 120 ff.

Assfalg, R. (1990): Die heimliche Unterstützung der Sucht: Co-Abhängigkeit. Hamburg: Neuland-Verlag

Barsch, G. (1995): Epidemiologie und Versorgungsbedarf. (Ms.) Berlin DAH.

Bathen, R. / Schliehe, F. (1989): Kontaktladen: Eine niedrigschwellige Einrichtung für drogengefährdete und drogenabhängige Jugendliche. In: Suchtgefahren, 35 Jg., S. 402 ff.

Bauer, C. (1992): Heroinfreigabe. Reinbek: Rowohlt-Verlag

Bauer, M. / Thoss, P. (1983): Die Schuldunfähigkeit des Straftäters als interdisziplinäres Problem. In: NJW, S. 305 ff.

Bauer, Chr. / Bossong, H. (1992a): Zwischen Markt und Mafia. Modell einer effektiven Drogenkontrolle. In: Neumeyer, J. / Schaich-Walch, G. (Hrsg.): Zwischen Legalisierung und Normalisierung. Marburg: Schüren, S. 79 – 96

Becker, H. S. (1983): Die soziale Definition des Drogenkonsums und der drogenbewirkten Erfahrungen. In: Lettieri, D. J. / Welz, R. (Hrsg.): Drogenabhängigkeit. Weinheim/Basel: Beltz-Verlag, S. 193 – 202

Becker, M. / Lück, W. G. van (1992): Die Therapievorschriften des Betäubungsmittelgesetzes. Eine Effektivitätsanalyse. Freiburg: Lambertus-Verlag

Behr, H.-G. (1995): Von Hanf ist die Rede – Kultur und Politik einer Pflanze, Frankfurt/Main: 2001

Behr, H.-G. / Juhnke, A. et al. (1985): Drogenpolitik in der Bundesrepublik. Reinbek: Rowohlt

Behrendt, K. et al. (1993): Niedrigschwelliger Drogenentzug – Konzept, Erfahrungen, Konsequenzen. In: Deutsches Ärzteblatt 90. Jg., Nr. 4, v. 29.1.93

Beke-Bramkamp, R. (1992): Die Drogenpolitik der USA 1969 – 1990. Baden-Baden: Nomos-Verlag

Belke, M. / Michaelis, S. (1994): Gesundheitsförderndes Nachtangebot für drogenabhängige Prostituierte des Vereins Kommunale Drogenpolitik / Verein für akzeptierende Drogenarbeit e.V., Bremen. In: Stöver, H. (Hrsg.): Die Fortbildungsarbeit der Deutschen AIDS-Hilfe im Bereich AIDS und Drogen (1990 – 1992), Berlin, Selbstverlag, S. 213 – 217

Berger, H. (1981): Fixer sein als Lebensstil. In: Völger, G., Hrsg. (1981): a. a. O., Teil 1, S. 688 – 693

Berger, H. / Reuband, K. H. / Widlitzek, U. (1980): Wege in die Heroinabhängigkeit. München: Juventa

Bergmann, R. / Kalinna, V. (1991): Psychosoziale Betreuung von Drogengebrauchern im Rahmen einer Substitutionsbehandlung. In: Schuller, K. / Stöver, H., Hrsg. (1991): a. a. O., S. 140 – 149

Berridge, V. (1989): AIDS und die britische Drogenpolitik: Die Geschichte wiederholt sich. In: Kriminalsoziologische Bibliographie, H. 63/64, S. 131 ff.

BGA – Pressedienst (1994): BGA lehnt Antrag der Stadt Frankfurt zur Abgabe von Heroin an Drogenabhängige ab. Meldung v. 17.1.94

Bieniek, R. (1993): Entkriminalisierung von Drogenabhängigen durch Substitutionsbehandlung. Frankfurt am Main: Peter Lang Verlag

Bieniek, R. (1994): Drogenkonsum und Straßenverkehr. Bremen: Unveröffentlichtes Manuskript

Bild der Wissenschaft (1990): High Noon im Hirn. In: H. 3, S. 42 ff.

Böker, W. / Nelles, J., Hrsg. (1992): Drogenpolitik wohin? 2. Aufl., Bern/Stuttgart: Haupt-Verlag

Böllinger, L. (1979): Psychoanalyse und die Behandlung von Delinquenten. Heidelberg/Karlsruhe: C. F. Müller

Böllinger, L. (1989): Ambulante Substitutionsbehandlung Heroinabhängiger durch den niedergelassenen Arzt: Macht er sich strafbar? In: Medizin und Recht, S. 290 ff.

Böllinger, L. (1990): Strafvollzugsrechtliche Aspekte von HIV-Infektion und Aids. In: Prittwitz, C., Hrsg.: Aids, Recht und Gesundheitspolitik, Berlin, S. 151 ff.

Böllinger, L. (1991a): Gesundheitsvorsorge für Fixer strafbar? In: Juristische Arbeitsblätter, H. 10, S. 298 ff.

Böllinger, L. (1991b): Drogenpolitik und Verfassung. In: Kritische Justiz, 24. Jg., H. 4, S. 426 ff.

Böllinger, L. (1993): Die Amoral der Ekstase. In: Böllinger / Lautmann (Hrsg.): Vom Guten, das noch stets das Böse schafft, Frankfurt am Main: Suhrkamp

5.6 Literaturverzeichnis

Böllinger, L., Hrsg. (1994a): De-Americanizing Drug Policy. Frankfurt am Main: Peter Lang Verlag

Böllinger, L. (1994b): Anm. zum Cannabis-Beschluß des BVerfG. KJ, 27. Jg., H. 4

Böllinger, L. (1994c): Kommentierung der §§ 61 – 72. Nomos-Kommentar zum StGB. Baden-Baden

Böllinger, L. (1994d): Grenzenloses symbolisches Strafrecht. In: Kritische Justiz, 27. Jg., H. 4, S. 391 ff.

Bösche, R. (1994): JES Bremen – Geschichte und Praxis am Beispiel eines Selbsthilfe-Cafés. In: Stöver, H. (Hrsg.): Die Fortbildungsarbeit der Deutschen AIDS-Hilfe. Berlin: DAH-Selbstverlag

Boor, W. de, Hrsg. (1991): Entkriminalisierung im Drogenbereich. Köln: Wienand-Verlag

Bornemann, R. et al. (1991): Weiterer Rückgang der HIV-1-AK-Prävalenzen bei i. v. Drogenabhängigen in Berlin und Hamburg: Auch ein Erfolg der neuen Präventions- und Behandlungsansätze? (Ms.)

Bornemann, R. / Bschor, F. / Schmitz da Silva, G. (1991): L-Methadonbehandlung Opiatabhängiger. Rechtslage und Praxis der Durchführung. In: DAH (Hrsg.): Wo ist Hilfe? Beratungsführer Drogen und AIDS. Berlin, S. 87 – 97

Bornemann, R. / Stöver, H. (1990): Infection Spread Amongst Injecting Users (IDU) - Improving Prevention Through Analysis Of Different Injection Practices. Paper Presented At The 1st International Conference On The Reduction Of Drug Related Harm, Liverpool, 9. – 12.4.1990

Bossong, H. (1983): Kaum ein Hauch von Hilfe. In: Bossong, H. et al., Hrsg. (1983): Sucht und Ordnung, a. a. O., S. 28 ff.

Bossong, H. (1989): Drogenpolitik seit AIDS: Strategien deutscher Drogenhilfe. In: Kriminalsoziologische Bibliographie, 16 Jg., H. 63/64, S. 65 – 79

Bossong, H. (1990): Der Hamburger Weg in der Methadonbehandlung. In: Drogen und Sucht – Information, Nr. 1, S. 1 ff.

Bossong, H. (1992): Aktuelle Probleme bei der Betreuung Opiatabhängiger. Steuerungsdefizite im Umgang mit Städtischen Drogenszenen. Vortrag anläßlich des 3. Essener Forums für psychosoziale Versorgung, am 6.11.92. (Ms.)

Bossong, H. (1993): Diskussionsbeitrag: Kontrollierte Drogenfreigabe – Kapitulation oder Befreiungsschlag? In: Ärztliche Praxis Nr. 23 v. 20.3.93

Bossong, H. / Marzahn, C. / Scheerer, F., Hrsg. (1983): Sucht und Ordnung. Drogenpolitik für Helfer und Betroffene. Frankfurt am Main: Extrabuch-Verlag

Bossong, H. / Marzahn, C. (1989): Selbsthilfe. In: Scheerer, S. / Vogt, I., Hrsg. (1989): Drogen und Drogenpolitik, a. a. O., S. 429 – 446

Bossong, H. / Pyttlik, T. / Schaaber, E. (1983): Freiheit statt Therapie. In: Bossong, H. et al., Hrsg. (1983): Sucht und Ordnung, a. a. O., S. 142 ff.

Bossong, H. / Stöver, H., Hrsg. (1989): Methadon. Berlin: Verlag Lenz, Maas; Teuber

Bossong, H. (1991): Akzeptanz als drogenpolitische Perspektive (Ms.), Hamburg

Bossong, H. (1992): Aktuelle Probleme bei der Betreuung Opiatabhängiger. Steuerungsdefizite im Umgang mit Städtischen Drogenszenen. Vortrag anläßlich des 3. Essener Forums für psychosoziale Versorgung am 6.11.92. (Ms.)

Bossong, H. / Stöver, H., Hrsg. (1992): Methadonbehandlung. Ein Leitfaden. Frankfurt am Main/ New York: Campus

Brakhoff, J. (1988): Drogenarbeit im Justizvollzug. Freiburg: Lambertus

Brakhoff, J., Hrsg. (1989): Sucht und Prostitution. Freiburg

Brausen, A. (1994): Substitutionstherapie mit Methadon. Senator für Gesundheit, Jugend und Soziales Bremen (Ms.)

Brockmeyer, N. H. et al. (1990): Einfluß von Levomethadon auf das Immunsystem bei HIV-infizierten i. v. drogenabhängigen Patienten – Wirkung von Levomethadon auf das Immunsystem. In: Aidsforschung, 9. Jg., H. 9, S. 482 ff.

Brömer, H. (1985): Nachsorgewohngemeinschaften und Drogentherapie. FDR-Berichte, Hannover, Nr. 6, S. 1 f.

Bschor. F. (1979): Diskussionsberichte Drogen. Berlin: Nickolai'sche Verlagsbuchhandlung

Bschor, F. (1988): Konkurrierende Behandlungssysteme für Suchtpatienten. In: Staak, M., Hrsg.: Betäubungsmittelmißbrauch, Berlin etc., S. 85 – 99

Buchholtz, F., Hrsg. (1989): Suchtarbeit: Utopien und Experimente. Freiburg: Lambertus-Verlag

Bundesärztekammer (1990): Beschluß des Vorstandes der Bundesärztekammer zu »Ersatzdrogen-Programmen«. Manuskript

Bundeskriminalamt (1989): Rauschgifttote in der BRD 1989. Wiesbaden: (Ms.)

Bundeskriminalamt, Hrsg. (1991): Symposium: Vorbeugung des Mißbrauchs illegaler Drogen. Wiesbaden: Selbstverlag

Bundeskriminalamt (1992): Rauschgift-Jahresbericht 1992. Wiesbaden (Ms.)

Bundeskriminalamt (zuletzt 1993): Polizeiliche Kriminalstatistik - PKS -. Erscheinungsweise: jährlich. Wiesbaden

Bundesminister für Forschung und Technologie, Hrsg. (1991): Suchtforschung. Bonn: Wirtschaftsverlag NW

Bundesminister für Jugend, Familie, Frauen und Gesundheit / Bundesminister des Innern, Hrsg. (1990): Nationaler Rauschgiftbekämpfungsplan. Bonn, 13.6.1990

Bundesministerium für Gesundheit, Hrsg. (1993): »Drogennot- und -todesfälle«: Eine differentielle

Untersuchung der Prävalenz und Ätiologie der Drogenmortalität: Drogentodesfälle in Berlin, Bremen, Hamburg, Drogennotfälle in Bremen und Hamburg. Baden-Baden: Nomos

Bundesregierung (1986): Methadon-Behandlung Drogenabhängiger. Deutscher Bundestag, 10. Wahlperiode, BT-Drs. 10/5370 v. 11.4.86

Bundesregierung (1989): Bericht der Bundesregierung über die Rechtsprechung nach den strafrechtlichen Vorschriften des Betäubungsmittelgesetzes in den Jahren 1985 – 1987. BT-Drs. 11/4329 v. 11.4.89

Bundeszentrale für gesundheitliche Aufklärung (1989): AIDS-Informationen für die Drogenarbeit. Köln

Bürgerschaft der Freien und Hansestadt Hamburg (1991): Bericht der Enquete-Kommission »Bekämpfung der Drogensucht«. Drucksache 13/7700, v. 29.4.91

Burian, W. / Eisenbach-Stangl, I., Hrsg.(1982): Haschisch: Prohibition oder Legalisierung – Ursachen und Folgen des Cannabisverbots. Weinheim/Basel: Beltz-Verlag

Caplan, G. (1964): Principles of preventive psychiatry. New York

Charles, I. / Seidenberg, A. (1993): Kurzbeschrieb DDD-F. Zürich (Ms.)

Chorzelski, G. et al. (1993): Substitutionsbehandlung in der BRD – eine Bestandsaufnahme. In: Hamburger Ärzte-Blatt, H. 9, S. 272 – 277

Claus, J. / Rulff, D. (1983): Hungerstreik im Drogenknast. In: Bossong, H. et al., Hrsg. (1983): Sucht und Ordnung, a. a. O., S. 126 ff.

Cohen, P. (1989a): Zur gegenwärtigen Situation der Amsterdamer Drogenpolitik. In: Kriminologisches Journal, S. 136 ff.

Cohen, P. (1989b): Cocaine Use in Amsterdam in non deviant subcultures. Amsterdam: Instituut voor Sociale Geografie

Cohen, P. (1992): Schadensminimierung durch Selbstregulierung. Ein Grundkonzept für die allgemeine Drogenpolitik. In: Schaich-Walch, G. / Neumeyer, J. (Hrsg.): Zwischen Legalisierung und Normalisierung. Marburg: Schüren, S. 43 – 56

Cohen, P. (1994): Cocain Nachuntersuchung. 1994

Cohen, P. / Sas, A. (1993): Ten Years of Coacaine. A follow-up study of 64 coacine users in Amsterdam. Dept. of Human Geography. University of Amsterdam.

Cohen, S. (1981): Medizinischer Stand der Marihuana-Forschung. In: Völger, G., Hrsg. (1981): a. a. O., Teil 2, S. 800 – 803

Coignerai-Weber, C. / Hege, H. (1981): Drogenabhängigkeit und Straffälligkeit. In: Monatsschrift für Kriminologie und Strafrechtsreform, S. 133 ff.

Dahl, G. (1986): Leben auf Probe. In: Stern Nr. 51

Dammann, B. (1985): Drogentherapie als privatrechtlich ausgestaltete Form des Strafvollzugs? In: Kriminologisches Journal, S. 97 ff.

Daunderer, M. (1990): Drogen-Handbuch für Klinik und Praxis. Landsberg/München/Zürich: Ecomed-Verlag

Dechene, H.C. (1975): Verwahrlosung und Delinquenz. München: UTB/Fink-Verlag

Degkwitz, P. / Krausz, M. (1994): Substitutionsbehandlung mit codeinhaltigen Präparaten bei niedergelassenen Ärzten. Forschungsbericht, Teil 1. Hamburg: Selbstverlag der Gesellschaft für medikamentengestützte Suchttherapie (GMST e.V.), Bezug: GMST, Friedensallee 43, 22765 Hamburg

Denis, A. et al. (1994): Fortschreibung der Expertise zur Primärprävention des Substanzmißbrauchs. IFT-München – Studie für die BzgA-Köln

Derks, J. (1988): The efficacy of the Amsterdam morphine dispensing programme. Paper presented at the Conference »Responding to drug problems, an Anglo-Dutch-debate«. The Royal Society of Medicine. London, 15. – 16.9.1988

Des Jarlais, Don C. / Friedman, Samuel R. (1987): AIDS And The Sharing Of Equipment For Illicit Drug Injection: A Review Of Current Data. Prepared For The National Institute On Drug Abuse. Rockville: Manuskript

Deutsche Aids-Hilfe e.V. (o. J.): Abschlußbericht der Arbeitsgruppe »BTMG-Novellierung und Entkriminalisierung von Drogenkonsum als zentrales Instrument der AIDS-Prävention in der Gruppe der intravenösen Drogengebraucher« in der DAH. Berlin: Manuskript

Deutsche Aids-Hilfe e.V., Hrsg. (1989): Chancen und Risiken aktueller Präventions- und Behandlungsansätze am Faktor AIDS bei Drogengebrauch und Abhängigkeit. Berlin: Selbstverlag

Deutsche Aids-Hilfe e.V., Hrsg. (1991): Der tolerierte intravenöse Drogengebrauch in den Angeboten der Drogen- und AIDS-Hilfe. Berlin: Selbstverlag

Deutsche Aids-Hilfe e.V., Hrsg. (1992a): AIDS und Drogen. Band II: Evaluation AIDS-präventiver Botschaften. Berlin: Selbstverlag

Deutsche Aids-Hilfe e.V., Hrsg. (1992b): Die Zugänglichkeit zu sterilem Spritzbesteck. Berlin (Selbstverlag). 144 p.

Deutsche Aids-Hilfe e.V. (1994): Stellungnahme der Deutschen AIDS-Hilfe zum Entwurf der 6. Verordnung zur Änderung betäubungsmittelrechtlicher Vorschriften. Berlin: Manuskript

Deutsche Gesellschaft für Drogen- und Suchtmedizin (1994): Stellungnahme zum Entwurf der 6. Betäubungsmittelrechts-Änderungsverordnung. (Verf.: H. Elias, Frankfurt/M., v. 28.07.94)

Deutsche Hauptstelle gegen die Suchtgefahren e.V. (1985): AIDS: Abgabe von sterilen Spritzen an Drogenabhängige. Hamm: Ms. v. 9.12.1985

Deutsche Hauptstelle gegen die Suchtgefahren

e.V., Hrsg. (1991): Drogenpolitik und Drogenhilfe. Freiburg: Lambertus-Verlag
Deutsche Hauptstelle gegen die Suchtgefahren e.V., Hrsg. (1994): Jahrbuch Sucht 1994. Hamburg: Neuland-Verlag
Deutscher Bundestag (1992): Antwort der Bundesregierung auf die Kleine Anfrage der Abgeordneten Ingrid Köppe und der Gruppe Bündnis 90/Die Grünen (DS 12/2650), Drucksache 12/2838 v. 17.6.92
Deutscher Caritasverband (1994): Fixertreffs und Konsumräume in städtischen Zentren als Teil einer umfassenden Drogenhilfe der Caritas. Rahmenkonzeption für Träger im Bereich der Caritas. Stand: 25.2.94; Autor: Bernhard Schmidtobreik)
Die Grünen im Bundestag (1989): Abrüstung im Drogenkrieg. Entkriminalisierung des Drogenkonsums, Verringerung der Kriminalität und Förderung von Hilfsangeboten. Deutscher Bundestag, BT-Drs. 11/4936 v. 10.7.1989
Dieckhoff, R. (1981): Rausch und Realität – Literarische Avantgarde und Drogenkonsum von der Romantik bis zum Surrealismus. In: Völger, G., Hrsg. (1981): a. a. O., Teil 2, S. 404 – 425
Diettrich-Hartleib; M. (1991): Gedanken zur Suchtprävention. In: akzept e.V. (Hrsg.): Leben mit Drogen. Berlin: (Selbstverlag)S. 199 – 204
Dörner, K. (1989): Bürger und Irre. 2. Aufl. Rehburg: Psychiatrie Verlag
DOSY (1986): Dokumentations-System. Therapie-Daten der stationären Behandlung für Suchtkranke, Auswertung der Daten-Erhebungsbogen 1983. Verband der Fachkrankenhäuser für Suchtkranke e.V. Kassel
DROBS Wolfsburg et al. (1990): Informationen und Tips für Drogengebraucher.
Dünkel, F. (1981): Strafrechtliche Drogengesetzgebung im internationalen Vergleich. In: Völger, G. (Hrsg.): Rausch und Realität. Köln: Rautenstrauch-Joest-Museum, S. 674 – 683
Eberling, W. (1989): Problem Sucht, Suchtprobleme - Suche nach neuen Lösungen durch systemische Perspektiven. In: Buchholtz, F., Hrsg. (1989): a. a. O., S. 25 ff.
Egg, R., Hrsg. (1992): Die Therapieregelungen des Betäubungsmittelrechts – deutsche und ausländische Erfahrungen. Wiesbaden: Eigenverlag Kriminologische Zentralstelle
Eisenbach-Stangl, I. (1989): Drogenpolitik in den 80er Jahren: Drogenkrieg und AIDS. In: Kriminalsoziologische Bibliografie, 16. Jg., H. 63/64, S. 3 – 15
Eisenbach-Stangl, I. / Stangl, W., Hrsg. (1984): Grenzen der Behandlung. Wiesbaden: Westdeutscher Verlag
Elias, H. (1989): Die ambulante Therapie der Heroinsucht. Referat, gehalten vor der Ärztekammer Pforzheim am 7.9.1989: Manuskript
Elias, H. (1991): Die Dihydrocodein-Saftzubereitung. In: Junkfurter Ballergazette, H. 3, S. 26
Endemann, G. (1988): Zur langfristigen Levomethadon-Substitution. In: R&P, H.4, S. 13 ff.
Epen, H. H. van (1989): Behandlungsansätze. In: Scheerer, S. / Vogt, I., Hrsg. (1989): a. a. O., S. 312 ff.
Equinox International (1988): The equinox system and heroin addiction. In: Equinox Reviews, No. 4, S. 1 ff.
Erbs, G. / Kohlhaas, M., (Hrsg.) (1994): Strafrechtliche Nebengesetze B 64: BtMG, bearb. v. Pelchen, Stand 1994. München: Beck Verlag
Fabian, C. / Dohmen, G. F. (1985): Vom langwierigen Prozeß der Sozialarbeiter, sich überflüssig zu machen. Nachsorgegemeinschaft Konrad-Broßwitz-Straße, Frankfurt am Main. In: Krauß, G. M. / Steffan, W., Hrsg. (1985): a. a. O., S. 192 – 200
Fachverband Drogen und Rauschmittel e.V. (FDR), Hrsg. (1988): FDR-Berichte. Nr. 16, 17/18. Hannover
Fachverband Drogen und Rauschmittel e.V. (1994): Berufsbegleitende Weiterbildung für Mitarbeiterinnen und Mitarbeiter aus der Suchtkrankenhilfe. Hannover: Selbstverlag
Feuerlein, W. / Bühringer, G. / Wille, R. (1989): Therapieverläufe bei Drogenabhängigen – Kann es eine Lehrmeinung geben? Hamburg: Neuland-Verlag
Fischer, R. (1994): Zur Dynamik des selbstorganisierten Ausstiegs aus der Drogenabhängigkeit: Schwangerschaft, Geburt und die Verantwortung für ein Kind. In: Drogalkohol 18. Jg., Nr. 2, S. 69 – 84
Fitzgerald, J. (1991): MDMA and harm. The Internationational Journal on Drug policy, Vol. 2, No. 4, p. 22
Floßdorf, B. (1989): Neue Süchte, neue Märkte. In: Psychologie Heute, H. 7, S. 38 – 41
Forster, H. (1994): Erfahrungen mit Druckräumen. In: akzept (Hrsg.): Menschenwürde in der Drogenpolitik. Ohne Legalisierung geht es nicht! Materialienband zum 2. akzept-Bundeskongreß. Berlin: DAH-Selbstverlag, S. 68 – 82
Frankfurter Konsensus-Papier zur Methadon-Substitution in der Schwangerschaft und Stillperiode (1994): Federführend: Prof. Dr. D. Hellenbrecht; wiss. Beirat: Dr. med. K. Engel, Dr. med. A. Freibott, Dr. med. F. Köhler, Prof. Dr. med. V. von Loewenich. Initiatoren: Referat für Frauen und Gesundheit, Drogendezernat, Stadt Frankfurt am Main, v. 4.1.94
Freie und Hansestadt Hamburg (1990): Bundesratsbeschlüsse zum Betäubungsmittelgesetz. Manuskript
Freie und Hansestadt Hamburg – Der Drogenbeauftragte des Senats (1993): Stellungnahme zur 5. BtMÄndV, v. 30.8.93 (Ms.)
Freytag, G. (1991): Grundlagen der Feministischen Therapie. In: Bilden, H. (Hrsg.): Das

Frauentherapie-Handbuch. München
Frommel, M. (1985): Therapie unter dem Druck der Freiheitsstrafe. In: Strafverteidiger, S. 389 ff.
Fritsch, K.-J. (1992): Substitutionsbehandlung im Strafvollzug. In: Bossong, H. / Stöver, H., Hrsg. (1992): a. a. O.
Fuchs, W. J. (1989): Stand und Perspektiven der Methadonvergabe in der Schweiz. In: Bossong, H. / Stöver, H., Hrsg. (1992): a. a. O., S. 66 – 72
Fuchs, W. J. (1993): Diskussionsbeitrag: Kontrollierte Drogenfreigabe – Kapitulation oder Befreiungsschlag? In: Ärztliche Praxis Nr. 23, v. 20.3.93
Gähner, M. (1992): AIDS im Strafvollzug: Ergebnisse der Befragung. Deutsche AIDS-Hilfe, Berlin: Manuskript
Gatzemeier, H. (1993): Heroin vom Staat. München: Knaur Verlag
Gaube, J. et al. (1993): Hepatitis A, B und C als desmoterische Infektionen. In: Gesundheitswesen 55, S. 246 – 249
Gebert, U. / Körner, H. H. (1994): Gutachten zu dem Bescheid des BGA Berlin vom 14.1.1994. Az. C VI 3 – 7650 – 218/93. Unveröffentlicht
Gekeler, G. (1983): »Ich hab's allein geschafft!« – Heroinabhängige heilen sich selbst. In: Psychologie heute, H. 6, S. 28 ff.
Gerlach, R. / Schneider, W. (1993): Substitutionsbehandlungen in Bonn – eine regionale Erhebung. Münster: Eigenverlag INDRO
Gersch, C. et al. (1988): Drogenabhängige Prostituierte und ihre Freier. Berlin: Sozialpädagogisches Institut
GFM-GETAS (1990): Einstellungen zur Bedrohung durch Rauschgift. Hamburg: Selbstverlag
Glatzel, J. (1982): Die Ermittlungsvernehmung aus psychologischer und psychopathologischer Sicht. In: Strafverteidiger, S. 283 ff.
Glatzel, J. (1994): Zur Vernehmungsfähigkeit Drogenabhängiger. StV, S. 46 ff.
GMK (1987): Entschließung der für das Gesundheitswesen zuständigen Minister und Senatoren der Länder (GMK) am 27.3.1987 in Bonn. In: Süßmuth, R.: AIDS. Wege aus der Angst. Hamburg, S. 166
Gölz, J. (1994): Entwicklung der CD4-Lymphozyten bei HIV-infizierten Drogenabhängigen unter Methadonsubstitution. In: AIDS-Nachrichten, Nr.1, 1994, S. 14 – 17
Gölz, J. (1995): Harm Reduction. München: Urban & Schwarzenberg
Görgen, W. (1991): Auswirkungen der Drogengesetzgebung auf die ambulante und stationäre Beratung und Behandlung Drogenabhängiger. In: DHS (Hrsg.): Drogenhilfe und Drogenpolitik. Freiburg i. Br.: Lambertus, S. 50 ff.
Goffmann, E. (1978): Asyle. 3. Aufl., Frankfurt am Main: Suhrkamp
Gold, M. S. et al. (1992): Cocaine (and Crack): Neurobiology. In: Lowinson et al. 1992, a. a. O., S. 222 ff.
Gossop, M. (1982): Drug-dependence: the mechanics of treatment evaluation and the failure of theory. In: Social Psychology and Behavioral Medicine, S. 261 ff.
Grimm, G. (1992): Drogen gegen Drogen. Kiel: Veris-Verlag
Grinspoon, L. / Bakalar, J. B. (1994): Marihuana. Die verbotene Medizin, Frankfurt am Main: 2001
Grinspoon, L. / Bakalar, J. B. (1992): Marihuana. In: Lowinson et al. 1992, a. a. O., S. 236 ff.
Groenemeyer, A. / Birtsch, V. (1991): Frauen und Männer mit Kindern in der Drogentherapie. Erfahrungen und Evaluation der Drogenhilfe Tübingen – Haus Friedrichshof. Hrsg.: Institut für Sozialarbeit und Sozialpädagogik. Frankfurt am Main
Grözinger, G. (1991): Recht auf Sucht? Berlin: Rotbuch-Verlag
Gross, W. (1992): Was ist das Süchtige an der Sucht? Hamburg: Neuland-Verlag
Grund, J.-P. C. / Stern, L. S. (1991): Die Drogensubkultur und betroffenennahe Ansätze zur HIV-Prävention. In: Stöver, H., Hrsg. (1991): a. a. O., S. 129 – 143
Gusy, B. et al. (1994): Aufsuchende Sozialarbeit in der AIDS-Prävention – das »Streetwork« – Modell. Bd. 21 der Schriftenreihe des Bundesministeriums für Gesundheit. Baden-Baden: Nomos
Gusy, B. / Krauß, G. / Schrott, G. / Heckmann, W. (1994): Aufsuchende Sozialarbeit in der AIDS-Prävention – das "Streetwork"-Modell. (Hrsg.): Bundesministerium für Gesundheit. Baden-Baden: Nomos
Habermas, J. (1981): Theorie kommunikativen Handelns, Band 2. Frankfurt am Main: Suhrkamp
Haffke, B. (1990): Gesundheitsbegriff und Neokorporativismus, dargestellt am Beispiel der Auseinandersetzung über die rechtliche Zulässigkeit der Substitutionsbehandlung. In: Medizin und Recht, S. 243 ff.
Hagemann-White, C. (1984): Sozialisation: Weiblich – männlich? Opladen
Hai, H. (o. J.): Das Hanfhandbuch. Hrsg.: W. Pieper. Löhrbach
Happel, V. / Schwarz, G. et al. (1994): Dihydrocodeinstudie der Stadt Frankfurt am Main. In: akzept e.V. (Hrsg.): Materialienband zum 2. akzept-Bundeskongreß »Menschenwürde in der Drogenpolitik! Ohne Legalisierung geht es nicht.« vom 3. bis 6. Juni 93, Bezug: akzept e.V.
Harding, W. M. (1981): Kontrollierter Heroin-Genuß – Ein Widerspruch aus der Subkultur gegenüber herkömmlichem kulturellem Denken. In: Völger, G., Hrsg. (1981): a. a. O., Teil 2, S. 694 – 701

Harms, C. et al. (1987): Risk Factors for HIV Infection in German i. v. Drug Abusers. In: Klinische Wochenschrift, 65. Jg, S. 376 – 379

Hartwig, K. / Pies, I. (1989): Drogen vom Staat. Plädoyer für eine ökonomisch fundierte Politik. In: Die Zeit v. 3.3.1989, S. 95

Hassemer, W. (1987): Prävention und Strafrecht. In: JuS., Nr. ... S. 257 – 266

Heckmann, W., Hrsg. (1991): Drogentherapie in der Praxis. Weinheim/Basel: Beltz-Verlag

Heckmann, W. et al. (1993): Drogennot- und -todesfälle. Hrsg.: Das Bundesministerium für Gesundheit. Nomos: Baden-Baden

Heger, H. (1994): Akzeptierende Eltern- und Angehörigenarbeit – Versuch einer Standortbestimmung. In: akzept e.V. (Hrsg.): Menschenwürde in der Drogenpolitik! Materialienband zum 2. akzept-Bundeskongreß. Berlin: Selbstverlag

Heinrich, G. (1991): Feministische Drogentherapie. In: Deutsche Hauptstelle gegen die Suchtgefahren (Hrsg.): Drogenpolitik und Drogenhilfe. Freiburg

Helfferich, C. (1994): Jugend, Körper und Geschlecht. Die Suche nach sexueller Identität. Opladen

Hellebrand, J. (1990): Drogen und Justiz. Bad Godesberg: Forum-Verlag

Hemkes, U. (1991): Erste Erfahrungen mit toleriertem Gebrauch innerhalb eines gesundheitsfördernden Nachtangebots für drogenabhängige Prostituierte. In: Stöver, H., Hrsg. (1991): a. a. O., S. 103 – 106

Hentschel, U. (1993): Niedrigschwellige Angebote in der Drogenarbeit. Abschlußbericht zum Modellvorhaben in Nordrhein-Westfalen. Düsseldorf. Bezug: MAGS NRW, Horionplatz 1, 40213 Düsseldorf

Hermann, W. (1991): JES – Junkies, Ehemalige, Substituierte: Geschichte, Forderungen, Zukunft einer Selbsthilfeinitiative. In: Schuller, K. / Stöver, H., Hrsg. (1991): a. a. O., S. 166 ff.

Herwig-Lempp, J. (1987): Das Phänomen der sogenannten Neuen Süchte. In: Neue Praxis, H. 1, S. 54 – 64

Hess, H. (1987): Rauchen. Geschichte, Geschäfte, Gefahren. Frankfurt am Main/New York: Campus

Hess, H. (1989): Tabak. In: Scheerer, S. / Vogt, I. (Hrsg.): Drogen und Drogenpolitik. Frankfurt/M.: Campus, S. 125 – 158

Hess, H. (1991): Drogenmarkt und Drogenpolitik. In: Ludwig, R. / Neumeyer, J., Hrsg. (1991): a. a. O., S. 32 ff.

Hess, H. (1992): Rauschgiftbekämpfung und desorganisiertes Verbrechen. Kritische Justiz 92, S. 315 ff.

Hessisches Netzwerk gegen AIDS-Zwangsmaßnahmen (1989): Rundbrief 1

Heudtlass, J.-H. (1989): CLEANOK. Neue Wege im Drogenentzug. In: Landschaftsverband Westfalen Lippe, Hrsg. (1989): a. a. O., S. 8 f.

Heudtlass, J.-H. (1994): Safer-Use-Training – Beschreibung eines Seminarangebotes. In: Stöver, H. (Hrsg.): Die Fortbildungsarbeit der Deutschen AIDS-Hilfe im Bereich AIDS und Drogen (1990 – 1992), Berlin (DAH-Selbstverlag), S. 153 – 158

Heudtlass, J.-H. (1995): »Safer use« – Gesundheitstips für Drogengebraucher. In: Heudtlass, J.-H. /Stöver, H. / Winkler, P., Hrsg. (1995): a. a. O., S. 69 – 123

Heudtlass, J.-H. / Stöver, H. / Winkler, P., Hrsg. (1995): Risiko mindern beim Drogengebrauch. Drogenwirkungen, Safer Use, Notfallhilfe, Safe Sex, Prävention, Peer Support. Frankfurt am Main: Fachhochschulverlag

Hiereth, K. (1989): Die Hängematte – Notschlafstelle und Krisenhilfe für Suchtmittelabhängige. In: Buchholtz, F., Hrsg. (1989): a. a. O., S. 95 – 101

Hoffmann, W. (1985): Die Anwendung eines analytischen Gruppenpsychotherapiemodells im Rahmen eines stationären Langzeittherapieprogramms für Drogenabhängige. In: Wiener Zeitschrift für Suchtforschung, S. 13 ff.

Hofmeister-Wagner, W.-D. et al. (1990): Ambulanz für Ausstiegshilfen. Erster Erfahrungsbericht. Hrsg.: Stadtgesundheitsamt Frankfurt am Main

Holler, G. / Knahl, A. (1989): Aufsuchende Sozialarbeit für betäubungsmittelabhängige Straftäter. Hrsg.: BMJFFG, a. a. O.

Huber, B. (1981): Drogengebrauch und Strafverfolgung in Großbritannien. In: Völger, G., Hrsg. (1981): a. a. O., Teil 2, S. 662 – 667

Hügel, H. / Junge, W. (1991): Deutsches Betäubungsmittelrecht. Loseblatt-Kommentar. 7. Aufl., Stuttgart 1993

Hüsgen, H.-A. (1989): Methadonbehandlung in Nordrhein-Westfalen. In: Bossong, H. / Stöver H., Hrsg. (1992): a. a. O., S. 108 – 112

Hungerbühler, E. / Mellenthin, K. (1982): Warum sagst Du nicht »Nein Danke«? Drogen sind der falsche Trip. Frankfurt am Main: Fischer Verlag

Inciardi, J. A., Hrsg. (1991): The Drug Legalization Debate. Newbury Park etc.: Sage Publications

Inowlocki, L. / Mai, J. (1980): Ein Gespräch im Knast über widersprüchliche Erfahrungen, im Knast clean zu werden. In: Kriminologisches Journal, S. 271 ff.

ISS (1993): Begleitforschung zur Substitutionsbehandlung Heroinabhängiger in Hessen. 1. Zwischenbericht: 6/92 – 7/93. ISS-Aktuell, Nr. 9

ISS (1994): Begleitforschung zur Substitutionsbehandlung Opiatabhängiger in Rheinland-Pfalz. ISS-Aktuell, Nr. 2

Jansen, A. C. M. (1990): Cannabis und das »Abkommen von Schengen« aus niederländischer Sicht. Amsterdam: Manuskript

Jansen, O. (1991): Normalisierung des Drogenproblems: Struktur der Niederländischen Drogenpolitik. In: Wissenschaftliche Einheit Kriminalpolitikforschung (Hrsg.): Legalisierung von Heroin – Die neue Debatte. Bremen: Universität-Druck

JES (o. J.): Safer Use – Weniger Risiko beim Spritzen. Leben mit Drogen, Nr. 1. (Bemerkung: Faltblatt, in großen Mengen als Aufklärungsmaterial über die Deutsche AIDS-Hilfe e.V.), Bezug: Dieffenbachstr. 33, 10967 Berlin, Tel. (0 30) 6 90 08 70, Fax (0 30) 69 00 87 42,

Joho, M. (1993): Drogen im Stadtteil. In: akzept (Hrsg.): Menschenwürde in der Drogenpolitik. Ohne Legalisierung geht es nicht. Hamburg Konkret Literatur Verlag, S. 64 – 74

Joset, P. (1991): Drogenpolitik und Betäubungsmittelrecht: Der Status quo und Reformansätze. In: Drogalkohol, Nr. 2/91, S. 85 – 96

Josuttis, M. (1981): Unbeholfene Überlegungen zu einer alternativen Drogenpolitik. In: 732 – 736

Jugendberatung und Jugenderziehung e.V. (1982): Bericht über das »Projekt psychosoziale Behandlung von drogenabhängigen und verhaltensgestörten inhaftierten Frauen«. Frankfurt am Main: Unveröffentlicht

Jugendberatung und Jugendhilfe, Hrsg. (1991): Projektgruppe Rauschmittelfrage. Forschungsprojekt »Amsel«. Abschlußbericht Band 1 u. 2., Frankfurt am Main: Selbstverlag

Junge, B. (1994): Alkohol. In: Jahrbuch Sucht '95. DHS (Hrsg.). Geesthacht: Neuland

Juso-Bundesverband (1993): Der Cannabis-Reader Nr. 3. Experten zur aktuellen Diskussion in einer offiziellen Anhörung – zusammengestellt von Jürgen Neumeyer Kostenlos erhältlich beim: Juso-Bundesverband, Ollenhauerstr. 1, 53115 Bonn

Kandel, D. W. (1981): Entwicklungsstadien beim Drogengebrauch Jugendlicher. In: Völger, G., Hrsg. (1981): a. a. O., Teil 2, S. 636 – 641

Kappel, S. / Scheerer, F. (1981): Das Fiasko der deutschen Drogenpolitik. In: Kriminologisches Journal, S. 46 ff.

Kappeler, M. (1991): Drogen und Kolonialismus. Zur Ideologiegeschichte des Drogenkonsums. Frankfurt am Main: Verlag für interkulturelle Kommunikation

Katholnigg, O. (1990): Kommentar zum Strafgerichtsverfassungsrecht. Köln etc.: Heymanns Verlag

Kauder, S. (1981): Ärztliche Schweigepflicht über die Behandlung Drogensüchtiger. In: Strafverteidiger, S. 564 ff.

Kehe, H. W. (1985): Aus den Aufzeichnungen eines Schulmeisterleins. Schulprojekt Hannover. In: Krauß, G. M. / Steffan, W., Hrsg. (1985): a. a. O., S. 130 – 137

Keil, W. / Kraushaar, D. / Kulhanek, R. / Wilkening, W. (1992): Alkohol am Arbeitsplatz. Band 25, 2. Aufl. 168 S., DM 18,–. Bezug: wie Leitfaden für Arbeitslose

Keller, M. D. (1985): Die Hermann-Hesse-Schule in Frankfurt am Main. In: Krauß, G. M. / Steffan, W., Hrsg. (1985): a. a. O., S. 122 – 129

Keller, R. (1989): Rechtliche Grenzen der Provokation von Straftaten. Berlin: Duncker & Humblodt

Kellermann, B. (1988): Entzugstherapie und Rehabilitation aus klinisch-psychiatrischer Sicht. In: Staak, M., Hrsg. (1988): a. a. O., S. 50 – 57

Keup, W., Hrsg. (1981): Behandlung der Sucht und des Mißbrauchs chemischer Stoffe. Stuttgart/ New York: Thieme

Kindermann, W. (1989): Zur HIV-1-Antikörperprävalenz bei Drogenabhängigen in der Bundesrepublik Deutschland. In: Drogen-report, H. 2, S. 6 – 9

Kindermann, W. et al. (1992): Drogenabhängig. Lebenswelten zwischen Szene, Justiz, Therapie und Drogenfreiheit. 2. Aufl., Freiburg: Lambertus-Verlag

King, G. R. / Ellinwood, E. H. (1992): Amphetamines and other Stimulants. In: LOWINSON et al. 1992, a. a. O., S. 247 ff.

Kleiber, D. (1990): HIV-positiv und drogenabhängig. In: Sozialmagazin 15. Jg., H. 1, S. 41 – 45

Kleiber, D. / Pant, A. (1991a): HIV-Prävalenz, Risikoverhalten und Verhaltensänderungen bei i. v. Drogenkonsumenten: Ergebnisse einer sozialepidemiologischen Studie. Berlin: spi-Selbstverlag

Kleiber, D. / Pant, A. (1991b): Risikoverhalten und Verhaltensänderungen bei i. v. Drogenkonsumenten. In: AIDS-Nachrichten, H. 1, S. 7 ff.

Kleiber, D. / Pant, A. (1992): HIV – Needle-Sharing – Sex. 2. Zwischenbericht. SPI-Berlin (AIDS-Forschung: Arbeitsberichte Nr. 25)

Kleiner, D. (1989): HIV-Infektionen bei i. v. Drogenabhängigen. Ergebnisse einer differentiell-epidemiologischen Prävalenzstudie in der BRD. In: Neurologie/Psychiatrie 3, S. 475 – 488

Klemm-Vetterlein, S. (1989): Erfahrungen in der sozialen und beruflichen Integration Drogenabhängiger. In: Ministerium für Arbeit, Gesundheit und Soziales des Landes NRW, Hrsg. (1989): a. a. O., S. 199 – 204

Klingemann, H. (1990): Initiierung und Verlauf von Autoremissionsprozessen bei Abhängigkeitsproblemen. Arbeitsberichte der Forschungsabteilung, Nr. 21. SFA, Lausanne

Knauss, I. / Erhardt, E. (1993): Freigabe von Drogen: Pro und Contra. Literaturanalyse. Wiesbaden: BKA

Koch, M. A. (1990): Die HIV-Epidemie in der Bundesrepublik Deutschland. Die epidemiologische Situation, dargestellt anhand der dem BGA am 30.6.1989 vorliegenden Daten über HIV-Infektion und AIDS. Berlin: AIDS-Zentrum

Koch, U. / Ehrenberg, S. (1992): Akzeptanz AIDS-präventiver Botschaften: Evaluation der Aufklärungs- und Beratungsarbeit bei i. v. Drogenabhängigen in der Bundesrepublik Deutschland.

In: Deutsche AIDS-Hilfe e. V. (Hrsg.): AIDS und Drogen II, AIDS-Forum DAH, Band IX, Berlin: Selbstverlag, S. 27 ff.
Körner, H. H. (1993): Gutachten zur Zulässigkeit von Gesundheitsräumen für den hygienischen und streßfreien Konsum von Opiatabhängigen. Az. 406/20 – 9, 17.5.1993. Frankfurt
Körner, H. H. (1994): Kommentar zum BtMG. 4. Aufl., München: Beck
Kowalsky, K. (1991): Die »real existierende« Langzeittherapie. In: Ludwig, R. / Neumeyer, J. (Hrsg.): Die narkotisierte Gesellschaft, Marburg: Schüren, S. 113 ff.
Krasney, O. E. (1984): Sozialrechtliche Vorschriften bei der Betreuung Suchtkranker. 4. Aufl., Kassel
Kraushaar, B. (1993): Eidgenössische Volksinitiative für eine vernünftige Drogenpolitik / Tabula rasa mit der Drogenmafia. In: akzept (Hrsg.): Menschenwürde in der Drogenpolitik! Ohne Legalisierung geht es nicht. Hamburg: Konkret Literatur Verlag, S. 116 – 124
Krauß, G. M. / Steffan, W., Hrsg. (1985): »... nichts mehr reindrücken«. Drogenarbeit, die nicht bevormundet. Weinheim/Basel: Beltz-Verlag
Kreuzer, A. (1986a): Rechtliche Konsequenzen für Drogentests in Haftanstalten. In: Strafverteidiger, S. 129 ff.
Kreuzer, A. (1986b): Kontroverse Rechtsprechung zur Strafrestaussetzung nach der Therapie Drogenabhängiger. In: Suchtgefahren 32. Jg., S. 117 ff.
Kreuzer, A. (1989a): Therapie und Strafe. Versuch einer Zwischenbilanz zur Drogenpolitik und zum Betäubungsmittelgesetz von 1981. In: Neue Juristische Wochenschrift, 42. Jg., H. 24, S. 1505 ff.
Kreuzer, A. (1989b): Was sollte an der Drogengesetzgebung in der BRD geändert werden? In: Buchholtz, F., Hrsg. (1989): a. a. O., S. 43 ff.
Kreuzer, A. (1993): Drogen und Sicherheit des Straßenverkehrs. In: NStZ 1993, S. 209 ff.
Kreuzer, A. / Gebhardt, C. / Maassen, M. / Stein-Hilbers, M. (1981): Drogenabhängigkeit und Kontrolle. BKA-Schriftenreihe, Band 14.<N>Wiesbaden
Kreuzer, A., Römer-Klees, R., Schneider, H. (1991): Beschaffungskriminalität Drogenabhängiger. Wiesbaden: BKA
Kreuzer, A. / Wille, R. (1988): Drogen – Kriminologie und Therapie. Heidelberg
Kreyssig, U./Kutscher, G. (1991): Ladies only – Ladies first. In: Heckmann, W. (Hrsg.): Drogentherapie in der Praxis. Ein Arbeitsbuch für die 90er Jahre. Weinheim und Basel: Beltz
Krumsiek, R. (1992): Das Drogenproblem im Strafvollzug. In: ZfStrVo 5/92, S. 306 ff.
Kruse et al. (1994): Abschlußbericht der Begleitforschung zur Methadonsubstitution im Lande Bremen. Bremer Beiträge zur Psychologie. Bremen: Selbstverlag der Universität
Küfner, H. et al. (1994): Stationäre Krisenintervention bei Drogenabhängigen. Hrsg.: BMG, Bd. 37 der Schriftenreihe des Bundesministeriums für Gesundheit. Baden-Baden: Nomos
Kühne, H. H. (1985): Staatliche Drogentherapie auf dem Prüfstand. Heidelberg: C. F. Müller
Kühnel, R. / Randzio, J. / Roscher, F. (1985): Dienstrecht für die soziale Arbeit. Rechtsprobleme im Berufsalltag der Sozialarbeiter und Sozialpädagogen. Weinheim/Basel: Beltz
Kullmann (1971): Kommentar zum Hessischen Freiheitsentziehungsgesetz. München: Goldmann
Kurmann, M. (1993): Frauenspezifische Drogenprävention. In: Deutsche Hauptstelle gegen die Suchtgefahren (Hrsg.): Dokumentation Bundesmodellprojekt ›Mobile Drogen-prävention‹. Hamm
Kurze, M. (1993): Strafrechtspraxis und Drogentherapie. Wiesbaden: Eigenverlag Kriminologische Zentralstelle
Kutter, P. (1977): Psychiatrie. Eine Einführung. München: Kindler
Kypke, I. / Voss, H. (1991): Feministische Beratung. In: Beck, M. / Brückner, G. / Thiel, H-U. (Hrsg.): Psychosoziale Beratung. Klient/inn/en – Helfer/innen – Institutionen. Tübingen
Lamott, F. (1984): Die erzwungene Beichte. Zur Kritik des therapeutischen Strafvollzuges. München: Profil-Verlag
Landesregierung Schleswig-Holstein, Pressestelle (12.5.1993): Strafverfahren auf die Dealer konzentrieren. Landesregierung verabschiedet Richtlinie zu Drogenstraftaten. Kiel (Ms.)
Landschaftsverband Westfalen-Lippe, Hrsg. (1988): Neue Ansätze und Aktivitäten in der Drogenarbeit. Tagung für Elternkreise drogenabhängiger Kinder und Jugendlicher in Westfalen-Lippe. Münster: Selbstverlag
Landschaftsverband Westfalen-Lippe, Hrsg. (1989): Selbsthilfe in der Alkohol- und Drogenarbeit oder (wo) brauchen wir die Profis? Münster: Selbstverlag
Landschaftsverband Westfalen-Lippe, Hrsg. (1990): »Schmerz laß nach!«. Konzepte des Drogenentzugs im nationalen und internationalen Vergleich. Münster: Selbstverlag
Landtag von Baden-Württemberg (1989): Stellungnahme des Ministeriums für Arbeit, Gesundheit, Familie und Sozialordnung. DS 10/2139
Landtag von Baden-Württemberg (1990): Stellungnahme des Ministeriums für Arbeit, Gesundheit, Familie und Sozialordnung. DS 10/2139
Lange, K. J. (1974): Süchtiges Verhalten. Analyse der Entstehung. Therapie aus lerntheoretischer Sicht. Freiburg i. Br.: Lambertus
Lange, K.-J. (1986): Neuere kriminalstatistische Beobachtungen zum Verlauf von Opiatabhängigkeit. In: Suchtgefahren, S. 112 ff.

Lauter, H. / Schreiber, H. L. (1978): Rechtsprobleme in der Psychiatrie. Reihe: Aktion psychisch Kranke. Köln: Rheinland-Verlag

Leber, L. (1990): CIKADE – ein alternatives Entzugsmodell. In: Landschaftsverband Westfalen-Lippe, Hrsg. (1990): a. a. O., S. 38 – 42

Legge, I. (1992): Sozialer und medizinischer Hintergrund des Drogentodes. Hamburg: LKA Hamburg

Legnaro, A. (1981): Ansätze zu einer Soziologie des Rausches – zur Sozialgeschichte von Rausch und Ekstase in Europa. In: Völger, G., Hrsg. (1981): a. a. O., Teil 1, S. 52 – 63

Lesting, W. (1990): Die Abgabe von Einwegspritzen im Strafvollzug zur AIDS-Prävention – strafbar oder notwendig? In: Strafverteidiger, S. 225 ff.

Lesting, W. (1993): Zur Bedeutung einer Substitutionsbehandlung für strafrichterliche Sanktionsentscheidungen. In: MschrKrim, H. 5, S. 320 – 327

Lettieri, D. J. / Welz, R. (1983): Drogenabhängigkeit – Ursachen und Verlaufsformen. Ein Handbuch. Weinheim/Basel: Beltz-Verlag

Leune, J. (1992): Illegale Drogen. In: Deutsche Hauptstelle gegen die Suchtgefahren (Hrsg.): Jahrbuch Sucht 1993. Geesthacht: Neuland, S. 50 – 64

Lieb, H. (1991): Süchtig nach Suchtdiagnosen. In: Sucht, H. 6

Lippmann, E. D. (1990): Drogenabhängigkeit. Familientherapie und Prävention. Berlin: Springer-Verlag

Logan, F. ed. (1979): Cannabis – options for control. Sunbary: Quartermaine House

Lowinson, J. H. et al. (1992): Substance Abuse. A Comprehensive Textbook. 2nd. Edition. Baltimore: Williams & Wilkins

Ludwig, R. / Neumeyer, J., Hrsg. (1991): Die narkotisierte Gesellschaft. Marburg: Schüren-Verlag

Ludwig Boltzmann-Institut (1980): Cannabis – Prohibition und Legalisierung. In: Kriminalsoziologische Bibliographie, H. 26/27

Lüderssen, K. (1985): V-Leute. Die Falle im Rechtsstaat. Frankfurt am Main: Suhrkamp

Lürssen, E. (1982): Das Suchtproblem in neuerer psychoanalytischer Sicht. In: Eicke, D. (Hrsg.): Tiefenpsychologie, Band 2., Kindler's Psychologie d. 20. Jh. Weinheim/Basel: Beltz-Verlag, S. 101 ff.

Lundt, P. / Schiwy, P. (1981 ff.): Betäubungsmittelrecht, Suchtmittelbekämpfung. Kommentar zum BtMG und gesamte nationale, länderspezifische und internationale Rechtsmaterien betr. BtM. Loseblattsammlung, Stand 1994. Percha: Schulz-Verlag, S. 198 ff.

Maastrichter Gutachten zu Cannabis und Autofahren (1993). Siehe Robbe, H. J. (1993): a. a. O.

Mader, R. / Strotzka, H. (1982): Drogenpolitik zwischen Therapie und Strafe. Wien: Verlag Jugend und Volk

Maisch, H. / Schorsch, E. (1983): Zur Problematik der Kompetenzabgrenzung von psychologischen und psychiatrischen Sachverständigen bei Schuldfähigkeitsfragen. In: Strafverteidiger, S. 32 ff.

Marks, J. (1992): Heroinvergabe. Das englische System in Widnes, Merseyside. In: Neumeyer, J. / Schaich-Walch, G. (Hrsg.): Zwischen Legalisierung und Normalisierung. Marburg: Schüren, S. 57 – 77

Marzahn, Ch. (1983): Zur Möglichkeit der Selbsthilfe von Drogenabhängigen. In: Bossong et al. (Hrsg.): Sucht und Ordnung. Frankfurt am Main, S. 118 ff.

Marzahn, C. (1983): Plädoyer für eine gemeine Drogenkultur. In: Beck, J. et al. (Hrsg.): Das Recht auf Ungezogenheit. Reinbek: Rowohlt

Mc Coy, A. W. (1981): Eine drogenabhängige Gesellschaft entsteht – das Beispiel Australien. In: Völger, G., Hrsg. (1981): a. a. O., Teil 2, S. 590 – 618

MDHG (1987): Op eigen houtje afkicken. Tips en ervaringen. Amsterdam: Selbstverlag

Mebes, M. / Jeuck, G.: Schriftenreihe Sexueller Mißbrauch, Bd. 2. Sucht. Berlin 1989

Merferth-Diete, C. / Soltau, R. (1984): Frauen und Sucht. Die alltägliche Verstrickung in Abhängigkeit. Reinbek: Rowohlt

Metz-Göckel, S. (1987): Die zwei (un)geliebten Schwestern. Zum Verhältnis von Frauenbewegung und Frauenforschung im Diskurs der neuen sozialen Bewegungen. In: Beer, U. (Hrsg.): Klasse Geschlecht. Feministische Gesellschaftsanalyse und Wissenschaftskritik. Bielefeld

Michaelis, S. (1991a): Akzeptierende Drogenarbeit mit drogengebrauchenden Prostituierten. In: Schuller, K. / Stöver, H., Hrsg. (1991): a. a. O., S. 101 – 109

Michaelis, S. (1991b): Zur rechtlichen Zulässigkeit des Betreibens von Druckräumen in der Bundesrepublik Deutschland. In: Stöver, H., Hrsg. (1991): a. a. O., S. 111 – 118

Michels, I. I. (1989): Stellungnahme. In: Bereichsspezifische Prävention. Teilbereich: AIDS in Justizvollzugsanstalten. 54. Sitzung der Enquete-Kommission »Gefahren von AIDS und wirksame Wege zu ihrer Eindämmung«, 16.6.1989 in Bonn

Michels, I.I.; Stöver, H. (1992): Von der Wahrnehmung des Risikos – Einschätzungen zu einer Studie über AIDS präventives Verhalten unter i.v. DrogenkonsumentInnen. In: Deutsche AIDS-Hilfe (Hrsg.): AIDS und Drogen II – Evaluation AIDS-präventiver Botschaften. Berlin: (Selbstverlag), S. 5 – 25

Michels, I. I. (1994): Fachtagungs-Vortrag »Wege aus der Sucht, Konzepte aktueller Drogenarbeit«, gehalten am 2.11.94 in Bremen. (Ms.)

Minister für Arbeit, Gesundheit und Soziales des

Landes Nordrhein-Westfalen, Hrsg. (1985): Therapie und Rehabilitation bei Drogenkonsumenten. Langzeitstudie am Beispiel des »Hammer Modells« (Research Directors: Raschke, Schliehe, Fischer, Groenemeyer). Düsseldorf: Selbstverlag

Minister für Arbeit, Gesundheit und Soziales des Landes Nordrhein-Westfalen, Hrsg. (1988): Lebenspraxis und Unterstützungsnetze von Drogenkonsumenten (Research Directors: Bohnert, Groenemeyer, Raschke, Schliehe). Düsseldorf: Selbstverlag

Minister für Arbeit, Gesundheit und Soziales des Landes Nordrhein-Westfalen, Hrsg. (1989): Weiterentwicklung der Drogenhilfe in NRW. Düsseldorf: Selbstverlag

Minister für Arbeit, Gesundheit und Soziales des Landes Nordrhein-Westfalen, Hrsg. (1990): Prävention zwischen Genuß und Sucht. Düsseldorf: Selbstverlag

Minister für Arbeit, Gesundheit und Soziales des Landes Nordrhein-Westfalen, Hrsg. (1992): Herauswachsen aus der Sucht illegaler Drogen (Research Directors: Weber, G., Schneider, W.). Düsseldorf: Selbstverlag

Minister für Arbeit, Gesundheit und Soziales des Landes Nordrhein-Westfalen, Hrsg. (1993): Medikamentengestützte Rehabilitation bei intravenös Opiatabhängigen. Abschlußbericht. Düsseldorf: Selbstverlag

Ministerium für Gemeinwohl, Gesundheit und Kultur (1989): Drogenpolitik. Informationen über die Niederlande. Rijswijk

Mino, A. (1990): Wissenschaftliche Literaturanalyse der kontrollierten Heroin- oder Morphin-Abgabe. Expertise im Auftrag des Bundesamtes für Gesundheitswesen Bern. Dt. Zusammenfassung v. Claude Bossy

Moll, S. (1990): Strafrechtliche Aspekte der Behandlung Opiatabhängiger mit Methadon und Codein. Frankfurt am Main/Bern: Peter Lang Verlag

Müller, R. / Schuller, K. / Tschesche, A. (1983): »Freie Therapie« als totale Institution. In: Bossong et al. (Hrsg.): Sucht und Ordnung, S. 59 ff.

Müller, R. (1991): Was nutzt und kostet uns die Repression? In: Drogalkohol, Nr. 2/91, S. 75 – 84

Müller-Dietz, H. (1983): Begleitende Betreuung in Bewährungshilfe und Führungsaufsicht. In: Schriftenreihe Probleme der Suchtgefahren, Nr. 25, S. 160 ff.

Nagler-Euleling, A. (1993): Die Novellierung des Betäubungsmittelgesetzes als Voraussetzung für Wege in die Legalisierung – aus juristischer Sicht. In: akzept (Hrsg.): Menschenwürde in der Drogenpolitik! Ohne Legalisierung geht es nicht. Hamburg: Konkret Literatur Verlag, S. 142 – 152

Narconon (1991): Information über unsere Einrichtung. (Ms.)

Neumeyer, J. / Schaich-Walch, G., Hrsg. (1992): Zwischen Legalisierung und Normalisierung. Berlin: Schüren-Verlag

Niemetz, A. (1990): Die Kokain-Mafia. München: Bertelsmann-Verlag

Nimsch, M. (1993): Heroin auf Krankenschein. Frankfurt am Main: Eigenverlag

Nöcker, G. (1990): Von der Drogen- zur Suchtprävention. Hrsg.: MAGS NRW. Düsseldorf: Selbstverlag

Noller, P. (1989): Junkie-Maschinen. Rebellion und Knechtschaft im Alltag von Heroinabhängigen. Wiesbaden: Deutscher Universitäts-Verlag

Noller, P. (1990): Chancen und Risiken der kontrollierten Vergabe von Heroin/Morphium. Gutachten im Auftrag des Magistrats der Stadt Frankfurt am Main, Drogenreferat. (Ms.)

Olvedi, U. (1972): LSD-Report. Frankfurt am Main: Suhrkamp

Oppermann, H. (1991): Übernachtungs- und Wohnprojekt Roonstr. 65 in Bremen – Entstehung, Stand und Perspektiven. In: Schuller, K. / Stöver, H., Hrsg. (1991): a. a. O., S. 93 – 100

Osterhold, G. / Molter, H., Hrsg. (1992): Systematische Suchttherapie. Entstehung und Behandlung von Sucht und Abhängigkeit im sozialen Kontext. Heidelberg: Roland Ansager Verlag

Oudemann, E. (1990): Drogenentzug im Jellinek-Center Amsterdam – ein Erfahrungsbericht. In: Landschaftsverband Westfalen-Lippe, Hrsg. (1990): a. a. O., S. 32 – 37

Pant, A. / Kleiber, D. (1994): HIV-Epidemiologie und Risikoverhalten bei i.v. Drogenkonsumenten – Ergebnisse aus der Forschung. In: Stöver, H. (Hrsg.): Die Fortbildungsarbeit der Deutschen AIDS-Hilfe im Bereich AIDS und Drogen (1990 – 1992), Berlin: DAH-Selbstverlag, S. 47 – 60

Petzold, H. (1974): Drogentherapie. Paderborn: Jungfermann-Verlag

Petzold, H. / Vormann, G., Hrsg. (1980): Therapeutische Wohngemeinschaften. Erfahrungen – Modelle – Supervision. München

Pfreundschuh, O. (1985): Trainings- und Ausbildungszentrum Frankfurt am Main-Höchst. In: Krauß, G. M. / Steffan, W., Hrsg. (1985): a. a. O., S. 138 – 146

Pilgram, A. (1980): Grundsätze einer rationalen Drogenpolitik. In: Mader, R. / Strotzka, H., Hrsg. (1982): a. a. O., S. 507 ff.

Polak, F. (1994): The Medicalization of (Problematic) Intoxicant Use and the Medical Provision of Psychoactive Drugs. In: BÖLLINGER, L., Hrsg. (1994a): a. a. O.

Polak, F. / Lap, M. (1994): Response to the Report AN 1992 by the INCB. In: De-Americanizing Drug Policy. The Search for the Alternatives for Failed Repression. Frankfurt/M. / New York: Peter Lang Verlag, S. 151 – 174

Pommerehne, W. W. / Hartmann, H. C. (1980): Ein

ökonomischer Ansatz zur Rauschgiftkontrolle. In: Jahrbuch für Sozialwissenschaft 31, S. 102 ff.
Prognos (1990): Jahresbericht 1989: Wissenschaftliches Erprobungsvorhaben medikamentengestützte Rehabilitation bei i. v. Opiatabhängigen. Köln
Projektgruppe (1993): Wohngeld-Informations-System. Computerprogramm zur Berechnung von Wohngeld. Band 26. Handbuch und Programm: DM 100,–; nur Handbuch: DM 13,50; Updating im Abonnement: DM 40,–. Bezug: wie Leitfaden für Arbeitslose über AG TuWas, s. o. S. 425
Projektgruppe SOLDI (1994): Soziale Leistungen im Dialog – Computerprogramm zur Berechnung von Sozialhilfe. Band 21. Mit Handbuch und örtlich angepaßtem Programm (MS-DOS): DM 148,50; mit Handbuch und Standardprogramm DM 98,50; nur Handbuch: DM 13,50; Updating im Abonnement: DM 40,–. Bezug: wie Leitfaden für Arbeitslose über AG TuWas, s. o. S. 425
Projektgruppe SoLiD (1992): Sozialhilfe lernen im Dialog – Computer-Lehr- und Lernprogramm für die neuen Länder. Band 31. Handbuch und Diskette (MS-DOS): DM 98,50; nur Handbuch, 84 S.: DM 15,–. Bezug: wie Leitfaden für Arbeitslose über AG TuWas, s. o. S. 425
Projektgruppe TUdrop Berlin, Hrsg. (1983): Heroinabhängigkeit unbetreuter Jugendlicher. Weinheim/Basel: Beltz-Verlag
Püschel, K. et al. (1990): HIV-1-Prävalenz bei Drogentoten in verschiedenen Großstädten der BRD und in West-Berlin zwischen 1985 und 1988. In: Zeitschrift für Rechtsmedizin 103, S. 407 – 414
Püschel, K. (1995): Drogen – ihre Wirkungen, Nebenwirkungen, Wechselwirkungen. In: Heudtlass, J.-H. /Stöver, H. / Winkler, P., Hrsg. (1995): a. a. O., S. 14 – 67
Quensel, S. (1970): Wie wird man kriminell? In: Kritische Justiz, 4. Jg., S. 375 ff.
Quensel, S. (1982): Drogenelend. Frankfurt am Main/New York: Campus
Quensel, S. (1985): Mit Drogen leben. Frankfurt am Main/New York: Campus
Quensel, S. (1989): Wirkungen und Risiken des Cannabisgebrauchs. In: Scheerer, S. / Vogt, I., Hrsg. (1989): a. a. O., S. 379 – 396
Quensel, S. (1991): Aufklären über Prävention. In: Ludwig, R. / Neumeyer, J., Hrsg. (1991): a. a. O., Marburg, S. 59 ff.
Raschke, P. (1989): Medikamentengestützte Rehabilitation bei Drogenabhängigen. Hamburg (Ms.)
Raschke, P. (1994): Substitutionstherapie: Ergebnisse langfristiger Behandlung von Opiatabhängigen. Lambertus: Freiburg
Raschke, P. / Schliehe, F. (1985): Therapie und Rehabilitation bei Drogenkonsumenten. Langzeitstudie am Beispiel des »Hammer Modells«. Hrsg. MAGS NRW. Düsseldorf: Selbstverlag
Rasenack, J. (1991): Hepatitis C. In: Arbeitsmedizin im Gesundheitsdienst, Band 6, S. 111 ff.
Regionalverband akzept – Westfalen-Lippe (1993): Einrichtung einer Beschwerdestelle für Übergriffe gegen die Menschenwürde in der Therapie
Reuband, K.-H. (1989): Illegale Drogen. In: DHS (Hrsg.): Jahrbuch Sucht 1990, S. 113 – 155
Reuband, K.-H. (1992): Drogenkonsum und Drogenpolitik. Deutschland und die Niederlande im Vergleich. Opladen: Leske-Verlag
Rex, R. (1991): Zur Lage der drogengebrauchenden Menschen in Haft. In: akzept e.V. (Hrsg.): Leben mit Drogen. Akzeptierende Drogenarbeit als Schadensbegrenzung gegen repressive Drogenpolitik, Berlin: Selbstverlag, S. 238 – 243
Ridder, M. de (1991a): Heroin: Die Geschichte einer pharmazeutischen Spezialität. Berlin: Mediz. Dissertation
Ridder, M. de (1991b): Heroin: Geschichte – Legende – Fakten. Berlin: Unveröffentlichtes Manuskript
Rittmansberger, H. u. B. / Ruschak, M. (1985): Ambulante Therapie jugendlicher Drogenkonsumenten. In: Wiener Zeitschrift für Suchtforschung, S. 69 ff.
Robbe, H. J. (1993): Marijuana and Driving. Universiteit v. Maastricht (Selbstverlag)
Robbe, H. J. (1994): Marijuana and Driving. Universiteit v. Maastricht: Selbstverlag
Rosenbaum, M. / Doblin, R. (1991): Why MDMA Should Not Have Been Made Illegal. In: Inciardi, J. A., Hrsg. (1991): a. a. O., S. 69
Ruben, S. (1991): Diversifizierte Opiatabgabe in Merseyside. In: Wissenschaftliche Einheit Kriminalpolitikforschung (Hrsg.): Legalisierung von Heroin – Die neue Debatte. Bremen: Universitäts-Druck
Rüter, C. F. (1988): Die strafrechtliche Drogenbekämpfung in den Niederlanden: Ein Königreich als Aussteiger? Zeitschrift für die gesamte Strafrechtswissenschaft, H. 2, S. 215 ff.
Sawalies, D. (1989): »Qualitative Anforderungen an eine Entgiftungsbehandlung« In: Minister für Arbeit, Gesundheit und Soziales des Landes NRW, Hrsg. (1989): a. a. O., S. 87 ff.
Sawalies, D. / Grzelka, H. (1990): Hilfen für Drogenkonsumenten und Drogenabhängige. In: Dunde, S., Hrsg. (1990): a. a. O., S. 29 ff.
Schaaber, E. (1983a): Niedersächsisches Landeskrankenhaus Brauel. In: Bossong, H. et al., Hrsg. (1983): a. a. O., S. 71 ff.
Schaaber, E. (1983b): Selbsthilfe in Amsterdam – MDHG. In: Bossong, H. et al., Hrsg. (1983): a. a. O., S. 153 ff.
Schaulinski, S. / Dräger, E. (1985): Therapieeinrichtung Rimdimdim im Odenwald. In:

Krauß, G. M. / Steffan, W., Hrsg. (1985): a. a. O., S. 147 – 154
Scheerer, S. (1979): Therapie als Strafe. Münster: Unveröffentlichte Diplomarbeit
Scheerer, S. (1982): Die Genese der Betäubungsmittelgesetze in der Bundesrepublik und in den Niederlanden. Göttingen: Schwartz
Scheerer, S. (1992): Drogenpolitik ohne Strafrecht. In: Neue Kriminalpolitik, H. 4, 1992, S. 22 – 25
Scheerer, S. / Vogt, I. (1989): Drogen und Drogenpolitik. Ein Handbuch. Frankfurt am Main/New York: Campus
Schleswig-Holsteinischer Landtag (1994): Antwort der Landesregierung – Minister für Ernährung, Landwirtschaft, Forsten und Fischerei – auf die Kleine Anfrage der Abgeordneten Dr. Christel Happach-Kasan (FDP). Drucksache 13/1695 v. 4.2.94
Schlömer, H. (1989): Polamidon für Drogenabhängige: Das Hamburger Einzelfallkonzept. In: Bossong, H. / Stöver, H., Hrsg. (1989): a. a. O., S. 96 – 107
Schlömer, H. (1991a): Von der Methadondiskussion zur Praxis: Darstellung und Einschätzung der Modellversuche in Nordrhein-Westfalen und Hamburg. In: Schuller, K. / Stöver, H., Hrsg. (1991): a. a. O., S. 122 – 139
Schlömer, H. (1991b): Probleme drogenspezifischer Primärprävention – Thesen. In: Juso-Bundesverband (Hrsg.): Werkstattgespräch Drogenpolitik. Bonn: Selbstverlag, S. 30 – 32
Schlömer, H. (1993): Gesundheitsförderung statt Drogenprävention – ein Beitrag zu mehr Menschenwürde und seine drogenpolitischen Konsequenzen. In: akzept (Hrsg.): Menschenwürde in der Drogenpolitik! Ohne Legalisierung geht es nicht. Hamburg: Konkret Literatur Verlag, S. 186 – 195
Schmerl, C. (1984): Drogenabhängigkeit. Kritische Analyse psychologischer und soziologischer Erklärungsansätze. Wiesbaden: Westdeutscher Verlag
Schmid, R. (1993): Nur vier Prozent aller Opiatabhängigen erhalten Levomethadon. In: Ärzte-Zeitung, v. 28.6.93
Schmidbauer, W. (1977): Die hilflosen Helfer. Reinbek: Rowohlt
Schmidbauer, W. (1981): Selbsthilfegruppen Drogenabhängiger: Synanon. In: Schmidbauer, W., / Scheidt, J. (1993): a. a. O., S. 554 ff.
Schmidbauer, W. / Scheidt, J. v. (1993): Handbuch der Rauschdrogen. Überarb. und erweit. Neuausgabe, Frankfurt am Main: Fischer Verlag
Schmidt-Semisch, H. (1990): Drogenpolitik – Zur Entkriminalisierung und Legalisierung von Heroin. München: AG SPAK
Schmidt-Semisch, H. (1992): Drogen als Genussmittel. Ein Modell zur Freigabe illegaler Drogen. München: AG SPAK
Schmidt-Semisch, H. (1994): Die prekäre Grenze der Legalität. München: AG SPAK
Schneider, Wolfg. (1993): Statement zur Anhörung der SPD-Landtagsfraktion Rheinland-Pfalz »Neue Wege in der Drogenpolitik«, am 26.1.93 in Mainz. In: SPD-Fraktion im Landtag Rh.-Pf. (Hrsg.): Dokumentation der Anhörung »Neue Wege in der Drogenpolitik«, Mainz, 26.1.93
Schöfer, G. / Buscher, F. (1991): Methadonsubstitution in Bremen. Ein Zwischenbericht. In: Bremer Ärzteblatt, 44. Jg., H. 4, S. 5 – 9
Schröder, B. (1993): Heroin. Sucht ohne Ausweg? Ein Aufklärungsbuch. Reinbek: Rowohlt-Verlag
Schünemann, B. (1982): Fahrlässige Tötung durch Abgabe von Rauschmitteln? In: Neue Strafrechtszeitung, S. 60 ff.
Schulin, B. / Gebler, O. (1992): Rechtliche Grundlagen und Probleme des Beratungswesens. In: Vierteljahresschrift für Sozialrecht, S. 33 ff.
Schuller, K. (1991): Von Release zur Therapeutischen Kette – und zurück. In: Schuller, K. / Stöver, H., Hrsg. (1991): a. a. O., S. 31 – 51
Schuller, K. / Stöver, H. (1989): Die Zugänglichkeit zu sterilem Spritzbesteck. Modelle der HIV-Prävention bei i. v. Drogengebrauch im internationalen Vergleich. Hrsg.: Deutsche AIDS-Hilfe e.V., Berlin
Schuller, K. / Stöver, H., Hrsg. (1991): Akzeptierende Drogenarbeit. Ein Gegenentwurf zur traditionellen Drogenhilfe. 2. Aufl., Freiburg: Lambertus-Verlag
Schumacher, J. B.(1988): Methadon als Ersatzdroge. Die Suchtstoffsubstitution aus strafrechtlicher Sicht. Europäische Hochschulschriften, Reihe 2, Nr. 794. Frankfurt am Main/Bern: Peter Lang Verlag
Schwarz, Th. (1995): »Safe sex für Drogenabhängige Männer, die anschaffen gehen. In: Heudtlass, J.-H. /Stöver, H. / Winkler, P., Hrsg. (1995): a. a. O., S. 191 – 201
Schwendter, R. (1992): Drogenabhängigkeit und Drogenkultur. Wien: Staatsdruckerei
Schwoon, D. R. / Krausz, M., Hrsg. (1992): Psychose und Sucht. Freiburg: Lambertus-Verlag
Seidenberg, A. (1990): Chancen in der Drogenpolitik – diversifizierte »Opiat«-Abgabe. In: Schweizerische Ärztezeitung 71. Jg., H. 6, S. 218 – 222
Seidenberg, A. (1992): Das Drogenproblem: eine falsche Frage. In: Neumeyer, J. / Schaich-Walch, G. (Hrsg.): Zwischen Legalisierung und Normalisierung. Marburg: Schüren
Seymour, R. (1986): MDMA. San Francisco
Sickinger, R. (1982): Drogenhilfe. München: Kösel
Sickinger, R. (1991): Therapie oder Strafe? Zu den Auswirkungen auf den Weg aus der Drogenabhängigkeit. In: Forschungsprojekt »Amsel«, Projektgruppe Rauschmittelfragen, Abschlußbericht Band 1, Jugendberatung und Jugendhilfe, Frankfurt am Main: Selbstverlag, S. 237 ff.
Sickinger, R. et al. (1992): Wege aus der Drogenabhängigkeit. Freiburg: Lambertus-Verlag

Sieber, M. (1988): Zwölf Jahre Drogen. Verlaufsuntersuchung des Alkohol-, Tabak- und Haschischkonsums. Bern/Stuttgart/Toronto: Hans Huber Verlag

Silvis, J. (1989): Legalisierung der Drogen? Tagung in Tutzing v. 5. – 7.5.1989: Manuskript

Simon, E. J. (1992): Opiates: Neurobiology. In: LOWINSON et al. 1992, a. a. O., S. 195 ff.

Simon, R. (1990): EBIS 1989: Daten und Trends aus den ambulanten Beratungs- und Behandlungsstellen. In: Deutsche Hauptstelle gegen die Suchtgefahren, Hrsg. (1991): a. a. O., S. 139 – 148

Spiegel (1989): Spiegel-Spezial: Geißel Rauschgift.

Spiegel (1990): »Der Gegner überschätzt uns«. Die kriminelle Erfolgsbranche der Dealer: Warum die Polizei machtlos ist. 44. Jg., H. 29, S. 149

Spikofski, W. / Heudtlass, J.-H. / Konegen, N. (o. J.): Drogenabhängige in der medizinischen Notfallversorgung – Möglichkeiten therapeutischer Interventionen in NRW. Hrsg.: Institut für Sozialmedizinische Forschung.

Spreyermann, C. / Flückiger, M. (1990): AIDS-Prävention bei Drogenkonsumenten/innen. Praxisauswertung der Aktion Sprützehüsli in Basel. Lausanne: Selbstverlag

Staak, M., Hrsg. (1988): Betäubungsmittelmißbrauch. Berlin etc.

Staak, M. (1993): Fahruntüchtigkeit und Drogen. In: Hess. Ärzteblatt 3/1993, S. 116 ff.

Stark, K. et al. (1994): HIV-Infektionen bei intravenös Drogenabhängigen. In: AIDS-Nachrichten, H. 1

Steffan, W. (1988): Streetwork in der Drogenszene. Freiburg

Stephan, E. (1990): Leistungsmindernde Suchtstoffe im Straßenverkehr. In: DHS (Hrsg.): Jahrbuch Sucht 1991. Hamburg: Neuland-Verlag

Stiftung Integrationshilfe für ehemals Drogenabhängige e.V., Hrsg., (1994): Schuldnerberatung in der Drogenhilfe. Neuwied: Luchterhand

Stimson, G. V. / Oppenheimer, E. (1982): Heroin Addiction. Treatment and Control in Britain. London/New York

Stöver, H., Hrsg. (1991): Der tolerierte intravenöse Drogengebrauch in den Angeboten der Drogen- und AIDS-Hilfe. AIDS-Forum DAH, Band VI. Berlin

Stöver, H. (1992): Substitutionsbehandlung und HIV/AIDS-Prävention. In: Wiener Zeitschrift für Suchtforschung 15, H. 1, S. 13 – 22

Stöver, H., Hrsg. (1994a): Infektionsprophylaxe im Strafvollzug. Berlin DAH-Selbstverlag

Stöver, H. (1994b): Drogenfreigabe. Plädoyer für eine integrative Drogenpolitik. Freiburg: Lambertus-Verlag

Stöver, H. (1995): Vermittlung lebensweltnaher Präventionsbotschaften. In: Heudtlass, J.-H. / Stöver, H. / Winkler, P., Hrsg. (1995): a. a. O., S. 203 – 219

Stöver, H. / Schuller, K. (1990): Wohnprojekte für i.v. DrogengebraucherInnen mit HIV/AIDS. Hrsg.: Deutsche AIDS-Hilfe e.V., Berlin

Stosberg, K. (1993): Sozialisation und Drogen. Frankfurt am Main: Peter Lang Verlag

Suter, R. (1991): Die Gewinnerinnen der Drogenprohibition. 3. Aufl., Zürich: Selbstverlag (Kalkbreitestr. 42, 8003 Zürich)

Sutherland, E. (1968): Die Theorie der differentiellen Kontakte. In: Sack, F. / König, R. (Hrsg.): Kriminalsoziologie. Frankfurt am Main: Akademische Verlagsgesellschaft

Täschner, K.-L. (1983): Therapie der Drogenabhängigkeit. Stuttgart: Kohlhammer

Täschner, K.-L. (1984): Forensisch-psychiatrische Probleme bei der Beurteilung von Drogenkonsumenten. In: Neue Juristische Wochenschrift, S. 638 ff.

Täschner, K.-L. (1993): Probleme der Aussagetüchtigkeit bei Drogenabhängigen. NStZ 1993, S. 322 ff.

Thamm, B. G. (1989): Drogenfreigabe – Kapitulation oder Ausweg? Hilden: Verlag Deutsche Polizeiliteratur

Thamm, B. G. (1991): Drogen – legal – illegal. Hilden: Verlag Deutsche Polizeiliteratur

Trautmann, F. (1989): Akzeptierende Drogenarbeit in Amsterdam – Wie fortschrittlich ist die niederländische Drogenpolitik? In: Kriminologisches Journal, S. 126 ff.

Trautmann, F. (1991): Niedrigschwellige Methadonvergabe in den Niederlanden – Drogenarbeit, Drogenproblem und Normalisierung. In: Schuller, K. / Stöver, H., Hrsg. (1991): a. a. O., S. 150 – 161

Trautmann, F. (1995): AIDS-Prävention und Drogenhilfe – niederländische Erfahrungen mit Peer support. In: Heudtlass, J.-H. /Stöver, H. / Winkler, P., Hrsg. (1995): a. a. O., S. 221 – 233

Trojan, A. (1983): Zur aktuellen Diskussion um die Förderung von Selbsthilfezusammenschlüssen. In: Die Grünen (Hrsg.): Die Zukunft des Sozialstaates. Stuttgart, S. 228 ff.

Uchtenhagen, A. (1981): Gegenwärtiger Stand der Haschischforschung. In: Völger, G. et al. (Hrsg.): Rausch und Realität. Köln: Rautenstrauch-Joest-Museum. S. 788 – 790

Ulmer, A. (1990): Erfahrungen mit der Remedacen-Substitutionsbehandlung aus ärztlicher Sicht. Vortrag, gehalten beim DAH-Seminar »Methadonbehandlung« am 20.10.1990. Emlichheim: Manuskript

Ungerleider, J. T./Pechnik, R. N. (1992): Hallucinogens: In: LOWINSON et al. 1992, a. a. O., S. 280 ff.

Vereinigung Psychologische Menschenkenntnis, Hrsg. (1991): I. Internationales Symposium gegen Drogen. Zürich: Selbstverlag

Vering, A. et al. (1992): Heroinabusus und Methadon-Substitution in der Schwangerschaft. In:

Geburtshilfe u. Frauenheilkunde, H. 52, S. 144 – 147
Verthein, U. / Kalke, J. / Raschke, P. (1994): Resultate internationaler und bundesdeutscher Evaluationsstudien zur Substitutionstherapie mit Methadon – eine Übersicht. In: Psychother. Psychosom. med. Psychol. 44, S. 128 – 136
Vlasblom, R. / Biersteker, S. (1995): »Safe sex« für Frauen, die anschaffen. In: Heudtlass, J.-H. / Stöver, H. / Winkler, P., Hrsg. (1995): a. a. O., S. 161 – 189
Völger, G., Hrsg. (1981): Rausch und Realität. Drogen im Kulturvergleich. Materialienband zu einer Ausstellung des Rautenstrauch-Joest-Museum für Völkerkunde der Stadt Köln (Teil 1 und Teil 2). Taschenbuchausgabe (1982): 3 Bände. Reinbek: Rowohlt
Vogt, I. (1981): Alkoholkonsum, Industrialisierung und Klassenkonflikte. In: Völger, G., Hrsg. (1981): a. a. O., Teil 1, S. 112 – 117
Vogt, I. (1990): Abhängigkeit und Sucht. Anmerkungen zum Menschenbild in Suchttheorien. In: Drogalkohol, 14. Jg., S. 140 ff.
Vogt, I. (1991): Konsequenzen für Theorie und Praxis s. Forschungsergebnisse. In: Sexuelle Übergriffe in der Therapie. Kunstfehler oder Kavaliersdelikt? Dokumentation des öffentlichen Hearings am 19.01.1991 in Bonn. Tübingen: DGVT-Verlag, Tübinger Reihe 12
Volckart, B. (1986): Maßregelvollzug. Das Recht des Vollzugs der Unterbringung nach §§ 63, 64 StGB in einem psychiatrischen Krankenhaus und in einer Entziehungsanstalt. 2. Aufl., Neuwied/Darmstadt: Luchterhand
Voss, M. (1984): Aufforderung zum Verzicht auf Gefängnisneubauten in Hessen und anderswo. In: Kriminalsoziologische Bibliographie H. 45, S. 36 – 47
Waldorf, D. (1983): Natural Recovery from Opiate Addiction: Some Social-Psychological Processes of Untreated Recovery. In: Journal of Drug Issues, Spring
Walger, P. et al. (1989): Medizinische und psychosoziale Effekte der Methadon-Substitution HIV-infizierter Drogenabhängiger. In: Psychotherapeutische und medizinische Psychologie, 39. Jg., H.8, S. 381 – 389
Wassermann, R., Hrsg. (1990): Kommentar zum Strafvollzugsgesetz. Reihe Alternativkommentare. 3. Aufl., Neuwied/Darmstadt: Luchterhand
Weber, I. (1993): Methadon-Substitution in der kassenärztlichen Versorgung in Deutschland: Patienten, Indikationen, Ärzte. Köln
Weber, G. / Schneider, W. (1991): Herauswachsen aus der Sucht. 2. Sachstandsbericht, Westfälische Wilhelms-Universität. Münster (Ms.)
Weber, G. / Schneider, W. (1992): Herauswachsen aus der Sucht illegaler Drogen: Selbstheilung, kontrollierter Gebrauch und therapiegestützter Ausstieg. Münster 1992
Weider, H. J. (1987): Die Integration der Verteidigung in den Verfolgungsapparat. Frankfurt am Main: Dokumentation zum 11. Strafverteidigertag, S. 196 ff.
Wely, J. J. W. M. van (1989): Körperliche Wirkungen des Opiatkonsums. In: Scheerer, S. / Vogt, I. (1989): a. a. O., S. 299 – 312
Weymann, S. (1993): Der Einfluß von Ersatzdrogenprogrammen auf die Drogensucht unter besonderer Berücksichtigung von Beschaffungskriminalität, -prostitution und HIV-Infektionsrate von i.v. Drogenabhängigen. Frankfurt am Main: Peter Lang Verlag
WHO Expert Committee on Addiction-Producing Drugs (1952): WHO Technical Report Series, No. 3. New York
Wichmann, S. (1992): Wirtschaftsmacht Rauschgift. Frankfurt am Main: Fischer Verlag
Wille, R. (1981): für und wider Methadon: Ergebnisse des britischen Behandlungsmodells. In: Keup, W., Hrsg. (1981): a. a. O., S. 171 ff.
Wille, R. (1983): Processes of Recovery from Heroin Dependence: Relationship to Treatment, Social Changes and Drug Use. In: Journal of Drug Issues, Summer
Winkler, P. (1995): Hilfen im Drogennotfall und bei Erkrankungen infolge Drogengebrauchs. In: Heudtlass, J.-H. /Stöver, H. / Winkler, P., Hrsg. (1995): a. a. O., S. 139 – 159
Winternitz, U. (1995): Gebt uns Räume – fixen können wir alleine. In: Heudtlass, J.-H. /Stöver, H. / Winkler, P., Hrsg. (1995): a. a. O., S. 126 –128
Winick, C. (1962): Maturing out of narcotic addiction. Bulletin on Narcotics, Jan.-Mar., S. 1 – 7
Wüster, M. (1981): Der neueste Stand der Opiatforschung. In: Völger, G., Hrsg. (1981): a. a. O., Teil 2, S. 796 – 799
Zieger, M. (1981): Zur Schweigepflicht des Anstaltsarztes. In: Strafverteidiger, S. 559 ff.
Zurhold, H. (1993): Drogenkarrieren von Frauen im Spiegel ihrer Lebensgeschichten. Münster: INDRO-Verlag

J.-H. Heudtlass, H. Stöver, P. Winkler (Hg.)

Risiko mindern beim Drogengebrauch

Drogenwirkungen · Safer Use · Notfallhilfe ·
Safe Sex · Prävention · Peer Support

Fachhochschulverlag   Band 37

Sachwortverzeichnis

A

Abbruch, s. Therapie – Abbruch
Abgabe von BtM 187, 198 ff., 201
Abhängigkeit 21, 26, s. Drogenabhängigkeit, s. Sucht
– als zeitlich begrenzte Risikoperiode 82
– Ausdruck von Krankheit? 162
– Begriffsgeschichte 26 f.
Abhängigkeit vom Morphin-Typ (nach WHHO) 69
Abhängigkeitsbehandlung
– freie, nicht anstaltsmäßige 250
Abhängigkeitskranke 173
Abhängigkeitsverhalten 68, 73
Abhöranlagen, verborgene 216
Abhören von Raumgesprächen, s. Fahndungsmethoden 216
Abolition des Strafrechts 175
Abschreckungspädagogik 92
Absehen von der Erhebung der öffentliche Klage 236, 239
– Muster 254
Absehen von der Verfolgung 38, 155, 250 f.
– Schaubild 252
Absehen von Strafe 153, 184, 236
Abstinenz-
10, 21, 31, 44, 51 f., 79, 88, 91, 94, 107, 114, 122, 125, 132, 137, 143, 148, 160, 166, 357, 360
– Behandlung 165
– Dogma 172, 360
– Fixierung 164
– Forderung 133, 143
– Moral 54
– Motivation 100, 109
– Nachweis, s. Substitution
– Orientierung 132, 148, 158
– Paradigma 9, 88, 134, 136, 173
Abstinenztherapie 119, s. Substitutionsbehandlung
Abtreibungs-Verfahren 299
Abweichung 20, 21, 64, 79
actio libera in causa 209
administrative Strafen 33
Adoleszenz 71, 83
Adressen 11
AG-Drogenpolitik der SPD 156
ageing-out 71
agent provocateur 33, 215,
s. V-Mann, s. a. Lockspitzel

Aggression
– gegen das eigene Selbst 71
– in der Therapie 103, 281
– kollektive 79
Aggressionsverhalten 73
aggressive Vermarktung von pharmazeutischen Produkten 78
AGSU 334 ff., s. LzTh
AIDS-
19 f., 29, 43, 50, 53, 55, 57, 59 ff., 95, 159, 324, 419, s. a. HIV
– Arbeit 180
– assoziierte Erkrankungen 42, 43, 58 ff., 118
– Aufklärung 149
– Chemotherapie 67
– ENQUETE-KOMMISSION 56
– epidemiologische Untersuchungen 57
– Erkrankte 42, 63, 128, 143
– erkrankte Frauen 131
– Erkrankung 50, 55 ff., 63, 302
  · Verbreitung 119, 124
– Fallregister 57
– Furcht 83
– Hilfe 127
  · niedrigschwellige 143
– im Strafvollzug 43, 60, 141, 260
– Indikation 128
– kranke Drogenabhängige 123
  · Entwöhnungsbehandlung 335
– Prävalenzstudien 57 ff.
– Prävention 45, 51 f., 58, 145, 180, 419
  · Avantgarderolle der Junkie-Bünde 45
– präventive Botschaften 60, 142
– Prophylaxe 45
  · am Platzspitz in Zürich 49
– Ratgeber 426
– Stand der Forschung 55 ff.
– Therapie
  · mittels AZT/Pentamidin 43
Akteneinsicht 222
Akzeptanz 10, 51 ff., 118, 134 ff., 141 f., 157, 166
Akzeptanz-Paradigma 10, 88, 112
akzeptierende Angebote 102, 310, 328
akzeptierende Drogenarbeit 51,
132 ff., 142 ff.
– Methoden 134
– normative Prämissen 133
akzeptierender Drogenpolitik 51
akzeptierendes Drogen-Kontrollsystem 90, 152 ff., 178 ff.
Alkohol 20, 22 ff., 29, 44, 48, 73, 81, 84, 91, 120, 136, 152, 256, 297, 416, 419
– im Straßenverkehr 205
– Tote 29
Alkoholabhängige 29, 84 f., 149
– Arbeitsfähigkeit 297
alkoholbedingte Unfälle 205
Alkoholeinfluß
– Gewaltkriminalität unter 29
Alkoholentzugssyndrom 98
Alkoholiker 149
Alkoholismus 22, 83, 283
Alkoholkonsum 29, 80
– volkswirtschaftlicher Schaden 29
Alkoholtests 104
alternative Drogenarbeit 132 ff.
alternative Drogenkontrolle 175, 178 ff.
alternative Entzüge 150 f.
Alternativen im Strafvollzug 268
Alternativen im Umgang der Gesellschaft mit Drogengebrauchern 149
alternativer Lebensstil 147 ff.
Alternativ-Verbände 148
Altfixer 124
Ambivalenz des Drogengebrauchs 65, 134
ambulant vor stationär 109 f., 150
ambulante
– Abstinenztherapien 159
– Arbeit auf der Straße, s. Streetwork 145
– Behandlung 96, 100, 250
– Behandlungsformen 242 f.
– Beratung und Betreuung 96 f., 105
– Hilfen 132, 172
– ambulante Therapie 109 ff., 329 f., 338
– Nachtangebote 144
– Wundversorgung 142
Ambulanz 48, 144
Amphetamine 24, 26, 69, 157, 159, 170, 199, 224
– Bestimmung der Gemischmenge 224

Sachwortverzeichnis

AMSEL-Forschungsprojekt 43, 58, 60
Amtsarzt 165, 289, 290
Amtsverschwiegenheitspflicht 227
Analgetika 158, 415 f.
Anbau 35 f., 169, 178, 187, 200
Anbauländer 35 f.
Anfechtungsklage vor dem Verwaltungsgericht 228, s. Gerichte
Angaben zur Person/Sache 218
Angehörige 102, 103, 148
– als Helfer 151
Angestelltenersatzkassen 337
Angst 40, 42, 46, 53 f., 67, 71 ff., 108, 116, 161
– kollektive 73
– vor Strafverfolgung 44
Ängste der Bevölkerung 46
Angstfreiheit 136
Anhörung
– nach FGG 292
Anklageerhebung
– Verzicht auf 236, 239, 254
Anklageschrift 225
Anomietheorie 75
Anpreisungsverhalten 194
Anrechenbarkeit von Therapie 38 f., 155, 239 ff.
Ansichnehmen ohne Herrschaftswillen 188
Anstaltsarzt 257, 263
Anstaltskrankenhaus 271
Anstiftung 34, 77, 104, 207, 215
Anstiftungshandlung 196
Antidepressiva 99, 416 f.
Anti-Drogen-Gesetze 89
Anti-Drogen-Kampagnen 93
Antikörpertest, s. HIV-Test 42
Anti-Psychiatrie 151
Anwalt 220, 269 f., 291, 318, s. a. Pflichtverteidiger, s. Verteidiger, s. a. Rechtsberatung
Anwaltszwang 270
Anwohner und Drogenszene 48, 51
Apothekeneinbruch 204
Apothekenpflichtigkeit 30, 180
Apotheker
– BtM-Abgabe durch 208
Arbeitsämter
– Vermittelbarkeit Opiatabhängiger 325
Arbeitserprobung 326
Arbeitsfähigkeit 29, 113, 116
– bei Abhängigkeit 297, 325
– von Methadon-Patienten 297
Arbeitsförderung 327
Arbeitsgemeinschaft zur Rehabilitation Suchtkranker (AGSU)
Arbeitskreis »Ambulante Arbeit« des FDR 338

Arbeitslosigkeit 42, 327
arbeitsmarktpolitische Sonderprogramme 121
Arbeitsrecht (Krankheit im) 297
Arbeitsschutzgesetz 168
Arbeitssucht 27
Arbeitstherapie 101
Arbeitsunfähigkeit 297
– ärztliche Bescheinigung der 324
– Lohnfortzahlung bei 325
Arbeitsunfall 325 f.
– absichtliche Herbeiführung des 325
– Kostenübernahme (UV) 325
ARCHIDO 11, 427
Armenrechtszeugnis 270
Arzneimittelrecht 30, 163, 173, 306
Arzt, s. BtMG, s. BtMVV, s. NUB-Richtlinien, s. Methadon-Substitution, s. Substitutionsbehandlung
– Aufklärung des Patienten 190
– Berufspflichtverletzung 298 ff.
– Beziehung zum Drogenabhängigen 298
– BtM-Verschreibung 187 ff., 300 ff., 345 ff., 356 ff.
· Höchstmengen 356
– BtM-Vorratshaltung 356
– delegierender, s. Psychotherapie 339
– Facharzt für Psychiatrie, Psychotherapie oder Psychoanalyse 338
– grundsätzliche Kurierfreiheit des 190
– im Strafvollzug 262 f., 271 ff.
– Indikations- und Therapiefreiheit 190, 306
– neue Untersuchungs- und Behandlungsmethoden 360
– -Patient-Beziehung 167, 300, 304
– Rechte und Pflichten des 298 ff.
– Regreß u. standesrechtliche Disziplinarverfahren 192, 300
– substituierender 127 f., 153, 166, 187 ff., 300 ff., 355 ff., 360 ff., 407 ff.
– substitutionswilliger 166
– süchtiger 68, 98
– Therapiefreiheit 155, 157 f.
– Voraussetzungen für Substitutionsbehandlungen 122 f.
– Zeugnisverweigerungsrecht (ZVR) 298

Ärztekammern 306
– Richtlinien für die Codein-Substitution 363
Ärzteschaft, organisierte 302
– Richtlinienkompetenz über ihre Zwangsmitglieder 189
ärztlich indizierte Abgabe von Betäubungsmitteln und Ersatzstoffen
– durch Gesundheitsämter und staatl. anerkannte DROB 165
ärztliche Abgabe von Originalsubstanzen 156 ff., 163 ff.
ärztliche Anzeigepflicht
– keine bei AIDS oder BtM-Delikten 299
– Schweigepflicht 298 f.
ärztliche Behandlung 155
– Kunstregelhaftigkeit 157, 189, 357
– Rechtsbehelfe gegen 273
ärztliche
– Eingriffe 290
– Ethik 163
– Krankheitsdefinition 162
– Sorgfaltspflichten 157, 189 ff., 306, 345 ff.
– Standesorganisation 189, 191
– Substitutionsbehandlung, s. dort
– Therapiefreiheit 123, 155, 157 f., 168, 189 f., 360
– Allmachtvorstellungen 298
ärztlicher
– Auftrag 157
– Heileingriff 204
ärztliches Ermessen 189
ärztliches Handeln
– Sozialrecht steuert 302
– strafbewehrtes 188 ff.
Arztwahl 342
– freie 290, 322, 326
Auffälligkeit, s. a. Abweichung, 93, 221, 224
– Jugendlicher 291 ff.
– polizeiliche 33, 93
Auffälligwerden als Drogenabhängiger 285 ff., 296
Auffangtatbestände 208
Aufhebung des Haftbefehls 238
Aufklärungsgehilfe, s. Kronzeuge 228
Aufklärungshilfe 197
Aufklärungspflicht 228
Aufsichtsbeamte
– im Strafvollzug 262
aufsuchende Sozialarbeit 145 f., s. Bundesmodellprogramm,

Sachwortverzeichnis

s. Streetwork
Ausbildungs- und Berufsförderung 106 f., 118, 121, 243, 326 f., 329, 337, 340
Ausfallzeiten 327
Ausführungsbestimmungen zum StVollzG 269
ausgenommene Zubereitungen 187
Ausgrenzung 137, s. a. Diskriminierung, s. a. Kriminalisierung, s. a. Stigmatisierung
– familiäre 93
– gesellschaftliche 75
Auskunftsverweigerungsrecht 216, 232, 245, 312
Ausland 89
– Anti-Drogengesetze im 32 f.
– diversifizierte Drogenabgabe im 159 ff.
– relative Drogenfreigabe im 89, 176, s. a. Coffieshops
Auslegung 184 f.
– richterliche 199
Aussagegenehmigung 227 f.
Aussagetüchtigkeit 230
Aussageverweigerung 217, 263
Aussagewahrhaftigkeit 230
Außenseiterrolle 40
außerstrafrechtliche Rechtsfolgen 285 f.
Aussetzung des Haftbefehls 219, s. dort
Aussetzung von Freiheitsstrafe zur Bewährung, s. Maßregeln 113
Aussteuerung 324
Ausstieg aus der Abhängigkeit 41, 70, 81 ff., 136, 160, 164, 167, 180, 243
Ausstiegsbedingungen 70
Ausstiegschancen 43, 81
Ausstiegsforschung 71
Ausstiegsmotivation 83
Ausstiegsprozesse 81 f., 136
Ausstiegswillige 108
Ausweichverhalten 264
Autonomie 38
– im Umgang mit Drogen 137, s. a. Selbstbestimmung
Autoritätskonflikt 71
– unbewußt inszenierter 73
AZT 43, s. AIDS

B

Bagatelldelikte 170
Bagatellverfahren 46
Bande 155, 196 ff., 200 ff., 348, 349

Barbiturate 26, 120, 197, 202, 232, 297
Bayerischer Maßnahmekatalog 55
BDSG 312 ff., s. Datenschutz
bedingter Vorsatz 202
Bedürftigkeit
– mutwillig herbeigeführte 332
Befundtatsachen 235
Begehung durch Unterlassen 207
begleitende Hilfen 329
Begleitkriminalität 204
Begründetheit
– der Behandlung 190
Begünstigung 204, 311
– strafbare 214
Begutachtung 231, 234
– durch Gerichtspsychiater 231
– durch Psychologen 234
– keine B. bei Codein-Substitution 126
– psychologische gemäß wissenschaftlichen Standards 296
Begutachtungspraxis 230 ff.
Behandlung, s. Arzt, s. Therapie, s. Langzeittherapie
Behandlung in Selbsthilfe 242
Behandlungsabbruch 113, 244 f.
Behandlungsbedürftigkeit 322
Behandlungsbündnis 115
Behandlungskette 179
Behandlungskonzept 244
Behandlungskonzepte und -methoden 242 ff.
Behandlungsnachweis 246, 350 ff.
Behandlungsparagraphen 49, 113, 172, s. BtMG
Behandlungspflege 323
Behandlungsplan 260
Behandlungsprogramm in Sondereinrichtungen 263 ff.
Behandlungsvollzug 257 ff.
Beigebrauch 120, 158, 202, 205, 295, 297, 303, 363
Beihilfe 188, 207, 208
– zum eigenverantwortlichen Suizid 202
Beimengungen 36, 176, s. Streckmittel
Beistände im Verfahren 222
Beitrags- und Ersatzzeiten 327
Beitragsbemessungsgrenze 321
Belehrung
– durch Polizei 217
Bemündigung 51
Benzodiazepam 99
Benzodiazepine 97, 120

Beobachtungsunterbringung 233, 288, 292
Berater als
– als Gutachter 311
– als Strafvermeidungshelfer 50
– in Rechtsfragen 318
– Schutz der Unterlagen und Aufzeichnungen 311
Beratung und Aufklärung über Langzeittherapie 333
Beratung und Entscheidungsbeteiligung Jugendlicher 331
Beratungsangebote 142, s. Drogenarbeit, s. Drogenhilfe
– für drogenabhängige Frauen 131
– in der U-Haft 262
Beratungsbedarf 28
Beratungshilfe 269, 270, 318, 342
Beratungsstelle für Suchtfragen 308 ff., s. DROBS
– Anerkennung als 310
Bereitstellen von Geldmitteln 196
Berliner Modell 264
Beruf 243
Berufsausbildung/-förderung, s. Ausbildungs- und Berufsförderung
Berufsgruppen der Helfer
– Status, Rechte, Pflichten 298 ff.
Berufsrichter 221
Berufsunfähigkeit 327
Berufsverbot 238, 274, 284
– partielles ärztliches 191
Berufung 185, 238 f.
– beim Oberverwaltungsgericht (gegen Verwaltungsgerichtsurteil) 342, s. Gerichte
Beruhigungsmittel 42, 48, 416 f.
Beschaffungsdruck 42, 161
Beschaffungskriminalität 29, 45 ff., 120, 121, 154, 161, 182, 204, 232, s. a. Kriminalität
– Schuldunfähigkeit bei 232
Beschaffungs-Prostitution 55, 161, s. Prostitution
Beschaffungstat 241
Beschlagnahme 212
– von Betäubungsmitteln 214
– Widerspruch gegen 213
Beschlagnahme- und Durchsuchungsbefehl, richterlicher 311
Beschlagnahmeaktionen 299
beschlagnahmefreie Gegenstände 214
Beschuldigte
– körperliche Eingriffe beim

211, s. a. Personendurchsuchung
· Ratschläge für 217
Beschwerdestellen 50
Besitz von Betäubungsmitteln (BtM) 95, 175, 186 ff., 198, 204, 347ff.
– gänzlich straffrei stellen 171
– im internationalen Recht 177, 178
– in geringer Menge, s. dort
besonders gefährliche Begehungsweisen 155, 184
besonders schwerer Fall 184, 196, 198, 200 ff., 221, 348
Besorgung fremder Rechtsangelegenheiten 318
Bestimmen 198
Besuchsüberwachungsdolmetscher 220
Betäubungsmittel (BtM), s. BtMG
– Anlagen 352 ff.
(Fortsetzung s. u. BtM)
Betäubungsmittelgesetz (BtMG) 20, 152, 168, 184 ff.
– Anlagen 158, 352 ff.
– Auszug: Gesetzestext 345 ff.
Betäubungsmittelrecht 345 ff., (Fortsetzung s. u. BtM, BtMG, BtMVV)
Betäubungsmittelstrafrecht
– Kritik und Alternativen 169 ff.
Betäubungsmittelverkehr 345ff., 356 ff.
betreute WG, s. Wohngemeinschaften 243
Betreuung 318, 329
– Alternativen 162
– bei Entzug 98 f.
– im Maßregelvollzug 278
– intensive sozialpädagogische Einzelbetreuung 331
– mittels Zwang 125
– nach FEG 285 ff.
– neue Spezialdienste 107
– psycho-soziale B., im Rahmen von Substitutionsbehandlung, s. dort
– sozialarbeiterische 105 f.
– sozialpädagogische 107
Betreuungshelfer 331 f.
Betroffenenkompetenz 134, 137, 150, 179 f.
Bewährungsauflagen 111, 255
Bewährungsaussetzung 37, 39, 156, 221, 238, 241, 246, 250
Bewährungshilfe 40, 186, 250, 255 f., 309, 333
Bewährungswiderruf 218, 246, 255 ff.

Bewährungszeit 250, 251, 255
Beweisanträge 225
Beweisaufnahme in der Hauptverhandlung 185, 226
Beweislastumkehr 238, 294
Beweismaterial, unzulässigerweise gewonnenes 210
Beweismittel 56, 209, 212, 226, 311
– gebrauchte Spritzen als 56
– in der Hauptverhandlung 225, 226
Beweissicherung 211
Bewußtmachung durch Therapie 114, 115, s. a. Psychoanalyse
Bewußtseinserweiterung
– durch Drogen 418
Bewußtseinslagen 283
Bewußtseinsstörung 66, s. a. Schuld(un)fähigkeit
– akut toxische 232
– tiefgreifende 230
Bewußtseinsveränderung durch Therapie 99
Beziehung
– in der Zwangstherapie 115, 280 ff.
– Klienten-Therapeuten- 117, 127
– therapeutische B. 49, 114 ff., 133, 234, 235, 280, 283
– Unfähigkeit zu gefühlsgetragener 73
Beziehungen
– in Gruppengesprächen 105
– soziale 45, 64, 70, 73 ff., 100, 113 ff., 117, 121, 267
– tragfähige soziale 81, 114 f.
– Zerstörung familiärer 50
Beziehungsfähigkeit 113, 116
– trotz »Sucht« 68
Beziehungsfeld Persönlichkeit – Gesellschaft – Droge 64
Beziehungsgefüge
– der frühen Kindheit 70
– hierarchische B. in Beratung und Therapie 130
Beziehungskonflikt 197
Beziehungsstörungen 115
– frühkindliche 71
Beziehungszusammenhänge
– frauenspezifische 131
BfA, s. Bundesversicherungsanstalt für Angestellte 334 ff.
BGA, s. Bundesgesundheitsamt 57, 157 f., 164, 346
– Bescheid zum Heroinvergabe-Antrag der Stadt Frankfurt am Main 157
BGH, s. Gerichte –BGH

Bildaufnahmen, heimliche 216, s. Fahndung
Billigkeitserweis 296
Billigkeitsmaßnahmen
– steuerrechtliche 296
Bioenergetik 115, 340
BKA, s. Bundeskriminalamt 32 f. 44 ff., 77
Bleach, Bleiche 141, 419 f. s. Desinfektion, s. Drogengebrauch – Risikominderung, s. safe use, s. Spritzbesteck
BMG, Bundesministerium für Gesundheit: Drogennot- und -todesfallstudie 59, 429
Booster-Programm 142
Branntweinmonopolgesetz 168
Bremer Abkommen 245
British System 159, 161, 165
BSHG, s. Bundessozialhilfegesetz, s. Sozialhilfe 327 ff.
BtM-Abhängigkeit
– zur Tatzeit 241
BtM-Außenhandels-Verordnung 192
BtM-Delikte 46, 204, 237, 299
– bei Bewerbung in DROBS 239
– Langstrafenzuwachs 256
BtM-Entscheidungen
– Nord-Süd-Gefälle 169, 171
BtM-Ermittlungsverfahren 223
BtMG 30, 38, 39, 109, 119, 145, 152, 155ff., 163 f., 168 ff., 186 ff., 240, 296, 299, 307, 345 ff.
– 4. und 5. BtMÄndVo 192
– 5. BtMÄndV 156, 192, 352
– 6. BtMÄndV 126, 156, 192, 301, 306
– Abgabe durch Ärzte und Apotheker 188 ff.
– Abgeben 198
– Abschaffung des 7. Abschnitts 172
– Absehen von der Verfolgung 250 ff., 349, 352
– Anlage I: Nicht verkehrsfähige BtM 353
– Anlage II: Verkehrsfähige, aber nicht verschreibungsfähige BtM 354
– Anlage III: Verkehrsfähige und verschreibungsfähige BtM 355
– Anrechnung und Strafaussetzung zur Bewährung 238 ff., 351, s. Bewährungsaussetzung
– Anrechnung v. Therapie 239 ff.
– Aufklärungsgehilfe nach,

Sachwortverzeichnis

s. Kronzeuge 228
- Ausnahmen von der Erlaubnispflicht 346
- Auszug 345
- Bandenmäßige Begehung 197

BtMG
- Besonders schwere Fälle: Gewerbe – Bande – Gesundheitsbeschädigung 196
- besonders schwerer Fall 198
- Bestimmen 198
- Begriffsbestimmungen
  · Betäubungsmittel 345
  · Sonstige Begriffe 345
- BtM-Verschreibungsverordnung, s. u. BtMVV
- Effektivitätsanalyse des 39
- Einfuhr nicht geringer Mengen 202
- Erlaubnis zum Verkehr mit Betäubungsmitteln 346
- Erweiterter Verfall und Einziehung 350
- Fahrlässigkeit 198
- »Fixerräume« und Strafrecht 195, s. Gesundheitsräume
- Führungsaufsicht 350
- Organisierte Kriminalität 202 ff.
- Gelegenheit und Geldmittel verschaffen 195
- Gesundheitsgefährdung 197
- Gewerbsmäßigkeit 197, 201
- Immanente Verbesserungen 153
- Jedweder Umgang – außer Konsum 187
- Jugendliche und Heranwachsende 352
- Jugendschutz, s. a. dort 198
- minder schwere Fälle 200
- nicht geringe Menge 198, s. dort, s. a. geringe Menge
- Pflichten/Verbote im Betäubungsmittelverkehr 346
- Strafandrohungen 200 ff., 207 ff.
- Strafkonzept des 186
- Straflosstellung der Spritzenabgabe 141
- Strafmilderung oder Absehen von Strafe 349
- Straftatbestände 184 ff.
- Straftaten 347 ff.
- Substitutionstherapie und Strafrecht 188 ff.
- Tendenz z. Lückenlosigkeit 30
- Ultima ratio-Klausel 125
- Umsetzung internationaler Vereinbarungen im 30
- Verbote 347
- Verbrechenstatbestände 198 ff.
- Vergehenstatbestände 187 ff.
- Vermögensstrafe 349
- Verquickung von Strafe und Therapie 172
- Verschreibung und Abgabe von Verschreibung 346
- Verstöße gegen die BtMVV 192, s. u. BtMVV
- Werben und öffentlich auffordern 194
- Zurückstellung der Strafvollstreckung 240 ff., 350, s. a. Zurückstellung

BtMG-Verfahren
- Kriminalisierungsdruck durch 37

BtM-Info-System des BMJustiz (BIFOS) 185

BtM-Konsum und
- Teilnahme am Straßenverkehr 205, 296
- Unfallversicherung 297

BtM-Nachweis
- mittels Haaranalyse 295

BtM-Rechtsverordnungen
- durch Bundesminister für Gesundheit 345
- durch die Bundesregierung 345, 347

BtM-Rezept 124, 191 ff., 356 ff.
- Ausgabe durch BGA 194, 358
- Buch führen 194
- Fälschung von 204
- Vorkehrungen zur Sicherung 194

BtM-Schmuggel in Anstalten und Einrichtungen 198

BtM-Sicherstellungen 35

BtM-Taten
- von Deutschen im Ausland begangen 208

BtM-Verkehr
- Überwachung 307

BtM-Verschreibung 125, 129, 156, 184, 191 f., 355 ff., 360 f., 363

BtM-Verschreibungsverordnung – BtMVV
- Auszug 355 ff.
- Formverstöße 192
- Maßgaben der 194
- Straftaten 358 ff.
- Substanzen und Höchstmengen 192, 355 f.

Bundesärztekammer 189 f.
- Richtlinienkompetenz 190

Bundesausschuß der Ärzte und Krankenkassen 122, 360

Bundesdatenschutzgesetz (BDSG), s. Datenschutz 312 ff.

Bundesgerichtshof (BGH), s. Gerichte 185

Bundesgesundheitsamt (BGA) 57, 128, 157 f., 164, 194, 346
- Ausgabe von Betäubungsmittelrezepten 194, 358
- Beantragung von Betäubungsmittelrezeptformularen 128
- Erlaubnis zum Verkehr mit Betäubungsmitteln 184, 346
- Frankfurter Antrag an das BAG auf Sondergenehmigung der Originalstoffvergabe (Heroin) 157, 164
- Kohortenstudie zu HIV-Infektionen 59
- Laborberichtspflicht 57

Bundeskriminalamt (BKA) 32 f. 44 ff., 77

Bundesland Hamburg
- Gesetzesinitiative zur Opiatvergabe 158, 163 f.

Bundesmodellprogramms »Aufsuchende Sozialarbeit für betäubungsmittelabhängige Straftäter« (ASS) 146

Bundesrat 153, 158, 164, 168, 171

Bundesregierung 96, s. Drogenpolitik
- Bericht über BtmG-Verurteilungen 38
- BtMG-Änderung 164
- Nationaler Rauschgiftbekämpfungsplan 91, s. dort
- zu ambulanten Maßnahmen 109
- zur Methadon-Substitution 119

Bundessozialhilfegesetz (BSHG) 325, 327 ff., s. Sozialhilfe, s. Gerichte: BSGE

Bundesvereinigung der Elternverbände 151, s. Eltern

Bundesversicherungsanstalt für Angestellte (BfA) 326, 334, 337, 388 f.

Bundeszentralregister 238
- Eintragungen, Auskunft 239

Bunkern von Drogen 215, 240

Bürger-/Anwohnerinitiativen 51

Bürgerrechte und Polizei – CILIP 214

Sachwortverzeichnis

Burprenorphin 156
Bußgeld 184
Bußgeldverfahren
– Richtlinien für 154

C

Café Fix 142
Cannabis-
22, 26, 28, 36 ff., 65 ff., 81, 84, 91 f., 136, 171, 416 ff.
– Beschluß des Bundesverfassungsgerichhts, s. Gerichte: BVerfGE
– Bestimmung der Gemischmenge 224
– Coffieshops 176, s. Coffieshops
– Delikte: Aburteilungen 37 f.
– Einfuhr 202
– Entkriminalisierung von 152 f., 169 ff., 175
– Forschung 65 ff.
– im Bereich geringer Mengen 37, s. geringe Menge
– im Straßenverkehr 66 f., 169, 205
– in der holländischen Drogengebrauchskultur 176
– medizinisch-therapeutische Anwendung von 67
– und Prohibitionspolitik 46
– Verkauf in Jugendzentren 175
– Wirkung 66, 72, 416 f.
Cannabis (Marihuana) 353
Cannabisharz (Haschisch) 353
Cannabis-Konsum 186
– »flash-back«-Rausch 68
– individuelle und gesellschaftliche Risikoebenen 66
Cannabis-Konsumenten 84, 91
– Fortschreiten zum Heroinkonsum? 84
– Zahl der 32
Cannabisprodukte 168, 170
– und BtMG 152 f., 168 ff., 187 ff., s. a. geringe Menge
Cannabis-Typ, s. WHO-Drogentypologie 26
chemische Detektoren 214
CIKADE 150 f.
Clean-Nachweis 106, s. Drogensuchtests, s. Urinkontrollen
CLEANOK 99
Clean-Projekte 147
Clean-Sein 108, 146 f., s. Abstinenz, s. Drogenfreiheit
Clean-Zeiten 117
Cliquen 136

Clonidin 156
Cocqueretten 162
Codein 125, 192, 306, 416 f., s. Dihydrocodein,
– Zulässigkeit als Substitutionsmittel 192
Codein-Substitution 126, 306, 363, s. Substitution
– Ärztekammer-Richtlinien 363
Codein-Zubereitungen 189
Coffieshops 28, 36, 47, 175 f.
cold turkey 98, s. Entzug
Compliance 140, 295
convenience advertising 141
COUDEX 151

D

Datenschutz 9, 96, 157, 310, 312 ff., 322, 331
– bei Substitution 301
– erhöhter (SGB X) 313
– patientenbezogener 299
– und persongebunder HIV-Testnachweis und 335
Dauergebrauch
– von Medikamenten 295
DAYTOP 112, 426
Dealer 48, 155, 200, 203
– Handlungs- und Fürsorgepflichtpflicht des D. 203
– im Knast 261
– vertrauenswürdige« Heroin- und Kokain-Dealer 176
Dealer in Weiß 300
Deckung des Eigenbedarfs 154 f., 171, 197, 240
Degradierung, soziale 293
Delegationsverfahren, s. Psychoanalyse 308, 339 f.
Delinquenz 183, 430
Delir 232
Denunziantentum 228, s. Kronzeuge
Depönalisierung 153
depressive Zustände 71, 161
Designer-Drogen 24, 421 f., s. MDNA, s. Ecstasy
Desinfektion, s. Bleach, s. Spritzbesteck-Reinigung 141, 144, 416, 420
Desintegration
– gesellschaftliche 40 f.
DEUTSCHE AIDS-HILFE 61, 149
Deutsche Gesellschaft für Drogen- und Suchtmedizin 303
Diagnostik-Schlüssel ICD 72
Diebstahl 204
Dienstaufsichtsbeschwerde 228, 291

Differenzierung der Märkte 171
Dihydrocoedein-Saft
– Herstellinformation 126 f.
Dihydrocodein-Substitution 306, s. Codeinsubstitution
Diskriminierung 42, 46, 130, s. Doppel-, s. Stigmatisierung
Dispositionen
– unbewußte, kollektiv-psychische 54
diversifizierte Drogenverschreibung und Drogenabgabe (DDD) in der Schweiz 161 f.
Dolmetscher für ausländische Klienten 222
Doppelbestrafungsverbot 297
Doppelmoral 51, 79, 91, 175
Doppelstigmatisierung 55, 261, 271, s. Stigmatisierung
Dosierung 199, 421 f.
Dosissteigerung 27
downer 23
Drachenjagen 423
dringender Tatverdacht 218
DROB-INN (HH) 142
DROBS, s. Drogenberatungsstelle
DROBS Darmstadt 110
Droge
– als unbewußt tröstende »Ersatzmutter« 70
– Definition 24 ff.
Drogen 94, 416
– abgestufte Zugänglichkeit zu 175
– Abhängigkeitspotential 416
– Allgegenwart von 21
– Beschlagnahmemengen 32
– bewußtseins- und emotionsverändernde 22
– Eigenschaften 416
– Einnahmearten 417
– Entzugserscheinungen 417, s. Entzug
– Gebrauchsmuster 21, 24, 28, 36, 415 ff., s. Drogegebrauch
– Gefährlichkeit harter 65 ff., 324
– Gleichbehandlung der D. 52
– illegale 20, 21, 24, 32, 53, 64, 73, 91ff., 174
– im Strafvollzug 43, 256 ff.
– im Straßenverkehr 205
– internationale Kontrolle 26
– gesellschaftliche Kontrollformen des Umgangs mit 180
– kontrollierter Umgang 137, s. Drogengebrauch: (selbst-)kontrollierter
– kulturfremde 22, 24

Drogen (Forts.)
- legale 24, 91, 168
- legale Zugänglichkeit zu 51, 152 f., 156 ff., s. Legalisierung, s. Drogenliste in den BtMG-Anlagen
- risikoarmer Umgang mit 136 ff.
- Schädlichkeitsmythen 54
- Suchtpotentiale von 52, 64, ff., 416
- Trennung der Märkte von »weichen« und »harten« 176
- Übersicht: Anwendung, Eigenschaften, Wirkungen 416 f.
- Verfügbarkeit von 35, 78
- Verkaufspreise von 32
- Wirkungen (bei Überdosen) 416 ff.
- Zugänglichkeitskontrollen
 - formelle/informelle 180

Drogenabgabe
- (ärztlich) kontrollierte 158 ff.

Drogenabhängige 53, 55, 85, 134, 158 ff., 204, 334, s. a. Drogengebrauch/er, -konsum
- als Beschuldigte 217 f., 222 f., 229 f., 352
  · Vernehmung im akuten Rauschzustand 217
  · Vernehmungsfähigkeit 229
- als Kronzeuge 228
- als schwierige Patientengruppe 300
- als Sozialhilfeempfänger 327f.
- als Sündenböcke 53, 78
- Auffälligwerden als 76, s. a. Auffälligkeit
  · Rechtsfolgen des 296
- gesundheitliche Verelendung 41 ff., 49 ff., 58 ff., 119, 132, 147, s. Verelendung
- gesundheitspolitische Aspekte beim Umgang mit 49 ff., 139, 158, 165, s. Drogenabgabe, s. Gesundheitsräume, s. Substitutionsbehandlung
- im Maßregelvollzug 274 ff.
- im Strafvollzug 256 ff., 260 ff., 270, 272
- in Sonderanstalten oder -abteilungen 263 ff.
- Maßnahmen der beruflichen Rehabilitation, s. Ausbildungs- und Berufsförderung
- Selbstbild 83
- Selbstorganisation 180
- Typen von 84
- Verhaltensänderungen bei 57, 140 f.

- Verantwortlichkeit von Drogenabhängigen 232
- Zahl der geschätzten 32 drogenabhängige Frauen
- Einrichtungen für 131 drogenabhängige Jugendliche 331 f.

Drogenabhängigkeit 20 f., 52, 64, 89, 123, 181, 283, 361
- als Adoleszenskrise 283
- als Krankheit 88, 241, 256
- als Motiv einer Straftat 232
- als Prozess – Phasen und Fakten 182 f.
- Arbeitsrecht und 297
- Ausstieg aus der 81 f., 86 f., 256
- Automatismus zum Tode 283
- bei vergleichbar schweren Erkrankungen 123, 361, s. Substitutionsbehandlung – Indikation
- Dauer der D. und Haftzeit 60
- der Weg in die D. 67 ff., 74, 83 ff., 182 f.
- in den NUB-Richtlinien 122 f., 305, 360 f., s. dort, s. Substitutionsbehandlung
- Theorie der 83 ff.
- und Kriminalisierung (Verlaufsschema) 182 f.
- Verlauf 83 ff., 182 f.

Drogenabstinenz, s. Abstinenz
Drogenambulanzen 125
Drogenarbeit 10, 63, 150, 176, 179, 180
- akzeptierende 132 ff.
- als Spezialdienst 50
- feministische und frauenspezifische Ansätze 129 ff.
- frauenspezifisches Angebotsbeispiel 147
- Prognosen für die 63
- schadensmindernde 10, 137 ff., 161, s. Drogenabgabe, s. Gesundheitsräume, s. safe use, s. Substitutionsbehandlung
- unter Prohibitionsbedingungen 49 ff.

Drogenarbeiter 89, 134, s. Berater, s. Drogenberater, s. Helfer
- Rechte und Pflichten 308 ff.

Drogenbeauftragte des Bundes und der Länder 243
drogenbedingte Sekundärkrankheiten 165
Drogenbegriff 24 ff., 64
Drogenberater 19 f., 236, s. Berater, s. DROBS, s. Helfer
- Rechtsberatung durch 318

Drogenberatung
- Statistikbogen zur 313 ff.
Drogenberatungsstelle 93, 96 f., 110 f., 124 f., 14448, 165, 209, 220, 257, 261 f., 276 ff., 308, 310, 318, 333 ff., 337, 365 ff., s. Beratung, s. Datenschutz, Drogenberatung
- als Erfüllungsgehilfe der Justiz 110 f.
- ambulante Kontakt- u. Beratungsarbeit 96 f., 110 f.
- Aufgaben der DROBS bei Therapieantrag 334 ff., 365 ff.
- BtM-Abgabe an Abhängige durch DROBS 165
- externe Beratung im Strafvollzug 257, 261 f. 276 ff.
- (existentielle) Hilfen durch 148, 333 f.
- psycho-soziale Begleitung der Substitution 124 f.
- von Jugendlichen 93,

Drogenbeschaffungsdruck
- 42, 156
Drogen-Cafés 310
Drogen-Check 207 f.
Drogendebatte 25
Drogendelikte
- körperliche Untersuchungen 212
Drogendiskurs 28, 45, 91
Drogendoppelmoral 175, s. a. Doppelmoral, s. a. Moral, herrschende
Drogenentzug, s. Entzug
Drogenerzeugerländer 32
Drogenerziehung 52, 137, 415
Drogenforschung 64 ff.
Drogenfreigabe 89, 169, 173
Drogenfreiheit 21, 38, 75, 82, 94, 110, 117 f., 133, 135, 142, 147, 148, 164, 167, 265, s. Abstinenz
Drogengebrauch 21 ff., 56 ff., 64 ff., 72, 79 f., 88 f., 134 f., 148, 162, 415 ff.
- (selbst-)kontrollierter 21, 79 f., 136 ff., 180, 283
- Ambivalenz des 65, 91, 134
- aus neuro-biologischer und pharmakologischer Perspektive 68 f.
- Bedingungen des D. 64 f.
- Beendigung, s. Ausstieg
- Begriff, Definitionen 24 ff.
- Erklärungsansätze für 70 ff.
- genußorientierter 52 f., 72, 136, 153
- Geschichte des 22 ff.

Sachwortverzeichnis

Drogengebrauch (Forts.)
- gesellschaftliche Reaktion auf 53 f.
- illegaler D., strafrechtliche Konsequenzen 205
- risikoarmer 138
- Risikominderung beim 95, 415 ff., s. safe use
- ritualisierter 148
- Stand der Wissenschaft und Forschung 64 ff.
- Ursachen, Verlauf 64 ff.

Drogengebraucher 96, 149, 152, s. a. AIDS, s. a. Cannabis, s. a. Drogenabhängigkeit, s. a. Drogengebrauch, s. a. Drogenkonsum, s. a. Heroingebrauch, s. Kriminalisierung
- als Sündenböcke 73
- HIV-Antikörper-positive 63
- Interessenvertretung der 166, s. Junkie-Bünde, s. J.E.S
- Kompetenz 52, s. Betroffenenkompetenz
- Probierverhalten 32, 40, 52, 74, 85, 93, 108, 118
- Mündigkeit und Entscheidungsfähigkeit des 172
- soziale und gesundheitliche Verelendung i. v. D., s. a. Verelendung

Drogengebrauchskultur
- holländische 175 f.

Drogenhandel, s. BtMG
- internationaler 32
- Pönalisierung des 178

Drogenhelfer 186, s. Berater, Beratungsstellen, s. DROBS, s. Drogenarbeit, s. Drogenberater, s. Helfer
- Rechte und Pflichten 307 ff.
- Kollisionen der D. mit dem elterlichen Sorgerecht 319
- Strafbarkeitsrisiko 311

Drogenhilfe 47 ff., 55, 83, 100, 119 f., 124 f., 132 ff., 148, 160, 163, 166, 168, 172
- Adressen- und Angebotsverzeichnis der Einrichtungen (ARCHHIDO/FH FFM) 425
- Alternativen 132 ff., 142 ff.
- Elend der D. 49 ff.
- Entschuldung als Aufgabe 333
- Frauendrogenhilfe 129 ff., s. dort
- HIV/AIDS-Prävention durch 63, 94
- in den Niederlanden 45
- in der Schweiz 143
- Reichweite der D. 94 f.
- Überleben sichern 160
- unter Vorgaben des Strafrechts 49
- Weitergabe von Informationen durch 309

Drogenhilfe Tübingen 112
Drogenhysterie 93 f.
Drogenkarriere 41, 60, 85, 232, 241, 264, 335
- Karriere-Modell 84 ff.

Drogenkliniken im Rahmen des Maßregelvollzugs 278 ff.
Drogenknäste 263 ff., 276 ff.
Drogenkonsum 19, 25, 78, 133, 175, s. Drogengebrauch
- als eigenständiger Lebensstil 134, 204
- als Fehlverhalten 75
- als soziales Problem Nr. 1, 94
- als Symptom 72
- und Straßenverkehr 205, 212

Drogenkonsumenten, s. Drogengebraucher
- i. v. 55 ff.
- jugendliche (unmündige) 92
- Zahl der 60

drogenkonsumierende Kultur
- Selbstregulierungskräfte 176

Drogenkontrolle 30, 88, 169, 175, 179, 239
- alternative Formen der 175, 178 ff.
- Strategien der 88 ff.

Drogenkontrollpolitik 29 ff.
Drogenkultur 76, 137, 415 ff.
Drogenlangzeittherapie, s. Langzeittherapie
Drogenleid 55
Drogenlokale 214
Drogenmarkt 32, 35 f., 168
- in JVA 258

Drogenmilieu 40 f., 328
Drogenmißbrauch 21, 28
Drogenmortalität 43 f., 139
Drogenmythen 54 f., 73
Drogennotfälle 44, 138 f., 158, 160
- Erste Hilfe 138 f., 419, s. dort

Drogenpartner
- Selektionsmechanismen 62

Drogenpolitik 20 f., 29 ff., 41, 53, 65, 90, 92, 152 ff., 168 ff., 176, 178 ff., 256, 300, s. Bundesrat, s. Bundesregierung, s. BtMG, s. Gerichte
- Doppelmoral in der 24
- Erfahrungen im Ausland 159 f.
- Folgen f. d. Konsumenten 41
- Folgen für die Gesellschaft 46 f.
- Grundrechteverletzung durch D. 175
- Grundsätze einer rationalen D. 177
- Internationale Verträge 177 f.
- Leitlinien der D. 91
- und Ergebnisse der Wissenschaft 30
- und wissenschaftliche Theorien und Forschungsergebnisse 20, 30

Drogenpolitiken
- anderer Staaten 35, 89, 177

drogenpolitische Bewußtseinsbildung 50
drogenpolitischer Widerstand 176
Drogenprävention, s. Prävention
Drogenproblem 29, 51, 76, 152
- Zusammenhangverstehen des 84 ff.

Drogensozialarbeit, androzentrische 129
Drogenstationen, s. Drogenabhängige – im Strafvollzug, – im Maßregelvollzug, – in Sonderanstalten/-abteilungen
Drogenstrich 47 ff., 161, 170, s. a. Prostitution
Drogensubkultur 76, 79, 134, 158, 179, s. a. Drogenkultur
- Ideologie der 24

Drogensubstitution, s. Substitution, s. Substitutionsbehandlung
Drogensucht, s. Drogenabhängigkeit, s. Sucht
Drogensuchtests (EMIT, CN) 268, 271, 334, 362
Drogensyndikate 76, 202, s. Drogenhandel, s. Drogenmarkt, s. Organisierte Kriminalität,
Drogenszene 45, 47 f., 51 f., 146, 156, s. Szene
- kriminalisierte 171

Drogen-Tabu, s. Tabu 54
Drogentesting in Holland 208
drogentherapeutische Einrichtungen, staatliche Anerkennung 243
Drogentherapie, s. Langzeittherapie, s. Therapie
Drogen-Therapie-Konzerne 112
Drogentod 43 f.
- kriminalisierungsbedingte Erklärungen 44

Drogentodesfälle 138, 158, 160
Drogentote 29, 32, 43 f., 58 ff., 143, 175
Drogentypologie der WHO 26

Drogenübersicht 416 f.
Drogenumgang
 – ein »opferloses« Delikt 33
 – strafrechtlich bewehrt 187 ff.
Drogen-Un-Recht 184 ff.,
 s. BtMG, s. Drogenpolitik, s. Strafrecht
Drogenwirkung 64 ff., 80, 415 ff.
Drogenwirtschaft 177
Druckräume 142 f., s. a. Drogenarbeit, schadensmindernde
Drug Dependence Clinics 159
Drug Enforcement Agency 35, 77
drug sharing 56, 141, 143
Drug-Mobil 144
Durcharbeitung (in der Therapie) 114
Durchfuhr 187
Durchsuchung 56, 209 ff., 170, 311, s. Hausdurchsuchung, s. Personendurchsuchung
 – bei Gefahr im Verzuge 311
 – einer Anwaltskanzlei 209
 – einer DROBS 209

E

EBIS-Daten, Kritik der drogenzentrierten Klassifizierung 97
EBIS-Karteikartensystem 313 ff.
Echo-Rausch 294
Economic and Social Council 177
Ecstasy (MDMA, XTC) 421 f.
Eheähnliche Gemeinschaft 330
Ehegesetz 297
Ehemalige 46, 130, 149
Ehemaligengruppen/-WG 105
Ehepaar 200
Eigenbedarf, Eigenbedarfsmenge 31, 37 f., 154 f., 171, 173, 187, 197, 200, 202, 240, s. geringe Menge
Eigenbeteiligung, s. Zuzahlungspflicht 325
Eigengeld 269
Eigenkonsum 37, 174, 188, 240, s.. geringe Menge
 – strafloser 212
Eigennützigkeit 187
Eigenverantwortlichkeit 179, 203, 281
Eigenverbrauch 35, 93, 152, 169, 171, 208, 223, 348, 349
Eigenverbrauchsmenge 224
 – nicht geringe 200
Ein- und Ausfuhr 168 f., 187, 208
Einfuhr »nicht geringer Menge« 200, 202
Einführungsgesetze zum Gerichtsverfassungsgesetz (EGGVG) 40, 228, 269, 273, 350
Eingliederungshilfe 328 ff., 340
Einkommenslosigkeit 327
Einmalspritzen, s. Spritzen, s. a. Spritzenabgabe
Ein-Monats-Bedarf 192 f., s. Substitutionsbehandlung
Einrichtungen und Angebote der Drogenhilfe, Adressen- und Angebotsverzeichnis (ARCHIDO/FH FFM) 425
Einrichtungsbezogenen Informationssystems, s. EBIS
Einschränkung der »Vernehmungsfähigkeit« 230, s. dort
Einsicht und Verhaltenssteuerung 234
Einsichtsrecht in Krankenakten 322
Einstellung des Ermittlungsverfahrens 222
Einstellung des Strafverfahrens 222
Einstellungspraxis 37, 93, 152, 170, 223
Einstellungsuntersuchung, im Auftrag des Arbeitgebers 297
Einstichstellenkontrolle 106
Einstiegstheorie 174
einstweilige Unterbringung 288 f., s. Unterbringung
Einwegspritzen 53, s. Spritzen
Einweisung in Entziehungsanstalt oder Psychiatrie 230
Einweisungsgrund 290
Einwilligung 204
 – des Untergebrachten bei ärztlichen Eingriffen 290
Einwohnermeldeamt 245
Einzelfallkompetenz der Gerichte 198 f.
Einzelfallmedikation 125
Einzelgespräche 105 f., 110
Einzelmenge im Ermittlungsverfahren 224
Einziehung 238, 350
Elendsverwaltung 51
elterliches Sorgerecht 291, 319
Eltern 19, 92 f., 204, 293, 331
Elternarbeit/-kreise 92, 105, 148, 151 f., 263
Elternrecht
 – vormundschaftsgerichtlicher Eingriff in das 293
emanzipatorische Selbsthilfe 148, s. Selbsthilfe
EMIT, s. Drogensuchtest
Empfehlungsvereinbarung
 – zwischen Krankenkassen und Rentenversicherungsträgern 335 f.
 – »Ambulante Nachsorge« der Reha-Träger 338
 – »Prävention und Rehabilitation« 333
 – »Vorleistung« 338
end of the road-Syndrom 82
endgültige Unterbringung
 – eines Mündel 292
Entgiftung, s. Entzug
Entkriminalisierung 35, 46, 49, 51, 152 ff., 168 f., 170 ff., 176, 251
 – der Cannabis-Konsumenten (holländ. Modell) 154, 175
Entlastungsbeweise 220
Entmündigung 27, 51, 238, 293
 – junger Erwachsener 292
Entpönalisierung 153
Entrechtung 266
Entschuldung 333
Entstigmatisierung 109
Entwöhnungsbehandlung 99 f., 242, 328, 335 f.
 – eine Kann-Leistung 336
Entwöhnungsphase, s. therateutische Kette, s. a. Therapiephasen(modell) 96
Entziehung der Fahrerlaubnis 206, 274, 294, s. Fahrerlaubnis
Entziehungsanstalt 220, 230, 274 ff., 350, 441
Entziehungskur
 – Kostenträger einer 322
Entziehungssyndrom 67
Entzug (körperlicher) 25, 96 ff., 119, 150, 191, 235, 272, 277, 280, 334, 336 f.
 – alternativer 150 f.
 – kalter 98 ff., 150, 272
 – lebensbedrohlicher Zustand im 302, 360, s. Substitutionsbehandlung
 – im Krankenhaus 322
 – in PKH 276 f.
 – medikamentengestützter E. 99 f., 150
 – psychischer 280, s. Entwöhnung
 – Vernehmungsfähigkeit bei E. 229
 – von Methadon 193
Entzugs- oder Erhaltungsverschreibung 127
Entzugsangst 98
Entzugserscheinungen 42, 44, 65, 74, 97 f., 143, 232 f., 241, 257, 304, 417

Sachwortverzeichnis

Entzugserscheinungen
– bei Festnahme 219
– Verantwortlichkeit bei 232
Entzugsmittel 24
Entzugsphase 96, s. therateutische Kette, s. Therapiephasen(modell)
Entzugsqualen 98
Entzugssymptomatik 128, s. Entzugserscheinungen
Eppstein 103 f., 279, s. Langzeittherapie – Beispiel Eppstein
Erfahrung einer tiefgreifenden emotionalen Krise 82
Erfahrungsbildung 136
Erfolg, s. Therapie – Erfolg
Erfolgsdruck 109, 117
– der Einrichtungen 117
– der Polizei 155
Erfolgserlebnisse (des Patienten) 82, 99, 182, s. a. Therapie-Erfolg 108
Erfolgsforschung 116 f., s. Evaluation, s. a. Therapie – Erfolg
Erfolgsquoten 117 f.
erforderliche ärztliche Behandlung 275
Ergänzende Methadonprogramme 124, 167
ergänzende Sozialhilfe 327
erkennungsdienstliche Behandlung 218 f.
Erkrankungen 305
– schwere chronische 42 f., s. a. Verelendung
Erlangung der eigenen tatsächlichen Verfügungsgewalt auf abgeleitetem Weg 188
Erlaubnis 171, 184, 215, 309, 310
Erlaubnisverfahren 346
Erlebnisfähigkeit 71
Erlebnispädagogik 101
Ermittlungsbehörden 47
– illegales Handeln der 215
Ermittlungsrichter 217
Ermittlungstechniken 214 ff., s. Fahndung
Ermittlungsverfahren 209
– Einstellung des 222 f.
– Einzelmenge im 224
– Verhalten gegenüber der Polizei 209
Erniedrigungszeremonien 102
Erregungsverschiebung
– unbewußte 54
Ersatzdrogen 119, 306, s. Substitution
Ersatzdrogenbehandlung, s. Substitutionsbehandlung

Ersatzkassen 333
Ersatzstoffabgabe 156 ff.
Erschleichen des Vertrauens, arglistiges 215
Erschleichen von BtM 188
Erste Hilfe im Drogennotfall 139, 145 f., 419
Erstkonsum, s. Einstieg 26, 60, 84, 324
erwachsene Mündel 292
Erwachsenwerden 81, s. Adoleszenz
erweiterter Verfall 238, 359
Erwerb 204
Erwerben 187, 188, 204
Erwerbsfähigkeit 324, 326, 336
Erwerbsunfähigkeit 326 f., 329 f., 336
– mutwillig herbeigeführte 332
Erwerbsunfähigkeitsrente 324
Erzeugerländer von Drogen 32, 35
Erzieher
– Rechte und Pflichten 308
Erziehung, öffentliche 331
Erziehungsbeistand 331
Erziehungsberatung 331
Erziehungsberechtigte 204
Erziehungsmaßregel 293
Erziehungspflicht 204
Etikettierungsansatz 78
Europäische Drogenpolitik 176
European Drug Information Unit – EDIU 35, 77
Evaluation 60, 117 f., 120, 167
Experten (für soziale Probleme) 19, 25, 27, 31, 32, 34, 60, 126, 154, 244, s. a. Helfer
Ex-User 112, 149 f., 166, 243, 427
– als Co-Therapeuten 102

F

Fachkrankenhaus
– benötigte Aufnahme-Unterlagen 402 ff.
Fahndung 33 f., 214 ff.,
– verdeckte 214, 227, s. Lockspitzel, s. V-Leute
Fahrerlaubnis
– Abstinenznachweis u. 295 f.
– Entziehung der 205 f., 238, 274, 294 ff.
fahrlässige Tötung 439
fahrlässige Körperverletzung/Tötung im Straßenverkehr in Trunkenheit 236
Fahrlässigkeit 198, 318
Fahruntüchtigkeit 169, 296
– absolute/relative 205 f.

Fahrverbot 206, 237, 274
Familie 23, 41 f., 71, 76, 84 f., 100, 103, 108, 242 f., 292, 297, 340
Familienangehörige 96
Familienhilfe
– sozialpädagogische 331
Familienrecht 291, 297
familienrechtliche Unterbringung durch gesetzliche Vertreter oder Vormünder 291
feministische Drogenarbeit 129 ff.
Fenetyllin 199
Fernsehsucht 27
Festnahme und Verhaftung 217 ff., 229, 290
– Entzugserscheinung bei 219
Final Countdown Düsseldorf 45
Finanzamt-Forderungen 296 f.
Finanzierung der Sucht 35, 76, 110, 147
Finanzierung des Eigenbedarfs 200
Fingerabdrücke 218
Fixer 19, 42, 81, 143 f., 154, 195, 201
– in strafrechtlicher Sicht 202
Fixermilieu 81
Fixerräume 143 f., 195, s. a. Gesundheitsräume
Fixer-Runden als Gefahrengemeinschaft 203
flash back-Rausch 67, 294
Flucht vor Zwang 280
Fluchtgefahr 219
Fluchthilfe 312
Folgekriminalität 204 f.
Förderung der Arbeitsaufnahme 326 f.
Psychiater 220, 231, s. Psychiater
– forensische (gerichtliche)
Formulare zur Beantragung therapeut. Behandlungen 366 ff.
– Übersicht 365
Forschung 55 ff., 67 ff., 78 f., 81 ff., 155 ff., 176, 205
– kriminologische 155 f.
– zur diversifizierten Opiatabgabe 156 ff.
– zur Drogenpolitik 176 f.
Fortbildung u. Umschulung 326 f.
Frankfurter AIDS-Hilfe 144
Frankfurter Verein für soziale Heimstätten e. V. 107
Frankfurter Weg, s. BGA, s. a. Bundesland Hamburg 164
Frauen mit Hafterfahrung 62
Frauendrogenarbeit 129 ff., 147

Sachwortverzeichnis

Freebasing 423
Freibeweis 241
freie Abhängigkeitsbehandlung 250
freie Entfaltung der Persönlichkeit 175, 342
freie Zugänglichkeit zu Drogen 180
Freier 42, 48, 55 f., 147, 426, 432
Freigabe illegaler Drogen 89, 152, 156 ff., 169 f., 172 f., 175
Freiheit der Arztwahl
– verfassungswidrige Beschränkung der 326
Freiheits- und Entfaltungsrechte
– elementare 30, 295
Freiheitsentziehungsgesetze (FEG) 285 ff.
– Unterbringung nach
  · Beispiel Hessen 286 ff.
  · Landesgesetze im einzelnen 285
Freiheitsentziehungsverfahren 293
Freiheitsentzug 238
– schädliche Folgen des F. 271
Freiheitsrechte 295
Freiheitsstrafe 145, 153, 155, 171, 205 ff., 236 f., 239, 241, 246, 250, 271, 274, 313
Freiheitsstrafen 237
FREIRAUM Hamburg 144
Freispruch 227, 236, 241
– mangels Beweises oder mangels Schuldfähigkeit 236
– mangels Schuldfähigkeit 230
– wegen Schuldunfähigkeit 238
Freiverkäuflichkeit 30
freiwillige Offenbarung 229, s. Offenbaren
Freiwilligkeit 39, 49, 114, 133, 229, 263, 276, 281
Fremdbestimmung des Klienten 113, 266
Fremdsprachige Publikationen 427
Freßsucht 27
Freunde (als Helfer) 151
Frigidität 72
Führen von Kfz u. Drogeneinnahme 294, s. Fahrerlaubnis
Führerscheinentzug 33, 205 f., s. Fahrerlaubnis – Entziehung
Führung von Geschäften für den Klienten 318
Führungsaufsicht 238, 255 f., 274, 350

Führungszeugnis 238 f.
Fürsorgeerziehung 293, 331

G

ganzheitliches Verstehen des Klienten 115
Garantenstellung 203, 245
Gassenzimmer 143, s. Fixerräume, s. Gesundheitsräume
Gedächtnisprotokoll 218 f.
– eigenes anfertigen 219, s. Festnahme, s. Verhaftung, s. Vernehmung
Gefahr als Unterbringungsgrund 286
Gefahr des Notstandes 292
Gefahr im Verzug 209, 211, 218, 311
– Unterbringung wegen 289
gefährdete Minderjährige 332
Gefährdung 52, 197, 205, 207, 286, 345
– als Einweisungsgrund 290
– der Entwicklung u. des Wohls Jugendlicher 204, 331 f.
– der Volksgesundheit 29, 198, s. Volksgesundheit
– des Erfolgs einer Hilfe 330
– des Kindeswohls 293
– des Staatswohls 227
– einer Entziehungskur 204
– erhebliche soziale 328
Gefahrengemeinschaft 203
Gefährlichkeit, zukünftige 294
Gefälligkeitsrezept 190
Gefangene 46
– ärztliche Behandlung von 271 f.
– keine freie Arztwahl für 263
– nach BtMG verurteilte 259
Gefängnismilieu 272
Gefängnisse, therapeutische 263 ff.
Gefängnissubkultur 261, 266
Gegenkonditionierung 112, s. Konditionierung, s. Verhaltenstherapie
Gegenübertragung 113, s. Übertragung, s. Psychoanalyse
Geheimdienste 9, 34, 77
Geheimnisschutz 309
Gehilfe eines Arztes
– Rechte und Pflichten 308
Geldwäsche 34, 155
Gelegenheit und Geldmittel verschaffen 195 f.
Gelegenheitskonsumenten 80, 152, 159, 223
gemeindenahe Behandlung/Hilfe-

formen 332, 338
gemeine Drogenkultur 137
Gemeinsambenutzung
– von Spritzutensilien 419, s. needle sharing, s. drug sharing
Gemeinwesenarbeit 83
Gemischmenge 224
Genehmigungsverfahren nach den NUB-Richtlinien 156, s. NUB-Richtlinien, s. Substitutionsbehandlung
Generalprävention 31 ff., 174
Genußfähigkeit 52, 72, 136
Genußvorbilder 136
Gericht
– Anfechtungsklage vor dem Verwaltungsgericht 228
– Begutachtung bei 289
– Berufung beim Landessozialgericht (gegen Urteile des Sozialgerichts) 342
– Berufung beim Oberverwaltungsgericht gegen Verwaltungsgerichtsurteil 343
– Berufung gegen Verurteilung zu Strafe und/oder Maßregel
– Feststellungsantrag beim OLG 273
– Klage vor dem Sozialgericht 342
– Maßnahmen des VormG 292
– Prozeß- und Anwaltskosten in Sozialhilfesachen 343
– Rechtsmittel gegen Unterbringungsbeschluß des Amtsgerichts 291
– Revision beim Bundessozialgericht (gegen Urteile des Landessozialgerichts) 342
– Revision zum BGH 238
– Revision zum BVerwG (gegen Oberverwaltungsgerichtsurteile) 343
– Sanktionspraxis der G. 47
– sozialgerichtliche Verfahren 341, 342
– Untergerichte 153
– Urteilskompetenz über ärztliche Kunstregelhaftigkeit 189
– Verstoß gegen allgemeine Sorgfaltspflichten 295
– Vormundschaftsgericht 291, 294, 297
– vormundschaftsgerichtliche Verfahren – Kritik 293
– Widerspruch und Klage in Sozialhilfesachen (Mustertexte) 343

Gerichte/Entscheidungen
- BAGE:
  · wegen selbstverschuldeter Sucht kann Lohnfortzahlungsanspruch versagt werden 297, 325
- BGHE zu:
  · Anwendung von Ersatzdrogen durch Arzt 119
  · Anwesenheitsrecht des Verteidigers bei Vernehmung
  · ausländischer Rauschgifthandel und schutzwürdige Inlandsbelange 203
  · Bande bereits bei zwei Mitgliedern (z. B. Ehepaar) 200
  · grundsätzliche ärztliche Kurierfreiheit 189 f.
  · Fortsetzungszusammenhang: Gegenstand des Ermittlungsverfahrens die konkrete Einzelmenge 224
  · Handlungs- und Fürsorgepflicht des Dealers 203
  · Gleichwertigkeit von psychologischen und psychiatrischen Sachverständigen 234
  · Kronzeugenschaft 229
  · Mindestgrenzwerte auf Basis des Wirkstoffgehalts 199
  · Schuldunfähigkeit oder verminderte Schuldfähigkeit schwerst Drogenabhängiger 232, 233
  · Schutzzweck der BtM-Vorschriften verlangt Einschränkung des Prinzips der Selbstgefährdung 201
  · Substitutionsbehandlung: begründet keine Strafbarkeit, soziale Indikation anerkannt, Sorgfaltsregeln präzisiert 119, 190
  · Suchtklausel 322
  · strafbare Unterstützung von Selbstgefährdung nur bei überlegenem Sachwissen 201, 203
  · Unterbringung Jugendlicher im Maßregelvollzug
  · Unterhaltsverlust, wenn Bedürftigkeit durch Erwerbsunfähigkeit mutwillig herbeigeführt 332
  · Verwertbarkeit von Aussagen Beschuldigter 217
  · Verwertbarkeit von Beweismaterial 209
  · Zieldefinition der Heilbehandlung 191
- BGH-GS zu:
  · Zeugenschutzvorkehrungen 228
- BSGE zu:
  · Häusliche Krankenpflege 323
  · Kann-Leistung Kur
  · Keine weiteren Leistungen bei mehrfach abgebrochenen Reha-Versuchen 326
  · Kriterien und Erscheinungsformen der Sucht 321 f.
  · KV-Kostenübernahme bei Suchtbehandlung 322 f.
  · Versagung des Krankengeldes bei Suchtkranken 324
- BVerfGE zu:
  · Begrenzung der Fahndungsmethoden 215
  · Cannabis-Entscheidung 9, 38, 89, 93, 152 ff., 173 f., 186, 223
  · einmaliger Haschischkonsum und Entziehung der Fahrerlaubnis 295
  · Grundrecht auf informationelle Selbstbestimmung 312
  · Grundrechte von Gefangenen nur durch Gesetz einschränkbar 269
  · Einzelfallkompetenz
  · Unterbringung Drogenabhängiger 275
  · unzulässige Beschlagnahme von Klientenakten 209
  · Zeugnisverweigerungsrecht für Sozialarbeiter und gleichgestellte Berufsgruppen 310
- BVerwG:
  · Ungeeignetheit zum Führen von Kfz bei BtM-Konsum 294
- LG Lübeck:
  · Vorlagebeschluß 173, s. BVerfGE zu Cannabis
  · mehrere Kilogramm Haschisch noch nicht eine »nicht geringe Menge« 199
- OLG Frankfurt: Entfall der Rechtfertigung durch Einwilligung 204
- OVG Berlin: Vorenthalten der Fahrerlaubnis gegenüber Substitutionspatienten 295
- SG Kiel: Dihydrocodeinsubstitution/Kostenübernahme 306
- Sozialgerichtsentscheidungen: NUB-Richtlinien unverbindlich 304
Gerichtspsychiater 231
Gerichtspsychologe 231
geringe Gefahr 224
geringe Menge 37, 152, 169, 170, 171, 173, 199, 222 ff.
geringe Schuld 221, 223
Geschlechtskrankheiten 42, 56, s. a. Infektionskrankheiten
geschlechtsspezifische Reflexion von Drogenpraxis und Drogenpolitik 129
Geschlechtsverkehr
- ungeschützter 147
Gesetz über Beratungs- und Prozeßkostenhilfe 221
Gesetz über den Verkehr mit Betäubungsmitteln 345, s. BtMG
Gesetz über die Angelegenheiten der freiwilligen Gerichtsbarkeit (FGG) 292
Gesetz zur Bekämpfung des illegalen Rauschgifthandels und anderer Erscheinungsformen der Organisierten Kriminalität 34, 214
Gesetze
- Auslegungsspielräume 185
Gesetzesbegriffe 185
- Auslegungsregeln 185
Gesetzeskommentare 185
Gesetzgebungskritik 174
Gesetzliche Krankenversicherung
- Auszug aus SGB V – Krankenversicherung 359
gesetzliche Unterhaltsansprüche 338
gesetzliche Vertreter 291
Gestalttherapie 102, 105, 115, 340
Geständnis 218
- gegen Strafmilderung 222
- über den eigenen Tatbeitrag 229
- vor der Hauptverhandlung 226
Gesundheit 281
gesundheitliche Stabilisierung durch Substitution 120, 167
Gesundheitsamt 290
Gesundheitsbeschädigung 196
Gesundheitsfürsorge
- für ein Kind 319

- Pflicht zur G. im Strafvollzug 141, 271
Gesundheitsgefährdung 197 f., s. a. Selbstgefährdung
Gesundheitshilfe
- vorbeugende 328
Gesundheitspolitiker 59
Gesundheitsräume 142 ff., 154, s. a. Fixerräume
- Betreiben von 195
- Zulässigkeit von 144 f.
Gesundheitsreformgesetz 321 f.
Gesundheitsschutz 45, 133, 138 ff. 142, 144
Gesundheitszustand Drogenabhängiger 41 f., 55 f., 119, 160
Gewährung von Gelegenheit 142, 195
Gewalterfahrungen drogenabhängiger Frauen 130, 147
Gewerbe 196, 200
Gewerbsmäßigkeit 197, 201
Gewissens- und Meinungsäußerungsfreiheit 175
gläserner Mensch/Patient 97, 194
Glaubhaftmachung durch eidesstattliche Erklärung 330
Glaubwürdigkeit 230
Gleichbehandlung 175
Gleichstellung drogenfreier mit medikamentengestützten Therapien 125
Gleichstellung der Suchtmittelgebraucher 149
Glücksspiel 211
Grenzmenge 154, s. Gemischmenge, s. geringe Menge
Grenzwerte (in das BtMG) 153, s. a. Gerichte – BGHE: Mindestgrenzwerte 199
grobe Achtlosigkeit 202
Grundgesetz 77
- ärztliche Therapiefreiheit 189
- Doppelbestrafungsverbot 297
grundgesetzliche Maßstäbe 174
Grundpflege 323
Grundrecht auf Unverletzlichkeit der Wohnung 216
Grundrecht auf freie Arztwahl 342
Grundrecht der allgemeinen Handlungsfreiheit 295
Grundrechte von Strafgefangenen 269
Grundrechte der Konsumenten illegaler Drogen 175
Grundrechtsschutz, verletzter 295
Gruppenarbeit, soziale 331
Gruppendruck 79, 112

Gruppendynamik 150
Gruppenmoral 53
Gruppenpsychotherapie 242
gruppentherapeutische Verfahren 105, 242
Gummiklauseln 286
Gut und Böse 53
Gutachten 233 f., 244, 295, 311
- über Geisteszustand/Süchtigkeit 288
Gutachten »Krankheit und Kraftverkehr« 294
Gutachter 231, 233 ff., 311, 339, s. a. Sachverständiger
- kein Zeugnisverweigerungsrecht (hM) 234
- psychiatrische und psychologische G. 233
  · Gleichstellung 234
  · Methoden 233
- Unabhängigkeit 299

H

Haaranalyse 212
Haft 256 ff., s. Strafvollzug, s. U-Haft, s. a. Knast,
- Rechtsmittel in der 220
Haftanstalten 43, 256 ff.
- Eldorado des Drogenkonsums 256 ff.
haftbedingte Sucht 61
Haftbefehl 218 ff., 225
- Aufhebung des 238
- Wiederinkraftsetzung des 222
Haftbeschwerde 219
Haftfortdauer 225
Haftgrund 218 f.
Haftkoller 268
Haftordnung 258
Haftprüfung 219
Haftrichter 219, 220
Haftvermeidung 133
Haftverschonung 219, 222
Haftzeit
- und Therapiezeit 60
Halbstrafe 255
Halluzinogene 26, 69, 84
- Gebrauch und Wirkung 416 f., 418
Haltequote in Therapie 118, s. Therapie - Erfolg
Hamburger Weg, s. Bundesland Hamburg, s. a. Frankfurter Weg 164
Hammer Modell 118
Hammer Studie 108
Handbücher 425 f.
Handeltreiben mit BtM 155, 186,

187 f., 197 f., 200, 348
Handlungsfreiheit 10, 157, 295
Hanf 36, s. Cannabis
Hanf-Handbuch 136
harm reduction 59, 158, 161
Haschisch 22, 28, 31 f., 136, 170 f., 175, 188, 199, 294, s. Cannabis
Haschischkonsum 295, 416 f.
Haschisch-Raucher 84
Hauptverfahren 219, 221 f., 225 ff., 352
Hauptverhandlung 169, 185, 217, 219, 222, 225 ff.
- Ablauf 226
- Anwesende 225
- Rechtsbeistände 222
- Sachverständige in der 226
- Therapie im Vorfeld der 222
- V-Leute als Zeugen 226 f.
Haus-Dealer, s. Dealer 176
Hausdurchsuchung 209 ff.
Hausfriedensbruch 215
Haushaltsbleiche 419, s. Bleach
Häusliche Krankenpflege und Haushaltshilfe 323
häusliche Pflegehilfe 323
Hausstrafen 258
HBV-Infektionsrisiken 57, 59 f., 146, 163, s. Hepatitiden, Hepatitis
Hehlerei 48, 204, 312
Heilbehandlung 191, 325
heilpädagogische Erziehungsformen 331
Heilpraktiker 340
Heilung (Ursachenbekämpfung), s. ärztliche Praxis 122
Heimerziehung 331
heimliche Überwachung 216, s. Fahndung
helfender Zwang 41, 94, 172
Helfer 21, 283
- Berufsvorstellungen von 19
- Interessen der 20
- Rechte und Pflichten 298 ff., 308 ff.
- Strafbarkeitsrisiko für 311
Helfer-Kompetenz 283
Helfer-Konflikt 284
Helfer-Syndrom 151
Hepatitiden (A, B und C) 59, 62
Hepatitis 60, 62, 139 f., 419
- Impfschutz 59
Hepatitis B 59, 139
Hepatitis C 50, 59, 60, 140
Hepatitis-Schutz 62
Heranwachsende 227
Herauslösung einzelner Straftatbestände aus d. Strafrecht 171

456 Sachwortverzeichnis

Herauswachsens aus der Drogenabhängigkeit/Sucht 41, 82, 118, 171, 283
Hermann-Hesse-Schule, Frankfurt am Main 106, 329 f., 340 f.
Heroin 21, 23, 26, 61, 65 ff., 80, 84, 91, 158, 161, 163 f., 168, 170, 199, 416 ff.
– Bestimmung der Gemischmenge 224
– Gefährlichkeit des 43 f., 80
– Gegenmittel bei Überdosis 419
– legaler Zugang zu 176
– safe use 419 f.
– Umstieg auf H. 84
– Wirkung 416 f.
Heroinabhängige 58, 81, s. a. Fixer
– Erhaltungsprogramme 89
– Spontanheilungsquote 243
– substitutionswillige 167
– Überblick zur kontrollierten Vergabe von Opiaten 156 ff.
– verelendete 41 ff., 55 ff., 304, s. Verelendung
– Vergabeprogramm für »Altfixer« 157
Heroingebrauch 80, 151
– außerhalb des abhängigen Konsums 26, 80
Heroinhunger 120, 127
Heroin-Kultur 176
Heroinmischungen 202
Heroinvergiftungen
– Gegenmittel bei 419
– tödliche Verläufe 202
Herrschaftsinteressen 20 187, 201
herrschende Meinung 185
herrschende Moral 24, 28, 51 f., 54 f., 79, 177, s. a. Doppelmoral
– Sexualität und 57
herrschende Werte 82, 113
Herstellen von BtM 23, 168, 175, 187, 197 f., 200
Hessische Kommission ›Kriminalpolitik‹: Reformvorschlag zum BtM-Strafrecht 165, 168
Hessische Landesregierung: Entschließungsantrag zu BtM-Abgabestellen 165, 168
HessMaßrVollzG 275 f.
Hilfen staatlicher und privater sozialer Einrichtungen 321 ff.
Hilfe durch die Sozialbehörde 327 ff., s. Sozialhilfe
Hilfe und Fürsorge für Kranke 286
Hilfe zur Erziehung 293 f., 331

Hilfeempfänger
– des teilstationären Bereichs 341
Hilfen, Hilfeformen 29, 40 f., 142 ff., 145, 183, 321, 328, 333
– ambulante 172
– bei Abhängigkeitserkrankungen 173
– Beratung und Information, s. dort, s. DROBS 333
– existenzielle 148
– gemeindenahe 338
– in Drogennotfällen 138, s. Erste Hilfe
– mit stark ordnungspolitischem Charakter 55
– professionelle 27, 39, 92
– rechtliche 133, 318
– Vermittlung in Therapie 334 ff.
– zur Erhaltung oder Erlangung eines Arbeitsplatzes 326
– zur Erziehung 332
Hintertreppen-Identifikation 313, s. Datenschutz
Hinwirken 193
Hippie-Bewegung 24
hippokratischer Eid 163
HIV 42, 55 ff., 140, 159
HIV- bzw. AIDS-Rate 56
– drogenbedingte 160
HIV/AIDS
– im Strafvollzug 43, 60, 62
– Konsequenzen/Prognosen für die Drogenarbeit 63
HIV/AIDS-Prävention 42, 55, 94, 163
HIV/AIDS-Prophylaxe 62, 158
HIV-Infektion 42, 49, 57 ff., 83, 120, 124, 140, 143, 159
– Infektionswege 54 ff., 58, 61 f., 147
– unter i. v. Drogenkonsumenten 56, 58, 61
HIV-Prävalenz 58 ff.
HIV-Testnachweis bei Langzeittherapie 335
HIV-Verbreitung 58 ff.
Hochschwelligkeit 124, 133, 142, s. Drogenhilfe
Höchstmengen 192, s. BtMVV
höheres Staatsinteresse 175
holländisches Modell der Entkriminalisierung 175, s. Entkriminalisierung
Homosexuelle 45
Hospitalisierungs-Phänomene 243
Hungerstreik 273
Hyperventilation 257

I

Ich-Funktionen 116
Ich-Schwäche/-Stärke 71, 73
Ich-Verwirklichung 22
Identifizierung mit der Außenseiterrolle 41
Identität
– drogenfixierte 41
– subkulturelle 41
Identitätsbildung 92, 100
Identitätskrise 71, 82
Identitätsüberprüfung 211
illegale Drogen, s. Drogen
illegales Handeln der Ermittlungsbehörden 215
Illegalität 41, 45, 48
Im Namen des Volkes 236
Im Zweifel für den Angeklagten 200
Im Zweifel für die Freiheit 174
Imitationslernen 73, 76
Immunisierung 92
Impotenz 116
Indikation 119, 125, 158, 190 f. 302 f., 305 f., s. NUB-Richtlinien, s. Substitutionsbehandlung
– soziale 189
– sozialmedizinische 119, 190 f.
Infektionen
– desmoterische (gefängnistypische) 60, 62
Infektionen, virale, s. Hepatitiden, Hepatitis und HIV
Infektionskrankheiten 55 ff., 120, 139, 161, s. a. Geschlechtskrankheiten
Infektionsprophylaxe 139 ff.
– im Strafvollzug 141
– über Spritzenumtausch 140
– zielgruppenspezifische Botschaften 141
Infektionsrisiko »i. v. drogenabhängig« 57 ff.
informationelle Selbstbestimmung 312
Initialzwang zur Therapiebereitschaft 38, 280
Institution, totale 183, 267
Integration
– soziale und berufliche 118
Interaktion, themenzentrierte 100, 105, 130
Interaktionsmuster 113
Internationale Drogenpolitik 178
internationale Kontrollnetze 77
Internationale Vereinbarungen 25, 30, 110
internationaler Drogenhandel 201 f., 214

internationalisierter polizeilicher Apparat 33
Intervention 27, 57, 88, 90, 111, 131, 242
– milieutherapeutische 183
– repressive oder therapeutische 118
– strafrechtliche 174
– Theorie und Praxis der 88 ff.
Interventionsformen, therapeutische 241 f.
Intimsphäre des Patienten 301
Inzidenz von HIV und AIDS 57
Irreführung bei Ermittlungen 312
Irrtum, unvermeidbarer 312
Isolation, soziale 42

J

J.E.S 46, 138, 149 f., 166, 180, 419
– drogenpolitische Forderungen 149
Jellinek-Kliniek 156
Jugend 19
– Schädigung der 174
Jugendamtspflichten 331
Jugendgerichtsgesetz 222, 227, 233, 251, 274, 276, 279, 288, 293, 352
Jugendgerichtshelfer 226
Jugendhilfe 106, 292 f., 321, 331 f.
– Ausgrenzung drogenabhängiger Jugendlicher 332
– Einrichtungen der 331
Jugendhilfeprogramme
– gemeindenahe 332
Jugendhilferechtliche Zwangsmaßnahmen 293
Jugendliche 40, 74, 81, 89, 92 f., 106, 137, 169, 180, 196, 201, 204, 223, 227, 259, 274, 292 f., 331
– drogenabhängige 331 f.
– Einleitung notwendiger ärztlicher Behandlung J.319
– Gefährdung von 186
– Rechte und Pflichten des J. 331
– U-Haft-Vollzug für 260
– Umgang mit randständigen 293
– Weisungen zur Lebensführung 293
– Wohl des 294
jugendliche Drogengebraucher 140, 148
jugendliche Neugier 136
Jugendliche und Heranwachsende, Stellung im BtMG 352
Jugendpsychiatrie 276 ff.
Jugendschutz 10, 30, 168, 173, 198, 201
Jugendstrafe 238, 352
Jugendstrafrecht 293, 331
Jugendstrafvollzug 271
Jugendwohlfahrtsgesetz (JWG) 293
Jugendzentren 47
Junkie-Bünde 45, 149
Juristen 19, 89
juristische Sichtweise, eingeschränkte 298
Justiz(praxis) 39, 169 ff.
– Glaubwürdigkeitsverlust der 47
justizgeographische Unterschiede 237, s. Einstellungspraxis
Justizvollzugsanstalten 220, 256 ff.
– Bedienstete 257, 259, 261 ff.
– Drogenstation für Frauen 260
– Drogenstationen im 263
– JVA Berlin-Tegel 258

K

Kaffee 22 f.
Kaffeepeitsche 257
kalter Entzug, s. Entzug
Kampf gegen die Drogen 137, s. Krieg gegen die Drogen
Kassenärztliche Vereinigungen
– Anordnungen von Diagnosevermerken 299
– Genehmigung von Substitutionsbehandlungen 361
Khat 26
Kinder- und Jugendhilfe-Gesetz (KJHG) 293, 331
Kinder- und Jugendpsychiatrie 276
Kindesentziehung 309
Kindeswohl 293
Klapsmühle 275
Kleindealer 41, 155, 197, 240, s. Dealer
Kleingruppenforschung 78
Kleinkriminalität, suchtbedingte 223
Kleinmengen zum Eigenkonsum 38, s. geringe Menge
Klient/in
– Beziehung zum/zur 50, s. Beratung, s. Betreuung, s. Langzeittherapie, s. Therapie
– der Jugendhilfe 321
– drogenabhängige 334
– Führung von Geschäften für 318
Klientenkartei: Datei im Sinne des BDSG 307, 312
Klienten-Kompetenz 179, s. Betroffenenkompetenz
Klientifizierung 27
Klinikpsychiater 289 f.
Klinischer Psychologe 339
Knast 257 f., 275, s. Haft, s. Strafvollzug
Knastarbeit 96
Knast-Subkultur 258
Kohortenstudie des BGA 63
Kokain 22, 26, 91, 157, 161 f., 169 f., 199, 202, 416 f., 422 ff.
– Abhängigkeit 69, 423
– als Lokal-Anästhetikum 69
– Bestimmung der Gemischmenge 224
– Gebrauchsweisen und Wirkung 416 f., 422 f.
Kokain zum Rauchen (Cocqueretten) 162
Kokain-Typ (nach WHO) 26
kollektiv-neurotische Mechanismen 54
Kolonialisierung von Lebens- und Innenwelt 76, 284
Kommentare 425
Kommunale Drogenpolitik/Verein für Akzeptierende Drogenarbeit Bremen 138
kommunale Hilfeformen 338
Kommunikationsübungen 105
Kompakt-Therapie 108, 242
kompensatorische Selbsthilfe 148
Kompetenz Betroffener, s. Betroffenenkompetenz
komplementäre Selbsthilfe 148
Konditionierung 69, 74, 112
Kondom 48, 56, 140 f., 147
Kondomvergabe 145
Konflikt zwischen Hilfe und Kontrolle 284
Konfliktbewältigungsfähigkeiten 137
Konsum, s. Drogengebrauch, Drogenkonsum
– gemeinsamer, s. Gefahrengemeinschaft 203
Konsument/en
– erstmalig auffällig 31
– mündige und eigenverantwortliche 204
– verletzte Grundrechte d. 175
– selbstkontrollierte 21, 79 ff., 136, 180, 283

Konsumentendelikte 37, 169, 171
Konsumformen 42, 81, 161, 169
Konsumieren von BtM 188
Konsumlokale 162
Kontaktladen 49, 51, 134, 142 ff., 148, 310
Kontaktphase, s. therateutische Kette, s.a. Therapiephasen(modell) 96
Kontaktverbot 103
Kontenklärungsantrag (RV) 221, 244
Kontrolle, s. soziale Kontrolle, s. Drogenpolitik
Kooperieren von Therapieträgern und Justiz 173
KÖRNER-Gutachten 144 f., 435
körperliche Untersuchung (gem. StPO) 211 f.
körperliche Unversehrtheit 175
körperorientierte Therapieverfahren 100, 115
Körperverletzung 200 f., 204
Kostenerstattung durch KK (SGB V) 359
Kostenregelung
– Sicherstellung der 244
Kostenträger 101, 107, 109, 162, 263, 335, 337, 342
Kostenübernahme
– Ausschluß der 322
– für berufsfördernde Reha 326
– Klärung der 96
Kostenzusage 221, 244, 334 f., s. Langzeittherapie
– für Drogentherapie 337
– für inhaftierte Abhängige 263
Krankenakten
– Einsichtsrecht in 322
Krankengeld 321, 323 ff., 334
– Versagung des K. bei Suchtkranken 324
Krankenhauspflege 321 ff.
– Zuzahlung 323
Krankenhauswahl
– freie 277, 290, 322, 336
Krankenhilfe 173, 321, 324 f., 328, 431
Krankenkasse
– Kostenerstattung durch 359
– Regreßverfahren gegen Arzt 300
Krankenkassen und Leistungserbringer: Qualität, Humanität, Wirtschaftlichkeit der Leistungen 359
Krankenpflege 321, 322
– häusliche 322, 323

– im Strafvollzug 271
Krankenversicherung 302, 321, 334
– gesetzliche 321, 359
– Kostenübernahme u. Hilfen während Therapie 327
– Krankheit im Sinne der 321
– Leistungspflichtbefreiung 322
– Leistungsprinzip 302
– Liste aller Leistungsträger 321
– private 321 f.
  · Suchtklausel 322
– Recht der gesetzlichen 302
Krankheit 189, 234, 298, 321, 324
– als menschlich-ganzheitliche Geschehen 336
– Arbeitsrecht und 297
– Entstehungsgründe 189
– Erwerbsunfähigkeit wegen 336
– nicht vorsätzlich herbeigeführte 324
– psychische 234
Krankheit u. Kraftverkehr 294
Krankheitseinsicht 280
Kreislauf Sucht · Profit · Sucht 24
Krieg gegen die Drogen 9, 21, 35, 152
Krieg gegen die Konsumenten 46
kriminalisierte Subkultur 45
Kriminalisierung 21, 24, 30, 37, 4 f., 45 f., 49, 52, 73, 79, 82, 84, 88, 93, 115, 119, 149, 151, 178, 183, 199, 230 f., 256, 280, 281, 293, 304
– als Prozeß: Verlaufsschema 182 f.
– Kosten der 46
– Grad des 37
Kriminalität 20, 29, 31, 32, 45, 46, 54, 61, 85, 160
– Begleit-, Beschaffungs-, Folge-K. 204
Kriminalitätsstrukturen 214
Kriminalpolizei 214, 227
Kriminelle 233
kriminelle Vereinigung 200 f., 204
Kriminologie 79
kriminologische Forschung 155
Krisenzentren 139
Kronzeugenregelung 45, 47, 156, 171, 228 f.
Kuren 323
– als vorbeugende Gesundheitshilfe 328

L

LA STRADA 142, 144
Labeling approach 78
Laborberichtspflicht 57 f.
Ladung 217
Laien 150, 184, 185
Laienbetreuer
– Rechte und Pflichten 308
Laien-Richter 221
Land Rheinland-Pfalz
– Gesetzesantrag zur Entkriminalisierung kleiner Cannabismengen 171
Landesärztekammern 189
Landesjustizverwaltungen 219, 224
Landessozialamt 341
Landesversicherungsanstalten für Arbeiter 334
Landeswohlfahrtsamt 334
langfristige Unterbringung 287 ff., s. Unterbringung
Langstrafenzuwachs 256
Langzeitbehandlung, stationäre 166
Langzeittherapie 95 ff., 100 ff., 242, 278 ff., 334 ff., 365 ff., s. a. Therapie
– Abbruchquote 99
– AIDS-Kranke brauchen HIV-Testnachweis 335
– als Art Freiheitsentzug 240
– Antrag auf Übernahme der Therapienebenkosten 334 f., 337 f.
– Arbeitsgemeinschaften zur Rehabilitation Suchtkranker, (AGSU) 335 ff.
– Beantragung bei der Bundesversicherungsanstalt für Angestellte (BfA) 337
  · Formulare, 388 ff.
– Beantragung bei einer Landesversicherungsanstalt (LVA) Formulare 366 ff.
– Beispiel Eppstein 103
– Dauer der Behandlung und Prognose 336
– Drogenfreiheit als Therapiemaxime 101
– Eindringen in die Innenwelt des Klienten 114, 240
– Entgiftungsnachweis 334
– Entrechtung des Klienten 114
– Entwöhnungsphase 100 ff.
– Entzugsphase 97 f., s. a. Entzug
– Erfolg 116 f., s. Evaluation

Sachwortverzeichnis

Langzeittherapie (Forts.)
- Kontaktphase, s. therateutische Kette, s.a. Therapiephasen(modell) 96
- Kostenträger, s. dort, s. KV
- Kritik an der LzTh 113 f.
- Listen anerkannter Einrichtungen 337
- Mitwirkungspflicht 245, 380 f.
- Nachsorgephase 104 f., s. dort, s. a. Ausbildungs- und Berufsförderung, s. a. Hilfen
- Restfinanzierung nach BSHG 337 f.
- Rückmeldepflicht 245, 310
- staatliche Anerkennung als LzTh-Einrichtung 243
- therapeut. Gesamtplan 337
- Stufenmodell 100 f., 112
- Vermittlung in LzTh aus dem Knast 262 f.
- vorläufige Kostenzusage 335
- vorläufige Leistungen 337

Lauschangriff, großer 9, 33 f., 47, 77, 216, s. Drogenpolitik, s. Fahndung

Lebensbedingungen 137
- langjährig i. v. Drogenabhängiger 41 ff.

lebensbedrohlicher Zustand im Entzug 302

Lebenshilfen 57, 82, 167

Lebensstil 21, 66, 75, 76, 79, 112, 134, 149, 282, 304
- alternativer 79, 147

Lebenswelt 76, 113, 130

lebensweltnahe Angebote 133

Legalbewährung 118, 121, 167

legale Versorgung mit Opiaten 159

legaler Zugang zu Heroin f. alle 176

Legalisierung 47, 51, 149, 152 ff., 168, 176, 180

Legalitätsprinzip 212

Leibesvisitation, s. Haus- u. Personendurchsuchung, s. körperliche Untersuchung

leichtfertige Todesverursachung 201

Leichtfertigkeit 202

Leidensdruck 172 f.
- durch Strafe 280

Leistungen
- der Sozialhilfe 327
- nach dem Arbeitsförderungsgesetz 327

Leistungsansprüche des Versicherten gegen Träger der Sozialversicherung (KV, RV, UV) 341

Leistungsträger 58, 321, 335
- Datenschutz 313 ff., s. dort

Lerntheorie 69, 73 ff.

L-/Levo-Methadon 125, 128, 163, 167, 356, s. Methadonbehandlung, s. Substitution, s. Substitutionsbehandlung

Liberalisierung 153, 168

Liebessucht 27

Linderung (Symptombekämpfung), s. ärztliche Praxis 122

Literatur 425 ff.

LKH Brauel 279

Locken, in eine Falle 215

Lockspitzel 47, 214 f., s. V-Mann

Lockspitzeleinsatz-Opfer 197

Lohnfortzahlung(sanspruch) 297, 325

L-Polamidon 126, 189, 328 s. Methadon/-Behandlung, s. Substitution/-sbehandlung 189

LSD 199, 416 f., 418

Lübecker Vorlagebeschluß 173, s. Gerichte/Entscheidungen

LWV Hessen
- Rahmenplan zur Betreuung Drogenabhängiger in den PKH und Kliniken für Kinder- und Jugendpsychiatrie 276

M

Maastrichter Gutachten 295

Mafia 202

Mainstream-Kultur 153

Marihuana 32, 61, 66, 175, 199, s. Cannabis

Markt 169, s. Drogenmarkt

Marktmenge 199, s. g. M., s. nicht g. M., s. Gerichte

Maßnahmekatalog, bayerisch. 55

Maßnahmen der Einziehung, des Verfalls, der Unbrauchbarmachung 238

Maßregel 236, 274 ff.
- der »Entziehung der Fahrerlaubnis« 206
- der Besserung und Sicherung 274, 351
- der Führungsaufsicht 256
- der Unterbringung in einer Entziehungsanstalt 350

Maßregelvollzug 231, 267, 274 ff.
- Modelle des 276 ff.

Maßregelvollzugsgesetze, s. Unterbringungsgesetze

materiell sozialschädlich 174

maturing out 71, 82, 110

MDMA 69, 199, 353, 421 f.

Medienberichterstattung 19

Medikalisierung 156 ff., 162, 192

Medikamente
- legale 156
- mit Suchtpotential 97

Medikamentenabhängige 23

Medizin/er 242, 298, s. Arzt
- naturwissenschaftlich-somatisch-beschränkte 298

Medizinalisierungsmodelle 158 ff., 161, 163, 165

medizinische
- Basishilfen 133, 142
- Grundversorgung 125, 138
- Leistungen zur Rehabilitation 326

medizinisch-psychiatrische Aspekte der Abhängigkeit 67

Meldepflicht 55, 299

Menge
- geringe, s. dort
- nicht geringe, s. dort
- normale, s. dort

Menschenbild eines »Nicht-Süchtigen« 27

Menschenwürde 10, 157, 267, 295, 342

Mescalin 353

Methadon 119 ff., 125 f., 128, 151, 156, 158 ff., 165 ff., 199, 328, 356, 362, 416 f.
- Erhaltungsprogramme 89
- Pro und Contra 120

Methadonabgabe 162
- EDV-gesteuerte 162
- in Haftanstalten 129
- und Spritzentausch 162

Methadonbehandlung 119 ff., 127 f., 159 ff., 165, 300 ff., 306, 360 ff., 407 ff., s. Substitution, s. Substitutionsbehandlung, s. a. Opiatvergabe
- eigenmächtige 302
- Formulare 407 ff.
- Modalitäten der 127 f.
- Stand der Wissenschaft, 167, 300
- Recht der 300 ff.

Methadon-Bus 125

Methadonloch 120

Methadonpatienten 158, 162, 295, 306
- Arbeitsfähigkeit 297
- Compliance-Probleme 158
- soziale Lage von 121

Methadon-Programme 122 ff.
- Ergänzende 124, 167

Methadon-Racemat 156, 188

Methylaminorex-Base 199

Milieu 112, 183
– sozialtherapeutisches 114
milieubedingte Straftaten 34
milieutherapeutische Entwöhnungsbehandlung 242
minder schwerer Fall 184, 200 ff.
Minderjährige, gefährdete 332
Mindestgrenzwerte bei BtM 199, 224
Mischkonsum 42, 44, 138, 161, 205, 296
– lebensgefährlicher 419
Mißbrauchsgefahr 191
Mitarbeiter der Drogenhilfe, s. a. Drogenhelfer, s. Helfer, 104 ff., 110 f., 123, 127, 143 ff., 244 f., 266, 298 ff. 308 ff., 333
– Belastungen 144
– Rechte und Pflichten 245, 298 ff., 3008 ff.
– Rechtsfragen aus dem Verhältnis zum Trager 319
Mitteilungspflichten d. Ther. 245
Mitwirkungspflicht
– des Betreuten 334
– des Jugendlichen
– des Versicherten 301, 380 f.
Modellprogramm zur schwellenlosen Drogenberatung 142
Mohn 36
Monitoring der Therapieverläufe 117, s. Evaluation
Moral 53 f., s. herrschende M.
moralfreie Verbraucherberatung 180
Moratorium, psychosoziales 45, 115
Morbidität 138
Morphinhydrochlorid 199
Morphin-Typ (nach WHO) 26
Morphium 23, 158, 161, 199
Morphiumsucht 25, 68
Mortalität 44, 118
Mortalitätsrate 138
Motivation
– extrinsische 116
Mündel 292 f.
Mythen 80

N

Nachreifung 101
Nachsorge 96, 106 ff., 148, 329, 336, 338, 340
– Erfolgserlebnisse und Erfolg 108
– Schul- und Berufsausbildung 96, 106 f., s. Ausbildungs- u. Berufsförderung
· Beispiel Hermann-Hesse-Schule , s. dort
· Nachsorgegruppen 148
– WG 107
Nachtangebot für drogenabhängige Prostituierte 14, 147
Nadeltausch, s. needle sharing
naked lunch-Erlebnis 82
Naltrexon 156
Narkotika 416 f.
Narzißmus, pathologischer 73
Nationaler Rauschgiftbekämpfungsplan 33, 77, 90, 91, s. Bundesregierung, s. Drogenpolitik
Nebenstrafrecht 184
Nebentatsachen 235
needle sharing 55 f., 59, 61 f., 94, 139,141, 143, 419
Neue Süchte 431
Neue Untersuchungs- und Behandlungs-Richtlinien (NUB-Richtlinien) 122 ff., 191, 302 f., 360 ff., s. NUB-Richtlinien, s. Substitutionsbehandlung
Neuro-Biologie illegaler Drogen 69
Neuroleptika 99
Neurosen 72
Neurotransmitter 69
Neusozialisation 113
»nicht geringe Menge« 155, 171, 186, 198 ff., 202, 216, 223, 224, 240, 348, s. BtMG, s. »g. M.«, s. Mindestgrenzwerte
nicht verkehrsfähige BtM, s. BtM 353
Nichtbenutzer als Helfer 151
Nichtseßhaftenhilfe 329, s. Obdachlosigkeit
niedrigschwellige Angebote 46, 96, 102, 108, 125, 132 ff., 142 ff., 167, 310, 328
– Frauenangebote 131, 147
Nikotingebrauch 28
Normalbürger 83
normale Menge 199
Normalisierung 109, 118, 153, 163, 173
Normalverhalten 64, 231, s. a. Abweichung, s. a. Verhalten
Normbewußtseinsbildung 174
Normensysteme 19
Notarzt 146
Notfall 144
Notfallpatienten 138
Notfallprophylaxe 138
Nötigung 215
Notunterkünfte/-versorgungseinheiten 50 f., 121, 144, 147

NUB-Richtlinien 122 f., 156, 165 ff., 191, 301 ff., 307, 360 ff.
– Genehmigungsverfahren nach den 156
– Gerichtsentscheidungen zu 124, s. Gerichte
– Indikationen im Sinne der 302, 305, 360 f.
– Kommissions-Empfehlung nach 303
– Kritik der 302
– Rechtsprobleme der 303
– sozialrechtliche Fragwürdigkeit der 304
Nüchternmacher Methadon 158
Null-Grenze 205

O

Obdachlosigkeit 42 f., 47, 121, s. Notunterkünfte, s. Wohnungslosigkeit
Oberlandesgericht (OLG) 185, s. Gerichte 185
Offenbarung, freiwillige 229, 297, 349, s. a. Kronzeuge
offene Szene 47 f., 51, s. Szene
öffentliche Erziehung 331
öffentliche Sicherheit oder Ordnung 288
öffentliches Auffordern 195
öffentliches Interesse 221
– fehlendes 223
öffentliches Wohl 177
Ohnmachtserlebnisse 71
opferlose Delikte 47
Opiat-/Langzeitopiatabhängigkei 65 ff., 72, 159, 165, 305
– Arbeitsfähigkeit bei 297
– differenzierte Gebrauchsmuster 80
– geschätzte Zahl 167
– Nachweis einer 125
– psychologischer Normalzustand bei konstanter Dosierung 325
Opiatabgabe 156 ff., 161, 176 f., 188 ff., 203, 301, s. a. Originalstoffabgabe
Opiatabgabe und -verabreichung als Straftat 203
– besondere Handlungs- und Fürsorgepflicht gegenüber dem Konsumenten 203
Opiate, Opioide 22, 23, 65, 68 f., 84, 126, 157 ff., 160 f., 177
– vorsätzlich als Tötungsgift benutzt 203
Opiatentzug 98

Opiatforschung 65 ff.
Opiathandel, illegaler 159
Opiatsucht 68
opioidpflichtige Schmerzzustände 302
Opium 22, 23, 199, 355, 356
Opiumgesetz 23
Opium-Politik 23
Opportunitätsprinzip 168 ff.
Ordnungsamt 289
ordnungspolit. Interessen 170
Ordnungswidrigkeiten 171, 184
Organisierte Kriminalität 9, 34 ff., 76 f., 196, 202
Organisierte-Kriminalitäts-Gesetz (OrgKG) 34, 155, 215
Originalstoffabgabe, s. Opiatabgabe 156 ff.
– Ansätze in der Bundesrepublik 163 ff.

P

Paarberatung 182
Paarbeziehungen 45
Pädagoge in der Substitutionsbehandlung 303
Partner(schafts)beziehung 96, 121, 149, 243, 283
Partnergruppen 105
Paßentzug 33
Pathologie 72
Patient 100, 108, 115, 126 ff., 160, 166 f., 189, 191
– Abgrenzung drogenabhängige und alkoholkranke P. 336, s. Empfehlungsvereinbarung
– Aufklärung durch Arzt 190
– -Behandler-Beziehung 112
– Beschwerdemacht des 300
– Einwilligung des 189
– Mitarbeit (Compliance) 140, 191, 295
– sozial auffälliger 72
– Verbesserung des Zustandes des 158
patientenfreundlich 162
Patientengruppen 157
– selbstbestimmte 102
PCP 24
peer group 79
peer support 46
Pentamidin 43
personenbezogene Daten 312 ff.
Personendurchsuchung 209 ff.
– Vorhandensein eines Spritzbestecks 212
persönliche Hilfe 329
Persönlichkeit 38, 64, 66 ff., 70 ff., 85, 89, 106, 110, 265,

295, 305, 424
– des Abhängigen 111, 230, 232, 280
– des Beschuldigten 221
– des Täters 231 f., 237
– des Verurteilten 251
– Eingriffe in die 114, 240, 284
– ich-starke 111
– Persönlichkeitspsychologischer Ansatz 70
Persönlichkeits-/Sozialisationsstörung 50, 100, 235, 305
Persönlichkeitsstruktur 50, 112
Persönlichkeitsveränderung, dissoziale 38, 66, 68, 232, 233
Pfändung v. Sozialleistungen 338
Pfarrer im Strafvollzug 261, 262
Pflege 323
Pflegebedürftigkeit 323
Pflegehilfe, häusliche 323
Pflegesatz 329
Pflegschaft 292
pflichtversichert (ohne Arbeitsverhältnis, kraft Gesetzes) 321
Pflichtverteidiger 219 ff., 233
Phantasie, unbewußte 73
pharmakologische Potenz 80
pharmazeutische Industrie 23
PKH 234, 274 ff., 278 ff., 285 ff., 334, s. Psychiatrisierung, s. Unterbringung
– Vollzugspraxis 276 ff.
Plädoyer 227
Polamidon 99, 127, 128, 129, s. Methadon, s. Opioide
Politikempfehlungen 97
Politiker 89
Politikversagen 33
politische Justiz 174, s. Justiz
Polizei 33, 47, 48, 139, 208, 209 ff., 212, 216 ff.
– »1. polizeilicher Zugriff« 217
– Angst vor 53
– Beschlagnahme durch 49, 212
– gegen Cannabis- und Heroinkonsumenten 37
– Hochrüstung der 76, 214
– Notfallpatienten und 138
– Qualifizierung der 139
– Rechtsmittel gegen 210 f., 213
– repressives Vorgehen d. 170
– verbotene Vernehmungsmethoden 217
– Verhalten gegenüber der 209 ff., 218 f.
– Vernehmung durch 56, 216, 218, 227, 229

– Vorladung zur 216
Polizeibeamte
– verdeckt ermittelnde 33, s. Fahndung
– schlitzohrige 289
Polizeigewahrsam 218, 289
Polizeirazzien 19, 48, 211
Polytoxykomanie 81
Pompidou-Gruppe 77, s. internationale Drogenpolitik
post-mortem-Untersuchungen 65
Potenzstörungen 72
Praktikanten, rechtliche Stellung der 308, 321
Prävalenz 57 ff., s. AIDS, s. Hepatitis, s. HIV
– viraler Infektionen in der Gruppe der i. v. Drogenabhängigen 58 f.
· im Strafvollzug 60
Prävention 10, 49, 51 f., 57, 90 ff., 135, 137 f., 419
– Alternativen in der 94, 135 ff.
– unter Prohibitionsbedingungen 49
Private Krankenversicherungen, s. private KV
Probieraufforderung 93
Probierverhalten, s. Drogengebraucher – P.
Prohibition 33, 36, 46 ff., 67, 73, 77, 93, 137, 148, 152, 172, 173, 175
Projektion 54, 79
Promille-Grenze 205
Prostitution 29, 42, 48, 55 f., 120, 130 f., 147, 161, 211, 419
Prozeßkostenhilfe 221, 238, 269, 270, 291, 318, 342
Pseudo-Motivation 281, s. Motivation, s. Therapiemotivation
psychedelische Erfahrung 418
Psychiater, forensische (gerichtliche) 231 f., 234, 339
Psychiatrie 25, 99, 146, 183, 204, 209, 230 f., 273 ff., 278 ff., 285 ff., 291 f., 329, 338
– herrschende 232, 235
– Rechtsbehelfe in der 291
psychiatrische
– Diagnosen 304, 306
– Gutachten 221, 230 ff.
Psychiatrisierung 220 f., 230 ff., 274 ff., 285 ff., 291 f.
Psychoanalyse 70 ff., 102, 111 f., 114 f., 116, 338 f.
– als aufdeckende Einzeltherapie 114
– Ausbildungsinstitute für 339

Psychoanalyse (Forts.)
– Delegations- und Beauftragungsverfahrens 339
psychoanalytisch begründete Therapieansätze 114 f.
psychoanalytisch-therapeutische Erfahrungen mit Substituierten 116
Psychodrama 102, 115, 340
psychogene Störungen 234
Psychologe 105, 231, 307, 339
– als Gutachter 234 f., s.Gutachter, s. Sachverständiger
– beim TÜV 294
– im Strafvollzug 261 ff.
– in der Sonderbehandlung 266
– in der Substitutionsbehandlung 303
– Rechte und Pflichten 307 ff.
Psychopathie 231 f., 234 f.
Psychopharmaka 23, 202, 234, 273, 295, 416 f.
Psychose 66
psychosoziale
– Betreuung substituierter Frauen 131
– Kompetenz 92, 137
Psychostimulantien 416 f.
Psychostruktur, individuelle 72 f., s. Persönlichkeit, s. Persönlichkeitspsychologischer Ansatz, s. Psychoananalyse
Psychotechnik 111 ff.
Psychotherapeut 340, s. Psychotherapie, s. Therapie, s. LzTh
– im Delegationsverfahren arbeitend 308
– Rechte und Pflichten 307 ff.
Psychotherapeutengesetz 308
Psychotherapie, ambulante 109 ff., 242, 338 ff.
– Beantragung 338
– Liste der ermächtigten Ärzte und Psychologen 339
Pubertät 70 f.
Pusher 197, s. Dealer

Q

Qat 22
Qualität, Humanität, Wirtschaftlichkeit (SGB V) 359 f., s. KK
Quasi-Therapeutisierung der Gesellschaft 90

R

Rahmenempfehlungsvereinbarung, s. a. Empfehlungsvereinbarungen

– des Verbandes der Angestellten-KK und Arbeiter-Ersatzkassen Siegburg 338
Rasterfahndung 34
Ratgeber 20, 218, 220, 425 f.
Raub 204
Rausch 232
– Straftat im R. begehen 233
– sich vorsätzlich oder fahrlässig in einen R. versetzen 233
Rauschdrogen 25
Rauschgift 19, 31 ff., 77, 90 f., 197, 202, 292, 415 ff.
Rauschgiftdelikte 31, s. BtMG
Rauschgifthandel 32, 34, 36, 187, 200 ff., 215, 223
Razzia 19, 211, s. Polizei
Reaktionsbildung 282
Reaktualisierung 114, s. Psychoanalyse
Real-Angst 54, 73, s. Angst
Reanimation 144
Rebellion 45
Recht
– auf Aussageverweigerung 263
– auf Einsicht in Patientenakten 291
– der Methadon-Behandlung 300 ff.
– des Arzt-Patient-Verhältnisses 298 ff.
Rechte
– der Psychiatriepatienten 291
– des Jugendlichen 331
– Drogenabhängiger im Strafvollzug 269 f.
– von Strafgefangenen 267
Rechte und Pflichten der Helfer 298, 307 ff.
Rechtsanwalt 236, s. Anwalt, s. Pflichtverteidiger, s. Rechtsbeistand, s. Verteidiger
Rechtsanwalts-Notruf 218
Rechtsbehelfe, s. Rechte, s. Rechtsmittel
Rechtsbeistand 133, 222, 318
Rechtsberatung 142, 318, s. a. Berater/Beratung
– durch DROBS 96, s. a. dort
– durch Sozialarbeiter 318
– geschäftsmäßige 222
Rechtsberatungsgesetz 318
Rechtsbewußtsein 33
Rechtsfolgen
– außerstrafrechtliche 285
– des Auffälligwerdens als Drogenabhängiger 296
– nach Urteil 236
Rechtsfolgenentscheidung 185

Rechtsfragen aus dem Verhältnis des Trägers des Beratungsdienstes 319
Rechtsgut
– Leben 201
– substantielles 174
– »Volksgesundheit« 174, 186, 199, 201, 208
Rechtsgüterschutz 174, 206
Rechtsgutsgefährdung 186, 195
Rechtsmittel
– gegen Ablehnung der Zurückstellung 155
– gegen Ablehnung einer Therapie im Vorfeld der Hauptverhandlung 222
– gegen eine Anrechnungsentscheidung 250
– gegen Sozialhilfeträger 342
– gegen Träger der Sozialversicherung 341
– in der Haft 220, 269 ff.
– in der Hauptverhandlung 228
Rechtsmittelkosten 269
Rechtsmittelverfahren 238
Rechtsprechung, s. Gerichte
Rechtsschutz Jugendlicher 293
Rechtssicherheit 170
Rechtsstaat 30
– Bedrohung des 35
– Glaubwürdigkeit des 33
rechtsstaatliche Verwilderung 47
Rechtsverfolgung 270
Regeldienste 107
Regelunterbringung 288
Regelvollzug 220, 256 ff., 260 ff.
Regreßforderungen der KK 127, 307
Regression 70, 72, 73
– ich-gerechte 73
– im Dienste des Ich 116
Rehabilitation 96, 103 f., 107, 118, 125, 241, 243, 323 ff., 337 ff., 350
– ambulante R. Abhängiger 338
– Anträge auf 337
– berufliche 340
– Drogenabhängiger 326
– Kostenzusage 337
– Maßnahmen zur 326
– vorläufige Leistungen 337
Rehabilitations-Angleichungsgesetz (RehaAnglG) 321, 337
Rehabilitationsbehandlung 241
Rehabilitationschancen 125
Reichsversicherungsordnung (RVO) 321
Reinheitsgehalt von (Straßen-)Heroin, schwarzmarktbedingter 127, 208

Reintegration, s. Ausbildungs- und Berufsförderung, s. Rehabilitation
– berufliche 41
– soziale 167 f.
Reisebedarf an Methadon 192
Reiz (Lerntheorie) 74
Release 243
Remedacen 125 ff., 156, 189, 306, 328, 363
Rentensicherung 324, 326, 335 ff.
– Kontenklärungsantrag 221, 244
– Leistungen der 326 f.
Repression 30, 53, 76, 88 ff., 282
– strafrechtliche 173
– und Hilfe 49
resozialisierende Verhaltensbeeinflussung 174
Resozialisierung 256, 287, 296
Rettungsdienst 138 f., s. Erste Hilfe, s. Drogen-/Notfall
Revision 185, 238
– zum BGH, s. Gerichte
Richter 40, 169, 173, 185, 240, 251, 287, 292, 310
richterliche
– Anordnung einer Therapie 40
– Entscheidungen
  · und therapeutische Gefängnisse 267
– Vernehmung vor Unterbringung, s. dort 287
Richtlinien
– der Bundesausschüsse (SGB V) 360
– für das Straf- und Bußgeldverfahren (RiStBV) 154
– für die Einstellung bei allgemeinen Beschaffungsdelikten 154
– zur Methadon-Substitutionsbehandlung, , s. NUB-Richtlinien
Richtmikrophone 214
Risiken des Konsums illegaler Drogen 41 ff., 55 ff., 135 ff.
Risikoabwägung beim Drogengebrauch 418
risikomindernde/r
– Drogenarbeit s. dort
– Konsum, s. dort, s. Drogengebrauch/er, s. safe use
Risikophase nach Entzug und Therapie 328
Risikoverhalten 57 ff., 208
– i. v. Drogengebraucher 57
ritualisierter Drogengebrauch

148, s. Drogengebrauch
rock bottom-Erlebnisse 82
rock-bottom-point 165
Rollenspiele 105
Rollenzuschreibungen 84
Rückfall 102, 104, 106, 108, 117 f., 139, s. Therapie, s. Langzeittherapie
Rückfallhinderung 174
Rückfallprophylaxe 91, 105
Rückmeldepflicht 39, 110, 113, 240, 245, 310
Rücktritt vom Versuch 207

S

Sachverständige 186, 222, 226, 229 f., 234, 299, 311, s. Gutachter
sadistische Strebungen 282, s. Zwang
safe sex 11, 57, 138, 141, 419, s. Kondome
safe sex-Botschaften 141
safe(r) use 11, 57, 95, 138, 415 ff.
safe use-Botschaften 45, 141
safe use-Regeln 57, 415 ff.
safe use-Training 144
Sanktionen 33, 36, 47, 76, 157
Sanktionen gegen Zuwiderhandlungen 168
Schadensbehauptungen 174
Schadensminimierung 161, 164, s. Risikominderung, s. safe sex, s. safe use
Schädlichkeitsmythen 54
Scheinaufkäufer 214 f.
Schengener Abkommen 35, 77, s. internationale Drogenpolitik
Schichtzugehörigkeit 73, 85
Schizophrenie 66
Schlafmohn 22
Schlüsselerlebnisse 82
Schmerzmittelgeschäft 23
Schmerztherapie, s. BtMVV 168
Schmuggel 37, 198, s. Drogenschmuggel
Schnellgerichte 9
Schnüffeln von Klebstoff 257
Schnüffelstoffe 416 f.
Schock 202
Schöffengericht 221
Schul- und Berufsausbildung für Suchtgefährdete 96, 106 f., 326, s. Ausbildungs- und Berufsförderung
Schuld, geringe 221
Schuldbewußtsein 38, 40
Schulden 50, 333, 338

Schuldenregulierung 121, 333
Schuldenüberlastung 296
Schuldfähigkeit 206, 220, 230 ff., 255, 274
– Gutachten zur 231
– verminderte 274
  · Nachweis der 255
Schuldfeststellungsverfahren 295
schuldhaft 185, 330
schuldhaftes Verschweigen 322
Schuldprinzip 294
Schuldunfähigkeit 201, 205, 209, 219, 220, 23 ff., 255, 274
– bei Beschaffungsdelikten 232
– Nachweis der 255
– wegen Rauschzustand 208
Schuldzuschreibung 20, 90, s. Stigmatisierung
Schulmedizin 119, 155, s. Medizin/er
Schutz
– der Allgemeinheit 271
– der Intimsphäre 9
– der Persönlichkeit 301
– des Bürgers 29
Schutzimpfungen 140
schutzwürdige Inlandsbelange 203
Schwachsinn 230
Schwangerschaft 302
Schwangerschaftskonfliktberatungsstelle
– Rechte und Pflichten der Mitarbeiter 307 ff.
Schwarzgeld 35, 77
Schwarzmarkt 36, 41, 44, 148, 152, 159, 162, 163, 169
– anstaltsinterner 272
Schwarzmarkt-Kapitalismus 35
Schweigepflicht 232, 241, 245, 298 f., 308 f., 311, 330, 342
– des Sozialarbeiters/Drogenberaters 308
– Verletzung der ärztlichen 298
schwellenlose Angebote 132
schwere konsumierende Erkrankung 302, 305
Schwerpflegebedürftigkeit 323, s. Pflege
Sedativa 416 f.
Sekundärmotivation 239 f., s. Motivation, s. Therapiemotivation
Selbstachtung 137
Selbstakzeptanz 115
Selbständigkeit 137
Selbstbestimmung 92, 110,

Selbstbestimmung (Forts.) 131 ff., 137, 150, 266
- informationelle 312
Selbstbestimmung, s. a. Autonomie 150
Selbstbestimmungsrecht
- des Konsumenten 163
Selbstbeteiligung der Versicherten 322
Selbstentzieher 281
Selbstentzug
- Tips für den 151
Selbsterfahrungsgruppen 148
Selbstgefährdung 201, 203
- Einschränkung des Prinzips der S. 201, s. a. Gerichte/E
Selbstheiler/-heilung 66, 68, 82 f., 99, 180
Selbstheilungskräfte 134, 179
Selbstheilungsprozesse 150
Selbstheilungsquote 243
Selbsthilfe 100, 148, 151, 183, 242, 243, 363
- Handlungsformen 147 f.
- im Strafvollzug 268
Selbsthilfe-Behandlung 243
Selbsthilfegruppen 27, 105, 182, 183
- kommunale 149
Selbsthilfeinteressen 150
Selbsthilfekonzepte 149
Selbsthilfeorganisation 147, 242, s. Junkie-Bünde, s. J.E.S., s. Eltern- ...
- und Substitutionsbehandlung 149
Selbsthilfepotentiale 51
Selbstkontrolle 179
selbstkontrollierte Konsumenten 283, s. Drogengebraucher – (selbst-)kontrollierter
Selbst-Medikation
- mit Cannabis 67
Selbstmord 44, s. Suizid
Selbstmordversuch 272
- ärztliche Behandlungsverpflichtung 272
Selbstmordwille 273
Selbstregulationskräfte/-mechanismen der Drogengebraucher und der Drogenkultur 176, 179 f.
Selbstschädigung 21, 88, 201, 203, 282, 283, s. BGHE
Selbstverantwortlich gut leben mit guten Drogen! 52
Selbstverschulden der Sucht 324
Selbstverstehen 115
Selbstverwirklichungsideen 24
Selbstzerstörung 282

Selbsthilfe-Typus der totalen Integration in eine homogene Lebensgemeinschaft 148
Selektionsmechanismen 75, 78
Serokonversionsrate 118
set 69, 72
setting 69, 72
Sexualität 29, 71, 279
- therapeutisch integrierte 279
Sexualverhalten 56
- in der Beschaffungsprostitution 56, s. a. Prostitution
Sexualverkehr 55, 59
- ungeschützter 59
SGB I 301, 313, 330, 333, 338
SGB V 301 ff., 321, 341, 359
SGB X 313
sharing-Partner 56
shooting galleries 62
sich in sonstiger Weise verschaffen 188
Sicherheitspaket 94, 34
Sicherungshaftbefehl 246
Single Convention 177 f., s. , s. internat. Drogenpolitik, s. UN
Sinnfindung 137
Sniefen 161
Sniffen 36
Solidarität 150
Solidarität und Eigenverantwortung (SGB V) 359
Sonderbehandlung 155
- Kritik der 266 f.
- strafvollzugswidrige 261
- verfassungsrechtlich untragbare 256
Sondereinrichtungen, s. Strafvollzug 263 ff.
Sonderjustiz im BtM-Bereich 47
Sonderrezeptpflicht 30, 180
sonst in den Verkehr bringen 187
Sorgerecht 294, 297, 309, 319
Sorgfaltspflichtverletzung 194
Sozialabbau 131
Sozialamt 330, 333 f.
Sozialarbeit/er 19, 82, 105 125, s. a. aufsuchende S.
- im Strafvollzug 262, 263
- in der Sonderbehandlung 266
- in der Substitutionsbehandlung 303
- Rechte und Pflichten 308
Sozialbericht 108, 125, 263, 335
Sozialdienst im Strafvollzug 263
soziale
- Ausgrenzung 50, 287
- Degradierung 293
- Desintegration 41, 93

- Indikation, s. Indikation 189, 191
Soziale Kontrolle 20, 54, 76, 97, 242, 332
soziale
- Lage 121
- Selektionsmechanismen 85
- und gesundheitliche und soziale Stabilisierung 119, 121,
132 ff., 156, 160
- Trainingsprogramme 242
- Wiedereingliederung 333
Sozialerfahrungen, stabile 115
soziales Umfeld 243
Sozialgeheimnis 313
Sozialgericht 156, 304, 305, 322, 341 f., s. Gerichte
Sozialgerichtsgesetz, s. SGB
Sozialhilfe 321, 327 ff.
- Antragstellung 330
- Kostenbeiträge d. Eltern 329
- Leitfaden der 425
- Mitwirkungspflichten 330
- nach Entlassung aus stationärer Behandlung oder Haft 329
- vor/während Therapie 327
Sozialhilfeberatung 133, 142
Sozialhilfesachen
- Anspruch auf Akteneinsicht 343
- Antrag auf Wiedereinsetzung in den vorigen Stand 342
- Besorgnis der Befangenheit gegen Sachbearbeiter 343
- Dienstaufsichtsbeschwerde 343
- Prozeß- und Anwaltskosten 343
- Rechtsschutz in 342
- Rechtsweg 343, s. Gerichte
Sozialhilfesatz 330, 340
Sozialhilfeträger 321, 342
- grundsätzliche Vorleistungspflicht des S. für Drogenabhängige, s. a. Empfehlungsvereinbarung 338
- örtliche 340
- überörtliche 107, 329
- Vereinbarungen über die Kostensätze 340
Sozialisation 54, 101
Sozialisationsideale 112
Sozialisationsprozeß 114
Sozialpädagogen 19, s. Sozialarbeiter
sozialpädagogische
- Einzelbetreuung 331
- Familienhilfe 331

Sachwortverzeichnis

Sozialpsychologie 70, 78
Sozialrecht 301 ff. , 359 ff.
Sozialschädlichkeit 29, 79
sozialtherapeutisches Milieu 114
Sozialtherapie 101, 242, 357
Sozialverhalten 97, 101
Sozialversicherung
 – Träger der S. (KV, RV, UV) 341
Soziologie 75 f.
speed-Drogen 23
Sperrerklärung 228
Spezialdienste 93, 107
Spezialprävention 38 ff., 174
Spielsucht 27, 73
Spontanheilung 83, s. Selbstheiler
Spritzen/Spritzbesteck 55, 61, 63, 95,112, 139, 161, 212, 419
 – als Beweismittel 56
 – Einmalspritzen 195
 – Entsorgung 140
 – Gemeinsamnutzung 55 f., 59, 61, 94, 141, 419
 – Reinigung 419 f.
Spritzenabgabe/-tausch/-Programme 53, 94 ff., 63, 133, 139 ff., 144, 147
 – anonym141
 – als vollzugspolitisches Problem 95
 – Apotheken-Abgabe 56, 63, 139
 – Automaten-Abgabe 63, 95, 140 f.
 – Erfahrungen mit 140
 – in Beratungsstellen 140
 – Straflosstellung im BtMG 141, 154
 – Wochenendvergabe 140
Spritzehüsli 143, s. Fixerräume
staatliche Anerkennung drogentherapeut. Einrichtungen 243
staatliche Kontrolle 30, s. Drogenpolitik, s. Strafrecht
 – Kontrollinteressen 284
 – Verbotsrechtfertigung 51
staatsanwaltliche Einstellungswillkür 30, 171
Staatsanwaltschaft 40, 208, 217 ff.
 – Beschlagnahmeaktionen der 299
 – Einstellungspraxis der 223, s. Einstellungspraxis
 – Strafverfahren einstellen 154, 300
Staatstherapie 39, 50
Stationäre Behandlungsformen

242 f., s. Langzeittherapie
Statistikbogen zur Drogenberatung 313
Status der Berufsgruppen 298 ff.
stepping stone-theory 28, 84
Sterbegeld 324
Steuergeheimnis 313
Stigma 28, 83, 183
 – Einstichstelle als 19
Stigmatisierung 27, 40 ff., 55, 78, 85, 93, 94, 109, 175, 183, 293, 332, 338
 – HIV-Infizierter/AIDS-Kranker 42, 55
 – durch jugendstrafrechtliche Sanktion 331
Stigmatisierungs- und Ausgrenzungsbegriffe 27
Stoffanalyse 207 f.
stoffungebundene Süchte 28
Stolpercleane 117, s. clean
Strafandrohungen 76
 – als Initialzwang 173
 – als Prävention 31
Strafantrag 227
Strafausschließungsgrund 215
Strafaussetzung 255
 – vor dem Halbstrafentermin 250
 – Widerruf der St. 250, s. Widerruf
 – zur Bewährung (mit Weisungen) 236 ff., 244, 246, 251, 255
Strafbarkeit, s. BtMG, s. Strafrecht, s. Straftaten, s. Straftatbestände
 – bei Verbrechenstatbeständen 198 ff.
 – bei Vergehenstatbeständen 187 ff.
 – des den Akt der Selbstgefährdung fördernden Dritten 201
 – von Angehörigen 204
 – von Helfern 204
Strafbarkeitsrisiken 204 ff.
Strafbarkeitsrisiko
 – für in der Drogenarbeit Tätige 311
Strafbarkeitsverschärfungen 155
Strafe
 s. a. Strafmaß, s. a. Strafvollstreckung, s. a. Therapie als/ statt/und/vor Strafe
 – als Abstinenz-Motivation (hM) 250
 – Freiheitsstrafe, s. dort
 – zur Bewährung, s. o. Strafaussetzung
Strafentlassene

 – in Therapie vermittelte 262
Straferlaß 255
Straffälligkeit
 – erneute 118
Straffreiheit
 – in BtM-Sachen 228
Strafgefangene 141, 267 f., s. Haft, s. Strafvollzug
 – 2/3-Entlassung 268
 – Erfassung drogenabhängiger 259
 – Grundrechte von 269
 – Rechte von 267 ff.
 – Safer use-Trainingsangebote für 141
 – therapiewillige/therapieresistente 267
Strafgesetzbuch (StGB) 39, 169, 173, 184 f.
 – Auszug 345 ff.
 – Tatbestände des 204 f.
Strafgrund 29
Strafhaft, s. Haft, s. Strafvollzug
Strafhöhe 184
Strafkonzept des BtMG 186, s. BtMG
Straflosigkeit
 – der Abgabe von sterilen Spritzen 1441, 154
Strafmaß 237
 – justizgeographische Unterschiede 38, 237
Strafmilderung 219, 228 f., 231
Strafprozeß, s. Strafverfahren, s. Hauptverfahren, s. Hauptverhandlung
 – Recht auf Aussageverweigerung 263
Strafprozeßordnung (StPO) 169, 209 ff.
Strafrahmen, gesetzlicher 227
Strafrecht 9, 47, 49, 51, 76, 89, 90, 169, 171 f., 177 f., 184 ff., 195, 203, 214, 228, 281, 301
 – Abschaffung bzw. Wegnahme d. St. im Drogenbereich173, 175 ff.
 – als repressives Kontrollinstrument 208
 – drogenpolitische Wirksamkeit 178
 – Leidensdruck durch das St. 173
 – liberales 34
 – repressive Veränderung des 9, 47
 – und Fixer-Räume 195
 – und (Drogen im) Straßenverkehr 205
strafrechtliche Ermittlung 311

strafrechtlicher Datenschutz 310, s. Datenschutz
strafrechtsfixierte Drogenpolitik 179, s. Drogenpolitik
Strafrechtsverschärfungen 9, 47
Strafrechtswissenschaft 153, 215
Strafrest 241, s. Strafaussetzung
– zur Bewährung ausgesetzer 239
Strafschärfungsgründe 198
Straftaten
– auf der BtM-Abhängigkeit beruhende 232, 241
– im Drogenrausch begangene 205
– bei verminderter oder aufgehobener Verantwortlichkeit 232
– milieubedingte 34
– milieutypische 215
– Vorbereitung von 186
Straftatbestände des BtMG 184 ff., s. BtMG
Straftaten und Ordnungswidrigkeiten nach BtMG (Gesetzestext) 347 ff.
Straftäter
– betäubungsmittelabhängige 350
Strafvereitelung 204, 311
Strafverfahren 113, 310
– Ablauf 209
– Bestimmung der g. M. und des Reinheitsgrades, s. a. dort 223
– Einstellung, s. Gerichte, s. Staatsanwaltschaft, s. u.
– Richtlinien, 37, 153, 222, 224, 300, 349, 352
– Einstellungsmöglichkeit für alle Konsumentengruppen 223
– Einstellungspraxis, s. dort
– Einstellungsquoten 153
– Fall der notwendigen Verteidigung 221
– Leitfaden zum 209
– Richtlinien zur Verfahrenseinstellungen bei Drogenstraftaten 38, 170
– Urteil 227, 236
  · Rechtsmittel 238
– Würdigung aller Umstände des Einzelfalles 223
– Zusammenziehung 237
Strafverfolgung 37, 45 f., 50, 88, 90, 184, 272, 349
– als Prävention 31 ff.
– gesellschaftl. Kosten 46 ff.

Strafverfolgung (Forts.)
– kein oder geringes öffentliches Interesse an der 169, 349
– konkret 184 ff.
– Verhinderung von 50
– Zielgruppe der 37
Strafverfolgungsbehörden 9, 170
Strafverfolgungsintensität 9
Strafverfolgungspraxis 37
Strafverteidiger 186, s. Pflichtverteidiger, s. Verteidiger
– im Rechtsmittelverfahren 238
Strafverzicht durch Verfahrenseinstellung 153
Strafvollstreckung 39, 46, 113, 172, 269
– Integration von Therapie in die 39
– Zurückstellung der 239 f., s. Zurückstellung
Strafvollzug 29, 39, 40, 60 ff., 141, 256 ff., 266 ff., 274 ff., s. a. Haft ...
– AIDS im 60 f., 260
– AIDS-Prävention im 268
– AIDS-Prophylaxe im 272
– als dominante Lebenswelt Abhängiger 60
– Anpassungsdruck der Vollzugsgruppe 258
– Anspruch auf Behandlung im 273
– Bedienstete im 257, 259, 261 ff.
– Bedingungen im 260 ff., 276 ff.
– Behandlung der Drogenabhängigkeit im 266 ff.
– Berliner Modell 266
– Besuch von Behördenvertretern 271
– Desinfektion von Spritzbesteck 141, s. Bleach, s. Spritzbesteck – Reinigung
– Drogen im 43, 60 f., 256 ff.
– Drogenabhängige im 43, 60 ff., 256 ff., 260, 272
  · Einstieg in den Drogenkonsum im St. 43
– Erkrankungen von Drogengebraucherlnnen 60
– externe DROB 257, 261 ff.
– Gesundheitsfürsorge im 271 f.
– Hilfe nach Entlassung aus 329
– HIV- und Hepatitis-Infektionen im 60 ff. s. a. dort

Strafvollzug (Forts.)
– Impfungen im 140
– in Sonderanstalten oder -abteilungen 263 ff.
– Infektionsprophylaxe im St. 60 f., 95, 141, s o. Desinfektion, s. u. Spritzentausch im St.
– kalter Entzug 272
– körperliche Eingriffe 273
– Krankenpflege 272
– Lebensbedingungen im St. 60, 256 ff., 271 f., 276 ff.
– Medikamentenmißbrauch 257
– medizinische Zwangsmaßnahmen 273
– Psychopharmaka(verschreibung) 272
– Rechte/Rechtsmittel Drogenabhängiger im St. 269 ff.
– Resozialisierung im St. 256
– Safer use-Trainingsangebote 141
– Selbsthilfe im St. 268
– Spritzenvergabe/-tausch 41, 95, 141, 260, 268, 272
  · anonym 141
– Strategien zur Lösung des Problems Drogenabhängige im St. 260 ff.
– Substitutionsbehandlung im St. 129, 192, 268, 272
– Urlaubsprobleme Drogenabhängiger im St. 270
– Vermittlung in LzTh 262
– vollzugsinterne Therapeuten 261
– Wohngruppen 264
– Wohngruppenvollzug 260 f.
– Zwangsmaßnahmen bei akuter Lebensgefahr 273
– Zwangsmaßnahmen zwecks Gesundheitsfürsorge 272
– Zwangstherapie im St. 267 f. 280 ff.
Strafvollzugsgesetz (StVollzG) 141, 260, 267 ff.
– bundeseinheitliche Verwaltungsvorschriften zum 269
– Länderrichtlinien und -ausführungsbestimmungen zum 269
– Rechtsbehelfe bzw. Beschwerdemittel 267
– verfassungs- und menschenrechtlich abgesicherte Grundsätze 267
– Vollzugslockerungen 276
Strafvollzugskammer 255, 263, 269

Sachwortverzeichnis

Strafvorschriften
– Anwendung 185
– Auslegungsspielräume 185
– Subsumtion 185
Strafwürdigkeit des Verhaltens 196
Strafzeit 268
Strafzumessung 185
– Grundsätze der 227
Strafzumessungsgründe 227
Strafzumessungsregeln 184, 196
Straßenheroin 127, 164, 208, s. Heroin
Straßenverkehr
– alkohol- und BtM-abhängige Teilnehmer am 294 ff.
– Cannabis-Konsum im 66
– Konsum illegaler Drogen und 205
Straßenverkehr und Strafrecht 205
Straßenverkehrsgesetz (StVG) 294
Straßenverkehrsordnung 168
Straßenverkehrsrecht 274
Straßenverkehrsunfälle im Zusammenhang mit Drogen 205, s. Unfälle
Streckmittel 36, 188
Streetwork 53, 96, 145 f.
Streitwert 270
Student 321
Stützsysteme, soziale 41
Subkultur 148
– kriminalisierte 45
Subkultur in der Subkultur 258, s. a. Knast
subkulturelle Verselbständigungsprozesse 243
Subsidiaritätsklausel 190
Substanzanalyse 154, 207 f.
substituierende Ärzte 122, 166
Substituierte 46, 149
– Codein- 122, 126, 189
– gesundheitliche und soziale Stabilisierung 120 f., 124 f., 167
– Polamidon- 121
– Probleme und Zukunftsperspektiven S. 120 f.
– Vorenthaltung der Fahrerlaubnis 295
Substitution 162
– Dihydrocodein-S. 126 f., 306, 363
  · Ärztekammer-Richtlinien (z. B. Hamburg) 363
  · Nachrangigkeit der D.-S. 307

Substitution (Forts.)
– durch kontrollierte Abgabe von Opiaten, Kokain, Amphetaminen 156 ff.
– Erfahrungen und wissenschaftliche Evaluation 120, 167, 303
– erfolgreiche S. 357
– NUB-Richtlinien 302 f., 360 ff., s. dort
– sozialrechtliche Maßgaben 302
– Verschreiben zur S. 356 ff.
Substitutionsangebote
– Verbesserung der 165
Substitutionsbehandlung 119 ff., 133, 154 ff., 165 ff., 188 ff., 250, 300 ff., 328, 355 ff., 360 ff., 407 ff., s. NUB-Richtlinien
– ›graue‹ Codeinsubstitution 126 f.
– Alltagsprobleme der 129
– als abrechenbare Kassenleistung 122
– als notwendiger Teil der Krankenbehandlung 123, 360 f.
– ambulante 40, 129, 190
– Anamnese 127
– Antrag an die Sachverständigen-Kommission 127, s. NUB-Richtlinien
– Anzeige- und Meldepflicht 299
– Arzt/Ärzte in der S. 122 ff., 165 f., 300 ff., 361 f., s. a. Arzt/Ärzte
  · Patientengespräche 363
  · arztrechtliche Legalisierung 300
  · arztrechtliche Sanktionen 307 der S.
  · ärztliche Aufgaben 362
  · ärztliche Oberaufsicht 128, 193
  · ärztliche Qualifikation 361
  · ärztliche Rechte und Pflichten 155, 189 ff., 300 ff., 356 ff.
  · ärztliche Sorgfaltswaltung und Sorgfaltsregeln 155, 190, 306
  · ärztliche Untersuchung 127
  · Beachtung der Regeln der ärztlichen Kunst 193 f.
  · berechtigte Ä. 361
  · berufs- und kassenrechtliche Sanktionen 307
  · Dokumentation der

Substitutionsbehandlung
– Arzt/Ärzte (Forts.)
  · Verschreibung 303, 307
  · durch niedergelassene Ärzte 122, 166
  · Einschränkung der ärztlichen Therapiefreiheit 304
  · Hausordnung für die Praxis 410 ff.
  · Liste der berechtigten Ärzte 303
  · medizinische/sozial-medizinische Indikation 122 f., 127, 166, 190, 302, 305 f., 360 f.
  · Regreßforderungen gegen den Arzt 124, 127, 307
  · strafrechtliche Maßgaben 188 ff., 301
  · und NUB-Richtlinien: Mitspielen oder nicht! 304 f.
  · Verschreibung 128, 192 f., 356 ff.
  · zulässige Zahl der Substituierten 303, 362
  · zivil- und datenschutzrechtliche Maßgaben 301
  · zustimmungsfreie Indikationen 303
– bedürfnisadäquate S. 167
– Beginn und Beendigung der S. 361
– Begleittherapie, s. u. psychosoziale Begleitung
– Begründetheit der S. 190
– Behandlungsvereinbarung 127, 306
– Beigebrauch 128, 194, s. u. Drogensuchtests
– Beratungskommission 123, 361,
– BtM-Abgabe durch Apotheke 194
– Dosis/-einstellung 127 f., 191, 193
– Drei-Tage-Rezept 193
– Drogensuchtests 128, 303, 357, 362, s. a. dort, s. Beigebrauch
– Durchführung der S. 362
– Durchführungsregeln nach BtMVV 356 ff.
– Erhaltungsdosis Methadon 193
– Evaluationsstudien zur 120, 167
– Finanzierung 165
– Formen der 122
– Formulare, Vordrucke zur S. 407 ff.

Substitutionsbehandlung (Forts.)
- Genehmigung zur (durch KV) 123, 166, 303
- Gleichstellung der S. mit anderen Hilfsangeboten 168, s. ultima-ratio-Klausel
- im Strafvollzug 129, 268
- in Einrichtungen 192
- in Überbrückungssituation 123, 302, 361, 363
- Indikation/Indikationsstellung, s. o. Arzt
- Infrastrukturen für die S. 124
- Integration in die Drogenhilfe 124 f.
- Kostenerstattung 305
- Kostenübernahme 123, 306
- labordiagnostische Verfahren 357, s. Drogensuchtests
- Länderpraktiken 123 ff., 127
- Modalitäten der Vergabepraxis 157
- Normalisierung der Behandlung 167
- NUB-Richtlinien 122 ff., 360 ff.
- Opiatabhängigkeit als Indikation 166
- Patient in S.
  · schriftliche Einverständniserklärung des Patienten 361; Vordruck 409
- patientenbezogene Daten
  · Übermittlung an KV und KK 361
  · Schutz 299, 301, 307 ff. 312 ff., s. Datenschutz
- Patientengruppen
  · nicht erreichte 157
- psycho-soziale Begleitung 124 f., 168, 193 f., 306, 358, 362 f.
- Rezeptieren 128, 192 f., 356 ff.
- Substitutionsbescheinigung 194, 357 f.
- Take home-Dosen 167, s. Dosis/-einstellung
- und Strafrecht 188 ff.
- Unzulässigkeit der Injizierbarkeit 193
- Urinkontrollen, s. o. Drogensuchtests
- Verabreichungsformen der BtM 193
- Vergabemodalitäten 128, 168
- Verminderung der Suizidalität und Senkung der Mortalitätsrate 120
- Verschreibung nicht-injizierbarer Stoffe 194
- Verschreibungsmenge 128, s. Dosis/-einstellung
- Zahl der Patienten 362
- Ziele d. S. 119, 357, 360
- Zugangsschwellen zur 167
- Zustimmung der Kassenärztlichen Vereinigung (KV) 123, 361

Substitutionsmittel 156
- Wirkunterschiede 128

Subsumieren, s. Strafvorschriften 30, 185, 195

Sucht 24 ff., 32, 41, 49, 51 f., 61, 68, 70 f., 76, 78, 80, 91, 93 f., 98, 100, 135, 137, 156, 159 f., 164, 190, 232, 250, 261, 280 f., 285, 290, 302 f., 319, 322, 329, 345, 347, 360, s. a. Abhängigkeit, s. a. Drogenabhängigkeit, s. a. Neue Süchte, s. a. Trunksucht

Sucht
- als Krankheit 20, 23, 25, 88, 162, 173, 305, 321 f., 324, 328
- als Regression 70
- Begriff 25 ff.
- haftbedingte 43
- ist Krankheit 321
- nach BSGE 321
- Selbstverschulden der 324
- unbewußte Bedingung für die Entstehung 70
- WHO-Definition 25

suchtbedingter Verlust der Selbstkontrolle 330

Suchtbegleitung 110, 135
Suchtbehandlung 158
Süchte
- stoffungebundene 27, 28
Suchtentstehung 70 ff.
suchterhaltenden Therapie 156
Suchtgefährdete 328
Suchtgefährdung
- formale Kriterien für 328
Süchtige, s. Drogenabhängige 280
- Bewertung von S. 25
süchtigmachende gesellschaftliche Bedingungen 75
Suchtkarriere 159
Suchtklausel bei Privatkassen 322, 337
Suchtkranke 322
- Krankheitseinsicht 336
- v. Amts wegen entlassen 288
suchtkranke Minderjährige 276

Suchtkrankenhelfer, s. Drogenberater, s. Helfer
- im Strafvollzug 261
Suchtkrankenhilfe 173, 261, 329, 333
- gegenüber Jugendlichen 319
Suchtkrankheit
- als seelische Behinderung 328
- Jugendlicher 340
Suchtkranker
- Rehabilitation 326
Suchtmittel
- Gefährlichkeit von 324
- Wirkungen 416 f.
Suchtmittelmißbrauch 232
Suchtprävention 91, 135, 137
Suchtstoffe
- Klassifizierung durch WHO 26
Suchtstoff-Kontroll-Abkommen 26
Suchtstruktur 332
Suchttendenzen
- unterschwellige 282
Suchtverlagerung 81
Suchtvorbeugung 136
Südenbockzuschreibungen 20, 73, 79, s. Stigmatisierung, s. Diskriminierung
Suizid 44, 120, 202, 283, 289, 305
suizidale Extremgruppen 283
Suizidgefahren
- bei Zwangsentzug in Haft 257
Suizidprophylaxe 257
Supervision 106, 309
Synanon 102, 148, 149, 242 f.
Syndikate 34
Synthetische Drogen 25, 187
synthetische Opiate 99
Syphilis 56
Szene 33, 42, 45, 49, 52 f., 59, 61, 75, 100, 121, 143, 146, 154, 195, 224, 415
- Gewalt in der 45
- Herauslösung aus der 167
- in JVA 258
- offene 136, 170
Szene (i. psychoanalytischen Sinne) 114 f.
Szene-Cafés 142
szenenahe medizinische Grundversorgung 125
Szeneräumungen 143
Szenesprache 98
Szenetreff
- betreuter 51
Szene-Treffpunkte 144

T

Tabak 22
Tablettengebraucher 149
Tabu 53
Tabuisierung, soziale 89
Tagesgruppe 331
take home-Dosen 124 f., 192
Tatbestände des StGB, s. dort
– tatbestandliche Körperverletzung 204
– Tatbestandsirrtum 191
– Tatbestandsverwirklichung 198
– Tatentschlossenheit 215
Täter 185
– Einsichtsfähigkeit des 231
– Schuldfähigkeit des 231
– Steuerungsfähigkeit des 231
täterschaftliche Begehung 196
Tätertypen 231
tätige Reue 228
Tatprovokation 215
Tatverdacht 217 ff., 233
Tatverdächtige 31
Tatvorwurf 219
Teambehandlung
– multidisziplinäre 244
Teilnahme 207
Teilnahmestrafbarkeit 195
Teilnehmer einer Reha-Maßnahme 321
Telefonüberwachung 216
Temgesic 161
terroristische Vereinigung 211
theoretisches Modell der Drogenabhängigkeit 84
Theorie der differentiellen Assoziation 75
Therapeut 115
– als Justizgehilfe 110, 113, 245
– als verstehender und verzeihender Begleiter 115
– als Vertrauensperson 110
therapeutische
– Aufarbeitung 116
– Beziehung 114
– Gemeinschaft
  · Merkmale 101
– Kette 95 f.
– Schulrichtungen 102
– Strategien in der BRD 90
– System in der BRD 298
– Wirkungsvariable 282
therapeutischer Gesamtplan 337
therapeutisches
– Milieu 102 f.
– Setting abgeschiedener Therapiestätten 49

Therapeutisierung 90, 109
Therapie 39, 90, 116, 250
– als »Gefängnisvermeidungsveranstaltung« 117
– als »Staatstherapie« 50
– ambulante 60, 109 ff., 150, 338 f.
– erzwungene 90
– Glaubwürdigkeitsverlust der 39, 50, 113
– im Strafvollzug 264 f., 276 ff.
– im Vorfeld der Hauptverhandlung 222
– Kostenübernahme 221
– psychoanalytisch begründete/orientierte 114, 116
– Teilnahmebescheinigung 245
– verhaltenstherapeutisch orientierte 116
– Zugangsvoraussetzungen 113
Therapie als Strafe 172
Therapie plus Strafe 240
Therapie statt Strafe 89, 90, 172, 184, 239, 251
Therapie vor Strafe 109, 153
Therapieabbrecher 146, 245
Therapieabbruch 110 f., 116 ff., 155, 244, 246, 251, 255
Therapieabbruchquoten 39, 90, 99, 116
Therapieabschluß 111
Therapieantritt 335
– Fragen vor 102
– freiwilliger 39
Therapieauflage 113
Therapieausschluß 104
Therapiebedarf 28
Therapiebereitschaft 173
Therapiedurchführung 110
– Kontrolle der Drogenfreiheit
  · Urinkontrollen 110, s. Drogensuchtests
Therapieeinrichtungen 39, 96, 111 f.
– Kriterien für die staatliche Anerkennung 243
Therapieerfolg 39, 96, 116 f., 281
– Erfolgsaussichten 244
– Erfolgserlebnisse und 108
Therapiefalle 241
Therapieformen 95 ff., 100 ff., 116 f., 240
– neuere 340
Therapieforschung 117
Therapiefreiheit von Arzt und Patient 156
Therapiegespräche 111

Therapie-Grundlage Vertrauensbeziehung 281, s. dort, s. Therapeut, s. therapeutische Beziehung
Therapiekarriere 105
Therapiekette 95 f.
Therapiekette Niedersachsen 112
Therapieklima 39
Therapiekonzepte 111, 116, 241
Therapie-Konzerne 96
Therapieleistungen für Bezugspersonen 338
Therapiemotivation 39, 96, 113, 236, 280
Therapienachweis 110, 155, 251
Therapieplatz
– geeigneter 244
– kassenfinanzierter 340
Therapieplatzvorschlag 334
Therapieresistenz 287
Therapiestrafe 172
Therapieverbund 107
Therapievermittlung 96
Therapiewillige
– mit Freiheitsstrafen oder Strafresten 251
Therapiewilligkeit 241
Therapieziele 116, 118, s. a. Abstinenz
Tilgungsfristen 239
Todesfälle
– alkohol- u. nikotinbedingte 43
– aufgrund von Medikamentenmißbrauch 29
– durch Überdosierung 43 f., 202, 256, s. Überdosierung
– nikotinbedingte 29
Todesverursachung durch BtM-Abgabe 201 f.
Toleranzbildung 274, 416 f.
totale Institution 58, 96, 288
Tötung durch Unterlassen 203
Träger der Sozialversicherung (KV, RV, UV) 341
Träger des Beratungsdienstes
– Rechtsfragen aus dem Verhältnis zu den Mitarbeitern 319
Trennung der Märkte 168
Triaden 202
Triebstärke 116
Trunksucht 25, s. Abhängigkeit, Alkoholismus, s. Sucht
Tschönki-Room 143

Sachwortverzeichnis

U

Überbrückungsbehandlung 191, 363
Überbrückungssituation 123, 302
Überdosierung, s. a. Dosierung 42, 44, 65, 118, 138, 143, 202, 256, 286
Überdosierungen
– mit Todesfolge 43 f., s. Todesfälle
Überdosierungserlebnis 42
Übergangsbehandlung 242
Übergangseinrichtung 108
Übergangsgeld 325
Übergangswohneinrichtungen 144, s. Notfalleinrichtungen
übergesetzlicher Notstand 215
Überlassen zum sofortigen Gebrauch 198
Überlebenshilfe 133 f., 143, 160
Übernachtungs- u. Wohnprojekt »Roonstraße 65« /Bremen 146
Übernachtungsstätten 96, 142, 144, 146
Überreden und Verführen unbescholtener Bürger 215
Übertragung (im psychoanalytischen Sinne) 113, 114
U-Haft 129, 219 ff., 244
– Rechtsmittel 219, 251
U-Haft-Atmosphäre, cleanere 251
U-Haft-Bedingungen 219
U-Haft-Vollzug f. Jugendliche 260
U-Haft-Vollzugsordnung 219
Ultima ratio-Klausel 125, 168
Umgang mit Drogen 118, s. Drogengebrauch/er
Umgangsweisen mit illegalen Drogen, strafbewehrte 187 ff.
Umschulung 326, 340, s. Ausbildungs- und Berufsförderung
Umwelt- und Gesundheitsrisiken 30
Umwelt, soziale 74, 84, 85, 114, 231, 234
Unberechenbarkeit 286
Unbrauchbarmachung 238
Under-Cover-Agent 33, 214, s. Fahndung, s. V-Leute
Unfall
– Definition durch UV 325
Unfälle
– alkoholbedingte 205
– drogenkonsumbedingte 138
Unfallflucht 206
Unfallursache
– Sucht oder Drogenkonsum 325

unfallversichert
– während suchtbedingten KH-Aufenthaltes 326
Unfallversicherung 297, 325
Ungeeignetheit zum Führen von Kfz 294
Unkenntnis schützt vor Strafe nicht 209
UN-Konventionen 177 f., s. internationale Drogenpolitik
UNO, s. Vereinte Nationen 178
Unrechtbewußtsein 38
untauglicher Versuch 207
Unterbringung 108, 263 ff., 275 ff., 285 ff., 292 ff.
– Drogenabhängiger in Sonderanstalten oder -abteilungen 263 f.
– endgültige 288, 292
– familienrechtliche durch gesetzliche Vertreter oder Vormünder 276, 291 ff.
– in einem PKH 221, 274
– in einer Akut- und Aufnahmestation 277
– in einer Entziehungsanstalt 274, 350 f.
– in Vollzugskrankenhaus 272
– nach Freiheitsentziehungsgesetzen 285 ff.
– nach HFEG 286 ff.
– nach Maßregelvollzugsgesetzen 275 ff.
– nach Polizeirecht 289
– Rechtsbehelfe gegen U. 291
Unterbringung zur Beobachtung 233, 288, 292
Unterbringungsbefehl 218, 220
Unterbringungsgesetze der Länder 285 f.
Untergerichte, s. Gerichte 153
Unterhaltsansprüche 332
Unterhaltsurteile und -vergleiche 330
unterhaltsverpflichtete Angehörige 329
Unterlassen 207
unterlassene Hilfeleistung 203
Unterstützung von Selbstgefährdung 201 f., s. Gerichte – BSGE
Untersuchungshaft, s. U-Haft
Unterzubringende
– Rechtsbeistand für 287
Unverletzlichkeit der Wohnung 47, 216
Ur-Angst 53
Urinkontrollen/-tests 104, 106, 110, 111, 212, 241, 244, 259, 265, 334, 363, s. Absti-

nenznachweis, s. Clean-Anspruch, s, Drogensuchtests
Urkundenfälschung 204
Urteil und Rechtsfolgen 206, 225, 236
Urteilssammlungen 185
Utopie 10

V

Verabreichen von BtM 128, 159, 164, 198, 203, 204, 301
Verantwortlichkeit, strafrechtliche 232, 293
Veräußern 187
Verbotsirrtum 209
Verbraucherberatung 138, 180
Verbraucherorganisation 50
Verbrauchsüberlassung 201
Verbrechen 198, 221
Verbrechenstatbestände 184, 198 ff., s. BtMG
Verdacht 215
Verdächtige
– auf frischer Tat ertappt 217
Verdunkelungsgefahr 219
Vereinte Nationen 178
verelendete Konsumenten 9
verelendete Subkultur 24
Verelendung der Drogenkonsumenten 41 ff., 47, 55 ff., 75, 119, 132, 143, 147, 161, 169, 175, 186
– kriminalisierungsbedingte 197
Verelendungspolitik, strafrechtliche 54
Verfahrenseinstellung 153, 184, 221, s. staatsanwaltliche Einstellungswillkür, s. Strafverfahren – Einstellung
Verfahrenshindernis 209, 215
Verfahrenskosten 291
– vom Eigengeld 269
Verfall 155, 238
Verfall der Persönlichkeit 68
Verfassung
– Begrenzung der Eingriffe in die Persönlichkeit 240
– und ganzheitliche Drogenpolitik 172 ff.
– und zwangstherapeutische Eingriffe 284
verfassungsrechtliche Grundsätze 174 f.
Verfolgung 32, 41, 137
– Absehen von der 250 ff.
Verfolgungsdruck 41 f., 45, 170 f.
Vergehenstatbestand
– normaler 184

Sachwortverzeichnis 471

Vergehenstatbestände des BtMG 187 ff., s. BtMG
Vergewaltigung 147, 186
vergleichbar schwere Erkrankung, s. NUB-Richtlinien 123 f., 305
Verhaftung 170, 217 f.
Verhalten 73, 74, 101
– abweichendes, auffälliges 76, 90, 94, 332
– fremdgefährdendes 224
– individuelles 84
– nach der Tat 251
– normales und abnormales 73
– selbstschädigendes 47
– sozial erwünschtes 112 f.
– soziales 243
– sozialschädliches 112, 174
– suchtbedingtes 281
– süchtiges 70, 75
Verhaltens- und Erlebnisstrukturen 114
Verhaltensalternativen 114
Verhaltensänderung 51, 57, 63, 95, 101, 108, 115, 139, 172 f.
– unter i. v. Drogengebrauchern 57 f.
Verhaltensanforderungen in offenen Angeboten 142, 146
Verhaltensnormen 31, 148
Verhaltenstherapie 102, 111 f., 279, 339
Verhältnismäßigkeit 218, 219
Verhältnismäßigkeitsgrundsatz 284, 295
Verkehr mit BtM, s. BtMG
Verkehrskriminalität, alkoholbedingte 20, s. Unfälle
Verleitung zum (unbefugten) Verbrauch von BtM 193,195, 347
Verletzung von Grundrechten und Grundprinzipien unserer Verfassung 175
Vermögensstrafe 155, 359
Vernehmung 216 ff., 226, 228, 230, 288
Vernehmungsfähigkeit 229 f.
Vernehmungsmethoden, s. Polizei 217
Vernehmungstricks 229
Verschaffen bzw. Gewähren einer Gelegenheit 145, 154, 195
Verschreibung, s. Arzt, s. BtMG – BtMVV, s. Substitutionsbehandlung
Verschreibungspflichtigkeit 30, 180
Verschwiegenheitspflicht der Helfer 298 ff., 307 ff.
Verselbständigung des therapeutischen Systems 284

Versicherungsschutz (wenn bewußt mit Drogen vollgehauen) 297
Verstehen 83 f.
– therapeutisches 115
verstehendes Nachvollziehen und Einfühlen 84, 11
Verstehenskompetenz
– des Patienten 306
Verstoß gegen allgemeine Sorgfaltspflichten 295
Verstöße gegen Bewährungsauflagen und -weisungen 246
Versuch der Einfuhr 207
Versuch einer Straftat 207, 348
Verteidiger 217, 219 f., 228
– der Wahl 220, s. Anwalt
Verteidigung
– ausländischer Klienten 222
Verteidigungsstrategie 237
Vertrauen(sverhältnis) 49, 110, 113, 115 f., 235, 245, 279, 281, s. Arzt, s. Berater, s. Helfer, s. Therapeut
– zum Klienten 310, 311, 333
Vertrauensarzt 324
Verurteilte 37, 39, 60, 113
Verurteilung(spraxis) 31, 41, 153, 171, 224, 226, 234, 237 f., 352
Verwahrlosung 293, 305, 331
Verwaltungsakte 341
Verwaltungsangestellte 308
Verwaltungsentscheidungen
– ausländerrechtliche 238
Verwaltungsgerichtsbarkeit 294
Verwaltungsgesetze als Nebenstrafrecht 184
Verwaltungsklage 291
Verwaltungspraxis
– der Finanzbehörden 297
verwaltungsrechtliche Regelung 152, 163
Verwaltungsvorschriften 269
Verwarnung m. Strafvorbehalt 236
V-Leute 33, 47, 214 f., 226 ff.
Volksgesundheit 29, 53, 89, 174, 177, 186, 198 ff., 208
Vollendungsvorsatz 215
Vollmacht (vom Klienten) 318
Vollrausch 205 f., 233, s. Schuldfähigkeit, s. Schuldunfähigkeit
vollstationäres Angebot, s. Kompakt-Therapie 108
Vollstreckungsbehörde 350 f.
Vollstreckungshaftbefehl 246
Vollstreckungsplan 275
Vollstreckungsvereitelung 245, 312
Vollzeitpflege 331, s. Pflege

Vollzugsbehörden 257, 260, 266, 268
Vollzugskrankenhaus 272
Vollzugslockerungen 268, 271, 276
Vollzugsziel, Mißbrauch des 271
Vorbereitungs- und Teilnahmeverhalten 195
VORBESTRAFT 37, 223, 238 f.
Vorführung 217, 219, 225
Vorladung zur Polizei, s. Polizei 216
vorläufige Unterbringung s. dort
Vorliegen eines Rechtfertigungsgrundes 312
Vormund 291, 293, 294
Vormundschaft 90, 292
vormundschaftsgerichtliche Verfahren 293
Vormundschaftsgericht 319, s. Gerichte
Vormundschaftsrecht 294
Vorratshaltung 240
Vorsatz 312, 318
– der Rechtsgutsverletzung 215
Vorschuß des Leistungsträgers 338
Vorteile der Tat sichern helfen 311
Vorverfahren 220 f., 341
Vorversicherungszeit (für Reha) 326

W

Waffenhandel 211
Wanzen 214, 216
War on Drugs 35, 46 f., s. Krieg gegen die Drogen, s. internationale Drogenpolitik
Wecken einer Tatbereitschaf 215
Weisungen 250 f., 293
Weltrechtsprinzip 202
Werben für BtM 194
Werte, herrschende 19, 113
WHO 25 ff.
– Drogentypologie 26
Widerruf der Bewährung 255 f.
Widerruf d. Zurückstellung, 243, 246, 253, 351 s. Zurückstellung
Widerspruch in Sozialhilfesachen 342
Widerspruch in Sozialversicherungsangelegenheiten 341
Widerstand gegen Vollstreckungsbeamte 211 f., 218
Wiedereingliederung (soziale) 79, 104, 105, 333

Wiedereinsetzung in den vorigen Stand 270
Wiederholungsgefahr 218 f.
Wiederholungstaten 221
Willensbestätigung 217
Willensentscheidung 217
Willensentschluß für den Konsum von BtM 196
Willensfreiheit 235, 256
Willkürmöglichkeiten (bei langfristiger Unterbringung), s. a. totale Institution 288
Wirkstoffe, s. BtM, s. Drogen, s. Medikamente 156
Wirkstoffkonzentration 199, 201
Wirkstoffmengen 199
Wirkungsforschung 169
Wissenschaft 65 ff., 80, 83, 174
 – Stand der Forschung zur Ersatzstoffbehandlung 158 ff., 163 ff., 166, 300
 – und Drogenpolitik 30, 64, 90
Wissenschaftlicher Dienst der Krankenkasse 127
Wochenendvergabe 124, 128 f., 162, 192 f., 357
Wohl
 – des Jugendlichen 291, 294, 319, 332 f.
 – Kindes 291, 319
 – öffentliches 177
Wohnbevölkerung
 – und kontrollierte Opiatabgabe 48 f.
 – von Drogenproblemen betroffene 47 ff.
Wohnen, betreutes 242, 331 f.
Wohngeld 330
Wohngemeinschaften 330, 341
 – betreute 243, 331
 – Nachsorge- 105
 – therapeutische 100
Wohngruppen 104, 131, 278
Wohngruppenvollzug 260 f.
Wohnheime 330
wohnortnahe Suchtkrankenarbeit 100
Wohnplätze 131
Wohnprojekte für HIV-infizierte und AIDS-erkrankte Drogengebraucher 147
Wohnraumversorgung 133
Wohnsituation
 – und Substitution 121
Wohnsitz u. PKH-Einweisung 290
Wohnsitzlose 290
Wohnung
 – Überwachung der 77
 – u. Drogenstraftaten 195, 209, 211, s. Hausdurchsuchung

 – Unverletzlichkeit der 216
Wohnungsbeschaffung 329
Wohnungsfrage und Rückfall 108
Wohnungslosigkeit 42, 47, 50, 329, s. a. Obdachlose
 – und AIDS-Krankheit 43
Wohnungsnot 146 f.
Wohnungssuche 111, 125
Wohnverhältnisse 23, 255
Wunsch- und Wahlrecht Jugendlicher 331

X

XTC 418, s. Ecstasy 421 f., s. MDNA

Z

Zeitschriften (zu Drogenarbeit, AIDS, Recht) 426
Zerschlagung der offenen Szene 170
Zeuge 217 f., 226,
 – sachverständiger 299
 – Vernehmung als 218
Zeugenschutzvorkehrungen 228
Zeugnis
 – amtsärztliches 165
 – ärztliches 287
Zeugnisverweigerung 308
 – grundlose 310
Zeugnisverweigerungrecht
 – des Sozialarbeiters/Drogenberaters 308
Zeugnisverweigerungsrecht (ZVR) 212, 216 f., 232, 234 f., 307 f., 310
 – abgeleitetes 308
 – aus beruflichen Gründen 216, 298
 – aus persönlichen Gründen 216
 – des Psychologen/Psychotherapeuten 307
 – in Zivilprozessen 311
 – mißbräuchlich geltend machen 310
Zivilrecht 301
zivilrechtliche Probleme 222
Zoll- und Abgabenrecht 296
Zollfreigebiet 187
Zuckerbrot und Peitsche 113
Zugänglichkeit zu Drogen 180
Züricher Opiatkonsumlokale 162
zurechnungsfähig 206, 230, s. schuldfähig
Zurückstellung der Vollstreckung der Maßregel und der Strafe 38, 239 ff., 253, 350

Zurückstellung (Forts.)
 – Ablehnung der 155
 – bei ambulanter Behandlung 244
 – erneute 351
 – Verweigerung der Z. 350
 – Widerruf der 155, 246, 351
 – Widerruf einer erneuten 243
 – zwingender Widerruf 246
Zusammenhangverstehen 65, 84
Zuschreibung 78 f., 85, 287, s. Stigmatisierung
Zustand unter der Geburt und nach der Geburt 302, s. Substitutionsbehandlung – Indikation
Zuzahlungspflicht 325
Zwang in der Therapie 280 ff.
 – helfender 41, 94
 – sanfter 222, 241
 – zur Beschaffungskriminalität 120
zwangfreie Therapie 96
zwanghaftes Bedürfnis 25
zwanghafte Einnahme von Drogen 68, s. Abhängigkeit, s. Sucht
Zwangsbehandelte 281 f.
Zwangsberatung 125
Zwangseinweisung 290, s. Unterbringung
Zwangsentzug
 – in Haft 257
Zwangsernährung 273
Zwangsmaßnahmen
 – jugendhilferechtliche 293
 – jugendstrafrechtliche 293
Zwangsmoralen 54
Zwangssystem
 – der Haft 267
 – von Arbeit, Ordnung, Sicherheit 117
Zwangstestung 55
zwangstherapeutische Eingriffe
 – als i. S. der Verfassung unverhältnismäßige 284
Zwangstherapie 115, 240, 267 f., 280 ff.
 – Diskussion 282
Zwangsweise Unterbringung 285 ff., s. Unterbringung
zwangsweise Verabreichung von Medikamenten 273
Zweierbeziehungen 114
Zwei-Klassen-Suchtkrankenhilfe 173
Zyklothymie 66

Jutta Jacob

**Die Frauenperspektive
in der Drogenhilfe**

Standortbestimmung
Entwicklung · Hintergründe
Ziele · Inhalte

Fachhochschulverlag

*Bei der Einbindung des Beitrags
»Die Frauenperspektive« von
Jutta Jacob ist uns leider ein Fehler
unterlaufen: auf dem Weg über mehrere
PC-Plattformen gingen Daten verloren.
Wir legen daher die komplette Fassung,
erweitert um die Einschubseiten (E):
132/E1 – 132/E6, in Form dieses kleinen
Sonderdrucks bei.*

Beilage zu:
Lorenz Böllinger, Heino Stöver, Lothar Fietzek
Drogenpraxis, Drogenrecht, Drogenpolitik
Ein Leitfaden für Drogenbenutzer, Eltern,
Drogenberater, Ärzte und Juristen
Fachhochschulverlag, Band 12, 1995
DM 28,– (Bezug über den Verlag)

ISBN 3-923098-76-6

© 1995 Fachhochschulverlag Frankfurt am Main
Limescorso 5, 60439 Frankfurt am Main
Telefon (0 69) 15 33 – 28 20
Telefax (0 69) 15 33 – 28 40

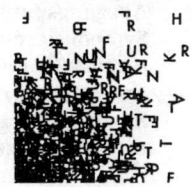

INHALT

2.7 **Was wird getan? – Theorie und Praxis der Intervention bei Drogenabhängigkeit 88** Übersicht

.....
2.7.6 Die Frauenperspektive Von Jutta Jacob 129
2.7.6.1. Entwicklung und Hintergründe des Frauenansatzes in der Drogenhilfe **129**
2.7.6.2. Zur Standortbestimmung feministischer und frauenspezifischer Ansätze **131**
2.7.6.3 Grundlagen feministischer/frauenspezifischer Drogenarbeit **132/E1**
2.7.6.4 Zielsetzungen und Inhalte **132/E5**
.....
Literatur zur Frauendrogenarbeit

2.7.6 Die Frauenperspektive *Seite 129*

Von Jutta Jacob

2.7.6.1 Entwicklung und Hintergründe des Frauenansatzes in der Drogenhilfe

Am Anfang frauenbezogener Ansätze in der Drogensozialarbeit stand ein grundsätzliches Infragestellen androzentrischer Perspektiven, Konzepte und Organisationsformen, die die traditionelle Drogenhilfe prägen. Frauendrogenarbeit als Alternative ist ebenso einer geschlechtsspezifischen Reflexion von Drogenpraxis und Drogenpolitik verpflichtet, wie sie sich auf eine feministische Gesellschaftsanalyse bezieht. geschlechtsspezifische Reflexion

Der Begriff Feminismus verbindet politische und analytische Dimensionen. Mit Blick auf das hierarchische Geschlechterverhältnis und seine Folgen für die soziale und innere Wirklichkeit von Frauen zielt der feministische Diskurs darauf, »... Abhängigkeiten und Unterdrückung in ihren äußeren Bedingungen sowie ihren Verinnerlichungen aufzudecken.« (METZ-GÖCKEL 1986, S. 33). Feminismus

»Kultur der Zweigeschlechtlichkeit«

Ausgangspunkt ist die soziale Kategorie »Geschlecht«, die über Symbolisierungen von »Männlichkeit« und »Weiblichkeit« als kulturelles Ordnungsprinzip wirkt und soziales Handeln von Frauen und Männern geschlechtsspezifisch strukturiert. [»Kultur der Zweigeschlechtlichkeit« (HAGEMANN-WHITE 1984)] Diese »... kulturelle Zweigeschlechtlichkeit unserer gesamten Lebenswelt (...) bedarf (...) einer Analyse, die aufzeigt, wie jedem menschlichen Verhalten geschlechtsspezifische Bedeutung zugeordnet und wie diese im Lauf der Entwicklung verinnerlicht wird.« (FREYTAG 1992, S. 13) Politisch versteht sich Feminismus als Gegenbewegung in widerständigen Organisationsformen und »...

Herrschaft abschaffen

in der Intention, die Geschlechterherrschaft abzuschaffen und jegliche Herrschaft überhaupt.« (METZ-GÖCKEL 1986, S. 33)

praxisbezogene Analyse der Lebens-, Wohn- und Reproduktionsformen drogenabhängiger Frauen

Gestützt auf praxisbezogene Untersuchungen der Lebens-, Wohn- und Reproduktionsformen drogenabhängiger Frauen im subkulturellen Lebensraum und in gemischtgeschlechtlichen Drogenhilfeeinrichtungen haben seit Beginn der 80er Jahre Mitarbeiterinnen, Ehemalige und Betroffene einen Erkenntnis- und Wandlungsprozeß eingeleitet, der basale Strukturen der sozialen und subjektiven Wirklichkeit drogenabhängiger Frauen aufdeckt und diese konzeptuell zum Gegenstand von Veränderung macht.

Novellierung des BtmG

Die kritische Auseinandersetzung mit der Novellierung des BtmG von 1981 (Stichworte: »Therapie-statt-Strafe«, Rückmeldepraxis, Zusammenarbeit zwischen PraktikerInnen, Drogenhilfe und Justiz) und die Konsequenzen für die Drogenhilfe (Förderrichtlinien und staatliche Kontrolle) rückte Themen wie Kontrolle, Definitions- und Entscheidungsmacht und hierarchische Beziehungsformen in Beratungs- und Therapiezusammenhängen in den Vordergrund.

Kontrolle, Macht, hierarchische Beziehungsformen

besondere Betroffenheit: Diskriminierungs- und Entwertungserfahrungen, Sexismus, Gewalterfahrungen

Machtformen und Machtstrategien auf den Ebenen struktureller, interaktionaler und personaler Verhältnisse im Drogenbereich wurden transparent. Der unverstellte Blick auf die besondere Betroffenheit drogenabhängiger Frauen offenbarte: Diskriminierungs- und Entwertungserfahrungen, Konfrontation mit Sexismus in gemischtgeschlechtlichen Einrichtungen (vgl. HEINRICH 1991, S. 164); sexuelle Gewalterlebnisse in der Kindheit und in der Prostitution (vgl. MEBES/JEUK 1990, ARENZ-GREIVING 1990); narzißtischen Mißbrauch und sexuelle Übergriffe durch Berater und Therapeuten (vgl. VOGT 1991, S. 67 ff.). Das Ausmaß der Gewalterfahrungen drogenabhängiger Frauen wird deutlich, in den negativen Therapieerlebnissen spitzt sich ihre gesellschaftliche Unterprivilegierung noch einmal zu.

Angebote feministischer/frauenspezifischer Drogenarbeit

Dagegen entwickelten Praktikerinnen in Abgrenzungskämpfen und unter Legitimationsdruck Angebote feministischer/frauenspezifischer Drogenarbeit. Die Bilanz des 10jährigen Kampfes zeigt nun, daß die Notwendigkeit von Frauenspezifik fachlich und inhaltlich anerkannt ist, daß Frauenschwerpunkte drogen-, frauen- und gesundheitspolitische Relevanz haben. Gegenwärtig existieren in allen Bereichen der Drogenhilfe Angebote (s. auch unten 2.8.2.6), Initiativen, Projekte und Einrichtungen für dro-

genabhängige Frauen (vgl. KREYSSIG/KUTSCHER 1991, S. 141 ff.):
- Beratungsangebote für drogenabhängige Frauen
- Feministische Drogentherapie (vgl. HEINRICH 1991)
- Frauennachsorgeeinrichtungen
- Frauenschwerpunkte in gemischtgeschlechtlichen Einrichtungen (Frauengruppen, Frauenräume, Frauen-Wohngruppen)
- Spezifische Angebote für inhaftierte drogenabhängige Frauen
- Niedrigschwellige Frauenangebote: offene Treffs, Gesundheitsbetreuung, Frauengruppen für HIV- und AIDS-erkrankte Frauen, Wohn- und Übernachtungsplätze, Räume für drogenabhängige Prostituierte
- Psychosoziale Betreuung substituierter Frauen
- Frauenspezifische Drogenprävention (vgl. KURMANN, 1993).

Initiativen, Projekte Einrichtungen

Angesichts der beschriebenen Vielfalt dürfen die knappen Ressourcen nicht übersehen werden. Lange Wartezeiten, unsichere Arbeitsplätze, mangelnde Kontinuität etc. bedrohen eine gesicherte Arbeit der Initiativen und Projekte. Frauenarbeit gilt in der Praxis der institutionellen Drogenarbeit noch nicht als Standardanforderung, sondern als das Besondere, die Alternative, als Zusätzliches, dem in Zeiten von »Sozialabbau« Streichung droht. Praktikerinnen arbeiten weiter am Aufbau einer stabilen Infrastruktur feministischer/frauenspezifischer Arbeit mit Mitteln von Vernetzung, Öffentlichkeitsarbeit, Kooperation, wissenschaftlicher Auseinandersetzung, drogenpolitischer Einmischung.

knappe Ressourcen

Aufbau einer stabilen Infrastruktur

2.7.6.2 Zur Standortbestimmung feministischer und frauenspezifischer Ansätze

Feministische Drogenarbeit charakterisieren folgende Arbeitsformen und Kommunikationsstrukturen:
- Autonome Projektarbeit von Frauen mit Frauen
- Verzicht auf fachliche und organisatorische Hierarchien
- das Selbsthilfeprinzip steht vor therapeutischen Interventionsformen.

»Feministische Drogenarbeit«

Diese Grundsätze im Umgang von Frauen untereinander umreißen einen Erfahrungsraum, der eine weibliche Identitätssuche im Aufspüren männlich dominierter und orientierter Weiblichkeitsideologie zuläßt und damit die Entwicklung von Lebensperspektiven (ohne Drogen) in Selbstbestimmung und Eigenverantwortung ermöglicht. Feministische Drogenarbeit versteht sich somit als frauenpolitische Praxis.

Selbstbestimmung und Eigenverantwortung

Die beschriebenen Prämissen passen nicht mit starren Verbandshierarchien und mit dem Frauenalltag entfremdeten Institutionen zusammen. Deshalb organisiert sich feministische Drogenarbeit in Initiativen, Projekten und unter Trägerschaft kleiner, an Zielgruppeninteressen orientierter Vereine. Transparenz und Durchlässigkeit von Arbeits- und Beziehungszusammenhängen werden

Transparenz und Durchlässigkeit

genauso angestrebt wie basisdemokratische Entscheidungsprozesse. Form und Inhalt der Arbeit sollen sich stimmig ergänzen.

Der Begriff »frauenspezifische Arbeit« signalisiert mehr Eingebundenheit. Frauenspezifische Arbeit erwächst aus gemischtgeschlechtlichen Arbeitsbezügen, indem sie die spezifischen Bedürfnisse und Interessen drogenabhängiger Frauen vertritt und in separaten, adäquaten Formen umsetzt: Frauengruppen, Beratung von Frauen durch Mitarbeiterinnen, Frauenzeiten, Frauenwohngruppen etc. Reine Frauenangebote im institutionellen Rahmen und in der öffentlichen Regelversorgung bezeichnen sich als frauenspezifisch.

Obwohl sich beide Ansätze, der »feministische« wie der »frauenspezifische«, in ihrem politischen Selbstverständnis unterscheiden, gilt der Lebenssituation von drogenabhängigen Frauen das gemeinsame Interesse, es bestimmt Grundlagen und Ziele der konkreten Arbeit.

(Einschub: Seite 132/E1 – 132/E6)

2.7.6.3 Grundlagen feministischer/frauenspezifischer Drogenarbeit

Aus der Frauenperspektive wahrzunehmen und zu analysieren bedeutet, gesellschaftliche Selbstverständlichkeiten in Frage zu stellen. Das gilt auch für die konventionelle psychosoziale Praxis im Drogenbereich – mit den ihr zugrunde liegenden Begriffsbildungen und Klassifikationen. Professionelle Deutungen und Normierungen legitimieren und nähren ein gesellschaftliches Alltagsbewußtsein von Drogenabhängigkeit, das Stigmatisierung, Ausgrenzung und soziale Etikettierung hervorbringt.

Drogenabhängige Frauen werden nicht allein wegen ihres Drogenkonsums als Normverletzerinnen angeprangert, sondern auch aufgrund ihres Lebensentwurfs als Frau: als Aussteigerin aus der traditionellen Frauenrolle, als Prostituierte, als potentielle HIV-Überträgerin etc. Die Diskriminierung trifft sie doppelt: als Drogenbenutzerin und als Frau.

Die Komplexität dieser Zusammenhänge wird individualisierend reduziert. Betroffene Frauen nehmen diese Sicht von außen an und integrieren sie in ihr Selbstbild; die verinnerlichten Abwertungen und Zurücksetzungen werden als Schuld- und Versagensgefühle empfunden. Augenfällig wird in diesem Kontext die Bedeutung des überkommenen Suchtbegriffs.

Der Suchtbegriff entstammt dem traditionellen medizinisch-psychologischen Krankheitsmodell, einem Störungs- und Defizitmodell. Die Ursachen für das Entstehen der Störungen oder Symptome (hier Drogenabhängigkeit) werden individuumzentriert analysiert, z. B. bestimmten innerpersonellen Entwicklungsphasen und -defiziten zugeordnet. Drogenabhängigkeit wird damit zum bloß individuellen Problem.

Der klassische Suchtbegriff benennt explizit keine Geschlechter-

2.7 Was wird getan? – Theorie und Praxis der Intervention bei Drogenabhängigkeit

differenz. Er geht von einer Suchtpersönlichkeit aus, die unausgesprochen dem Bild eines männlichen Süchtigen entspricht. Die Entwicklung weiblicher Drogenabhängigkeit findet in ihrer Besonderheit keine Beachtung.

Der Drogengebrauch von Frauen ist eine individuelle, sozial vermittelte Reaktionsform auf die Anforderungen und Überforderungen in ihrem Lebensalltag, eine Antwort auf widersprüchliche, einengende und unterdrückende Lebensbedingungen und -situationen. Abhängiges Verhalten bei Frauen stellt einen aktiven Versuch der Bewältigung ihrer Lebensprobleme dar.

Drogengebrauch

ein aktiver Versuch der Bewältigung von Lebensproblemen

Die Definition von Drogenabhängigkeit als Bewältigungsversuch betont die aktive Seite, stellt Frauen als handelnde Subjekte in den Vordergrund. Sie beläßt Frauen nicht in einem Objektstatus, sieht sie nicht ausschließlich als Opfer ihrer Lebensverhältnisse, auch wenn die Eigendynamik der Drogenabhängigkeit und die alltägliche Gewalt sie immer wieder zu Opfern werden lassen, tiefe Ohnmachtserlebnisse und Abhängigkeitsgefühle zum Alltag drogenabhängiger Frauen gehören.

Die Beachtung von Selbsthilferessourcen und Handlungskompetenz der Frauen ist Voraussetzung für die Entwicklung eines selbstbestimmten Veränderungsprozesses. In diesem Prozeß tritt Widersprüchliches zutage. Bestimmte Handlungsweisen lassen sich charakterisieren als ein aktives in Beziehungsetzen zu sich selbst, zu anderen Menschen und Situationen sowie als ein nicht bewußt gesteuertes (Re-)Agieren. Drogenabhängige handeln als unterdrückte Subjekte und wählen widersinnig erscheinende Ausdrucksformen: widerständige Reaktionen gegen bedrückende Verhältnisse, die sich gegen die eigene Person richten – in Form, gesundheitsriskanter und selbstzerstörerischer Verhaltensweisen. (Vgl. HEINRICH 1991, S. 165)

Selbsthilferessourcen und Handlungskompetenz
Widersprüchliches

unterdrückte Subjekte

selbstzerstörerische Verhaltensweisen

Die Bewertung von Drogenabhängigkeit als Bewältigungsversuch weiblichen Lebens beachtet diesen Widerspruch in seiner Bedeutung für einen die Handlungsspielräume drogenabhängiger Frauen erweiternden Prozeß.

Handlungsspielräume

Grundlegende, praxisleitende Bedeutung für die Frauenarbeit allgemein und für die im Drogenbereich im besonderen kommt den folgenden drei Arbeitsprinzipien zu:
– Parteilichkeit und Betroffenheit;
– das Persönliche ist politisch;
– eine antihierarische und antipatriarchale Grundhaltung (KYPKE/VOSS 1991).

Arbeitsprinzipien

Das Prinzip »Parteilichkeit und Betroffenheit«: drückt ein eindeutiges Engagement in der Arbeit für die Belange von Frauen aus. Dieses Engagement ist von dem Bewußtsein getragen, daß die professionellen Ansprechpartnerinnen die Erfahrungen der Klientinnen mit Diskriminierung und Unterdrückung als Teil weiblicher Realität partiell und potentiell teilen.
Es geht nicht um eine unkritische Solidarisierung und unhinterfragte Identifikation mit dem subjektiven Erleben einer Klientin

reflektierte Haltung	als Frau, sondern um eine reflektierte Haltung, die Unterschiede anerkennt und beachtet – u. a. die Drogenproblematik – und die ebenso das Gemeinsame als ›Frau in dieser Gesellschaft‹ sucht und aufdeckt.
parteiliche Haltung	Eine parteiliche Haltung kann eine Betreuerin, Beraterin, Therapeutin nur einnehmen, wenn sie sich »... ihrer eigenen Verstrickung in das patriarchale System bewußt ...« ist und gegenüber den eigenen verinnerlichten Strukturen wachsam bleibt. (FREYTAG 1992, S. 17)
Ein Beispiel:	Frauen und Mädchen sind vielfach mit dem »Objektstatus« ihres Körpers konfrontiert – sowohl über subtile Ideologeme als auch über konkretes Erleben (Stichworte: Schönheitsideal, Sexualobjekt, Pathologisierung weiblicher Körperzyklen/-prozesse wie Menstruation, Schwangerschaft, Wechseljahre, Grenzverletzungen durch gewalttätige und/oder sexuelle Übergriffe etc.). Sie lernen gleichsam, ihren Körper als Objekt zu »behandeln«: ihn zu pflegen oder zu vernachlässigen, ihn zu manipulieren (z. B. Medikamentenkonsum), ihn zu disziplinieren (z. B. Diäten), ihn als Austragungsort von Konflikten und Widersprüchen zu wählen (was sich in Befindlichkeitsstörungen und psychosomatischen Krankheiten niederschlagen kann) etc. Ausdrucksformen eines solchen Körperbewußtseins wie Verhältnisses zum eigenen Körper finden sich in jeder Frauenbiographie.
spezifisch weibliche »somatische Kulturen«	Im Begreifen spezifisch weiblicher »somatischer Kulturen« (HELFFERICH 1994) lassen sich daher strukturelle Gemeinsamkeiten in Frauenleben aus- und zum Gegenstand emanzipatorischer Bemühungen machen. Vor diesem allgemeinen und selbstexplorativ verstandenen Hintergrund kann eine Beraterin die besonderen Umgangsformen mit Körperlichkeit und Körperressourcen im Prozeß weiblicher Drogenabhängigkeit verstehen und gemeinsam mit der betroffenen Frau entschlüsseln.
Fazit	Zusammengefaßt wird »Parteilichkeit... immer wieder neu hergestellt, indem sie (die Beraterin/Therapeutin, J. J.) ihr Wissen darüber, wie sich Herrschaftsverhältnisse in die Psyche (und den Umgang mit dem Körper, J. J.) einschreiben, mit der Kenntnis der Lebensgeschichte, der Situation und den Äußerungen der Klientin verknüpft.« (FREYTAG 1992, S. 17)
	Der Grundsatz »das Persönliche ist politisch« : spricht auf die verschleierten Interdependenzen zwischen individueller Privatheit und gesellschaftlicher Öffentlichkeit an. Es geht darum, scheinbar private Verhältnisse zu veröffentlichen, die individuellen
individuelle Beziehungsmuster	Beziehungsmuster (Partnerschaft, Ehe, Frauenfreundschaften etc.) und die subjektiven Erfahrungsräume (Reproduktionsarbeit, Sexualität, Mutterschaft etc.) mit den gesellschaftsstrukturellen
strukturelle Zusammenhänge	Zusammenhängen (geschlechtsspezifische Arbeitsteilung, ökonomische und emotionale Abhängigkeiten, Zwangsheterosexualität, soziale Mutterschaft etc.) laut denkend in Beziehung zu setzen. Diese Vorgehensweise hat sich bereits bei der frauenspezifischen

2.7 Was wird getan? – Theorie und Praxis der Intervention bei Drogenabhängigkeit

Definition von Drogenabhängigkeit bewährt. Dabei ist das subjektive Erleben, Empfinden und Handeln, das u. a. auch in der jeweils gelebten Form von Drogenabhängigkeit Raum und Ausdruck findet, als gesellschaftlich vermittelte Realitätsverarbeitung von Frauen begriffen worden. Für die betroffene Frau heißt das, entlang ihrer individuellen Biographie immer auch die gesellschaftliche Dimension des Frauseins und das Gemeinsame in den Erfahrung als Frau, mit anderen Frauen offen zu thematisieren und umgekehrt.

gesellschaftlich vermittelte Realitätsverarbeitung

Das Prinzip »das Persönliche ist politisch« verleiht der Frauendrogenarbeit, wenn sie dieses Prinzip ernst nimmt, notwendige Transparenz und Öffentlichkeit und politische Wirkung.

Fazit

Eine antihierarchische und antipatriarchale Grundhaltung: sensibilisiert für die Themen Macht und Ungleichheit in Frauenarbeitsbezügen und gegenüber institutionellen Rahmenbedingungen – in ihren offenen und verdeckten Spielarten.

Das Verhältnis zwischen »Fachfrau« und »Klientin« ist ein asymmetrisches: Über ihren gesellschaftlichen Standort und ihre Professionalität hat die »Expertin« Zugang zu Fachwissen, Definitions- und Entscheidungsmacht; Lebensumfeld und ökonomische Lage verschaffen ihr persönlichen Rückhalt wie größere soziale Sicherheit.

Verhältnis »Fachfrau« und »Klientin« ist asymmetrisch

»Abhängigkeit, Ausgeliefertsein und Selbstentwertung werden auch in jeder Beratungssituation real produziert, denn da ist die Ratsuchende qua Rolle in einer schwächeren, mit weniger Macht besetzten Position als die Beraterin.« (KYPKE/VOSS 1991, S. 75)

Das Machtgefälle muß thematisiert und in seinen Zusammenhang mit alltäglich erlebten, autoritären und patriarchalen Beziehungsstrukturen gebracht werden.

Machtgefälle und autoritäre und patriarchale Beziehungsstrukturen

Gerade drogenabhängige Frauen haben in ihrem Lebensprozeß und Alltag mit Macht und Hierarchie in deren unterschiedlichsten Ausprägungen zu tun (gehabt):

Ausprägungen

- sozial und/oder emotional abhängige Beziehungen zu Frauen und Männern, Dealern, Freiern;
- Angewiesenheit auf Institutionen (Sozial-, Jugend-, Wohnungsamt, medizinisches Versorgungssystem etc.);
- Kontrolle durch Justiz und Strafverfolgung;
- Reglementierungen durch das Drogenhilfesystem (wie z. B. Abstinenzgebot);
- Bedrohung durch (sexualisiertes) Herrschaftsverhalten von Männern (Mißhandlung, sexueller Mißbrauch, Prostitution etc.).

Aus einer antihierarchischen/antipatriarchalen Grundhaltung heraus zu handeln heißt, für drogenabhängige Frauen Bedingungen zu fordern und Begegnungen zu ermöglichen, die für Gegenerfahrungen Raum schaffen.

Gegenerfahrungen Raum schaffen

Erst wenn Arbeitsschritte und -formen transparent und nachvollziehbar werden, wenn Einflußmöglichkeiten zur Diskussion stehen, wenn eine Beteiligung an Entscheidungsprozessen selbstverständlich wird, wird eine selbstbestimmte, bewußte Teilhabe der betroffenen Frauen am Beratungskontakt möglich.

selbstbestimmte, bewußte Teilhabe

Widerspruch, Kritik und Auflehnung seitens der Klientinnen können als Indikatoren beim Überprüfen des antihierarchischen Anspruchs genutzt werden; Kritikfähigkeit, Bereitschaft zur Selbstreflexion und Flexibilität müssen der Mitarbeiterin wie der Klientin im Rahmen ihrer Möglichkeiten abverlangt werden.

Kritikfähigkeit, Bereitschaft zur Selbstreflexion und Flexibilität

Ein Arbeiten mit und nach diesen Grundsätzen meint keine spezifische Methode, sondern drückt eine grundsätzliche Haltung und Einstellung aus, die in Auseinandersetzung mit Kolleginnen und Klientinnen (weiter) entwickelt werden kann, indem das eigene Handeln reflektiert wird – gestützt auf gegenseitige Rückmeldung und gemeinsames Überprüfen der Arbeit.

Fazit

Die Arbeitshaltung wächst aus Erfahrung und Wissen: Drogenspezifisches Fachwissen und die Kenntnis patriarchaler Gesellschaftszusammenhänge und deren subjektive Verarbeitung durch Frauen ergänzen sich durch Praxisreflexion und Selbsterfahrung. Frauenspezifische/feministische Arbeit verfügt auf diesem Weg über Qualifikation und Professionalität.

2.7.6.4 Zielsetzungen und Inhalte

Frauenspezifische/feministische Ansätze ziehen sich quer durch alle Arbeitsfelder der Drogenhilfe. Zielsetzungen und Inhalte hängen von dem je spezifischen Versorgungsanspruch, Versorgungsauftrag und der jeweiligen Frauenzielgruppe ab. Eine genaue Spezifizierung kann hier nicht geleistet werden; benannt werden allgemeine und übergeordnete Schwerpunkte.

Versorgungsanspruch, Versorgungsauftrag

Feministische/frauenspezifische Drogenarbeit verfolgt einen emanzipatorischen Anspruch, indem sie

emanzipatorischer Anspruch

1. drogenpolitische Ziele aus Frauensicht formuliert und verfolgt sowie
2. die individuelle Entwicklung betroffener Frauen fördert.

Das heißt: Vertreterinnen dieses Ansatzes arbeiten »... gemeinsam mit drogenabhängigen Frauen an der Aufhebung von Unterdrückungs- und Machtverhältnissen, von Frauendiskriminierung und -verachtung, von Sexismus ..., ... unterstützten ... sie in ihrem je spezifischen Identitätsfindungs-, Veränderungs- und Autonomisierungsprozeß ...« (KREYSSIG/KUTSCHER 1991, S. 139)

Zu 1.: Der drogenpolitische Aspekt aus Frauenperspektive beinhaltet folgende Schwerpunkte:

drogenpolitischer Aspekt

– Beharrliche Präsenz in der Fachöffentlichkeit (Zentrierung auf Frauenthemen, Darstellung der Arbeit);
– Aufbau einer Frauenlobby im Drogenbereich, die den Anliegen und Interessen drogenabhängiger Frauen Stimme verleiht;
– Formulieren und Vertreten von Frauenstandpunkten in der drogenpolitischen Diskussion;

- ökonomische und fachliche Ressourcensicherung und Ressourcenerweiterung;
- Bildung von Frauennetzwerken im allgemeinen und im Drogenbereich im besonderen;
- frauenparteiliche Analyse von Hilfekonzepten und Therapiemethoden;
- wissenschaftliche Begleitung feministisch/frauenspezifischer Drogenarbeit und Weiterentwicklung der Theorie.

Zu 2.: Die individuelle Entwicklung von Frauen geht einher mit ihrer Selbstdefinition als Frau – in Bezug auf das eigene emotionale und soziale Erleben, einen selbstbestimmten Lebensplan und dessen eigenverantwortliche Gestaltung und Umsetzung (ohne Drogen). *Selbstdefinition als Frau*

Dazu gehört, daß biographische Verläufe neu gedeutet und Traumata bearbeitet werden können sowie situationsbezogen gegenwärtige Lebensprobleme mit den folgenden Inhalten angegangen werden: *Lebensprobleme/ Inhalte*

- Selbstwertproblematik, Selbstablehnung, Selbstabwertung;
- verinnerlichte negative Frauenbilder, Frauenbeziehungen;
- Beziehungsmuster, Abhängigkeit in Beziehungen;
- Resignation, Sinnhaftigkeit des Lebens;
- symbolische Bedeutung von Drogen für die Benutzerin;
- Drogenfreiheit als Perspektive;
- Prostitution, Mißbrauchs-, Gewalterfahrungen;
- Umgang mit dem eigenen Körper, Körperidentität;
- Sexuelle Identität, lesbische Lebensweise;
- schulische und berufliche Perspektiven (vgl. KURTH 1992, S. 139).

Die traditionelle Drogenarbeit, die weitgehend linear erfolgsorientiert und abstinenzzentriert arbeitet, erweiternd, bevorzugt der feministische/frauenspezifische Ansatz ein zirkuläres, prozeß- wie strukturbezogenes Vorgehen, das auf den eigenen Rhythmus der betroffenen Frau eingeht und z. B. Rückfälle als eine Entwicklungsphase deutet. Der feministische/frauenspezifische Ansatz setzt auf die Stärken und Fähigkeiten der Frauen und fördert Wertschätzung und Achtung unter Frauen. *Fazit*

(Fortsetzung Seite 132)
2.8 Drogenhilfe: Was könnte getan werden? – ...

**Literatur
zur Frauendrogenarbeit**

Arenz-Greiving, I.: Sucht – Gewalt – Sexualität. Opfer und Täter in der Therapie. Freiburg 1990
Brakhoff, J. (Hg.): Sucht und Prostitution. Freiburg 1989
Freytag, G.: Grundlagen der Feministischen Therapie; in: Bilden, H. (Hg.): Das Frauentherapie-Handbuch. München 1991
Hagemann-White, C.: Sozialisation: Weiblich – männlich? Opladen 1984
Helfferich, C.: Jugend, Körper und Geschlecht. Die Suche nach sexueller Identität. Opladen 1994
Heinrich, G.: Feministische Drogentherapie; in: Deutsche Hauptstelle gegen die Suchtgefahren (Hg.): Drogenpolitik und Drogenhilfe. Freiburg 1991
Kreyssig, U./Kutscher, G.: Ladies only – Ladies first; in: Heckmann, W. (Hg.): Drogentherapie in der Praxis. Ein Arbeitsbuch für die 90er Jahre. Weinheim und Basel 1991
Kurmann, M.: Frauenspezifische Drogenprävention; in: Deutsche Hauptstelle gegen die Suchtgefahren (Hg.): Dokumentation Bundesmodellprojekt ›Mobile Drogenprävention‹. Hamm 1993
Kurth, A.: Sucht; in: Bilden, H. a. a. O.
Kypke, I./Voss, H.: Feministische Beratung; in: Beck, M./Brückner, G./Thiel, H.-U. (Hg.): Psychosoziale Beratung. Klient/inn/en – Helfer/innen – Institutionen. Tübingen 1991
Mebes, M./Jeuck, G.: Sucht. Schriftenreihe Sexueller Mißbrauch Bd. 2. Berlin 1989
Metz-Göckel, S.: Die zwei (un)geliebten Schwestern. Zum Verhältnis von Frauenbewegung und Frauenforschung im Diskurs der neuen sozialen Bewegungen; in: Beer, U. (Hg.): Klasse Geschlecht. Feministische Gesellschaftsanalyse und Wissenschaftskritik. Bielefeld 1987
Vogt, I.: Konsequenzen für Theorie und Praxis – Forschungsergebnisse; in: DGVT-Verlag, Tübinger Reihe 12: Sexuelle Übergriffe in der Therapie. Kunstfehler oder Kavaliersdelikt? Dokumentation des öffentlichen Hearings am 19.01.1991 in Bonn. Tübingen 1991